云南统计年鉴

YUNNAN STATISTICAL YEARBOOK

2011

(总第 27 期 No.27)

云南省统计局
国家统计局云南调查总队 编

Compiled by Statistical Bureau of Yunnan Province
Survey Office of the National Bureau of Statistics in Yunnan

中国统计出版社
China Statistics Press

（京）新登字 041 号

图书在版编目（CIP）数据

云南统计年鉴．2011 / 云南省统计局，国家统计局云南调查总队编．-- 北京 ：中国统计出版社，2011.8
ISBN 978-7-5037-6302-1
Ⅰ．①云… Ⅱ．①云… ②国… Ⅲ．①统计资料－云南省－2011－年鉴 Ⅳ．①C832.74-54

中国版本图书馆 CIP 数据核字(2011)第 155764 号

云南统计年鉴-2011

作　　者/ 云南省统计局　国家统计局云南调查总队
责任编辑/ 佘竞雄
封面设计/ 陈杨东
出版发行/ 中国统计出版社
通信地址/ 北京市西城区月坛南街 57 号
邮　　编/ 100826
办公地址/ 北京市丰台区西三环南路甲 6 号
电　　话/ (010)63376907
E　mail / yearbook@gj.stats.cn
印　　刷/ 昆明天泰彩印包装有限公司
经　　销/ 新华书店
开　　本/ 880×1230 毫米　1/16
字　　数/ 1000 千字
印　　张/ 37.5
版　　别/ 2011 年 8 月第 1 版
版　　次/ 2011 年 8 月第 1 次印刷
书　　号/ ISBN 978-7-5037-6302-1/C · 2526
定　　价/ 468.00 元　　Price：468.00 RMB

《云南统计年鉴—2011》

编委会和编辑部人员

Yunnan Statistical Yearbook-2011

EDITORIAL BOARD AND STAFF

编 者 说 明

一、《云南统计年鉴—2011》是一部全面反映云南省国民经济和社会发展情况的统计资料工具书，汇集了全省及各州市、县（市、区）2010年和主要年份经济和社会发展主要统计数据。

二、本年鉴对上年度年鉴部分章节内容进行了调整，调整后全书共21章，即：1.综合；2.国民经济核算；3.人口；4.就业人员和职工工资；5.固定资产投资；6.对外经济贸易；7.能源；8.财政、金融和保险；9.价格指数；10.人民生活；11.资源和环境；12.农业；13.工业；14.建筑业；15.运输和邮电；16.批发和零售业；17.住宿、餐饮和旅游业；18.教育、科技、文化和体育；19.卫生和其他社会活动；20.民族自治地方概况；21.各州市主要经济指标。

三、本年鉴每个章节后附有主要统计指标解释，对主要统计指标的含义、统计范围和统计方法作了简要说明。本年鉴的资料来源，大部分来自年度统计报表，少部分来自抽样调查。由于统计口径范围和调查方法的差别，部分指标各州市、县（市、区）数字相加可能不等于全省总计，对于一些统计指标的统计口径范围发生变化的，本年鉴对有关数据作了相应的调整，并在有关统计表中作了解释，在使用中请注意。

四、度量衡单位均采用国家颁布的国际统一标准计量单位。本年鉴中的符号使用说明："空格"表示无该项统计指标数据；或表示最小单位数；或资料不详；"#"表示其中的主要项。

五、对各级党委、政府和有关部门给予《云南统计年鉴》编辑工作的关心和大力支持，以及参与此项工作同志表示衷心感谢！为不断改进和完善本年鉴质量，更好地满足社会各界的需要，希望广大读者提出宝贵的意见。本年鉴如有差错之处，请读者批评指正。

EDITOR'S NOTES

I. *Yunnan Statistical Yearbook 2011* is an annual statistics reference book which fully reflects the national economy and social development in Yunnan province. The present yearbook covers comprehensive data in each city, county and prefecture in 2010 as well as some key data in significant years of the whole province.

II. After revision, this book contains the following twenty one parts: 1.General Survey. 2. National Accounts. 3. Population. 4. Employment, wages. 5. Investment in Fixed Assets. 6. Foreign Economy and Trade. 7. Energy. 8. Finance, Banking and Insurance. 9. Price Indices. 10. People's Livelihood. 11. Natural Resources and environment. 12. Agriculture. 13. Industry. 14. Construction. 15. Transport, Post and Telecommunication Services. 16. Wholesale and Retail Trades. 17. Hotels, Catering Services and Tourism.18. Education, Science and technology, Culture and Sports. 19. Public Health and Other Social Activities. 20. General Survey of Ethnic Minority Autonomous Areas. 21. Principal Economic Indicators by Region.

III. Explanatory Notes on Principal Statistical Indicators are provided at the end of each part to describe the content, scope and method of provincial statistical indicators briefly. The major data in this publication are obtained from annual statistical reports and a small part from sample surveys. It is advisable to note in the reference that the sum of data of each city, county and prefecture may not correspondingly equal the total of the whole province in some statistical indicators due to different statistical ranges and investigation methods. As for changes of statistical ranges, the relevant data are adjusted and explained accordingly in the present yearbook.

IV. The units of measurement used in this book are international standard measurement units issued by the state. Notations used in this yearbook, "(Blank)" indicates that the data are not available; or refers to numbers of minimum units or refers to numbers which are not in detail."#" indicates that the major items of the total.

V.Thanks for the great support and attention given by party members and governments at every level, and colleagues who participate in this editing work. In order to perfect the yearbook and meet the requirements of the society better, comments from various readers are highly appreciated. At the same time, readers are welcome to correct our mistakes made in this book.

目 录

CONTENTS

一、综 合

Chapter 1 General Survey

二、国民经济核算

Chapter 2 National Accounts

三、人　口

Chapter 3 Population

四、就业人员和职工工资

Chapter 4 Employment and Wages

五、固定资产投资

Chapter 5 Investment in Fixed Assets

六、对外经济贸易

Chapter 6 Foreign Trade and Economic Cooperation

七、能 源

Chapter 7 Energy

八、财政、金融和保险

Chapter 8 Finance, Banking and Insurance

九、价格指数

Chapter 9 Price Indices

十、人民生活

Chapter 10 People's Livelihood

十一、资源和环境

Chapter 11 Resources and Environment

十二、农 业

Chapter 12 Agriculture

十三、工 业

Chapter 13 Industry

十四、建筑业

Chapter 14 Construction

十五、运输和邮电

Chapter 15 Transport, Post and Telecommunication Services

十六、批发和零售业

Chapter 16　Wholesale and Retail Trades

十七、住宿、餐饮和旅游业

Chapter 17 Hotels , Catering Services and Tourism

十八、教育、科技、文化和体育

Chapter 18 Education, Science and Technology, Culture and Sports

十九、卫生和其他社会活动

Chapter 19 Public Health and Other Social Activities

二十、民族自治地方概况

Chapter 20 General Survey of Ethnic Minority Autonomous Areas

二十一、各州市主要经济指标

Chapter 21 Principal Economic Indicators by Region

一、综 合

General Survey

1-1 全省行政区划及代码(2010年)
Administrative Divisions and Their Codes in Yunnan (2010)

州、市 Autonomous Prefectures and Municipalities	市、县、区 Cities at County Level, Counties and Districts under the Jurisdiction of Cities	县级市、县、区数 Number of Cities at County Level, Counties and Districts under the Jurisdiction of Cities		
		市辖区 Districts under Municipal Jurisdiction	县级市 Cities at County Level	县 Counties
昆明市 Kunming	呈贡县 五华区 盘龙区 官渡区 西山区 东川区 晋宁县 富民县 宜良县 石林县 嵩明县 禄劝县 寻甸县 安宁市 Chenggong, Panlong District, Wuhua District, Guandu District, Xishan District,Dongchuan District,Jinning, Fumin, YiLiang, Shilin, Songming, Luquan, Xundian, Anning City	5	1	8
曲靖市 Qujing	麒麟区 马龙县 陆良县 师宗县 罗平县 富源县 会泽县 沾益县 宣威市 Qilin District, Malong, Luliang, Shizong, Luoping, Fuyuan, Huize, Zhanyi, Xuanwei City	1	1	7
玉溪市 Yuxi	红塔区 江川县 澄江县 通海县 华宁县 易门县 峨山县 新平县 元江县 Hongta District, Jiangchuan, Chengjiang, Tonghai, Huaning, Yimen, Eshan, Xinping,Yuanjiang	1		8
保山市 Baoshan	隆阳区 施甸县 腾冲县 龙陵县 昌宁县 Longyang District, Shidian, Tengchong, Longling, Changning	1		4
昭通市 Zhaotong	昭阳区 鲁甸县 巧家县 盐津县 大关县 永善县 绥江县 镇雄县 彝良县 威信县 水富县 Zhaoyang District, Ludian, Qiaojia, Yanjin, Daguan, Yongshan, Suijiang, Zhenxiong, Yiliang, Weixin, Shuifu	1		10
丽江市 Lijiang	古城区 玉龙县 永胜县 华坪县 宁蒗县 Gucheng District,Yulong, Yongsheng, Huaping, Ninglang	1		4
普洱市 Pu'er	思茅区 宁洱县 墨江县 景东县 景谷县 镇沅县 江城县 孟连县 澜沧县 西盟县 Simao District, Ning'er, Mojiang, Jingdong, Jinggu, Zhenyuan, Jiangcheng, Menglian, Lancang, Ximeng	1		9
临沧市 Lincang	临翔区 凤庆县 云县 永德县 镇康县 双江县 耿马县 沧源县 Linxiang District, Fengqing, Yunxian, Yongde, Zhenkang, Shuangjiang, Gengma, Cangyuan	1		7
楚雄州 Chuxiong	楚雄市 双柏县 牟定县 南华县 姚安县 大姚县 永仁县 元谋县 武定县 禄丰县 Chuxiong City, Shuangbo, Mouding, Nanhua, Yao'an, Dayao, Yongren, Yuanmou, Wuding, Lufeng		1	9
红河州 Honghe	蒙自市 个旧市 开远市 屏边县 建水县 石屏县 弥勒县 泸西县 元阳县 红河县 金平县 绿春县 河口县 Mengzi City, Gejiu City, Kaiyuan City, Pingbian, Jianshui, Shiping, Mile, Luxi, Yuanyang,Honghe, Jinping, Luchun, Hekou		3	10
文山州 Wenshan	文山市 砚山县 西畴县 麻栗坡县 马关县 丘北县 广南县 富宁县 Wenshan City, Yanshan, Xichou, Malipo, Maguan, Qiubei, Guangnan, Funing		1	7
西双版纳州 Xishuangbanna	景洪市 勐海县 勐腊县 Jinghong City, Menghai, Mengla		1	2
大理州 Dali	大理市 漾濞县 祥云县 宾川县 弥渡县 南涧县 巍山县 永平县 云龙县 洱源县 剑川县 鹤庆县 Dali City, Yangbi, Xiangyun, Binchuan, Midu, Nanjian, Weishan, Yongping, Yunlong,Eryuan, Jianchuan, Heqing		1	11
德宏州 Dehong	芒市 瑞丽市 梁河县 盈江县 陇川县 Mangshi City, Ruili City, Lianghe, Yingjiang, Longchuan		2	3
怒江州 Nujiang	泸水县 福贡县 贡山县 兰坪县 Lushui,Fugong,Gongshan,Lanping			4
迪庆州 Diqing	香格里拉县 德钦县 维西县 Shangri-La, Deqin, Weixi			3
合 计 Total	**8个省辖市、8个民族自治州；12个市辖区、11个县级市、29个民族自治县、78个非民族自治县** **8 Provincial Jurisdiction Cities,8 Ethinic Minority Autonomous Prefectures, 12 Municipal Jurisdiction Districts，11 Cities at County Level,29 ethinic minority autonomous counties，78 counties**			

1-1　续表1

单位：个

州　市	Region	县、市、区 总 计 Total	# 县级市 Cities at County Level	# 市辖区 Municipal Districts	# 民族自治县 Ethnic Minority Autonomous Counties	# 边境县 Counties of Border
全省合计	**Total**	**129**	**11**	**12**	**29**	**25**
昆　明	Kunming	14	1	5	3	
曲　靖	Qujing	9	1	1		
玉　溪	Yuxi	9		1	3	
保　山	Baoshan	5		1		2
昭　通	Zhaotong	11		1		
丽　江	Lijiang	5		1	2	
普　洱	Pu'er	10		1	9	4
临　沧	Lincang	8		1	3	3
楚　雄	Chuxiong	10	1			
红　河	Honghe	13	3		3	3
文　山	Wenshan	8	1			3
西双版纳	Xishuangbanna	3	1			3
大　理	Dali	12	1		3	
德　宏	Dehong	5	2			4
怒　江	Nujiang	4			2	3
迪　庆	Diqing	3			1	

continued

(unit)

乡、镇、街道办事处合 计 Total	街道办事处 Community Offices	镇 Towns	乡 Townships	民族乡 Townships of Ethinic Minority	村、居委会合 计 Total	居委会 Community Residents' Committees	村委会 Villagers Committees
1 370	**83**	**595**	**692**	**143**	**14 035**	**1 415**	**12 620**
131	53	57	21	5	1 597	502	1 095
115	9	62	44	4	1 602	225	1 377
75	3	45	27	10	673	52	621
72	2	24	46	11	912	40	872
143	3	54	86	16	1 284	107	1 177
63	4	12	47	18	458	48	410
103		30	73	12	1 032	39	993
77	2	32	43	13	928	31	897
103		54	49	4	1 092	55	1 037
133	3	55	75	5	1 301	122	1 179
102		43	59	16	947	48	899
32	1	18	13	7	241	21	220
112	2	68	42	11	1 139	62	1 077
51	1	23	27	5	373	37	336
29		9	20	3	269	13	256
29		9	20	3	187	13	174

1-1 续表2 continued

单位：个 (unit)

州市县	Region	行政区划代码 Administrative Division Codes	合计 Total	街道办事处 Community Offices	镇 Town	乡 Township	#民族乡 Townships of Nationalities	合计 Total	居委会 Community Residents' Committees	村委会 Villagers Committees
全省合计	**Total**	**530000**	**1 370**	**83**	**595**	**692**	**143**	**14 035**	**1 415**	**12 620**
昆 明 市	**Kunming**	**530100**	**121**	**43**	**57**	**21**	**5**	**1 532**	**437**	**1 095**
呈贡县	Chenggong	530121	10	10				65	65	
五华区	Wuhua	530102	11	11				87	87	
盘龙区	Panlong	530103	10	10				97	49	48
官渡区	Guandu	530111	10	10				105	105	
西山区	Xishan	530112	10	10				102	102	
东川区	Dongchuan	530113	8		7	1		163	28	135
晋宁县	Jinning	530122	8		6	2	2	133	4	129
富民县	Fumin	530124	6		1	5	1	75	2	73
宜良县	Yiliang	530125	8		6	2	2	137	4	133
石林县	Shilin	530126	7		6	1		93	5	88
嵩明县	Songming	530127	4		4			75	10	65
禄劝县	Luquan	530128	16		10	6		194	2	192
寻甸县	Xundian	530129	14		10	4		174	7	167
安宁市	Anning	530181	9	2	7			97	32	65
曲 靖 市	**Qujing**	**530300**	**115**	**9**	**62**	**44**	**4**	**1 602**	**225**	**1 377**
麒麟区	Qilin	530302	11	5	3	3		119	60	59
马龙县	Malong	530321	8		5	3		66	14	52
陆良县	Luliang	530322	10		8	2		139	26	113
师宗县	Shizong	530323	8		5	3	3	109	5	104
罗平县	Luoping	530324	12		6	6		154	30	124
富源县	Fuyuan	530325	11		10	1		161	18	143
会泽县	Huize	530326	21		8	13	1	376	19	357
沾益县	Zhanyi	530328	8		3	5		122	28	94
宣威市	Xuanwei	530381	26	4	14	8		356	25	331
玉 溪 市	**Yuxi**	**530400**	**75**	**3**	**45**	**27**	**10**	**673**	**52**	**621**
红塔区	Hongta	530402	11	3	6	2	2	81	17	64
江川县	Jiangchuan	530421	7		5	2	1	72	4	68
澄江县	Chengjiang	530422	6		6			40	4	36
通海县	Tonghai	530423	9		6	3	3	71	4	67
华宁县	Huaning	530424	5		4	1	1	77	4	73
易门县	Yimen	530425	7		3	4	3	56	3	53
峨山县	Eshan	530426	8		5	3		76	5	71
新平县	Xinping	530427	12		6	6		121	5	116
元江县	Yuanjiang	530428	10		4	6		79	6	73

1-1 续表3 continued

单位：个 (unit)

州市县	Region	行政区划代码 Administrative Division Codes	合 计 Total	街道办事处 Community Offices	镇 Town	乡 Township	# 民族乡 Townships of Nationalities	合 计 Total	居委会 Community Residents' Committees	村委会 Villagers Committees
保 山 市	**Baoshan**	**530500**	**72**	**2**	**24**	**46**	**11**	**912**	**40**	**872**
隆阳区	Longyang	530502	18	2	6	10	4	309	20	289
施甸县	Shidian	530521	13		5	8	2	137	2	135
腾冲县	Tengchong	530522	18		5	13	1	221	8	213
龙陵县	Longling	530523	10		3	7	1	121	5	116
昌宁县	Changning	530524	13		5	8	3	124	5	119
昭 通 市	**Zhaotong**	**530600**	**143**	**3**	**54**	**86**	**16**	**1 284**	**113**	**1 177**
昭阳区	Zhaoyang	530602	20	3	3	14	4	178	49	129
鲁甸县	Ludian	530621	12		3	9	2	84	4	80
巧家县	Qiaojia	530622	16		6	10		183	4	179
盐津县	Yanjin	530623	10		4	6		94	16	78
大关县	Daguan	530624	9		6	3	1	78	2	76
永善县	Yongshan	530625	15		6	9	2	137	4	133
绥江县	Suijiang	530626	5		4	1		35	3	32
镇雄县	Zhenxiong	530627	28		16	12	2	244	16	234
彝良县	Yiliang	530628	15		3	12	4	137	4	133
威信县	Weixin	530629	10		2	8	1	87	4	83
水富县	Shuifu	530630	3		1	2		27	7	20
丽 江 市	**Lijiang**	**530700**	**63**	**4**	**12**	**47**	**18**	**458**	**48**	**410**
古城区	Gucheng	530702	9	4		5	2	58	23	35
玉龙县	Yulong	530721	16		3	13	3	102	5	97
永胜县	Yongsheng	530722	15		5	10	7	147	8	139
华坪县	Huaping	530723	8		3	5	5	60	5	55
宁蒗县	Ninglang	530724	15		1	14	1	91	7	84
普 洱 市	**Pu'er**	**530800**	**103**		**30**	**73**	**12**	**1 032**	**39**	**993**
思茅区	Simao	530802	7		4	3	2	70	10	60
宁洱县	Ning'er	530821	9		2	7		89	4	85
墨江县	Mojiang	530822	15		2	13	2	168	5	163
景东县	Jingdong	530823	13		4	9		169	3	166
景谷县	Jinggu	530824	10		4	6		136	4	132
镇沅县	Zhenyuan	530825	9		4	5		111	2	109
江城县	Jiangcheng	530826	7		2	5		50	2	48
孟连县	Menglian	530827	6		3	3		42	3	39
澜沧县	Lancang	530828	20		3	17	7	159	4	155
西盟县	Ximeng	530829	7		2	5	1	38	2	36
临 沧 市	**Lincang**	**530900**	**77**	**2**	**32**	**43**	**13**	**928**	**31**	**897**
临翔区	Linxiang	530902	10	2	1	7	2	102	9	93
凤庆县	Fengqing	530921	13		8	5	3	187	4	183
云 县	Yunxian	530922	12		7	5	3	194	4	190
永德县	Yongde	530923	10		3	7	2	118	2	116
镇康县	Zhenkang	530924	7		3	4	1	74	3	71
双江县	Shuangjiang	530925	6		2	4		75	3	72
耿马县	Gengma	530926	9		4	5	1	85	3	82
沧源县	Cangyuan	530927	10		4	6	1	93	3	90

1-1 续表4 continued

单位：个 (unit)

州市县	Region	行政区划代码 Administrative Division Codes	合计 Total	街道办事处 Community Offices	镇 Town	乡 Township	#民族乡 Townships of Nationalities	合计 Total	居委会 Community Residents' Committees	村委会 Villagers Committees
楚雄州	**Chuxiong**	**532300**	**103**		**54**	**49**	**4**	**1 092**	**55**	**1 037**
楚雄市	Chuxiong	532301	15		11	4		150	18	132
双柏县	Shuangbo	532322	8		5	3		84	2	82
牟定县	Mouding	532323	7		4	3		89	5	84
南华县	Nanhua	532324	10		6	4	1	128	5	123
姚安县	Yao'an	532325	9		5	4		77	4	73
大姚县	Dayao	532326	12		3	9	1	129	3	126
永仁县	Yongren	532327	7		3	4	1	63	3	60
元谋县	Yuanmou	532328	10		3	7		78	5	73
武定县	Wuding	532329	11		3	8	1	130	4	126
禄丰县	Lufeng	532331	14		11	3		164	6	158
红河州	**Honghe**	**532500**	**122**	**3**	**48**	**71**	**3**	**1 200**	**107**	**1 093**
蒙自市	Mengzi	532503	11		7	4	2	101	15	86
个旧市	Gejiu	532501	10	1	7	2		115	36	79
开远市	Kaiyuan	532502	7	2	2	3	1	74	22	52
屏边县	Pingbian	532523	7		1	6		80	4	76
建水县	Jianshui	532524	14		8	6		153	11	142
石屏县	Shiping	532525	9		7	2		115	3	112
弥勒县	Mile	532526	12		10	2		139	10	129
泸西县	Luxi	532527	8		5	3		86	5	81
元阳县	Yuanyang	532528	14		2	12		137	4	133
红河县	Honghe	532529	13		1	12		91	3	88
金平县	Jinping	532530	13		2	11	1	97	4	93
绿春县	Luchun	532531	9		1	8		83	2	81
河口县	Hekou	532532	6		2	4	1	30	3	27
文山州	**Wenshan**	**532600**	**102**		**43**	**59**	**16**	**947**	**48**	**899**
文山市	Wenshan	532621	15		8	7	5	137	16	121
砚山县	Yangshan	532622	11		4	7	4	100	7	93
西畴县	Xichou	532623	9		2	7		72	3	69
麻栗坡县	Malipo	532624	11		4	7	1	96	3	93
马关县	Maguang	532625	13		9	4		124	4	120
丘北县	Qiubei	532626	12		3	9	5	99	4	95
广南县	Guangnan	532627	18		7	11		174	7	167
富宁县	Funing	532628	13		6	7	1	145	4	141
西双版纳州	**Xishuangbanna**	**532800**	**32**	**1**	**18**	**13**	**7**	**241**	**21**	**220**
景洪市	Jinghong	532801	11	1	5	5	2	97	14	83
勐海县	Menghai	532822	11		6	5	3	88	3	85
勐腊县	Mengla	532823	10		7	3	2	56	4	52

1-1 续表5 continued

单位：个 (unit)

州市县	Region	行政区划代码 Administrative Division Codes	合计 Total	街道办事处 Community Offices	镇 Town	乡 Township	#民族乡 Townships of Nationalities	合计 Total	居委会 Community Residents' Committees	村委会 Villagers Committees
大理州	**Dali**	**532900**	**112**	**2**	**68**	**42**	**11**	**1 139**	**62**	**1 077**
大理市	Dali	532901	13	2	10	1	1	142	32	110
漾濞县	yangbi	532922	9		3	6		66	1	65
祥云县	Xiangyun	532923	10		8	2	1	136	4	132
宾川县	Binchuan	532924	10		8	2	2	86	5	81
弥渡县	Midu	532925	8		5	3	1	89	4	85
南涧县	Nanjian	532926	8		5	3		80	1	79
巍山县	Weishan	532927	10		4	6		83	4	79
永平县	Yongping	532928	7		3	4	3	73	1	72
云龙县	Yunlong	532929	11		4	7	2	86	1	85
洱源县	Eryuan	532930	9		6	3		90	2	88
剑川县	Jianchuan	532931	8		5	3		93	5	88
鹤庆县	Heqing	532932	9		7	2	1	115	2	113
德宏州	**Dehong**	**533100**	**39**		**18**	**21**	**4**	**280**	**24**	**256**
芒 市	Mangshi	533103	12	1	5	6	1	93	13	80
瑞丽市	Ruili	533102	6		3	3		40	11	29
梁河县	Lianghe	533122	9		3	6	2	66	4	62
盈江县	Yingjiang	533123	15		8	7	1	103	6	97
陇川县	Longchuan	533124	9		4	5	1	71	3	68
怒江州	**Nujiang**	**533300**	**29**		**9**	**20**	**3**	**269**	**13**	**256**
泸水县	Lushui	533321	9		3	6	2	75	4	71
福贡县	Fugong	533323	7		1	6	1	58	1	57
贡山县	Gongshan	533324	5		1	4		28	2	26
兰坪县	Lanping	533325	8		4	4		108	6	102
迪庆州	**Diqing**	**533400**	**29**		**9**	**20**	**3**	**187**	**13**	**174**
香格里拉县	Shangri-La	533421	11		4	7	1	63	8	55
德钦县	Deqing	533422	8		2	6	2	42	2	40
维西县	Weixi	533423	10		3	7		82	3	79

1-2 历届省人民代表大会代表人数

Number of Deputies to All the Previous Provincial People's Congresses

单位：人 (person)

届　别	Congress	一 届 1954年 8月 First Congress Aug. 1954	二 届 1958年 11月 Second Congress Nov. 1958	三 届 1963年 12月 Third Congress Dec. 1963	五 届 1977年 12月 Fifth Congress Dec. 1977	六 届 1983年 4月 Sixth Congress Apr. 1983
代表总人数	**Total Number of Deputies**	**392**	**395**	**495**	**1 016**	**885**
在代表总人数中	Of Which					
女代表	Female Deputies	59	55	92	213	212
占代表总人数（%）	Proportion to Total(%)	15.1	13.9	18.6	20.9	23.9
在代表总人数中	Of Which					
少数民族代表	Minority Nationality Deputies	160	165	197	359	360
占代表总人数（%）	Proportion to Total(%)	40.8	41.8	39.8	35.3	40.6

1-2 续表 continued

单位：人 (person)

届　别	Congress	七 届 1988年 4月 Seventh Congress Apr. 1988	八 届 1993年 5月 Eighth Congress May. 1993	九 届 1998年 1月 Ninth Congress Jan. 1998	十 届 2003年 1月 Tenth Congress Jan. 2003	十一 届 2008年 1月 Eleventh Congress Jan. 2008
代表总人数	**Total Number of Deputies**	**588**	**629**	**619**	**621**	**626**
在代表总人数中	Of Which					
女代表	Female Deputies	134	127	147	164	168
占代表总人数（%）	Proportion to Total(%)	22.8	20.2	23.7	26.4	26.8
在代表总人数中	Of Which					
少数民族代表	Minority Nationality Deputies	259	287	286	291	295
占代表总人数（%）	Proportion to Total(%)	44.0	45.6	46.2	46.9	47.1

注：因文化大革命，1968年8月云南省革命委员会成立，云南省第四届省人代会没有召开代表大会。

Note: The Fourth Session of the People's Congress of Yunnan Province was not held. The Revolutionary Committee of Yunnan Province was established in August, 1968.

1-3 历届政治协商会议云南省委员会委员人数

Number of Deputies to All the Previous Provincial People's Political Consultative Conferences

单位：人 (person)

届 别	Congress	一 届 1955年 2月 First Congress Feb. 1955	二 届 1959年 7月 Second Congress July. 1959	三 届 1963年 12月 Third Congress Dec. 1963	四 届 1977年 12月 Fourth Congress Dec. 1977	五 届 1983年 4月 Fifth Congress Apr. 1983
委员总人数	**Total Number of Deputies**	**157**	**390**	**387**	**419**	**526**
在委员总人数中	Of Which					
中共委员	Deputies from the CPC	33	111	134	158	196
占委员总人数（%）	Proportion to Total(%)	21.0	28.5	34.6	37.7	37.3
在委员总人数中	Of Which					
女委员	Female Deputies	4	29	30	47	71
占委员总人数（%）	Proportion to Total(%)	2.6	7.4	7.8	11.2	13.5
在委员总人数中	Of Which					
少数民族委员	Minority Nationality Deputies	44	119	106	96	137
占委员总人数%	Proportion to Total(%)	28.0	30.5	27.4	22.9	26.0

1-3 续表 continued

单位：人 (person)

届 别	Congress	六 届 1988年 4月 Sixth Congress Apr. 1988	七 届 1993年 4月 Seventh Congress Apr. 1993	八 届 1998年 1月 Eighth Congress Jan. 1998	九 届 2003年 1月 Ninth Congress Jan. 2003	十 届 2008年 1月 Tenth Congress Jan. 2008
委员总人数	**Total Number of Deputies**	**561**	**589**	**612**	**643**	**647**
在委员总人数中	Of Which					
中共委员	Members of the CPC	204	228	228	247	259
占委员总人数(%)	Proportion to Total(%)	36.4	38.7	37.3	38.4	40.0
在委员总人数中	Of Which					
女委员	Female Deputies	84	98	134	172	163
占委员总人数(%)	Proportion to Total(%)	15.0	16.6	21.5	26.6	25.2
在委员总人数中	Of Which					
少数民族委员	Minority Nationality Deputies	160	172	183	206	203
占委员总人数(%)	Proportion to Total(%)	28.5	29.2	29.9	32.0	31.4

1–4 主要年份国民经济主要指标数据

指　　标	Item	1990
年末总人口数（万 人）	**Total Population at Year-end (10 000 persons)**	**3 730.60**
# 女 性	Female	1 819.80
男 性	Male	1 910.80
年末就业人员数 (万 人)	Total Number of Employed Persons at Year-end (10 000 persons)	1 922.65
# 职工人数 (万 人)	Staff and Workers (10 000 persons)	291.87
工农业总产值 (亿 元)	Gross Output Value of Industry and Agriculture (100 million yuan)	556.98
云南生产总值(当年价)(亿 元)	**Gross Regional Product of Yunnan Province (at current prices) (100 Million yuan)**	**451.67**
# 非公经济增加值(亿元)	#Added Value of Individual and Private Economy (10 000 yuan)	46.97
万元生产总值能耗(吨标准煤/万元)	Total Energy Consumption per 10 000 yuan of GRP (tons of SEC/10 000 yuan)	4.33
农业生产	**Agriculture Production**	
农、林、牧、渔业总产值 (当年价)(亿元)	Gross Output Value of Farming, Forestry, Animal Husbandry and Fishery (at current prices) (100 million yuan)	211.72
主要农产品产量	Output of Major Agricultural Products	
粮 食 (万 吨)	Grain (10 000 tons)	1 061.21
油 料 (万 吨)	Oil-bearing Crops(10 000 tons)	13.31
甘 蔗 (万 吨)	Sugarcane(10 000 tons)	661.88
烤 烟 (万 吨)	Flue-cured Tobacco (10 000 tons)	43.60
水 果 (万 吨)	Fruits (10 000 tons)	31.97
茶 叶 (万 吨)	Tea (10 000 tons)	4.48
猪、牛、羊肉 (万 吨)	Pork,Beef and Mutton (10 000 tons)	74.74
水产品 (万 吨)	Aquatic Product (10 000 tons)	4.60
工业生产	**Industrial Production**	
工业总产值(当年价)(亿 元)	Gross Output Value of Industry (at current prices)(100 million yuan)	345.26
轻工业产值 (亿 元)	Total Output Value of Light Industry (100 million yuan)	181.14
重工业产值 (亿 元)	Total Output Value of Heavy Industry (100 million yuan)	164.12
能源生产与消费(等价热值)	**Production and Consumption of Energy(Equivalent Caloricity)**	
能源生产总量(万吨标准煤)	Total Energy Production (10 000 tons of SCE)	1 594.50
能源消费总量(万吨标准煤)	Total Energy Consumption (10 000 tons of SCE)	1 954.18
主要工业产品产量	**Output of Majar Industrial Products**	
布 (万 米)	Cloth (10 000 m)	17 974.00
机制纸及纸板 (万 吨)	Machine-made Paper and Paperboards (10 000 tons)	15.43
糖 (万 吨)	Sugar (10 000 tons)	51.00
卷 烟 (亿 支)	Cigarettes(100 million pieces)	2 240.00
粗 钢 (万 吨)	Steel (10 000 tons)	80.15
成品钢材 (万 吨)	Steel Products (10 000 tons)	68.97
原 煤 (万 吨)	Raw Coal (10 000 tons)	2 227.00
发电量 (亿千瓦小时)	Electricity (100 million kwh)	125.78
水 泥 (万 吨)	Cement (10 000 tons)	471.00

注：工业总产值及轻重工业产值从1995年开始按新规定的计算方法统计,万元生产总值能耗按当年价格计算。

Principal Indicators on National Economy in Significant Years

1995	2000	2005	2007	2008	2009	2010
3 989.60	**4 240.80**	**4 450.40**	**4 514.00**	**4 543.00**	**4 571.00**	**4 601.60**
1 934.40	2 048.80	2 148.20	2 178.90	2 192.90	2 206.40	2 214.00
2 055.20	2 192.00	2 302.20	2 335.10	2 350.00	2 364.60	2 387.60
2 149.00	2 295.40	2 461.32	2 573.80	2 638.40	2 684.80	2 765.90
311.50	273.40	235.71	280.72	286.73	293.60	303.70
1 704.47	2 270.22	4 318.42	6 552.09	7 380.27	7 967.94	9 691.23
1 222.15	**2 011.19**	**3 461.73**	**4 772.52**	**5 692.12**	**6 169.75**	**7 224.18**
188.24	411.00	1 211.76	1 784.92	2 191.47	2 412.38	2 931.38
2.19	1.72	1.74	1.49	1.32	1.30	1.20
474.46	680.86	1 068.58	1 414.79	1 641.46	1 706.19	1 810.53
1 188.91	1 467.80	1 514.90	1 460.70	1 518.59	1 576.92	1 531.00
19.58	26.98	36.22	36.65	40.38	50.16	34.23
1 055.92	1 420.29	1 415.50	1 938.67	1 898.75	1 761.31	1 750.92
76.07	64.61	77.22	76.68	83.97	88.03	95.40
55.71	76.95	136.63	202.37	266.18	303.85	341.64
6.40	7.94	11.59	16.99	17.15	18.29	20.73
120.45	191.51	277.32	238.60	257.18	270.88	285.32
8.44	16.62	23.85	33.39	39.37	43.06	48.17
1 230.01	1 589.36	3 249.84	5 137.30	5 738.81	6 261.75	7 880.70
656.59	802.70	1 120.47	1 830.16	1 447.80	1 930.88	2 317.95
573.41	786.66	2 129.37	3 307.14	4 291.01	4 330.87	5 562.75
2 313.65	2 471.77	5 353.36	6 546.65	7 595.31	7 851.21	8 822.03
2 640.55	3 468.33	6 023.97	7 132.63	7 510.82	8 032.06	8 674.17
13 964.00	5 855.00	1 385.00	616.00	374.78	365.00	412.76
30.41	22.32	28.88	37.72	42.79	46.02	44.87
94.00	152.25	153.57	188.04	211.02	223.91	179.78
3 400.00	3 063.85	3 157.35	3 351.30	3 397.75	3 457.90	3 573.78
140.50	189.41	531.41	883.85	901.31	1 049.05	1 293.77
144.34	183.71	486.93	789.99	836.62	973.30	1 214.99
2 803.00	2 216.00	6 462.14	7 755.19	8 657.43	8 921.02	9 763.38
228.42	317.46	624.20	904.51	1 039.56	1 173.82	1 364.85
997.00	1 642.80	2 832.62	3 568.53	4 011.98	5 046.45	5 786.16

Note:The gross output value of light and heavy industries have been calculated by a new approach since 1995，numbers of total energy consumption per 10000 yuan of GDP are calculated at current prices.

1-4 续表

指 标	Item	1990
交通运输邮电	**Transport, Posts and Telecommunication Services**	
货运周转量（亿吨公里）	Freight Traffic(100 million ton-km)	260.67
铁 路	Railways	93.91
公 路	Highways	166.10
水 路	Waterways	0.59
民用航空	Civil Aviation	0.07
旅客周转量（亿人公里）	Passenger Traffic(100 million passenger-km)	87.67
铁 路	Railways	17.22
公 路	Highways	65.77
水 路	Waterways	0.46
民用航空	Civil Aviation	4.22
邮电业务总量（亿 元）	Total Post and Telecommunication Services(10 000 yuan)	1.27
全社会固定资产投资	**Total Investment in Fixed Assets**	**75.74**
城 镇	Urban Areas	51.22
农 村	Rural Areas	12.57
社会消费品零售总额（亿 元）	**Total Retail Sales of Consumer Goods (100 million yuan)**	**145.59**
进出口总额(万美元)	**Total Value of Exports and Imports (USD 10 000)**	**54 842**
出口额	Exports Value	43 449
进口额	Imports Value	11 393
旅游总收入(万美元)	**Total Tourism Revenue(USD 10 000)**	
# 旅游外汇总收入	Foreign Exchange Earning from International Tourism	
实际利用外商投资总额	Actually Utilized Foreigh Investment Value	1 096
财 政（亿 元）	**Government Finance (100 million yuan)**	
财政总收入	Government Revenue	77.43
财政支出	Government Expenditure	90.76
物价指数(上年=100)	**Price Indices (%) (preceding year = 100)**	
商品零售价格指数（%）	Retail Price Index(%)	102.1
居民消费价格指数（%）	Consumer Price Index (%)	102.8
职工工资	**Wages of Staff and Workers**	
职工工资总额（亿 元）	Total Wages of Staff and Wokers (100 million yuan)	60.66
# 国有单位职工工资总额（亿 元）	Total Wages of Staff and Wokers of State-owned Entities (100 million yuan)	53.56
职工年平均工资（元）	Annual Average Wages of Staff and Workers (yuan)	2 130
# 国有单位职工年平均工资（元）	Annual Average Wages of Staff and Workers of State-owned Units (yuan)	2 200
教育文化	**Education and Culture**	
高等学校数（所）	Number of Regular Institutions of Higher Education (unit)	26
高等学校在校学生数（万人）	Student Enrollment of Regular Institutions of Higher Education (10 000 person)	4.35
中等专业学校在校学生数（万人）	Student Enrollment of Specialized Secondary Schools (10 000 person)	7.38
普通中学在校学生数（万 人）	Student Enrollment of Regular Secondary Schools (10 000 persons)	123.95
小学在校学生数（万 人）	Student Enrollment of Primary Schools (10 000 persons)	446.86
艺术表演团体（个）	Number of Art Performance Groups (unit)	137
报纸出版数量（亿 份）	Number of Newspapers Issued (100 million pieces)	2.23
各类杂志出版数量（万 册）	Number of Magazines Issued (10 000 copies)	954
图书出版数量（亿 册）	Number of Books Published (100 million copies)	1.23
卫 生	**Health Care**	
卫生机构数（个）	Number of Health Institutions (unit)	6 671
床位数（万 张）	Number of Sickbeds of Health Institutions (10 000)	8.45
# 医院病床数（万 张）	Number of Sickbeds of Hospital (10 000)	7.61
专业卫生技术人员（万 人）	Number of Medical Technical Personnel (10 000 persons)	10.16
# 医 生（万 人）	Doctors (10 000 persons)	5.39

注：1.进出口总额包括边境贸易,1998年以前为外贸业务数,1999年以后为海关进出口统计数。
2.财政收入为总收入，包括上划中央的"两税"收入。
3.从1996年开始卫生机构数包括主要卫生机构、诊所、卫生保健所、医务室等。

continued

1995	2000	2005	2007	2008	2009	2010
307.71	479.52	656.49	770.96	811.15	910.43	990.50
114.24	180.76	270.37	314.23	336.20	340.95	358.31
192.10	296.65	381.96	450.83	468.63	496.14	548.53
1.06	0.98	2.93	4.59	5.16	5.42	6.91
0.31	1.13	1.23	1.31	1.16	1.16	1.29
137.93	237.94	331.60	393.40	411.89	448.45	523.64
23.03	31.35	41.04	52.63	66.61	63.37	80.73
93.10	171.20	233.12	265.80	272.98	302.22	352.10
0.35	0.78	1.05	1.21	1.54	1.55	1.78
21.45	34.57	56.39	73.76	70.76	81.31	89.03
13.97	85.64	262.20	469.35	606.99	669.99	268.94
380.57	**697.94**	**1 755.30**	**2 798.89**	**3 526.60**	**4 527.02**	**5 528.71**
262.84	466.20	815.27	1 211.78	2 548.64	3 380.08	5 052.61
38.55	47.44	79.47	193.99	158.57	218.49	476.10
369.55	**583.17**	**1 034.40**	**1 394.54**	**1 764.74**	**2 051.06**	**2 500.14**
189 609	**181 283**	**473 822**	**877 975**	**959 936**	**801 912**	**1 336 795**
121 548	117 516	264 158	473 612	498 696	451 402	760 568
68 061	63 767	209 664	404 363	461 240	350 510	576 227
	2 114 340	**4 301 365**	**5 592 081**	**6 632 787**	**8 107 266**	**10 068 306**
	33 901	52 801	85 958	100 755	117 221	114 124
34 479	22 062	29 247	55 233	93 618	91 010	132 902
285.26	432.95	766.40	1 111.30	1 360.00	1 490.82	1 809.20
235.10	414.11	766.31	1 135.22	1 470.24	1 952.34	2 285.72
118.1	97.6	100.1	104.4	106.1	100.1	103.6
121.3	97.9	104.4	105.9	105.7	100.4	103.7
158.96	254.46	377.15	566.49	683.69	788.38	903.72
137.81	209.5	283.30	398.49	473.30	546.72	619.53
5 149	9 231	16 140	20 481	24 030	26 992	30 177
5 286	9 422	16 900	22 884	26 765	30 329	34 330
26	24	44	51	59	61	61.00
5.14	9.04	23.21	30.21	34.35	38.95	43.69
10.26	11.92	15.56	18.63	20.53	23.37	29.00
127.25	185.97	238.88	251.77	259.48	264.97	270.63
462.41	472.06	441.23	453.31	451.04	444.14	435.21
134	129	135	131	127	146	142.00
2.59	3.60	4.97	5.59	5.89	6.72	6.41
1 604	2 877	2 308	2 793	3 265	3 086	3 538
1.19	1.34	1.29	1.60	1.75	1.71	1.51
6 400	13 356	10 110	9 693	9 249	9 251	9 699
9.56	9.75	10.70	11.90	12.78	14.01	15.71
8.39	6.61	7.47	8.32	9.04	9.97	11.25
11.25	12.41	11.84	12.37	12.62	13.38	14.17
5.95	6.26	5.58	5.66	5.73	5.94	6.21

Note: a.The total value of imports and exports includes frontier trade value. The data before 1998 refer to those of foreign trade, and those after 1999 refer to the statistical data of imports and exports of the customs.

b.The government revenue is the total government revenue,including two taxes turned over to the central government.

c.The number of health institutions has included main health institutions, clinics, care centers and so forth since 1996.

1–5 主要年份国民经济主要数据指数及增速

指　　标	Item	总量指标	
		1978	1990
年末总人口(万 人)	**Total Population at Year-end (10 000 persons)**	**3 091.50**	**3 730.60**
云南生产总值(亿元)	**Gross Regional Product of Yunnan Province**	**69.05**	**451.67**
农业生产	**Agricultural Production**		
农、林、牧、渔业总产值(亿元)	Gross Output Value of Farming, Forestry, Animal Husbandry and Fishery(100 million yuan)	40.02	211.72
主要农产品产量(万吨)	Output of Major Agriculture Products(10 000 tons)		
粮　食	Grain	864.05	1 061.21
油　料	Oil-bearing Crops	5.51	13.31
甘　蔗	Sugarcane	160.01	661.88
烤　烟	Flue-cured Tobacco	15 443.86	718.03
水　果	Fruits	12.26	43.60
茶　叶	Tea	1.78	4.48
猪、牛、羊肉	Pork,Beef and Mutton	29.23	74.74
水产品	Aquatic Products	1.12	4.60
工业生产	**Industry Prodllction**		
主要工业产品产量	Output of Major Industrial Products		
布 (万 米)	Cloth (10 000 m)	10 507.00	17 974.00
机制纸及纸板 (万 吨)	Machine-made Paper and Paperboards (10 000 tons)	5.12	15.43
糖 (万 吨)	Sugar (10 000 tons)	14.00	51.00
卷　烟 (亿 支)	Cigarettes(100 million pieces)	315.00	2 240.00
粗　钢 (万 吨)	Steel (10 000 tons)	35.12	80.15
成品钢材 (万 吨)	Steel Products (10 000 tons)	25.59	68.97
原　煤 (万 吨)	Raw Coal (10 000 tons)	1 483.00	2 227.00
发电量 (亿千瓦小时)	Electricity (100 million kwh)	52.51	125.78
水　泥 (万 吨)	Cement (10 000 tons)	131.00	471.00
运输邮电	**Transportation**		
货运周转量 (亿吨公里)	Freight Traffic(100 million ton-km)	62.34	260.67
旅客周转量 (亿人公里)	Passenger Traffic(100 million passenger-km)	24.25	87.67
邮电业务总量 (亿 元)	Total Post and Telecommunication Services(10 000 yuan)	0.30	1.27
全社会固定资产投资总额(亿 元)	**Total Investment in Fixed Assets (100 million yuan)**	**15.04**	**75.74**
社会消费品零售总额(亿 元)	**Total Retail Sales of Consumer Goods (100 million yuan)**	**28.38**	**145.59**
进出口总额(万美元)	**Total Value of Exports and Imports (USD 10 000)**	**10 420**	**54 842**
出口额	Export Value	6 948	43 499
进口额	Import Value	3 472	11 393
财　政 (亿 元)	**Government Finance (100 million yuan)**		
财政总收入	Government Revenue	11.76	77.43
财政支出	Government Expenditure	18.28	90.76
物价指数(上年=100)	**Price Indices (preceding year =100)**		
商品零售价格总指数(%)	Retail Price Index(%)	100.1	102.1
居民消费价格总指数(%)	Consumer Price Index(%)	100.2	102.8
国有单位职工平均工资(元)	**Average Wages of Staff and Workers of State-owned Entities(yuan)**	**629**	**2 200**
教育(万人)	**Education (10 000 persons)**		
高等学校在校学生数	Student Enrollment of Regular Institutions of Higher Education	1.59	4.35
中等专业学校在校学生数	Student Enrollment of Specialized Secondary Schools	2.66	7.38
普通中学在校学生数	Student Enrollment of Regular Secondary Schools	128.54	123.95
小学在校学生数	Student Enrollment of Primary Schools	436.03	446.86
卫　生	**Health Care**		
医院病床数(万 张)	Number of Hospital Sickbeds (10 000)	5.41	7.61
专业卫生技术人员(万人)	Number of Medical Technical Personnel (10 000 persons)	6.55	10.16
#医　生	Number of Doctors	3.11	5.39

注：2002年进出口总额因口径与1995年以前不一致,故不可比。

Index and Growth Rate of Principal Indicators on National Economy in Significant Years

Aggregate Data			指 数（2010年为以下各年） Index(2010 as percentage of the following years)				年平均增长速度(%) Average Annual Growth Rate(%)		
2000	2009	2010	1978	1990	2000	2009	1979-2010	1991-2010	2001-2010
4 240.80	**4 571.00**	**4 601.60**	**148.8**	**123.3**	**108.5**	**100.7**	**1.3**	**1.1**	**0.9**
2 011.19	**6 169.75**	**7 224.18**	**10 462.2**	**1 599.4**	**359.2**	**117.1**	**10.2**	**10.5**	**11.6**
680.86	1 706.19	1 810.53	4 524.1	855.2	265.9	106.1	13.1	12.0	11.5
1 467.80	1 576.92	1 531.00	177.2	144.3	104.3	97.1	1.9	1.9	0.5
26.98	50.16	34.23	621.2	257.2	126.9	68.2	6.1	5.1	2.7
1 420.29	1 761.31	1 750.92	1 094.3	264.5	123.3	99.4	8.0	5.3	2.4
64.61	88.03	95.40	0.6	13.3	147.7	108.4	- 15.1	- 10.1	4.4
76.95	303.85	341.64	2 786.6	783.6	444.0	112.4	11.3	11.4	18.0
7.94	18.29	20.73	1 164.6	462.7	261.1	113.3	8.2	8.4	11.3
191.51	270.88	285.32	976.1	381.8	149.0	105.3	7.6	7.3	4.5
16.62	43.06	48.17	4 300.9	1 047.2	289.8	111.9	12.9	13.2	12.6
5 855.00	365.00	412.76	3.9	2.3	7.0	113.1	- 9.9	- 18.0	- 25.5
22.32	46.02	44.87	876.4	290.8	201.0	97.5	7.3	5.8	8.1
152.25	223.91	179.78	1 284.1	352.5	118.1	80.3	8.6	6.9	1.9
3 063.85	3 457.90	3 573.78	1 134.5	159.5	116.6	103.4	8.1	2.5	1.7
189.41	1 049.05	1 293.77	3 683.9	1 614.2	683.1	123.3	12.3	15.8	23.8
183.71	973.30	1 214.99	4 747.9	1 761.6	661.4	124.8	13.3	16.3	23.4
2 216.00	8 921.02	9 763.38	658.4	438.4	440.6	109.4	6.3	8.1	17.9
317.46	1 173.82	1 364.85	2 599.2	1 085.1	429.9	116.3	11.1	13.4	17.6
1 642.80	5 046.45	5 786.16	4 416.9	1 228.5	352.2	114.7	13.0	14.1	15.0
479.52	910.43	990.50	1 588.9	380.0	206.6	108.8	9.3	7.3	8.4
237.94	448.45	523.64	2 159.3	597.3	220.1	116.8	10.4	9.9	9.2
85.64	669.99	268.94	89 646.7	21 176.4	314.0	40.1	24.5	32.6	13.6
697.94	**4 527.02**	**5 528.71**	**36 760.0**	**7 299.6**	**792.1**	**122.1**	**21.0**	**25.3**	**25.9**
583.17	**2 051.06**	**2 500.14**	**8 809.5**	**1 717.2**	**428.7**	**121.9**	**15.5**	**16.1**	**17.6**
181 283	**801 912**	**1 336 795**	**12 829**	**2 438**	**737.4**	**166.7**	**17.0**	**18.3**	**24.9**
117 516	451 402	760 568	10 947	1 748	647.2	168.5	16.4	16.3	23.1
63 767	350 510	576 227	16 596	5 058	903.6	164.4	17.9	22.9	27.7
432.95	1 490.82	1 809.20	15 384.4	2 336.6	417.9	121.4	17.6	18.0	17.2
414.11	1 952.34	2 285.72	12 503.9	2 518.4	552.0	117.1	16.9	18.5	20.9
97.6	100.1	103.6	442.7	220.7		103.6			
97.9	100.4	107.7	573.2	283.2		103.7			
9 422	**30 329**	**34 330**	**5 458**	**1 560**	**364.4**	**113.2**	**13.8**	**15.6**	**15.4**
9.04	38.95	43.69	2 747.8	1 004.4	483.3	112.2	11.3	12.9	19.1
11.92	23.37	29.00	1 090.2	393.0	243.3	124.1	8.0	7.5	10.4
185.97	264.97	270.63	210.5	218.3	145.5	102.1	2.4	4.2	4.3
472.06	444.14	435.21	99.8	97.4	92.2	98.0	0.0	- 0.1	- 0.9
6.61	9.97	11.25	207.9	147.8	170.2	112.8	2.4	2.1	6.1
12.41	13.38	14.17	216.3	139.5	114.2	105.9	2.5	1.8	1.5
6.26	5.94	6.21	199.7	115.2	99.2	104.5	2.3	0.7	- 0.1

Note: The total Value of import and export in 2000 can not be compared with those before 1995 because of the different accounting approaches.

1-6 按经济类型划分的主要经济社会指标数据(2010年)

Principal Economical and Social Indicators by Types of Economy (2010)

指　　标	Item	绝对数 Absolute Figure	比重 (%) As Percentage to Total (%) (total=100)
云南生产总值(亿元)	**Gross Regional Product (100 million yuan)**	**7 224.18**	**100.0**
国有经济	State-owned Economy	3 285.75	45.5
集体经济	Collective-owned Economy	1 007.05	13.9
非公有制经济	Non-public-owned Economy	2 931.38	40.6
就业人员总数(万人)	**Total Number of Employed Persons (10 000 persons)**	**2 765.90**	**100.0**
城镇国有单位就业人员	Employed Persons in Urban State-owned Entities	191.00	6.9
城镇集体单位就业人员	Employed Persons in Urban Collective-owned Entities	10.60	0.4
城镇其他经济类型单位就业人员	Employed Persons in Entities of Other Types of Ownership	121.20	4.4
城镇个体私营就业人员	Self-employed Individuals and Others	276.30	10.0
乡村就业人员	Rural Employed Persons	2 166.80	78.3
规模以上工业增加值(亿元)	**Added Value of Industry (100 million yuan)**	**2 246.91**	**100.0**
国有企业	State-owned Enterprises	501.57	22.3
集体企业	Collective-owned Enterprises	19.31	0.9
股份合作制企业	Joint Stock Cooperative Enterprises	2.17	0.1
股份制企业	Joint Stock Enterprises	1 519.43	67.6
外商及港澳台资企业	Foreign-funded and Enterprises funded by Hong Kong,Macao and Taiwan	120.44	5.4
其他工业	Other Enterprises	83.98	3.7
全社会固定资产投资总额(亿元)	**Total Investment in Fixed Assets (100 million yuan)**	**5 528.71**	**100.0**
国有经济	State-owned Economy	2 623.07	47.4
集体经济	Collective-owned Economy	107.41	1.9
个体私营经济	Individual and Private Economy	244.37	4.4
其他各种经济	Other Types of Ownership Economy	2 553.86	46.2
社会消费品零售总额(亿元)	**Total Retail Sales of Consumer Goods (100 million yuan)**	**2 500.14**	**100.0**
公有经济	Public Ownership Economy	435.35	17.4
其中：国有经济	Of which:State-owned Economy	359.11	14.4
非公有经济	Individual and Private Enterprises	2 064.80	82.6
其中：私有经济	Of which: Private Economy	1 843.61	73.7
普通中学和小学教师总人数(万人)	**Total Teachers and Primary Shools (10 000 persons)**	**39.85**	**100**
教育部门和集体办	Shools Run by Educational Departments and Collective Entities	38.93	97.7
社会力量办	Shools Run by Non-government Entities	0.86	2.2
其他部门办	Shools Run by Other Departments	0.06	0.2

注：农、林、牧、渔业总产值、工业增加值按当年价格计算。

Note: Gross output value of agriculture,forestry,animal husbandry,fishery and added value of industry are calculated at current prices.

1-7 云南省国民经济主要数据占全国的比重(2010年)

Proportion of Principal Zndicators of National Economy in Yunnan Province to the Whole Country (2010)

单位：% (%)

指 标	Item	全 国 National Total	云 南 Yunnan Total	云南占全国的比重(%) Proportion of Yunnan to National Total(%)
年末总人口(万人)	Total Population at the Year-end (10 000 persons)	133 972.00	4 601.60	3.4
#城 镇	Urban Areas	66 557.00	1 601.80	2.4
地区生产总值(亿元)	Gross Regional Product (100 million yuan)	397 983.00	7 224.18	1.8
第一产业	Primary Industry	40 497.00	1 108.38	2.7
第二产业	Secondary Industry	186 481.00	3 223.49	1.7
第三产业	Tertiary Industry	171 005.00	2 892.31	1.7
人均生产总值(元)	Per Capita Gross Regional Product	29 762	15 752	52.9
全社会固定资产投资额(亿元)	Total Investment in Fixed Assets of the whole Province (100 million yuan)	278 140.00	5 528.71	2.0
社会消费品零售总额(亿元)	Total Retail Sales of Consumer Goods (100 million yuan)	156 998.43	2 500.14	1.6
对外贸易进出口总额 (亿美元)	Total Value of Export and Import in Foreign Trade (USD 100 million)	29 728.00	133.68	0.4
#出口总额	Total Export Value	15 779.30	76.06	0.5
外商直接投资(亿美元)	Direct Foreign Investment (USD 100 million)	1 057.30	13.29	1.3
普通高等学校在校学生数(万人)	Student Enrollment of Regular Institu- tions of Higher Education(10 000 persons)	2 231.80	43.69	2.0
卫生机构病床数(万张)	Number of Hospital Sickbeds (10 000 beds)	437.00	15.71	3.6
卫生技术人员(万人)	Medical Technical Personnel (10 000 persons)	584.00	14.17	2.4
#医生	Doctors	237.00	6.21	2.6
全部职工平均工资(元)	Average Wages of All Staff and Workers (yuan)	36 539.00	30 177.00	82.6
城镇居民年平均可支配收入(元)	Annual Average Disposable Income of Urban Households (yuan)	19 109.00	16 064.54	84.1
农村居民年人均纯收入(元)	Rural Per Capita Net Income (yuan)	5 919	3 952.03	66.8
城乡居民储蓄存款余额(亿元)	Balance of Savings Deposits of Urban and Rural Residents(100 million yuan)	307 166.00	5 719.55	1.9
工农业主要产品产量	Output of Major Industrial and Farm Products			
粮 食(万吨)	Grain (10 000 tons)	54 641.00	1 531.00	2.8
烤 烟(万吨)	Flue-cured Tobacco (10 000 tons)	271.00	95.40	35.2
油 料(万吨)	Oil-bearing Crops (10 000 tons)	3 238.60	34.23	1.1
猪、牛、羊肉(万吨)	Pork , Beef and Mutton (10 000 tons)	6 121.00	285.32	4.7
粗 钢(万吨)	Steel (10 000 tons)	62 695.90	1 293.77	2.1
成品钢材(万吨)	Steel Products (10 000 tons)	79 775.50	1 214.99	1.5
原 煤(亿吨)	Coal (100 million tons)	32.40	0.96	3.0
发电量(亿千瓦小时)	Electricity (100 million kwh)	42 065.40	1 364.85	3.2
水 泥(万吨)	Cement (10 000 tons)	188 000.00	5 786.16	3.1
农用化肥(折100%)(万吨)	Chemical Fertilizer (10 000 tons)	6 740.60	363.97	5.4
布(亿米)	Cloth (100 million m)	800.00	0.41	0.1
糖(万吨)	Sugar (10 000 tons)	1 102.90	179.78	16.3
卷 烟(亿支)	Cigarettes (10 billions cigarettes)	23 752.60	3 573.78	15.0

1-8 企业景气指数(2010年)

Boom Indices of Enterprises (2010)

指　　标	Item	一季度 1st Quarter	二季度 2nd Quarter	三季度 3rd Quarter	四季度 4th Quarter
总体指数(%)	**General Index (%)**	**122.5**	**120.0**	**126.5**	**128.7**
按行业分类	**Grouped by Industrial Sector**				
工　业	Industry	115.3	115.3	120.0	126.2
采矿业	Mining	107.0	101.5	107.0	124.8
制造业	Manufacturing	116.1	113.5	116.8	124.4
电力、燃气及水的生产和供应业	Production and Supply of Electric Power, Gas and Water	114.9	126.7	136.7	134.9
建筑业	Construction	131.8	126.0	133.1	131.3
房屋和土木工程建筑业	Building and Civil Engineering	133.9	127.4	134.7	132.6
建筑安装业	Construction and Installation	20.2	62.9	100.0	120.2
交通运输、仓储及邮政业	Transportation,Storage and Post	132.1	124.7	133.1	121.5
铁路运输业	Railway Transport	150.0	200.0	200.0	150.0
道路运输业	Highway Transport	142.9	116.7	135.7	109.5
仓储业	Storage	100.0	100.0	100.0	100.0
邮政业	Post	122.6	132.3	135.5	138.7
批发和零售业	Wholesale and Retail Trades	133.0	135.0	140.9	139.2
批发业	Wholesale Trade	137.1	146.0	143.4	147.3
零售业	Retail Trade	128.2	120.0	137.1	128.0
房地产业	Real Estate	133.8	115.6	123.0	124.6
社会服务业	Social Services	113.9	106.9	123.6	116.9
租赁业	Leasehold Services	133.3	100.0	100.0	100.0
商务服务业	Business Services	105.3	94.7	117.5	114.3
公共设施管理业	Public Facility Management	157.1	157.1	171.4	128.6
居民服务业	Resident Services	133.3	166.7	133.3	133.3
信息传输、计算机服务和软件业	Information Transmission,Computer Services and Software Services	155.1	152.2	157.6	157.7
信息传输业	Information Transmission	160.3	158.7	161.5	161.6
计算机服务业	Computer Services	133.3	66.7	100.0	100.0
软件业	Software Services	66.7	100.0	133.3	133.3
住宿和餐饮业	Hotels and Catering Services	115.4	104.4	123.3	120.0
住宿业	Hotels	115.8	106.6	126.7	121.3
餐饮业	Catering Services	113.3	93.3	106.7	113.3
按企业登记注册类型分	**Grouped by Status of Registration**				
国有企业	State-owned Enterprises	130.6	127.4	137.6	136.1
集体企业	Collective-owned Enterprises	116.2	108.1	116.2	110.8
股份合作企业	Cooperative Enterprises	92.9	85.7	103.6	107.1
联营企业	Joint Ownership Enterprise	100.0	100.0	100.0	100.0
有限责任公司	Limited Liability Corporations	121.4	118.7	124.7	127.7
股份有限公司	Share-holding Corporations Ltd.	132.5	130.4	144.1	135.3
私营企业	Private Enterprises	115.3	108.6	111.8	119.7
港、澳、台投资企业	Hong Kong, Macao and Taiwan	142.9	138.1	142.9	128.6
外商投资企业	Enterprises with Fund From Foreigners,	137.1	144.1	140.0	137.1
按企业规模分	**Grouped by Size of Enterprises**				
大型企业	Large Enterprises	156.7	164.7	179.6	172.4
中型企业	Medium-sized Enterprises	128.5	123.7	125.1	127.5
小型企业	Small Enterprises	115.0	110.5	119.5	120.8
特殊分组	**Grouped by Special Standard**				
国家重点企业	State Key Enterprises	168.7	151.7	185.7	183.0
出口企业	Export enterprises	116.4	118.1	124.9	135.7
上市公司	Listed Companies	147.9	138.4	157.1	145.5
国有控股企业	State Holding Enterprises	132.9	131.0	140.5	139.5

1-9 企业家信心指数(2010年)

Indices of Entrepreneurial Confidence (2010)

指 标	Item	一季度 1st Quarter	二季度 2nd Quarter	三季度 3rd Quarter	四季度 4th Quarter
总体指数(%)	**General Index (%)**	**130.5**	**125.6**	**129.8**	**131.7**
按行业分类	**Grouped by Industrial Sector**				
工 业	Industry	127.8	124.7	127.1	130.3
采矿业	Mining	137.0	127.0	113.6	144.8
制造业	Manufacturing	127.2	120.5	122.7	125.6
电力、燃气及水的生产和供应业	Production and Supply of Electric Power, Gas and W	130.3	142.0	150.2	146.7
建筑业	Construction	138.4	123.0	139.7	138.6
房屋和土木工程建筑业	Building and Civil Engineering	140.0	124.3	140.7	139.6
建筑安装业	Construction and Installation	62.9	62.9	100.0	100.0
交通运输、仓储及邮政业	Transportation,Storage and Post	141.9	131.2	129.1	126.8
铁路运输业	Railway Transport	200.0	200.0	200.0	200.0
道路运输业	Highway Transport	135.7	119.1	116.7	116.7
仓储业	Storage	133.3	66.7	66.7	66.7
邮政业	Post	148.4	154.8	145.2	145.2
批发和零售业	Wholesale and Retail Trades	129.3	133.6	134.3	133.0
批发业	Wholesale trade	134.4	141.6	136.2	141.4
零售业	Retail Trade	123.8	123.8	133.2	122.8
房地产业	Real Estate	136.3	114.0	118.9	122.3
社会服务业	Social Services	111.1	104.2	115.3	121.1
租赁业	Leasehold Services	133.3	133.3	133.3	133.3
商务服务业	Business Services	103.5	94.7	110.5	114.3
公共设施管理业	Public Facility Management	128.6	128.6	114.3	142.9
居民服务业	Resident Services	166.7	166.7	166.7	166.7
信息传输、计算机服务和软件业	Information Transmission,Computer Services and Software Services	167.0	162.0	161.7	166.4
信息传输业	Information Transmission	170.2	167.9	167.6	171.1
计算机服务业	Computer Services	133.3	66.7	66.7	100.0
软件业	Software Services	133.3	133.3	133.3	133.3
住宿和餐饮业	Hotels and Catering Services	114.3	114.3	125.6	122.2
住宿业	Hotels	115.8	114.5	126.7	125.3
餐饮业	Catering Services	106.7	113.3	120.0	106.7
按企业登记注册类型分	**Grouped by Status of Registration**				
国有企业	State-owned Enterprises	142.7	136.3	137.8	141.6
集体企业	Collective-owned Enterprises	124.3	113.5	121.6	127.0
股份合作企业	Cooperative Enterprises	103.6	103.6	100.0	96.4
联营企业	Joint Ownership Enterprise	100.0	100.0	100.0	133.3
有限责任公司	Limited Liability Corporations	126.4	123.3	127.2	128.7
股份有限公司	Share-holding Corporations Ltd.	138.2	128.6	139.2	139.2
私营企业	Private Enterprises	121.6	112.8	118.1	119.8
港、澳、台投资企业	Hong Kong, Macao and Taiwan	138.1	123.8	133.3	147.6
外商投资企业	Enterprises with Fund From Foreigners, Hong Kong, Macao and Taiwan	142.5	149.4	160.9	143.7
按企业规模分	**Grouped by Size of Enterprises**				
大型企业	Large Enterprises	150.4	158.0	167.2	174.0
中型企业	Medium-sized Enterprises	137.0	128.3	130.7	132.0
小型企业	Small Enterprises	122.7	117.8	122.3	123.1
特殊分组	**Grouped by Special Standard**				
国家重点企业	State Key Enterprises	154.4	136.8	154.4	170.4
出口企业	Export enterprises	128.6	131.5	130.2	129.9
上市公司	Listed Companies	149.1	137.7	155.9	148.6
国有控股企业	State-holding Enterprises	139.1	135.4	140.0	143.9

1–10 全省按国民经济行业分的法人单位数（2007–2010年）
Number of Corporate Units by National Economy Sector (2007-2010)

单位：个 (unit)

国民经济行业	National Economy seetor Sector	2007	2008	2009	2010
全省总计	**Provincial Total**	**110 196**	**126 405**	**148613**	**170936**
农、林、牧、渔业	Agriculture, Forestry, Animal Husbandry and Fishery	3 716	3 869	7026	10133
采矿业	Mining	3 861	4 680	5092	5282
制造业	Manufacturing	12 998	13 918	15424	16219
电力、燃气及水的生产和供应业	Production and Supply of Electricity, Gas and Water	1 347	1 670	1894	2087
建筑业	Construction	3 503	3 728	4736	6412
交通运输、仓储和邮政业	Transport, Storage and Post	1 657	2 202	2631	3178
信息传输、计算机服务和软件业	Information Transmission, Computer Services and Software	1 778	2 523	3277	3722
批发和零售业	Wholesale and Retail Trades	17 220	20 301	30421	39082
住宿和餐饮业	Hotels and Catering Services	2 480	2 530	2671	3044
金融业	Financial Intermediation	630	770	1156	1544
房地产业	Real Estate	3 457	4 298	5162	6828
租赁和商务服务业	Leasing and Business Services	5 196	6 395	8265	10329
科学研究、技术服务和地质勘查业	Scientific Research, Technical Services and Geologic Prospecting	3 881	4 909	5183	5711
水利、环境和公共设施管理业	Management of Water Conservancy, Environment and Public Facilities	1 640	1 764	1801	1926
居民服务和其他服务业	Services to Households and Other Services	1 261	1 566	2026	2407
教　育	Education	6 433	7 270	7403	7618
卫生、社会保障和社会福利业	Health, Social Security and Social Welfare	3 807	4 226	4229	4332
文化、体育和娱乐业	Culture, Sports and Entertainment	2 047	2 138	2359	2561
公共管理和社会组织	Public Management and Social Organizations	33 284	37 648	37854	38518
国际组织	International Organization			3	3

1–11 各州市法人单位数(2005–2010年)

Number of Legal Entities by Region (2005-2010)

单位：个 (unit)

州 市	Region	2005	2006	2007	2008	2009	2010
全省合计	**Total**	**99 132**	**1 023 720**	**110 196**	**126 405**	**148 613**	**170 936**
昆 明	Kunming	27 967	29 430	33 341	39 353	51 453	61 867
曲 靖	Qujing	8 961	8 487	9 590	11 951	13 763	15 531
玉 溪	Yuxi	7 627	7 807	8 033	9 317	9 789	10 918
保 山	Baoshan	3 876	4 191	4 421	4 741	5 431	5 889
昭 通	Zhaotong	5 360	5 404	5 538	7 128	7 398	8 737
丽 江	Lijiang	2 598	2 697	2 931	3 453	4 011	4 720
普 洱	Pu'er	5 301	5 377	5 590	6 591	7 139	7 679
临 沧	Lincang	4 121	4 365	4 436	4 199	4 900	5 586
楚 雄	Chuxiong	6 150	6 348	6 792	6 471	7 639	8 500
红 河	Honghe	7 908	8 262	8 611	10 128	11 777	13 081
文 山	Wenshan	4 339	4 531	4 933	5 240	5 934	6 537
西双版纳	Xishuangbanna	2 160	2 394	2 597	3 034	3 708	4 295
大 理	Dali	7 250	7 318	7 343	7 901	8 057	9 150
德 宏	Dehong	3 430	3 652	3 893	3 962	4 346	4 795
怒 江	Nujiang	1 125	1 156	1 177	1 670	1 890	2 069
迪 庆	Diqing	959	953	970	1 266	1 378	1 582

1–12 各州市基本单位数(2010年)

Number of Basic Entities by Region (2010)

单位：个 (unit)

州 市	Region	法人单位数 Number of Impersonal Entities			产业活动单位数 Number of Industrial Activity Entities	
		合 计 Total	单产业法人 Single-industry Corporation	多产业法人 Multi-industry Corporation	合 计 Total	# 多产业法人单位所属产业活动 Activity of Multi-industry Corporation
全省合计	**Total**	**170 936**	**157 073**	**13 863**	**242 112**	**85 039**
昆 明	Kunming	61 867	59 604	2 263	73 284	13 680
曲 靖	Qujing	15 531	14 261	1 270	22 780	8 519
玉 溪	Yuxi	10 918	10 186	732	14 396	4 210
保 山	Baoshan	5 889	5 135	754	9 931	4 796
昭 通	Zhaotong	8 737	7 895	842	15 323	7 428
丽 江	Lijiang	4 720	4 364	356	6 719	2 355
普 洱	Pu'er	7 679	6 799	880	11 595	4 796
临 沧	Lincang	5 586	4 862	724	9 130	4 268
楚 雄	Chuxiong	8 500	7 130	1 370	14 293	7 163
红 河	Honghe	13 081	11 842	1 239	19 644	7 802
文 山	Wenshan	6 537	5 799	738	11 379	5 580
西双版纳	Xishuangbanna	4 295	3 863	432	6 233	2 370
大 理	Dali	9 150	7 956	1 194	14 338	6 382
德 宏	Dehong	4 795	4 126	669	7 833	3 707
怒 江	Nujiang	2 069	1 896	173	2 906	1 010
迪 庆	Diqing	1 582	1 355	227	2 328	973

注：本表产业活动单位的汇总范围，包括外省(地、州)法人单位在本地的产业活动单位，但不包括本省(地、州)法人单位在外地的产业活动单位。

Note: The number of industrial activity entities by region does not include the number outside the province.

Chapter 2

二、国民经济核算

National Accounts

2-1 1978–2010年云南生产总值

Historic Gross Regional Product (1978-2010)

年 份 Year	云南生产总值 (亿元) Gross Regional Product (100 million yuan)	第一产业 Primary Industry	第二产业 Secondary Industry	工 业 Industry	建筑业 Construction	第三产业 Tertiary Industry	人均生产总值 (元) Per Capita Gross Regional Product (yuan)
1978	69.05	29.46	27.58	20.91	6.67	12.01	226
1979	76.83	32.38	30.50	23.56	6.94	13.95	247
1980	84.27	35.89	33.98	25.86	8.12	14.40	267
1981	94.13	41.23	35.80	28.62	7.18	17.10	294
1982	110.12	47.04	42.39	34.21	8.18	20.69	339
1983	120.07	49.33	47.28	39.08	8.20	23.46	363
1984	139.58	57.33	54.38	44.14	10.24	27.87	416
1985	164.96	66.07	65.41	52.51	12.90	33.48	486
1986	182.28	71.32	70.83	61.09	9.74	40.13	528
1987	229.03	84.06	84.30	73.30	11.00	60.67	653
1988	301.09	103.47	112.40	99.19	13.21	85.22	845
1989	363.05	119.01	138.06	124.73	13.33	105.98	1 003
1990	451.67	168.13	157.80	142.77	15.03	125.74	1 224
1991	517.41	169.48	179.56	162.32	17.24	168.37	1 377
1992	618.69	186.80	219.03	193.90	25.13	212.86	1 625
1993	783.27	191.45	325.57	284.65	40.92	266.25	2 030
1994	983.78	236.25	428.68	383.91	44.77	318.85	2 515
1995	1 222.15	302.69	534.78	480.95	53.83	384.68	3 083
1996	1 517.69	360.48	669.06	599.82	69.24	488.15	3 779
1997	1 676.17	387.02	743.82	657.05	86.77	545.33	4 121
1998	1 831.33	403.43	818.26	705.55	112.71	609.64	4 446
1999	1 899.82	406.87	811.90	686.09	125.81	681.05	4 558
2000	2 011.19	431.80	833.25	704.00	129.25	746.14	4 770
2001	2 138.31	444.42	868.06	730.81	137.25	825.83	5 015
2002	2 312.82	463.44	934.88	788.44	146.44	914.50	5 366
2003	2 556.02	494.60	1 047.66	882.08	165.58	1 013.76	5 870
2004	3 081.91	593.59	1 281.63	1 066.41	215.22	1 206.69	7 012
2005	3 462.73	661.69	1 426.42	1 168.68	257.74	1 374.62	7 809
2006	3 988.14	724.40	1 705.83	1 401.57	304.26	1 557.91	8 929
2007	4 772.52	837.35	2 038.39	1 696.29	342.10	1 896.78	10 609
2008	5 692.12	1 020.56	2 452.75	2 051.73	401.02	2 218.81	12 570
2009	6 169.75	1 067.60	2 582.53	2 088.17	494.36	2 519.62	13 539
2010	7 224.18	1 108.38	3 223.49	2 604.07	619.42	2 892.31	15 752

注：1.地区生产总值按当年价格计算。
2.地区生产总值即原国内生产总值(GDP)。

Note: a. Gross Regional Product is calculated at current prices.
b. Gross Regional Product of Yunnan Province in this table refers to the Original indicator of Gross Domestic Product.

2-2 1978-2010年云南生产总值指数(一)

Historic Indices of Gross Regional Product (Ⅰ)(1978-2010)

本表按不变价计算 Data in this table are calculated at constant price

(上年=100) (preceding year=100)

年份 Year	云南生产总值指数(%) Indices of Gross Regional Product of (%)	第一产业 Primary Industry	第二产业 Secondary Industry	工业 Industry	建筑业 Construction	第三产业 Tertiary Industry	人均生产总值指数(%) Indices of Per Capita Gross Regional Product (%)
1978	121.7	113.7	129.0	128.3	132.6	119.2	119.0
1979	103.1	93.0	105.8	106.3	103.2	114.8	101.3
1980	108.5	109.8	110.1	109.4	113.9	102.5	107.1
1981	107.8	109.3	103.3	105.7	91.5	117.2	106.3
1982	115.5	112.8	115.1	115.7	111.6	120.4	113.6
1983	108.4	104.2	108.9	110.3	100.2	113.3	106.6
1984	114.5	113.7	112.9	111.8	120.0	118.9	113.0
1985	113.0	106.8	113.6	112.6	119.3	119.6	111.5
1986	104.3	97.7	106.6	106.6	106.7	107.1	102.7
1987	112.3	107.7	110.4	110.3	111.0	120.7	110.4
1988	116.0	107.8	118.5	118.1	120.8	119.0	114.2
1989	105.8	103.2	103.9	104.5	100.4	111.3	104.1
1990	108.7	108.5	109.8	110.1	107.9	107.1	106.7
1991	106.6	101.1	108.9	109.3	105.5	111.0	104.7
1992	110.9	103.0	116.8	115.2	133.5	113.4	109.5
1993	111.1	102.5	113.7	113.2	117.8	117.0	109.6
1994	112.2	103.0	117.3	117.7	114.0	114.7	110.7
1995	111.7	105.0	113.5	114.2	107.1	115.2	110.3
1996	111.1	105.2	111.5	112.0	106.6	115.1	109.7
1997	109.7	104.6	110.6	109.6	120.4	112.3	108.3
1998	108.1	103.0	109.2	107.2	126.6	110.3	106.7
1999	107.3	104.5	107.0	106.5	110.9	109.3	106.0
2000	107.5	105.6	105.8	107.0	97.2	110.4	106.2
2001	106.8	103.9	103.9	103.9	104.2	111.7	105.6
2002	109.0	103.8	109.3	110.0	105.8	111.4	107.8
2003	108.8	105.5	110.1	110.2	109.7	109.1	107.7
2004	111.3	105.3	112.7	111.8	117.8	112.8	110.3
2005	108.9	104.8	107.5	106.4	113.6	111.7	107.9
2006	111.6	105.5	116.8	116.5	118.2	109.0	110.7
2007	112.2	104.2	115.2	117.0	107.2	112.5	111.4
2008	110.6	106.3	112.1	113.4	105.5	110.7	109.8
2009	112.1	105.2	113.6	111.2	126.3	113.1	111.4
2010	112.3	104.2	115.8	114.6	121.1	111.5	111.6

2-3 1978-2010年云南生产总值指数(二)

Historic Indices of Gross Regional Product (Ⅱ)(1978-2010)

本表按不变价计算　　Data in this table are calculated at constant price

(1952年=100)　　(year of 1952=100)

年份 Year	云南生产总值指数(%) Indices of Gross Regional Product (%)	第一产业 Primary Industry	第二产业 Secondary Industry	工业 Industry	建筑业 Construction	第三产业 Tertiary Industry	人均生产总值指数(%) Indices of Per Capita Gross Regional Product (%)
1978	459.8	250.1	1 441.3	1 382.2	1 874.0	362.8	253.9
1979	474.1	232.6	1 524.9	1 469.3	1 934.0	416.5	257.2
1980	514.4	255.4	1 678.9	1 607.4	2 202.8	426.9	275.5
1981	554.5	279.2	1 734.3	1 699.0	2 015.6	500.3	292.9
1982	640.4	314.9	1 996.2	1 965.7	2 249.4	602.4	332.7
1983	694.2	328.1	2 173.9	2 168.2	2 253.9	682.5	354.7
1984	794.9	373.0	2 454.3	2 424.0	2 704.7	811.5	400.8
1985	898.2	398.4	2 788.1	2 729.4	3 226.7	970.6	446.9
1986	936.8	389.2	2 972.1	2 909.5	3 442.9	1 039.5	459.0
1987	1 052.0	419.2	3 281.2	3 209.2	3 821.6	1 254.7	506.7
1988	1 220.3	451.9	3 888.2	3 790.1	4 616.5	1 493.1	578.7
1989	1 291.1	466.4	4 039.8	3 960.7	4 635.0	1 661.8	602.4
1990	1 403.4	506.0	4 435.7	4 360.7	5 001.2	1 779.8	642.8
1991	1 496.0	511.6	4 830.5	4 766.2	5 276.3	1 975.6	673.0
1992	1 659.1	526.9	5 642.0	5 490.7	7 043.9	2 240.3	736.9
1993	1 843.3	540.1	6 415.0	6 215.5	8 297.7	2 621.2	807.6
1994	2 068.2	556.3	7 524.8	7 315.6	9 459.4	3 006.5	894.0
1995	2 310.2	584.1	8 540.6	8 354.4	10 131.0	3 463.5	986.1
1996	2 566.6	614.5	9 522.8	9 356.9	10 799.6	3 986.5	1 081.8
1997	2 815.6	642.8	10 532.2	10 255.2	13 002.7	4 476.8	1 171.6
1998	3 043.7	662.1	11 501.2	10 993.6	16 461.4	4 937.9	1 250.1
1999	3 265.9	691.9	12 306.3	11 708.2	18 255.7	5 397.1	1 325.1
2000	3 510.8	730.6	13 020.1	12 527.8	17 744.5	5 958.4	1 407.3
2001	3 749.5	759.1	13 527.9	13 016.4	18 489.8	6 655.5	1 486.1
2002	4 087.0	787.9	14 786.0	14 318.0	19 562.2	7 414.2	1 602.0
2003	4 446.7	831.2	16 279.4	15 778.4	21 459.7	8 088.9	1 725.4
2004	4 949.2	875.3	18 346.9	17 640.3	25 279.5	9 124.3	1 903.1
2005	5 389.7	917.3	19 722.9	18 769.3	28 717.5	10 191.8	2 053.4
2006	6 014.9	967.8	23 036.3	21 866.2	33 944.1	11 109.1	2 273.1
2007	6 748.7	1 008.4	26 537.8	25 583.5	36 388.1	12 497.7	2 532.2
2008	7 464.1	1 071.9	29 748.9	29 011.7	38 389.4	13 835.0	2 780.4
2009	8 367.3	1 127.6	33 794.8	32 261.0	48 485.8	15 647.4	3 097.4
2010	9 396.5	1 175.0	39 134.4	36 971.1	58 716.3	17 446.9	3 456.7

2-4 各州市生产总值(2010年)

Gross Regional Product by Region (2010)

州 市	Region	生产总值(万元) Gross Regional Product (10 000 yuan)	第一产业 Primary Industry	第二产业 Secondary Industry	工 业 Industry	建筑业 Construction	第三产业 Tertiary Industry
全 省	**Total**	**72 241 800**	**11 083 800**	**32 234 900**	**26 040 700**	**6 194 200**	**28 923 100**
昆 明	Kunming	21 203 031	1 202 963	9 608 604	7 096 233	2 512 371	10 391 464
曲 靖	Qujing	10 055 965	1 835 734	5 266 662	4 686 771	579 891	2 953 569
玉 溪	Yuxi	7 364 354	696 008	4 578 827	4 375 308	203 519	2 089 519
保 山	Baoshan	2 608 992	790 000	805 425	593 403	212 022	1 013 567
昭 通	Zhaotong	3 796 448	744 580	1 748 188	1 326 302	421 886	1 303 680
丽 江	Lijiang	1 435 885	260 235	550 462	331 214	219 248	625 188
普 洱	Pu'er	2 480 804	736 631	837 744	538 290	299 454	906 429
临 沧	Lincang	2 169 731	714 779	761 762	537 146	224 616	693 190
楚 雄	Chuxiong	4 047 301	907 847	1 718 080	1 404 754	313 326	1 421 374
红 河	Honghe	6 504 154	1 043 804	3 451 518	2 978 545	472 973	2 008 832
文 山	Wenshan	3 298 515	731 070	1 221 457	901 391	320 066	1 345 988
西双版纳	Xishuangbanna	1 603 195	438 251	476 670	315 054	161 616	688 274
大 理	Dali	4 741 287	1 089 607	1 882 942	1 544 154	338 788	1 768 738
德 宏	Dehong	1 406 270	372 446	476 180	369 623	106 557	557 644
怒 江	Nujiang	547 566	66 285	197 247	147 373	49 874	284 034
迪 庆	Diqing	770 976	71 503	296 942	159 481	137 461	402 531

2-4 续表 continued

州 市	Region	交通运输、仓储及邮政业 Transport,Storage, Post and Telecommunication Services	批发和零售业 Wholesale and Retail Trades and Catering Services	三次产业构成 Composition (%) 第一产业 Primary Industry	第二产业 Secondary Industry	第三产业 Tertiary Industry	人均生产总值(元) Per Capita Gross Regional Product (yuan)
全 省	**Total**	**1 932 600**	**6 853 800**	**15.4**	**44.6**	**40.0**	**15 752**
昆 明	Kunming	651 501	2 335 581	5.7	45.3	49.0	33 549
曲 靖	Qujing	374 631	675 049	18.2	52.4	29.4	17 228
玉 溪	Yuxi	242 687	524 558	9.4	62.2	28.4	32 089
保 山	Baoshan	121 126	196 972	30.3	30.9	38.8	10 469
昭 通	Zhaotong	134 622	173 725	19.6	46.1	34.3	7 193
丽 江	Lijiang	56 923	113 552	18.1	38.3	43.6	11 680
普 洱	Pu'er	90 835	139 461	29.7	33.8	36.5	9 584
临 沧	Lincang	62 342	95 791	32.9	35.1	32.0	8 988
楚 雄	Chuxiong	156 893	305 683	22.4	42.5	35.1	14 960
红 河	Honghe	143 347	432 989	16.0	53.1	30.9	14 546
文 山	Wenshan	132 363	343 599	22.2	37.0	40.8	9 456
西双版纳	Xishuangbanna	72 943	73 311	27.4	29.7	42.9	14 503
大 理	Dali	236 950	355 611	23.0	39.7	37.3	13 498
德 宏	Dehong	40 758	117 628	26.5	33.9	39.6	11 681
怒 江	Nujiang	19 749	42 109	12.1	36.0	51.9	10 266
迪 庆	Diqing	53 978	73 258	9.3	38.5	52.2	20 051

注：由于各州、市分别计算，各州、市数相加不等于全省数。

Note:The sum of the data of all prefectures and cities is not necessary equal to the provincial total because the regional data are calculated respectively.

2–5　1978–2010年支出法云南省生产总值

Gross Regional Product of Yunnan Province by Expenditure Approach (1978-2010)

年　份 Year	支出法云南生产总值(亿元) Gross Regional Product of Yunnan Province by Expenditure Approach (100 million yuan)	最终消费 Final Consumption Expenditure	资本形成总额 Gross Capital Formation	净出口 Net Export	最终消费率(%) Final Consumption Rate(%)	资本形成率(%) Capital Formation Rate (%)
1978	69.05	52.03	26.96	-9.94	75.4	39.0
1980	84.27	63.35	30.30	-9.38	75.2	36.0
1985	164.96	119.86	56.76	-11.66	72.7	34.4
1990	451.67	298.97	132.16	20.54	66.2	29.3
1995	1 222.15	697.85	498.64	25.66	57.1	40.8
1996	1 517.69	874.19	623.77	19.73	57.6	41.1
1997	1 676.17	1 002.35	717.40	-43.58	59.8	42.8
1998	1 831.33	1 113.45	785.64	-67.76	60.8	42.9
1999	1 899.82	1 286.18	761.83	-148.19	67.7	40.1
2000	2 011.19	1 524.48	746.15	-259.44	75.8	37.1
2001	2 138.31	1 473.30	957.96	-292.95	68.9	44.8
2002	2 312.82	1 581.97	920.50	-189.65	68.4	39.8
2003	2 556.02	1 656.30	1 188.55	-288.83	64.8	46.5
2004	3 081.91	2 042.43	1 450.44	-410.96	66.3	47.1
2005	3 461.73	2 365.67	1 798.86	-702.80	68.3	52.0
2006	3 988.14	2 662.39	2 025.26	-699.51	66.8	50.8
2007	4 772.52	2 960.48	2 113.54	-301.50	62.0	44.3
2008	5 692.12	3 390.10	3 017.36	- 715.34	59.6	53.0
2009	6 169.75	3 745.96	3 756.61	-1 332.82	60.7	60.9
2010	7 224.18	4 291.06	5 578.57	-2 645.45	59.4	77.2

2-6 1978-2010年支出法云南省生产总值构成

Composition of Gross Regional Product of Yunnan Province by Expenditure Approach (1978-2010)

年份	资本形成总额 Gross Capital Formation				最终消费 Final Consumption Expenditure					
	绝对数 (亿元) Absolute Figure (100 million yuan)		比重(资本形成总额=100) (%) Proportion (Gross Capital Formation=100)		绝对数 (亿元) Absolute Figure (100 million yuan)				比重(最终消费=100) (%) Proporton (Final Consumption Expenditure=100)	
Year	固定资本形成总额 Gross Fixed Capital Formation	存货增加 Changes in Inventory	固定资本形成总额 Gross Fixed Capital Formation	存货增加 Changes in Inventory	居民消费 Household Consumption	农村居民 Rural Households	城镇居民 Urban Households	政府消费 Government Consumption	居民消费 Household Consumption	政府消费 Government Consumption
1978	20.55	6.41	76.2	23.8	47.80	33.03	14.77	4.23	91.9	8.1
1980	28.70	1.60	94.7	5.3	58.87	38.10	20.77	4.48	92.9	7.1
1985	50.07	6.69	88.2	11.8	110.69	56.90	53.79	9.17	92.3	7.7
1990	89.25	42.91	67.5	32.5	269.68	57.71	211.97	29.29	90.2	9.8
1993	288.95	83.89	77.5	22.5	417.49	68.68	348.81	56.39	88.1	11.9
1994	337.09	100.69	77.0	23.0	498.67	73.25	425.42	77.83	86.5	13.5
1995	399.91	98.73	80.2	19.8	595.27	76.74	518.53	102.58	85.3	14.7
1996	472.82	150.95	75.8	24.2	736.07	80.71	655.36	138.12	84.2	15.8
1997	560.29	157.11	78.1	21.9	821.93	100.56	721.37	180.42	82.0	18.0
1998	703.15	82.49	89.5	10.5	866.26	103.63	762.63	247.19	77.8	22.2
1999	738.21	23.62	96.9	3.1	998.08	193.51	804.57	288.10	77.6	22.4
2000	722.27	23.88	96.8	3.2	1 097.63	327.70	769.93	426.85	72.0	28.0
2001	770.20	187.76	80.4	19.6	962.06	417.68	544.38	511.24	65.3	34.7
2002	860.67	59.83	93.5	6.5	1 061.50	433.10	628.40	520.47	67.1	32.9
2003	1 068.51	120.04	89.9	10.1	1 126.28	416.22	710.06	530.02	68.0	32.0
2004	1 352.78	97.66	93.3	6.7	1 456.91	521.76	935.15	585.52	71.3	28.7
2005	1 564.23	234.63	87.0	13.0	1 705.56	616.99	1 088.57	660.11	72.1	27.9
2006	1 795.88	229.38	88.7	11.3	1 866.84	684.54	1 182.30	795.55	70.1	29.9
2007	2 063.58	49.96	97.6	2.4	2 100.76	805.52	1 295.24	859.72	71.0	29.0
2008	2 302.17	715.19	76.3	23.7	2 454.25	885.75	1 568.50	935.85	72.4	27.6
2009	3 502.42	254.19	93.2	6.8	2 700.65	920.54	1 780.11	1 045.31	72.1	27.9
2010	5 213.05	365.52	93.4	6.6	3 082.11	1 079.98	2 002.13	1 208.95	71.8	28.2

2-7 支出法各州市生产总值(2010年)

Gross Regional Product by Expenditure Approach and Region (2010)

州市	Region	支出法生产总值(万元) Gross Regional Product by Expenditure Approach (10 000 yuan)	最终消费 Final Consumption Expenditure	资本形成总额 Gross Capital Formation	最终消费率(%) Final Consumption Rate (%)	资本形成率(%) Capital Formation Rate(%)
全省	**Total**	**72 241 800**	**42 910 600**	**55 785 700**	**59.4**	**77.2**
昆明	Kunming	21 203 031	9 878 952	14 219 958	46.6	67.1
曲靖	Qujing	10 055 965	4 093 688	4 942 377	40.7	49.1
玉溪	Yuxi	7 364 354	2 591 131	2 711 707	35.2	36.8
保山	Baoshan	2 608 992	1 667 547	1 681 918	63.9	64.5
昭通	Zhaotong	3 796 448	2 662 990	3 191 892	70.1	84.1
丽江	Lijiang	1 435 885	946 250	1 417 882	65.9	98.7
普洱	Pu'er	2 480 804	1 922 981	2 662 218	77.5	107.3
临沧	Lincang	2 169 731	1 583 780	2 479 375	73.0	114.3
楚雄	Chuxiong	4 047 301	2 390 874	1 597 141	59.1	39.5
红河	Honghe	6 504 154	3 028 238	3 751 240	46.6	57.7
文山	Wenshan	3 298 515	2 132 684	2 909 501	64.7	88.2
西双版纳	Xishuangbanna	1 603 195	967 807	958 800	60.4	59.8
大理	Dali	4 741 287	2 749 262	2 353 819	58.0	49.6
德宏	Dehong	1 406 270	1 065 523	1 220 815	75.8	86.8
怒江	Nujiang	547 566	168 219	347 103	30.7	63.4
迪庆	Diqing	770 976	366 390	401 603	47.5	52.1

注：1.由于受净出口及计算误差影响，最终消费加资本形成总额不等于支出法地区生产总值。
2.由于各州、市分别计算,各州、市数相加不等于全省数。

Note:a.The sum of final consumption expenditure plus gross capital formation is not equal to gross regional by expenditure approach because of net export and calculation errors.
b.The sum of data of all prefectures and cities is not equal to the provincial total because the regional data are calculated respectively.

2-8 各州市资本形成总额及构成(2010年)

Gross Capital Formation and Its Composition by Region (2010)

州市	Region	资本形成总额(万元) Gross Capital Formation (10 000 yuan)	固定资本形成总额 Gross Fixed Capital Formation	存货增加 Changes in Inventory	构成(资本形成总额为100)(%) Composition (Gross Capital Formation=100): 固定资本形成总额 Gross Fixed Capital Formation	存货增加 Changes in Inventory
全省	**Total**	**55 785 700**	**52 130 500**	**3 655 200**	**93.4**	**6.6**
昆明	Kunming	14 219 958	13 869 824	350 134	97.5	2.5
曲靖	Qujing	4 942 377	4 422 579	519 798	89.5	10.5
玉溪	Yuxi	2 711 707	2 188 495	523 212	80.7	19.3
保山	Baoshan	1 681 918	1 599 681	82 237	95.1	4.9
昭通	Zhaotong	3 191 892	2 970 459	221 433	93.1	6.9
丽江	Lijiang	1 417 882	1 368 930	48 952	96.5	3.5
普洱	Pu'er	2 662 218	2 380 492	281 726	89.4	10.6
临沧	Lincang	2 479 375	2 339 729	139 646	94.4	5.6
楚雄	Chuxiong	1 597 141	1 477 587	119 554	92.5	7.5
红河	Honghe	3 751 240	3 512 865	238 375	93.6	6.4
文山	Wenshan	2 909 501	2 583 477	326 024	88.8	11.2
西双版纳	Xishuangbanna	958 800	913 000	45 800	95.2	4.8
大理	Dali	2 353 819	2 129 120	224 699	90.5	9.5
德宏	Dehong	1 220 815	1 187 571	33 244	97.3	2.7
怒江	Nujiang	347 103	310 777	36 326	89.5	10.5
迪庆	Diqing	401 603	370 637	30 966	92.3	7.7

注：由于各州、市分别计算，各州、市数相加不等于全省数。

Note:The sum of data of all prefectures and cities is not equal to the provincial total because the regional data are calculated respectively.

2-9 各州市最终消费及构成（2010年）

Final Consumption Expenditure and Its Composition by Region (2010)

州 市	Region	最终消费 (万元) Final Consumption Expenditure(10 000 yuan)	居民消费 Households Consumption	农村居民 Rural Households	城镇居民 Urban Households	政府消费 Government Consumption	构成(最终消费=100)(%) Composition (%) 居民消费 Household Consumption	政府消费 Government Consumption
全 省	**Total**	**42 910 600**	**30 821 100**	**10 799 800**	**20 021 300**	**12 089 500**	**71.8**	**28.2**
昆 明	Kunming	9878952	7 328 906	1 592 529	5 736 377	2 550 046	74.2	25.8
曲 靖	Qujing	4093688	3 394 948	1 154 206	2 240 742	698 740	82.9	17.1
玉 溪	Yuxi	2 591 131	1 699 796	938 407	761 389	891 335	65.6	34.4
保 山	Baoshan	1 667 547	1 248 802	611 070	637 732	418 745	74.9	25.1
昭 通	Zhaotong	2 662 990	2 094 526	1 101 622	992 904	568 464	78.7	21.3
丽 江	Lijiang	946 250	605 632	242 520	363 112	340 618	64.0	36.0
普 洱	Pu'er	1 922 981	1 303 854	556 575	747 279	619 127	67.8	32.2
临 沧	Lincang	1 583 780	1 142 475	404 308	738 167	441 305	72.1	27.9
楚 雄	Chuxiong	2 390 874	1 816 237	761 257	1 054 980	574 637	76.0	24.0
红 河	Honghe	3 028 238	2 245 750	1 021 237	1 224 513	782 488	74.2	25.8
文 山	Wenshan	2 132 684	1 551 233	592 333	958 900	581 451	72.7	27.3
西双版纳	Xishuangbanna	967 807	746 139	243 892	502 247	221 668	77.1	22.9
大 理	Dali	2 749 262	2 056 677	1 369 953	686 724	692 585	74.8	25.2
德 宏	Dehong	1 065 523	715 947	253 100	462 847	349 576	67.2	32.8
怒 江	Nujiang	168 219	85 141	49 811	35 330	83 078	50.6	49.4
迪 庆	Diqing	366 390	196 620	88 164	108 456	169 770	53.7	46.3

注：由于各州、市分别计算，各州、市数相加不等于全省数。
Note:The sum of data of all prefectures and cities is not equal to the provincial total because the regional data are calculated respectively.

2-10 各州市生产总值构成(2010年)

Composition of Gross Regional Product by Region (2010)

州 市	Region	生产总值 (万元) Gross Regional Product (10 000 yuan)	劳动者报酬 Remuneration For Labourers	生产税净额 Net Taxe on Production	固定资产折旧 Depreciation of Surplus	营业盈余 Operating Surplus
全 省	**Total**	**72 241 800**	**33 440 700**	**14 997 200**	**9 077 500**	**14 726 400**
昆 明	Kunming	21 203 031	8 547 672	4 955 820	3 031 301	4 668 238
曲 靖	Qujing	10 055 965	4 222 412	2 072 081	2 003 735	1 757 737
玉 溪	Yuxi	7 364 354	2 089 009	1 929 926	1 862 186	1 483 233
保 山	Baoshan	2 608 992	1 634 356	237 840	363 483	373 313
昭 通	Zhaotong	3 796 448	2 092 302	830 049	401 209	472 888
丽 江	Lijiang	1 435 885	829 288	166 920	204 013	235664
普 洱	Pu'er	2 480 804	1 500 331	176 476	348 537	455 460
临 沧	Lincang	2 169 731	1 434 259	169 642	276 527	289 303
楚 雄	Chuxiong	4 047 301	1 894 842	837 096	575 220	740 143
红 河	Honghe	6 504 154	2 945 260	1 526 852	958 968	1 073 074
文 山	Wenshan	3 298 515	1 754 264	412 807	346 702	784 742
西双版纳	Xishuangbanna	1 603 195	1 012 179	170 120	235 298	185 598
大 理	Dali	4 741 287	2 506 743	922 731	556 960	754 853
德 宏	Dehong	1 406 270	815 101	183 481	162 798	244 890
怒 江	Nujiang	547 566	240 585	65 928	73 593	167 460
迪 庆	Diqing	770 976	440 643	66 086	111 440	152 807

注：由于各州、市分别计算，各州、市数相加不等于全省数。
Note:The sum of data of all prefectures and cities is not equal to the provincial total because the regional data are calculated respectively.

2-11　2005-2010年非公有制经济增加值

Added Value of Non-Public Ownership Economy (2005-2010)

单位：万元　　　　(10 000 yuan)

州　市	Region	非公有制经济增加值 Added Value of Non-Public ownership Economy	第一产业 Primary Industry	第二产业 Secondary Industry	第三产业 Tertiary Industry
2005		12 117 600	1 422 600	5 236 200	5 458 700
2006		14 572 000	1 593 700	6 747 000	6 231 300
2007		17 849 200	1 909 200	8 315 000	7 625 000
2008		21 914 700	2 398 000	10 562 800	8 953 800
2009		24 123 800	2 636 800	11 156 500	10 330 400
2010		29 313 800	2 770 600	14 232 000	12 311 200
昆　明	Kunming	9 354 769	300 741	3 915 718	5 138 310
曲　靖	Qujing	4 136 560	702 068	2 117 753	1 316 739
玉　溪	Yuxi	2 360 595	193 123	1 249 870	917 602
保　山	Baoshan	1 010 030	97 170	466 550	446 310
昭　通	Zhaotong	1 491 096	193 591	819 982	477 523
丽　江	Lijiang	697 085	72 345	359 451	265 289
普　洱	Pu'er	947 154	176 791	420 351	350 012
临　沧	Lincang	798 461	150 072	405 475	242 914
楚　雄	Chuxiong	1 707 571	256 921	821 508	629 142
红　河	Honghe	2 154 901	181 622	1 210 401	762 878
文　山	Wenshan	1 623 092	197 389	739 249	686 454
西双版纳	Xishuangbanna	552 884	56 088	256 347	240 449
大　理	Dali	2 081 797	290 925	1 107 894	682 978
德　宏	Dehong	643 095	63 316	369 454	210 325
怒　江	Nujiang	198 084	12 859	91 253	93 972
迪　庆	Diqing	349 458	16 958	172 120	160 380

注：全省数据为年快报数。
Note: Data of whole province are preliminary data from national account.

主要统计指标解释

生产总值 即原国内生产总值（国家称国内生产总值，各省区市称地区生产总值），指按市场价格计算的一个国家（或地区）所有常住单位在一定时期内生产活动的最终成果。地区生产总值有三种表现形态，即价值形态、收入形态和产品形态。从价值形态看，它是所有常住单位在一定时期内生产的全部货物和服务价值超过同期投入的全部非固定资产货物和服务价值的差额，即所有常住单位的增加值之和；从收入形态看，它是所有常住单位在一定时期内创造并分配给常住单位和非常住单位的初次收入之和；从产品形态看，它是所有常住单位在一定时期内最终使用的货物和服务价值减去货物和服务进口价值。在实际核算中，地区生产总值有三种计算方法，即生产法、收入法和支出法。

生产法 是从生产的角度衡量常住单位在核算期内新创造价值的一种计算方法。即从生产的全部货物和服务总产品的价值中，扣除生产过程中投入的中间产品的价值，得到增加值。全社会所有常住单位增加值的总和就是地区生产总值。计算公式为：

增加值=总产出－中间投入

国（地区）外净要素收入 是指本国（或本地区）居民对国（或本地区）外从事投资和提供劳务所得的要素收入，与外国（或本地区）居民对本国（或本地区）从事投资和提供劳务所得的要素收入的差额。

三次产业 三次产业的划分是世界上较为常用的产业结构分类，但各国的划分不尽一致。中国的三次产业划分是：

第一产业：是指农（种植）、林、牧、渔业，农林牧渔服务业。

第二产业：是指采掘业，制造业，电力、燃气及水的生产和供应业，建筑业。

第三产业：是指除第一、二产业以外的其他行业。包括：交通运输、仓储和邮政业，信息传输、计算机服务和软件业，批发和零售业，住宿和餐饮业，金融业，房地产业，租赁和商务服务业，科学研究、技术服务和地质勘查业，水利、环境和公共设施管理业，居民服务和其他服务业，教育，卫生、社会保障和社会福利业，文化、体育和娱乐业，公共管理和社会组织。

总产出 指常住单位在核算期内生产的货物和服务的价值总和，总产出中既包括核算期内新增加的价值，也包括中间投入的转移价值，它反映了国民经济各个部门生产活动的总规模。

中间投入 指常住单位在生产货物或提供服务的过程中，消耗和使用的所有原材料、燃料动力等货物和各种服务的价值。中间投入也称中间消耗，货物投入是生产过程中消耗或转换的有形的物质产品，不包括固定资产。服务投入是在生产过程中消耗的各种服务，包括金融保险、运输邮电、文化教育等等。

劳动者报酬 指劳动者因从事生产活动所获得的全部报酬。包括劳动者获得的各种形式的工资、奖金和津贴，既包括货币形式的，也包括实物形式的，还包括劳动者所享受的公费医疗和医药卫生费、上下班交通补贴、单位支付的社会保险费、住房公积金等。对于个体经济来说，其所有者所获得的劳动报酬和经营利润不易区分，这两部分统一作为劳动者报酬处理。

生产税净额 指生产税减生产补贴后的余额。生产税指政府对生产单位从事生产、销售和经营活动以及因从事生产活动使用某些生产要素（如固定资产、土地、劳动力）所征收的各种税、附加费和规费。生产补贴与生产税相反，指政府对生产单位的单方面转移支出，因此视为负生产税，包括政策亏损补贴、价格补贴等。

固定资产折旧 指一定时期内为弥补固定资产损耗按照规定的固定资产折旧率提取的固定资产折旧，或按国民经济核算统一规定的折旧率虚拟计算的固定资产折旧。它反映了固定资产在当期生产中的转移价值。各类企业和企业化管理的事业单位的固定资产折旧是指实际计提的折旧费；不计提折旧的政府机关、非企业化管理的事业单位和居民住房的固定资产折旧是按照统一规定的折旧率和固定资产原值计算的虚拟折旧。原则上，固定资产折旧应按固定资产当期的重置价值计算，但是目前我国尚不具备对全社会固定资产进行重估价的基础，所以暂时只能采用上述办法。

营业盈余 指常住单位创造的增加值扣除劳动者报酬、生产税净额和固定资产折旧后的余额。它相当于企业的营业利润加上生产补贴，但要扣除从利润中开支的工资和福利等。

支出法地区生产总值 是从最终使用的角度反映一个国家或地区一定时期内生产活动最终成果的一种方法，包括最终消费支出、资本形成总额及货物和服务净出口三部分。计算公式为：

支出法地区生产总值=最终消费支出+资本形成总额+货物和服务净出口

最终消费支出 指常住单位为满足物质、文化和精神生活的需要，从本国经济领土和国外购买的货物和服务的支出。它不包括非常住单位在本国经济领土内的消费支出。最终消费支出分为居民消费支出和政府消费支出。

居民消费支出 指常住住户在一定时期内对于货物和服务的全部最终消费支出。居民消费支出除了直接以货币形式购买的货物和服务的消费支出外，还包括以其他方式获得的货物和服务的消费支出，即所谓的虚拟消费支出。居民虚拟消费支出包括如下几种类型：单位以实物报酬及实物转移的形式提供给劳动者的货物和服务；住户生产并由本住户消费了的货物和服务，其中的服务仅指住户的自有住房服务和付酬的家庭雇员提供的家庭和个人服务；金融机构提供的金融媒介服务。

政府消费支出 指政府部门为全社会提供的公共服务的消费支出和免费或以较低的价格向居民住户提供的货物和服务的净支出，前者等于政府服务的产出价值减去政府单位所获得的经营收入的价值，后者等于政府部门免费或以较低价格向居民住户提供的货物和服务的市场价值减去向住户收取的价值。

资本形成总额 指常住单位在一定时期内获得减去处置的固定资产和存货的净额，包括固定资本形成总额和存货增加两部分。

固定资本形成总额 指常住单位在一定时期内获得的固定资产减处置的固定资产的价值总额。固定资产是通过生产活动生产出来的，且其使用年限在一年以上、单位价值在规定标准以上的资产，不包括自然资产。可分为有形固定资本形成总额和无形固定资本形成总额。有形固定资本形成总额包括一定时期内完成的建筑工程、安装工程和设备工器具购置（减处置）价值，以及土地改良、新增役、种、奶、毛、娱乐用牲畜和新增经济林木价值。无形固定资本形成总额包括矿藏的勘探、计算机软件等获得减处置。

存货增加 指常住单位在一定时期内存货实物量变动的市场价值，即期末价值减期初价值的差额，再扣除当期由于价格变动而产生的持有收益。存货增加可以是正值，也可以是负值，正值表示存货上升，负值表示存货下降。存货包括生产单位购进的原材料、燃料和储备物资等存货，以及生产单位生产的产成品、在制品和半成品等存货。

货物和服务净出口 指货物和服务出口减货物和服务进口的差额。出口包括常住单位向非常住单位出售或无偿转让的各种货物和服务的价值；进口包括常住单位从非常住单位购买或无偿得到的各种货物和服务的价值。由于服务活动的提供与使用同时发生，一般把常住单位从非常住单位得到的服务作为进口，非常住单位从常住单位得到的服务作为出口。货物的出口和进口都按离岸价格计算。

Explanatory Notes on Principal Statistical Indicators

Gross Regional Product was called gross domestic Product under national level before. At national level,it is still called gross domestic product , It refers to the final products at market prices produced by all resident entities in a country (or territory) during a certain period of time. Gross regional product is expressed in three different forms, i.e. value, income, and product respectively. Gross regional product in its value form refers to the difference between the total value of all goods and services produced by all resident entities during a certain period of time and that of goods and services of the nature of non-fixed assets input in the same period, i.e. it is the sum of added value of all resident entities. Gross regional product in the form of income refers to the total initial income created by all resident entities and distributed to resident and non-resident entities in a certain period of time. Gross regional product in the form of product refers to the balance of the value of all goods and services for final consumption by all resident units minus the net export value of goods and services during a given period of time. In the practice of national accounting, gross regional product is calculated by three approaches, i.e. production approach, income approach and expenditure approach.

Production Approach refers to the calculation method for measuring the newly increased value of resident entities in the accounting period from the perspective of production, i.e. the value of total goods and services produced minus that of intermediate products input in the process of production is added value. The sum of added value created by all resident entities makes GDP. The formula is as follows: Added Value = Total Output – Intermediate Input

Net Factor Income from Abroad refers to the difference between factor income earned by residents of a country (or territory) from their investment and labor services in foreign countries (or territories) and that earned by residents of foreign countries (or territories) from their investment and labor services in that country (or territory).

Three Industries Classification of economic activities into three industries is a common practice in the world, although the grouping varies to some extent form country to country. In China, economic activities are categorized as follows: Primary industry refers to farming, forestry, animal husbandry and fishery.

Secondary industry refers to mining and quarrying, manufacturing, production and supply of electricity, water, fuel gas and construction.

Tertiary industry refers to all other economic activities not included in primary or secondary industry, including services of farming, forestry, animal husbandry and fishery, communications and transportation, storage and postal services, information transmission, computer and software services wholesale and retail trade, hotel and food services, banking, real estate, lease and commercial services, scientific research and technical service, geological prospecting, management services of water conservancy, environment and public facilities, resident and other services, education, health care, social security and welfare, culture, sports and entertainment, public management and social organizations.

Total Output refers to the total value of goods and services produced by resident entities in the accounting period, including newly increased value and transfer value in intermediate input, which reflects the general scale of productive activities of each sector of the national economy.

Intermediate Input also known as intermediate consumption refers to the value of goods such as raw materials, fuels, power, etc. and various services consumed and used in the process of production or provision of services. Goods input refers to tangible material products consumed or transferred in production; and services input are those consumed in production, including banking, insurance, communications and transportation, culture, education, etc.

Compensation of Employees refers to the total payment of various forms to employees for the productive

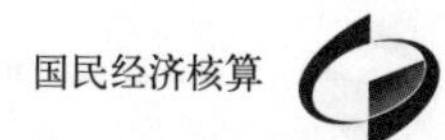

activities they are engaged in. It includes wages, bonuses and allowances, which the employees earn in cash or in kind. It also includes the free medical services provided to the employees and the medicine expenses, transport subsidies and social insurance, and housing fund paid by the employers. As regards the individual economy, since compensation of employees is not easily distinguishable from the operating surplus, both parts are treated as compensation of employees.

Net Taxes on Production refers to taxes on production less subsidies on production. The taxes on production refers to the various taxes, extra charges and fees levied on the production units on their production, sale and business activities as well as on the use of some factors of production, such as fixed assets, land and labour in the production activities they are engaged in. In contrast to taxes on production, subsidies on production refer to the unilateral government transfer to the production units and are therefore regarded as negative taxes on production. They include subsidies on the loss due to implementation of government policies, price subsidies, etc.

Depreciation of Fixed Assets refers to the depreciation of fixed assets in a given period, drawn in accordance with the stipulated depreciation rate for the purpose of compensating the wear-and-tear loss of the fixed assets or the depreciation of fixed assets imputed in accordance with the stipulated unified depreciation rate in the national economic accounting system. It reflects the value of transfer of the fixed assets in the production of the current period. The depreciation of fixed assets in various enterprises and institutions managed as enterprises refers to the depreciation expenses actually drawn. In government agencies and institutions not managed as enterprises which do not draw the depreciation expenses, as well as for the houses of residents, the depreciation of fixed assets is the imputed depreciation, which is calculated in accordance with the stipulated unified depreciation rate. In principle, the depreciation of fixed assets should be calculated on the basis of the re-purchased value of the fixed assets. However, currently the conditions in China do not facilitate the revaluation of all the fixed assets. Therefore, only the above-mentioned methods can be adopted at present.

Operating Surplus refers to the balance of the value added created by the resident units after deducting the labourers remuneration, net taxes on production and the depreciation of fixed assets. It is equivalent to the business profit of the enterprises plus subsidies to production, but the wages and welfare expenses paid from the profits should be deducted.

Gross Regional Product by Expenditure Approach refers to the method of measuring the final results of production activities of a country or region during a given period from the perspective of final uses. It includes final consumption expenditure, gross capital formation and net export of goods and services. The formula for computation is.:

Gross Regional Product by expenditure approach = final consumption expenditure + gross capital formation + net export of goods and services

Final Consumption Expenditure refers to the total expenditure of resident units for purchases of goods and services from both the domestic economic territory and abroad to meet the needs of material, cultural and spiritual life. It does not include the expenditure of non-resident units on consumption in the economic territory of the country. The final consumption expenditure is broken down into household consumption expenditure and government consumption expenditure.

Household Consumption Expenditure refers to the total expenditure of resident households on the final consumption of goods and services. In addition to the consumption of goods and services bought by the households directly with money, the household consumption expenditure also includes expenditure on goods and services obtained by the households in other ways, i.e. the so-called imputed consumption expenditure, which includes the following: a) the goods and services provided to households by employers in the form of payment in kind and transfer in kind; b) goods and services produced and consumed by the households themselves, in which the services refer to the owner-occupied housing and services offered by payed family employees; c) financial intermediate services provided by financial institution.

Government Consumption Expenditure refers to the consumption expenditure spent for the provision of public services provided by the government to the whole country and the net expenditure on the goods and services provided by the government to households free of charge or at reduced prices. The former equals to the output value of the government services minus the value of operating income obtained by the government departments. The latter equals to the market value of the goods and services provided by the government free of charge or at reduced prices to the households minus the value received by the government from the households.

Gross Capital Formation refers to the fixed assets acquired less disposals and the net value of inventory, thus including gross fixed capital formation and changes in inventories.

Gross Fixed Capital Formation refers to the value of acquisitions less those disposals of fixed assets during a given period. Fixed assets are the assets produced through production activities with unit value above a specified amount and which could be used for over one year. Natural assets are not included.Gross fixed capital formation can be categorized into total tangible fixed capital formation and total intangible fixed capital formation. Total tangible fixed capital formation includes the value of the construction projects and installation projects completed and the equipment, apparatus and instruments purchased (less those disposed) as well as the value of land improved, the value of draught animals, breeding stock and animals for milk, for wool and for recreational purposes and the newly increased forest with economic value. Total intangible fixed capital formation includes the prospecting of minerals and the acquisition of computer software minus the disposal of them.

Changes in Inventories refers to the market value of the change in the physical volume of inventory of resident units during a given period, i.e. the difference between the values at the beginning and at the end of the period minus the gains due to the change in prices. The changes in inventories can have a positive or a negative value. A positive value indicates an increase in inventory while a negative value indicates a decrease in inventory. The inventory includes raw materials, fuels and reserve materials purchased by the production units as well as the inventory of finished products, semi-finished products and work-in-progress.

Net Export of Goods and Services refers to the exports of goods and services subtracting the imports of goods and services. Exports include the value of various goods and services sold or gratuitously transferred by resident units to non-resident units. Imports include the value of various goods and services purchased or gratuitously acquired resident units from non-resident units. Because the provision of services and the use of them happen simultaneously, the acquisition of services by resident units from abroad is usually treated as import while the acquisition of services by non-resident units in this country is usually treated as export. The exports and imports of goods are calculated at FOB.

Chapter 3

三、人口
Population

3-1 1949-2010年全省年末人口数
Historic Population at Year-end (1949-2010)

单位：万人 (10 000 persons)

年 份 Year	总人口 Total Population	按性别分 By Sex		按城乡分 By Residence		按农业、非农业分 By Agricultural and Non-Agricultural	
		男 Male	女 Female	城镇人口 Urban	乡村人口 Rural	农业人口 Agricultural Population	非农业人口 Non-Agricultural Population
1949	1 595.0						
1952	1 695.1			82.3	1 612.8		
1957	1 896.8	941.9	954.8	237.1	1 659.7	1 717.0	179.8
1958	1 914.5	959.9	954.6	349.7	1 564.8	1 647.4	267.1
1960	1 894.6	937.8	956.7	305.2	1 589.4	1 615.9	278.7
1962	1 963.7	966.2	997.5	275.0	1 688.7	1 776.5	187.2
1965	2 160.4	1 075.3	1 085.1	261.4	1 899.0	1 925.5	234.9
1970	2 503.3	1 246.4	1 256.9	271.2	2 232.1	2 256.0	247.3
1973	2 746.9	1 369.7	1 377.2	323.9	2 423.0	2 461.7	285.2
1974	2 819.0	1 408.0	1 411.0	326.1	2 492.9	2 524.7	294.3
1975	2 884.3	1 441.8	1 442.5	335.9	2 548.4	2 585.9	298.4
1976	2 951.7	1 477.1	1 474.6	343.3	2 608.4	2 646.7	305.0
1977	3 024.6	1 515.0	1 509.6	351.7	2 672.9	2 712.4	312.2
1978	3 091.5	1 548.7	1 542.8	375.7	2 715.8	2 767.5	324.0
1979	3 134.8	1 569.1	1 565.6	388.3	2 746.5	2 798.2	336.6
1980	3 173.4	1 590.0	1 583.4	395.4	2 778.0	2 828.8	344.6
1981	3 222.8	1 622.2	1 600.6	416.5	2 806.3	2 873.0	349.8
1982	3 283.1	1 657.5	1 625.6	433.0	2 850.1	2 924.8	358.3
1983	3 330.8	1 683.1	1 647.7	472.0	2 858.8	2 963.1	367.7
1984	3 372.1	1 707.3	1 664.8	698.7	2 673.4	2 994.8	377.3
1985	3 418.1	1 733.7	1 684.4	904.6	2 513.5	3 021.9	396.2
1986	3 480.0	1 766.8	1 713.2	1 007.5	2 472.5	3 071.8	408.2
1987	3 534.0	1 797.7	1 736.3	996.2	2 537.8	3 112.0	422.0
1988	3 594.0	1 829.0	1 765.0	1 426.1	2 167.9	3 159.5	434.5
1989	3 648.0	1 861.2	1 786.8	1 524.5	2 123.5	3 204.8	443.2
1990	3 730.6	1 910.8	1 819.8	1 510.1	2 220.5	3 271.7	458.9
1991	3 782.1	1 939.1	1 843.0	1 555.2	2 226.9	3 312.0	470.1
1992	3 831.6	1 967.1	1 864.5	1 608.1	2 223.5	3 346.9	484.7
1993	3 885.2	1 997.0	1 888.2	1 664.0	2 221.2	3 380.5	504.7
1994	3 939.2	2 027.1	1 912.1	1 782.1	2 157.1	3 414.5	524.7
1995	3 989.6	2 055.2	1 934.4	1 821.3	2 168.3	3 445.5	544.1
1996	4 041.5	2 084.8	1 956.7	1 857.4	2 184.1	3 477.2	564.3
1997	4 094.0	2 112.9	1 981.1	1 937.3	2 156.7	3 506.1	587.9
1998	4 143.8	2 139.0	2 004.8	1 951.7	2 192.1	3 538.0	605.8
1999	4 192.4	2 165.8	2 026.6	1 991.3	2 201.1	3 554.8	637.6
2000	4 240.8	2 192.0	2 048.8	990.6	3 250.2	3 584.3	656.5
2001	4 287.4	2 217.4	2 070.0	1 066.0	3 221.4	3 609.9	677.5
2002	4 333.1	2 240.6	2 092.5	1 127.0	3 206.1	3 636.3	696.8
2003	4 375.6	2 263.6	2 112.0	1 163.9	3 211.7	3 662.4	713.2
2004	4 415.2	2 284.1	2 131.1	1 240.7	3 174.5	3 691.1	724.1
2005	4 450.4	2 302.2	2 148.2	1 312.9	3 137.5	3 720.5	729.9
2006	4 483.0	2 319.1	2 163.9	1 367.3	3 115.7	3 740.2	742.8
2007	4 514.0	2 335.1	2 178.9	1 426.4	3 087.6	3 764.3	749.7
2008	4 543.0	2 350.1	2 192.9	1 499.2	3 043.8	3 789.4	753.6
2009	4 571.0	2 364.6	2 206.4	1 554.1	3 016.9	3 812.8	758.2
2010	4 601.6	2 387.6	2 214.0	1 601.8	2 999.8	3 838.3	763.3

3-2 各州市户数、人口数及构成（2010年）

Number of Households, Population and Its Composition by Region (2010)

州市	Region	总户数（万户） Family Households (10 000 households)	总人口（万人） Total Population (10 000 persons)	按性别分（万人） By Sex (10 000 Persons)		按城乡分（万人） By Residence (10 000 Persons)		按农业、非农业分（万人） By Agricultural and Non-Agricultural (10 000 Persons)		人口密度（人/平方公里） Population Density (person/sq.km)
				男 Male	女 Female	城镇人口 Urban	乡村人口 Rural	农业人口 Agricultural Population	非农业人口 Non-Agricultural Population	
全省合计	**Total**	**1323.5**	**4 601.6**	**2 387.6**	**2 214.0**	**1 601.8**	**2 999.8**	**3 838.3**	**763.3**	**116.6**
昆明	Kunming	185.2	643.9	331.0	312.9	409.5	234.4	379.9	264.0	298.0
曲靖	Qujing	182.9	586.1	307.2	278.9	207.8	378.4	519.5	66.7	196.1
玉溪	Yuxi	71.6	230.6	118.3	112.3	87.1	143.5	191.4	39.2	150.7
保山	Baoshan	67.5	250.9	128.7	122.3	55.9	195.0	225.9	25.0	127.6
昭通	Zhaotong	159.5	521.9	274.1	247.8	106.7	415.2	486.6	35.4	226.5
丽江	Lijiang	37.0	124.6	64.3	60.3	34.0	90.7	107.3	17.3	58.7
普洱	Pu'er	71.6	254.6	134.1	120.5	77.0	177.6	221.2	33.3	56.0
临沧	Lincang	64.2	243.2	127.6	115.6	70.7	172.6	219.1	24.1	99.3
楚雄	Chuxiong	78.9	268.7	137.6	131.1	84.6	184.1	229.7	39.0	91.7
红河	Honghe	125.3	450.6	234.4	216.2	158.8	291.7	372.8	77.7	136.7
文山	Wenshan	94.9	352.2	184.1	168.1	97.0	255.2	322.1	30.1	109.1
西双版纳	Xishuangbanna	26.9	113.5	58.8	54.7	40.6	72.9	79.4	34.0	57.5
大理	Dali	103.1	346.0	175.4	170.6	110.2	235.8	304.1	41.9	117.3
德宏	Dehong	29.8	121.3	62.5	58.7	40.8	80.5	98.2	23.1	105.1
怒江	Nujiang	15.5	53.5	28.3	25.2	11.5	42.0	46.0	7.5	36.3
迪庆	Diqing	9.6	40.1	21.3	18.7	9.8	30.3	35.1	4.9	16.8

3-3 全省各民族人口数(2010年)

Provincial Population by Nationality (2010)

单位：万人 、 % (10 000 persons ,%)

民族	Nationality	人口数 Population	比重 Proportion	民族	Nationality	人口数 Population	比重 Proportion
全省	**Total**	**4601.6**	**100.0**	藏族	Tibetan	14.3	0.3
汉族	Han Nationality	3066.2	66.6	景颇族	Jingpo Nationality	14.2	0.3
彝族	Yi Nationality	503.3	10.9	布朗族	Bulang Nationality	11.7	0.3
白族	Bai Nationality	156.3	3.4	普米族	Pumi Nationality	4.2	0.1
哈尼族	Hani Nationality	163.1	3.5	怒族	Nu Nationality	3.2	0.1
壮族	Zhuang Nationality	121.6	2.6	阿昌族	Achang Nationality	3.8	0.1
傣族	Dai Nationality	122.4	2.7	基诺族	Jinuo Nationality	2.3	0.0
苗族	Miao Nationality	120.4	2.6	德昂族	De'ang Nationality	2.0	0.0
傈僳族	Lisu Nationality	66.8	1.5	蒙古族	Mongolian	2.3	0.0
回族	Hui Nationality	69.9	1.5	独龙族	Dulong Nationality	0.6	0.0
拉祜族	Lahu Nationality	47.6	1.0	满族	Manchu Nationality	1.4	0.0
佤族	Wa Nationality	40.1	0.9	水族	Shui Nationality	1.1	0.0
纳西族	Naxi Nationality	31.0	0.7	布依族	Buyi Nationality	5.9	0.1
瑶族	Yao Nationality	22.0	0.5	其他	Other Nationalities	3.7	0.1

3-4 主要年份全省人口出生率、死亡率、自然增长率

Birth Rate, Death Rate and Natural Growth Rate of Provincial Population in Significant Years

单位：万人 、 ‰ (10 000 persons, ‰)

年 份 Year	年平均人口数 Annual Average Population	出 生 Birth		死 亡 Death		人口自然增长 Natural Growth of population	
		人 数 Population	出生率 Birth Rate	人 数 Population	死亡率 Death Rate	人 数 Population	自然增长率 Natural Growth Rate
1978	3 058.00	86.8	28.37	21.2	6.93	65.6	21.44
1979	3 113.10	75.0	24.08	25.3	8.13	49.7	15.95
1980	3 154.10	65.9	20.91	23.2	7.36	42.7	13.54
1981	3 198.10	81.1	25.36	27.5	8.60	53.6	16.76
1982	3 252.90	77.4	23.80	32.1	9.88	45.3	13.92
1983	3 307.00	77.8	23.57	30.3	9.19	47.5	14.38
1984	3 351.50	67.8	20.29	26.5	7.92	41.3	12.37
1985	3 395.10	72.9	21.55	27.2	8.03	45.8	13.52
1986	3 449.50	89.1	26.03	27.0	7.87	62.1	18.16
1987	3 507.00	83.5	23.97	29.3	8.40	54.2	15.57
1988	3 564.00	84.9	24.00	25.2	7.13	59.7	16.87
1989	3 621.00	83.0	23.07	29.0	8.05	54.0	15.02
1990	3 689.30	87.0	23.60	29.0	7.92	58.0	15.68
1991	3 756.40	81.9	21.80	30.4	8.10	51.5	13.70
1992	3 806.90	79.9	21.00	30.5	8.00	49.5	13.00
1993	3 858.40	84.9	22.00	31.3	8.10	53.6	13.90
1994	3 912.20	85.3	21.80	31.3	8.00	54.0	13.80
1995	3 964.40	82.3	20.75	31.8	8.03	50.5	12.73
1996	4 015.60	83.8	20.87	31.9	7.94	51.9	12.93
1997	4 067.80	84.7	20.82	32.2	7.91	52.5	12.91
1998	4 118.90	82.4	20.01	32.6	7.91	49.8	12.10
1999	4 168.10	81.2	19.48	32.6	7.82	48.6	11.66
2000	4 216.60	80.3	19.05	31.9	7.57	48.4	11.48
2001	4 264.10	78.9	18.51	32.3	7.57	46.6	10.94
2002	4 310.25	77.3	17.90	31.5	7.30	45.7	10.60
2003	4 354.35	74.0	17.00	31.4	7.20	42.6	9.80
2004	4 395.40	68.6	15.60	29.0	6.60	39.6	9.00
2005	4 432.80	65.3	14.72	29.9	6.75	35.4	7.97
2006	4 466.70	59.0	13.20	28.1	6.30	30.9	6.90
2007	4 498.50	58.6	13.08	27.9	6.22	30.8	6.86
2008	4 528.50	57.2	12.63	28.6	6.31	28.6	6.32
2009	4 557.00	57.1	12.53	29.4	6.45	27.7	6.08
2010	4 586.30	60.1	13.10	30.1	6.56	30.0	6.54

注：本表从1983年起的数字系抽样调查结果数。其余年份数字均为人口年报数。

Note:Data in this table from 1983 are data of population sample surveys,and the others are obtained from annual population reports.

3-5 各州市人口出生率、死亡率、自然增长率（2010年）

Birth Rate, Death Rate and Natural Growth Rate of Population by Region (2010)

单位：万人、‰ (10 000 persons, ‰)

州 市	Region	出 生 Birth		死 亡 Death		人口自然增长 Natural Growth of population	
		人 数 Population	出生率 Birth Rate	人 数 Population	死亡率 Death Rate	人 数 Population	自然增长率 Natural Growth Rate
全省合计	**Total**	**60.1**	**13.10**	**30.1**	**6.56**	**30.0**	**6.54**
昆 明	Kunming	7.5	11.8	3.8	6.0	3.7	5.8
曲 靖	Qujing	7.6	13.0	3.5	6.0	4.1	7.0
玉 溪	Yuxi	2.6	11.5	1.4	5.9	1.3	5.6
保 山	Baoshan	3.3	13.3	1.9	7.4	1.5	5.9
昭 通	Zhaotong	8.4	15.8	3.6	6.8	4.8	9.0
丽 江	Lijiang	1.4	11.4	0.9	6.9	0.6	4.5
普 洱	Pu'er	3.2	12.5	1.7	6.6	1.5	6.0
临 沧	Lincang	3.2	13.4	1.7	7.0	1.5	6.4
楚 雄	Chuxiong	3.2	11.7	1.9	7.0	1.3	4.7
红 河	Honghe	6.4	14.3	3.3	7.4	3.1	6.9
文 山	Wenshan	4.9	14.0	2.3	6.6	2.6	7.4
西双版纳	Xishuangbanna	1.4	12.2	0.6	5.7	0.7	6.5
大 理	Dali	4.0	11.5	2.2	6.3	1.8	5.2
德 宏	Dehong	1.8	15.0	0.9	7.4	0.9	7.6
怒 江	Nujiang	0.8	14.5	0.4	7.0	0.4	7.5
迪 庆	Diqing	0.5	12.1	0.2	5.5	0.3	6.5

3-6 主要年份全省户数、年平均人口数及人口密度

Number of Households, Annual Average Population and Population Density in Significant Years

年 份 Year	户 数 (万户) Number of Households (10 000 households)	平均每户人数 (人/户) Average Households Size (person/household)	年平均人口数 (万人) Annual Average Population (10 000 persons)	农业人口数 (万人) Agricultural Population (10 000 persons)	非农业人口数 (万人) Non-Agricultural Population (10 000 persons)	人口密度 (人/平方公里) Population Density (person/sq.km)
1978	571.8	5.4	3 058.00	2 740.0	318.1	78.5
1980	590.9	5.4	3 154.10	2 813.5	340.6	80.5
1985	667.4	5.1	3 395.10	3 008.4	386.8	86.8
1990	812.0	4.5	3 689.30	3 238.3	451.1	94.7
1995	925.9	4.3	3 964.40	3 430.0	534.4	101.3
1997	965.4	4.2	4 067.80	3 491.7	576.1	103.9
1998	991.3	4.2	4 118.90	3 522.1	596.9	105.2
1999	1 012.0	4.2	4 168.10	3 554.8	637.6	106.4
2000	1 030.6	4.1	4 216.60	3 584.3	656.5	107.6
2001	1 046.7	4.1	4 264.10	3 609.9	677.5	108.8
2002	1 063.3	4.1	4 310.25	3 636.3	696.8	109.8
2003	1 083.1	4.0	4 354.34	3 662.4	713.2	111.0
2004	1 117.1	4.0	4 395.40	3 691.1	724.1	112.0
2005	1 216.2	3.7	4 432.80	3 720.5	729.9	112.9
2006	1 183.9	3.8	4 466.70	3 740.2	742.8	113.8
2007	1 222.3	3.7	4 498.50	3 764.3	749.7	114.5
2008	1 252.9	3.6	4 528.50	3 789.4	753.6	115.3
2009	1 287.3	3.5	4 557.00	3 812.8	758.2	116.0
2010	1 323.5	3.5	4 586.30	3 838.3	763.3	116.6

3-7 六次全国人口普查全省人口基本情况
Basic Statistics on National Population Census in 1953, 1964, 1982, 1990，2000and 2010

指 标	Item	1953	1964	1982	1990	2000	2010
全省总人口(万人)	**Total Population of Yunnan Province (10 000 persons)**	**1 713.3**	**2 051.0**	**3 255.4**	**3 697.3**	**4 235.9**	**4 596.6**
男	Male	846.0	1 024.7	1 650.0	1 899.6	2 219.9	2 385.0
女	Female	867.3	1 026.3	1 605.4	1 797.7	2 016.0	2 211.6
性别比 (以女性为100)	Sex Ratio (female=100)	97.6	99.8	102.8	105.7	110.1	107.8
家庭户规模（人/户）	**Average Family Household Size (person/household)**		**4.7**	**5.2**	**4.5**	**3.7**	**3.5**
各年龄组人口构成(%)	**Population by Age Group (%)**						
0-14岁	0-14	34.5	39.2	39.2	31.7	26.0	20.7
15-64岁	15-64	58.1	58.2	56.4	61.2	68.0	71.7
65岁及以上	65 and Over	7.4	2.6	4.5	7.1	6.0	7.6
民族人口数	**Population by Ethnicity**						
汉族人口数(万人)	Han (10 000 persons)	1 178.8	1 410.7	2 223.4	2 462.8	2 820.7	3 062.9
占总人口比重 (%)	Percentage to Total Population (%)	68.8	68.8	68.3	66.6	66.6	66.6
少数民族人口数(万人)	Ethnic Minorities (10 000 persons)	534.5	640.3	1 032.0	1 234.5	1 415.2	1 533.7
占总人口比重(%)	Percentage to Total Population(%)	31.2	31.2	31.7	33.4	33.4	33.4
每十万人拥有的各种受教育程度人口数(人)	**Population with Various Education Attainments Per 100 000 Persons (person)**						
大专及以上	Junior College and Above		280	331	807	2 013	5 778
高中和中专	Senior Secondary School and Technical Secondary School		1 033	2 792	4 095	6 563	8 376
初中	Junior Secondary School		3 115	10 224	13 795	21 233	2 7480
小学	Primary School		23 076	29 305	37 905	44 768	4 3387
平均受教育年限(年)	Average Education Year (year)		2.2	3.6	4.8	6.3	7.6
文盲人口数及文盲率	**Illiterate Population and Illiterate Rate**						
文盲人口数(万人)	Illiterate Population (10 000 persons)		969.9	1 025.1	940.6	484.2	276.9
文盲率(%)	Illiterate Rate (%)		47.3	31.5	25.4	11.4	6.0
平均预期寿命(岁)	**Life Expectancy (year old)**			**60.8**	**63.5**	**65.5**	**68.0**
男	Male			59.9	62.1	64.2	66.5
女	Female			61.6	64.9	66.9	69.0

注：1.1953年总人口数据中包括了间接调查人口，而民族人口、城乡人口中未包括。

2.1964年文盲人口为12岁及12岁以上不识字人口，1982、1990、2000年文盲人口为15岁及15岁以上不识字或识字很少人口。

Note:a.Total population of 1953 National Population Census includes the population from indirect survey,but it didn't includ the ethnic minority population, urban and rural population.

b.Illiterate population of 1964 National Population Census referred to the population aged 12 and over who are unable to read. Illiterate population of 1982, 1990 and 2000 National Population Censuses referred to the population aged 15 and over who are unable or have difficulty to read.

主要统计指标解释

人口数 指一定时点、一定地区范围内有生命的个人总和。

年度统计的年末人口数指每年 12 月 31 日 24 时的人口数。年度统计的全国人口总数内未包括香港、澳门特别行政区和台湾省以及海外华侨人数。

城镇人口和乡村人口 城镇人口是指居住在城镇范围内的全部常住人口；乡村人口是除上述人口以外的全部人口。

人口密度 指一定时点一定地区的人口数与该地区的面积数之比,即一定时点的单位土地面积上的人口数通常以每平方公里的居民人数来表示。计算公式：

人口密度（人/平方公里）=该地区的人口数/该地区的土地面积

出生率 出生率（又称粗出生率）指一定时期内（通常为一年内）平均每千人所出生的人数的比例，一般用千分率表示。计算公式：出生率（‰）=年出生人数/年平均人数×1000‰

出生人数是指活产婴儿,即胎儿脱离母体时(不管怀孕月数)有过呼吸或其他生命现象。

年平均人数是年初、年末人口数的平均数,也可用年中人口数代替。

死亡率 指在一定时期内(通常为一年内)一定地区的死亡人数与同期平均人数(或期 中人数)之比,一般用千分率表示。计算公式：

死亡率（‰）=年死亡人数/年平均人数 ×1000‰

人口自然增长率 在一定时期内(通常为一年内)人口自然增加数(出生人数减死亡人数)与平均人数(或期中人数)之比,一般用千分率表示。计算公式：

人口自然增长率=（本年出生人口数-本年死亡人口数）/年平均人口数×1000%

人口自然增长率（‰）=人口出生率-人口死亡率

性别比 反映男性与女性人口比例的指标,指在总人口中或各年龄组人口中,男性人数与女性人数之比。通常以每 100 个女性人口相对应的男性人口数。计算公式：

性别比=男性人口/女性人口×100

农业、非农业人口 根据公安部门下发的“户口簿”的户口性质统计。

Explanatory Notes on Principal Statistical Indicators

Total Population refers to the total number of people alive at a certain point of time within a given area.

The annual statistics on total population is taken at midnight, the 3lst of December, not including residents in Taiwan province, Hong Kong SAR and Macao SAR and Chinese national residing abroad.

Urban Population and Rural Population Urban population refers to all people residing in cities and towns, while rural population refers to population other than urban population.

Population Density refers to the ratio of population to the area at a certain point of time within a given area, i.e., the population of unit land area at a certain point of time, which is often expressed as number of inhabitants per square kilometer:

Population density = number of population in the region/land area in the region

Birth Rate or (crude Birth Rate) refers to the ratio of the number of births to the average population during a certain period of time (usually a year) which is often expressed in ‰. The formula is as follows:

Birth Rate = Number of Births/Annual Average Number of Population × 1000‰.

Number of births refers to live births, i.e., the births when babies had showed any vital phenomena regardless of the length of pregnancy.

Annual Average Number of Population is the average of the number of population at the beginning of the year and that at the end of the year. Sometimes it is substituted for with the mid year population.

Death Rate (or Crude Death Rate) refers to the ratio of the number of deaths to the average population (or mid-period population) during a certain period of time (usually a year) which is often expressed in ‰. The formula is as follows:

Death Rate = Number of Deaths/Annual Average Number of Population × 1000‰.

Natural Growth Rate of Population refers to the ratio of natural increase in population (number of births minus number of deaths) in a certain period of time (usually a year) to the average population (or mid-period population)of the same period which is often expressed in ‰. The formulas are as follows:

Natural Growth of Population = (Number of Birth − Number of Deaths)/Average Number of Population × 1000‰.

Natural Growth Rate of Population = Birth Rate − Death Rate

Sex Ratio reflects the indicator of male population and female population, which refers to the ratio of male population to female population in total population or population by age group. It usually means relevant male population per 100 female populations. The formula is as follows:

Sex ratio = male population/female population ×100%.

Agricultural and Non-agricultural Population is classified according to people's residence registration nature recorded on their permanent residence booklets issued by public security organs.

四、就业人员和职工工资

Employment and Wages

4-1 人口社会就业基本情况(2008-2010年)

Basic Statistics on Employment(2008-2010)

项　　目	Item	2008年	2009年	2010年
全省就业人员(万人)	**Number of Employed Persons**	**2 638.4**	**2 684.8**	**2 765.9**
按三次产业分就业人员(万人)	**Employed persons by Three Industries Persons (10 000 persons)**			
第一产业	Primary Industry	1 678.4	1 672.5	1 671.3
第二产业	Secondary Industry	298.6	321.3	348.6
第三产业	Tertiary Industry	661.4	691.0	746.0
就业人员构成(合计=100)(%)	**Composition of Employed Persons(total=100)**			
第一产业	Primary Industry	63.6	62.3	60.4
第二产业	Secondary Industry	11.3	12.0	12.6
第三产业	Tertiary Industry	25.1	25.7	27.0
按城乡分就业人员(万人)	**Number of Employed Persons by Urban and Rural Areas (10 000 persons)**			
城镇就业人员(万人)	Urban Employed Persons (10 000 persons)	525.6	547.5	599.1
# 国有单位	State-owned Units	185.8	187.8	191.0
城镇集体单位	Urban Collective-owned Units	11.2	11.0	10.6
股份合作单位	Cooperative Units	2.3	2.2	2.2
联营单位	Joint Ownership Units	0.3	0.3	0.3
有限责任公司	Limited Liability Corporations	41.9	44.7	48.6
股份有限公司	Share-holding Corporations Ltd.	56.8	60.4	64.8
私营企业	Private Enterprises	101.5	113.4	138.1
港澳台商投资单位	Units with Funds from Hong Kong, Macao & Taiwan	2.4	2.5	2.4
外商投资单位	Foreign Funded Units	2.8	3.1	2.9
个体就业人员	Self-employed Individuals	120.6	122.1	138.2
乡村就业人员(万人)	Rural Employed Persons (10 000 persons)	2 112.8	2 137.3	2 166.8
城镇单位在岗职工人数(万人)	**Number of Staff and Workers in Urban Units (10 000 persons)**	**286.7**	**293.6**	**303.7**
# 国有单位	State-owned Units	177.8	178.0	181.3
# 企业	Enterprises	54.1	52.4	54.1
# 地方企业	Local Enterprises	39.6	38.3	40.1
事　业	Institutions	85.3	84.9	85.8
机　关	Agencies & Organizations	39.3	40.7	41.4
城镇集体单位	Urban Collective-owned Units	10.4	10.3	9.8
其他单位	Units of Other Types of Ownership	98.5	105.3	112.6
城镇单位女性就业人员(万人)	Number of Female Employment in Urban Units (10 000 persons)	105.7	109.3	113.6
城镇登记失业人数(万人)	Number of Registered Unemployed Persons in Urban Areas (10 000 persons)	14.8	15.6	15.7
城镇登记失业率(%)	Registered Unemployment Rate in Urban Areas (%)	4.2	4.3	4.2

注：2000年及以后就业人员人数，按一、二、三产业划分的就业人员人数，计算方法详见本篇末指标解释。

Note: Since 2000, the statistical method for employed persons in primary, secondary and tertiary industries has been adjusted. The detail is explained in the explanatory notes at the end of this part.

4-2 主要年份按三次产业分的年末就业人员数
Number of Employed Persons at Year-end by Type of Industry in Significant Years

单位：万人 (10 000 persons)

年 份 Year	合 计 Total	第一产业 Primary Industry	第二产业 Secondary Industry	第三产业 Tertiary Industry	构成 Percentage (%) (total=100) 第一产业 Primary Industry	第二产业 Secondary Industry	第三产业 Tertiary Industry
1980	1 404.0	1 194.0	113.1	96.9	85.0	8.1	6.9
1985	1 672.3	1 329.2	172.0	171.1	79.5	10.3	10.2
1987	1 777.5	1 411.1	182.9	183.5	79.4	10.3	10.3
1988	1 826.9	1 454.4	183.3	189.2	79.6	10.0	10.4
1989	1 880.7	1 503.2	183.9	193.6	79.9	9.8	10.3
1990	1 922.7	1 537.8	184.8	200.1	80.0	9.6	10.4
1992	2 032.6	1 612.9	198.0	221.7	79.4	9.9	10.7
1993	2 071.5	1 630.9	203.6	237.0	78.7	9.9	11.4
1994	2 108.7	1 642.1	215.8	250.8	77.9	10.2	11.9
1995	2 149.0	1 656.1	216.6	276.3	77.1	10.1	12.9
1996	2 186.2	1 596.9	242.7	346.6	73.0	11.1	15.9
1997	2 223.5	1 653.2	236.0	334.3	74.4	10.6	15.0
1998	2 240.5	1 687.5	232.0	321.0	75.3	10.4	14.3
1999	2 244.0	1 720.4	197.5	326.1	76.7	8.8	14.5
2000	2 295.4	1 695.9	210.4	389.2	73.9	9.2	17.0
2001	2 322.5	1 710.4	207.9	404.2	73.7	9.0	17.4
2002	2 341.3	1 715.8	206.5	419.0	73.3	8.8	17.9
2003	2 353.3	1 709.3	209.9	434.1	72.6	8.9	18.5
2004	2 401.4	1 711.9	218.4	471.1	71.3	9.1	19.6
2005	2 461.3	1 709.2	245.1	507.0	69.4	10.0	20.6
2006	2 517.6	1 697.0	262.5	558.2	67.4	10.4	22.2
2007	2 573.8	1 684.7	279.8	609.3	65.4	10.9	23.7
2008	2 638.4	1 678.4	298.6	661.4	63.6	11.3	25.1
2009	2 684.8	1 672.5	321.3	691.0	62.3	12.0	25.7
2010	2 765.9	1 671.3	348.6	746.0	60.4	12.6	27.0

注：2000年及以后就业人员人数，按一、二、三产业划分的就业人员人数计算方法有调整，详见本篇末指标解释。

Note: Starting from 2000, the statistical method for employed persons in primary, secondary and tertiary industries is adjusted. The detail is explained in the explanatory notes at the end of this part.

4-3 主要年份按城乡分的年末就业人员数
Number of Employed Persons at Year-end by Residence in Urban and Rural Areas in Significant Years

单位：万人 (10 000 persons)

年 份 Year	就业人员 Total	城镇单位就业人员 Number of Employed Persons in Urban Entities 职工人数 Number of Staff and Workers	国有单位 State-owned Economic Entities	集体单位 Collective-owned Economic Entities	其他单位 Other Types of Ownership	其他就业人员 Others	城镇个体和私营就业人员 Engaged Persons in Urban Private Enterprises and Self-employed Individuals	乡村就业人员 Rural Employed Persons
1980	1 404.03	229.82	200.67	29.15			0.83	1 173.38
1985	1 672.34	263.00	222.41	40.16	0.43		11.66	1 397.68
1990	1 922.65	291.87	249.26	41.94	0.67		13.75	1 617.03
1995	2 149.00	311.50	262.86	43.28	5.36	7.23	32.30	1 797.97
1998	2 240.50	295.10	245.20	30.50	19.40	9.10	57.50	1 878.80
1999	2 244.00	284.50	231.30	26.70	26.50	7.80	69.90	1 881.80
2000	2 295.40	273.40	220.60	23.70	29.10	6.80	66.40	1 948.80
2001	2 322.53	261.61	207.31	20.03	34.27	8.07	81.83	1 971.02
2002	2 341.25	249.26	195.78	16.62	36.86	8.77	92.54	1 990.68
2003	2 353.33	244.01	181.78	14.61	47.62	9.24	97.38	2 002.70
2004	2 401.39	235.43	171.15	12.24	51.74	10.52	125.45	2 029.99
2005	2 461.32	235.71	168.39	10.65	56.67	11.32	163.35	2 050.93
2006	2 517.60	247.98	170.98	12.63	64.37	11.24	159.28	2 099.10
2007	2 573.82	280.72	175.17	11.93	93.62	15.56	181.03	2 096.51
2008	2 638.37	286.73	177.78	10.44	98.51	16.77	222.13	2 112.74
2009	2 684.77	293.60	178.01	10.27	105.32	18.44	235.46	2 137.27
2010	2 765.85	303.67	181.30	9.79	112.58	19.10	276.30	2 166.78

4-4 各州市按城乡分的年末就业人员数(2010年)

Number of Employed Persons at Year-end by Residence in Urban and Rural Areas and by Region(2010)

单位：万人 (10 000 persons)

州市	Region	就业人员 Total	城镇单位就业人员 Urban Employed Persons 职工人数 Number of Staff and Workers	国有单位 State-owned Economic Entities	集体单位 Collective-owned Economic Entities	其他单位 Other Types of Ownership	其他就业人员 Others	城镇个体和私营就业人员 Urban and Rural Self-employed Individuals and Private Enterprises	乡村就业人员 Rural Employed Persons
全省合计	**Total**	**2 765.85**	**303.67**	**181.30**	**9.79**	**112.58**	**19.10**	**276.30**	**2 166.80**
昆明	Kunming	395.63	92.21	45.30	3.67	43.24	5.03	115.69	182.70
曲靖	Qujing	360.30	32.21	18.76	1.14	12.32	0.98	19.47	307.64
玉溪	Yuxi	151.05	18.28	9.42	0.57	8.29	0.53	18.54	113.69
保山	Baoshan	152.23	14.12	6.92	0.32	6.88	0.09	5.66	132.36
昭通	Zhaotong	294.16	17.95	13.94	0.52	3.49	0.16	9.86	266.20
丽江	Lijiang	73.50	8.02	4.64	0.29	3.09	0.73	4.91	59.84
思茅	Simao	151.10	11.34	8.02	0.23	3.08	2.75	11.79	125.22
临沧	Lincang	133.25	9.47	7.23	0.15	2.08	0.55	6.63	116.60
楚雄	Chuxiong	165.30	14.81	9.86	0.41	4.55	1.46	10.67	138.36
红河	Honghe	263.53	25.70	17.65	0.87	7.17	1.52	21.99	214.33
文山	Wenshan	211.85	13.78	10.03	0.28	3.47	0.81	9.50	187.75
西双版纳	Xishuangbanna	56.07	10.53	8.40	0.41	1.72	0.04	5.32	40.17
大理	Dali	216.16	19.71	10.40	0.59	8.72	3.28	11.92	181.24
德宏	Dehong	72.88	9.64	6.14	0.26	3.24	0.41	6.62	56.20
怒江	Nujiang	30.26	3.06	2.45	0.03	0.58	0.36	1.18	25.66
迪庆	Diqing	24.28	2.85	2.15	0.04	0.65	0.37	2.25	18.81

注：城镇规模以上私营企业就业人员统计到其他单位中。
Note:Number of employees of private enterprise above desingnated size is calculated into other entities.

4-5 分行业年末职工人数(2008-2010年)

Number of Staff and Workers by Sector at Year-end(2008-2010)

单位：万人 (10 000 persons)

行业	Sector	2008年	2009年	2010年
合计	**Total**	**286.73**	**293.60**	**303.68**
农、林、牧、渔业	Farming,Forestry,Animal Husbandry and Fishery	13.19	7.25	13.12
采矿业	Mining	10.85	13.82	14.42
制造业	Manufacturing	52.92	57.01	55.12
电力、燃气及水的生产和供应业	Production and Supply of Electricity, Gas and Water	7.74	7.69	8.15
建筑业	Construction	33.13	32.84	34.23
交通运输、仓储及邮政业	Transportation,Storage and Post	12.64	13.21	12.57
信息传输、计算机服务和软件业	Information Transmission, Computers Service and Software Service	3.03	3.49	2.94
批发和零售业	Wholesale and Retaile Trade	13.28	14.04	14.88
住宿和餐饮业	Hotel and Food Service	5.58	5.65	5.57
金融业	Banking	7.68	8.03	8.11
房地产业	Real Estate	3.14	3.50	3.83
租赁和商务服务业	Leasing Treade and Business Service	4.75	5.54	6.93
科学研究、技术服务和地质勘查业	Scientific Research, Technology Service and Geological Prospecting	5.80	6.10	5.95
水利、环境和公共设施管理业	Water Conservancy, Admistration of Environment and Public Facilities	4.22	4.50	4.52
居民服务和其他服务业	Services to Households and Other Services	0.56	0.68	0.75
教育	Education	49.47	49.57	50.46
卫生、社会保障和社会福利业	Health Care, Social Security and Social Welfare	13.60	14.18	14.71
文化、体育和娱乐业	Culture, Sports and Entertainment	3.04	3.38	3.43
公共管理和社会组织	Common Administration and Social Organization	42.12	43.12	43.98

4-6 各州市分行业年末城镇单位就业人员数(2010年)
Number of Employed Persons in Urban Entities at Year-end by Sector and Region(2010)

单位：人 (person)

州市	Region	合计 Total	农、林、牧、渔业 Farming, Forestry, Animal Husbandry and Fishery	采矿业 Mining	制造业 Manufacturing	电力、燃气及水的生产和供应业 Production and Supply of Electricity,Gas and Water
全省合计	**Total**	**3 227 731**	**144 926**	**151 612**	**588 358**	**84 928**
昆明	Kunming	972 435	6 795	13 787	196 635	13 828
曲靖	Qujing	331 928	5 310	56 009	76 962	11 468
玉溪	Yuxi	188 122	2 939	11 909	53 681	5 016
保山	Baoshan	142 141	5 390	3 984	21 902	3 225
昭通	Zhaotong	181 089	3 093	12 924	15 552	5 842
丽江	Lijiang	87 512	3 989	8 406	7 822	2 393
普洱	Pu'er	140 900	13 704	2 334	29 419	4 203
临沧	Lincang	100 174	11 168	1 734	12 651	3 595
楚雄	Chuxiong	162 722	3 496	10 096	24 252	3 902
红河	Honghe	272 137	16 757	13 714	70 112	11 272
文山	Wenshan	145 971	7 055	7 414	15 378	5 830
西双版纳	Xishuangbanna	105 768	45 854	1 655	6 482	1 857
大理	Dali	229 972	4 728	4 723	38 642	6 035
德宏	Dehong	100 575	12 465	1 086	11 922	3 876
怒江	Nujiang	34 121	1 315	21	5 398	1 211
迪庆	Diqing	32 164	868	1 816	1 548	1 375

注：不含城镇规模以下私营个体就业人员。
Note: Employed persons in urban private enterprises under designated size are excluded.

4-6 续表1 continued

单位：人 (person)

州市	Region	建筑业 Construction	交通运输、仓储和邮政业 Transportation, Storage and Post	信息传输、计算机服务和软件业 Information Transmission, Computer Service and Software Service	批发和零售业 Wholesale and Retail Trade	住宿和餐饮业 Hotel and Food Service
全省合计	**Total**	**376 134**	**134 067**	**35 102**	**155 697**	**58 115**
昆明	Kunming	172 355	79 503	13 376	69 657	26 789
曲靖	Qujing	28 787	4 877	1 465	8 720	1 939
玉溪	Yuxi	10 701	3 318	631	17 911	2 922
保山	Baoshan	31 745	2 672	1 229	4 763	1 401
昭通	Zhaotong	10 033	4 926	1 847	4 662	675
丽江	Lijiang	6 483	2 309	946	2 530	6 131
普洱	Pu'er	8 813	3 988	1 683	4 508	1 041
临沧	Lincang	2 697	3 388	1 252	2 648	652
楚雄	Chuxiong	21 460	4 453	2 786	6 043	1 906
红河	Honghe	19 467	6 465	2 824	7 736	3 671
文山	Wenshan	6 953	4 664	1 680	4 636	1 055
西双版纳	Xishuangbanna	4 699	1 962	1 044	3 547	2 657
大理	Dali	38 688	8 309	2 400	11 915	4 855
德宏	Dehong	10 241	1 660	1 174	3 074	1 917
怒江	Nujiang	764	1 101	309	723	154
迪庆	Diqing	2 248	472	456	2 624	350

4-6 续表2 continued

单位：人 (person)

州 市	Region	金融业 Banking	房地产业 Real Estate	租赁和商务服务业 Leasing Treade and Business Service	科学研究、技术服务和地质勘查业 Scientific Research, Technology Service and Geological Prospecting	水利、环境和公共设施管理业 Water Conservancy, Admistration of Environment and Public Facilities
全省合计	**Total**	**90 275**	**41 347**	**71 754**	**62 391**	**52 959**
昆 明	Kunming	28 527	21 436	45 537	34 264	11 365
曲 靖	Qujing	6 821	936	1 330	2 979	4 391
玉 溪	Yuxi	7 067	560	1 987	1 698	2 000
保 山	Baoshan	3 658	2 846	1 500	1 392	3 049
昭 通	Zhaotong	4 972	1 444	1 119	1 867	3 049
丽 江	Lijiang	2 614	410	1 571	1 015	3 021
普 洱	Pu'er	3 421	904	510	2 700	3 041
临 沧	Lincang	2 538	513	146	718	1 250
楚 雄	Chuxiong	5 144	486	1 404	2 042	3 303
红 河	Honghe	6 261	1 633	627	3 378	6 146
文 山	Wenshan	4 110	2 820	2 545	1 623	2 919
西双版纳	Xishuangbanna	2 586	623	1 085	1 854	2 254
大 理	Dali	6 738	4 843	9 255	3 457	3 288
德 宏	Dehong	3 916	1 755	2 573	2 070	1 114
怒 江	Nujiang	860	138	11	349	533
迪 庆	Diqing	1 042		554	985	2 236

4-6 续表3 continued

单位：人 (person)

州 市	Region	居民服务和其他服务业 Services to Households and Other Services	教育 Education	卫生、社会保障和社会福利业 Health Care, Social Security and Social Welfare	文化、体育和娱乐业 Culture, Sports and Entertainment	公共管理和社会组织 Common Administration and Social Organization
全省合计	**Total**	**7 728**	**517 788**	**157 594**	**35 530**	**461 426**
昆 明	Kunming	4 753	92 695	39 613	15 170	86 350
曲 靖	Qujing	519	68 302	12 155	1 970	36 988
玉 溪	Yuxi	211	27 786	10 145	1 382	26 258
保 山	Baoshan	63	26 431	7 125	688	19 078
昭 通	Zhaotong	594	49 984	10 033	1 701	46 772
丽 江	Lijiang	101	15 598	4 022	1 530	16 621
普 洱	Pu'er	31	25 251	8 906	1 399	25 044
临 沧	Lincang	18	24 890	6 107	987	23 222
楚 雄	Chuxiong	56	28 171	9 312	2 013	32 397
红 河	Honghe	215	44 903	13 686	2 378	40 892
文 山	Wenshan	89	40 262	9 503	1 813	25 622
西双版纳	Xishuangbanna	610	10 826	4 657	798	10 718
大 理	Dali	293	35 514	13 177	2 051	31 061
德 宏	Dehong	175	13 988	5 108	547	21 914
怒 江	Nujiang		7 709	2 254	626	10 645
迪 庆	Diqing		5 478	1 791	477	7 844

4-7 各州市城镇单位分行业年末职工人数(2010年)

Number of Staff and Workers in Urban Entities at Year-end by Sector and Region(2010)

单位：人 (person)

州市 Region	职工人数 Total	农、林、牧、渔业 Farming,Forestry, Animal Husbandry and Fishery	采矿业 Mining	制造业 Manufacturing	电力、燃气及水的生产和供应业 Production and Supply of Electricity,Gas and Water
全省合计 Total	**3 036 763**	**131 234**	**144 248**	**551 166**	**81 466**
昆明 Kunming	922 107	6 671	13 493	187 721	13 295
曲靖 Qujing	322 112	4 980	55 674	73 479	11 428
玉溪 Yuxi	182 792	2 938	11 486	52 865	4 714
保山 Baoshan	141 200	5 378	3 980	21 889	3 191
昭通 Zhaotong	179 495	3 078	12 599	15 547	5 825
丽江 Lijiang	80 197	3 256	8 021	7 654	2 191
普洱 Puer	113 366	7 042	2 282	16 216	3 939
临沧 Lincang	94 680	10 529	1 734	12 089	3 339
楚雄 Chuxiong	148 109	3 378	6 798	22 505	3 744
红河 Honghe	256 954	12 760	13 659	68 266	10 597
文山 Wenshan	137 829	6 709	7 290	15 045	5 678
西双版纳 Xishuangbanna	105 322	45 820	1 622	6 327	1 844
大理 Dali	197 142	4 124	3 087	34 900	5 586
德宏 Dehong	96 429	12 389	1 086	11 660	3 823
怒江 Nujiang	30 550	1 315	21	4 060	952
迪庆 Diqing	28 479	867	1 416	943	1 320

4-7 续表1 continued

单位：人 (person)

州市 Region	建筑业 Construction	交通运输、仓储和邮政业 Transportation, Storage and Post	信息传输、计算机服务和软件业 Information Transmission, Computers Service and Software Service	批发和零售业 Wholesale and Retail Trade	住宿和餐饮业 Hotel and Food Service
全省合计 Total	**342 260**	**125 733**	**29 350**	**148 811**	**58 115**
昆明 Kunming	163 607	74 039	9 796	67 012	26 789
曲靖 Qujing	27 491	4 710	1 425	7 784	1 939
玉溪 Yuxi	10 451	3 211	550	17 642	2 922
保山 Baoshan	31 491	2 639	1 227	4 728	1 401
昭通 Zhaotong	10 031	4 923	1 845	4 652	675
丽江 Lijiang	5 431	1 989	642	2 445	6 131
普洱 Puer	6 657	3 653	1 032	4 276	1 041
临沧 Lincang	2 309	3 298	1 198	2 523	652
楚雄 Chuxiong	18 667	4 233	2 728	5 448	1 906
红河 Honghe	18 042	6 255	2 650	7 459	3 671
文山 Wenshan	5 182	4 404	1 122	4 422	1 055
西双版纳 Xishuangbanna	4 695	1 954	1 044	3 528	2 657
大理 Dali	25 364	7 211	2 200	10 686	4 855
德宏 Dehong	10 080	1 660	1 173	3 031	1 917
怒江 Nujiang	577	1 091	309	610	154
迪庆 Diqing	2 185	463	409	2 565	350

4-7 续表2 continued

单位：人 (person)

州 市	Region	金融业 Banking	房地产业 Real Estate	租赁和商务服务业 Leasing Treade and Business Service	科学研究、技术服务和地质勘查业 Scientific Research,Technology Service and Geological Prospecting	水利、环境和公共设施管理业 Water Conservancy, Admistration of Environment and Public Facilities
全省合计	**Total**	**81 147**	**38 331**	**69 304**	**59 474**	**45 203**
昆 明	Kunming	27 476	19 456	43 656	32 626	9 105
曲 靖	Qujing	6 344	924	1 301	2 936	4 357
玉 溪	Yuxi	6 521	559	1 951	1 648	1 807
保 山	Baoshan	3 364	2 840	1 493	1 374	3 030
昭 通	Zhaotong	4 968	1 444	1 119	1 866	3 049
丽 江	Lijiang	2 151	410	1 548	985	1 928
普 洱	Puer	3 056	796	483	2 434	2 612
临 沧	Lincang	2 429	449	134	704	1 148
楚 雄	Chuxiong	3 894	247	1 388	1 990	2 878
红 河	Honghe	5 247	1 601	599	3 263	5 718
文 山	Wenshan	3 241	2 435	2 533	1 544	2 068
西双版纳	Xishuangbanna	2 585	621	1 071	1 836	2 252
大 理	Dali	5 877	4 740	9 059	3 270	1 991
德 宏	Dehong	2 284	1 705	2 542	2 044	1 114
怒 江	Nujiang	828	104	11	349	406
迪 庆	Diqing	882		416	605	1 740

4-7 续表3 continued

单位：人 (person)

州 市	Region	居民服务和其他服务业 Services to Households and Other Services	教育 Education	卫生、社会保障和社会福利业 Health Care, Social Security and Social Welfare	文化、体育和娱乐业 Culture, Sports and Entertainment	公共管理和社会组织 Common Administration and Social Organization
全省合计	**Total**	**7 458**	**504 601**	**147 145**	**34 250**	**439 843**
昆 明	Kunming	4 568	89 481	38 365	14 786	81 554
曲 靖	Qujing	519	67 586	11 487	1 937	35 828
玉 溪	Yuxi	211	27 056	9 684	1 344	25 379
保 山	Baoshan	63	26 428	7 077	682	18 926
昭 通	Zhaotong	593	49 310	9 921	1 666	46 384
丽 江	Lijiang	96	14 962	3 808	1 412	15 332
普 洱	Puer	25	24 969	7 859	1 329	23 715
临 沧	Lincang	18	24 245	5 534	972	21 394
楚 雄	Chuxiong	53	27 471	8 699	1 975	30 235
红 河	Honghe	205	43 533	12 515	2 257	38 716
文 山	Wenshan	81	39 959	8 738	1 688	24 678
西双版纳	Xishuangbanna	597	10 812	4 620	795	10 644
大 理	Dali	275	32 829	10 152	1 798	29 400
德 宏	Dehong	154	13 988	5 063	545	20 184
怒 江	Nujiang		7 076	2 055	604	10 050
迪 庆	Diqing		4 896	1 568	460	7 424

4-8 各州市国有单位分行业年末职工人数(2010年)

Number of Staff and Workers in State-owned Entities at Year-end by Sector and Region(2010)

单位：人 (person)

州 市	Region	职工人数 Total	农、林、牧、渔业 Farming,Forestry,Animal Husbandryand Fishery	采矿业 Mining	制造业 Manufacturing	电力、燃气及水的生产和供应业 Production and Supply of Electricity, Gas and Water
全省合计	**Total**	**1 813 043**	**125 692**	**34 590**	**132 738**	**45 297**
昆 明	Kunming	452 985	4 957	6 534	49 316	8 735
曲 靖	Qujing	187 558	4 977	10 512	23 167	7 986
玉 溪	Yuxi	94 199	2 637	4 305	4 924	3 452
保 山	Baoshan	69 169	5 359		226	393
昭 通	Zhaotong	139 393	3 046		7 005	4 300
丽 江	Lijiang	46 394	3 033	6	497	394
普 洱	Pu'er	80 227	6 109	398	1 918	2 134
临 沧	Lincang	72 343	10 497		107	961
楚 雄	Chuxiong	98 553	3 352	3 956	4 820	2 733
红 河	Honghe	176 547	12 497	6 021	33 141	6 924
文 山	Wenshan	100 259	6 669	1 675	2 120	1 122
西双版纳	Xishuangbanna	84 026	44 942	117	1 279	1 584
大 理	Dali	104 000	3 956	128	3 307	3 008
德 宏	Dehong	61 354	11 479		603	412
怒 江	Nujiang	24 498	1 315		244	238
迪 庆	Diqing	21 538	867	938	64	921

4-8 续表1 continued

单位：人 (person)

州 市	Region	建筑业 Construction	交通运输、仓储和邮政业 Transportation, Storage and Post	信息传输、计算机服务和软件业 Information Transmission, Computers Service and Software Service	批发和零售业 Wholesale and Retail Trade	住宿和餐饮业 Hotel and Food Service
全省合计	**Total**	**62 090**	**81 162**	**14 457**	**34 843**	**13 989**
昆 明	Kunming	51 189	46 385	1 519	7 629	8 116
曲 靖	Qujing	2 729	4 390	1 114	3 961	447
玉 溪	Yuxi	979	2 714	402	3 213	833
保 山	Baoshan	29	1 244	1 003	1 971	438
昭 通	Zhaotong	58	4 491	1 814	2 556	311
丽 江	Lijiang	247	1 693	525	978	358
普 洱	Pu'er	1 271	2 191	409	731	225
临 沧	Lincang	64	1 874	1 148	1 933	76
楚 雄	Chuxiong	1 254	2 870	1 853	1 997	400
红 河	Honghe	1 027	2 928	754	3 730	485
文 山	Wenshan	147	2 723	1 043	1 759	236
西双版纳	Xishuangbanna	170	1 229	952	379	803
大 理	Dali	1 581	4 135	702	2 917	1 113
德 宏	Dehong	1 015	860	529	443	90
怒 江	Nujiang		972	309	252	
迪 庆	Lincang	330	463	381	394	58

4-8 续表2 continued

单位：人 (person)

州 市	Region	金融业 Banking	房地产业 Real Estate	租赁和商务服务业 Leasing Treade and Business Service	科学研究、技术服务和地质勘查业 Scientific Research, Technology Service and Geological Prospecting	水利、环境和公共设施管理业 Water Conservancy, Admistration of Environment and Public Facilities
全省合计	**Total**	**41 892**	**4 353**	**23 887**	**52 140**	**37 644**
昆 明	Kunming	12 485	1 712	12 667	26 353	6 490
曲 靖	Qujing	3 393	329	1 185	2 740	3 438
玉 溪	Yuxi	3 615	129	210	1 617	1 791
保 山	Baoshan	1 530	149	715	1 341	1 869
昭 通	Zhaotong	2 278	262	932	1 866	2 669
丽 江	Lijiang	1 344	30	91	918	1 525
普 洱	Pu'er	1 481	328	166	2 381	2 600
临 沧	Lincang	1 623	62	95	671	1 105
楚 雄	Chuxiong	2 070	91	1 168	1 908	2 191
红 河	Honghe	2 972	489	242	3 239	5 703
文 山	Wenshan	1 821	347	2 161	1 528	1 812
西双版纳	Xishuangbanna	1 522	162	571	1 728	1 732
大 理	Dali	3 128	211	1 596	2 933	1 878
德 宏	Dehong	1 429	52	1 756	1 974	1 056
怒 江	Nujiang	623		5	349	406
迪 庆	Diqing	578		327	594	1 379

4-8 续表3 continued

单位：人 (person)

州 市	Region	居民服务和其他服务业 Services to Households and Other Services	教育 Education	卫生、社会保障和社会福利业 Health Care, Social Security and Social Welfare	文化、体育和娱乐业 Culture, Sports and Entertainment	公共管理和社会组织 Common Administration and Social Organization
全省合计	**Total**	**2 797**	**497 386**	**142 205**	**27 685**	**438 196**
昆 明	Kunming	764	83 009	35 107	10 082	79 936
曲 靖	Qujing	514	67 516	11 421	1 911	35 828
玉 溪	Yuxi	208	26 806	9 684	1 301	25 379
保 山	Baoshan	60	26 428	6 806	682	18 926
昭 通	Zhaotong	524	49 310	9 921	1 666	46 384
丽 江	Lijiang	64	14 816	3 681	862	15 332
普 洱	Pu'er	25	24 960	7 859	1 326	23 715
临 沧	Lincang	12	24 241	5 522	958	21 394
楚 雄	Chuxiong	53	27 444	8 629	1 529	30 235
红 河	Honghe	167	43 533	11 743	2 244	38 708
文 山	Wenshan	81	39 942	8 707	1 688	24 678
西双版纳	Xishuangbanna	136	10 741	4 587	748	10 644
大 理	Dali	137	32 712	10 067	1 097	29 394
德 宏	Dehong	52	13 956	4 924	545	20 179
怒 江	Nujiang		7 076	2 055	604	10 050
迪 庆	Diqing		4 896	1 492	442	7 414

4–9 各州市城镇集体单位分行业年末职工人数(2010年)

Number of Staff and Workers in Urban Collective-owned Entities at Year-end by Sector and Region(2010)

单位：人 (person)

州市	Region	职工人数 Total	农、林、牧、渔业 Farming,Forestry,Animal Husbandry and Fishery	采矿业 Mining	制造业 Manufacturing	电力、燃气及水的生产和供应业 Production and Supply of Electricity, Gas and Water
全省合计	**Total**	**97 885**	**870**	**3 036**	**15 580**	**699**
昆明	Kunming	36 712	123	126	8 375	136
曲靖	Qujing	11 399			1 340	114
玉溪	Yuxi	5 650		24	547	38
保山	Baoshan	3 192		65	649	
昭通	Zhaotong	5 223			1 234	88
丽江	Lijiang	2 864			433	
普洱	Pu'er	2 309	18	5	92	27
临沧	Lincang	1 540			168	56
楚雄	Chuxiong	4 089		362	92	50
红河	Honghe	8 749	62	1 292	1 709	
文山	Wenshan	2 823		128	158	23
西双版纳	Xishuangbanna	4 073	554	184	166	119
大理	Dali	5 946	113	154	533	42
德宏	Dehong	2 632		625	84	6
怒江	Nujiang	256		21		
迪庆	Diqing	428		50		

4–9 续表1 continued

单位：人 (person)

州市	Region	建筑业 Construction	交通运输、仓储和邮政业 Transportation, Storage and Post	信息传输、计算机服务和软件业 Information Transmission, Computers Service and Software Service	批发和零售业 Wholesale and Retail Trade	住宿和餐饮业 Hotel and Food Service
全省合计	**Total**	**31 461**	**1 292**	**213**	**10 121**	**2 685**
昆明	Kunming	14 511	535	39	2 802	1 310
曲靖	Qujing	4 997	61		1 242	187
玉溪	Yuxi	606			977	241
保山	Baoshan	296			746	
昭通	Zhaotong	1 962	249		232	
丽江	Lijiang	957	262		248	52
普洱	Pu'er	275			450	68
临沧	Lincang	257			202	18
楚雄	Chuxiong	1 092	46	172	245	8
红河	Honghe	2 726	52		749	65
文山	Wenshan	632			689	13
西双版纳	Xishuangbanna	189	15		853	535
大理	Dali	2 239	72		383	152
德宏	Dehong	707		2	90	36
怒江	Nujiang	15			93	
迪庆	Diqing				120	

4–9 续表2 continued

单位：人 (person)

州 市	Region	金融业 Banking	房地产业 Real Estate	租赁和商务服务业 Leasing Treade and Business Service	科学研究、技术服务和地质勘查业 Scientific Research, Technology Service and Geological Prospecting	水利、环境和公共设施管理业 Water Conservancy, Admistration of Environment and Public Facilities
全省合计	**Total**	**18 071**	**785**	**7 058**	**755**	**1 790**
昆 明	Kunming	2 440	401	3 332	618	75
曲 靖	Qujing	2 332		66		919
玉 溪	Yuxi	1 289		1 738		4
保 山	Baoshan	949	27	322		2
昭 通	Zhaotong	1 455				
丽 江	Lijiang	630		9		
普 洱	Pu'er	1 155	30	165		12
临 沧	Lincang	772	3	9	33	
楚 雄	Chuxiong	1 489		26	38	388
红 河	Honghe	1 735	33	225		9
文 山	Wenshan	1 087		65		
西双版纳	Xishuangbanna	459	34	207		381
大 理	Dali	1 399	249	530	13	
德 宏	Dehong	527	8	343	42	
怒 江	Nujiang	127				
迪 庆	Diqing	226		21	11	

4–9 续表3 continued

单位：人 (person)

州 市	Region	居民服务和其他服务业 Services to Households and Other Services	教育 Education	卫生、社会保障和社会福利业 Health Care, Social Security and Social Welfare	文化、体育和娱乐业 Culture, Sports and Entertainment	公共管理和社会组织 Common Administration and Social Organization
全省合计	**Total**	**839**	**1 130**	**837**	**41**	**622**
昆 明	Kunming	388	635	214	38	614
曲 靖	Qujing	5	70	66		
玉 溪	Yuxi	3	183			
保 山	Baoshan			136		
昭 通	Zhaotong	3				
丽 江	Lijiang		146	127		
普 洱	Pu'er		9		3	
临 沧	Lincang	6	4	12		
楚 雄	Chuxiong		11	70		
红 河	Honghe	13		71		8
文 山	Wenshan		17	11		
西双版纳	Xishuangbanna	354	23			
大 理	Dali	67				
德 宏	Dehong		32	130		
怒 江	Nujiang					
迪 庆	Diqing					

4—10 各州市其他单位分行业年末职工人数(2010年)

Number of Staff and Workers in Entities of Other Types of Ownership at Year-end by Sector and Region(2010)

单位：人 (person)

州 市	Region	职工人数 Total	农、林、牧渔业 Farming,Forestry, Animal Husbandry and Fishery	采矿业 Mining	制造业 Manufacturing	电力、燃气及水的生产和供应业 Production and Supply of Electricity,Gas and Water
全省合计	**Total**	**1 125 835**	**4 672**	**106 622**	**402 848**	**35 470**
昆 明	Kunming	432 410	1 591	6 833	130 030	4 424
曲 靖	Qujing	123 155	3	45 162	48 972	3 328
玉 溪	Yuxi	82 943	301	7 157	47 394	1 224
保 山	Baoshan	68 839	19	3 915	21 014	2 798
昭 通	Zhaotong	34 879	32	12 599	7 308	1 437
丽 江	Lijiang	30 939	223	8 015	6 724	1 797
普 洱	Pu'er	30 830	915	1 879	14 206	1 778
临 沧	Lincang	20 797	32	1 734	11 814	2 322
楚 雄	Chuxiong	45 467	26	2 480	17 593	961
红 河	Honghe	71 658	201	6 346	33 416	3 673
文 山	Wenshan	34 747	40	5 487	12 767	4 533
西双版纳	Xishuangbanna	17 223	324	1 321	4 882	141
大 理	Dali	87 196	55	2 805	31 060	2 536
德 宏	Dehong	32 443	910	461	10 973	3 405
怒 江	Nujiang	5 796			3 816	714
迪 庆	Diqing	6 513		428	879	399

4—10 续表1 continued

单位：人 (person)

州 市	Region	建筑业 Construction	交通运输、仓储和邮政业 Transportation, Storage and Post	信息传输、计算机服务和软件业 Information Transmission, Computers Service and Software Service	批发和零售业 Wholesale and Retail Trade	住宿和餐饮业 Hotel and Food Service
全省合计	**Total**	**248 709**	**43 279**	**14 680**	**103 847**	**39 065**
昆 明	Kunming	97 907	27 119	8 238	56 581	15 974
曲 靖	Qujing	19 765	259	311	2 581	1 288
玉 溪	Yuxi	8 866	497	148	13 452	1 701
保 山	Baoshan	31 166	1 395	224	2 011	962
昭 通	Zhaotong	8 011	183	31	1 864	364
丽 江	Lijiang	4 227	34	117	1 219	5 526
普 洱	Pu'er	5 111	1 462	623	3 095	698
临 沧	Lincang	1 988	1 424	50	388	540
楚 雄	Chuxiong	16 321	1 317	703	3 206	1 370
红 河	Honghe	14 289	3 275	1 896	2 980	3 062
文 山	Wenshan	4 403	1 681	79	1 974	763
西双版纳	Xishuangbanna	4 336	710	92	2 296	1 317
大 理	Dali	21 544	3 004	1 498	7 386	3 328
德 宏	Dehong	8 358	800	642	2 498	1 778
怒 江	Nujiang	562	119		265	132
迪 庆	Diqing	1 855		28	2 051	262

4-10 续表2 continued

单位：人 (person)

州 市	Region	金融业 Banking	房地产业 Real Estate	租赁和商务服务业 Leasing Treade and Business Service	科学研究、技术服务和地质勘查业 Scientific Research, Technology Service and Geological Prospecting	水利、环境和公共设施管理业 Water Conservancy, Admistration of Environment and Public Facilities
全省合计	**Total**	**21 184**	**33 193**	**38 359**	**6 579**	**5 769**
昆 明	Kunming	12 551	17 343	27 657	5 655	2 540
曲 靖	Qujing	619	595	50	196	
玉 溪	Yuxi	1 617	430	3	31	12
保 山	Baoshan	885	2 664	456	33	1 159
昭 通	Zhaotong	1 235	1 182	187		380
丽 江	Lijiang	177	380	1 448	67	403
普 洱	Pu'er	420	438	152	53	
临 沧	Lincang	34	384	30		43
楚 雄	Chuxiong	335	156	194	44	299
红 河	Honghe	540	1 079	132	24	6
文 山	Wenshan	333	2 088	307	16	256
西双版纳	Xishuangbanna	604	425	293	108	139
大 理	Dali	1 350	4 280	6 933	324	113
德 宏	Dehong	328	1 645	443	28	58
怒 江	Nujiang	78	104	6		
迪 庆	Diqing	78		68		361

4-10 续表3 continued

单位：人 (person)

州 市	Region	居民服务和其他服务业 Services to Households and Other Services	教育 Education	卫生、社会保障和社会福利业 Health Care, Social and Security Social Welfare	文化、体育和娱乐业 Culture, Sports and Entertainment	公共管理和社会组织 Common Administration and Social Organization
全省合计	**Total**	**3 822**	**6 085**	**4 103**	**6 524**	**1 025**
昆 明	Kunming	3 416	5 837	3 044	4 666	1 004
曲 靖	Qujing				26	
玉 溪	Yuxi		67		43	
保 山	Baoshan	3		135		
昭 通	Zhaotong	66				
丽 江	Lijiang	32			550	
普 洱	Pu'er					
临 沧	Lincang				14	
楚 雄	Chuxiong		16		446	
红 河	Honghe	25		701	13	
文 山	Wenshan			20		
西双版纳	Xishuangbanna	107	48	33	47	
大 理	Dali	71	117	85	701	6
德 宏	Dehong	102		9		5
怒 江	Nujiang					
迪 庆	Diqing			76	18	10

4-11 城镇单位全部就业人员人数(2010年)
Number of Employed Persons in Urban Entities (2010)

单位：人 (person)

国民经济行业	National Economic Sector	就业人员合计 Number of Employed Persons in Urban Entities	国有单位 State-owned Economy	城镇集体单位 Urban Collective-owned Entities	其他单位 Entities of Other Types of Ownership
全省合计	**Total**	**3 227 731**	**1 909 630**	**105 875**	**1 212 226**
按企业、事业、机关分组	**Grouped by Enterprises Institutions and Agencies and Organization**				
企业	Enterprises	1 890 838	582 563	100 902	1 207 373
事业	Institutions	903 527	894 597	4 316	4 614
机关	Agencies & Organizations	433 176	432 470	527	179
按国民经济行业分组	**Grouped by Industry Sector**				
农、林、牧、渔业	**Farming,Forestry,Animal Husbandry and Fishery**	**144 926**	**138 795**	**910**	**5 221**
农业	Farming	39 636	35 994	629	3 013
林业	Forestry	63 648	61 752	130	1 766
畜牧业	Animal Husbandry	612	339	98	175
渔业	Fishery	69	57		12
农、林、牧、渔服务业	Farming,Forestry,Animal Husbandry and Fishery Services	40 961	40 653	53	255
采矿业	**Mining**	**151 612**	**38 750**	**3 451**	**109 411**
煤炭开采和洗选业	Coal Mining and Dressing	93 050	19 767	362	72 921
石油和天然气开采业	Petroleum and Natural Gas Extraction	232	57		175
黑色金属矿采选业	Ferrous Metals Mining and Dressing	13 121	2 928	154	10 039
有色金属矿采选业	Nonferrous Metals Mining and Dressing	35 263	10 269	2 686	22 308
非金属矿采选业	Nonmetal Minerals Mining and Dressing	9 634	5 533	249	3 852
其他采矿业	Other Minerals Mining	312	196		116
制造业	**Manufacturing**	**588 358**	**140 311**	**16 167**	**431 880**
农副食品加工业	Agricultural Non-staple Food Processing	41 416	1 723	464	39 229
食品制造业	Food Manufacturing	12 673	367	334	11 972
饮料制造业	Beverage Manufacturing	31 678	1 043	314	30 321
烟草制品业	Tobacco Production	39 166	30 427	103	8 636
纺织业	Textile Industry	8 070	20	1 060	6 990
纺织服装、鞋、帽制造业	Textile,Clothing, Footwear Production	2 269	731	667	871
皮革、毛皮、羽毛(绒)及其制品业	Leather, Furs, Down and Related Products	598		224	374
木材加工及木、竹、藤、棕、草制品业	Timber Processing, Bamboo, Cane, Palm Fiber and Straw Products	13 328	2 565	263	10 500

注：不含城镇规模以下私营及个体就业人员。
Note: Employed persons in urban private enterprises under designated size are excluded.

4-11 续表1 continued

单位：人 (person)

国民经济行业	National Economic Sector	就业人员合计 Number of Employed Persons in Urban Entities	国有单位 State-owned Economy	城镇集体单位 Urban Collective-owned Entities	其他单位 Entities of Other Types of Ownership
家具制造业	Furniture Manufacturing	1 664	881	51	732
造纸及纸制品业	Papermaking and Paper Products	13 634	532	1 142	11 960
印刷业和记录媒介的复制	Printing and Record Medium Reproduction	14 784	1 997	1 792	10 995
文教体育用品制造业	Cultural, Educational and Sports Goods	161	49	47	65
石油加工、炼焦及核燃料加工业	Petroleum Processing,Coking and Nuclear Fuel Processing	12 009	1 187		10 822
化学原料及化学制品制造业	Raw Chemical Materials and Chemical Products	71 655	19 136	871	51 648
医药制造业	Medical and Pharmaceutical Products	15 204	877	458	13 869
化学纤维制造业	Chemical Fiber Manufacturing	334		2	332
橡胶制品业	Rubber Products	1 411	652	155	604
塑料制品业	Plastic Products	7 849	194	818	6 837
非金属矿物制品业	Nonmetal Mineral Products	50 109	2 762	2 243	45 104
黑色金属冶炼及压延加工业	Smelting and Pressing of Ferrous Metals	63 012	23 764	1 141	38 107
有色金属冶炼及压延加工业	Smelting and Pressing of Nonferrous Metals	107 664	29 904	492	77 268
金属制品业	Metal Products	7 579	712	1 043	5 824
通用设备制造业	General-purpose Machinery Manufacturing	16 479	2 997	1 018	12 464
专用设备制造业	Special Purposes Equipment	18 232	6 998	157	11 077
交通运输设备制造业	Transport Equipment	19 271	6 341	482	12 448
电气机械及器材制造业	Electric Equipment and Machinery	10 405	2 689	488	7 228
通信设备、计算机及其他电子设备制造业	Communication Equipment, Computers and Other Electronic Equipment Production	2 224	559		1 665
仪器仪表及文化、办公用机械制造业	Instruments, Meters, Cultural and Clerical Machinery	3 780	1 168	60	2 552
工艺品及其他制造业	Handicraft Articles and Other Goods Production	1 597	17	235	1 345
废弃资源和废旧材料回收加工业	Discarded Resources and Waste Materials Recovery and Processing	103	19	43	41
电力、燃气及水的生产和供应业	**Production and Supply of Electric Power,Gas and Water**	**84 928**	**46 912**	**745**	**37 271**
电力、热力的生产和供应业	Production and Supply of Electric Power and Heat	72 836	38 793	469	33 574
燃气生产和供应业	Gas Production and Supply	3 127	2 916		211
水的生产和供应业	Water Production and Supply	8 965	5 203	276	3 486
建筑业	**Construction**	**376 134**	**64 372**	**34 628**	**277 134**
房屋和土木工程建筑业	House Building and civil Engineering	334 596	51 471	32 110	251 015
建筑安装业	Construction Installation	22 815	11 974	2 067	8 774
建筑装饰业	Building Fiting up and Decoration	12 246	103	404	11 739
其他建筑业	Other Construction	6 477	824	47	5 606
交通运输、仓储和邮政业	**Transport, Storage and Post**	**134 067**	**88 235**	**2 075**	**43 757**
铁路运输业	Railway transport	41 108	40 981		127
道路运输业	Highway Transport	44 379	25 307	620	18 452
城市公共交通业	Urban Public Transit	14 597	2 115	425	12 057

4-11 续表2 continued

单位：人 (person)

国民经济行业	National Economic Sector	就业人员合计 Number of Employed Persons in Urban Entities	国有单位 State-owned Economy	城镇集体单位 Urban Collective-owned Entities	其他单位 Entities of Other Types of Ownership
水上运输业	Water Way Transport	504	326		178
航空运输业	Air Transport	11 519	5 377	15	6 127
管道运输业	Pipeline Transport	222			222
装卸搬运和其他运输服务业	Lording, Unlording, Carrying and Other Transport Services	6 900	1 015	923	4 962
仓储业	Storage	2 372	1 171	70	1 131
邮政业	Postal	12 466	11 943	22	501
信息传输、计算机服务和软件业	**Information Transmission Computer Service and Software Service**	**35 102**	**16 505**	**221**	**18 376**
电信和其他信息传输服务业	Telecommunication and Other Information Transmission Service	31 233	16 212	8	15 013
计算机服务业	Computer Service	1 878	119	179	1 580
软件业	Software Service	1 991	174	34	1 783
批发和零售业	**Wholesale and Retail Trade**	**155 697**	**36 983**	**11 055**	**107 659**
批发业	Wholesale	74 954	29 662	3 783	41 509
零售业	Retail Trade	80 743	7 321	7 272	66 150
住宿和餐饮业	**Hotel and Food Service**	**58 115**	**14 740**	**2 891**	**40 484**
住宿业	Hotel	49 246	13 969	2 673	32 604
餐饮业	Food Service	8 869	771	218	7 880
金融业	**Finance and Insurance**	**90 275**	**44 876**	**18 451**	**26 948**
银行业	Banking	66 213	37 459	18 218	10 536
证券业	Securities Industry	1 647	211		1 436
保险业	Insurance	20 426	6 688		13 738
其他金融活动	Other Financial Trade	1 989	518	233	1 238
房地产业	**Real Estate Trade**	**41 347**	**4 553**	**821**	**35 973**
房地产开发经营	Development and Operation of Real Estate Trade	24 237	1 766	204	22 267
物业管理	Substance Management	12 216	907	278	11 031
房地产中介服务	Real Estate Agency Service	1 078	316	46	716
租赁和商务服务业	**Leasing Treade and Business Service**	**71 754**	**24 460**	**7 176**	**40 118**
租赁业	Leasing Treade	1 184	55	110	1 019
商务服务业	Commercial Serive	70 570	24 405	7 066	39 099
科学研究、技术服务和地质勘查业	**Scientific Research,Technology Service and Geological Prospecting**	**62 391**	**53 799**	**1 065**	**7 527**
研究与试验发展	R & D	14 907	14 122	40	745
自然科学研究与试验发展	R & D of Science Technology	3 168	2 596		572
工程和技术研究与试验发展	R & D of Engineering Technology	6 081	5 962	2	117
农业科学研究与试验发展	R & D of Agriculture Science	3 985	3 967	5	13
医学研究与试验发展	R & D of Medicine	806	749	30	27
社会人文科学研究与试验发展	R & D of Social Literate Humaniores	867	848	3	16
专业技术服务业	Professional Technology Service	28 117	21 232	745	6 140

4-11 续表3 continued

单位：人 (person)

国民经济行业	National Economic Sector	就业人员合计 Number of Employed Persons in Urban Entities	国有单位 State-owned Economy	城镇集体单位 Urban Collective-owned Entities	其他单位 Entities of Other Types of Ownership
# 气象服务	Werther Service	2 402	2 292		110
地震服务	Earthquake Service	1 270	1 270		
海洋服务	Ocean Service	622	622		
测绘服务	Mapping Service	1 975	1 548	16	411
技术检测	Technology Service	2 625	2 278	57	290
环境监测	Environment	8 032	8 025		7
工程技术与规划管理	Engineering Technology and Programming Administration	10 368	5 069	339	4 960
科技交流和推广服务业	Communion and Popularizing of Science Technology	11 723	10 963	230	530
地质勘查业	Geological Prospecting	7 644	7 482	50	112
水利、环境和公共设施管理业	**Water Conservancy, Admistration of Environment and Public facilities**	**52 959**	**44 268**	**1 915**	**6 776**
水利管理业	Water Conservancy Admistrition	11 936	11 628	23	285
环境管理业	Admistration of Environment	23 733	19 909	1 697	2 127
公共设施管理业	Admistration of Public facilities	17 290	12 731	195	4 364
居民服务和其他服务业	**Services to Households and Other Services**	**7 728**	**2 874**	**860**	**3 994**
居民服务业	Services to Households	3 546	1 166	567	1 813
其他服务业	Other Services	4 182	1 708	293	2 181
教育	**Education**	**517 788**	**508 797**	**1 693**	**7 298**
# 初等教育	Primary Education	253 679	252 631	23	1 025
中等教育	Secondary Education	187 192	185 446	61	1 685
高等教育	Higher Education	39 503	37 002	453	2 048
卫生、社会保障和社会福利业	**Health Care, Social Security and Social Welfare**	**157 594**	**152 127**	**957**	**4 510**
卫生	Health Care	151 263	145 936	933	4 394
社会保障业	Social Security	3 720	3 685		35
社会福利业	Social Welfare	2 611	2 506	24	81
文化、体育和娱乐业	**Culture, Sports and Entertainment**	**35 530**	**28 654**	**53**	**6 823**
新闻出版社	News and Publishing	3 729	3 228		501
广播、电视、电影和音像业	Broadcast, Television,Filmdom and Audio & Video Production	8 375	7 179	30	1 166
文化艺术业	Culture and Arts	14 233	13 328		905
体育	Sports	2 552	1 957	13	582
娱乐业	Entertainment	6 641	2 962	10	3 669
公共管理和社会组织	**Common Administration and Social Organization**	**461 426**	**459 619**	**741**	**1 066**
# 中国共产党机关	Organs of Communist Party of China	23 590	23 570		20
国家机构	Government Agencies of Country	421 940	421 434	370	136
人民政协和民主党派	Chinese People's Political Consultative Conferences and Democracy Parties	5 592	5 592		
群众社团、社会团体和宗教组织	Mass Groups, Social Groups and Religion Organization	8353	7277	166	910

4-12 城镇单位女性就业人员人数(2010年)

Number of Female Employed in Urban Entities (2010)

单位：人 (person)

国民经济行业	National Economic Sector	女性就业人员合计 Number of Female Employed Persons in Urban Entities	国有单位 State-owned Economy	城镇集体单位 Urban Collective-owned Entities	其他单位 Entities of Other Types of Ownership
全省合计	**Total**	**1 136 032**	**735 923**	**31 869**	**368 240**
按企业、事业、机关分组	**Grouped by Enterprises Institutions and Agencies**				
企业	Enterprises	588 618	193 204	29 460	365 954
事业	Institutions	422 463	418 086	2 194	2 183
机关	Agencies & Organizations	124 890	124 633	175	82
按国民经济行业分组	**Grouped by Sector**				
农、林、牧、渔业	**Farming,Forestry,Animal Husbandry and Fishery**	**54 779**	**52 788**	**359**	**1 632**
农业	Farming	17 322	16 103	247	972
林业	Forestry	25 015	24 463	53	499
畜牧业	Animal Husbandry	213	123	38	52
渔业	Fishery	17	16		1
农、林、牧、渔服务业	Farming,Forestry,Animal Husbandry and Fishery Services	12 212	12 083	21	108
采矿业	**Mining**	**22 892**	**9 394**	**929**	**12 569**
煤炭开采和洗选业	Coal Mining and Dressing	11 158	5 629	58	5 471
石油和天然气开采业	Petroleum and Natural Gas Extraction	73	20		53
黑色金属矿采选业	Ferrous Metals Mining and Dressing	2 762	833		1 929
有色金属矿采选业	Nonferrous Metals Mining and Dressing	6 450	1 225	797	4 428
非金属矿采选业	Nonmetal Minerals Mining and Dressing	2 352	1 612	74	666
其他采矿业	Other Minerals Mining	97	75		22
制造业	**Manufacturing**	**192 075**	**46 387**	**6 534**	**139 154**
农副食品加工业	Agricultural Non-staple Food Processing	16 650	677	223	15 750
食品制造业	Food Manufacturing	6 059	143	194	5 722
饮料制造业	Beverage Manufacturing	13 869	451	112	13 306
烟草制品业	Tobacco Production	15 980	11 290	35	4 655
纺织业	Textile Industry	5 048	17	790	4 241
纺织服装、鞋、帽制造业	Textile,Clothing, Footwear Production	1 589	585	449	555
皮革、毛皮、羽毛(绒)及其制品业	Leather, Furs, Down and Related Products	408		141	267
木材加工及木、竹、藤、棕、草制品业	Timber Processing, Bamboo, Cane, Palm Fiber and Straw Products	4 913	1 037	85	3 791
家具制造业	Furniture Manufacturing	569	290	14	265
造纸及纸制品业	Papermaking and Paper Products	4 649	84	411	4 154
印刷业和记录媒介的复制	Printing and Record Medium Reproduction	6 833	880	869	5 084
文教体育用品制造业	Cultural, Educational and Sports Goods	56	18	17	21
石油加工、炼焦及核燃料加工业	Petroleum Processing,Coking and Nuclear Fuel Processing	3 127	307		2 820

4-12 续表1 continued

单位：人 (person)

国民经济行业	National Economic Sector	女性就业人员合计 Number of Female Employed Persons in Urban Entities	国有单位 State-owned Economy	城镇集体单位 Urban Collective-owned Entities	其他单位 Entities of Other Types of Ownership
化学原料及化学制品制造业	Raw Chemical Materials and Chemical Products	21 306	7 048	297	13 961
医药制造业	Medical and Pharmaceutical Products	7 466	413	209	6 844
化学纤维制造业	Chemical Fiber Manufacturing	57		1	56
橡胶制品业	Rubber Products	399	260	40	99
塑料制品业	Plastic Products	3 787	86	403	3 298
非金属矿物制品业	Nonmetal Mineral Products	13 860	800	654	12 406
黑色金属冶炼及压延加工业	Smelting and Pressing of Ferrous Metals	15 479	6 474	436	8 569
有色金属冶炼及压延加工业	Smelting and Pressing of Nonferrous Metals	26 391	8 595	101	17 695
金属制品业	Metal Products	2 047	196	354	1 497
通用设备制造业	General-purpose Machinery Manufacturing	3 978	918	276	2 784
专用设备制造业	Special Purposes Equipment	5 351	2 355	63	2 933
交通运输设备制造业	Transport Equipment	6 064	1 973	109	3 982
电气机械及器材制造业	Electric Equipment and Machinery	3 034	719	177	2 138
通信设备、计算机及其他电子设备制造业	Communication Equipment, Computers and Other Electronic Equipment Production	691	213		478
仪器仪表及文化、办公用机械制造业	Instruments, Meters, Cultural and Clerical Machinery	1 753	545	16	1 192
工艺品及其他制造业	Handicraft Articles and Other Goods Production	637	12	47	578
废弃资源和废旧材料回收加工业	Discarded Resources and Waste Materials Recovery and Processing	25	1	11	13
电力、燃气及水的生产和供应业	**Production and Supply of Electric Power,Gas and Water**	**27 147**	**15 073**	**270**	**11 804**
电力、热力的生产和供应业	Production and Supply of Electric Power and Heat	22 484	11 939	158	10 387
燃气生产和供应业	Gas Production and Supply	1 031	954		77
水的生产和供应业	Water Production and Supply	3 632	2 180	112	1 340
建筑业	**Construction**	**59 039**	**10 633**	**5 192**	**43 214**
房屋和土木工程建筑业	House Building and Civil Engineering	51 622	8 863	4 366	38 393
建筑安装业	Construction Installation	4 167	1 629	681	1 857
建筑装饰业	Building Fiting up and Decoration	2 179	16	127	2 036
其他建筑业	Other Construction	1 071	125	18	928
交通运输、仓储和邮政业	**Transport, Storage and Post**	**38 569**	**25 483**	**304**	**12 782**
铁路运输业	Railway Transport	9 129	9 092		37
道路运输业	Highway Transport	14 884	8 496	126	6 262
城市公共交通业	Urban Public Transit	3 863	680	52	3 131
水上运输业	Water Way Transport	190	108		82
航空运输业	Air Transport	3 760	1 650	8	2 102
管道运输业	Pipeline Transport	54			54
装卸搬运和其他运输服务业	Lording, Unlording, Carrying and Other Transport Services	1 043	363	102	578

4-12 续表2 continued

单位：人 (person)

国民经济行业	National Economic Sector	女性就业人员合计 Number of Female Employed Persons in Urban Entities	国有单位 State-owned Economy	城镇集体单位 Urban Collective-owned Entities	其他单位 Entities of Other Types of Ownership
仓储业	Storage	810	427	11	372
邮政业	Postal	4 836	4 667	5	164
信息传输、计算机服务和软件业	**Information Transmission Computer Service and Software Service**	**14 217**	**6 660**	**36**	**7 521**
电信和其他信息传输服务业	Telecommunication And Other Information Transmission Service	13 130	6 535	3	6 592
计算机服务业	Computer Service	444	49	21	374
软件业	Software Service	643	76	12	555
批发和零售业	**Wholesale and Retail Trade**	**74 888**	**12 802**	**4 652**	**57 434**
批发业	Wholesale	27 571	9 476	1 375	16 720
零售业	Retail Trade	47 317	3 326	3 277	40 714
住宿和餐饮业	**Hotel and Food Service**	**32 499**	**8 345**	**1 723**	**22 431**
住宿业	Hotel and Food Service	27 650	7 934	1 606	18 110
餐饮业	Food Service	4 849	411	117	4 321
金融业	**Finance and Insurance**	**42 966**	**21 277**	**6 904**	**14 785**
银行业	Banking	29 910	17 042	6 844	6 024
证券业	Securities Industry	703	97		606
保险业	Insurance	11 379	3 821		7 558
其他金融活动	Other Financial Trade	974	317	60	597
房地产业	**Real Estate Trade**	**14 990**	**1 940**	**351**	**12 699**
房地产开发经营	Development and Operation of Real Estate Trade	8 302	699	65	7 538
物业管理	Substance Management	4 327	335	129	3 863
房地产中介服务	Real Estate Agency Service	518	155	16	347
租赁和商务服务业	**Leasing Treade and Business Service**	**21 558**	**6 622**	**1 201**	**13 735**
租赁业	Leasing Treade	110	11	10	89
商务服务业	Commercial Serive	21 448	6 611	1 191	13 646
科学研究、技术服务和地质勘查业	**Scientific Research, Technology Service and Geological Prospecting**	**19 801**	**17 131**	**359**	**2 311**
研究与试验发展	R & D	5 473	5 160	11	302
自然科学研究与试验发展	R & D of Science Technology	1 220	968		252
工程和技术研究与试验发展	R & D of Engineering Technology	2 088	2 051	1	36
农业科学研究与试验发展	R & D of Agriculture Science	1 419	1 412	4	3
医学研究与试验发展	R & D of Medicine	395	383	6	6
社会人文科学研究与试验发展	R & D of Social Literate Humaniores	351	346		5
专业技术服务业	**Professional Technology Service**	**8 666**	**6 630**	**255**	**1 781**
# 气象服务	Werther Service	788	780		8
地震服务	Earthquake Service	417	417		
海洋服务	Ocean Service	228	228		
测绘服务	Mapping Service	695	565	4	126

4-12 续表3 continued

单位：人 (person)

国民经济行业	National Economic Sector	女性就业人员合计 Number of Employed Persons in Urban Entities	国有单位 State-owned Economy	城镇集体单位 Urban Collective-owned Entities	其他单位 Entities of Other Types of Ownership
技术检测	Technology Service	937	824	13	100
环境监测	Environment	2 273	2 270		3
工程技术与规划管理	Engineering Technology and Programming Administration	2 990	1 503	87	1 400
科技交流和推广服务业	Communion and Popularizing of Science Technology	3 832	3 565	78	189
地质勘查业	Geological Prospecting	1 830	1 776	15	39
水利、环境和公共设施管理业	**Water Conservancy, Admistration of Environment and Public facilities**	**24 437**	**19 854**	**1 166**	**3 417**
水利管理业	Water Conservancy Admistrition	3 029	2 974	6	49
环境管理业	Admistration of Environment	13 322	10 945	1 082	1 295
公共设施管理业	Admistration of Public facilities	8 086	5 935	78	2 073
居民服务和其他服务业	**Services to Households and Other Services**	**3 182**	**1 011**	**228**	**1 943**
居民服务业	Services to Households	1 439	415	112	912
其他服务业	Other Services	1 743	596	116	1 031
教育	**Education**	**240 253**	**235 360**	**742**	**4 151**
# 初等教育	Primary Education	115 653	115 046	19	588
中等教育	Secondary Education	85 077	84 193	39	845
高等教育	Higher Education	18 241	17 105	193	943
卫生、社会保障和社会福利业	**Health Care, Social Security and Social Welfare**	**102 993**	**99 231**	**589**	**3 173**
卫生	Health Care	99 851	96 188	568	3 095
社会保障业	Social Security	1 839	1 814		25
社会福利业	Social Welfare	1 303	1 229	21	53
文化、体育和娱乐业	**Culture, Sports and Entertainment**	**15 704**	**12 756**	**11**	**2 937**
新闻出版社	News and Publishing	1 540	1 300		240
广播、电视、电影和音像业	Broadcast, Television,Filmdom and Audio & Video Production	3 246	2 755	5	486
文化艺术业	Culture and Arts	7 033	6 681		352
体育	Sports	855	703	3	149
娱乐业	Entertainment	3 030	1 317	3	1 710
公共管理和社会组织	**Common Administration and Social Organization**	**134 043**	**133 176**	**319**	**548**
# 中国共产党机关	Organs of Communist Party of China	6 449	6 442		7
国家机构	Government Agencies of Country	121 728	121 524	148	56
人民政协和民主党派	Chinese People's Political Consultative Conferences and Democracy Parties	1 415	1 415		
群众社团、社会团体和宗教组织	Mass Groups, Social Groups and Religion Organization	3 609	3 068	56	485

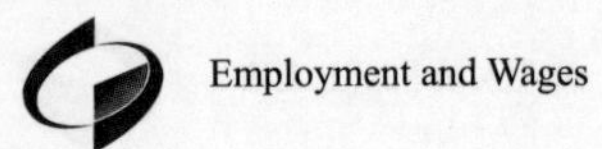

4-13 各州市城镇单位分登记注册类型年末就业人员数(2010年)

Number of Employed Persons in Urban Entities at Year-end by Status of Registration and Region(2010)

单位：人 (person)

州 市	Region	就业人员合计 Number of Employed Persons in Urban Entities	国有单位 State-owned Entities	城镇集体单位 Urban Collective-owned Entities	其他单位 Others
全省合计	**Total**	**3 227 731**	**1 909 630**	**105 875**	**1 212 226**
昆 明	Kunming	972 435	472 967	40 165	459 303
曲 靖	Qujing	331 928	192 124	11 973	127 831
玉 溪	Yuxi	188 122	97 932	5 769	84 421
保 山	Baoshan	142 141	69 744	3 194	69 203
昭 通	Zhaotong	181 089	140 646	5 223	35 220
丽 江	Lijiang	87 512	50 871	3 094	33 547
普 洱	Pu'er	140 900	91 974	2 760	46 166
临 沧	Lincang	100 174	76 462	1 609	22 103
楚 雄	Chuxiong	162 722	107 896	4 406	50 420
红 河	Honghe	272 137	188 529	9 730	73 878
文 山	Wenshan	145 971	105 052	2 838	38 081
西双版纳	Xishuangbanna	105 768	84 215	4 092	17 461
大 理	Dali	229 972	117 737	6 868	105 367
德 宏	Dehong	100 575	63 445	2 650	34 480
怒 江	Nujiang	34 121	26 121	398	7 602
迪 庆	Diqing	32 164	23 915	1 106	7 143

4-14 各州市城镇单位分企事业机关年末就业人员数(2010年)

Number of Employed Persons in Urban Entities at Year-end by Enterprise, Public Institution and, Government Agency and by Region(2010)

单位：人 (person)

州 市	Region	就业人员合计 Number of Employed Persons in Urban Entities	企业 Enterprises	事业 Public Institutions	机关 Government Agencies and Organizations
全省合计	**Total**	**3 227 731**	**1 890 838**	**903 527**	**433 176**
昆 明	Kunming	972 435	711 913	179 329	81 193
曲 靖	Qujing	331 928	197 060	97 792	37 076
玉 溪	Yuxi	188 122	114 580	50 914	22 628
保 山	Baoshan	142 141	80 725	43 664	17 752
昭 通	Zhaotong	181 089	62 229	74 182	44 678
丽 江	Lijiang	87 512	43 866	28 534	15 112
普 洱	Pu'er	140 900	68 207	49 409	23 284
临 沧	Lincang	100 174	39 008	38 755	22 411
楚 雄	Chuxiong	162 722	80 364	51 240	30 940
红 河	Honghe	272 137	149 425	84 160	38 552
文 山	Wenshan	145 971	59 064	62 256	24 651
西双版纳	Xishuangbanna	105 768	70 528	25 975	9 265
大 理	Dali	229 972	134 919	66 178	28 875
德 宏	Dehong	100 575	55 171	26 893	18 499
怒 江	Nujiang	34 121	10 033	13 716	10 372
迪 庆	Diqing	32 164	13 746	10 530	7 888

注：不含城镇规模以下私营及个体就业人员。

Note:Employed persons in urban private enterprises under designated size are excluded.

4-15 各州市私营企业年末就业人员人数(2010年)

Number of Employed Persons in Private Enterprises at Year-end by Region(2010)

单位：户、人 (enterprises, persons)

州市	Region	合计 Total 户数 Number of Enterprises	合计 Total 就业人数 Number of Employed Persons	城镇 Urban Areas 户数 Number of Enterprises	城镇 Urban Areas 就业人数 Number of Employed Persons	乡村 Rural Areas 户数 Number of Enterprises	乡村 Rural Areas 就业人数 Number of Employed Persons
全省合计	**Total**	**155 545**	**2 275 981**	**136 103**	**1 863 368**	**19 442**	**412 613**
昆明	Kunming	81 386	805 939	79 309	773 470	2 077	32 469
曲靖	Qujing	10 610	216 739	7 658	129 003	2 952	87 736
玉溪	Yuxi	7 343	169 152	5 558	122 388	1 785	46 764
保山	Baoshan	3 547	73 499	2 691	57 484	856	16 015
昭通	Zhaotong	4 871	80 482	3 347	50 885	1 524	29 597
丽江	Lijiang	3 312	54 496	2 356	32 847	956	21 649
普洱	Pu'er	3 625	80 412	2 926	58 290	699	22 122
临沧	Lincang	2 316	49 286	1 561	31 722	755	17 564
楚雄	Chuxiong	6 024	117 430	3 550	77 379	2 474	40 051
红河	Honghe	7 366	179 638	6 456	158 025	910	21 613
文山	Wenshan	4 034	68 743	3 263	60 034	771	8 709
西双版纳	Xishuangbanna	3 559	39 862	2 939	33 016	620	6 846
大理	Dali	5 631	113 307	4 034	83 792	1 597	29 515
德宏	Dehong	3 642	43 825	2 751	31 294	891	12 531
怒江	Nujiang	990	14 536	537	7 311	453	7 225
迪庆	Diqing	938	15 636	816	13 602	122	2 034

4-16 各州市年末个体就业人员人数(2010年)

Number of Self-employed Individuals at Year-end by Region(2010)

单位：户、人 (enterprises, persons)

州市	Region	合计 Total 户数 Number of Enterprises	合计 Total 就业人数 Number of Employed Persons	城镇 Urban Areas 户数 Number of Enterprises	城镇 Urban Areas 就业人数 Number of Employed Persons	乡村 Rural Areas 户数 Number of Enterprises	乡村 Rural Areas 就业人数 Number of Employed Persons
全省合计	**Total**	**1 148 401**	**2 139 847**	**699 673**	**1 382 216**	**441 528**	**757 658**
昆明	Kunming	287 353	634 345	200 056	469 665	87 297	164 680
曲靖	Qujing	128 013	215 032	77 999	144 797	42 814	70 235
玉溪	Yuxi	79 056	181 713	51 154	115 706	27 902	66 007
保山	Baoshan	53 592	75 310	24 372	35 491	29 220	39 819
昭通	Zhaotong	71 759	132 928	39 485	71 763	32 274	61 165
丽江	Lijiang	27 418	46 420	19 661	35 665	7 757	10 755
普洱	Pu'er	57 976	132 086	36 325	91 605	21 651	40 481
临沧	Lincang	41 609	69 325	23 057	42 524	18 552	26 828
楚雄	Chuxiong	63 135	120 896	34 946	65 191	28 189	55 705
红河	Honghe	98 456	162 374	57 428	95 858	41 028	66 516
文山	Wenshan	66 858	79 983	38 693	49 423	28 165	30 560
西双版纳	Xishuangbanna	34 034	64 671	14 678	27 037	19 356	37 634
大理	Dali	80 702	115 649	44 422	67 384	36 280	48 265
德宏	Dehong	37 581	69 718	25 777	50 313	11 804	19 405
怒江	Nujiang	9 772	17 030	5 367	10 155	4 405	6 875
迪庆	Diqing	11 087	22 367	6 253	9 639	4 834	12 728

4-17 城镇私营企业年末分行业就业人数(2008-2010年)

Number of Employed Persons in Urban Private Enterprises at Year-end by Sector(2008-2010)

单位：万人 (10 000 persons)

行业	Sector	2008年	2009年	2010年
合计	**Total**	**142.64**	**158.76**	**186.34**
农、林、牧、渔业	Farming,Forestry,Animal Husbandry and Fishery	4.73	5.28	6.07
采矿业	Mining	6.05	6.60	8.10
制造业	Manufacturing	28.54	30.43	35.84
电力、煤气及水的生产和供应业	Production and Supply of Electricity,Gas and Water	2.05	2.13	2.46
建筑业	Construction	17.71	21.90	24.94
交通运输、仓储及邮电通讯业	Transport,Storage,Post and Telecommunication Services	3.85	4.76	5.48
信息传输、计算机服务和软件业	Information Transmission, Computers Service and Software Service	4.22	5.23	5.79
批发和零售业	Wholesale and Retail Trade & Food Services	44.32	46.58	53.62
住宿和餐饮业	Hotel and Food Service	3.94	4.52	5.52
房地产业	Real Estate Trade	6.57	7.47	9.82
租赁和商务服务业	Leasing Treade and Business Service	9.46	10.60	13.16
居民服务和其他服务业	Services to Households and Other Services	4.17	4.83	5.52
卫生、社会保障和社会福利业	Health Care, Social Security and Social Welfare	0.87	0.93	1.22
文化、体育和娱乐业	Culture, Sports and Entertainment	1.34	1.62	1.76
其他合计	Others	4.81	5.90	7.04

4-18 城镇个体就业人员年末分行业就业人数(2008-2010年)

Number of Self-employed Individuals in Urban Areas at Year-end by Sector(2008-2010)

单位：万人 (10 000 persons)

行业	Sector	2008年	2009年	2010年
合计	**Total**	**120.61**	**122.13**	**138.22**
农、林、牧、渔业	Farming,Forestry,Animal Husbandry and Fishery	0.46	1.08	1.52
采矿业	Mining	0.38	0.42	0.44
制造业	Manufacturing	7.72	8.64	9.18
电力、煤气及水的生产和供应业	Production and Supply of Electricity,Gas and Water	0.02	0.03	0.03
建筑业	Construction	0.27	0.35	0.34
交通运输、仓储及邮电通讯业	Transport,Storage,Post and Telecommunication Services	1.77	1.47	1.59
信息传输、计算机服务和软件业	Information Transmission,Computers Service and Software Service	0.56	0.60	0.60
批发和零售业	Wholesale and Retail Trade & Food Services	76.61	72.27	83.08
住宿和餐饮业	Hotel and Food Service	18.11	20.34	22.52
房地产业	Real Estate Trade	0.02	0.02	0.02
租赁和商务服务业	Leasing Treade and Business Service	0.89	1.12	1.31
居民服务和其他服务业	Services to Households and Other Services	11.09	12.69	14.45
卫生、社会保障和社会福利业	Health Care, Social Security and Social Welfare	0.87	0.91	1.00
文化、体育和娱乐业	Culture, Sports and Entertainment	1.45	1.69	1.81
其他合计	Others	0.41	0.49	0.33

4-19 主要年份全部职工工资总额和指数

Total Wages of Staff and Workers and Related Indices in Significant Years

单位：万元，%　　(10 000 yuan, %)

年 份 Year	职工工资总额 Total Wages				工资总额指数 Indices of Total Wages			
	全 省 Yunnan	国有单位 State-owned Entities	城镇集体单位 Urban Collective-owned Entities	其他单位 Other Ownership	全省 Yunnan	国有单位 State-owned Entities	城镇集体单位 Urban Collective-owned Entities	其他单位 Other Ownership
1978	126 803	114 225	12 578		115.3	117.4	99.6	
1980	171 550	154 601	16 949		120.3	120.4	119.6	
1985	301 329	262 970	37 902	457	118.5	118.3	119.4	
1990	606 598	535 607	69 695	1 296	115.3	116.3	108.6	
1995	1 589 569	1 378 077	182 208	29 284	114.4	113.6	116.7	144.5
1996	1 940 655	1 690 621	202 732	47 303	122.1	122.7	111.3	161.5
1997	2 190 837	1 907 523	210 466	72 849	112.9	112.8	103.8	154.0
1998	2 260 931	1 931 463	187 028	142 440	103.2	101.3	88.9	195.5
1999	2 359 332	1 959 697	175 717	223 918	104.4	101.5	94.0	157.2
2000	2 544 580	2 095 029	167 795	281 756	107.9	106.9	95.5	125.8
2001	2 759 817	2 253 345	143 717	362 755	108.5	107.6	85.7	128.7
2002	3 008 517	2 452 154	132 134	424 229	109.0	108.8	91.9	116.9
2003	3 149 842	2 462 394	123 447	564 001	104.7	100.4	93.4	132.9
2004	3 445 228	2 640 176	115 346	689 706	109.4	107.2	93.4	122.3
2005	3 771 553	2 832 996	108 039	830 518	109.5	107.3	93.7	120.4
2006	4 586 169	3 398 771	146 975	1 040 423	121.6	120.0	136.0	125.3
2007	5 664 925	3 984 942	163 189	1 516 794	123.5	117.2	111.0	145.8
2008	6 836 901	4 733 017	188 891	1 914 994	120.7	118.8	115.7	126.3
2009	7 883 808	5 467 236	216 063	2 200 508	115.3	115.5	114.4	114.9
2010	9 037 158	6 195 275	244 577	2 597 306	114.6	113.3	113.2	118.0

4-20 主要年份全部职工平均工资及指数

Average Wages of Staff and Workers and Related Indices in Significant Years

单位：元/人，%　　(yuan/person,%)

年 份 Year	职工平均工资 Average Wages				平均工资指数(上年=100，%) Indices of Average Wages (preceding year = 100 ,%)							
					货币工资 Money Wages				实际工资 Real Wages			
	全 省 Yunnan	国有单位 State-owned Entities	集体单位 Urban Collective-owned Entities	其他单位 Other Ownership	全省 Yunnan	国有单位 State-owned Entities	集体单位 Urban Collective-owned Entities	其他单位 Other Ownership	合计 Total	国有单位 State-owned Entities	城镇集体单位 Urban Collective-owned Entities	其他单位 Other Ownership
1978	608	629	496		112.0	108.5	128.8					
1980	760	782	604		115.2	115.2	114.2					
1985	1 171	1 207	970	1 100	115.5	115.1	117.9					
1990	2 130	2 200	1 713	2 037	113.3	113.6	109.9		111.5	111.8	108.2	
1995	5 149	5 286	4 237	5 802	114.1	113.1	120.4	111.6	94.8	94.0	100.1	92.7
1996	6 231	6 419	4 926	6 863	121.0	121.4	116.3	118.3	111.3	111.7	107.0	108.8
1997	7 037	7 237	5 473	7 852	112.9	112.7	111.1	114.4	107.9	107.7	106.2	109.4
1998	7 667	7 882	6 029	7 564	109.0	108.9	110.2	96.3	106.4	106.4	107.6	94.1
1999	8 276	8 449	6 505	8 566	107.9	107.2	107.9	113.2	109.2	108.5	109.2	96.5
2000	9 231	9 422	7 033	9 566	111.5	111.5	108.1	111.7	114.3	114.3	110.8	95.2
2001	10 537	10 880	7 203	10 407	114.1	115.5	102.4	108.8	116.4	117.7	104.4	92.7
2002	11 987	12 429	7 947	11 443	113.8	114.2	110.3	110.0	114.7	115.2	111.2	93.7
2003	12 870	13 471	8 519	11 886	107.4	108.4	107.2	103.9	106.0	107.0	105.8	88.5
2004	14 581	15 320	9 519	13 307	113.3	113.7	111.7	112.0	106.8	107.2	105.3	95.4
2005	16 140	16 900	10 516	14 894	110.69	110.3	110.5	111.9	108.8	108.5	108.6	110.1
2006	18 711	20 017	12 193	16 447	115.9	118.4	115.9	110.4	113.8	116.2	113.8	108.4
2007	20 481	22 884	14 054	16 697	109.46	114.3	115.3	101.5	103.36	108.0	108.8	95.9
2008	24 030	26 765	18 194	19 683	117.33	117.0	129.5	117.9	111.32	111.0	122.8	111.8
2009	26 992	30 329	21 407	21 633	112.33	113.3	117.7	109.9	111.77	112.8	117.1	109.4
2010	30 177	34 330	25 137	23 768	111.8	113.2	117.4	109.9	107.71	109.0	113.1	105.8

4-21 各州市全部职工工资总额和平均工资(2010年)
Total Wages and Annual Average Wages of Staff and Workers by Region(2010)

单位：千元，元/人 (1 000 yuan, yuan/person)

州 市	Region	职工工资总额 Total Wages				职工平均工资 Average Wages			
		合 计 Total	国有单位 State-owned Entities	城镇集体单位 Urban Collective-owned Entities	其他单位 Other Ownership	合计 Total	国有单位 State-owned Entities	城镇集体单位 Urban Collective-owned Entities	其他单位 Other Ownership
全 省	**Yunnan**	**90 371 580**	**61 952 752**	**2 445 772**	**25 973 056**	**30 177**	**34 330**	**25 137**	**23 768**
昆 明	Kunming	31 024 336	18 677 555	761 952	11 584 829	34 403	41 925	20 891	27 595
曲 靖	Qujing	10 384 611	7 199 589	315 840	2 869 182	32 520	38 486	28 012	23 715
玉 溪	Yuxi	5 363 261	3 667 263	105 880	1 590 118	30 243	38 601	19 367	20 686
保 山	Baoshan	3 204 482	1 925 589	73 274	1 205 619	23 190	28 115	22 992	18 128
昭 通	Zhaotong	5 117 245	4 282 390	162 929	671 926	28 796	30 940	31 496	19 693
丽 江	Lijiang	2 311 050	1 504 976	99 987	706 087	29 452	32 857	34 336	23 732
普 洱	Pu'er	3 059 229	2 297 087	111 158	650 984	27 092	28 773	47 564	21 171
临 沧	Lincang	2 472 774	2 024 775	42 906	405 093	26 365	28 175	27 699	19 879
楚 雄	Chuxiong	4 231 502	3 268 966	126 491	836 045	29 110	33 151	31 591	19 557
红 河	Honghe	7 203 244	5 566 103	223 851	1 413 290	27 304	30 461	25 354	19 560
文 山	Wenshan	3 688 245	2 800 951	87 412	799 882	27 030	28 260	31 041	23 172
西双版纳	Xishuangbanna	2 289 694	1 860 072	85 651	343 971	21 850	22 329	20 794	19 800
大 理	Dali	5 630 179	3 724 705	154 457	1 751 017	28 956	35 973	26 389	20 589
德 宏	Dehong	2 364 493	1 561 886	71 184	731 423	25 511	26 110	26 923	24 202
怒 江	Nujiang	943 635	692 254	8 092	243 289	31 154	28 495	31 858	42 377
迪 庆	Diqing	1 083 600	898 591	14 708	170 301	39 633	42 326	36 406	29 841

4-22 各州市城镇单位分企事业机关职工工资总额(2010年)
Total Wages of Employed Persons in Urban Entities at Year-end by Enterprise, Public Institution and, Government Agency and by Region(2010)

单位：千元 (1 000 yuan)

州 市	Region	职工工资总额 Total Wages of Employed Persons			
		合 计 Total	企业 Enterprises	事业 Public Institutions	机关 Government Agencies and Organizations
全省合计	**Total**	**90 371 580**	**50 408 324**	**26 240 479**	**13 716 333**
昆 明	Kunming	31 024 336	22 626 608	5 337 814	3 059 914
曲 靖	Qujing	10 384 611	5 548 414	3 507 277	1 328 920
玉 溪	Yuxi	5 363 261	2 814 965	1 678 314	869 982
保 山	Baoshan	3 204 482	1 562 387	1 105 604	536 491
昭 通	Zhaotong	5 117 245	1 881 379	2 062 847	1 173 019
丽 江	Lijiang	2 311 050	1 014 819	818 058	478 173
普 洱	Pu'er	3 059 229	1 088 010	1 287 595	683 624
临 沧	Lincang	2 472 774	835 734	1 039 251	597 789
楚 雄	Chuxiong	4 231 502	1 965 731	1 413 370	846 291
红 河	Honghe	7 203 244	3 766 714	2 294 543	1 141 987
文 山	Wenshan	3 688 245	1 335 221	1 647 039	705 985
西双版纳	Xishuangbanna	2 289 694	1 237 066	752 701	299 927
大 理	Dali	5 630 179	2 917 430	1 814 314	898 435
德 宏	Dehong	2 364 493	1 097 598	756 787	509 774
怒 江	Nujiang	943 635	331 219	347 374	265 042
迪 庆	Diqing	1 083 600	385 029	377 591	320 980

4-23 各州市城镇单位分企事业机关年末职工平均工资(2010年)

Average Wages of Staff and Workers in Urban Entities at Year-end by Enterprise,Public Institution and Government Agency and by Region(2010)

单位：元/人 (yuan/person)

州市	Region	全部职工平均工资 Average Wage of Staff and Workers	企业单位职工平均工资 Staff and Workers of Enterprises	事业单位职工平均工资 Staff and Workers of Institution	机关单位职工平均工资 Staff and Workers of Agencies and Organization
全省合计	**Total**	**30 177**	**29 255**	**30 537**	**33 279**
昆明	Kunming	34 403	34 593	31 268	39 738
曲靖	Qujing	32 520	29 458	36 846	37 131
玉溪	Yuxi	30 243	26 347	34 629	39 487
保山	Baoshan	23 190	20 082	25 646	31 063
昭通	Zhaotong	28 796	30 651	28 642	26 479
丽江	Lijiang	29 452	26 103	31 635	34 822
普洱	Pu'er	27 092	24 207	27 958	31 189
临沧	Lincang	26 365	22 352	29 039	29 001
楚雄	Chuxiong	29 110	29 189	28 837	29 357
红河	Honghe	27 304	25 906	28 297	30 596
文山	Wenshan	27 030	25 335	27 410	29 843
西双版纳	Xishuangbanna	21 850	17 660	29 367	32 912
大理	Dali	28 956	26 730	31 100	33 332
德宏	Dehong	25 511	22 014	28 854	30 733
怒江	Nujiang	31 154	41 805	27 534	27 184
迪庆	Diqing	39 633	35 188	41 434	44 054

4-24 各州市城镇单位分行业职工平均工资(2010年)

Average Wages of Staff and Workers in Urban Entities by Sector and Region(2010)

单位：元/人 (yuan/person)

州市	Region	合计 Total	农、林、牧、渔业 Farming,Forestry,Animal Husbandry and Fishery	采矿业 Mining	制造业 Manufacturing	电力、燃气及水的生产和供应业 Production and Supply of Electric Power,Gas and Water
全省合计	**Total**	**30 177**	**16 961**	**27 327**	**29 541**	**45 185**
昆明	Kunming	34 403	23 775	36 875	34 584	56 236
曲靖	Qujing	32 520	25 709	25 435	30 424	49 307
玉溪	Yuxi	30 243	25 525	24 086	27 919	44 456
保山	Baoshan	23 190	18 722	20 122	20 090	40 549
昭通	Zhaotong	28 796	24 788	24 281	40 029	39 199
丽江	Lijiang	29 452	21 082	26 919	22 782	42 673
普洱	Pu'er	27 092	20 133	27 130	18 664	37 958
临沧	Lincang	26 365	14 226	12 638	19 455	34 711
楚雄	Chuxiong	29 110	22 661	38 756	29 100	45 900
红河	Honghe	27 304	17 611	31 972	26 908	38 343
文山	Wenshan	27 030	18 834	24 598	19 337	42 046
西双版纳	Xishuangbanna	21 850	13 829	28 605	20 373	44 712
大理	Dali	28 956	21 056	21 553	25 904	47 313
德宏	Dehong	25 511	8 745	20 744	24 099	43 728
怒江	Nujiang	31 154	24 297	11 810	46 549	49 583
迪庆	Diqing	39 633	36 671	36 196	19 292	51 941

4-24 续表1 continued

单位：元/人 (yuan/person)

州 市	Region	建筑业 Construction	交通运输、仓储和邮政业 Transportation, Storage and Post	信息传输、计算机服务和软件业 Information Transmission, Computers Service and Software Service	批发和零售业 Wholesale and Retail Trade	住宿和餐饮业 Hotel and Food Service
全省合计	**Total**	**21 483**	**37 187**	**37 561**	**27 716**	**16 197**
昆 明	Kunming	25 323	47 087	44 652	24 848	17 276
曲 靖	Qujing	20 447	20 260	43 379	34 944	14 376
玉 溪	Yuxi	17 644	22 993	33 927	19 181	14 639
保 山	Baoshan	13 952	18 746	31 968	30 213	15 453
昭 通	Zhaotong	13 675	22 023	35 416	43 032	11 876
丽 江	Lijiang	20 983	32 270	31 432	28 562	17 973
普 洱	Pu'er	20 370	21 078	37 992	23 659	14 721
临 沧	Lincang	16 356	23 769	34 078	36 196	12 138
楚 雄	Chuxiong	17 875	22 689	30 861	37 814	16 524
红 河	Honghe	19 695	20 072	30 037	23 863	14 041
文 山	Wenshan	20 461	25 684	35 168	27 162	14 163
西双版纳	Xishuangbanna	19 855	22 949	32 521	21 745	17 908
大 理	Dali	18 031	25 958	29 821	39 184	13 406
德 宏	Dehong	20 684	21 499	38 405	22 723	13 933
怒 江	Nujiang	14 579	25 234	48 359	34 026	15 688
迪 庆	Diqing	20 910	41 424	36 936	48 083	13 754

4-24 续表2 continued

单位：元/人 (yuan/person)

州 市	Region	金融业 Banking	房地产业 Real Estate	租赁和商务服务业 Leasing Treade and Business Service	科学研究、技术服务和地质勘查业 Scientific Research, Technology Service and Geological Prospecting	水利、环境和公共设施管理业 Water Conservancy, Admistration of Environment and Public Facilities
全省合计	**Total**	**65 511**	**22 383**	**24 187**	**35 428**	**19 068**
昆 明	Kunming	92 169	24 447	27 185	42 061	21 644
曲 靖	Qujing	56 835	23 327	31 985	25 011	21 749
玉 溪	Yuxi	46 874	25 831	10 818	31 130	22 574
保 山	Baoshan	47 117	21 766	20 597	25 950	17 093
昭 通	Zhaotong	45 069	19 264	14 101	26 430	17 640
丽 江	Lijiang	56 007	31 674	19 320	28 944	22 896
普 洱	Pu'er	61 622	17 923	25 533	27 110	18 740
临 沧	Lincang	51 157	14 020	20 296	24 209	19 075
楚 雄	Chuxiong	52 958	28 547	12 950	26 086	17 191
红 河	Honghe	50 051	15 957	22 390	26 532	12 225
文 山	Wenshan	53 922	20 427	17 725	28 304	17 987
西双版纳	Xishuangbanna	44 229	22 657	26 110	29 418	18 709
大 理	Dali	58 131	18 610	21 111	29 541	23 781
德 宏	Dehong	59 654	21 350	15 420	26 052	18 344
怒 江	Nujiang	49 524	26 903	21 091	27 314	21 741
迪 庆	Diqing	54 169	22 899	16 909	36 607	22 899

4-24 续表3 continued

单位：元/人 (yuan/person)

州 市	Region	居民服务和其他服务业 Services to Households and Other Services	教育 Education	卫生、社会保障和社会福利业 Health Care, Social Security and Social Welfare	文化、体育和娱乐业 Culture, Sports and Entertainment	公共管理和社会组织 Common Administration and Social Organization
全省合计	**Total**	**18 248**	**32 874**	**30 206**	**25 246**	**32 762**
昆　明	Kunming	18 056	32 719	35 196	24 078	38 427
曲　靖	Qujing	11 812	40 047	35 650	26 482	37 054
玉　溪	Yuxi	29 777	38 809	29 805	31 991	38 480
保　山	Baoshan	24 238	27 682	22 808	24 709	30 361
昭　通	Zhaotong	19 724	31 167	24 741	24 368	26 219
丽　江	Lijiang	17 598	33 905	31 003	28 143	34 443
普　洱	Pu'er	26 000	29 442	27 931	26 261	30 874
临　沧	Lincang	22 778	30 922	26 135	24 055	29 008
楚　雄	Chuxiong	24 208	30 172	33 815	21 092	29 208
红　河	Honghe	16 869	31 161	23 251	25 609	30 336
文　山	Wenshan	24 790	28 552	25 785	25 080	29 773
西双版纳	Xishuangbanna	18 000	33 281	29 012	28 931	32 180
大　理	Dali	20 665	32 906	30 996	27 171	33 186
德　宏	Dehong	12 589	32 967	25 435	24 457	29 262
怒　江	Nujiang		29 058	26 835	24 272	27 168
迪　庆	Diqing		42 933	39 970	38 387	44 494

4-25 主要年份城镇登记失业人数和登记失业率

Registered Urban Unemployment and Unemployment Rate in Significant Years

单位:万人、% (10 000 persons,%)

年份 Year	城镇登记失业人数(万人) Urban Unemployed Persons(10 000 persons)	#女性 Female	#长期失业者人数 Permanent Unemployed Persons	城镇登记失业率(%) Urban Unemployment Rate (%)
1978	6.40			2.70
1980	6.00			2.30
1985	4.21			2.50
1990	7.76			2.50
1992	7.53			2.30
1993	7.34			2.30
1994	7.14			2.23
1995	8.10			2.26
1996	8.01			2.80
1997	7.84			2.70
1998	6.01	3.02		2.20
1999	6.20	3.10	3.10	2.50
2000	6.77	3.28	3.42	2.60
2001	8.00	3.89	3.64	3.30
2002	9.80	4.04	4.79	4.00
2003	12.12	5.94	5.64	4.10
2004	11.95	6.28	4.85	4.30
2005	12.97	6.12	5.17	4.30
2006	13.79	6.35	5.01	4.28
2007	14.02	6.37	4.2	4.18
2008	14.77	6.5	3.79	4.21
2009	15.63	6.73	3.44	4.28
2010	15.69	6.4	3.38	4.21

4-26 各州市城镇单位分行业年末就业人员劳动报酬(2010年)

Earnings of Employed Persons in Urban Units by Sector and Region at Year-end(2010)

单位：千元 (1 000 yuan)

州市	Region	合计 Total	农、林、牧渔业 Farming,Forestry,Animal Husbandry and Fishery	采矿业 Mining	制造业 Manufacturing	电力、燃气及水的生产和供应业 Production and Supply of Electricity,Gas and Water
全省合计	**Total**	**93 046 438**	**2 302 272**	**4 047 846**	**16 618 634**	**3 735 109**
昆明	Kunming	32 009 933	163 675	497 135	6 643 331	753 325
曲靖	Qujing	10 508 366	129 139	1 400 591	2 253 087	569 209
玉溪	Yuxi	5 448 480	74 692	294 717	1 447 548	209 565
保山	Baoshan	3 215 303	101 391	79 394	426 019	128 150
昭通	Zhaotong	5 136 009	79 093	307 944	611 794	227 467
丽江	Lijiang	2 418 014	71 423	204 877	164 786	95 989
普洱	Pu'er	3 266 813	176 670	61 338	372 057	148 748
临沧	Lincang	2 523 990	151 898	20 456	247 028	119 612
楚雄	Chuxiong	4 443 434	79 521	342 426	658 046	172 359
红河	Honghe	7 335 405	251 206	430 405	1 940 329	434 956
文山	Wenshan	3 823 335	129 396	179 072	281 734	240 223
西双版纳	Xishuangbanna	2 293 506	635 162	44 459	127 397	80 190
大理	Dali	6 091 363	90 660	105 537	921 747	267 132
德宏	Dehong	2 412 422	104 565	23 296	287 047	165 394
怒江	Nujiang	992 149	31 975	248	212 460	53 276
迪庆	Diqing	1 127 916	31 806	55 951	24 224	69 514

4-26 续表1 continued

单位：千元 (1 000 yuan)

州市	Region	建筑业 Construction	交通运输、仓储和邮政业 Transportation, Storage and Post	信息传输、计算机服务和软件业 Information Transmission, Computers Service and Software Service	批发和零售业 Wholesale and Retail Trade	住宿和餐饮业 Hotel and Food Service
全省合计	**Total**	**7 546 626**	**4 809 806**	**1 284 093**	**4 254 751**	**930 213**
昆明	Kunming	4 066 360	3 578 114	569 425	1 684 607	459 786
曲靖	Qujing	551 412	97 206	62 088	323 759	27 633
玉溪	Yuxi	183 253	74 483	19 954	288 774	42 743
保山	Baoshan	429 621	49 667	38 218	146 375	21 162
昭通	Zhaotong	135 037	113 125	65 128	200 403	8 016
丽江	Lijiang	136 092	68 238	29 561	71 241	108 240
普洱	Pu'er	178 954	79 919	59 842	101 423	14 860
临沧	Lincang	40 718	79 386	39 211	120 329	8 226
楚雄	Chuxiong	341 421	96 692	81 953	220 709	30 986
红河	Honghe	360 339	129 907	81 324	238 271	51 593
文山	Wenshan	148 737	117 309	59 034	132 887	14 725
西双版纳	Xishuangbanna	100 397	43 861	33 367	77 341	47 354
大理	Dali	665 270	200 293	70 185	433 858	63 169
德宏	Dehong	166 600	36 334	43 745	70 008	24 280
怒江	Nujiang	11 247	26 214	14 798	22 347	2 760
迪庆	Diqing	31 168	19 058	16 260	122 419	4 680

4-26 续表2 continued

单位：千元 (1000 yuan)

州 市	Region	金融业 Banking	房地产业 Real Estate	租赁和商务服务业 Leasing Treade and Business Service	科学研究、技术服务和地质勘查业 Scientific Research, Technology Service and Geological Prospecting	水利、环境和公共设施管理业 Water Conservancy, Admistration of Environment and Public facilities
全省合计	**Total**	**5 371 945**	**892 444**	**1 613 969**	**2 131 323**	**940 627**
昆 明	Kunming	2 477 595	508 685	1 131 286	1 381 826	216 320
曲 靖	Qujing	361 837	21 459	41 908	73 925	93 745
玉 溪	Yuxi	311 804	14 367	21 145	52 451	42 420
保 山	Baoshan	157 141	54 046	30 105	35 537	49 296
昭 通	Zhaotong	221 106	27 778	15 497	49 329	53 874
丽 江	Lijiang	130 383	12 353	30 123	28 715	54 643
普 洱	Pu'er	191 509	15 371	12 926	67 367	51 536
临 沧	Lincang	124 566	6 901	2 853	17 220	22 334
楚 雄	Chuxiong	218 510	9 420	17 931	51 788	52 425
红 河	Honghe	282 578	25 368	13 876	87 927	83 121
文 山	Wenshan	184 526	54 915	43 241	44 872	44 168
西双版纳	Xishuangbanna	111 559	14 144	21 797	53 686	41 847
大 理	Dali	349 395	89 469	183 611	99 812	58 121
德 宏	Dehong	157 559	35 143	38 848	53 291	19 775
怒 江	Nujiang	41 399	3 025	232	9 478	9 717
迪 庆	Diqing	50 478		8 590	24 099	47 285

4-26 续表3 continued

单位：千元 (1000 yuan)

州 市	Region	居民服务和其他服务业 Services to Households and Other Services	教 育 Education	卫生、社会保障和社会福利业 Health Care, Social Security and Social Welfare	文化、体育和娱乐业 Culture, Sports and Entertainment	公共管理和社会组织 Common Administration and Social Organization
全省合计	**Total**	**139 862**	**16 561 655**	**4 473 027**	**883 976**	**14 508 260**
昆 明	Kunming	85 821	2 939 608	1 346 633	363 353	3 143 048
曲 靖	Qujing	5 894	2 693 664	413 178	51 001	1 337 631
玉 溪	Yuxi	6 134	1 054 484	282 427	43 318	984 201
保 山	Baoshan	1 527	726 363	158 384	17 226	565 681
昭 通	Zhaotong	11 740	1 504 865	240 916	44 285	1 218 612
丽 江	Lijiang	1 675	510 503	119 710	39 987	539 475
普 洱	Pu'er	789	737 890	222 105	35 590	737 919
临 沧	Lincang	410	725 877	144 516	23 417	629 032
楚 雄	Chuxiong	1 307	834 823	297 166	42 457	893 494
红 河	Honghe	3 567	1 372 861	295 902	58 614	1 193 261
文 山	Wenshan	2 067	1 135 079	227 303	44 056	739 991
西双版纳	Xishuangbanna	10 793	355 105	131 524	23 121	340 402
大 理	Dali	6 040	1 099 928	348 712	51 166	987 258
德 宏	Dehong	2 098	449 700	126 802	13 563	594 374
怒 江	Nujiang		207 634	55 612	14 910	274 817
迪 庆	Diqing		213 271	62 137	17 912	329 064

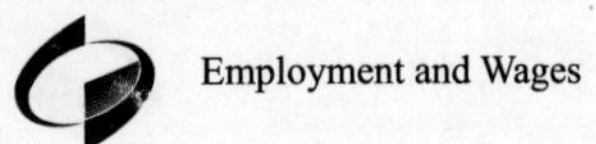

4-27 各州市国有单位分行业职工平均工资(2010年)
Average Wages of Staff and Workers of State-owned Units by Sector and Region(2010)

单位：元／人 (yuan/person)

州市	Region	职工平均工资 Average wages of Staff and Workers	农、林、牧、渔业 Farming,Forestry, Animal-Husbandry and Fishery	采矿业 Mining	制造业 Manufacturing	电力、燃气及水的生产和供应业 Production and Supply of Electricity,Gas and Water
全省合计	**Total**	**34 330**	**16 961**	**35 194**	**50 644**	**49 316**
昆明	Kunming	41 925	24 959	42 046	56 267	64 239
曲靖	Qujing	38 486	25 717	26 464	47 978	48 274
玉溪	Yuxi	38 601	26 961	19 499	101 329	48 698
保山	Baoshan	28 115	18 719		12 844	49 291
昭通	Zhaotong	30 940	25 010		64 034	41 759
丽江	Lijiang	32 857	21 274	15 000	25 332	54 738
普洱	Pu'er	28 773	21 006	20 762	14 401	40 132
临沧	Lincang	28 175	14 208		32 282	40 824
楚雄	Chuxiong	33 151	22 722	48 851	63 214	50 445
红河	Honghe	30 461	17 578	43 970	36 608	39 090
文山	Wenshan	28 260	18 857	33 558	19 321	40 644
西双版纳	Xishuangbanna	22 329	13 718	64 159	19 857	48 249
大理	Dali	35 973	21 520	72 508	72 836	54 842
德宏	Dehong	26 110	8 499		17 089	58 488
怒江	Nujiang	28 495	24 297		21 694	42 143
迪庆	Diqing	42 326	36 671	47 406	19 844	54 091

4-27 续表1 continued

单位：元／人 (yuan/person)

州市	Region	建筑业 Construction	交通运输、仓储和邮政业 Transportation, Storage and Post	信息传输、计算机服务和软件业 Information Transmission, Computers Service and Software Service	批发和零售业 Wholesale and Retail Trade	住宿和餐饮业 Hotel and Food Service
全省合计	**Total**	**34 315**	**42 568**	**38 960**	**46 496**	**17 170**
昆明	Kunming	35 860	55 775	54 133	48 381	18 307
曲靖	Qujing	37 315	20 315	49 230	46 122	17 746
玉溪	Yuxi	19 005	20 678	32 414	26 978	14 284
保山	Baoshan	18 345	23 733	33 761	48 414	20 702
昭通	Zhaotong	20 603	22 280	35 759	66 351	10 588
丽江	Lijiang	16 964	33 624	34 061	36 932	23 501
普洱	Pu'er	13 717	25 371	53 523	48 312	17 969
临沧	Lincang	31 032	26 932	34 410	39 605	14 429
楚雄	Chuxiong	27 813	22 279	35 472	59 337	17 231
红河	Honghe	39 803	26 409	29 545	30 375	11 830
文山	Wenshan	17 793	25 303	36 645	45 386	14 996
西双版纳	Xishuangbanna	21 971	26 880	33 249	67 581	14 063
大理	Dali	21 960	30 223	32 494	84 883	14 467
德宏	Dehong	22 014	23 779	45 484	49 017	13 901
怒江	Nujiang		26 009	48 359	47 566	
迪庆	Diqing	44 318	41 424	38 319	49 419	20 204

4-27 续表2 continued

单位：元/人 (yuan/person)

州 市	Region	金融业 Banking	房地产业 Real Estate	租赁和商务服务业 Leasing Treade and Business Service	科学研究、技术服务和地质勘查业 Scientific Research, Technology Service and Geological Prospecting	水利、环境和公共设施管理业 Water Conservancy, Admistration of Environment and Public Facilities
全省合计	**Total**	**61 924**	**24 883**	**26 080**	**35 803**	**19 049**
昆 明	Kunming	81 939	27 277	29 397	43 647	21 655
曲 靖	Qujing	52 943	27 232	33 004	25 838	23 989
玉 溪	Yuxi	50 937	31 388	31 693	31 113	22 500
保 山	Baoshan	59 599	22 067	20 103	25 989	15 437
昭 通	Zhaotong	47 604	26 519	13 775	26 430	16 459
丽 江	Lijiang	52 288	24 935	28 528	29 209	22 946
普 洱	Pu'er	53 177	17 395	30 166	27 162	18 710
临 沧	Lincang	55 553	20 365	22 604	25 000	18 947
楚 雄	Chuxiong	53 760	24 122	12 218	26 270	17 465
红 河	Honghe	45 131	18 994	21 761	26 613	12 196
文 山	Wenshan	55 251	21 807	16 523	28 381	18 485
西双版纳	Xishuangbanna	58 035	22 364	33 716	30 016	18 814
大 理	Dali	60 987	28 663	39 937	31 024	24 365
德 宏	Dehong	59 207	32 788	13 809	26 434	18 626
怒 江	Nujiang	51 217		21 600	27 314	21 741
迪 庆	Diqing	61 463		19 505	36 868	24 730

4-27 续表3 continued

单位：元/人 (yuan/person)

州 市	Region	居民服务和其他服务业 Services to Households and Other Services	教育 Education	卫生、社会保障和社会福利业 Health Care, Social Security and Social Welfare	文化、体育和娱乐业 Culture, Sports and Entertainment	公共管理和社会组织 Common Administration and Social Organization
全省合计	**Total**	**20 065**	**33 071**	**30 581**	**25 812**	**32 831**
昆 明	Kunming	19 246	33 772	36 809	25 197	38 911
曲 靖	Qujing	11 749	40 061	35 755	26 483	37 054
玉 溪	Yuxi	29 882	39 009	29 805	32 127	38 480
保 山	Baoshan	24 467	27 682	22 753	24 709	30 361
昭 通	Zhaotong	19 910	31 167	24 741	24 368	26 219
丽 江	Lijiang	19 079	33 985	30 785	25 119	34 443
普 洱	Pu'er	26 000	29 444	27 931	26 279	30 874
临 沧	Lincang	30 000	30 924	26 172	24 121	29 008
楚 雄	Chuxiong	24 208	30 183	33 870	23 227	29 208
红 河	Honghe	18 310	31 161	23 275	25 637	30 337
文 山	Wenshan	24 790	28 558	25 806	25 080	29 773
西双版纳	Xishuangbanna	25 731	33 432	29 138	28 101	32 180
大 理	Dali	32 182	32 960	31 161	26 997	33 187
德 宏	Dehong	13 058	33 002	25 574	24 457	29 263
怒 江	Nujiang		29 058	26 835	24 272	27 168
迪 庆	Diqing		42 933	40 447	39 136	44 496

4–28 各州市城镇集体单位分行业职工平均工资(2010年)

Average Wages of Staff and Workers in Urban Collective-owned Entities by Sector and Region(2010)

单位：元/人 (yuan/person)

州市	Region	职工平均工资 Average wages of Staff and Workers	农、林、牧、渔业 Farming,Forestry,Animal Husbandry and Fishery	采矿业 Mining	制造业 Manufacturing	电力、燃气及水的生产和供应业 Production and Supply of Electricity,Gas and Water
全省合计	**Total**	**25 137**	**19 268**	**24 289**	**15 981**	**22 848**
昆明	Kunming	20 891	21 042	13 675	17 567	19 030
曲靖	Qujing	28 012			16 505	35 348
玉溪	Yuxi	19 367		32 833	16 866	28 400
保山	Baoshan	22 992		17 630	12 375	
昭通	Zhaotong	31 496			19 968	27 080
丽江	Lijiang	34 336			12 603	
普洱	Pu'er	47 564	18 556	24 000	12 780	21 882
临沧	Lincang	27 699			9 804	23 469
楚雄	Chuxiong	31 591		27 194	16 273	21 120
红河	Honghe	25 354	21 371	27 449	10 009	
文山	Wenshan	31 041		14 844	10 313	7 478
西双版纳	Xishuangbanna	20 794	20 714	41 873	20 988	16 917
大理	Dali	26 389	9 283	10 765	9 366	16 167
德宏	Dehong	26 923		19 783	14 489	10 167
怒江	Nujiang	31 858		11 810		
迪庆	Diqing	36 406		40 000		

4–28 续表1 continued

单位：元/人 (yuan/person)

州市	Region	建筑业 Construction	交通运输、仓储和邮政业 Transportation, Storage and Post	信息传输、计算机服务和软件业 Information Transmission, Computers Service and Software Service	批发和零售业 Wholesale and Retail Trade	住宿和餐饮业 Hotel and Food Service
全省合计	**Total**	**17 008**	**20 463**	**21 202**	**14 707**	**14 931**
昆明	Kunming	16 120	21 824	15 359	17 499	15 005
曲靖	Qujing	17 656	33 459		17 626	17 951
玉溪	Yuxi	16 637			9 861	15 720
保山	Baoshan	12 976			11 868	
昭通	Zhaotong	16 599	11 217		14 228	
丽江	Lijiang	26 943	25 857		17 665	16 404
普洱	Pu'er	16 177			13 365	17 765
临沧	Lincang	11 607			12 990	13 563
楚雄	Chuxiong	20 546	12 000	22 663	12 767	12 000
红河	Honghe	18 131	8 385		10 502	11 892
文山	Wenshan	15 816			10 510	11 308
西双版纳	Xishuangbanna	10 778	26 133		15 500	14 941
大理	Dali	18 056	24 861		15 974	10 724
德宏	Dehong	12 052		9 500	19 196	10 105
怒江	Nujiang	18 667			15 363	
迪庆	Diqing				18 517	

4-28 续表2 continued

单位：元/人 (yuan/person)

州 市 Region		金融业 Banking	房地产业 Real Estate	租赁和商务服务业 Leasing Treade and Business Service	科学研究、技术服务和地质勘查业 Scientific Research, Technology Service and Geological Prospecting	水利、环境和公共设施管理业 Water Conservancy, Admistration of Environment and Public Facilities
全省合计	**Total**	**62 235**	**19 351**	**14 114**	**22 441**	**15 905**
昆 明	Kunming	79 372	20 035	15 077	24 292	17 068
曲 靖	Qujing	68 616		23 015		13 157
玉 溪	Yuxi	43 483		8 199		10 500
保 山	Baoshan	43 233	16 519	17 918		9 500
昭 通	Zhaotong	67 821				
丽 江	Lijiang	69 858		44 111		
普 洱	Pu'er	82 025	7 567	24 060		25 167
临 沧	Lincang	43 266	24 667	22 667	8 152	
楚 雄	Chuxiong	51 042		27 185	15 355	17 113
红 河	Honghe	59 566	11 697	23 833		26 111
文 山	Wenshan	59 219		30 855		
西双版纳	Xishuangbanna	38 711	50 571	18 888		20 366
大 理	Dali	61 567	16 671	14 260	27 077	
德 宏	Dehong	74 595	15 125	10 132	10 725	
怒 江	Nujiang	48 551				
迪 庆	Diqing	48 243		15 182	22 636	

4-28 续表3 continued

单位：元/人 (yuan/person)

州 市 Region		居民服务和其他服务业 Services to Households and Other Services	教育 Education	卫生、社会保障和社会福利业 Health Care, Social Security and Social Welfare	文化、体育和娱乐业 Culture, Sports and Entertainment	公共管理和社会组织 Common Administration and Social Organization
全省合计	**Total**	**15 349**	**19 552**	**23 729**	**12 195**	**14 526**
昆 明	Kunming	17 094	18 275	16 590	11 684	14 358
曲 靖	Qujing	18 000	26 368	17 818		
玉 溪	Yuxi	22 667	15 906			
保 山	Baoshan			34 210		
昭 通	Zhaotong	13 333				
丽 江	Lijiang		25 799	37 769		
普 洱	Pu'er		23 111		18 667	
临 沧	Lincang	8 333	22 750	9 583		
楚 雄	Chuxiong		26 909	27 171		
红 河	Honghe	12 077		14 901		26 000
文 山	Wenshan		14 722	20 000		
西双版纳	Xishuangbanna	15 592	24 957			
大 理	Dali	4 716				
德 宏	Dehong		18 063	19 883		
怒 江	Nujiang					
迪 庆	Diqing					

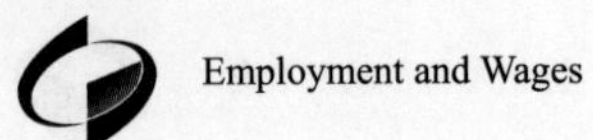

4-29 各州市其他单位分行业职工平均工资(2010年)

Average Wages of Staff and Workers in Entities of Other Types of Ownership by Sector and Region(2010)

单位：元／人 (yuan/person)

州市	Region	职工平均工资 Average wages of Staff and Workers	农、林、牧、渔业 Farming, Forestry, Animal Husbandry and Fishery	采矿业 Mining	制造业 Manufacturing	电力、燃气及水的生产和供应业 Production and Supply of Electricity,Gas and Water
全省合计	**Total**	**23 768**	**16 522**	**24 823**	**23 063**	**40 321**
昆明	Kunming	27 595	20 553	32 321	27 408	41 621
曲靖	Qujing	23 715	12 000	25 188	22 718	52 151
玉溪	Yuxi	20 686	12 221	26 836	20 225	33 351
保山	Baoshan	18 128	19 737	20 151	20 417	39 310
昭通	Zhaotong	19 693	3 031	24 281	19 601	32 229
丽江	Lijiang	23 732	18 471	26 929	23 296	40 202
普洱	Pu'er	21 171	14 430	28 467	19 271	35 694
临沧	Lincang	19 879	20 219	12 638	19 473	32 467
楚雄	Chuxiong	19 557	14 538	23 133	19 451	34 426
红河	Honghe	19 560	18 618	21 557	18 300	36 804
文山	Wenshan	23 172	15 024	22 260	19 454	42 558
西双版纳	Xishuangbanna	19 800	17 380	23 756	20 485	30 136
大理	Dali	20 589	10 941	20 103	21 104	38 818
德宏	Dehong	24 202	11 774	21 900	24 600	41 979
怒江	Nujiang	42 377			48 163	51 902
迪庆	Diqing	29 841		11 779	19 249	46 885

4-29 续表1 continued

单位：元／人 (yuan/person)

州市	Region	建筑业 Construction	交通运输、仓储和邮政业 Transportation, Storage and Post	信息传输、计算机服务和软件业 Information Transmission, Computers Service and Software Service	批发和零售业 Wholesale and Retail Trade	住宿和餐饮业 Hotel and Food Service
全省合计	**Total**	**18 978**	**27 439**	**36 435**	**20 934**	**15 934**
昆明	Kunming	21 532	32 449	43 028	21 674	16 940
曲靖	Qujing	18 753	16 012	22 776	20 730	12 702
玉溪	Yuxi	17 544	35 615	37 905	16 113	14 657
保山	Baoshan	13 958	14 169	24 364	18 354	12 975
昭通	Zhaotong	12 893	30 109	15 419	14 519	12 975
丽江	Lijiang	19 894	15 647	19 701	24 028	17 628
普洱	Pu'er	22 339	14 687	28 154	19 232	13 344
临沧	Lincang	16 563	19 490	26 840	20 027	11 786
楚雄	Chuxiong	16 824	23 978	19 901	22 499	16 339
红河	Honghe	18 487	14 565	30 237	14 187	14 463
文山	Wenshan	21 177	26 294	17 165	14 205	13 951
西双版纳	Xishuangbanna	20 144	16 048	25 130	16 609	21 499
大理	Dali	17 733	19 976	28 560	22 203	13 172
德宏	Dehong	21 366	19 109	32 340	17 890	14 026
怒江	Nujiang	14 470	18 390		27 304	15 688
迪庆	Diqing	13 995		15 923	49 578	12 409

4-29 续表2 continued

单位：千元 (1000 yuan)

州 市 Region	金融业 Banking	房地产业 Real Estate	租赁和商务服务业 Leasing Treade and Business Service	科学研究、技术服务和地质勘查业 Scientific Research, Technology Service and Geological Prospecting	水利、环境和公共设施管理业 Water Conservancy, Admistration of Environment and Public Facilities
全省合计 Total	**75 714**	**22 118**	**24 889**	**33 859**	**20 263**
昆 明 Kunming	105 078	24 256	27 586	36 438	21 765
曲 靖 Qujing	32 972	21 140	19 961	13 526	
玉 溪 Yuxi	40 485	24 152	25 667	31 968	35 667
保 山 Baoshan	29 210	21 808	23 453	24 364	20 102
昭 通 Zhaotong	12 489	17 653	15 681		26 110
丽 江 Lijiang	29 642	32 256	18 597	25 273	22 695
普 洱 Pu'er	36 747	18 998	21 871	24 755	
临 沧 Lincang	21 118	12 899	12 200		22 326
楚 雄 Chuxiong	56 476	30 903	15 337	25 761	15 305
红 河 Honghe	47 896	14 670	21 068	15 667	23 000
文 山 Wenshan	25 596	20 193	23 636	20 467	14 557
西双版纳 Xishuangbanna	14 270	20 474	22 733	20 073	12 545
大 理 Dali	47 831	18 250	17 039	16 109	14 175
德 宏 Dehong	36 257	21 001	25 869	21 036	10 194
怒 江 Nujiang	37 408	26 903	20 667		
迪 庆 Diqing	17 654		5 159		16 060

4-29 续表3 continued

单位：千元 (1000 yuan)

州 市 Region	居民服务和其他服务业 Services to Households and Other Services	教育 Education	卫生、社会保障和社会福利业 Health Care, Social Security and Social Welfare	文化、体育和娱乐业 Culture, Sports and Entertainment	公共管理和社会组织 Common Administration and Social Organization
全省合计 Total	**17 536**	**19 005**	**17 915**	**22 909**	**13 388**
昆 明 Kunming	17 889	19 155	16 452	21 764	12 916
曲 靖 Qujing				26 385	
玉 溪 Yuxi		20 478		27 786	
保 山 Baoshan	19 667		15 673		
昭 通 Zhaotong	18 530				
丽 江 Lijiang	14 379			32 983	
普 洱 Pu'er					
临 沧 Lincang				19 571	
楚 雄 Chuxiong		13 500		14 207	
红 河 Honghe	9 680		23 699	20 769	
文 山 Wenshan			20 818		
西双版纳 Xishuangbanna	16 108	3 896	11 879	42 191	
大 理 Dali	13 493	17 795	10 854	27 460	24 750
德 宏 Dehong	12 343		29 667		25 800
怒 江 Nujiang					
迪 庆 Diqing			30 882	20 000	43 273

主要统计指标解释

经济活动人口 指年龄在16周岁及以上，有劳动能力，参加或要求参加社会经济活动的人口。包括就业人员和失业人员。

就业人员 指年龄在16周岁及以上，从事一定社会劳动并取得劳动报酬或经营收入的人员。这一指标反映了一定时期内全部劳动力资源的实际利用情况，是研究我国基本国情国力的重要指标。

单位就业人员 指在各级国家机关、政党机关、社会团体及企业、事业单位中工作，取得工资或其他形式的劳动报酬的全部人员。包括在岗职工、再就业的离退休人员、民办教师以及在各单位中工作的外方人员和港澳台方人员、兼职人员、借用的外单位人员和第二职业者。不包括离开本单位仍保留劳动关系的职工。各单位的就业人员反映了各单位实际参加生产或工作的全部劳动力。

城镇私营和个体就业人员 城镇私营就业人员指在工商管理部门注册登记，其经营地址设在县城关镇（含县城关镇）以上的私营企业就业人员，包括私营企业投资者和雇工。城镇个体就业人员指在工商管理部门注册登记，并持有城镇户口或在城镇长期居住，经批准从事个体工商经营的就业人员，包括个体经营者和在个体工商户劳动的家庭帮工和雇工。

职工 指在国有、城镇集体、联营、股份制、外商和港、澳、台投资、其他单位及其附属机构工作，并由其支付工资的各类人员。不包括下列人员：(1)乡镇企业就业人员；(2)私营企业就业人员；(3)城镇个体劳动者；(4)离休、退休、退职人员；(5)再就业的离、退休人员；(6)民办教师；(7)在城镇单位中工作的外方及港、澳、台人员；(8)其他按有关规定不列入职工统计范围的人员。(1998年及以后的数据均为在岗职工数据，其他相关指标如职工工资总额，职工平均工资等指标也从1998年按此口径进行了相应调整)。

国有单位 指资产归国家所有的经济组织。包括按《中华人民共和国企业法人登记管理条例》规定登记注册的非公司制的经济组织，以及中央、地方各级国家机关、事业单位和社会团体。

集体单位 指生产资料归集体所有，并按《中华人民共和国企业法人登记管理条例》规定登记注册的经济组织。

其他单位 包括股份合作单位、联营单位、有限责任公司、股份有限公司、港澳台商投资单位以及外商投资单位等其他登记注册类型单位。

在岗职工 指在本单位工作并由单位支付工资的人员，以及有工作岗位，但由于学习、病伤产假等原因暂未工作，仍由单位支付工资的人员。

工资总额 指各单位在一定时期内直接支付给本单位全部职工的劳动报酬总额。工资总额的计算原则应以直接支付给职工的全部劳动报酬为根据。各单位支付给职工的劳动报酬以及其他根据有关规定支付的工资，不论是计入成本的还是不计入成本的，不论是按国家规定列入计征奖金税项目的，还是未列入计征奖金税项目的，不论是以货币形式支付的还是以实物形式支付的，均包括在工资总额内。

平均工资 指企业、事业、机关单位的职工在一定时期内平均每人所得的货币工资额。它表明一定时期职工工资收入的高低程度，是反映职工工资水平的主要指标。计算公式为：

$$\text{平均工资} = \frac{\text{报告期实际支付的全部职工工资总额}}{\text{报告期全部职工平均人数}}$$

平均工资指数 指报告期职工平均工资与基期职工平均工资的比率，是反映不同时期职工货币工资水平变动情况的相对数。计算公式为：

$$\text{平均工资指数} = \frac{\text{报告期职工平均工资}}{\text{基期职工平均工资}} \times 100\%$$

平均实际工资指数 职工平均实际工资指扣除物价变动因素后的职工平均工资。职工平均实际工资指数是反映实际工资变动情况的相对数，表明职工实际工资水平提高或降低的程度。计算公式为：

$$平均实际工资指数 = \frac{报告期职工平均工资指数}{报告期城镇居民消费价格指数} \times 100\%$$

城镇单位就业人员劳动报酬 指各单位在一定时期内直接支付给本单位全部就业人员的劳动报酬总额。包括职工工资总额和其他就业人员劳动报酬总额。

平均劳动报酬 指企业、事业、机关等单位的全部就业人员在一定时期内平均每人所得的货币工资额。计算公式为：

$$平均劳动报酬 = \frac{报告期实际支付的全部就业人员劳动报酬}{报告期全部就业人员平均人数}$$

城镇登记失业人员 指有非农业户口，在一定的劳动年龄内（16周岁至退休年龄），有劳动能力，无业而要求就业，并在当地就业服务机构进行求职登记的人员。

城镇登记失业率 城镇登记失业人员与城镇单位就业人员（扣除使用的农村劳动力、聘用的离退休人员、港澳台及外方人员）、城镇单位中的不在岗职工、城镇私营业主、个体户主、城镇私营企业和个体就业人员、城镇登记失业人员之和的比。计算公式为：

$$城镇登记失业率 = \frac{城镇登记失业人数}{(城镇单位就业人员 - 使用的农村劳动力 - 聘用的离退休人员 - 聘用的港澳台及外方人员) + 不在岗职工 + 城镇私营业主 + 城镇个体户主 + 城镇私营企业及个体就业人员 + 城镇登记失业人数} \times 100\%$$

Explanatory Notes on Principal Statistical Indicators

Economically Active Population refers to the population aged 16 and over who are capable of working, are participating in or willing to participate in economic activities, including employed persons and unemployed persons.

Employed Persons refer to persons aged 16 and over who are engaged in gainful employment and thus receive remuneration payment or earn business income. This indicator reflects the actual utilization of total labour force during a certain period of time and is often used for the research on China's economic situation and national power.

Persons Employed in Various Units refer to all the persons working in government agencies of various levels, political and party organizations, social organizations, enterprises and institutions, and receiving wages or other forms of payment. They include fully-employed staff and workers, re-employed retirees, teachers in the schools run by the local people, foreigners and Chinese compatriots from Hong Kong, Macao, and Taiwan working in various units, part-time employees, employees of other units working temporarily at current posts, and employees holding the second job, but do not include persons who have left their working units while keeping their labour contract (employment relation) unchanged. This indicator reflects the total number of laborers actually engaged in production or other operations in various units.

Persons Employed in Private Enterprises and Self-Employed Individuals in Urban Areas Persons employed in private enterprises refer to the persons employed in the private enterprises which have been registered at the departments of industrial and commercial administration for which the business operation are situated at a county town (i.e. a town where the county government is located), or at urban areas with administrative hierarchy higher than a county town. The self-employed individuals in urban areas refer to persons who hold the certificates of residence in urban areas or have resided in the urban areas for a long time and have been registered at the departments of industrial and commercial administration and approved to be engaged in individual industrial or commercial business, including self-employed persons as well as helpers and hired labourers who work in individual households.

Staff and Workers refer to persons working in, and receive payment from units of state ownership, collective ownership, joint ownership, share holding ownership, foreign ownership, and ownership by entrepreneurs from Hong Kong, Macao, and Taiwan, and other types of ownership and their affiliated units. They do not include 1) persons employed in township enterprises, 2) persons employed in private enterprises, 3) urban self-employed persons, 4) retirees, 5) re-employed retirees, 6) teachers in the schools run by the local people, 7) foreigners and persons from Hong Kong, Macao and Taiwan who work in urban units, and 8) other persons not to be included by relevant regulations. (Data since 1998 refer to fully employed staff and workers. Other related statistics indicators, such as total wage bill and average wage are adjusted since 1998 accordingly).

State-owned Units refer to economic units whose assets are owned by the state, including non-corporation units registered according to Regulation of the People's Republic of China on the Registration of Enterprises and Corporations, state organs, institutions and social organizations at the central-level and local levels.

Collective-owned Units refer to economic units registered according to Regulation of the People's Republic of China on the Registration of Enterprises and Corporations where the means of production are collectively owned.

Units of Other Types of Ownership refer to units registered with other types of ownership, including cooperative units, joint ownership units, limited liability corporations, share holding corporations, units funded by entrepreneurs from Hong Kong, Macao, and Taiwan, and foreign- funded units.

Employed Staff and Workers refer to persons who work in, and receive wages from their working units, including persons who have their work posts but are temporarily absent from work for reasons of study or on sick, injury or maternal leave and still receive wages from their working units.

Total Wage Bill refers to the total remuneration payment to staff and workers in various units during a certain period of time. The calculation of total wage bill is based on the total remuneration payment to the staff and workers. Therefore, all the wages and salaries and other payments to staff and workers are included in the total wage bill regardless of sources, reckoning the cost of production or not, category, listing as items of premium taxation or not, and forms, paying in cash or in kind.

Average Wage refers to the average wage in money terms per person during a certain period of time for staff and workers in enterprises, institutions, and government agencies, which reflects the general level of wage income during a certain period of time and is calculated as follows:

$$\text{Average Wage} = \frac{\text{Total Wage Bill of Staff and Workers at Reference Time}}{\text{Average Number of Staff and Workers at Reference Time}}$$

Average Wage Indices refers to the ratio of average wage of staff and workers at the reference period to that at the base period, which reflects the change of wage of staff and workers at the different period. It is calculated as follows:

$$\text{Average Wage Indices} = \frac{\text{Average Wage of Staff and Workers at Reference Time}}{\text{Average Wage of Staff and Workers at Base Period}} \times 100\%$$

Average Real Wage Indices average real wage of staff and workers refers to the average wage of staff and workers after removing the effects of the price changes and average real wage indices of staff and workers refers to the change of real wage, which reflects the relative increasing or decreasing level of real wage of staff and workers, which is calculated as follows:

$$\text{Average Real Wage Indices} = \frac{\text{Average Wage Indices of Staff and Workers at the Reference Time}}{\text{Urban Consumer Price Indices at Reference Time}} \times 100\%$$

Earning refer to total remuneration payment to all employees in various units in urban areas (did not include urban private units and self-employed individuals) during a certain period of time, including staff and workers and other employees (i.e., reemployed retirees or those who are from Hong Kong, Macao, Taiwan province or other countries).

Average Earning refer to average earning level in money terms per employee in the enterprise, institution and government organ during a certain period of time, it is calculated as follows:

$$\text{Average Earning Of Employees} = \frac{\text{Total Earnings of Employees at Reference Period}}{\text{Average Number of Employees at Reference Period}}$$

Registered Unemployed Persons in Urban Areas refer to the persons with non-agricultural household registration at certain working ages (16 years old to retirement age), who are capable of working, unemployed and willing to work, and have been registered at the local employment service agencies to apply for a job.

Registered Unemployment Rate in Urban Areas refers to the ratio of the number of the registered unemployed persons to the sum of the number of persons employed in various units (minus the employed rural labour force, re-employed retirees, and Hong Kong, Macao, Taiwan or foreign employees), laid-off staff and workers in urban units, owners of private enterprises in urban areas, owners of self-employed individuals in urban areas, employees of private enterprises in urban areas, employee of self-employed individuals in urban areas, and the registered unemployed persons in urban areas. The formula is as follows:

$$\text{Registered unemployment rate in urban areas} = \frac{\text{number of registered urban unemployed persons}}{\begin{array}{c}\text{number of persons employed in urban units - employed rural labour force} \\ \text{re - employed retirees - Hong Kong, Macao, Taiwan or foreign employees} \\ \text{+ laid - off staff and workers + owners of urban private enterprises + owners of} \\ \text{urban self - employed individuals + employees of urban private enterprises + employees of} \\ \text{urban self - employed individuals + registered unemployed persons in urban areas}\end{array}} \text{x}100\%$$

Chapter 5

五、固定资产投资

Investment in Fixed Assets

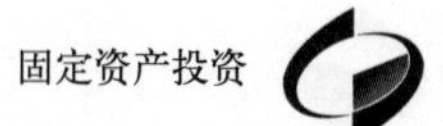

5-1 1978-2010年全社会固定资产投资总额

Historic Total Investment in Fixed Assets of the Whole Province (1978-2010)

单位：亿元 (100 million yuan)

年 份 Year	全社会固定资产投资额 Investment in Fixed Assets	国有经济 State-owned Entities	集体经济 Collective-owned Entities	城 镇 Urban	其他经济 Others	个体经济 Self-employed Entities	农 村 Rural
1978	15.04	13.43	1.15	0.20		0.46	0.46
1979	16.77	14.45	1.26	0.26		1.07	1.07
1980	20.90	15.95	1.45	0.40		3.50	3.50
1981	18.68	13.99	1.47	0.41		3.22	3.20
1982	24.55	20.25	1.75	0.58		2.55	2.50
1983	24.50	20.23	1.11	0.48		3.15	3.11
1984	32.99	24.13	3.92	1.78		4.94	4.83
1985	46.28	31.99	7.43	3.85		6.85	6.58
1986	49.92	33.91	8.48	4.73		7.53	7.15
1987	54.38	36.09	10.02	5.68		8.27	7.72
1988	67.77	45.61	10.80	5.23		11.35	10.17
1989	67.80	41.72	14.00	6.18		12.08	10.40
1990	75.74	51.22	12.57	5.28		11.96	11.05
1991	98.32	71.19	14.21	5.41		12.92	12.10
1992	140.69	103.93	20.32	7.67		16.44	14.87
1993	251.40	181.38	37.26	10.26	9.81	22.96	19.82
1994	321.73	221.11	38.69	10.58	26.76	35.17	31.56
1995	380.57	262.84	38.55	9.92	39.66	39.52	35.95
1996	448.02	298.67	47.56	13.04	55.34	46.45	41.98
1997	540.50	367.04	51.30	9.54	68.92	53.24	47.40
1998	672.54	483.90	51.21	10.92	77.87	59.56	51.50
1999	717.28	498.35	52.43	11.63	66.13	100.37	45.65
2000	697.94	466.20	47.44	10.39	74.28	110.03	49.75
2001	734.81	490.41	42.44	8.00	73.81	128.16	55.86
2002	828.65	522.34	53.36	9.41	117.10	135.85	56.09
2003	1 021.18	544.48	54.89	11.95	223.89	197.93	65.68
2004	1 330.60	617.34	58.04	14.46	376.44	278.78	72.50
2005	1 755.30	815.27	79.47	16.18	619.98	240.58	63.28
2006	2 220.45	1 067.50	136.81	61.11	639.11	377.03	142.90
2007	2 798.89	1 211.78	193.99	73.01	806.76	586.36	234.12
2008	3 526.60	1 426.95	228.97	70.41	1 118.10	752.58	261.70
2009	4 527.02	2 144.32	111.54	80.50	1 851.44	419.72	386.48
2010	5 528.71	2 623.07	107.41	75.31	2 553.86	244.37	224.39

注：2006年国家对全社会固定资产投资口径和计算方法作了调整。

Note:In 2006,the National Bureau of Statistics adjusted the coverage and calculation method for calculating total investment in fixed assets.

5-2 1978-2010年按经济类型分全社会固定资产投资构成

Historic Total Investment in Fixed Assets of the Whole Province by Economic Types (1978-2010)

单位：% (%)

年 份 Year	全社会固定资产投资额 Investment in Fixed Assets	国有经济 State-owned Entities	集体经济 Collective-owned Entities	城 镇 Urban	其他经济 Others	个体经济 Self-employed Entities	农 村 Rural
1978	100.0	89.3	7.6	1.3		3.1	3.1
1979	100.0	86.2	7.5	1.6		6.3	6.4
1980	100.0	76.3	6.9	1.9		16.8	16.7
1981	100.0	74.9	7.9	2.2		17.2	17.1
1982	100.0	82.5	7.1	2.4		10.4	10.2
1983	100.0	82.6	4.5	2.0		12.9	12.7
1984	100.0	73.1	11.9	5.4		15.0	14.6
1985	100.0	69.1	16.1	8.3		14.8	14.2
1986	100.0	67.9	17.0	9.5		15.1	14.3
1987	100.0	66.4	18.4	10.4		15.2	14.2
1988	100.0	67.3	15.9	7.7		16.8	15.0
1989	100.0	61.5	20.6	9.1		17.9	15.3
1990	100.0	67.6	16.6	7.0		15.8	14.6
1991	100.0	72.4	14.5	5.5		13.1	12.3
1992	100.0	73.9	14.4	5.5		11.7	10.6
1993	100.0	72.1	14.8	4.1	3.9	9.2	7.9
1994	100.0	68.7	12.1	3.3	8.3	10.9	9.8
1995	100.0	69.1	10.1	2.6	10.4	10.4	9.4
1996	100.0	66.7	10.5	2.9	12.4	10.4	9.4
1997	100.0	67.9	9.5	1.8	12.7	9.9	8.8
1998	100.0	72.0	7.5	1.6	11.6	8.9	7.7
1999	100.0	69.5	7.3	1.6	9.2	14.0	6.4
2000	100.0	66.8	6.8	1.5	10.6	15.8	7.1
2001	100.0	66.7	5.8	1.1	10.0	17.5	7.6
2002	100.0	63.0	6.4	1.1	14.1	16.5	6.8
2003	100.0	53.3	5.4	1.2	21.9	19.4	6.4
2004	100.0	46.4	4.4	1.1	28.3	20.9	5.4
2005	100.0	46.4	4.5	0.9	35.3	13.8	3.6
2006	100.0	48.1	6.2	2.8	28.8	16.9	6.4
2007	100.0	43.3	6.9	2.6	28.8	21.0	8.4
2008	100.0	40.5	6.5	2.0	31.7	21.3	7.4
2009	100.0	47.4	2.5	1.8	40.9	9.3	8.5
2010	100.0	47.5	1.9	1.4	46.2	4.4	4.1

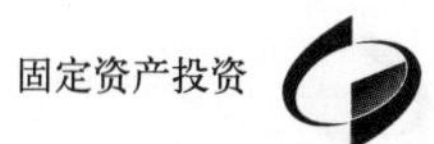

5-3 2010年全社会固定资产投资情况(一)

Total Investment in Fixed Asset of the Whole Province by Rural and Urban Areas (Ⅰ)

单位：亿元 (100 million yuan)

国民经济行业	National Economic Sector	总 计 Total	城镇投资 Urban Invest-ment	房地产开发 Investment in Real Estate Development	农村投资 Rural Invest-ment
全社会固定资产投资总额	**Total Investment in Fixed Assets of the uhole province**	**5 528.71**	**5 052.61**	**900.44**	**476.10**
按登记注册类型分	**Grouped by Registration Status**				
内 资	Domestic Fund	5 199.07	4 943.09	862.96	255.98
国 有	State-owned	2 623.07	2 475.67	65.15	147.41
集 体	Collective-owned	107.41	75.31	9.45	32.10
联 营	Joint Ownership	3.35	2.92		0.44
股份制	Share Holding	350.86	342.48	40.26	8.38
其 他	Others	2 114.37	2 046.71	748.10	67.66
港澳台商投资	Fund from Hong Kong,Macao and Taiwan	58.66	58.63	32.36	0.03
# 合资经营	Joint Venture	20.55	20.55	11.01	
合作经营	Collaborative Operation	0.19	0.19		
独 资	Solely Foreign-owned	29.01	29.01	21.36	
外商投资	Fund from Overseas	51.20	50.89	5.11	0.31
# 合资经营	Joint Venture	20.88	20.75	1.89	0.12
合作经营	Collaborative Operation	1.33	1.33		
独 资	Solely Foreign-owned	9.08	8.90	3.23	0.18
按隶属关系分	**Grouped by Jurisdiction of Management**				
中 央	Central Investment	595.92	594.64	3.49	1.28
地 方	Local Investment	4 713.01	4 457.97	896.95	255.04
省	Provincial	650.74	648.97	46.37	1.77
州(市)	Prefectures(Cities)	693.26	681.99	60.36	11.28
县(区、县级市)	Counties(Regions and Cities at County Level)	1 409.08	1 261.29	113.28	147.79
其 他	Others	1 959.93	1 865.72	676.93	94.21
按建设性质分	**Grouped by Type of Construction**				
# 新 建	New Construction	3 231.33	3 084.94		146.38
扩 建	Expansion	558.57	521.93		36.64
改建和技术改造	Reconstruction and Technical Transformation	513.00	449.29		63.71
单纯建造生活设施	Housing	13.75	12.20		1.55
迁 建	Removal and Reconstruction	38.97	34.50		4.47
恢 复	Resumption	6.79	4.48		2.31
单纯购置	Purchase only	46.09	44.83		1.25

5-4 2010年全社会固定资产投资情况(二)

单位：亿元

类　别	Category	总 计 Total
全社会固定资产投资额	**Total Investment in Fixed Assets of the uhole province**	**5 528.71**
# 住宅投资	Residential Buildings	920.51
# 经济适用房	Economically Affordable Houses	17.69
按构成分	**Investment by Structure**	
建筑工程	Construction	3 711.91
安装工程	Installation	217.48
设备工器具购置	Purchase of Equipment and Instruments	640.02
# 购置旧设备	Purchase of Second-hand Equipments	5.07
# 用于更新的设备	Purchase of Equipment to Renew Old Ones	109.75
其他费用	Others	1 120.62
# 旧建筑物购置费	Purchase of Used Buildings	35.43
# 土地购置费	Purchase of Field	341.64
本年新增固定资产	**Newly Increased Real Estate**	**2 600.49**
本年施工房屋面积(万平方米)	Project under Construction (10 000 sq.m)	20 903.27
# 住　宅	Residential Building	13 302.56
# 经济适用房	Economically Affordable Houses	382.90
本年竣工房屋面积(万平方米)	Project Completed and Put into Use (10 000 sq.m)	7 791.12
# 住　宅	Residential Building	5 938.00
# 经济适用房	Economically Affordable Houses	72.78
本年竣工房屋价值	Project Completed and Put into Use	744.88
# 住　宅	Residential Building	481.12
施工项目个数（个）	Number of Projects Under Construction (unit)	20 859
# 本年新开工	Started This Year	14 397
本年投产项目个数(个)	Number of Projects Put into Use (unit)	13 059
规划用地面积(万平方米)	Land Space Planned (10 000 sq.m)	128 671.58
本年实际征用和购置土地面积(万平方米)	Land Space Purchased and Used This Year (10 000sq.m)	10 332.41
本年实际征用和购置土地成交价款	Value of Land Purchased and Used This Year	253.89
本年资金来源合计	**Total Fund of Different Sources**	**7 073.68**
上年末结余资金	Fund Left Last Year	699.29
本年资金来源小计	Total Fund of This Year	6 374.39
国家预算内资金	State Budgetary Appropriations	526.79
国内贷款	Domestic Loans	1 399.32
债　券	Stock	15.22
利用外资	Overseas Funds	11.31
# 外商直接投资	Direct Foreign Investment	5.02
自筹资金	Self-raising Fund	3 326.41
# 企事业单位自有资金	Fund of Enterprises	847.68
其他资金来源	Other Sources of Funds	1 095.33
本年各项应付款合计	**Total of Account Payable**	**624.64**
# 工程款	for Projects	314.46

Total Investment in Fixed Assets of the Whole province by Rural and Urban Areas (Ⅱ)

(100 million yuan)

	城 镇		农 村	
地 方 Local	Urban	地 方 Local	Rural	地 方 Local
4 936.29	**5 052.61**	**4 461.46**	**476.10**	**474.82**
919.60	761.53	760.63	158.97	158.97
17.20	17.62	17.14	0.06	0.06
3 500.15	3 349.63	3 139.06	362.29	361.09
165.43	210.31	158.30	7.16	7.13
487.54	578.95	426.52	61.07	61.02
5.07	4.91	4.91	0.15	0.15
60.29	106.70	57.29	3.05	3.00
944.47	913.72	737.58	206.90	206.90
35.43	35.30	35.30	0.14	0.14
336.58	337.87	332.81	3.77	3.77
2 425.48	**2 362.83**	**2 189.24**	**237.65**	**236.23**
20 771.69	15 875.79	15 747.18	5 027.48	5 024.51
13 281.68	8 949.78	8 928.90	4 352.78	4 352.78
363.51	379.66	360.28	3.23	3.23
7 753.57	3 433.75	3 399.16	4 357.37	4 354.41
5 921.61	2 024.31	2 007.92	3 913.69	3 913.69
56.63	72.78	56.63		
741.19	570.03	566.49	174.85	174.69
480.45	342.18	341.51	138.94	138.94
20 139	16 003	15 290	4 856	4 849
14 227	10 240	10 076	4 157	4 151
12 923	9 214	9 084	3 845	3 839
69 900.81	117 143.80	58 375.60	11 527.78	11 525.21
10 261.96	9 937.36	9 867.24	395.05	394.72
250.72	250.14	246.97	3.75	3.75
6 511.61	**6 544.01**	**5 983.39**	**529.68**	**528.21**
693.51	690.64	684.85	8.65	8.65
5 818.10	5 853.37	5 298.54	521.02	519.56
491.12	439.68	404.14	87.12	86.98
1 138.02	1 365.79	1 104.49	33.53	33.53
15.22	14.87	14.87	0.36	0.36
11.31	11.17	11.17	0.15	0.15
5.02	4.98	4.98	0.04	0.04
3 094.97	2 984.82	2 753.58	341.58	341.39
682.26	829.10	663.75	18.58	18.51
1 067.45	1 037.04	1 010.30	58.29	57.16
598.06	**601.54**	**575.05**	**23.11**	**23.01**
308.45	300.31	294.30	14.15	14.14

5-5 按国民经济行业分的全社会固定资产投资(2010年)
Investment in Fixed Assets by National Economic Sector (2010)

单位：万元 (10 000 yuan)

国民经济行业	National Economic Sector	总 计 Total Invest-ment	城镇投资 Urban Invest-ment	农村投资 Rural Invest-ment
全社会固定资产投资额	**Total Investment in Fixed Assets of the uhole province**	**55 287 146**	**50 526 134**	**4 761 012**
农、林、牧、渔业	**Farming, Forestry, Animal Husbandry and Fishery**	**1 768 213**	**1 182 117**	**586 096**
农 业	Farming	419 379	250 329	169 050
林 业	Forestry	215 472	139 252	76 220
畜牧业	Animal Husbandry	174 838	131 273	43 565
渔 业	Fishery	10 112	2 700	7 412
农、林、牧、渔服务业	Services for Farming, Forestry, Animal Husbandry and Fisher	948 412	658 563	289 849
采矿业	**Mining**	**2 513 341**	**2 310 567**	**202 774**
煤炭开采和洗选业	Mining and Washing of Coal	850 664	743 842	106 822
石油和天然气开采业	Extraction of Petroleum and Natural Gas	8 565	7 767	798
黑色金属矿采选业	Mining and Dressing of Ferrous Metal Ores	420 496	403 532	16 964
有色金属矿采选业	Mining and Dressing of Nonferrous Metals Ores	932 715	885 980	46 735
非金属矿采选业	Mining and Dressing of Nonmetal Ores	262 265	235 028	27 237
其他采矿业	Mining and Dressing of Other Ores	38 636	34 418	4 218
制造业	**Manufacture**	**7 577 039**	**7 350 481**	**226 558**
农副食品加工业	Processing of Farm and Sideline Food	510 329	477 364	32 965
食品制造业	Manufacture of Food	215 361	201 195	14 166
饮料制造业	Manufacture of Beverage	249 247	223 692	25 555
烟草制品业	Tobacco Products	285 546	283 000	2 546
纺织业	Textile Industry	38 623	37 459	1 164
纺织服装、鞋、帽制造业	Manufacture of Textile Garments, Footwear and Headgear	14 434	14 434	
皮革、毛皮、羽毛(绒)及其制品业	Feather, Furs, Down and Related Products	2 978	2 978	
木材加工及木、竹、藤、棕、草制品业	Timber Processing, Bamboo, Cane, Palm Fiber & Straw Products	115 053	102 617	12 436
家具制造业	Manufacture of Furniture	27 708	27 528	180
造纸及纸制品业	Papermaking and Paper Products	144 406	141 933	2 473
印刷业和记录媒介的复制	Printing and Record Medium Reproduction	60 183	60 183	
文教体育用品制造业	Manufacture of Cultural, Educational and Sports Goods	3 635	3 635	
石油加工、炼焦及核燃料加工业	Petroleum Refining, Coking and Nuclear Fuel Processing	379 657	378 755	902
化学原料及化学制品制造业	Manufacture of Raw Chemical Materials and Chemica Produ	792 424	778 941	13 483
医药制造业	Manufacture of Medicines	191 365	191 275	90
化学纤维制造业	Manufacture of Chemical Fibers	1 913	1 913	
橡胶制品业	Rubber Products	17 727	16 663	1 064
塑料制品业	Plastic Products	102 334	99 535	2 799
非金属矿物制品业	Nonmetal Mineral Products	1 141 539	1 090 932	50 607
黑色金属冶炼及压延加工业	Smelting and Pressing of Ferrous Metals	604 410	585 527	18 883
有色金属冶炼及压延加工业	Smelting and Pressing of Nonferrous Metals	1 164 396	1 145 915	18 481
金属制品业	Metal Products	213 309	205 496	7 813
通用设备制造业	Manufacture of General Purpose Equipment	181 975	175 626	6 349
专用设备制造业	Manufacture of Special Purpose Equipment	105 877	104 692	1 185
交通运输设备制造业	Manufacture of Transport Equipment	169 374	169 374	
电气机械及器材制造业	Manufacture of Electrical Machinery and Equipment	257 584	257 439	145
通信设备、计算机电子设备制造业及其他	Manufacture of Communication Equipment, Computers and Other Electronic Equipment	92 897	92 897	
仪器仪表及文化、办公用机械制造业	Manufacture of Instruments, Meters and Machinery for Cultural and Office Use	15 281	15 281	
工艺品及其他制造业	Handicraft and Other Manufactures	417 758	400 704	17 054
废弃资源和废旧材料回收加工业	Recycling and Disposal of Waste	63 669	63 498	171
电力、燃气及水的生产和供应业	**Production and Supply of Electric,Gas and Water**	**7 567 728**	**7 492 095**	**75 633**
电力、热力的生产和供应业	Production and Supply of Electric Power and Heat Power	7 152 475	7 084 162	68 313
燃气生产和供应业	Production and Supply of Gas	104 369	104 369	
水的生产和供应业	Production and Supply of Tap Water	310 884	303 564	7 320
建筑业	**Construction**	**67 928**	**67 928**	
房屋和土木工程建筑业	Building and Civil Engineering Construction	52 108	52 108	
建筑安装业	Construction Installment			
建筑装饰业	Construction Decoration	10 610	10 610	
其他建筑业	Other Construction	5 210	5 210	

5-5 续表 continued

单位：万元 (10 000 yuan)

国民经济行业	National Economic Sector	总 计 Total Investment	城镇投资 Urban Investment	农村投资 Rural Investment
交通运输、仓储和邮政业	**Transport, Storage and Postal Services**	**9 775 529**	**9 343 024**	**432 505**
铁路运输业	Railway Transport	968 399	968 399	
道路运输业	Road Transport	7 020 612	6 604 260	416 352
城市公共交通业	Urban Public Traffic	695 516	695 516	
水上运输业	Waterway Transport	18 786	14 793	3 993
航空运输业	Air Transport	813 051	813 051	
管道运输业	Pipeline Transport	2 870	2 870	
装卸搬运和其他运输服务业	Loading and Unloading and Other Transport Services	3 103	3 103	
仓储业	Storage	247 113	234 953	12 160
邮政业	Postal Services	6 079	6 079	
信息传输、计算机服务和软件业	**Information Transmission, Computer Services and Software**	**518 462**	**512 255**	**6 207**
电信和其他信息传输服务业	Telecommunications and Other Information Transmission Services	518 282	512 255	6 027
计算机服务业	Computer Services			
软件业	Software	180		180
批发和零售业	**Wholesale and Retail Trades**	**1 196 272**	**1 184 155**	**12 117**
批发业	Wholesale Trade	812 167	805 866	6 301
零售业	Retail Trade	384 105	378 289	5 816
住宿和餐饮业	**Hotels and Catering Services**	**641 572**	**634 181**	**7 391**
住宿业	Hotels	600 422	595 952	4 470
餐饮业	Catering Services	41 150	38 229	2 921
金融业	**Finance**	**49 243**	**48 407**	**836**
银行业	Banking	45 787	45 667	120
证券业	Securities			
保险业	Insurance	350	350	
其他金融活动	Other Financial Activities	3 106	2 390	716
房地产业	**Real Estate**	**10 773 155**	**10 604 788**	**168 367**
租赁和商务服务业	**Leasing and Business Services**	**145 042**	**133 735**	**11 307**
租赁业	Leasing Services	280	280	
商务服务业	Business Services	144 762	133 455	11 307
科学研究、技术服务和地质勘查业	**Scientific Research, Technical Services and Geological Prospecting**	**77 655**	**68 178**	**9 477**
研究与试验发展	Research and Experimental Development	42 082	41 352	730
专业技术服务业	Special Technical Services	23 539	23 010	529
科技交流和推广服务业	Scientific & Technological Exchange and Promotion Services	4 516	1 648	2 868
地质勘查业	Geological Prospecting	7 518	2 168	5 350
水利、环境和公共设施管理业	**Management of Water Conservancy,Environment and Public Facilities**	**6 321 819**	**5 846 398**	**475 421**
水利管理业	Management of Water Conservancy	1 501 987	1 095 977	406 010
环境管理业	Management of Environment	1 207 971	1 182 191	25 780
公共设施管理业	Management of Public Facilities	3 611 861	3 568 230	43 631
居民服务和其他服务业	**Services to Households and Other Services**	**45 105**	**43 704**	**1 401**
居民服务业	Services to Households	34 987	34 559	428
其他服务业	Other Services	10 118	9 145	973
教　育	**Education**	**1 812 019**	**1 685 009**	**127 010**
卫生、社会保障和社会福利业	**Health Care, Social Security and Social Welfare**	**670 964**	**630 089**	**40 875**
卫　生	Health Care	545 703	523 783	21 920
社会保障业	Social Security	98 283	82 573	15 710
社会福利业	Social Welfare	26 978	23 733	3 245
文化、体育和娱乐业	**Culture, Sports and Recreation**	**508 448**	**495 396**	**13 052**
新闻出版业	Publication	280	280	
广播、电视、电影和音像业	Radio, Television, Film and Video	16 482	13 757	2 725
文化艺术业	Culture and Arts	138 860	131 117	7 743
体　育	Sports	68 143	68 143	
娱乐业	Recreation	284 683	282 099	2 584
公共管理和社会组织	**Public Administration and Social Organizations**	**1 059 749**	**900 700**	**159 049**
中国共产党机关	Organs of Communist Party of China	2 602	2 145	457
国家机构	Government Agencies	773 487	715 850	57 637
人民政协和民主党派	CPPCC and Democratic Parties	1 666	1 666	
群众团体、社会团体和宗教组织	Mass Organizations, Social Organizations and Religious Organizations	34 132	31 232	2 900
基层群众自治组织	Self-governing Mass Organizations at the Grass-roots Level	247 862	149 807	98 055
国际组织	**International Organizations**			

5–6 2010年全省房地产开发投资情况

单位：亿元

类 别	Category	总 计 Total	国 有 State-owned Economy
本年固定资产投资完成额	**Investment in Fixed Assete Completed This Year**	**900.44**	**65.15**
# 土地开发投资额	in Land Development	52.29	0.10
配套工程投资	in Related Projects	12.83	0.05
按构成分	**Grouped by Use of Funds**		
建筑工程	Construction	638.85	55.19
安装工程	Installation	34.06	2.77
设备工器具购置	Purchase of Equipment and Instruments	10.12	0.07
其他费用	Others	217.41	7.12
# 旧建筑物购置费	Purchase of Used Building	17.40	
土地购置费	Purchase of Land	121.27	2.67
按工程用途分	**Grouped by Use of Buildings**		
住 宅	Residential Buildings	654.67	49.45
# 90平方米以下住房	Residential Buildings below 90 sq.m	127.07	3.75
经济适用房	Economically Affordable Housing	12.47	6.85
别墅、高档公寓	Villas and Upper-scale Apartments	76.71	16.20
办公楼	Office Buildings	22.21	1.09
商业营业用房	Buildings for Business	97.88	4.09
其 他	Others	125.67	10.52
本年新增固定资产	**Newly Increased Fixed Assets**	**506.35**	**45.47**
本年资金来源合计	**Total Funds of All Sources**	**1 668.59**	**78.96**
上年末结余资金	Fund Left from Last Year	367.93	18.64
本年资金来源小计	Fund of All Sources in Currrent Year	1 300.66	60.32
国内贷款	Domestic Loans	160.82	7.14
# 银行贷款	from Banks	137.97	5.13
非银行金融机构贷款	from Other Financial Deparments	22.85	2.01
利用外资	Foreign Investment	0.85	
# 外商直接投资	Foreign Direct Investment		
自筹资金	Self-Raising Funds	461.22	18.93
# 自有资金	Self-owned Funds	212.05	4.56
其他资金来源	Others	677.78	34.24
# 定金及预付款	Earnest Money and Advance Charge	399.09	20.30
个人按揭贷款	Mortgage Loans	208.98	11.08
本年各项应付款合计	Account Payable	196.42	11.69
# 工程款	Payment for Construction	109.20	2.72
本年完成开发土地面积(万平方米)	**Space of Land Developed in Current Year (10 000 sq.m)**	**391.75**	**8.30**
待开发土地面积(万平方米)	Space of Land to be Developed (10 000 sq.m)	407.48	13.27
本年购置土地面积(万平方米)	Space of Land Purchased in Current Year (10 000 sq.m)	1 031.39	31.27
本年土地成交价款	Value of Commercial Land	108.41	2.53

Basic Statistics on Investment in Real Estate Revelopment (2010)

(100 million yuan)

集　体 Collective-owned Economy	私营个体 Private and Individuals	股份制 Share Holding Economy	外　商 Foreign Funded Economy	港澳台 Economy with Funds from Hong Kong,Macao and Taiwan	其　他 Others
9.45	**395.67**	**40.26**	**5.11**	**32.36**	**352.43**
0.17	17.17	2.56	0.67		31.62
0.28	6.09	0.30	0.53	1.35	4.22
8.00	278.53	26.55	4.75	27.25	238.58
0.24	14.31	1.08		1.20	14.46
	6.66	0.19		0.15	3.05
1.20	96.17	12.44	0.37	3.77	96.34
	2.81	2.15			12.44
0.12	65.78	4.84			47.85
8.89	289.38	29.55	2.86	24.37	250.17
2.04	64.33	5.23	0.64	7.40	43.68
	0.58	0.10			4.94
	28.01	3.66	0.45	0.82	27.58
	9.02	2.37	1.34	0.98	7.41
0.29	48.49	2.38	0.63	3.45	38.56
0.27	48.78	5.96	0.28	3.57	56.29
2.94	**151.30**	**21.04**	**12.53**	**45.43**	**227.63**
18.40	**675.17**	**55.10**	**18.52**	**88.71**	**733.74**
2.62	126.32	7.41	3.91	39.25	169.77
15.78	548.85	47.69	14.61	49.46	563.97
0.43	72.83	7.57		6.55	66.30
0.43	63.49	7.57		6.55	54.80
	9.34				11.50
	0.35			0.50	
2.52	212.46	16.66	3.68	2.20	204.76
0.98	113.75	3.48	2.71	0.47	86.11
12.83	263.20	23.46	10.92	40.21	292.91
6.22	153.57	13.75	6.39	35.47	163.39
6.60	84.34	8.21	4.53	4.39	89.83
0.68	102.40	9.26	0.08	0.44	71.89
0.02	59.50	6.43	0.08	0.30	40.16
1.31	**214.94**	**46.01**			**121.19**
	99.39	50.49		0.00	244.33
0.97	476.13	83.12			439.90
0.07	52.49	5.11			48.21

5-7 2010年全省房地产开发企业财务状况

单位：亿元

类　别	Category	总　计 Total	国　有 State-owned Economy
年初存货	**Inventory at Beginning of Current Year**	**835.21**	**45.32**
年末资产负债	**Property debt at Year-end**		
流动资产合计	Total Liquid Liabilities	2 657.77	196.52
# 存　货	Inventory	1 134.45	68.51
固定资产原价	Fixed Asset Value	152.25	16.81
累计折旧	Accumulated Depreciation	33.99	1.27
# 本年折旧	in Current Year	7.56	0.20
资产总计	Assets	3 217.46	254.48
负债总计	Liabilities	2 582.00	197.20
所有者权益合计	Owners' Equity	635.47	57.28
# 实收资本	Paid-up Capital	381.81	33.90
# 国家资本	State-owned Capital	48.77	27.69
集体资本	Collective-owned Capital	6.89	1.07
法人资本	Corporate Capital	190.53	4.63
个人资本	Private Capital	118.55	0.51
港澳台资本	Capital from Hong Kong,Macao &Taiwan	15.57	
外商资本	Foreign Capital	1.50	
损益及分配	**Net Income or Loss and Distribution**		
主营业务收入	Operating Income	733.91	44.38
# 土地转让收入	Revenues from Land Transfer	11.63	0.06
商品房屋销售收入	Revenues from Commercial Housing Sales	699.65	43.54
房屋出租收入	Housing Rental Income	9.00	0.22
其他收入	Others	13.63	0.56
主营业务成本	Main Business Cost	553.54	34.31
主营业务税金及附加	Main Business Tax & Additional	56.13	2.66
主营业务利润	Main Business Profit	104.88	6.91
其他业务收入	Other Operating Revenue	6.05	0.62
其他业务利润	Other Operating Profits	3.98	0.50
销售费用	Sales Expenses	20.84	0.47
管理费用	Management Expenses	40.89	2.33
# 税　金	Taxes	2.94	0.11
差旅费	Travelling Expenses Fees	1.34	0.04
工会经费	Labour union expenditure	0.15	0.01
财务费用	Financial Expenses	17.22	0.24
# 利息支出	Interests	13.81	0.25
营业利润	Business Profits	48.08	4.95
营业外收入	Non-operating Income	3.04	0.54
营业外支出	Non-operating Expenses	4.89	0.45
利润总额	Total Profits	62.96	5.04
应缴所得税	Income Tax Payable	18.29	0.57
劳动失业、保险费	labor and Insurance	0.59	0.06
住房公积金及住房补贴	Housing Provident Funds	0.29	0.07
工资、福利费	**Wages and Welfare**		
本年应付工资总额	Wages Payable in Current Year	15.51	0.98
本年应付福利费总额	Welfare Payable in Current Year	1.16	0.08
全部从业人员年平均人数(人)	**Average Number of Employees Engaged (person)**	**46 013**	**2 576**

Financial Status of Real Estate Investment and Development Enterprises (2010)

(100 million yuan)

集　体 Collective-owned Economy	私　营 Individuals	股份制 Share Holding Economy	外　商 Foreign Funded Economy	港澳台 Economy with Funds from Hong Kong,Macao and Taiwan	其　他 Others
18.82	**327.79**	**34.36**	**2.94**	**44.72**	**361.27**
39.30	1 044.40	102.53	7.93	128.57	1 138.53
24.62	472.81	48.29	4.22	33.61	482.38
1.13	57.31	4.07	1.12	19.23	52.58
0.16	18.72	0.88	0.29	2.92	9.76
0.02	4.13	0.21	0.00	0.91	2.10
41.07	1 256.25	121.49	10.00	193.89	1 340.28
39.79	1 038.33	104.43	5.82	112.87	1 083.55
1.28	217.92	17.06	4.18	81.02	256.73
1.30	128.71	11.86	4.74	22.64	178.67
0.01	3.14	0.45		0.30	17.17
0.30	0.92	0.29		0.14	4.17
0.80	60.77	6.42	3.03	5.41	109.47
0.18	63.58	4.70		1.33	48.25
	0.01		1.00	14.98	- 0.42
	0.28		0.71	0.48	0.03
1.57	284.94	26.83	0.25	68.42	307.51
0.04	2.17	1.96			7.40
1.28	271.99	23.66	0.01	66.62	292.54
0.01	4.98	0.98	0.17	1.69	0.94
0.23	5.80	0.23	0.07	0.12	6.63
1.35	232.64	20.64	0.14	43.52	220.94
0.10	23.12	1.88	0.01	5.00	23.36
- 0.11	18.84	4.15	0.10	19.74	55.25
0.02	1.43	0.31	0.00	1.03	2.65
0.02	0.90	0.06	0.00	0.99	1.50
0.09	7.86	0.32	0.08	1.26	10.77
0.07	19.50	1.54	0.08	2.93	14.44
0.01	0.89	0.16	0.02	0.25	1.51
0.00	0.64	0.09	0.00	0.10	0.46
0.00	0.05	0.01	0.00	0.01	0.07
- 0.04	9.76	0.74	0.03	1.26	5.24
0.01	9.04	0.67	0.01	1.14	2.70
- 0.17	- 1.37	1.70	- 0.08	15.44	27.60
0.00	1.03	- 0.01	0.00	0.11	1.37
0.00	1.50	0.07	0.04	0.42	2.41
- 0.15	6.41	2.42	- 0.12	19.47	29.89
- 0.01	3.96	0.55		2.86	10.36
0.00	0.17	0.02	0.00	0.03	0.31
0.00	0.11	0.02	0.00	0.01	0.08
0.09	7.25	0.65	0.04	0.74	5.78
0.01	0.42	0.04	0.00	0.07	0.53
350	**21 598**	**1 879**	**131**	**2 138**	**17 341**

5-8 房地产开发企业(单位)施工、销售和待售情况（2010年）

类 别	Category	合 计 Total	住 宅 Residential Buildings
房屋施工面积(万平方米)	**Floor Space Under Construction (10 000 sq.m)**	**8 784.97**	**7 046.37**
# 新开工面积	Newly-started Projects	3 702.76	2 960.81
房屋竣工面积(万平方米)	**Floor Space Completed (10 000 sq.m)**	**1 535.99**	**1 258.44**
# 不可销售面积	Space of Floor not Ready for Sale	35.37	12.52
商品住宅竣工套数(套)	**Number of Commercial Buildings Completed (unit)**	**96 736**	**96 736**
竣工房屋价值（亿元）	**Value of Buildings Completed (100 million yuan)**	**330.24**	**260.41**
出租房屋面积(平方米)	**Floor Space of Buildings to Lease (sq.m)**	**270 561**	**3 493**
商品房销售面积(万平方米)	**Floor Space of Commercial Buildings Sold (10 000 sq.m)**	**2 959.43**	**2 658.99**
# 现房销售面积	Floor Space of Complete Dapartments	456.29	375.89
期房销售面积	Floor Space of Forward Delivery Housing	2 503.14	2 283.09
商品房销售额(亿元)	**Total Sale of Commercial Buildings (100 million yuan)**	**934.60**	**769.32**
# 现房销售额	Sale of Complete Dapartments	153.88	107.43
期房销售额	Sale of Forward Delivery Housing	780.72	661.89
商品住宅销售套数(套)	**Number of Commercial Buildings Sold (unit)**	**204 683**	**204 683**
# 现房销售套数	Complete Dapartments	24 648	24 648
期房销售套数	Forward Delivery Housing	180 035	180 035
待售面积(万平方米)	**Floor Space of Commercial Buildings Unoccupied (10 000sq.m)**	**219.43**	**112.89**
# 待售1-3年(含1年)	Unoccupied from 1 to 3 Years	126.23	67.50
待售3年及以上	Unoccupied for more than 3 Years	10.13	3.75

Basic Statistics on Construction,Sale and Vacancy of Buildings Built by Real Estate Enterprises (2010)

# 90平方米以下住房 below 90 sq.m	# 经济适用房 Economically Affordable Housing	# 别墅、高档公寓 Villas and Upper-scale Apartments	办公楼 Office Buildings	商业营业用房 Buildings for Business	其 他 Others
1 125.93	**192.69**	**861.62**	**154.77**	**934.79**	**649.03**
404.16	63.33	311.93	55.87	391.68	294.40
155.58	**43.56**	**196.10**	**16.73**	**157.72**	**103.11**
4.65	0.31	0.30	4.88	4.48	13.49
23 386	**4 695**	**7 160**			
34.64	**8.40**	**40.07**	**4.14**	**41.61**	**24.07**
1 993			**46 898**	**214 771**	**5 399**
395.97	**14.25**	**364.98**	**21.50**	**182.56**	**96.38**
35.52	5.18	107.81	7.31	54.48	18.60
360.45	9.07	257.17	14.18	128.08	77.78
146.15	**2.50**	**129.47**	**14.47**	**118.48**	**32.33**
11.35	1.10	40.37	6.59	33.64	6.22
134.79	1.41	89.09	7.88	84.84	26.11
55 815	**1 657**	**16 298**			
5 002	548	3 517			
50 813	1 109	12 781			
8.09	**1.39**	**13.41**	**1.80**	**61.44**	**43.31**
3.09	0.31	8.12	1.28	29.59	27.86
0.52	0.84		0.09	4.08	2.21

5-9 新增生产能力(2010年)

Newly Increased Production Capacity (2010)

生产能力(或)效益名称	Item	建设规模 Total Construction Size	本年施工规模 Under Construction This Year	本年新开工 Started This Year	累计新增 Production Newly Increased	本年新增 Newly Increased This Year
原煤开采(万吨/年)	Coal Mining (10 000 tons/year)	3 278	1 771	1 673	1 877	829
洗煤(万吨/年)	Coal Washing (10 000 tons/year)	2 418	1 918	1 678	1 478	1 478
焦炭(万吨/年)	Coke (10 000 tons/year)	936	576	376	356	346
铁矿开采(原矿)(万吨/年)	Iron Ore Mining (10 000 tons/year)	1 675	1 010	399	551	514
铁矿选矿处理量(万吨/年)	Iron Ore Processing Capacity (10 000 tons/year)	384	383	260	320	320
铁矿石成品矿(万吨/年)	Refined Iron Ore Mine (10 000 tons/year)	774	774	762	759	759
生铁(万吨/年)	Pig Iron (10 000 tons/year)	407	122	112	207	18
铁合金(折标吨/年)	Ferroalloy(conwerted into ton/year)	14 761	12 761	1 000	14 761	12 761
钢材(万吨/年)	Rolled Steel (10 000 tons/year)	1 275	217	137	322	122
铜冶炼 (吨/年)	Copper Smelting (ton/year)	548 356	158 362	362	30 362	362
氧化铝 (吨/年)	Aluminum Oxide (ton/year)	800 000	800 000	800 000	800 000	
铝加工 (吨/年)	Aluminum Machining (ton/year)	333 000	2 600		32 600	
发电机组容量(万千瓦)	Installation Capacity of Power Generation (10 000 kw)					
水力发电	Hydro Power Generation	3 114	1 248	154	441	259
火力发电	Thermal Power Generation	391	131	11	71	11
其他发电	Others	149	135	132	35	19
输电线路长度(11万伏及以上)(公里)	Length of Transmission Line (over 110kv) (km)	402	402	208	369	328
水泥(万吨/年)	Cement (10 000 tons/year)	2 909	2 636	1 339	1 374	1 254
氮肥 (吨/年)	Nitrogen Fertilizers (ton/year)	383 103	246 623	198 603	206 071	121 071
磷肥 (吨/年)	Phosphate Fertilizers (ton/year)	800 490	780 290	733 930	438 710	430 110
化学农药原药 (吨/年)	Technical Material of Chemical Pesticide(ton/year)	21	21	1	1	
塑料树脂及共聚物 (吨/年)	Plastics,Colophony and Copolymer (ton/year)	26 000	24 000	24 000	13 000	13 000
合成橡胶(吨/年)	Synthetic Rubber (ton/year)	110	110	110	30	30
酒 (万吨/年)	Liquor (10 000 tons/year)					
啤 酒	Beer	36	36	4	2	2
白 酒	Wine	3	3	1	2	1
机制纸浆 (万吨/年)	Machine-made Pulp (10 000 tons/year)	24	19	19	10	10
新建公路(公里)	Length of Newly-built Highway (km)	5 188	4 771	3 034	2 056	1 956
# 高速公路	Expressway	305	250			
一级公路	Class-A Highway	289	260	243	104	75
二级公路	Class-B Highway	2 396	2 371	1 132	617	613
改建公路(公里)	Length of Reconstructed Highway (km)	13 583	12 637	9 081	8 616	8 024
一级公路	Class-A Highway	70	62	28	14	14
二级公路	Class-B Highway	2 686	2 585	2 092	1 051	995
新建独立公路桥梁 (延长米)	Length of Newly-built Bridges (m)	5 220	5 142	3 628	2 525	2 286
新建独立公路桥梁(座)	Number of Newly-built Bridges (set)	40	38	23	28	27
新(扩)建客、货运站(个)	Cargo or Passenger Terminals (unit)	61	61	38	48	47
新(扩)建客、货运站 (平方米)	Cargo or Passenger Terminals (sq.m)	371 144	258 555	155 728	349 171	240 382
候机楼 (座)	Terminals (unit)	2	2	1	1	1
候机楼 (平方米)	Terminals (sq.m)	11 560	11 560	2 560	9 000	9 000
城市自来水供水能力(万吨/日)	Urban Volume of Water Supply (10 000 tons/day)	86.27	82	15	29	14
城市污水处理能力(万吨/日)	Urban Capacity of Sewage Treatment (10 000 tons/day)	108.4	70	53	27	22

主要统计指标解释

全社会固定资产投资 是以货币形式表现的在一定时期内全社会建造和购置固定资产的工作量以及与此有关的费用的总称。该指标是反映固定资产投资规模、结构和发展速度的综合性指标,又是观察工程进度和考核投资效果的重要依据。全社会固定资产投资按登记注册类型可分为国有、集体、个体、联营、股份制、外商、港澳台商、其他等。

城镇固定资产投资 指城镇各种登记注册类型的企业、事业、行政单位及个体户进行的计划总投资(或实际需要总投资)50万元及50万元以上的建设项目投资和房地产开发投资。县城及以上区域内发生的投资,县及县以上各级政府及主管部门直接领导、管理的建设项目和企业事业单位的投资均为城镇固定资产投资。

房地产开发投资 指各种登记注册类型的房地产开发公司、商品房建设公司及其他房地产开发法人单位和附属于其他法人单位实际从事房地产开发或经营活动的单位统一开发的包括统代建、拆迁还建的住宅、厂房、仓库、饭店、宾馆、度假村、写字楼、办公楼等房屋建筑物和配套的服务设施,土地开发工程(如道路、给水、排水、供电、供热、通讯、平整场地等基础设施工程)的投资;不包括单纯的土地交易活动。

农村投资 包括在农村区域范围内进行固定资产投资活动的企业、事业、行政单位及农户投资。

固定资产投资按国民经济行业分 根据建设项目建成投产后的主要产品或主要用途及社会经济活动性质来确定国民经济行业。一般情况下,一个建设项目或一个企业、事业单位只能属于一种国民经济行业。

固定资产投资按隶属关系分 是按建设单位或企业、事业、行政单位的主管上级机关确定的。

(1)中央 是指中共中央、人大常委会和国务院各部、委、局、总公司以及直属机构直接领导的建设项目和企业、事业、行政单位。这些单位的固定资产投资计划由国务院各部门直接编制和下达,建设中所需物资、主要设备以及建设中的问题都由中央有关部门安排和解决。

(2)地方 是由省(自治区、直辖市)、地区(州、盟、省辖市)、县(旗、县级市)三级政府及业务主管部门直接领导和管理的建设项目、企业、事业、行政单位。地方项目还包括不隶属以上各级政府及主管部门的建设项目和企业、事业单位,如外商投资企业和无主管部门的企业等。

固定资产投资按建设性质分 根据整个建设项目情况来确定。建设项目的性质一般分为新建、扩建、改建和技术改造、迁建、恢复。房地产开发单位、农村投资、城镇工矿区私人建房投资不划分建设性质。

(1)新建 一般指从无到有开始建设的企业、事业和行政单位或建设项目。现有企业、事业、行政单位一般不属于新建。但如有的单位原有基础很小,经过建设后新增的固定资产价值超过该企、事业、行政单位原有固定资产价值(原值)三倍以上的也应作为新建。

(2)扩建 指在厂内或其他地点,为扩大原有产品的生产能力(或效益)或增加新的产品生产能力,而增建主要的生产车间(或主要工程)、分厂、独立的生产线。行政、事业单位在原单位增建业务用房(如学校增建教学用房、医院增建门诊部、病房等)也作为扩建。

现有企、事业单位为扩大原有主要产品生产能力或增加新的产品生产能力,增建一个或几个主要生产车间(或主要工程)、分厂,同时进行一些更新改造工程的,也应作为扩建。

(3)改建和技术改造 指现有企业、事业单位,对原有设施进行技术改造或更新(包括相应配套的辅助性生产、生活福利设施)的建设项目。现有企业、事业单位为适应市场变化的需要,而改变企业的主要产品种类(如军工企业转产民用品等)的建设项目,应作为改建。原有产品生产作业线由于各工序(车间)之间能力不平衡,为填平补齐充分发挥原有生产能力而增建不增加本企业主要产品设计能力的车间,也应作为改建。技术改造是指企业、事业单位在现有基础上,用先进的技术代替落后的技术,用先进的工艺和装备代替落后的工艺和装备,以改变企业落后的技术经济面貌,实现以内涵为主的扩大再生产,达到提高产品质量、促进产品更新换代、节约能源、降低消耗、扩大生产规模、全面提高社会经济效益的目的。技术改造具体包括以下内容:机器设备和工具的更新改造;生产工艺改革、节约能源和原材料的改造;厂房建筑和公共设施的改造;劳动条件和生产环境的改造等。

固定资产投资按构成分　固定资产投资活动按其工作内容和实现方式分为建筑工程、安装工程，设备、工具、器具购置，其他费用四个部分。

(1)建筑工程　指各种房屋、建筑物的建造工程，又称建筑工作量。包括各种房屋建造工程；各种用途设备基础和各种工业窑炉的砌筑工程及金属结构工程；为施工而进行的各种准备工作和临时工程以及完工后的清理工作等；铁路、道路的铺设，矿井的开凿及石油管道的架设等；水利工程；防空地下建筑等特殊工程；列入房屋工程预算内的暖气、卫生、通风、照明、煤气等设备的价值及装设油饰工程；列入建筑工程预算内的各种管道(蒸汽、压缩空气、石油、给排水等管道)、电力、电讯电缆导线等的敷设工程；房地产开发单位进行的商品房屋开发建设工程、土地开发工程。

(2)安装工程　指各种设备、装置的安装工程，又称安装工作量。包括各种需要安装设备的装配和安装，与设备相连的装设工程及附属于被安装设备的其他工程；为测定安装工程质量，对设备进行的试运工作。但不包括被安装设备本身的价值。

(3)设备、工具、器具购置　指建设单位或企、事业单位购置或自制的，达到固定资产标准的设备、工具、器具的价值。新建单位及扩建单位的新建车间，按照设计或计划要求购置或自制的全部设备、工具、器具，不论是否达到固定资产标准均计入“设备、工具、器具购置”中。

(4)其他费用　指在固定资产建造和购置过程中发生的，除上述几项内容以外的各种应分摊计入固定资产的费用。

新增固定资产　指报告期内交付使用的固定资产价值。包括报告期内建成投入生产或交付使用的工程投资和达到固定资产标准的设备、工具、器具的投资及有关应摊入的费用。属于增加固定资产价值的其他建设费用，应随同交付使用的工程一并计入新增固定资产。

施工房屋面积　指报告期内施工的全部房屋建筑面积。包括本期新开工的面积和上期开工跨入本期继续施工的房屋面积，以及上期已停建在本期复工的房屋面积。本期竣工和本期施工后又停缓建的房屋，其建筑面积仍计入本期施工房屋面积中。

房屋新开工面积　指报告期内新开工的全部房屋建筑面积，以单位工程为核算对象。房屋新开工面积指整栋房屋的全部建筑面积，不能分割计算。

竣工房屋面积　指在报告期内房屋建筑按照设计要求已全部完工，达到住人和使用条件，经验收鉴定合格(或达到竣工验收标准)，可正式移交使用的各栋房屋建筑面积的总和。

竣工房屋价值　指在报告期内竣工房屋本身的建造价值。竣工房屋价值按房屋设计和预算规定的内容计算。

施工项目　指报告期内进行过建筑或安装施工活动的项目，包括本期新开工的项目和上期开工在本期继续施工的建设项目。凡是报告期内施过工的建设项目，不论施工时间长短，均作为施工项目统计。施工项目个数可以反映一定时期固定资产投资的实际规模，与同期全部建成投产项目个数相比，可以从建设速度的角度反映固定资产投资的效果。

全部建成投产项目　按设计文件规定的全部生产能力(或效益)在报告期内全部建成投产，经验收合格交付使用的建设项目。

新增生产能力　指通过固定资产投资活动而增加的设计能力或工程效益,它是用实物形态表示的固定资产投资的成果。新增生产能力的计算,是以能独立发挥生产能力或效益的单项工程(或项目)为对象。当单项工程(或项目)建成,经有关部门鉴定合格,正式移交投入生产,即可计算新增生产能力。

规划用地面积　指根据经有关部门批准的项目规划，建设项目需要使用的土地面积。

实际征用和购置土地面积　指报告期内通过征用等各种方式获得使用权的土地面积。

实际征用和购置土地成交价款　指报告期内征用和购置土地进行土地使用权交易活动的最终金额。征用和购置的土地成交价款与征用和购置土地面积同口径，目的是正确计算平均土地征用和购置价格。

固定资产投资的资金来源　根据固定资产投资的资金来源不同,分为上年末结余资金和本年资金来源。其中本年资金来源又分为六种:

(1) 国家预算内资金　分为财政拨款和财政安排的贷款两部分。包括中央财政的基本建设基金(分经营性基金和非经营性基金两部分)、专项支出(如煤代油专项等)、收回再贷、贴息资金，财政安排的挖潜改造和新产品试制支出、城建支出、商业部门简易建筑支出、不发达地区发展基金等资金中用于固定资产投资的资金；地方财政中由国家统筹安排的资金等。

(2) 国内贷款　指报告期企、事业单位向银行及非银行金融机构借入的用于固定资产投资的各种国内借款。包括银行利用自有资金及吸收的存款发放的贷款、上级主管部门拨入的国内贷款、国家专项贷款(包括煤代油贷款、劳改煤矿专项贷款等)，地方财政专项资金安排的贷款、国内储备贷款、周转贷款等。

(3) 债券　是企业(公司)或金融机构通过发行各种债券筹集到的用于固定资产投资的资金。包括由银行代理国家专业投资公司发行的重点企业债券和基本建设债券。

(4) 利用外资　指报告期收到的用于固定资产建造和购置投资的境外资金(包括设备、材料、技术在内)。计算利用外资时，需要折算成人民币，折算中所使用的外汇汇率按现汇计算，即按使用外汇时的汇率计算。

(5) 自筹资金　指固定资产投资单位报告期收到的，由各地区、各部门及企业、事业单位筹集用于固定资产投资的预算外资金，包括中央各部门、各级地方和企业、事业单位的自有资金。

(6) 其他资金来源　指在报告期收到的除以上各种资金之外其他用于固定资产投资的资金。包括社会集资、个人资金、无偿捐赠的资金及其他单位拨入的资金等。

商品房销售面积　指报告期内出售商品房屋的合同总面积(即双方签署的正式买卖合同中所确定的建筑面积)。由现房销售建筑面积和期房销售建筑面积两部分组成。

商品房销售额　指报告期内出售商品房屋的合同总价款(即双方签署的正式买卖合同中所确定的合同总价)。该指标与商品房销售面积同口径，由现房销售额和期房销售额两部分组成。

经济适用房　指根据经济适用房计划安排建设的政策性住宅。经济是指房屋建筑造价和销售价格低于一般商品住宅；适用是指适合中低收入家庭购买使用。经济适用房主要是由国家统一下达投资计划，房地产公司开发，对外销售；用地一般采用行政划拨或招标投标方式，免收土地出让金；对各种经批准的收费减半征收，开发利润不超过 3%；销售价格实行政府指导价。该指标可以分析房地产投资结构，反映中低收入家庭商品住宅的供求平衡情况。

不可销售面积　指报告期房地产公司竣工的用于拆迁还建的房屋面积；接受委托、定向开发建设，并收取一定的管理费所建设的统建代建房屋竣工面积；竣工的学校、幼儿园、派出所、居委会、商店等公益设施建筑面积。

待售面积 指报告期末已竣工的可供销售或出租的商品房屋建筑面积中，尚未销售或出租的商品房屋建筑面积，包括以前年度竣工和本期竣工的房屋面积，但不包括报告期已竣工的拆迁还建、统建代建、公共配套建筑、房地产公司自用及周转房等不可销售或出租的房屋面积。按照商品房待售时间的长短可以划分为待售一年以下、待售一至三年（含一年）和待售三年以上（含三年)。待售时间在一年以内的为待销商品房；待售时间在一年至三年（含一年）的为滞销商品房；待售时间在三年以上（含三年）的为积压商品房。按照商品房待售时间的长短可以划分为待售一年以下、待售一至三年（含一年）和待售三年以上（含三年)。待售时间在一年以内的为待销商品房；待售时间在一年至三年（含一年）的为滞销商品房；待售时间在三年以上（含三年）的为积压商品房。

Explanatory Notes on Principle Statistical Indicators

Total Investment in Fixed Assets of the Whole Country refers to the volume of activities in construction and purchases of fixed assets of the whole country and related fees, expressed in monetary terms during the reference period. It is a comprehensive indicator which shows the size, structure and growth of the investment in fixed assets, providing a basis for observing the progress of construction projects and evaluating results of investment. Total investment in fixed assets in the whole country includes, by type of ownership, the investment by State-owned units, collective-owned units, individuals, joint ownership units, share-holding units, as well as investments by entrepreneurs from foreign countries and from Hong Kong, Macao and Taiwan, and by other units.

Urban Investment in Fixed Assets refers to construction projects involving a total planned (or required) investment of 500,000 yuan and over by enterprises of various types of ownership, institutions, administrative units and individuals in urban areas, investment in real estate development. In other words, all investments that take place in county towns and urban areas, investment in construction projects under the direct leadership and management of government agencies at and above county levels and investments by enterprises and institutions at and above county levels are covered in urban investment in fixed assets.

Investment in Real Estate Development refers to investment by real estate development companies, commercialized buildings construction companies and other real estate development units of various types of ownership in the construction of buildings, such as residential buildings, factory buildings, warehouses, hotels, guesthouses, holiday villages, office buildings, and the complementary service facilities and land development projects, such as roads, water supply, water drainage, power supply, heating supply, telecommunications, land leveling and other infrastructural projects. It does not include activities in pure land transactions.

Investment in Rural Areas refers to investment in fixed assets by enterprises, institutions, administrative units and households in rural areas.

Investment in Fixed Assets by Sector The classification of construction projects by sector is determined by the major products or the purpose of the projects when they are put into production or use, and by the nature of their social economic activities. In general, one project or one enterprise or institution can only be classified into one sector.

Investment in Fixed Assets by Jurisdiction of Management refers to the classification of investment by the competent authorities under which investment is made by construction units, enterprises, institutions or administrative units.

(1) **Central investment** refers to the investment in projects or by enterprises, institutions or administrative units which are under the direct leadership and management of the State Council and of the national commissions, ministries, agencies and State-owned large corporations. Various ministries and departments of the State Council prepare and implement plans for investment in fixed assets by those departments, and arrange and ensure the supply of materials and key equipment required for the projects.

(2) **Local investment** refers to the investment in projects or by enterprises, institutions or administrative units which are under the direct leadership and management of departments under the provincial, prefecture and county governments. Also included are projects by foreign-invested enterprises and enterprises without competent managing authorities.

Investment in Fixed Assets by Type of Construction Construction projects in general can be classified, by the type of construction, into new construction, expansion, reconstruction and technical transformation, moving and restoration. However, investment by type of construction is not applied to investment by real-estate development units, investment in rural areas and private investment in housing construction in urban areas and in industrial and mining areas.

(1) **New construction in general** refers to construction projects, which start from scratch, of enterprises, institutions, administrative agencies. Construction in existing enterprises, institutions or agencies is generally not considered as new construction. In case the size of the existing unit is quite small, and the value of newly added fixed assets is more than three times of the original value, the expansion will be considered as new construction.

(2) **Expansion** refers to construction of new major production workshop, branch factory or independent production line within a factory or in other locations, for the purpose of increasing the production capacity (or improving efficiency) or adding new production capacity. Newly constructed accommodation for the operation of institutions and administrative organizations (such as newly constructed buildings for teaching in schools, buildings for clinics or wards in hospitals, etc.) are also classified as expansion.

Also included in expansion are investments by existing enterprises or institutions in building major production line(s) or branch factory (ies) along with some work on innovation, for the purpose of expanding the production capacity of original products or producing new products.

(3) **Reconstruction and technical transformation** refers to construction projects by existing enterprises or institutions in innovation or technical transformation of the old facilities (including auxiliary production equipment and welfare facilities). Also considered as reconstruction is the construction of new workshops by the existing enterprises or institutions to change the variety of products to meet the market demand (such as the production of civil products by defense industries), or to bring the designed production capacity into full play through a more balanced production process on production lines. Technical transformation refers to replacement of old technology or equipment by new technology or equipment, in order to expand the reproduction through improvement of technology contents in production, to improve product quality, to promote new products, to save energy, to reduce consumption, to expand the production scale and to improve overall social-economic efficiency. Contents of technical transformation include: updating of machinery, equipment and tools; reforming production process by using energy or materials saving technology; construction of factory workshops and transformation of public facilities; improvement of working conditions and environment, etc.

Investment in Fixed Assets by Structure By their contents and the mode of implementation, investment activities are classified into 3 categories, i.e. construction and installation, purchase of equipment and instrument, and other expenses.

(1) **Construction (work volume of construction)** refers to the construction of houses and buildings, They include construction of houses; equipment foundations, industrial kilns and stoves, and metal structure work; preparation works and temporary works for project construction, and clearing up works post project construction; pavement of railways and roads, drilling of mines and putting up of oil pipes; construction of water conservancy; construction of underground air-raid shelters and construction of other special projects; value of equipment for heating, sanitation, ventilation, lighting, gas, painting, etc. that are covered by the budget of housing projects; laying out of various pipelines (for steam, compressed air, petroleum, tap water and sewage) and wiring and cabling for electric power and for communications; installation of various machinery and equipment; testing operation for pre-testing the quality of installation projects, and land and other development work conducted by real estate developers for commercialized housing.

(2)**Installation (work volume of installation)** refers to the installation of various kinds of equipment and instruments, the installation projects connected with the equipment and other projects attach to the installation equipment; preparing work of the equipment to test the quality of the installation projects. The value of equipment installed is itself not included in the value of installation projects.

(3) **Purchase of equipment and instruments** refers to the total value of equipment, tools, and instruments purchased or self-produced which come up to the cut-off point for fixed assets by the construction units or investing enterprises or institutions. Equipment, tools and instruments purchased or self-produced for new workshops by

newly established or expanded units are categorized as "purchase of equipment and instruments" no matter whether they come up to the cut-off point for fixed assets.

(4) **Other expenses** refer to expenses arising during the construction or purchase of fixed assets other than those mentioned above.

Newly Increased Fixed Assets refer to the newly increased value of fixed assets, constructed or purchased, that have been transferred to the investors. This is an indicator that demonstrates the results of investment in fixed assets in monetary terms, and an important indicator to reflect the speed of construction and to calculate the efficiency of investment.

Floor Space under Construction refers to total floor space of all buildings under construction during the reference period, including floor space of newly started buildings during the reference period, floor space of construction extended from the previous period to the current period, and floor space of construction suspended during the previous period and resumed in the current period. Floor space of construction completed in the current period, and floor space of construction started and then suspended in the current period are also included in the floor space under construction of the current year.

Floor Space of Newly Started refers to the total floor space of buildings of newly started in the reference period and its accounting coverage is the unit construction. It is the total floor space of the whole building and it should be calculated as a whole.

Floor Space Completed refers to the floor space of all buildings completed in the reference period, which has been appraised and accepted (or come up to the designed standards) and has been transferred to owner units.

Value of Floor Space Completed refers to the value of floor space of all buildings completed in the reference period, it is calculated according to the building design and the content of the budget regulation.

Projects under Construction refer to projects with construction and installation activities undertaken in the reference period. All projects that have construction activities undertaken during the reference period are reported as projects under construction irrespective of the length of construction work. The number of projects under construction can reflect the actual size of investment in fixed assets during a given period, and when compared with the number of projects completed and put into use during the same period, it demonstrates the results of investment in fixed assets from the angle of the speed of the construction. Depending on the nature of construction activities, projects under construction can also be classified into projects beginning construction in current year, winding-up projects in current year and stopped or suspended projects in previous years (with resumption of work in current year).

Projects Completed and Put into Use refers to the construction projects which have been completed in accordance with the design documents, have been checked and accepted after relevant examination; and have been formally delivered for use in the reference period.

Newly Increased Production Capacity (or Project Efficiency) refers to the increase in design capacity (or project efficiency) through investment in fixed assets, which reflects the accomplishment of investment in fixed assets in physical form, and its calculating coverage is the single construction(project) which can produce the production capacity and project efficiency independently and has been appraised and accepted (or come up to the designed standards) and has been transferred to use formally when it is completed.

Plan land area for use refers to the land area of the construction projects and the project planning which have been approved by relevant department.

Actual Requisitioning and Purchased Land Area refers to the area of the land obtained by requisition and other ways in the reference period.

Actual Sales Amount of Requisitioning and Purchasing Land refers to the final amount of money spent on requisitioning and purchasing land in the reference period. In order to calculating the average requisitioning land and purchasing price correctly, the coverage of requisitioning and purchasing land area is same as that of actual price of requisitioning and purchasing land,

Sources of Funds for Investment in Fixed Assets are categorized as surplus fund from the year-end of preceding year and source of funds this year ,depending on the sources of investment. Source of funds this year are categorized as follows:

(1) **Fund from the State budget consists of budgetary appropriation and loans from the state budget**. More specifically, it includes, from the budget of the central government, capital construction fund (operation fund and non-operational fund), special expenses (e.g. expenses on substituting petroleum with coal), loans from repayment, discount fund, expenses on innovation and trial production of new products, expenses on urban construction, expenses on temporary construction from business departments, development fund for less developed areas, as well as local budgetary fund transferred from the central budget.

(2) **Domestic loans** refer to loans of various forms borrowed by investing units from banks and non-bank financial institutions during the reference period for the purpose of investment in fixed assets, including loans issued by banks from their self-owned funds and deposit, loans appropriated by higher authorities, special loans by government, loans arranged by local government from special funds, domestic reserve loan, and working loan.

(3)**Bond** refers to the funds raised by enterprises (corporations) or financial institutions through bonds issue and used for the investment in fixed assets, including the key enterprises bond and fundamental construction bond issued by banks deputized for national professional investment corporations.

(4) **Foreign investment** refers to foreign funds received during the reference period for the construction and purchase of investment in fixed assets (covering equipment, materials and technology). In calculating the utilization of foreign capital, foreign currencies are converted into Chinese Renminbi applying the current exchange rate when the foreign capitals are actually used.

(5) **Self-raised funds** refer to extra-budgetary funds for investment in fixed assets received during the reference period by investing units from central government ministries, local governments, enterprises and institutions, including their self-raised funds.

(6) **Others** refer to funds for investment in fixed assets received from sources other than those listed above, including capital raised through issuing bonds by enterprises or financial institutions, funds raised from individuals and through donations, and funds transferred from other units.

Area of Commercialized Housing Sold refers to total contracted area of commercialized housing (i.e. area of floor space as designated in the formal contracts signed by both sides) during the reference time. It constitutes floor space of completed housing and floor space of future housing.

Value of Commercialized Housing Sold refers to the total contracted value (i.e. value of sales/purchase for selling/purchase of commercialized housing as designated in the contract signed by both sides) during the reference time. This indicator has the same coverage as the area of commercialized housing sold, which constitutes floor space of completed housing and floor space of housing yet to be completed.

Economically Affordable Housing refers to housing constructed according to the State Plan for economically affordable housing. The features of houses of this category are low cost of construction and low prices, and therefore are affordable to mid-income and low income households. Economically affordable housing projects are developed by real estate companies under the State Investment Plan, with the land provided through government allocation or tendering procedures. Developers are exempted from land utilization fees and enjoy another 50% exemption of all other legitimate fees, while their profits are limited to less than 3%, and the completed houses are sold under government-guided prices. This indicator helps to analyze the investment structure of the real estate industry and the demand and supply of housing for mid-income and low income households.

Non-Marketable Area refers to the building area used for removal and rebuilding which completed by real estate companies in reference period; completed building area of unified construction and acting construction which constructed by accepting commission, orientating development construction and charging certain management overhead; building area of completed schools, kindergartens, police stations, neighborhood committees, stores and such public utility constructions.

Floor Space of Vacant Building refers to the area of commercialized buildings haven't been sold or rent in the area of completed marketable and rentable commercialized buildings in the reference period, including the completed building area in the former years and in the current period, while excluding the completed removal and rebuilding buildings, unified and deputized construction buildings, public matched installations buildings and area of the buildings for self-use and revolving buildings of the real estate companies which are unmarketable or can't be rented. According to the vacant time, the buildings can be categorized as follows: buildings vacant less than one year, vacant for one to three years (including one year), vacant more than three years (including three years). Buildings vacant less than one year are commercialized buildings ready to sell; buildings vacant for one to three years (including one year) are poor-selling commercialized buildings; buildings vacant more than three years (including three years) are the overstock commercialized buildings .

六、对外经济贸易

Foreign Trade and Economic Cooperation

6-1 主要年份进出口贸易总额

Historic Total Value of Import and Export Trade in Significant Years

单位：万美元 (USD 10 000)

年 份 Year	进出口总额 Total Value of Export and Import	出口额 Exports	进口额 Imports	差 额 (出超+、入超-) Balance (Favorable balance(+), Trade Deficit(-))
1980	11 037	9 601	1 436	+8 165
1985	20 953	12 901	8 052	+4 849
1987	34 217	26 226	7 991	+18 235
1988	44 388	34 196	10 192	+24 004
1989	54 768	37 442	17 326	+20 116
1990	54 842	43 449	11 393	+32 056
1991	55 051	40 097	14 954	+25 143
1992	67 056	46 653	20 403	+26 250
1993	84 008	52 291	31 717	+20 574
1994	134 406	91 016	43 390	+47 626
1995	189 609	121 548	68 061	+53 487
1996	192 220	109 631	82 589	+27 042
1997	193 698	117 224	76 474	+40 750
1998	190 329	117 376	72 953	+44 423
1999	165 967	103 443	62 524	+40 919
2000	181 283	117 516	63 767	+53 749
2001	198 906	124 412	74 494	+49 918
2002	222 635	142 965	79 670	+63 295
2003	266 767	167 658	99 109	+68 549
2004	374 777	223 882	150 895	+72 987
2005	473 822	264 158	209 664	+54 494
2006	623 174	339 143	284 031	+55 112
2007	877 975	473 612	404 363	+69 249
2008	959 936	498 696	461 240	+37 456
2009	801 912	451 402	350 510	+100 892
2010	1 336 795	760 568	576 227	+184 341

注：本表数字1998年以前为外贸业务数，且不含边境贸易统计数据。1999年起为海关进出口统计数。
Note: The data before 1998 were the statistics of foreign trade and excluded those of border trade. Since 1999,the data refer to the customs import and export statistics.

6-2 主要贸易方式进出口总额(2008–2010年)

Total Value of Main Trade Modes of Import and Export (2008-2010)

单位：万美元 (USD 10 000)

贸易方式	Trade Mode	2008 出口额 Exports	2008 进口额 Imports	2009 出口额 Exports	2009 进口额 Imports	2010 出口额 Exports	2010 进口额 Imports
合 计	**Total**	**498 696**	**461 240**	**451 402**	**350 510**	**760 568**	**576 227**
一般贸易	General Trade	399 564	375 094	358 545	277 401	443 408	472 266
边境小额贸易	Frontier Small Value Trade of Small Value	57 247	62 864	70 742	55 386	98 843	74 715

6-3 云南省对主要国家或地区出口总额(2009-2010年)

Total Value of Provincial Exports to Major Countries and Regions (2009-2010)

单位：万美元 (USD 10 000)

国家或地区	Country or Region	2009	2010	2010年比2009年增长(%) Increase Rate in 2010 Over 2009 (%)
亚洲小计	**Asia**	**340 831**	**511 437**	**50.0**
阿富汗	Afghanistan		32	-
孟加拉国	Bangladesh	14 372	12 339	- 14.1
文　莱	Brunei	25	141	453.8
缅　甸	Myanmar	77 506	111 043	43.3
柬埔寨	Cambodia	293	370	26.0
朝鲜民主主义人民共和国	The Democratic People's Republic of Korea	110	80	- 27.7
中国香港	Hong Kong,China	31 834	21 742	- 31.7
中国澳门	Macao，China	815	1 290	58.3
中国台湾	Taiwan,China	9 229	10 239	10.9
印　度	India	23 471	51 584	119.8
印度尼西亚	Indonesia	14 451	16 786	16.2
伊　朗	Iran	5 177	16 035	209.8
以色列	Israel	738	3 806	415.9
日　本	Japan	19 902	22 728	14.2
约　旦	Jordan	144	2 153	1 395.1
科威特	Kuwait	100	790	692.7
老　挝	Laos	7 434	10 289	38.4
黎巴嫩	Lebanon	217	1 915	780.6
马来西亚	Malaysia	11 501	21 079	83.3
尼泊尔	Nepal	4	-	-
阿　曼	Oman	299	210	- 30.0
巴基斯坦	Pakistan	767	8 174	965.2
菲律宾	The Philippines	4 361	3 877	- 11.1
沙特阿拉伯	Saudi Arabia	1 397	8 012	473.6
新加坡	Singapore	7 948	14 269	79.5
韩　国	The Republic of Korea	8 884	15 849	78.4
斯里兰卡	Sri Lanka	811	4 364	437.9
叙利亚	Syria	229	2 821	1 131.2
泰　国	Thailand	20 265	33 268	64.2
土耳其	Turkey	756	2 420	220.3
阿拉伯联合酋长国	The United Arab Emirates	4 326	8 995	108.0
越　南	Vietnam	66 132	78 875	19.3
非洲小计	**Africa**	**12 132**	**53 088**	**337.6**
阿尔及利亚	Algeria	311	6 549	2 008.2
埃　及	Egypt	2 600	6 679	156.8
埃塞俄比亚	Ethiopia	6	212	3 707.5
肯尼亚	Kenya	156	3 057	1 857.4
毛里求斯	Mauritius	502	806	60.6
摩洛哥	Morocco	678	2 469	264.0

6-3 续表1 continued

单位：万美元 (USD 10 000)

国家或地区	Country or Region	2009	2010	2010年比2009年增长(%) Increase Rate in 2010 Over 2009(%)
尼日尔	Niger	2	-	-
尼日利亚	Nigeria	845	1 364	61.4
南非(阿扎尼亚)	South Africa (Azania)	1 431	3 975	177.8
多　哥	Togo	720	1 038	44.2
津巴布韦	Zimbabwe	9	458	5 281.8
欧洲小计	**Europe**	**52 880**	**101 871**	**92.6**
比利时	Belgium	9 819	11 173	13.8
丹　麦	Denmark	336	295	- 12.1
英　国	The United Kingdom	3 790	5 098	34.5
德　国	Germany	10 924	20 634	88.9
法　国	France	4 216	6 974	65.4
爱尔兰	Ireland	107	283	165.4
意大利	Italy	6 961	11 315	62.5
荷　兰	The Netherlands	6 002	11 877	97.9
希　腊	Greece	349	2 235	541.3
葡萄牙	Portugal	642	2 351	265.9
西班牙	Spain	5 445	10 526	93.3
奥地利	Austria	23	44	93.0
保加利亚	Bulgaria	86	553	544.7
芬　兰	Finland	104	553	433.8
匈牙利	Hungary	33	137	309.5
马耳他	Malta	444	722	62.5
挪　威	Norway	61	86	40.0
波　兰	Poland	710	1 813	155.4
罗马尼亚	Romania	175	2 108	1 104.1
瑞　典	Sweden	208	391	88.4
瑞　士	Switzerland	180	163	- 9.4
拉脱维亚	Latvia	11	145	1 262.4
立陶宛	Lithuania	29	256	777.2
俄罗斯联邦	Russia	1 266	2 380	88.0
乌克兰	Ukraine	660	4 290	549.7
南斯拉夫	Yugoslavia		-	-
斯洛文尼亚	Slovenia	52	607	1 074.5
捷　克	Czech	49	126	160.2
拉丁美洲小计	**Latin America**	**12 863**	**46 037**	**257.9**
阿根廷	Argentina	904	7 739	756.1
巴　西	Brazil	4 921	15 297	210.9
智　利	Chile	441	3 732	747.1
哥伦比亚	Colombia	347	1 270	266.4
多米尼加联邦	The Commonwealth of Dominica		28	-

6-3 续表2 continued

单位：万美元 (USD 10 000)

国家或地区	Country or Region	2009	2010	2010年比2009年增长(%) Increase Rate in 2010 Over 2009 (%)
古 巴	Cuba	18	80	334.4
多米尼加共和国	The Dominican Republic	29	293	893.9
海 地	Haiti	4	73	1 835.2
墨西哥	Mexico	3 354	5 783	72.4
巴拿马	Panama	1 377	3 378	145.3
巴拉圭	Paraguay	9	235	2 590.5
秘 鲁	Peru	271	953	251.3
波多黎各	Puerto Rico	34	48	37.8
圣卢西亚岛	Saint Lucia		-	-
萨尔瓦多	El Salvador	33	283	747.5
乌拉圭	Uruguay	120	1 878	1 466.1
委内瑞拉	Venezuela	233	1 575	575.5
北美洲小计	**North America**	**25 941**	**38 260**	**47.5**
加拿大	Canada	2 340	2 978	27.2
美 国	The United States	23 402	35 084	49.9
大洋洲小计	**Oceanica**	**6 754**	**9 874**	**46.2**
澳大利亚	Australia	6 198	7 259	17.1
斐 济	Fiji	16	196	1 139.8
新西兰	New Zealand	356	1 534	330.7
巴布亚新几内亚	Papua New Guinea	175	686	292.9
合计中：东南亚国家联盟	**Total of ASEAN**	**209 917**	**289 995**	**38.1**
合计中：欧洲联盟	**Total of European Union**	**50 293**	**87 735**	**74.4**

6-4 云南省对主要国家或地区进口总额(2009-2010年)

Total Value of Provincial Imports from Major Countries and Regions (2009-2010)

单位：万美元 (USD 10 000)

国家或地区	Country or Region	2009	2010	2010年比2009年增长(%) Increase Rate in 2010 Over 2009(%)
亚洲小计	**Asia**	**146 615**	**260 813**	**77.8**
缅 甸	Myanmar	45 227	64 921	43.5
中国香港	Hong Kong,China	354	574	62.2
中国澳门	Macao,China		-	-
中国台湾	Taiwan,China	1 944	1 105	- 43.2
印 度	India	14 455	16 199	12.1
印度尼西亚	Indonesia	20 016	26 814	33.9
伊 朗	Iran	5 421	3 428	- 36.8
以色列	Israel	942	860	- 8.6
日 本	Japan	7 059	22 907	224.5
科威特	Kuwait	384	740	92.7
老 挝	Laos	8 067	10 090	25.1
马来西亚	Malaysia	10 556	34 707	228.8
菲律宾	The Philippines	1 524	451	- 70.4

6-4 续表 continued

单位：万美元 (USD 10 000)

国家或地区	Country or Region	2009	2010	2010年比2009年增长(%) Increase Rate in 2010 Over 2009 (%)
卡塔尔	Qatar	1 112	2 558	130.1
沙特阿拉伯	Saudi Arabia	4 083	8 212	101.1
新加坡	Singapore	3 559	1 424	- 60.0
韩　国	The Republic of Korea	1 415	716	- 49.4
泰　国	Thailand	3 320	13 075	295.1
阿拉伯联合酋长国	The United Arab Emirates	1 033	611	- 40.8
越　南	Vietnam	12 868	16 065	24.8
非洲小计	**Africa**	**16 667**	**25 772**	**54.3**
南非(阿扎尼亚)	South Africa	7 133	9 453	32.5
坦桑尼亚	Tanzania	1 478	-	-
欧洲小计	**Europe**	**67 920**	**71 532**	**5.3**
比利时	Belgium	742	211	- 71.5
丹　麦	Denmark	83	2 259	2 630.1
英　国	The United Kingdon	1 050	2 153	105.1
德　国	Federal Republic of Germany	22 505	15 257	- 32.2
法　国	France	2 913	4 408	51.3
爱尔兰	Ireland	326	-	-
意大利	Italy	8 377	5 189	- 38.1
荷　兰	The Netherlands	3 625	4 729	30.5
西班牙	Spain	4 786	6 448	34.7
奥地利	Austria	15 545	14 786	- 4.9
芬　兰	Finland	76	98	28.9
罗马尼亚	Romania	118	29	- 75.2
瑞　典	Sweden	1 249	1 393	11.5
瑞　士	Switzerland	2 120	1 216	- 42.6
哈萨克斯坦	Kazakhstan		-	-
俄罗斯联邦	Russia	995	3 663	268.3
乌克兰	Ukraine	43	48	12.5
拉丁美洲小计	**Latin America**	**47 304**	**133 908**	**182.7**
阿根廷	Argentina	63	1 565	2 397.1
巴　西	Brazil	7 376	24 732	235.3
智　利	Chile	8 158	14 658	79.7
圭亚那	Guyana		-	-
墨西哥	Mexico	6 738	16 650	147.1
秘　鲁	Peru	21 687	68 450	214.7
北美洲小计	**North America**	**24 897**	**28 169**	**13.1**
加拿大	Canada	5 413	3 789	- 30.0
美　国	The United States	19 484	24 380	25.1
大洋洲小计	**Oceanica**	**47 108**	**56 032**	**18.5**
澳大利亚	Australia	47 005	55 895	18.5
新西兰	New Zealand	103	137	33.6
东南亚国家联盟	**Total of ASEAN**	**105 212**	**167 550**	**59.3**
欧洲联盟	**Total of European Union**	**62 264**	**58 274**	**- 6.7**

6-5 主要年份边境贸易进出口总额(1996-2010年)

Total Value of Imports and Exports of Border Trade in Significant Years (1996-2010)

单位：万美元 (USD 10 000)

年 份 Year	进出口总额 Total Value of Export and Import	出口额 Exports	进口额 Imports
1996	13 645	4 537	9 108
1997	7 413	4 201	3 212
1998	13 091	8 902	4 189
1999	28 778	23 183	5 594
2000	35 624	27 803	7 821
2001	34 594	23 010	11 584
2002	36 803	23 095	13 708
2003	41 927	25 278	16 649
2004	52 412	30 875	21 537
2005	65 486	38 558	26 908
2006	77 649	46 538	31 111
2007	101 101	56 774	44 327
2008	120 110	57 247	62 864
2009	126 128	70 742	55 386
2010	173 558	98 843	74 715

6-6 各州市进出口总额(2010年)

Total Value of Import and Export by Region (2010)

单位：万美元 (USD 10 000)

州 市	Region	进出口总额 Total Value of Import and Export		出口额 Exports		进口额 Imports	
		绝对数 Absolute Figures	比2009年增长(%) Increase Rate Over 2009 (%)	绝对数 Absolute Figures	比2009年增长(%) Increase Rate Over 2009 (%)	绝对数 Absolute Figures	比2009年增长(%) Increase Rate Over 2009 (%)
全省合计	**Total**	**1 336 795**	**66.7**	**760 568**	**68.5**	**576 227**	**64.4**
昆 明	Kunming	1 010 928	79.4	532 692	79.4	478 236	79.6
曲 靖	Qujing	17 548	13.9	15 799	128.8	1 749	- 79.4
玉 溪	Yuxi	28 567	82.5	26 503	90.3	2 064	19.8
保 山	Baoshan	19 422	.86.7	11 445	43.6	7 977	228.1
昭 通	Zhaotong	1 275	27.7	320	-12.4	955	50.9
丽 江	Lijiang	3 788	-55.7	3 776	-55.7	12	- 56.0
普 洱	Pu'er	17 060	49	9 538	138.8	7 522	1.0
临 沧	Lincang	9 384	51.9	4 408	42.8	4 976	61.1
楚 雄	Chuxiong	10 045	56.9	9 745	62.7	300	- 27.3
红 河	Honghe	51 859	17.5	36 560	26.0	15 299	1.0
文 山	Wenshan	8 170	6	5 863	27.7	2 307	- 25.9
西双版纳	Xishuangbanna	25 305	24.8	7 612	16.0	17 693	29.1
大 理	Dali	18 449	26.6	10 755	72.6	7 694	- 7.7
德 宏	Dehong	113 861	49.3	85 071	49.9	28 790	47.3
怒 江	Nujiang	675	22.4	21	-26.1	654	25.0
迪 庆	Diqing	459	-34.1	459	-11.1	-	-

6–7 主要年份引进利用外资概况
Utilization of Foreign Capital in Significant Years

年 份 Year	总 计 Total		对外借款 Foreign Borrowings		外商直接投资 Foreign Direct Investment		外商其他投资 Other Foreign Investment	
	项 目 (个) Number of Projects (unit)	金 额 (万美元) Value (USD 10 000)	项 目 (个) Number of Projects (unit)	金 额 (万美元) Value (USD 10 000)	项 目 (个) Number of Projects (unit)	金 额 (万美元) Value (USD 10 000)	项 目 (个) Number of Projects (unit)	金 额 (万美元) Value (USD 10 000)
签订利用外资协议(合同)额 Total Amount of Contracted Foreign Capital								
1985	15	1751			12	1478	3	273
1990	16	4 073		3 351	11	245		477
1995	277	70 206	8	32 807	269	37 399		
1999	140	57 874	2	25 280	138	32 594		
2000	110	73 149	4	43 400	106	29 749		
2001	140	29 444			140	29 444		
2002	150	33 298			150	33 298		
2003	167	54 351			167	54 351		
2004	167	31 818			167	31 818		
2005	152	43 623			152	43 623		
2006	204	79 771			204	79 771		
2007	170	96 608			170	96 608		
2008	228	168 576			228	168 576		
2009	190	168 249			190	168 249		
2010	163	151 755			163	151 755		
实际利用外资金额 Total Amount of Foreign Capital Actually Used								
1985		163				156		7
1990		1 096		359		260		477
1995		34 479	27	11 979		22 500		
1999		23 765		8 380		15 385		
2000		22 062		9 250		12 812		
2001		20 679		14 222		6 457		
2002		28 362		17 196		11 166		
2003		29 452		12 700		16 752		
2004		21 422		7 270		14 152		
2005		29 247		11 895		17 352		
2006		42 894		12 660		30 234		
2007		55 233		15 780		39 453		
2008		93 618		15 930		77 688		
2009		91 010		-		91 010		
2010		132 902		-		132 902		

注：从1991年起实际利用外资额中对外借款从国家外汇管理局云南分局取得数字，1990年以前是从中国银行昆明分行取得数字。1994年后对外借款从云南省发改委外经处取得数字。

Note:Since 1991,data of borrowings in the foreign investment actually used have been obtained from Yunnan Branch of State Foreign Exchange Admistration Bureau,Before 1990,they were obtained from Kunming Branch of Bank of China. Since 1994, data of foreign exchange borrowings have been obtained from Foreign Trade Section of Provincial Development and Reform Commission.

6–8 对外签订利用外资协议(合同)额(2008–2010年)

Amount of Foreign Capital Utilized through the Signed Agreements (Contracts) (2008-2010)

项 目	Item	2008		2009		2010	
		项目(个) Number of Projects (unit)	金额(万美元) Value (USD 10 000)	项目(个) Number of Projects (unit)	金额(万美元) Value (USD 10 000)	项目(个) Number of Projects (unit)	金额(万美元) Value (USD 10 000)
总 计	**Total**	**228**	**168 576**	**190**	**168 249**	**163**	**151 755**
对外借款	Foreign Borrowings	-		-	-	-	-
外商直接投资	Foreign Direct Investment	228	168 576	190	168 249	163	151 755
合资经营企业	Joint Ventures	66	54 444	55	61 613	50	48 424
合作经营企业	Cooperative Enterprises	21	24 714	11	37 443	9	26 047
外资企业	Foreign-funded Enterprises	141	89 143	124	69 357	103	76 161
外商投资股份制企业	Foreign-funded Joint Stock Enterprises		275		164	1	1 123

6–9 分行业利用外商直接投资情况(2010年)

Utilization of Foreign Direct Investment by Sector (2010)

国民经济行业	National Economic Sector	协议投资 Contracted Investment		实际投资金额(万美元) Actual Investment (USD 10 000)
		项目(个) Number of Projects (unit)	金额(万美元) Value (USD 10 000)	
总 计	**Total**	**163**	**151 755**	**132 902**
农、林、牧、渔业	Farming,Forestry,Animal Husbandry and Fishery	16	17 334	1 657
采矿业	Mining and Quarrying	8	9 440	7 954
制造业	Manufacturing	31	33 583	25 942
电力、煤气及水的生产和供应业	Production and Supply of Electricity,Gas and Water	11	17 005	15 861
建筑业	Construction	5	14 708	29 555
地质勘查、水利管理业	Geological Prospecting and Water Conservancy			
交通运输、仓储及邮电通信业	Transport,Storage,Postal and Telecommunication Services	-	-	-
批发和零售贸易餐饮业	Wholesale and Retail Trade and Food Services	40	16 141	16 807
房地产业	Real Estate	6	9 790	10 952
社会服务业	Social Services	45	32 752	22 250
卫生体育和社会福利业	Health Care,Sports and Social Welfare			
教育、文化艺术和广播电影电视业	Education,Culture and Arts,Broadcasting,Film and Television			
科学研究和综合技术服务业	Scientific Research and Polytechnic Services	1	1 002	1 924
其他行业	Others			

6-10 各州市利用外商直接投资情况(2009-2010年)

Utilization of Foreign Direct Investment by Region (2009-2010)

州 市	Region	协议投资 Contracted Investment				实际投资金额(万美元) Actual Investment (USD 10 000)	
		项 目(个) Number of Projects (unit)		金 额(万美元) Value(USD 10 000)			
		2009	2010	2009	2010	2009	2010
全省合计	**Total**	**190**	**163**	**168 249**	**151 755**	**91 010**	**132 902**
昆 明	Kunming	120	82	124 239	70 349	63 199	81 294
曲 靖	Qujing	6	6	566	7 873	3 696	2 167
玉 溪	Yuxi	2	5	1 342	1 780	1 188	3 224
保 山	Baoshan		3		6 573	1 852	3 365
昭 通	Zhaotong	1	-	800	-	300	100
丽 江	Lijiang	6	-	5 264	-	26	282
普 洱	Pu'er	1	1	82	- 671	241	127
临 沧	Lincang	3	2	7 107	- 3 803	2 507	2 110
楚 雄	Chuxiong	1	2	299	67	193	1 331
红 河	Honghe	3	6	491	12 311	1 391	1 519
文 山	Wenshan	1	-	292	-	147	299
西双版纳	Xishuangbanna	3	3	564	455	302	350
大 理	Dali	8	7	1 509	1 235	1 891	2 184
德 宏	Dehong	2	2	1 709	2 210	1 224	2 382
怒 江	Nujiang		-		538	130	758
迪 庆	Diqing	4	2	3 454	1 998	617	705
省 直	Those Directly under Provincal Government	29	42	20 531	50 840	12 106	30 705

6-11 主要年份实际利用外资额

Foreign Investment Actually Utilized in Significant Years

单位：万美元 (USD 10 000)

项 目	Item	2005	2006	2007	2008	2009	2010
总 计	**Total**	**29 247**	**42 894**	**55 233**	**93 618**	**91 010**	**132 902**
对外借款	Foreign Borrowings	11 895	12 660	15 780	15 930		-
双边政府混合贷款	Mixed Loans from Bilateral Governments	4 065	3 880	4 920	9 750		-
国际金融组织贷款	Loans from International Financial Organizations	7 830	8 780	10 860	6 180		-
商业性货款	Commercial Loans						
出口信贷	Export Credit						
外国银行现汇贷款	Loans of Spot Exchange from Foreign Banks						
外商直接投资	Foreign Direct Investment	17 352	30 234	39 453	77 688	91 010	132 902
合资经营企业	Joint Ventures	9 044	21 809	17 100	29 493	36 498	46 842
合作经营企业	Cooperative Enterprises	2 452	1 793	2 266	2 935	3 643	6 838
独资企业	Sole Proprietorship Enterprises	5 856	6 322	20 087	45 260	50 763	69 588
外商投资股份制企业	Foreign-funded Joint Stock Enterprises		310			106	9634

6–12 实际利用外商直接投资额(按国别或地区分)(2009–2010年)

Actually Utilized Foreign Direct Investment by Country and Region (2009-2010)

单位：万美元 (USD 10 000)

国家或地区	Country or Region	2009	2010
总 计	**Total**	**91 010**	**132 902**
亚 洲	**Asia**	**54 453**	-
# 中国香港	Hong Kong,China	45 441	73 847
中国台湾	Taiwan,China	2 281	779
中国澳门	Macao,China	812	901
菲律宾	The Philippines	956	3 952
泰国	Thailand	310	115
新加坡	Singapore	3 901	7 739
马来西亚	Malaysia	141	131
日本	Japan	267	672
韩国	The Republic of Korea	273	277
缅甸	Myanmar	43	150
非 洲	**Africa**	**4 851**	-
欧 洲	**Europe**	**2 586**	-
# 德国	Germany	1	8
法国	France	130	221
意大利	Italy	49	-
荷兰	The Netherlands	739	49
英国	The United Kingdom	1 227	4
比利时	Belgium		-
丹麦	Denmark	177	-
爱尔兰	Ireland		-
希腊	Greece		-
葡萄牙	Portugal		-
西班牙	Spain	57	-
芬兰	Finland		-
瑞士	Switzerland	90	4 096
俄罗斯联邦	Russia		-
拉丁美洲	**Latin America**	**16 327**	-
# 巴西	Brazil		-
维尔京群岛	Virgin Islands	10 173	20 997
开曼群岛	Cayman Islands	2 100	468
北美洲	**North America**	**3 068**	-
# 加拿大	Canada	285	2 857
美国	The United States	2 783	5 006
大洋洲	**Oceanica**	**709**	-
# 澳大利亚	Australia	167	26
新西兰	New Zealand	3	-
其他	**Others**		

6-13 主要年份对外承包工程和劳务合作

Contracted Projects and Labor Cooperation with Foreign Countries in Significant Years

单位：万美元 (USD 10 000)

年 份 Year	合同份数 (份) Number of Contracts(unit)	合同金额 Contracted Value	完成营业额 Value of Business Fulfilled
承包工程 Contracted Projects			
1990	19	681	448
1994	15	10 193	2 086
1995	46	21 971	10 126
1996	25	7 842	12 246
1997	47	7 739	9 054
1998	72	30 639	9 878
1999	120	24 995	12 489
2000	162	29 635	15 256
2001	60	15 276	14 504
2002	107	29 371	22 500
2003	71	30 671	24 375
2004	83	31 581	33 588
2005	131	53 362	38 731
2006	85	60 364	43 333
2007	96	70 047	49 852
2008	94	77 983	61 678
2009	63	92 403	73 755
2010	22	97 130	98 464
劳务合作 Labor Consultation Senice			
1990	3	5	3
1994	7	271	66
1995	7	220	63
1996	9	195	92
1997	13	1 047	258
1998	11	377	123
1999	14	197	267
2000	8	405	215
2001	9	217	55
2002	2	20	77
2003	2	106	49
2004	2	23	60
2005	1	4	35
2006			38
2007	2	51	176
2008	6	1 498	355
2009	26	618	440
2010	16	546	538

注：从2009年起承包工程统计包括设计咨询在内。
Note:Since 2009, statistics of design consultation had been included in that of construction projects under contract.

主要统计指标解释

进出口总额 指对外经济贸易中实际进出云南省境内的货物总金额。包括对外贸易实际进出口货物，来料加工装配进出口货物，国家间、联合国及国际组织无偿援助物资和赠送品，华侨、港澳同胞和外籍华人捐赠品，租赁期满归承租人所有的租赁货物，进料加工进出口货物，边境地方贸易及边境地区小额贸易进出口货物（边民互市贸易除外），中外合资企业、中外合作经营企业、外商独资经营企业进出口货物和公用物品，到、离岸价格在规定限额以上的进出口货样和广告品（无商业价值、无使用价值和免费提供出口的除外），从保税仓库提取在中国境内销售的进口货物，以及其他进出口货物。该指标可以观察一个国家在对外贸易方面的总规模。我国规定出口货物按离岸价格统计，进口货物按到岸价格统计。

商品经营单位所在地进、出口额 指所在地海关注册登记的有进出口经营权的企业实际进、出口额。

利用外资 指各级政府、部门、企业和其他经济组织通过对外借款、吸收外商直接投资以及用其他方式筹措的境外现汇、设备、技术等。

对外借款 指通过对外正式签订借款协议，从境外筹措的资金，包括政府贷款、国际金融组织贷款、外国银行商业贷款、出口信贷以及以前还包括对外发行股票。该指标是利用外资的重要部分。

外商直接投资 指外国企业和经济组织或个人（包括华侨、港澳同胞以及云南省在境外注册的企业）按中国有关政策、法规，用现汇、实物、技术等在云南境内开办外商独资企业、与中国境内的企业或经济组织共同举办中外合资经营企业、合作经营企业或合作开发资源的投资（包括外商投资收益的再投资），以及政府有关部门批准的项目投资总额内企业从境外借入的资金。

外商其他投资 指除对外借款和外商直接投资以外的各种利用外资的形式。包括企业在境内外股票市场公开发行的以外币计价的股票（目前主要是在香港证券市场发行的 H 股和在境内证券市场发行的 B 股）发行价总额，国际租赁进口设备的应付款，补偿贸易中外商提供的进口设备、技术、物料的价款，加工装配贸易中外商提供的进口设备、物料的价款。

对外承包工程 指各对外承包公司以招标议标承包方式承揽的下列业务：（1）承包国外工程建设项目；（2）承包云南对外经援项目；（3）承包云南驻外机构的工程建设项目；（4）承包云南境内利用外资进行建设的工程项目；（5）与外国承包公司合营或联合承包工程项目时云南公司分包部分；（6）对外承包兼营的房屋开发业务。对外承包工程营业额是以货币表现的本期内完成的对外承包工程工作量，包括以前年度签订的合同和本年度新签订的合同在报告期内完成的工作量。

对外劳务合作 指以收取工资的形式向业主或承包商提供技术和劳动服务活动。云南对外承包公司在境外开办的合营企业，中国公司同时又提供劳务的，其劳务部分也纳入劳务合作统计。劳务合作营业额按报告期内雇主提交的结算数（包括工资、加班费和奖金等）统计。

Explanatory Notes on Principal Statistical Indicators

Total value of Imports and Exports refers to the total value of goods imported into and exported from the boundary of China, including the actual imports and exports through foreign trade, imported and exported goods under the processing and assembling trade gifts and supplies as aid given gratis between governments and by the United Nations and other international organizations, and contributions donated by overseas Chinese, compatriots in Hong Kong and Macao and Chinese with foreign citizenship, leasing commodities owned by leaseholders at the expiration of the lease term, imported and exported goods processed with imported materials, commodities trading in border areas (excluding mutual exchange goods), imported and exported goods and articles for public use of the Sino-foreign joint ventures, cooperative enterprises and wholly foreign-funded enterprises. Imported or exported samples and advertising goods for whose CIF or FOB value are beyond the permitted ceiling (excluding goods of no trading or use value and free commodities for export), imported goods sold in China from bonded warehouses and other imported or exported goods. This indicator can be used to observe the general scale of foreign trade in a country. In accordance with the stipulation of the Chinese government, imp orts are calculated at CIF, while exports are calculated at FOB.

Import and Export Value by Location of operating Establishments refers to actual value of import and export business operated by establishments which have been registered by the local customhouse and are entitled to run import and export business.

Utilization of Foreign Capital refers to spot exchange, equipment and technology raised from abroad, by foreign borrowings, foreign direct investment and other forms undertaken by t he Chinese governments at all levels, various departments, enterprises and other economic entities.

Foreign Borrowings refer to funds raised from abroad through formal borrowing agreements with foreign institutions, including loans of foreign governments, loans of international financial institutions, commercial loans of foreign banks, export credit, and funds raised by Chinese stocks issued abroad (before 1996). It is an import ant part of China's utilization of foreign capital.

Foreign Direct Investment refers to the investments inside China by foreign enterprises and economic organizations or individuals (including overseas Chinese, compatriots from Hong Kong, Macao and Taiwan, and Chinese enterprises registered abroad), following the relevant policies and laws of China, for the establishment of wholly foreign-funded enterprises, Sino-foreign joint ventures and cooperative enterprises or for co-operative exploration of resources with enterprises or economic organizations in Yunnan. It also includes the reinvestment of the foreign entrepreneurs with the profits gained from the original investment and the funds that enterprises borrow from abroad in the total investment of projects, which are approved by the relevant government departments.

Other Foreign Investment refers to all forms of utilization of foreign capital except foreign borrowings and foreign direct investment. It includes the total value of stocks in foreign currencies issued by enterprises at domestic or foreign stock exchanges (now mainly consisting of H shares issued at Hong Kong Security Market and B shares issued at the domestic security markets), rent payable for imported equipment through international leasing arrangement, costs of imported equipment, technology and materials provided by foreign counterparts in compensation trade and processing and assembling trade.

International Contracted Projects refer to projects undertaken by Chinese contractors (contracting companies) through bidding process, including: 1).overseas construction projects financed by foreign investors; 2).overseas projects financed by the Yunnan provincial government through its foreign aid programs; 3).construction projects of Yunnan diplomatic missions, trade offices and other institutions stationed abroad; 4).construction projects in Yunnan financed by foreign investors ; 5).sub-contracted projects undertaken by Yunnan contractors in joint or united contracts with foreign contractor(s); 6).housing development projects. Business volume of international contracted projects is the work volume of contracted projects completed during the report period,expressed in monetary terms, including completed work on projects contracted in previous years and the current year.

International Cooperation refers to the supply of technology and labor services to employers or contractors by receiving salaries and wages. Labor services provided by joint ventures of Yunnan international contracting corporations should be included in the statistics of labor co-operation with foreign countries. Business volume of labor cooperation is calculated according to the settled amount (including wages and salaries, overtime pay, bonuses, etc) provided by the employers during the report period.

Chapter 7

七、能源

Energy

7-1 主要年份能源生产和消费总量及其构成
Total Production and Consumption of Energy and Their Composition in Significant Years

年 份 Year	能源生产总量(万吨标准煤) Total Production of Energy (10 000 tons of SCE)	占能源生产总量的比重(%) Percentage to Total Production (%)		能源消费总量(万吨标准煤) Total Consumption of Energy (10 000 tons of SCE)	占能源消费总量的比重(%) Percentage to Total Consumption (%)			
		原 煤 Coal	一次电 Hydro Power		煤 炭 Coal	石 油 Petroleum	天然气 Natural Gas	一次电 Hydro Power
1952	17.50	90.30	9.70	19.00	83.20	7.90		8.90
1957	114.30	96.00	4.00	119.20	92.00	4.10		3.90
1962	224.70	93.50	6.50	256.30	89.30	4.50		6.20
1965	326.10	93.90	6.10	348.70	87.80	6.50		5.70
1970	555.60	91.80	8.20	591.50	86.20	6.10		7.70
1975	861.10	85.60	14.40	920.30	80.10	6.40		13.50
1976	751.20	85.40	14.60	797.00	79.40	6.80		13.80
1977	893.20	86.30	13.70	931.10	79.60	7.30		13.10
1978	1 002.60	84.50	15.50	1 065.90	78.20	7.20		14.60
1979	933.90	82.70	17.30	1 072.20	72.00	7.50	5.40	15.10
1980	841.90	79.60	20.40	946.10	67.00	9.00	5.70	18.30
1981	872.50	77.90	22.10	948.40	65.90	8.60	5.90	19.60
1982	930.20	81.90	18.10	1 020.60	69.70	8.30	4.90	17.10
1983	966.30	83.30	16.70	1 094.70	72.20	8.50	4.60	14.70
1984	1 076.30	81.50	18.50	1 226.30	71.20	8.30	4.20	16.30
1985	1 162.80	80.40	19.60	1 298.33	69.60	8.50	4.40	17.50
1986	1 220.30	79.50	20.50	1 399.07	69.70	8.40	4.10	17.80
1987	1 355.30	91.10	8.90	1 533.22	72.20	8.40	3.50	15.90
1988	1 404.50	83.50	16.50	1 622.52	75.70	6.90	3.10	14.30
1989	1 522.79	81.80	18.20	1 706.87	72.30	8.10	3.20	16.40
1990	1 594.50	79.80	20.20	1 954.18	71.70	7.20	2.80	18.30
1991	1 649.02	75.30	24.70	1 961.92	67.00	8.50	2.80	21.70
1992	1 763.66	77.10	22.90	2 016.61	69.40	8.00	2.70	19.90
1993	1 811.57	76.70	24.30	2 089.80	70.00	8.00	2.70	19.30
1994	2 073.79	71.50	28.50	2 282.80	66.00	7.70	2.50	23.80
1995	2 313.65	69.20	30.80	2 640.55	66.10	6.90	2.20	24.80
1996	2 556.85	68.60	31.40	2 819.43	64.50	6.90	2.50	26.10
1997	2 619.97	71.85	28.15	3 428.98	71.38	6.01	2.01	20.60
1998	2 451.49	71.99	28.01	3 364.49	71.31	6.52	1.76	20.41
1999	2 267.97	67.06	32.94	3 287.97	68.22	7.18	1.88	22.72
2000	2 471.77	64.03	32.11	3 468.33	62.61	7.46	1.81	25.39
2001	2 611.54	65.48	30.53	3 741.03	62.33	10.62	1.72	22.57
2002	3 259.95	67.19	29.41	4 131.31	61.04	11.12	1.51	23.70
2003	3 608.45	64.24	30.78	4 449.97	60.85	11.64	1.53	22.01
2004	4 455.68	68.13	27.04	5 209.81	63.30	11.13	1.34	20.16
2005	5 353.36	68.93	26.61	6 023.97	62.48	11.14	1.35	21.11
2006	6 075.09	75.29	22.42	6 620.57	67.70	11.52	1.09	17.62
2007	6 546.65	73.82	23.70	7 132.63	66.47	12.37	1.02	17.93
2008	7 595.31	68.87	29.48	7 510.82	60.83	12.81	0.93	23.79
2009	7 851.21	68.65	28.59	8 032.06	62.62	12.74	0.75	21.22
2010	8 822.03	66.60	32.05	8 674.17	56.73	15.11	0.56	23.98

注：采用数据为等价热值，2005至2008年数据根据云南省第二次全国经济普查数据修正。

Note:Data used in this table are equivalent caloricity.Data from year 2005 to 2008 are regulated according to that of the Second National Economic Census.

7–2 全省综合能源平衡表(2010年)

行　　业	Sector	能源总量 (万吨标准煤) Total Energy (10 000 tons of SCE)
可供全省消费的能源量	**Total Energy Available for Consumption in Yunnan Province**	**8 674.03**
年初库存量	Stock in Early Year	591.38
一次能源生产量	Primary Energy Output	8 822.03
回收能	Recovery of Engery	213.19
调入量(含进口)	Quantity of Fold	2 332.54
进口量	Imports	59.42
我轮.机在外国加油量	Fueling Charge in Foreign Countries of Domestic Motorship Engine	0.50
调出量(含出口)(-)	Quantity of Call-out (-)	-2 431.34
出口量	Exports	- 197.68
外轮.机在我国加油量(-)	Fueling Charge in Foreign Counteries of Foreign Motorship Engine	- 0.50
年末库存量(-)	Stock at Year-end	- 715.51
加工转换投入(−)产出(+)量	**Input(-) and Outputin(+) Processing and Transformation**	**- 377.52**
终端能源消费量	**Final Energy Consumpltion**	**8 048.45**
第一产业	Primary Indusrty	177.49
农、林、牧、渔业	Farming,Forestry,Animal Husbandry,Fishery	177.49
第二产业	Secondary Industry	5 835.45
工　业	Industry	5 675.92
建筑业	Construction	159.53
第三产业	Tertiary Industry	1 214.52
交通运输、仓储及邮电通讯业	Transport、Storage、Post and Telecommunication Services	881.93
批发和零售、住宿餐饮业	Wholesale and Retail Trades、Hotels and Catering Services.	164.08
其　他	Others	168.51
生活消费	Residential Consumption	820.99
城　镇	Urban Areas	458.11
乡　村	Rural Areas	362.88
损失量(−)	**Other Losses(-)**	**- 248.21**
平衡差额	**Balance**	**- 0.14**

注：本表为等价热值。

Balance Sheet of Overall Energy (2010)

原 煤 (万吨) Coal (10 000 tons)	焦 炭 (万吨) Coke (10 000 tons)	石油及石油制品 (万吨) Petroleum and Related Products (10 000 tons)	天然气 (亿立方米) Natural Gas Consumption (100 million cu.m)	电 力 (亿千瓦小时) Electricity Consumption (100 million kwh)
9 027.61	**- 376.05**	**899.05**	**3.64**	**457.58**
602.07	106.80	30.29		
9 763.38		0.04	0.06	818.36
402.60	21.28	920.78	3.58	4.02
				17.20
		0.34		
- 909.60	- 430.21	- 17.49		- 325.71
		- 2.19		- 56.29
		- 0.34		
- 830.84	- 73.92	- 32.38		
-5 911.86	**1 606.66**	**- 0.85**		**546.49**
3 115.74	**1 230.61**	**898.26**	**3.64**	**932.23**
219.65	1.35	25.12	0.01	10.66
219.65	1.35	25.12	0.01	10.66
2 504.98	1 228.93	178.45	3.34	716.52
2 485.40	1 228.93	123.44	3.34	698.42
19.58		55.01		18.10
102.03		615.18	0.07	65.09
18.38		555.84	0.01	15.96
52.80		32.15	0.05	19.25
30.85		27.19	0.01	29.88
289.09	0.33	79.51	0.23	139.95
58.94	0.21	39.92	0.22	94.55
230.15	0.12	39.59	**0.01**	45.40
				71.84
0.01		**- 0.06**		

Note:Data used in this table are equivalent caloricity.

7-3 全省能源生产弹性系数(1980-2010年)

Elasticity Ratio of Energy Production at Current Year (1980-2010)

年 份 Year	当年能源生产增长(%) Growth Rate of Energy Production at Current Year (%)	当年电力生产增长(%) Growth Rate of Electricity Production at Current Year (%)	当年云南生产总值增长(%) Growth Rate of Gross Regional Product of Yunnan province at Current Year (%)	当年能源生产弹性系数 Elasticity Ratio of Energy Production at Current Year	当年电力生产弹性系数 Elasticity Ratio of Electricity Production at Current Year
1980	-9.85	1.63	8.5	-1.16	0.19
1981	3.63	6.17	7.8	0.47	0.79
1982	6.61	3.96	15.5	0.43	0.26
1983	3.88	-0.63	8.4	0.46	-0.07
1984	11.38	14.00	14.5	0.78	0.97
1985	8.04	7.37	13.0	0.62	0.57
1986	4.94	12.02	4.3	1.15	2.80
1987	11.06	11.61	12.3	0.90	0.94
1988	3.63	8.41	16.0	0.23	0.53
1989	8.42	11.60	5.8	1.45	2.00
1990	4.71	10.22	8.7	0.54	1.17
1991	3.42	11.98	6.6	0.52	1.82
1992	6.95	10.58	10.9	0.64	0.97
1993	2.72	10.48	11.1	0.24	0.94
1994	14.47	18.22	12.2	1.19	1.49
1995	11.57	12.29	11.7	0.99	1.05
1996	10.51	11.05	11.1	0.95	1.00
1997	2.47	-0.20	9.7	0.25	-0.02
1998	-6.43	4.54	8.1	-0.79	0.56
1999	-7.49	12.69	7.3	-1.03	1.74
2000	8.99	6.46	7.5	1.20	0.86
2001	5.65	13.25	6.8	0.83	1.95
2002	24.83	18.76	9.0	2.76	2.08
2003	10.69	11.20	8.8	1.21	1.27
2004	23.48	15.43	11.3	2.08	1.37
2005	20.15	13.89	9.0	2.26	1.56
2006	13.48	20.74	11.6	1.16	1.79
2007	7.76	20.02	12.2	0.64	1.64
2008	16.02	14.93	10.6	1.51	1.41
2009	3.37	12.91	12.1	0.28	1.07
2010	12.37	16.27	12.3	1.01	1.32

注：2005至2008年数据根据云南省第二次全国经济普查数据修正。

Note: Data from year 2005 to 2008 are regulated according to that of the Second National Economic Census.

7-4 主要年份年平均能源生产弹性系数

Annual Average Elasticity Ratio of Energy Production in Significant Years

(1979年=100) (1979=100)

年 份 Year	能源生产 年平均增长(%) Annual Average Growth Rate of Energy Production (%)	电力生产 年平均增长(%) Annual Average Growth Rate of Electricity Production (%)	云南生产总值 年平均增长(%) Annual Average Growth Rate of Gross Regional Product of Yunnan province (%)	年平均能源 生产弹性系数 Annual Average Elasticity Ratio of Energy Production	年平均电力 生产弹性系数 Annual Average Elasticity Ratio of Electricity Production
1980	- 9.86	1.63	8.5	-1.16	0.19
1985	3.72	5.31	11.2	0.33	0.47
1987	4.76	6.90	10.5	0.45	0.66
1988	4.63	7.07	11.1	0.42	0.64
1989	5.01	7.51	10.5	0.48	0.71
1990	4.98	7.76	10.4	0.48	0.75
1991	4.85	8.10	10.1	0.48	0.81
1993	4.84	8.45	10.2	0.48	0.83
1994	5.46	9.07	10.3	0.53	0.88
1995	5.83	9.27	10.4	0.56	0.89
1996	6.10	9.37	10.5	0.58	0.90
1997	5.89	8.82	10.4	0.57	0.85
1998	5.21	8.59	10.3	0.51	0.84
1999	4.53	8.79	10.1	0.45	0.87
2000	4.74	8.68	10.0	0.47	0.87
2001	4.78	8.88	9.9	0.49	0.90
2002	5.58	9.29	9.8	0.57	0.95
2003	5.79	9.37	9.8	0.59	0.96
2004	6.44	9.61	9.8	0.66	0.98
2005	6.95	9.77	9.8	0.71	1.00
2006	7.18	10.16	9.9	0.73	1.03
2007	7.20	10.50	10.0	0.72	1.06
2008	7.49	10.65	10.0	0.75	1.07
2009	7.35	10.72	10.0	0.73	1.07
2010	7.51	10.90	10.1	0.74	1.08

注：2005至2008年数据根据云南省第二次全国经济普查数据修正。
Note: Data from year 2005 to 2008 are regulated according to that of the Second National Economic Census.

7–5 全省能源消费弹性系数(1980–2010年)

Elasticity Ratio of Energy Production at Current Year (1980-2010)

年 份 Year	当年能源消费增长(%) Growth Rate of Energy Consumption at Current Year (%)	当年电力消费增长(%) Growth Rate of Electricity Consumption at Current Year (%)	当年云南生产总值增长(%) Growth Rate of Gross Regional Product at Current Year of Yunnan province (%)	当年能源消费弹性系数 Elasticity Ratio of Energy Consumption at Current Year	当年电力消费弹性系数 Elasticity Ratio of Electricity Consumption at Current Year
1980	- 11.76	5.07	8.5	-1.38	0.60
1981	0.24	3.42	7.8	0.03	0.44
1982	7.61	4.47	15.5	0.49	0.29
1983	7.26	- 0.21	8.4	0.86	-0.02
1984	12.02	13.15	14.5	0.83	0.91
1985	5.87	9.05	13.0	0.45	0.70
1986	7.76	17.69	4.3	1.81	4.12
1987	9.59	4.44	12.3	0.78	0.36
1988	5.82	20.80	16.0	0.36	1.30
1989	5.20	4.74	5.8	0.90	0.82
1990	14.49	12.60	8.7	1.67	1.45
1991	0.40	13.26	6.6	0.06	2.01
1992	2.79	9.79	10.9	0.26	0.90
1993	3.63	26.98	11.1	0.33	2.43
1994	9.24	- 0.58	12.2	0.76	-0.05
1995	15.67	14.41	11.7	1.34	1.23
1996	6.77	12.82	11.1	0.61	1.16
1997	21.62	4.56	9.7	2.23	0.47
1998	- 1.88	2.44	8.1	-0.23	0.30
1999	- 2.27	9.75	7.3	-0.31	1.34
2000	5.49	6.93	7.5	0.73	0.92
2001	7.86	9.40	6.8	1.16	1.38
2002	10.43	13.37	9.0	1.16	1.48
2003	7.71	4.15	8.8	0.88	0.47
2004	17.08	15.96	11.3	1.51	1.41
2005	15.63	17.27	8.9	1.74	1.94
2006	9.90	15.86	11.6	0.85	1.37
2007	7.73	15.47	12.2	0.63	1.27
2008	5.30	11.26	10.6	0.50	1.06
2009	6.94	7.44	12.1	0.57	0.62
2010	7.99	22.04	12.3	0.65	1.79

注：2005至2008年数据根据云南省第二次全国经济普查数据修正。
Note:Data from year 2005 to 2008 are regulated according to that of the Second National Economic Census.

7–6 主要年份年平均能源消费弹性系数

Annual Average Elasticity Ratio of Energy Consumption in Significant Years

(1979年=100) (1979=100)

年 份 Year	能源消费 年平均增长(%) Annual Average Growth Rate of Energy Consumption (%)	电力消费 年平均增长(%) Annual Average Growth Rate of Electricity Consumption (%)	云南生产总值 年平均增长(%) Annual Average Growth Rate of Gross Regional Product of Yunnan province (%)	年平均能源 消费弹性系数 Annual Average Elasticity Ratio of Energy Concsumption	年平均电力 消费弹性系数 Annual Average Elasticity Ratio of Electricity Consumption
1980	- 11.76	5.07	8.5	- 1.38	0.60
1985	3.24	5.74	11.2	0.29	0.51
1987	4.57	7.00	10.5	0.44	0.67
1988	4.71	8.45	11.1	0.43	0.76
1989	4.76	8.07	10.5	0.45	0.77
1990	5.61	8.48	10.4	0.54	0.82
1991	5.16	8.87	10.1	0.51	0.88
1993	4.88	10.14	10.2	0.48	1.00
1994	5.17	9.39	10.3	0.50	0.91
1995	5.79	9.70	10.4	0.56	0.93
1996	5.85	9.88	10.5	0.56	0.95
1997	6.67	9.58	10.4	0.64	0.92
1998	6.20	9.19	10.3	0.60	0.89
1999	5.76	9.22	10.1	0.57	0.91
2000	5.75	9.11	10.0	0.57	0.91
2001	5.84	9.12	9.9	0.59	0.93
2002	6.04	9.30	9.8	0.62	0.95
2003	6.11	9.08	9.8	0.62	0.93
2004	6.53	9.35	9.8	0.66	0.95
2005	6.86	9.64	9.8	0.70	0.98
2006	6.97	9.87	9.9	0.71	1.00
2007	7.00	10.06	10.0	0.70	1.01
2008	6.94	10.10	10.0	0.70	1.01
2009	6.94	10.01	10.0	0.69	1.00
2010	6.98	10.10	10.1	0.69	1.00

注：2005至2008年数据根据云南省第二次全国经济普查数据修正。

Note:Data from year 2005 to 2008 are regulated according to that of the Second National Economic Census.

7-7 主要年份能源利用经济效益指标（一）
Indicators on Economic Benefits from Energy Utilization in Significant Years (Ⅰ)

(按当年价格计算)　　(Data below are calculated at current prices)

年 份 Year	能源消费量(万吨标准煤) Total Consumption of Energy (10 000 tons of SCE)	# 工业部门消费 Industrial Consumption	万元工业产值耗能(吨标准煤/万元) Energy Consumption of Industrial Output Value per 10 000 yuan (ton of SCE/10 000 yuan)	万元生产总值耗能(吨标准煤/万元) Energy Consumption of Gross Regional Product per 10 000 yuan (ton of SCE/10 000 yuan)	吨能创造工业产值(元) Industrial Output Value Created by Energy of One Ton (yuan)	吨能创造生产总值(元) Gross Regional Product Created by Energy of One Ton (yuan)
1949	16.80	9.20				
1952	19.00	11.40	4.99	1.61	2 005.00	6 200.00
1957	119.20	72.70	10.65	5.29	939.00	1 890.00
1962	256.30	166.60	17.72	10.46	564.00	956.00
1965	348.70	226.70	17.17	10.37	582.00	964.00
1970	591.50	390.40	19.19	15.36	521.00	651.00
1975	920.30	607.40	21.74	16.95	460.00	590.00
1976	797.00	494.10	24.45	16.18	409.00	618.00
1977	931.10	605.20	20.14	16.67	496.00	600.00
1978	1 065.9	692.80	19.23	15.44	520.00	648.00
1979	1 072.2	696.90	17.19	13.96	582.00	717.00
1980	946.10	615.50	14.48	11.23	691.00	891.00
1981	948.40	612.60	13.07	10.08	765.00	993.00
1982	1 020.60	668.20	12.21	9.27	819.00	1 079.00
1983	1 094.70	651.30	11.51	9.12	869.00	1 097.00
1984	1 226.30	709.70	10.92	8.79	916.00	1 138.00
1985	1 298.33	761.10	9.53	7.87	1 050.00	1 271.00
1986	1 399.07	875.00	9.52	7.68	1 051.00	1 303.00
1987	1 533.22	937.80	8.43	6.69	1 186.00	1 494.00
1988	1 622.52	991.50	6.63	5.39	1 508.00	1 856.00
1989	1 706.87	1 037.10	5.60	4.70	1 786.00	2 127.00
1990	1 954.18	1 143.60	5.66	4.33	1 766.00	2 311.00
1991	1 961.92	1 143.40	4.98	3.79	2 006.00	2 637.00
1992	2 016.61	1 189.10	4.23	3.26	2 366.00	3 068.00
1993	2 089.80	1 282.00	3.03	2.68	3 302.00	3 729.00
1994	2 282.80	1 402.70	2.41	2.34	4 156.00	4 267.00
1995	2 640.55	1 948.65	2.48	2.19	4 036.38	4 570.00
1996	2 819.43	2 036.82	2.55	1.89	3 926.06	5 291.00
1997	3 428.98	2 429.07	2.77	2.09	3 615.11	4 795.00
1998	3 364.49	2 383.39	2.40	1.88	4 167.15	5 332.00
1999	3 287.97	2 224.42	2.20	1.77	4 536.21	5 644.00
2000	3 468.33	2 346.44	1.48	1.72	6 773.50	5 798.73
2001	3 741.03	2 481.69	1.48	1.75	6 749.88	5 715.83
2002	4 131.31	2 796.86	1.51	1.79	6 616.21	5 598.27
2003	4 449.97	3 132.01	1.44	1.74	6 948.89	5 743.90
2004	5 209.81	3 802.21	1.53	1.69	6 520.08	5 915.57
2005	6 023.97	4 390.68	1.35	1.74	7 401.67	5 746.59
2006	6 620.57	4 883.00	1.19	1.66	8 417.46	6 023.87
2007	7 132.63	5 300.98	1.03	1.49	9 691.24	6 691.11
2008	7 510.82	5 597.96	0.98	1.32	10 251.61	7 578.56
2009	8 032.06	5 868.90	0.94	1.30	10 669.37	7 679.51
2010	8 674.17	6 301.64	0.80	1.20	12 505.80	8 328.38

注：1.能源综合数据按等价热值计算。
2.生产总值、工业总产值按当年价计算。
3.2005至2008年能源消费量根据云南省全国第二次经济普查数据进行了调整。

Note: a.Comprehensive data of energy were calculated according to equivalent caloricity
b.Total output value and gross value of industrial output were calculated according to the prices of their respective years.
c.The energy consumption volume of year 2005 to 2008 were regulated according to the materials of the second National Economic Census.

7-8 主要年份能源利用经济效益指标（二）

Indicators on Economic Benefits from Energy Utilization in Significant Years (Ⅱ)

年 份 Year	能源消费总量（万吨标准煤） Total Consumption of Energy (10 000 tons of SCE)		规模以上工业综合能耗（万吨标准煤） Comprehensive Energy Consumption of the Industrial Enterprises above Designated Size (10 000 tons of SCE)	万元生产总值耗能（吨标准煤/万元） Energy Consumption of Gross Regional Product per 10 000 yuan (tons of SCE/10 000 yuan)		规模以上万元工业增加值能耗（吨标准煤/万元） Energy Consumption per 10 000 yuan of Industrial Added Value above Designated Size (ton of SCE/10 000 yuan)
	等价热值 Equivalent Caloricity	当量热值 Equivalent Heat Value	当量热值 Equivalent Heat Value	按等价热值 Equivalent Caloricity	按当量热值 Equivalent Heat Value	按当量热值 Equivalent Heat Value
			按2000年可比价计算			
2000	3 468.33	2 940.74		1.72	1.46	
2001	3 741.03	3 240.39		1.74	1.51	
2002	4 131.31	3 576.86		1.76	1.53	
2003	4 449.97	3 861.70		1.75	1.52	
2004	5 209.81	4 576.79	3 338.83	1.83	1.61	4.35
2005	6 023.97	5 219.55	3 546.35	1.95	1.69	4.26
			按2005年可比价计算			
2005	6 023.97	5 219.55	3 546.35	1.74	1.51	3.55
2006	6 620.57	5 976.53	4 095.81	1.71	1.55	3.40
2007	7 132.63	6 487.79	4 269.52	1.65	1.50	3.16
2008	7 510.82	6 534.34	4 212.50	1.57	1.37	2.85
2009	8 032.06	7 222.76	4 446.47	1.49	1.34	2.74
2010	8 674.17	7 655.60	4 607.10	1.44	1.26	2.47

注：采用数据为等价热值，2005至2008年数据根据云南省第二次全国经济普查数据修正。

Note:Data used in this table are equivalent caloricity.Data from year 2005 to 2008 are regulated according to that of the Second National Economic Census.

7-9 主要国民经济行业能源消费总量和构成(2006-2010年)

国民经济行业	National Economic Sector	2006	
		消费量 (万吨标准煤) Total Consumption of Energy (10 000 tons of SCE)	构 成 (%) Percentage (%)
工 业	**Industry**	**1 882.98**	**100.00**
轻工业	Light Industry	290.32	5.95
重工业	Heavy Industry	4 592.67	94.05
采矿业	Mining	378.87	7.76
煤炭开采和洗选业	Coal Mining and Dressing	184.41	3.78
石油和天然气开采业	Petroleum and Natural Gas Extraction	0.05	
黑色金属矿采选业	Ferrous Metals Mining and Dressing	57.84	1.18
有色金属矿采选业	Nonferrous Metals Mining and Dressing	97.46	2.00
非金属矿采选业	Nonmetal Minerals Mining and Dressing	39.11	0.80
其他采矿业	Other Mining		
制造业	Manufacturing	4 113.89	84.25
农副食品加工业	Agricultural Non-staple Food Processing	100.81	2.06
食品制造业	Food Manufacturing	21.05	0.43
饮料制造业	Beverage Manufacturing	28.94	0.59
烟草制品业	Tobacco Production	35.66	0.73
纺织业	Textile Industry	17.34	0.36
纺织服装、鞋、帽制造业	Textile,Clothing, Footwear Production	0.65	0.01
皮革、毛皮、羽绒及其制品业	Leather, Furs, Down and Related Products	0.12	
木材加工及竹、藤、棕、草制品业	Timber Processing, Bamboo, Cane, Palm Fiber and Straw Products	19.52	0.40
家具制造业	Furniture Manufacturing	51.00	0.01
造纸及纸制品业	Papermaking and Paper Products	53.73	1.10
印刷业	Printing	7.03	0.14
文教体育用品制造业	Cultural, Educational and Sports Goods	0.05	

注：采用数据为等价热值，2005至2008年数据根据云南省第二次全国经济普查数据修正。

Total Consumption of Energy of Main National Economic Sectors and Its Composition (2006-2010)

2007		2008		2009		2010	
消费量 (万吨标准煤) Total Consumption of Energy (10 000 tons of SCE)	构 成 (%) Percentage (%)	消费量 (万吨标准煤) Total Consumption of Energy (10 000 tons of SCE)	构 成 (%) Percentage (%)	消费量 (万吨标准煤) Total Consumption of Energy (10 000 tons of SCE)	构 成 (%) Percentage (%)	消费量 (万吨标准煤) Total Consumption of Energy (10 000 tons of SCE)	构 成 (%) Percentage (%)
5 300.95	**100.00**	**5 597.99**	**100.00**	**5 868.90**	**100.00**	**6 301.64**	**100.00**
316.22	5.97	306.51	5.48	387.31	6.60	299.01	4.74
4 984.73	94.03	5 291.48	94.52	5 481.59	93.40	6 002.63	95.26
436.80	8.24	530.14	9.47	530.39	9.04	569.22	9.03
198.59	3.75	285.27	5.10	222.90	3.80	279.44	4.43
0.03	0.00			0.01	0.00	0.01	0.00
70.63	1.33	95.07	1.70	104.95	1.79	93.05	1.48
120.54	2.27	100.63	1.80	113.91	1.94	110.94	1.76
47.01	0.89	49.17	0.88	88.62	1.51	85.79	1.36
4 432.17	83.61	4 611.61	82.38	5 023.18	85.59	5 111.43	81.11
138.88	2.62	100.13	1.79	182.66	3.11	122.76	1.95
18.61	0.35	11.31	0.20	18.63	0.32	15.04	0.24
26.48	0.50	26.76	0.48	35.31	0.60	28.25	0.45
35.05	0.66	33.58	0.60	34.18	0.58	34.09	0.54
11.49	0.22	17.00	0.30	13.59	0.23	9.36	0.15
0.64	0.01	0.93	0.02	1.35	0.02	2.73	0.04
0.02	0.00	0.25	0.00	0.23	0.00	0.18	0.00
15.45	0.29	33.37	0.60	20.11	0.34	15.30	0.24
0.13	0.00	3.75	0.07	4.92	0.08	0.51	0.01
61.36	1.16	61.54	1.10	62.53	1.07	57.92	0.92
3.26	0.06	4.11	0.07	5.13	0.09	4.05	0.06
0.01	0.00	0.17	0.00				

Note:Data used in this table are equivalent caloricity.Data from year 2005 to 2008 are regulated according to that of the Second National Economic Census.

7–9 续表

国民经济行业	National Economic Sector	2006	
		消费量（万吨标准煤）Total Consumption of Energy (10 000 tons of SCE)	构 成（%）Percentage (%)
石油加工、炼焦及核燃料加工业	Petroleum Processing,Coking and Nuclear Fuel Processing	170.61	3.49
化学原料及化学品制造业	Raw Chemical Materials and Chemical Products	1 102.28	22.57
医药制造业	Medical and Pharmaceutical Products	15.00	0.31
化学纤维制造业	Chemical Fiber	6.65	0.14
橡胶制品业	Rubber Products	1.80	0.04
塑料制品业	Plastic Products	7.54	0.15
非金属矿物制品业	Nonmetal Mineral Products	709.97	14.54
黑色金属冶炼及压延加工业	Smelting and Pressing of Ferrous Metals	1 142.28	23.39
有色金属冶炼及压延加工业	Smelting and Pressing of Nonferrous Metals	636.30	13.03
金属制品业	Metal Products	5.34	0.11
通用设备制造业	General-purpose Machinery Manufacturing	10.20	0.21
专用设备制造业	Special Purposes Equipment	5.04	0.10
交通运输设备制造业	Transport Equipment	6.73	0.14
电气机械及器材制造业	Electric Equipment and Machinery	4.12	0.08
通信设备、计算机及其他电子设备制造业	Communication Equipment, Computers and Other Electronic Equipment Production	0.38	0.01
仪器仪表、文化办公用机械制造业	Instruments, Meters, Cultural and Clerical Machinery	1.12	0.02
工艺品及其他制造业	Handicraft Articles and Other Goods Production	2.77	0.06
废弃资源和废旧材料回收加工业	Recycling and Disposal of Waste	0.34	0.01
电力、燃气及水生产和供应业	Production and Supply of Electric Power, Gas and Water	390.22	7.99
电力、热力的生产和供应业	Production and Supply of Electric Power and Heat	377.88	7.74
燃气生产和供应业	Gas Production and Supply	7.08	0.14
水的生产和供应业	Water Production and Supply	5.26	0.11
建筑业	**Construction**	**92.84**	
交通运输、仓储及邮电通信业	**Transport, Storage and Post Services**	**627.20**	

注：能源综合消费量按等价热值计算。

continued

2007		2008		2009		2010	
消费量 (万吨标准煤) Total Consumption of Energy (10 000 tons of SCE)	构 成 (%) Percentage (%)	消费量 (万吨标准煤) Total Consumption of Energy (10 000 tons of SCE)	构 成 (%) Percentage (%)	消费量 (万吨标准煤) Total Consumption of Energy (10 000 tons of SCE)	构 成 (%) Percentage (%)	消费量 (万吨标准煤) Total Consumption of Energy (10 000 tons of SCE)	构 成 (%) Percentage (%)
147.02	2.77	239.05	4.27	192.05	3.27	250.56	3.98
1 143.41	21.57	1 199.93	21.44	1 170.43	19.94	1 149.29	18.24
11.42	0.22	12.15	0.22	14.72	0.25	13.50	0.21
7.13	0.13	5.63	0.10	6.13	0.10	5.86	0.09
2.00	0.04	2.20	0.04	3.71	0.06	2.64	0.04
6.97	0.13	10.76	0.19	14.28	0.24	12.18	0.19
658.21	12.42	654.47	11.69	895.02	15.25	954.47	15.15
1 403.78	26.48	1 433.82	25.61	1 472.20	25.08	1 495.21	23.73
707.62	13.35	663.17	11.85	760.64	12.96	873.26	13.86
3.09	0.06	20.59	0.37	40.06	0.68	14.23	0.23
9.87	0.19	20.93	0.37	13.72	0.23	16.05	0.25
4.04	0.08	5.17	0.09	7.27	0.12	5.41	0.09
7.44	0.14	8.72	0.16	31.36	0.53	12.00	0.19
3.43	0.06	4.55	0.08	4.95	0.08	3.94	0.06
0.53	0.01	0.63	0.01	0.60	0.01	1.05	0.02
1.36	0.03	1.36	0.02	1.37	0.02	1.26	0.02
1.73	0.03	29.20	0.52	7.93	0.14	4.76	0.08
1.74	0.03	6.38	0.11	8.10	0.14	5.57	0.09
431.98	8.15	456.25	8.15	315.33	5.37	620.99	9.85
397.49	7.50	433.92	7.75	293.71	5.00	594.31	9.43
26.92	0.51	16.60	0.30	15.23	0.26	21.77	0.35
7.57	0.14	5.73	0.10	6.39	0.11	4.91	0.08
95.01		**116.29**		**130.80**		**159.53**	
671.23		**690.45**		**709.33**		**881.94**	

Note:The energy consumption volume was calculated according to the equivalent caloricity.

7-10 主要国民经济行业原煤消费量和构成(2006-2010年)

国民经济行业	National Economic Sector	2006	
		消费量(万吨) Total Consumption of Coal (10 000 tons)	构成(%) Percentage (%)
工 业	**Industry**	**6 760.15**	**100.00**
轻工业	Light Industry	232.97	3.45
重工业	Heavy Industry	6 527.17	96.55
采矿业	Mining	1 257.60	18.60
煤炭开采和洗选业	Coal Mining and Dressing	1 210.33	17.90
石油和天然气开采业	Petroleum and Natural Gas Extraction		
黑色金属矿采选业	Ferrous Metals Mining and Dressing	11.19	0.17
有色金属矿采选业	Nonferrous Metals Mining and Dressing	13.00	0.19
非金属矿采选业	Nonmetal Minerals Mining and Dressing	23.08	0.34
其他采矿业	Other Mining		
制造业	Manufacturing	2 862.59	42.35
农副食品加工业	Agricultural Non-staple Food Processing	40.16	0.59
食品制造业	Food Manufacturing	19.00	0.28
饮料制造业	Beverage Manufacturing	22.99	0.34
烟草制品业	Tobacco Production	33.65	0.50
纺织业	Textile Industry	13.71	0.20
纺织服装、鞋、帽制造业	Textile,Clothing, Footwear Production	0.65	0.01
皮革、毛皮、羽绒及其制品业	Leather, Furs, Down and Related Products	0.07	
木材加工及竹、藤、棕、草制品业	Timber Processing, Bamboo, Cane, Palm Fiber and Straw Products	12.33	0.18
家具制造业	Furniture Manufacturing	0.09	
造纸及纸制品业	Papermaking and Paper Products	55.97	0.83
印刷业	Printing	4.69	0.07
文教体育用品制造业	Cultural, Educational and Sports Goods	0.00	

注：2005至2008年数据根据云南省第二次全国经济普查数据修正。

Total Consumption Coal of Main National Economic Sectors and Its Composition (2006-2010)

2007		2008		2009		2010	
消费量 (万吨) Total Consumption of Coal (10 000 tons)	构 成 (%) Percentage (%)	消费量 (万吨) Total Consumption of Coal (10 000 tons)	构 成 (%) Percentage (%)	消费量 (万吨) Total Consumption of Coal (10 000 tons)	构 成 (%) Percentage (%)	消费量 (万吨) Total Consumption of Coal (10 000 tons)	构 成 (%) Percentage (%)
6 893.22	**100.00**	**7 273.29**	**100.00**	**7 884.94**	**100.00**	**8 397.26**	**100.00**
223.01	3.24	240.62	3.31	259.74	3.29	273.44	3.26
6 670.21	96.76	7 032.68	96.69	7 625.19	96.71	8 123.82	96.74
1 397.03	20.27	1 569.77	21.58	1 498.21	19.00	1 825.27	21.74
1 305.56	18.94	1 508.80	20.74	1 409.73	17.88	1 731.78	20.62
46.51	0.67	12.20	0.17	12.25	0.16	12.54	0.15
12.88	0.19	12.48	0.17	34.18	0.43	35.37	0.42
32.08	0.47	36.29	0.50	42.05	0.53	45.58	0.54
0.00	0.00	0.00	0.00				
2 476.05	35.92	3 065.01	42.14	3 195.65	40.53	3 369.23	40.12
56.43	0.82	64.58	0.89	64.44	0.82	63.91	0.76
19.57	0.28	9.61	0.13	14.30	0.18	15.55	0.19
18.74	0.27	26.66	0.37	34.92	0.44	34.41	0.41
23.89	0.35	26.63	0.37	29.49	0.37	25.36	0.30
11.79	0.17	20.18	0.28	15.03	0.19	15.16	0.18
0.65	0.01	0.55	0.01	0.35	0.00	22.21	0.26
0.02	0.00	0.45	0.01	0.02	0.00	0.02	0.00
8.67	0.13	30.76	0.42	5.78	0.07	5.07	0.06
0.07	0.00	0.45	0.01	0.01	0.00	0.01	0.00
63.49	0.92	61.95	0.85	65.38	0.83	66.42	0.79
0.33	0.00	0.51	0.01	0.84	0.01	0.84	0.01

Note:Data from year 2005 to 2008 are regulated according to that of the Second National Economic Census.

7–10 续表

国民经济行业	National Economic Sector	2006 消费量(万吨) Total Consumption of Coal (10 000 tons)	2006 构 成(%) Percentage (%)
石油加工、炼焦及核燃料加工业	Petroleum Processing,Coking and Nuclear Fuel Processing	1 052.38	15.57
化学原料及化学品制造业	Raw Chemical Materials and Chemical Products	526.59	7.79
医药制造业	Medical and Pharmaceutical Products	13.54	0.20
化学纤维制造业	Chemical Fiber	11.39	0.17
橡胶制品业	Rubber Products	1.25	0.02
塑料制品业	Plastic Products	1.97	0.03
非金属矿物制品业	Nonmetal Mineral Products	749.72	11.09
黑色金属冶炼及压延加工业	Smelting and Pressing of Ferrous Metals	126.97	1.88
有色金属冶炼及压延加工业	Smelting and Pressing of Nonferrous Metals	151.63	2.24
金属制品业	Metal Products	1.35	0.02
通用设备制造业	General-purpose Machinery Manufacturing	1.00	0.01
专用设备制造业	Special Purposes Equipment	2.61	0.04
交通运输设备制造业	Transport Equipment	1.04	0.02
电气机械及器材制造业	Electric Equipment and Machinery	0.60	0.01
通信设备、计算机及其他电子设备制造业	Communication Equipment, Computers and Other Electronic Equipment Production		
仪器仪表、文化办公用机械制造业	Instruments, Meters, Cultural and Clerical Machinery	0.17	
工艺品及其他制造业	Handicraft Articles and Other Goods Production	17.06	0.25
废弃资源和废旧材料回收加工业	Recycling and Disposal of Waste	0.01	
电力、燃气及水生产和供应业	Production and Supply of Electric Power, Gas and Water	2 639.95	39.05
电力、热力的生产和供应业	Production and Supply of Electric Power and Heat	2 637.44	39.01
燃气生产和供应业	Gas Production and Supply	2.41	0.04
水的生产和供应业	Water Production and Supply	0.10	
建筑业	**Construction**	**25.79**	
交通运输、仓储及邮电通信业	**Transport, Storage and Post Services**	**24.96**	

continued

2007		2008		2009		2010	
消费量 (万吨) Total Consumption of Coal (10 000 tons)	构 成 (%) Percentage (%)	消费量 (万吨) Total Consumption of Coal (10 000 tons)	构 成 (%) Percentage (%)	消费量 (万吨) Total Consumption of Coal (10 000 tons)	构 成 (%) Percentage (%)	消费量 (万吨) Total Consumption of Coal (10 000 tons)	构 成 (%) Percentage (%)
609.77	8.85	974.18	13.39	693.88	8.80	762.86	9.08
639.41	9.28	738.65	10.16	773.21	9.81	835.25	9.95
10.25	0.15	12.15	0.17	12.23	0.16	12.72	0.15
10.91	0.16	9.21	0.13	9.35	0.12	10.89	0.13
1.66	0.02	1.90	0.03	2.56	0.03	2.52	0.03
1.04	0.02	1.76	0.02	2.47	0.03	2.82	0.03
695.85	10.09	751.68	10.33	1 072.19	13.60	1 070.36	12.75
183.46	2.66	193.32	2.66	235.14	2.98	253.39	3.02
107.22	1.56	116.88	1.61	112.52	1.43	120.64	1.44
1.34	0.02	5.70	0.08	20.64	0.26	21.80	0.26
1.64	0.02	3.56	0.05	2.51	0.03	3.06	0.04
0.86	0.01	0.94	0.01	1.70	0.02	2.82	0.03
1.54	0.02	1.55	0.02	1.83	0.02	1.88	0.02
0.43	0.01	0.56	0.01	0.05	0.00	0.06	0.00
0.15		0.16		0.17	0.00	0.18	0.00
6.87	0.10	7.69	0.11	13.40	0.17	5.94	0.07
0.01		2.81	0.04	11.25	0.14	13.08	0.16
3 020.14	43.81	2 638.50	36.28	3 191.08	40.47	3 202.76	38.14
3 015.14	43.74	2 632.39	36.19	3 186.70	40.42	3 198.59	38.09
5.00	0.07	5.80	0.08	4.38	0.06	4.17	0.05
		0.31					
25.68		**28.48**		**20.06**		**19.58**	
24.96		**18.75**		**18.33**		**18.38**	

7-11 主要国民经济行业焦炭消费量和构成(2006-2010年)

国民经济行业	National Economic Sector	2006	
		消费量(万吨) Total Consumption of Coke (10 000 tons)	构 成(%) Percentage (%)
工 业	**Industry**	**1 246.77**	**100.00**
轻工业	Light Industry	0.11	0.01
重工业	Heavy Industry	1 246.66	99.99
采矿业	Mining	21.34	1.71
煤炭开采和洗选业	Coal Mining and Dressing	9.28	0.74
石油和天然气开采业	Petroleum and Natural Gas Extraction		
黑色金属矿采选业	Ferrous Metals Mining and Dressing	7.93	0.64
有色金属矿采选业	Nonferrous Metals Mining and Dressing	2.32	0.19
非金属矿采选业	Nonmetal Minerals Mining and Dressing	1.81	0.15
其他采矿业	Other Mining		
制造业	Manufacturing	1 224.07	98.18
农副食品加工业	Agricultural Non-staple Food Processing	0.08	0.01
食品制造业	Food Manufacturing	0.00	0.00
饮料制造业	Beverage Manufacturing		
烟草制品业	Tobacco Production		
纺织业	Textile Industry		
纺织服装、鞋、帽制造业	Textile,Clothing, Footwear Production		
皮革、毛皮、羽绒及其制品业	Leather, Furs, Down and Related Products		
木材加工及竹、藤、棕、草制品业	Timber Processing, Bamboo, Cane, Palm Fiber and Straw Products		
家具制造业	Furniture Manufacturing		
造纸及纸制品业	Papermaking and Paper Products		
印刷业	Printing		

注：2005至2008年数据根据云南省第二次全国经济普查数据修正。

Total Consumption of Coke of Main National Economic Sectors and Its Composition (2006-2010)

2007		2008		2009		2010	
消费量（万吨）Total Consumption of Coke (10 000 tons)	构 成（%）Percentage (%)	消费量（万吨）Total Consumption of Coke (10 000 tons)	构 成（%）Percentage (%)	消费量（万吨）Total Consumption of Coke (10 000 tons)	构 成（%）Percentage (%)	消费量（万吨）Total Consumption of Coke (10 000 tons)	构 成（%）Percentage (%)
1 373.49	**100.00**	**1 327.99**	**100.00**	**1 275.55**	**100.00**	**1 229.53**	**100.00**
0.15	0.01	0.38	0.03	0.98	0.08	0.12	0.01
1 373.34	99.99	1 327.61	99.97	1 274.57	99.92	1 229.41	99.99
17.26	1.26	26.36	1.99	22.20	1.74	9.19	0.75
5.97	0.43	4.89	0.37	0.80	0.06	0.10	0.01
9.70	0.71	19.63	1.48	13.82	1.08	8.29	0.67
1.54	0.11	1.77	0.13	1.58	0.12	0.45	0.04
0.05	0.00	0.07	0.01	6.00	0.47	0.35	0.03
1 354.59	98.62	1 300.27	97.91	1 253.16	98.24	1 219.74	99.20
0.13	0.01	0.22	0.02	0.46	0.04	0.11	0.01
0.00	0.00	0.04	0.00	0.25	0.02		
0.00	0.00	0.07	0.01				
				0.02	0.00		

Note:Data from year 2005 to 2008 are regulated according to that of the Second National Economic Census.

7-11 续表

国民经济行业	National Economic Sector	2006	
		消费量 (万吨) Total Consumption of Coke (10 000 tons)	构 成 (%) Percentage (%)
石油加工、炼焦及核燃料加工业	Petroleum Processing,Coking and Nuclear Fuel Processing	4.92	0.39
化学原料及化学品制造业	Raw Chemical Materials and Chemical Products	292.74	23.48
医药制造业	Medical and Pharmaceutical Products	0.01	
化学纤维制造业	Chemical Fiber		
橡胶制品业	Rubber Products	0.01	
塑料制品业	Plastic Products	0.01	
非金属矿物制品业	Nonmetal Mineral Products	7.78	0.62
黑色金属冶炼及压延加工业	Smelting and Pressing of Ferrous Metals	836.57	67.10
有色金属冶炼及压延加工业	Smelting and Pressing of Nonferrous Metals	75.16	6.03
金属制品业	Metal Products	0.34	0.03
通用设备制造业	General-purpose Machinery Manufacturing	4.57	0.37
专用设备制造业	Special Purposes Equipment	0.40	0.03
交通运输设备制造业	Transport Equipment	0.87	0.07
电气机械及器材制造业	Electric Equipment and Machinery	0.57	0.05
通信设备、计算机及其他电子设备制造业	Communication Equipment, Computers and Other Electronic Equipment Production		
仪器仪表、文化办公用机械制造业	Instruments, Meters, Cultural and Clerical Machinery	0.02	
工艺品及其他制造业	Handicraft Articles and Other Goods Production	0.02	
废弃资源和废旧材料回收加工业	Recycling and Disposal of Waste		
电力、燃气及水生产和供应业	Production and Supply of Electric Power, Gas and Water	1.36	0.11
电力、热力的生产和供应业	Production and Supply of Electric Power and Heat	0.21	0.02
燃气生产和供应业	Gas Production and Supply	1.15	
水的生产和供应业	Water Production and Supply		
建筑业	**Construction**	**1.54**	
交通运输、仓储及邮电通信业	**Transport, Storage and Post Services**	**0.64**	

continued

2007		2008		2009		2010	
消费量 (万吨) Total Consumption of Coke (10 000 tons)	构 成 (%) Percentage (%)	消费量 (万吨) Total Consumption of Coke (10 000 tons)	构 成 (%) Percentage (%)	消费量 (万吨) Total Consumption of Coke (10 000 tons)	构 成 (%) Percentage (%)	消费量 (万吨) Total Consumption of Coke (10 000 tons)	构 成 (%) Percentage (%)
5.38	0.39	5.75	0.43	0.11	0.01		
291.47	21.22	274.35	20.66	233.38	18.30	217.57	17.70
				0.00	0.00		
0.00	0.00	0.02	0.00	0.04	0.00		
6.95	0.51	3.46	0.26	4.00	0.31	3.07	0.25
980.18	71.36	923.40	69.53	903.27	70.81	908.03	73.85
64.67	4.71	84.10	6.33	82.73	6.49	78.57	6.39
0.38	0.03	0.67	0.05	2.11	0.17	0.34	0.03
3.31	0.24	5.34	0.40	4.17	0.33	7.26	0.59
0.39	0.03	0.38	0.03	0.35	0.03	0.30	0.02
1.24	0.09	2.01	0.15	21.97	1.72	4.46	0.36
0.20	0.01	0.02	0.00	0.02	0.00	0.02	0.00
0.02	0.00						
0.01	0.00	0.05	0.00	0.26	0.02	0.01	0.00
0.26	0.02	0.40	0.03	0.02	0.00		
1.64	0.12	1.36	0.10	0.20	0.02	0.60	0.05
0.21	0.02	0.05	0.00	0.04	0.00		
1.43	0.10	1.31	0.10	0.15	0.01	0.60	0.05
1.54		**1.62**					
0.64		**0.45**					

7-12 主要国民经济行业石油消费量和构成(2006-2010年)

国民经济行业	National Economic Sector	2006	
		消费量(万吨) Total Consumption of Petroleum (10 000 tons)	构 成(%) Percentage (%)
工　业	**Industry**	**40.75**	**100.00**
轻工业	Light Industry	4.03	9.88
重工业	Heavy Industry	36.72	90.12
采矿业	Mining	10.49	25.74
煤炭开采和洗选业	Coal Mining and Dressing	2.25	5.52
石油和天然气开采业	Petroleum and Natural Gas Extraction	0.01	0.02
黑色金属矿采选业	Ferrous Metals Mining and Dressing	3.49	8.57
有色金属矿采选业	Nonferrous Metals Mining and Dressing	2.50	6.14
非金属矿采选业	Nonmetal Minerals Mining and Dressing	2.23	5.48
其他采矿业	Other Mining		
制造业	Manufacturing	25.50	62.57
农副食品加工业	Agricultural Non-staple Food Processing	1.22	2.99
食品制造业	Food Manufacturing	0.80	1.97
饮料制造业	Beverage Manufacturing	0.47	1.14
烟草制品业	Tobacco Production	0.43	1.05
纺织业	Textile Industry	0.10	0.24
纺织服装、鞋、帽制造业	Textile,Clothing, Footwear Production	0.03	0.08
皮革、毛皮、羽绒及其制品业	Leather, Furs, Down and Related Products		0.01
木材加工及竹、藤、棕、草制品业	Timber Processing, Bamboo, Cane, Palm Fiber and Straw Products	0.24	0.60
家具制造业	Furniture Manufacturing	0.04	0.10
造纸及纸制品业	Papermaking and Paper Products	0.29	0.71
印刷业	Printing	0.20	0.48
文教体育用品制造业	Cultural, Educational and Sports Goods	0.01	0.02

注：2005至2008年数据根据云南省第二次全国经济普查数据修正。

Total Consumption of Petroleum of Main National Economic Sectors and Its Composition (2006-2010)

2007		2008		2009		2010	
消费量 (万吨) Total Consumption of Petroleum (10 000 tons)	构 成 (%) Percentage (%)	消费量 (万吨) Total Consumption of Petroleum (10 000 tons)	构 成 (%) Percentage (%)	消费量 (万吨) Total Consumption of Petroleum (10 000 tons)	构 成 (%) Percentage (%)	消费量 (万吨) Total Consumption of Petroleum (10 000 tons)	构 成 (%) Percentage (%)
40.83	**100.00**	**60.80**	**100.00**	**72.29**	**100.00**	**124.28**	**100.00**
4.02	9.84	4.82	**7.92**	7.09	9.81	8.02	6.45
36.81	90.16	55.98	92.08	65.19	90.19	116.27	93.55
10.86	26.60	23.88	39.28	29.97	41.46	43.60	35.08
2.26	5.54	5.32	8.75	7.36	10.18	10.09	8.12
2.99	7.32	7.59	12.49	6.13	8.48	8.48	6.82
2.61	6.40	4.62	7.59	5.53	7.65	9.10	7.32
3.00	7.35	6.35	10.45	10.95	15.14	15.93	12.82
25.22	61.76	32.64	53.69	39.47	54.60	76.82	61.81
1.66	4.06	1.55	2.56	1.98	2.73	2.29	1.84
0.81	1.98	0.87	1.43	1.26	1.75	1.48	1.19
0.33	0.81	0.56	0.92	1.04	1.43	1.14	0.92
0.31	0.76	0.31	0.51	0.45	0.63	0.51	0.41
0.04	0.10	0.10	0.17	0.12	0.16	0.14	0.11
0.04	0.09	0.12	0.20	0.25	0.35	0.26	0.21
0.00	0.00						
0.14	0.35	0.35	0.58	0.62	0.85	0.38	0.31
0.02	0.06	0.09	0.16	0.21	0.30	0.30	0.24
0.34	0.82	0.42	0.69	0.43	0.60	0.44	0.36
0.13	0.33	0.37	0.61	0.39	0.54	0.47	0.38
0.00	0.00	0.02	0.03				

Note:Data from year 2005 to 2008 are regulated according to that of the Second National Economic Census.

7–12　续表

国民经济行业	National Economic Sector	2006 消费量(万吨) Total Consumption of Petroleum (10 000 tons)	2006 构　成 (%) Percentage (%)
石油加工、炼焦及核燃料加工业	Petroleum Processing,Coking and Nuclear Fuel Processing	0.80	1.96
化学原料及化学品制造业	Raw Chemical Materials and Chemical Products	2.59	6.35
医药制造业	Medical and Pharmaceutical Products	0.36	0.88
化学纤维制造业	Chemical Fiber	0.02	0.05
橡胶制品业	Rubber Products	0.11	0.27
塑料制品业	Plastic Products	0.38	0.94
非金属矿物制品业	Nonmetal Mineral Products	6.52	16.00
黑色金属冶炼及压延加工业	Smelting and Pressing of Ferrous Metals	3.19	7.82
有色金属冶炼及压延加工业	Smelting and Pressing of Nonferrous Metals	5.18	12.72
金属制品业	Metal Products	0.21	0.52
通用设备制造业	General-purpose Machinery Manufacturing	0.23	0.56
专用设备制造业	Special Purposes Equipment	0.53	1.29
交通运输设备制造业	Transport Equipment	1.05	2.57
电气机械及器材制造业	Electric Equipment and Machinery	0.30	0.73
通信设备、计算机及其他电子设备制造业	Communication Equipment, Computers and Other Electronic Equipment Production	0.01	0.03
仪器仪表、文化办公用机械制造业	Instruments, Meters, Cultural and Clerical Machinery	0.06	0.14
工艺品及其他制造业	Handicraft Articles and Other Goods Production	0.06	0.16
废弃资源和废旧材料回收加工业	Recycling and Disposal of Waste	0.07	0.17
电力、燃气及水生产和供应业	Production and Supply of Electric Power, Gas and Water	4.77	11.70
电力、热力的生产和供应业	Production and Supply of Electric Power and Heat	4.60	11.28
燃气生产和供应业	Gas Production and Supply	0.09	0.21
水的生产和供应业	Water Production and Supply	0.08	0.20
建筑业	**Construction**	**21.23**	
交通运输、仓储及邮电通信业	**Transport, Storage and Post Services**	**384.96**	

continued

2007		2008		2009		2010	
消费量 (万吨) Total Consumption of Petroleum (10 000 tons)	构 成 (%) Percentage (%)	消费量 (万吨) Total Consumption of Petroleum (10 000 tons)	构 成 (%) Percentage (%)	消费量 (万吨) Total Consumption of Petroleum (10 000 tons)	构 成 (%) Percentage (%)	消费量 (万吨) Total Consumption of Petroleum (10 000 tons)	构 成 (%) Percentage (%)
0.55	1.34	0.71	1.16	0.53	0.73	0.82	0.66
2.23	5.46	2.78	4.57	2.38	3.30	2.70	2.17
0.31	0.76	0.29	0.49	0.37	0.51	0.40	0.32
0.00	0.01			0.00	0.00	0.00	0.00
0.03	0.06	0.04	0.07	0.11	0.16	0.12	0.10
0.26	0.65	0.45	0.75	0.51	0.71	0.56	0.45
6.44	15.78	9.31	15.32	12.35	17.09	22.34	17.97
2.25	5.50	2.62	4.30	3.09	4.28	4.15	3.34
7.71	18.87	9.11	14.99	9.19	12.71	34.18	27.50
0.16	0.38	0.44	0.73	1.07	1.47	0.69	0.56
0.21	0.51	0.40	0.65	0.37	0.52	0.37	0.30
0.42	1.03	0.47	0.78	0.60	0.83	0.61	0.49
0.57	1.39	0.70	1.16	1.11	1.54	1.27	1.02
0.19	0.45	0.24	0.39	0.27	0.37	0.40	0.32
0.01	0.02	0.02	0.04	0.02	0.03	0.03	0.02
0.02	0.06	0.07	0.11	0.06	0.09	0.07	0.06
0.02	0.06	0.09	0.16	0.59	0.81	0.57	0.46
0.02	0.06	0.11	0.18	0.08	0.12	0.10	0.08
4.75	11.64	4.27	7.03	2.85	3.94	3.87	3.11
4.55	11.13	3.96	6.52	2.61	3.61	3.60	2.90
0.15	0.37	0.21	0.35	0.13	0.19	0.15	0.12
0.06	0.14	0.10	0.16	0.10	0.14	0.12	0.10
20.94		**35.20**		**46.25**		**55.01**	
415.50		**430.42**		**442.66**		**555.84**	

7-13　主要国民经济行业电力消费量和构成(2006-2010年)

国民经济行业	National Economic Sector	2006	
		消费量(亿千瓦小时) Total Consumption of Electricity (100 million kwh)	构　成(%) Percentage (%)
工　业	**Industry**	**506.91**	**100.00**
轻工业	Light Industry	23.63	4.66
重工业	Heavy Industry	483.27	95.34
采矿业	Mining	41.50	8.19
煤炭开采和洗选业	Coal Mining and Dressing	6.80	1.34
石油和天然气开采业	Petroleum and Natural Gas Extraction	0.01	
黑色金属矿采选业	Ferrous Metals Mining and Dressing	9.28	1.83
有色金属矿采选业	Nonferrous Metals Mining and Dressing	19.63	3.87
非金属矿采选业	Nonmetal Minerals Mining and Dressing	5.79	1.14
其他采矿业	Other Mining		
制造业	Manufacturing	368.42	72.68
农副食品加工业	Agricultural Non-staple Food Processing	6.51	1.28
食品制造业	Food Manufacturing	1.65	0.33
饮料制造业	Beverage Manufacturing	1.30	0.26
烟草制品业	Tobacco Production	4.38	0.86
纺织业	Textile Industry	2.04	0.40
纺织服装、鞋、帽制造业	Textile,Clothing, Footwear Production	0.05	0.01
皮革、毛皮、羽绒及其制品业	Leather, Furs, Down and Related Products	0.02	
木材加工及竹、藤、棕、草制品业	Timber Processing, Bamboo, Cane, Palm Fiber and Straw Products	2.52	0.50
家具制造业	Furniture Manufacturing	0.10	0.02
造纸及纸制品业	Papermaking and Paper Products	4.72	0.93
印刷业	Printing	0.96	0.19
文教体育用品制造业	Cultural, Educational and Sports Goods	0.01	

注：2005至2008年数据根据云南省第二次全国经济普查数据修正。

Total Consumption of Electricity of Main National Economic Sectors and Its Composition (2006-2010)

2007		2008		2009		2010	
消费量 (亿千瓦小时) Total Consumption of Electricity (100 million kwh)	构 成 (%) Percentage (%)	消费量 (亿千瓦小时) Total Consumption of Electricity (100 million kwh)	构 成 (%) Percentage (%)	消费量 (亿千瓦小时) Total Consumption of Electricity (100 million kwh)	构 成 (%) Percentage (%)	消费量 (亿千瓦小时) Total Consumption of Electricity (100 million kwh)	构 成 (%) Percentage (%)
589.35	**100.00**	**650.52**	**100.00**	**678.77**	**100.00**	**770.26**	**100.00**
22.85	3.88	35.00	5.38	40.07	5.90	28.04	3.64
566.50	96.12	615.52	94.62	638.69	94.10	742.22	96.36
57.49	9.75	54.48	8.37	64.01	9.43	65.00	8.44
11.52	1.95	12.47	1.92	12.23	1.80	12.47	1.62
0.01	0.00			0.00	0.00	0.00	0.00
11.75	1.99	13.29	2.04	16.02	2.36	16.25	2.11
27.62	4.69	22.84	3.51	23.61	3.48	24.86	3.23
6.59	1.12	5.88	0.90	12.15	1.79	11.42	1.48
423.66	71.89	484.38	74.46	525.21	77.38	536.05	69.59
7.33	1.24	9.01	1.39	17.13	2.52	10.60	1.38
1.04	0.18	1.06	0.16	2.11	0.31	1.23	0.16
1.46	0.25	1.75	0.27	2.77	0.41	2.11	0.27
4.67	0.79	4.60	0.71	4.89	0.72	5.02	0.65
0.99	0.17	1.58	0.24	1.32	0.20	0.69	0.09
0.04	0.01	0.13	0.02	0.22	0.03	0.04	0.01
0.00	0.00			0.06	0.01	0.05	0.01
2.46	0.42	4.25	0.65	4.13	0.61	3.13	0.41
0.01	0.00	0.90	0.14	1.28	0.19	0.02	0.00
4.64	0.79	5.32	0.82	5.73	0.84	4.88	0.63
0.79	0.13	0.91	0.14	1.12	0.17	0.87	0.11
0.00	0.00	0.04	0.01				

Note:Data from year 2005 to 2008 are regulated according to that of the Second National Economic Census.

7–13 续表

国民经济行业	National Economic Sector	2006	
		消费量 (亿千瓦小时) Total Consumption of Electricity (100 million kwh)	构 成 (%) Percentage (%)
石油加工、炼焦及核燃料加工业	Petroleum Processing,Coking and Nuclear Fuel Processing	3.14	0.62
化学原料及化学品制造业	Raw Chemical Materials and Chemical Products	109.57	21.62
医药制造业	Medical and Pharmaceutical Products	1.14	0.23
化学纤维制造业	Chemical Fiber	0.58	0.11
橡胶制品业	Rubber Products	0.19	0.04
塑料制品业	Plastic Products	1.47	0.29
非金属矿物制品业	Nonmetal Mineral Products	45.53	8.98
黑色金属冶炼及压延加工业	Smelting and Pressing of Ferrous Metals	62.00	12.23
有色金属冶炼及压延加工业	Smelting and Pressing of Nonferrous Metals	116.01	22.89
金属制品业	Metal Products	0.52	0.10
通用设备制造业	General-purpose Machinery Manufacturing	1.24	0.25
专用设备制造业	Special Purposes Equipment	0.56	0.11
交通运输设备制造业	Transport Equipment	0.94	0.18
电气机械及器材制造业	Electric Equipment and Machinery	0.71	0.14
通信设备、计算机及其他电子设备制造业	Communication Equipment, Computers and Other Electronic Equipment Production	0.09	0.02
仪器仪表、文化办公用机械制造业	Instruments, Meters, Cultural and Clerical Machinery	0.24	0.05
工艺品及其他制造业	Handicraft Articles and Other Goods Production	0.17	0.03
废弃资源和废旧材料回收加工业	Recycling and Disposal of Waste	0.06	0.01
电力、燃气及水生产和供应业	Production and Supply of Electric Power, Gas and Water	96.98	19.13
电力、热力的生产和供应业	Production and Supply of Electric Power and Heat	95.18	18.78
燃气生产和供应业	Gas Production and Supply	0.48	0.09
水的生产和供应业	Water Production and Supply	1.33	0.26
建筑业	**Construction**	**11.10**	
交通运输、仓储及邮电通信业	**Transport, Storage and Post Services**	**12.57**	

continued

2007		2008		2009		2010	
消费量 (亿千瓦小时) Total Consumption of Electricity (100 million kwh)	构 成 (%) Percentage (%)	消费量 (亿千瓦小时) Total Consumption of Electricity (100 million kwh)	构 成 (%) Percentage (%)	消费量 (亿千瓦小时) Total Consumption of Electricity (100 million kwh)	构 成 (%) Percentage (%)	消费量 (亿千瓦小时) Total Consumption of Electricity (100 million kwh)	构 成 (%) Percentage (%)
4.54	0.77	7.70	1.18	8.62	1.27	9.55	1.24
111.28	18.88	136.83	21.03	133.74	19.70	131.69	17.10
1.10	0.19	1.31	0.20	1.88	0.28	1.51	0.20
0.59	0.10	0.55	0.08	0.55	0.08	0.52	0.07
0.24	0.04	0.30	0.05	0.58	0.09	0.21	0.03
1.64	0.28	2.54	0.39	3.36	0.50	2.82	0.37
45.37	7.70	59.16	9.09	65.75	9.69	63.11	8.19
76.82	13.04	88.69	13.63	87.66	12.91	93.07	12.08
153.18	25.99	136.91	21.05	167.13	24.62	196.74	25.54
0.44	0.08	4.49	0.69	6.85	1.01	1.65	0.21
1.45	0.25	3.65	0.56	2.02	0.30	2.07	0.27
0.67	0.11	0.98	0.15	1.26	0.19	0.70	0.09
1.14	0.19	1.24	0.19	1.96	0.29	1.43	0.19
0.71	0.12	0.96	0.15	1.16	0.17	0.89	0.12
0.13	0.02	0.15	0.02	0.15	0.02	0.29	0.04
0.33	0.06	0.33	0.05	0.33	0.05	0.31	0.04
0.18	0.03	7.85	1.21	1.01	0.15	0.50	0.06
0.40	0.07	1.20	0.18	0.42	0.06	0.35	0.05
108.20	18.36	111.67	17.17	89.55	13.19	169.21	21.97
105.61	17.92	109.42	16.82	87.04	12.82	166.96	21.68
0.51	0.09	0.74	0.11	0.77	0.11	0.88	0.11
2.08	0.35	1.50	0.23	1.74	0.26	1.37	0.18
12.43		**12.92**		**14.12**		**18.10**	
13.10		**14.24**		**14.59**		**15.96**	

7–14 按三次产业划分能源消费量(1995–2010年)

Total Consumption of Energy by Three Industries (1995-2010)

单位：万吨标准煤 (10 000 tons of SCE)

年份 Year	能源消费总量 Total Consumption of Energy	第一产业 Primary Industry	第二产业 Secondary Industry	工业 Industry	第三产业 Tertiary Industry	生活消费 Household Consumption
1995	2 640.55	133.38	1 971.39	1 948.65	190.02	345.76
1996	2 819.43	150.90	2 069.64	2 036.82	208.20	390.69
1997	3 428.98	182.86	2 466.80	2 429.07	240.75	538.57
1998	3 364.49	179.42	2 420.41	2 383.39	236.22	528.44
1999	3 287.97	282.40	2 261.68	2 224.42	275.50	468.40
2000	3 468.33	297.89	2 385.74	2 346.44	290.61	494.09
2001	3 741.03	271.83	2 518.84	2 481.69	404.99	545.37
2002	4 131.31	264.90	2 840.50	2 796.86	473.48	552.43
2003	4 449.97	239.17	3 180.70	3 132.01	525.53	504.57
2004	5 209.81	216.33	3 859.73	3 802.21	616.96	516.79
2005	6 023.97	228.12	4 468.59	4 390.68	734.12	593.14
2006	6 620.57	225.14	4 975.84	4 883.00	791.77	627.81
2007	7 132.63	237.90	5 395.98	5 300.98	848.27	650.47
2008	7 510.82	205.26	5 714.25	5 597.96	910.28	681.03
2009	8 032.06	215.93	5 999.71	5 868.90	971.21	845.21
2010	8 674.17	177.49	6 461.17	6 301.64	1 214.52	820.99

注：采用数据为等价热值，2005至2008年数据根据云南省第二次全国经济普查数据修正。

Note:Data used in this table are equivalent caloricity.Data from year 2005 to 2008 are regulated according to that of the Second National Economic Census.

7-15 全省规模以上工业企业能源消费与库存(2010年)

Total Consumption and Inventory of Energy of Industrial Enterprises with Total Annual Sales above 5 Million Yuan (2010)

(1979=100)

名 称	Item	年初库存 Stock in Early Year	消费量 Consumption 合计 Total	工业生产 Industrial Production	非工业生产 Non-industrial Production	年末库存 Stock at Year-end
原 煤 (万吨)	Raw Coal (10 000 tons)	512.86	7 233.93	7 203.73	30.20	918.76
洗精煤(万吨)	Well Washed Coal (10 000 tons)	100.37	1 650.94	1 650.94	0.00	95.43
其他洗煤(万吨)	Other Washed Coal (10 000 tons)	12.87	75.78	75.78	0.00	8.90
煤制品(万吨)	Manufacture of Coal (10 000 tons)	12.64	60.45	60.45	0.00	15.75
# 型 煤(万吨)	Coal (10 000 tons)	0.13	1.73	1.73	0.00	0.26
水煤浆(万吨)	Slurry of Coal (10 000 tons)	0.00	0.64	0.64		0.00
煤 粉(万吨)	Powder of Coal (10 000 tons)	12.51	58.08	58.08		15.49
焦 炭(万吨)	Coke (10 000 tons)	78.73	1 162.11	1 160.00	2.11	51.26
其他焦化产品(万吨)	Other Coked Products (10 000 tons)	2.33	35.91	35.91		2.86
焦炉煤气 (亿立方米)	Coal Gas of Coking Furnace (100 million cu.m)		18.32	18.32	0.00	
高炉煤气 (亿立方米)	Coal Gas of Furnace (100 million cu.m)		141.90	141.90		
其他煤气 (亿立方米)	Other Coal Gas (100 million cu.m)		5.51	5.51	0.00	
天然气(亿立方米)	Natural Gas (100 million cu.m)		3.34	3.34	0.01	
液化天然气(万吨)	Liquefied Natural Gas (10 000 tons)		0.00	0.00		
原 油(万吨)	Raw Oil (10 000 tons)	0.02	0.06	0.06		0.01
汽 油 (万吨)	Gasoline (10 000 tons)	0.13	3.67	1.41	2.27	0.14
煤 油(万吨)	Kerosene (10 000 tons)	0.01	0.20	0.20	0.00	0.01
柴 油(万吨)	Diesel Oil (10 000 tons)	1.45	27.60	22.85	4.75	1.28
燃料油(万吨)	Fuel Oil (10 000 tons)	0.30	5.62	5.47	0.15	0.75
液化石油气 (万吨)	Liquefied Petroleum Gas (10 000 tons)	0.01	0.43	0.43	0.00	0.00
炼厂干气(万吨)	Gas of Metallurgical Plant (10 000 tons)					
其他石油制品(万吨)	Other Petroleum Products (10 000 tons)	0.78	5.72	5.71	0.00	0.69
热 力 (万百万千焦)	Heat (10 000 million kilo-joule)		622.48	622.48		
电 力 (亿千瓦小时)	Electricity (100 million kwh)		665.42	652.88	12.54	
其他燃料(万吨标准煤)	Other Fuel (10 000 tons of SCE)	0.58	107.03	106.93	0.10	0.17

主要统计指标解释

能源生产总量　指一定时期内全国（地区）一次能源生产量的总和。一次能源生产量包括原煤、原油、天然气、水电及其他动力能发电量（如风能、地热能等），不包括生物质能、太阳能等的利用和由一次能源加工转换而成的二次能源产量。能源生产总量是观察全国（地区）能源生产水平、规模、构成和发展速度的总量指标。

能源消费总量　指一定时期内全国（地区）用于生产和生活的各种能源消费量的总和。能源消费总量包括原煤和原油及其制品、天然气、电力的消费量，不包括生物质能和太阳能等的利用。能源消费总量分为三部分，即终端能源消费量、能源加工转换损失量和损失量。它是观察能源消费水平、构成和增长速度的总量指标。

1.**终端能源消费量**　指一定时期内全国（地区）物质生产部门、非物质生产部门和生活消费的各种能源数量，不包括用于加工转换的中间能源消费量、加工转换损失量和损失量。

2.**能源加工转换损失量**　指一定时期内全国（地区）投入加工转换的各种能源数量之和与产出各种能源产品及其他石油制品和其他焦化产品之和的差额。它是观察能源在加工转换过程中损失量变化的指标。

3.**能源损失量**　指一定时期内能源在生产、输送、储存过程中发生的经营管理损失和由于客观原因造成的各种损失量，不包括各种气体能源放空、放散量。

能源生产弹性系数　是研究能源生产量的增长与国民经济增长之间的关系的指标。其计算公式为：

能源生产弹性系数=能源生产总量年平均增长速度/国民经济年平均增长速度

国民经济年平均增长速度，可根据不同的目的或需要，用工农业总产值、生产总值等指标来计算，本资料是采用生产总值指标计算的。

电力生产弹性系数　是研究电力生产量的增长与国民经济增长之间关系的指标。一般来说，电力的发展应当快于国民经济的发展，也就是说电力应超前发展。其计算公式为：

电力生产弹性系统=电力生产量年平均增长速度/国民经济年平均增长速度

能源消费弹性系数　是反映能源消费增长速度与国民经济增长之间比例关系的指标。其计算公式为：

能源消费弹性系数=能源消费年平均增长速度/国民经济年均增长速度

能源节约量　指在满足相等需求，达到相等目标的条件下节约和少用的能源数量。它是评价和考核节约能源工作好坏的重要指标。包括由于提高管理水平和技术水平，使单位产品能耗降低而节约能源的数量，以及由于调整产业结构、产品结构等使产值能耗降低而少用的能源数量。

能源节约率　是反映能源节约程度的综合性指标。能源节约率一般按年计算，如果要研究一个时期内能源节约程度的一般水平，可计算平均能源节约率指标。计算公式为：

能源节约率=(报告期单位能源消费量/基期单位能源消费量－1)×100%

$$\text{年平均节能率}=\left(\sqrt[n]{\text{报告期单位能源消费量/基期单位能源消费源}}-1\right)\times 100\%$$

公式中：单位能源消费量可以按生产总值、国民收入或工业总产值等计算

n 为基期与报告期间隔的年份数。

能源加工转换效率　指一定时期内能源经过加工转换后，产出的各种能源产品及其他石油制品和其他焦化产品的数量与同期内投入加工转换的各种能源数量的比率。它是观察能源加工转换装置和生产工艺先进与落后、管理水平高低等的重要指标。

能源折算标准　各种能源由于原始计算单位不同，热值也不一样。因此，必须折算成同一标准计算单位，才能进行汇总、对比和分析。国际上习惯采用两种标准计算单位：一种为标准煤，另一种为标准油。目前我国采用标准煤为能源的计算单位。标准煤亦称煤当量，就是将不同品种、不同含热量的能源按各自不同的含热量折合成为一种标准含量的统一计量单位的能源。各类能源折算标准煤是按 1 公斤标准煤的热值为

7000 千卡进行折算的。

当量热值 当量热值又称理论热值（或实际发热值），是指某种能源一个度量单位本身所含热量。其热值的计算可根据试样在充氧的弹筒中（放有浸没氧弹的水的容器）完全燃烧所放出的热量（用燃烧后水温升高计算出来的）进行实测。

等价热值 是指加工转换产出的某种二次能源与相应投入的一次能源的当量，即获得一个度量单位的某种二次能源所消耗的，以热值表示的一次能源量。也就是消耗一个度量单位的某种二次能源，就等价于消耗了以热值表示的一次能源量。等价热值是个变动值，随着能源加工转换工艺的提高和能源管理工作的加强，转换损失逐渐减少，等价热值会不断降低。等价热值是对二次能源及消耗工质而言，因此一次能源不存在折算问题，因此也无所谓等价热值。

等价热值=二次能源具有的能量÷转换效率

转换效率=二次能源产出标准量÷加工转换投入能源标准量

原材料、能源消费量 指在报告期内实际使用的原材料、能源的数量，包括企业主营活动和附营活动实际使用的数量。消费的核算原则为：“谁消费谁统计”，即按使用权来统计。核算方法为当进入第一道生产工序，改变原来的形态或性能、或已实际投入使用，即作消费统计。

原材料、能源库存量 指在报告期期初、期末实际结存的原材料、能源数量。库存的核算原则为“谁支配，谁统计”，即按所有权来统计。核算方法是指企业有权支配动用的某一时点实际结存的原材料、能源的数量。

Explanatory Notes on Principal Statistical Indicators

Total Energy Production Volume refers to the total production volume of primary energy by all energy production enterprises in the country in a given period of time. It is a comprehensive indicator to show the capacity, scale, composition and development of energy production of the country. The production volume of primary energy includes that of coal, crude oil, natural gas, hydro-power and electricity generated by nuclear energy and other means such as wind power and geothermal power, but excludes that of fuels of low calorific value, bio-energy, solar energy and the secondary energy converted from the primary energy.

Total Domestic Energy Consumption refers to the total consumption of energy of various kinds by material production sectors, non-material production sectors and households in the country in a given period of time. It is a comprehensive indicator to show the scale, composition and development of energy consumption. The total energy consumption includes that of coal, crude oil and their products, natural gas and electricity, but excludes that of fuels of low calorific value, bio-energy and solar energy. It can be divided into three parts:

1.***Final energy consumption*** refers to the total energy consumption by material production sectors, non-material production sectors and households in the country (region) in a given period of time, but excludes the consumption in conversion of the primary energy into the secondary energy and the loss in the process of energy conversion.

2.***Loss in the process of energy conversion*** refers to the total input of various kinds of energy for conversion, minus the total output of various kinds of energy in the country in a given period of time. It is an indicator to show the loss that occurs in the process of energy conversion.

3.***Loss of energy*** refers to the total loss of energy during the course of energy transport, distribution and storage and the loss caused by any objective reason in a given period of time. The loss of various kinds of gas due to gas discharges and stocktaking is excluded.

Elasticity Ratio of Energy Production is an indicator to show the relationship between the growth rate of energy production and that of the national economy. The formula is as follows:

Elasticity Ratio of Energy Production = Average Annual Growth Rate of Energy Production/Average Annual Growth Rate of National Economy.

The average annual growth rate of the national economy can be calculated by gross output value of industry and agriculture, gross output value or other indicators, depending upon the purposes or needs. Gross output value is used in calculation of the ratio in this chapter.

Elasticity Ratio of Electricity Production is an indicator to show the relationship between the growth rate of electricity production that of the national economy. The formula is as follows:

Elasticity Ratio of Electricity Production = Average Annual Growth Rate of Electricity Production/Average Annual Growth Rate of National Economy.

Elasticity Ratio of Energy Consumption is an indicator to show the relationship between the growth rate of energy consumption and that of the national economy. The formula is as follows:

Elasticity Ratio of Energy Consumption = Average Annual Growth Rate of Energy Consumption/Average Annual Growth Rate of National Economy.

Quantity of Energy Conservation refers to the quantity of energy saved and less used in a certain period. It is an important indicator to appraise and examine the work of energy conservation. It includes the quantity of energy saved in unit product by improving management level and technology level and the quantity of energy less used due to the adjustment of industrial structure and product structure.

Ratio of Energy Conservation is a comprehensive indicator reflecting the degree of energy conservation. Ratio of energy conservation is usually calculated annually. The indicator of average ratio of energy conservation

can be calculated for the study of the energy conservation in a certain period. The formula is as follows:

Ratio of Energy Conservation = [(Unit Energy Consumption in the Report Period/Unit Energy Consumption in the Base Period) – 1] ×100%

Annual Average Ratio of Energy Conservation = the N-the Root of [(Unit Energy Consumption in the Report Period/Unit Energy Consumption in the Base Period) – 1] ×100%

In which: The unit energy consumption can be calculated according to gross output value, national product or gross industrial output value, etc. The n represents the number of years between base period and report period.

Efficiency of Energy Processing and Conversion refers to the ratio of the total output of energy products of various kinds after processing and conversion to the total input of energy of various kinds for processing and conversion in the same report period. It is an important indicator to show the current conditions of energy processing and conversion equipment, production technique and management.

Energy Conversion Standard Different units are often used to compute different caloric value of various energy sources, so a uniform standard computing unit has to be conversed to summarize, compare and analyze energy. There are two standard computing units practiced internationally: one is standard coal and the other is standard oil. Currently, standard coal is adopted as the computing unit in China for energy calculation, Standard coal also call calorie value equivalent, it refers a uniform standard energy of communistically unit is converted into by differed kinds, different caloric value of various energy .Every kind of energy is converted into standard coal according to one kilogram standard coal quail caloric of 7,000 kilocalories.

Equivalent Caloricity also called theoretic caloricity (or actual calorific value) refers to the heat value contained in one measurement unit of certain energy. The calculation of the heat value is according to the actual measurement of the heat released by complete burning of the test specimen in the cylinder filled with oxygen (container with the oxygen bomb immersed by water).

Equivalent Heat Value refers to certain secondary energy produced by conversion and its equivalent value of corresponding input of the primary energy, which means the quantity of the primary energy expressed by heat value and consumed to obtain one measurement unit of certain secondary energy. It is variation value. With the advancement of the energy conversion technology and the improvement of the energy management, the conversion loss becomes less and less, and the equivalent heat value will reduce gradually. Equivalent heat value is specific to secondary energy and consumed actuating medium, so when it comes into primary energy, there is no equivalent heat value.

Equivalent Heat Value = Energy Content of Secondary Energy ÷ Conversion Efficiency

Conversion Efficiency = Output Standardized Quantity of Secondary Energy ÷ Energy Standardized Quantity Input by Conversion

Consumption of Raw Materials and Energy refers to the quantity of raw materials and energy actually used in the report period. It includes the volume actually used in the main business line and sideline activities of an enterprise. The calculation principle of consumption is: "The one who consumes energy is responsible for conducting statistics on its consumption", i.e., statistics is made according to the use right. The calculation method is that when raw materials or energy enter the first production sequence and the original form or property is changed or they are put into actual use, they are treated as consumption statistics.

Inventory of Raw Materials and Energy refers to the quantity of raw materials and energy actually stored in the beginning and end of the report period. The calculation principle of inventory is: "The one who disposes energy is responsible for conducting statistics on its inventory", i.e., statistics is made according to the ownership. The calculation method refers to the quantity of raw materials and energy actually stored at a certain time that can be disposed by an enterprise.

can be calculated for the study of the energy consumption in a certain period. The formula is as follows:

Ratio of Energy Conservation = [Unit Energy Consumption in the Report Period / Unit Energy Consumption in the Base Period] − 1 × 100%

Annual Average Ratio of Energy Conservation = the N-th Root of [(Unit Energy Consumption in the Report Period / Unit Energy Consumption in the Base Period) − 1] × 100%

[illegible] energy consumption [illegible] gross output value, national product or gross industrial output value, etc. The n refers to the number of years between base period and report period.

Efficiency of Energy Processing and Conversion refers to the ratio of the total output of energy products of various kinds after processing and conversion to the total input of energy of various kinds for processing and conversion in the same report period. It is an important indicator to show the current conditions of energy processing and conversion equipment, production technique and management.

Energy Conversion Standard Different units are often used to compute different calorific value of various energy sources, so a uniform standard computing unit has to be converted to summarize, compare and analyze energy. There are two standard computing units practiced internationally, one is standard coal and the other is standard oil. Currently, standard coal is adopted as the computing unit in China for energy calculation. Standard coal also called value equivalent, refers to a uniform standard energy or computing unit to be converted into by different kinds, different calorific values of various energy. Every kind of energy is converted into standard coal according to each kilogram standard coal, with calorific of 7 000 kilocalories.

Equivalent Calorificity also called theoretic calorificity (or actual calorific value) refers to the heat value contained in one measurement unit of certain energy. The calculation of the heat value is according to the actual measurement of the heat released by complete burning of the test specimen in the cylinder filled with oxygen (container with the oxygen bomb immersed in water).

Equivalent Heat Value refers to certain secondary energy produced by conversion and its corresponding amount of the primary energy, which means the quantity of the primary energy consumed by heat value [illegible] When the development of the energy conversion technique and the improvement of the energy management, the conversion loss becomes less and less, and the equivalent heat value will reduce gradually. The equivalent heat value is an indicator of secondary energy and [illegible] heat value.

Equivalent Heat Value = [illegible]

Conversion efficiency = Output [illegible] Quantity of [illegible]

Consumption of Raw Materials and Energy refers to the quantity of raw materials and energy actually consumed in the report period. It includes the volume actually used in the major business line and ancillary activities of an [illegible] and consumption [illegible] The consumption is made according to the principle [illegible] that only materials and energy which the final production component [illegible] chained or they are put into actual use, they are treated as consumption statistics.

Inventory of Raw Materials and Energy refers to the quantity of raw materials and energy actually stored at the beginning and end of the report period. The calculation principle of inventories. The one who disposes energy [illegible]

calculation method refers to the quantity of raw materials and energy actually stored at a certain time that can be disposed by an enterprise.

八、财政、金融和保险

Finance, Banking and Insurance

8-1 1980-2010年地方财政一般预算收支额
Local Government General Budgetary Revenue and Expenditure (1980-2010)

单位：亿元 (100 million yuan)

年 份 Year	地方财政一般预算收入 The Local Government Budgetary Revenue	# 增值税 Value Added Tax	# 营业税 Business Tax	# 企业所得税 Enterprise Income Tax	地方财政一般预算支出 The Local Government Budgetary Expenditure	# 农业支出 Expenditure for Agriculture	# 文教科卫事业费 Expenditure for Culture, Education, Science and Health	# 行政管理费 Expenditure for Government Administration	# 社会保障补助支出 Expenditure for Social Security
1980	11.64				17.32	2.65	3.79	2.05	
1981	12.69				15.73	2.46	4.30	2.21	
1982	15.66				18.80	3.15	5.14	2.47	
1983	17.17				24.23	3.68	6.55	2.98	
1984	19.73				30.77	4.41	8.15	4.54	
1985	27.41			5.98	36.70	4.18	9.38	4.92	
1986	30.01			4.50	47.31	5.71	11.29	5.75	
1987	37.49			4.78	53.86	6.66	12.59	6.29	
1988	50.53			7.59	64.84	8.39	15.56	6.45	
1989	63.27			9.19	81.89	11.62	18.15	7.50	
1990	77.43			7.21	90.76	13.20	21.32	8.88	
1991	99.78			8.09	110.82	15.91	24.08	10.56	
1992	109.32			5.17	121.59	18.53	28.76	13.86	
1993	204.94			4.99	200.62	23.82	37.36	16.73	
1994	76.70	22.52	11.75	6.72	203.73	25.06	48.91	21.40	
1995	98.35	23.28	15.40	7.87	235.10	28.28	54.06	24.47	
1996	130.01	26.54	21.21	9.42	270.39	32.51	69.04	30.22	
1997	150.42	27.84	25.36	9.70	313.20	33.82	75.01	30.58	
1998	168.23	30.57	29.76	14.47	328.00	34.66	80.50	32.07	2.71
1999	172.67	31.06	33.94	14.95	378.05	36.59	89.86	33.47	7.33
2000	180.75	31.37	36.00	20.17	414.11	39.20	98.70	37.24	15.89
2001	191.28	33.62	36.68	26.29	496.43	45.26	116.70	44.76	26.21
2002	206.76	34.42	41.41	25.78	526.89	46.35	132.37	49.36	25.67
2003	229.00	39.11	45.17	21.50	587.35	48.99	143.99	55.43	42.30
2004	263.36	45.56	56.57	27.78	663.64	71.90	170.60	67.76	33.31
2005	321.65	56.02	67.64	33.35	766.31	73.50	192.06	78.12	29.03
2006	379.97	67.50	89.49	41.30	893.58	83.86	236.16	95.21	34.15
2007	486.71	85.72	112.47	55.71	1135.22	127.60	300.55	187.01	170.48
2008	614.05	99.41	136.63	66.03	1470.24	177.77	392.19	217.12	224.72
2009	698.25	97.53	175.79	65.29	1952.34	267.28	510.84	237.22	304.10
2010	871.19	112.78	237.26	82.28	2285.72	327.21	615.46	246.50	304.69

注：1.本表中1994年以来的财政收支及分组口径调整，与历史资料不可比。
2.2006年以前农业支出包括农业支出、林业支出、水利气象支出和农林水利气象部门事业费。
3.2007年以后财政支出科目调整，对应关系为：农业支出对应农林水事务、文教科卫事业费对应文教科卫支出、行政管理费对应一般公共服务、社会保障补助支出对应社会保障和就业。

Note: a.Since 1994,the local government revenue and expenditure and the grouping standard in this table are not comparable with the previous years.
b.Before 2006,the expenditure for agriculture included the spending on agriculture,forestry,water conservancy and meteorology and operating expenses for agriculture,forestry,water conservancy and meteorology.
c.After2007, the local government expenditure category changed,the corresponding relationships are as follows: operating expense for agriculture refers to the expenditure for agriculture,forestry and water conservancy,operating expense for culture,education,science and technology and health care refers to expenditure for culture,education, science and technology and health care,operating expense for government administration refers to the expenditure for public service, operating expense for social security refers to the expenditure for social security and employment.

8-2 地方财政一般预算收入(2009-2010年)

Local Government General Budgetary Revenue (2009-2010)

单位：万元 (10 000 yuan)

类 别	Category	2009	2010	2010年比2009年增长(%) Increase rate in 2010 over 2009 (%)
地方一般预算收入	**Local Government Budgetary Revenue**	**6 982 525**	**8 711 875**	**24.8**
税收收入	**Tax Revenue**	**5 481 063**	**7 021 636**	**28.1**
增值税	Value-added Tax	975 260	1 127 820	15.6
营业税	Business Tax	1 757 903	2 372 617	35.0
企业所得税	Enterprise Income Tax	652 924	822 828	26.0
个人所得税	Personal Income Tax	256 723	322 304	25.5
资源税	Resource Tax	104 906	129 242	23.2
固定资产投资方向调节税	Tax Raised from Adjustment of Real-estate Investment	1 515		
城市维护建设税	Tax on City Maintenance and Construction	568 138	676 572	19.1
房产税	Tax on Real Estates	141 781	171 833	21.2
印花税	Stamp Tax	63 320	90 046	42.2
城镇土地使用税	Holding Tax on Urban and County Land	130 586	139 931	7.2
土地增值税	Land Value Added Tax	81 870	143 630	75.4
车船税	Tax on Vehicles and Their Registration	46 263	56 622	22.4
耕地占用税	Farmland Occupation Tax	139 581	337 253	141.6
契 税	Contract Tax	263 607	325 250	23.4
烟叶税	Tobacco Leaf Tax	296 531	305 708	3.1
其他税收收入	Others	155		
非税收入	**Non-tax Revenue**	**1 501 462**	**1 690 239**	**12.6**
专项收入	Specific Revenue	421 964	527 961	25.1
行政性收费收入	Income from Administrative Fees	290 431	334 922	15.3
罚没收入	Penalty and Confiscatory Income	326 847	339 233	3.8
国有资本经营收入	Profits of State-owned Enterprises	130 845	109 408	-16.4
国有资源(资产)有偿使用收入	Revenue of Compensable Use of State-owned Resources (Assets)	104 365	142 824	36.9
其他收入	Others	227 010	235 891	3.9

8-3 地方财政一般预算支出(2009-2010年)

Local Government General Budgetary Expenditure (2009-2010)

单位：万元 (10 000 yuan)

类 别	Item	2009	2010	2010年比2009年增长(%) Increase rate in 2010 over 2009 (%)
地方一般预算支出	**Local Government Budgetary Expenditure**	**19 523 395**	**22 857 234**	**17.1**
一般公共服务	General Public Service	2 372 188	2 464 983	3.9
公共安全	Public Security	1 345 625	1 454 196	8.1
教 育	Education	3 081 797	3 747 944	21.6
科学技术	Science and Technology	189 937	214 291	12.8
文化体育与传媒	Culture, Sports and Media	323 772	355 304	9.7
社会保障和就业	Social Security and Employment	3 040 988	3 046 932	0.2
医疗卫生	Health	1 512 854	1 837 015	21.4
环境保护	Environment Protection	821 579	864 060	5.2
城乡社区事务	Urban and Rural Community Affairs	757 760	866 556	14.4
农林水事务	Farming, Forestry and Irrigation Affairs	2 672 801	3 272 128	22.4
交通运输	Transport	1 595 182	1 398 794	-12.3
工业商业金融等事务	Industrial,Commercial and Financial Affairs	785 347	956 497	21.8
其他各项支出	Others	662 315	529 300	-20.1

8-4 各州市财政一般预算收入（2009-2010年）

Local Government General Budgetary Revenue by Region (2009-20109)

单位：万元 (10 000 yuan)

州 市	Region	2009	2010	2010年比2009年增长 (%) Increase rate in 2010 over 2009 （%）
全省合计	**Total**	**6 982 525**	**8 711 875**	**24.8**
昆 明	Kunming	2 016 125	2 538 319	25.9
曲 靖	Qujing	631 875	724 326	14.6
玉 溪	Yuxi	541 595	647 297	19.5
保 山	Baoshan	158 071	213 778	35.2
昭 通	Zhaotong	207 906	256 182	23.2
丽 江	Lijiang	116 584	164 551	41.1
普 洱	Pu'er	166 000	308 580	85.9
临 沧	Lincang	100 543	145 141	44.4
楚 雄	Chuxiong	255 832	306 979	20.0
红 河	Honghe	520 397	612 237	17.6
文 山	Wenshan	172 888	220 266	27.4
西双版纳	Xishuangbanna	85 990	112 586	30.9
大 理	Dali	315 480	376 162	19.2
德 宏	Dehong	98 345	132 390	34.6
怒 江	Nujiang	46 666	58 388	25.1
迪 庆	Diqing	43 578	59 667	36.9

8-5 各州市地方财政支出(2009-2010年)

Local Government General Budgetary Expenditure by Region (2009-2010)

单位：万元 (10 000 yuan)

州 市	Region	2009	2010	2010年比2009年增长 (%) Increase rate in 2010 over 2009 (%)
全省合计	**Total**	**19 523 395**	**22 857 234**	**17.1**
昆 明	Kunming	2 707 475	3 462 884	27.9
曲 靖	Qujing	1 401 667	1 815 919	29.6
玉 溪	Yuxi	898 224	1 072 981	19.5
保 山	Baoshan	620 180	822 869	32.7
昭 通	Zhaotong	1 114 971	1 465 980	31.5
丽 江	Lijiang	474 537	591 117	24.6
普 洱	Pu'er	854 788	1 141 098	33.5
临 沧	Lincang	695 355	907 747	30.5
楚 雄	Chuxiong	910 569	1 085 785	19.2
红 河	Honghe	1 376 466	1 694 222	23.1
文 山	Wenshan	899 434	1 141 176	26.9
西双版纳	Xishuangbanna	352 445	424 301	20.4
大 理	Dali	1 023 923	1 242 429	21.3
德 宏	Dehong	488 697	581 117	18.9
怒 江	Nujiang	275 430	340 402	23.6
迪 庆	Diqing	300 894	431 485	43.4

8-6 1978-2010年金融机构存款年末余额

Historic Deposits of Financial Institutions at Year-end (1978-2010)

单位：万元 (10 000 yuan)

年 份 Year	存款合计 Total Deposits	# 企业存款 Deposits of Enterprises	# 储蓄存款 Savings Deposits
1978	285 145	83 561	32 353
1979	344 785	95 950	39 070
1980	399 489	111 370	54 305
1981	482 462	129 192	72 166
1982	596 111	178 804	123 642
1983	688 135	202 773	161 704
1984	814 491	254 253	222 396
1985	996 681	409 284	298 259
1986	1 285 812	538 007	397 645
1987	1 566 352	549 829	554 604
1988	1 904 060	705 083	638 442
1989	2 182 576	798 854	864 530
1990	2 921 911	1 058 128	1 178 897
1991	3 658 114	1 368 169	1 522 838
1992	4 667 218	1 727 901	1 958 154
1993	5 935 646	2 034 117	2 512 327
1994	8 411 522	3 191 881	3 514 008
1995	11 872 364	4 788 949	5 001 334
1996	15 395 876	6 507 994	6 712 022
1997	18 293 989	8 252 438	8 059 887
1998	20 760 568	9 106 445	9 128 919
1999	22 543 844	9 407 893	10 289 259
2000	24 656 844	10 384 035	11 382 215
2001	27 797 088	10 825 159	12 985 261
2002	31 212 784	11 061 237	15 002 399
2003	37 474 641	13 447 043	17 665 071
2004	44 043 607	16 888 145	20 521 210
2005	51 405 021	17 736 285	24 302 841
2006	61 312 508	20 665 007	28 548 640
2007	71 708 676	25 788 416	30 464 040
2008	84 189 434	28 826 903	37 837 849
2009	111 196 362	39 423 801	46 686 124
2010	134 114 884	44 624 227	57 195 525

注：本表资料1981年及以前为国有商业银行数据，1982年后为全部金融机构数据。

Note:The data in this table are obtained from National Commercial Bank before 1981,while after 1982,all data are obtained from financial institutions.

8-7 1978-2010年金融机构贷款年末余额

Historical Loans of Financial Institutions at Year-end (1978-2010)

单位：万元 (10 000 yuan)

年 份 Year	贷款合计 Total Loans	# 工业贷款 Industrial Loans	# 商业贷款 Commercial Loans	# 农业贷款 Agricultural Loans
1978	308 717	72 234	211 563	24 920
1979	314 051	79 207	201 937	32 907
1980	339 246	82 772	210 430	38 325
1981	389 548	80 228	247 671	40 162
1982	441 050	78 614	288 557	44 668
1983	497 416	96 565	305 366	60 219
1984	643 594	144 602	335 145	100 885
1985	968 798	194 937	449 578	116 058
1986	1 288 335	317 923	526 909	160 018
1987	1 579 625	395 083	635 955	196 277
1988	2 017 363	468 760	786 841	245 522
1989	2 337 107	623 772	898 052	260 252
1990	2 753 240	813 119	1 008 009	296 428
1991	3 273 560	954 519	1 160 378	334 206
1992	4 142 107	1 140 174	1 410 687	420 945
1993	5 259 676	1 427 452	1 806 842	499 614
1994	6 846 840	1 797 478	2 359 671	360 850
1995	9 246 652	2 315 234	3 236 407	459 441
1996	11 945 086	3 201 792	4 124 038	606 985
1997	14 969 543	3 690 813	5 030 155	763 298
1998	17 139 721	3 756 140	5 216 936	1 008 528
1999	18 240 410	3 777 645	5 124 717	1 112 435
2000	19 878 301	3 399 585	4 336 597	1 185 182
2001	21 734 512	3 958 147	3 707 721	1 408 783
2002	24 184 769	3 689 183	3 285 317	1 710 208
2003	29 555 721	3 980 706	3 023 246	2 026 232
2004	33 982 873	4 263 667	2 719 592	2 392 710
2005	39 875 767	4 476 856	2 461 884	2 792 151
2006	48 035 098	6 010 140	2 177 200	3 135 967
2007	56 716 646	6 071 439	2 202 354	4 445 567
2008	65 943 329	7 117 655	2 497 334	7 471 836
2009	87 796 277	6 320 390	2 589 961	9 425 673
2010	105 687 767			

注：本表资料1981年及以前为国有商业银行数据，1982年后为全部金融机构数据。

Note:The data in this table are from National Commercial Bank before 1981,while after 1982,all data are from financial institutions.

8–8 各州市金融机构存贷款余额（2010年）

Loans and Deposits of Financial Institutions by Region (2010)

单位：亿元 (100 million yuan)

州 市	Region	各项存款 Total Deposits 余额 Balance at Year-end	比年初增减(±) Increase Rate over Year Beginning(±)	#居民储蓄存款 Savings Deposits of Residents 余额 Balance at Year-end	比年初增减(±) Increase over Year Beginning(±)	各项贷款 Total Loans 余额 Balance at Year-end	比年初增减(±) Increase over Year Beginning(±)
全省合计	**Total**	**13 411.49**	**2 291.84**	**5 719.55**	**1 050.94**	**10 568.78**	**1 789.15**
昆 明	Kunming	6 739.51	890.08	2 341.55	418.63	6 498.57	1 047.78
曲 靖	Qujing	1 016.64	181.35	509.68	88.73	629.93	103.63
玉 溪	Yuxi	816.01	116.64	374.66	56.01	465.66	85.20
保 山	Baoshan	346.95	86.58	191.72	36.24	228.70	45.75
昭 通	Zhaotong	520.35	134.17	234.77	47.67	286.34	72.99
丽 江	Lijiang	297.61	78.90	147.37	30.18	193.92	41.30
普 洱	Pu'er	363.91	91.28	182.56	35.09	232.00	41.59
临 沧	Lincang	245.46	50.21	118.92	25.01	168.13	26.90
楚 雄	Chuxiong	437.98	64.85	228.51	38.52	265.22	48.85
红 河	Honghe	884.68	197.67	460.71	81.95	488.25	78.02
文 山	Wenshan	387.36	84.90	204.12	41.61	271.85	40.05
西双版纳	Xishuangbanna	256.88	27.22	149.67	27.20	145.29	20.92
大 理	Dali	597.53	127.55	322.18	59.70	389.64	72.00
德 宏	Dehong	290.49	80.31	183.20	45.94	162.25	30.67
怒 江	Nujiang	91.57	19.96	33.85	6.39	51.45	7.97
迪 庆	Diqing	118.55	32.42	36.09	7.27	87.36	17.08

8–9 金融机构(不含外资)人民币信贷情况（2010年）

Credit Funds of RMB Operation Condition of Financial Institution (Excluding Foreign Institutions) (2010)

单位：万元 (10 000 yuan)

项 目	Item	2010年末余额 Balance of 2010 at Year-end	比年初增长（%） Increase Rate over Year Beginning(%)
各项存款	**Deposits in Various Forms**	**134 114 884**	**20.6**
企业存款	Deposits of Enterprises	44 624 227	16.1
活期存款	Current Deposits	35 598 022	18.7
定期存款	Time Deposits	9 026 205	6.8
财政存款	Financial Deposits	3 277 718	-2.9
机关团体存款	Deposits of Organs and Organizations	13 726 565	24.9
储蓄存款	Savings Deposits	57 195 525	22.5
活期储蓄	Demand Deposits	28 944 571	27.5
定期储蓄	Time Deposits	28 250 954	17.8
农业存款	Agricultural Deposits	7 549 157	29.8
信托存款	Trust Deposits		
委托存款	Entrust Deposits	385 534	24.1
其他存款	Other Deposits	7 356 157	31.9
各项贷款	**Loans in Various Forms**	**105 687 767**	**20.4**
短期贷款	Short-term Loans	26 711 214	7.7
中长期贷款	Medium & Long-term Loans	77 244 671	28.1

8-10 金融机构现金收支情况(2010年)

Cash Income and Expenditure Statistics of Financial Institutions (2010)

单位：万元 (10 000 yuan)

项　目	Item	2010年累计 Accumulative Total of 2010	2010年比2009年增长(%) Increase Rate in 2010 over 2009 (%)
收入合计	**Cash Income**	**199 139 410**	**18.3**
商品销售收入	Income from Commodity Sales	13 700 562	12.4
服务业收入	Income from Service Trade	7 669 255	13.7
行政税费收入	Income from Taxes	1 097 663	12.2
城乡个体经营收入	Income from Urban and Rural Individual Business	3 542 487	26.1
储蓄存款收入	Income from Savings Deposits	142 683 140	17.4
其他金融性公司收入	Income from Other Financial Institutions	780 411	8.4
居民归还贷款收入	Income from Repayment of Loans by Residents	4 942 186	14.9
汇兑收入	Income from Remittances	1 700 502	64.0
有价证券及其他投资性收入	Income from Securities and Other Investment	201 501	30.7
其他收入	Other Income	22 821 702	27.5
# 兑换外币收入	Income from Exchange of Foreign Currencies	117 784	-7.9
支出合计	**Cash Expenditures**	**200 926 187**	**18.7**
工资性及个人其他支出	Wages and Other Individual Expenditure	10 036 109	13.1
农副产品采购支出	Purchases of Agricultural and Sideline Products	5 305 687	18.9
工矿及其他产品采购支出	Expenditure for Purchases of Industrial , Mineral and Other Products	3 133 771	17.9
行政企业管理与经营费支出	Government and Enterprise Overhead	6 037 438	20.8
城乡个体经营支出	Expenditure for Individual Business	4 876 923	30.3
储蓄存款支出	Expenditure for Savings Deposits	144 281 810	18.5
其他金融性公司支出	Expenditure for Other Financial Institutions	351 611	21.6
居民提取贷款支出	Expenditure for Loans from Residents	259 786	10.4
汇兑支出	Expenditure for Remittances	532 099	35.3
有价证券支出	Expenditure for Securities	234 110	29.3
其他支出	Other Expenditure Exchange	23 539 045	20.4
# 兑换外币支出	Exchange of Foreign Currencies	97 484	25.9
投放(+)、回笼(-)	**Currency Issues (+) and Cash Withdrawn (-)**	**1 786 778**	**101.7**

8-11 保险费收入和赔款给付（1997-2010年）
Premium Income and Expenditure for Claim and Payment (1997-2010)

单位：万元 (10 000 yuan)

年 份 Year	保险费收入 Premium Income (10 000 yuan)	赔款及给付支出 Expenditure for Claim and Payment	简单赔付率 (%) Rate of Simple Claim and Payment (%)
1997	315 922	100 653	31.9
1998	345 750	135 959	39.3
1999	374 632	140 335	37.5
2000	397 206	167 096	42.1
2001	426 989	189 657	44.4
2002	554 371	191 772	34.6
2003	737 497	203 526	27.6
2004	742 225	259 132	34.9
2005	810 272	240 123	29.6
2006	952 880	288 950	30.3
2007	1 118 573	477 547	42.7
2008	1 653 916	634 019	38.3
2009	1 800 825	651 156	36.2
2010	2 356 815	663 065	28.1

8-12 保险业务经济技术指标（2010年）
Economic and Technical Indicators of Insurance Companies (2010)

单位：万元 (10 000 yuan)

项 目	Item	保险金额 Premium	原保险保费收入 Original Insurance Premium Income	各项赔款和给付 Claim and Payment
合 计	**Total**	**637 938 698**	**2 356 815**	**663 065**
财产保险公司	**Property Insurance Companies**	**478 049 828**	**989 556**	**404 098**
企业财产保险	Enterprise Property Insurance	50 626 814	60 636	17 055
家庭财产保险	Family Property Insurance	5 316 101	5 641	2 718
机动车辆保险	Motor Vehicle Insurance	90 020 188	752 357	309 968
工程保险	Engineering Insurance	12 339 500	38 434	5 915
责任保险	Liability Insurance	190 975 785	20 340	7 529
信用保险	Export Credit Insurance	1 179 564	7 654	868
保证保险	Guarantee Insurance	629 205	5 608	678
船舶保险	Ship Insurance	10 747	193	85
货物运输保险	Freight Transport	23 693 643	16 692	4 288
特殊风险保险	Special Risk Insurance	216 939	483	483
农业保险	Agricultural Insurance	2 655 506	34 161	29 968
健康险	Health Insurance	18 856 422	18 172	14 020
意外伤害保险	Accident Injury Insurance	81 529 476	29 186	10 521
其他险	Other Insurance	-62.08	0.69	2.18
人寿保险公司	**Life Insurance Companies**	**159 888 869**	**1 367 259**	**258 967**
人寿保险	Life Insurance	7 243 247	1 174 070	173 919
健康保险	Health Insurance	40 007 820	141 362	73 167
意外伤害保险	Personal Accident Injury Insurance	112 637 803	51 826	11 881

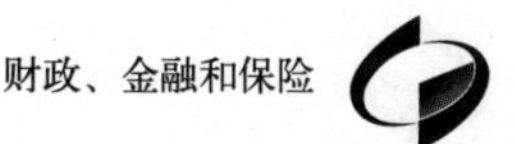

8-13 云南省辖区证券市场基本情况（2007-2010年）
Basic Statistics on Securities Markets Under Yunnan Province (2007-2010)

项　　目	Item	2007	2008	2009	2010
上市公司数（家）	Number of Listed Companies (unit)	26	27	26	28
# 发行A股公司数	A Shares	26	27	26	28
发行B股公司数	B Shares				
A、B股均发行公司数	A Shares and B Shares				
境外发行公司数	Overseas-listed Companies	1	1	1	1
境内、外均发行公司数	Companies of Overseas-listed and Domestic	1	1	1	1
ST公司数	ST Listed Companies	2	1	1	2
证券公司数（家）	Number of Securities Companies (unit)	2	2	2	2
证券营业部数（家）	Number of Securities Business Department (unit)	59	57	57	63
证券投资咨询机构数（家）	Number of Securities Investment Consultative Institutions (unit)	1	1	1	1
证券投资者资金开户数（累计数）（万户）	Number Of Opening Account of Securities Investors (10 000 households)	57.2	63.6	87.7	173.3
上市公司当年境内募集资金总额（扣除发行费）（亿元）	Total Volume of Domestic Raise Capital by Listed Companies in current year (100 million yuan)	90.12	60.00	84.26	46.33
首次公开发行	IPO	5.87	1.90		31.23
配股	Share Right Issued			17.11	13.20
增发	Adding the Share Issue	67.95	58.10	39.56	1.90
可转债及公司债	Transferable Loans	16.30		27.59	
市价总值（亿元）	Total Market Value (100 million yuan)	3 510.34	1 116.61	2 606.85	2 777.68
证券经营机构证券累计成交量（总成交）（亿元）	Trading Volume of Securities Managerial (100 million yuan)	7 418.91	5 187.28	9 853.01	8 845.83

主要统计指标解释

财政收入　指国家财政参与社会产品分配所取得的收入，是实现国家职能的财力保证。

地方财政一般预算收入　是指按照一定的形式和程序，由地方各级财政部门组织并纳入地方财政一般预算管理的各项收入。主要包括：

1. **税收收入**：包括国内增值税、营业税、企业所得税、个人所得税、资源税、城市维护建设税、各银行总行、各保险公司总公司集中交纳的部分、房产税、印花税、城镇土地使用税、土地增值税、车船税、耕地占用税、契税、烟叶税等。

2. **非税收入**：包括专项收入、行政事业性收费、罚没收入、国有资本经营收入、国有资源（资产）有偿使用收入和其他收入。

财政支出　指国家财政将筹集起来的资金进行分配使用，以满足经济建设和各项事业的需要。

地方财政一般预算支出　是指地方各级财政部门对所集中的预算收入有计划地分配和使用而安排的支出。主要包括：

1. **一般公共服务**：指政府提供基本公共管理与服务的支出，包括人大事务、政协事务、政府办公厅（室）及相关机构事务、发展与改革事务、统计信息事务、财政事务、税收事务、审计事务、海关事务、人力资源事务、纪检监察事务、人口与计划生育事务、商贸事务、知识产权事务、工商行政管理事务、国土资源事务、海洋管理事务、测绘事务、地震事务、气象事务、民族事务、宗教事务、港澳台侨事务、档案事务、共产党事务、民主党派事务及工商联事务、群众团体事务、彩票事务等。

2. **公共安全**：指政府维护社会公共安全方面的支出，包括武装警察、公安、国家安全、检察、法院、司法行政、监狱、劳教、国家保密、缉私警察等。

3. **教育**：指政府教育事务支出，包括教育行政管理、学前教育、小学教育、初中教育、普通高中教育、普通高等教育、初等职业教育、中专教育、技校教育、职业高中教育、高等职业教育、广播电视教育、留学生教育、特殊教育、干部继续教育、教育机关服务等。

4. **科学技术**：指用于科学技术方面的支出，包括科学技术管理事务、基础研究、应用研究、技术研究与开发、科技条件与服务、社会科学、科学技术普及、科技交流与合作等。

5. **文化教育与传媒**：指政府在文化、文物、体育、广播影视、新闻出版等方面的支出。

6. **社会保障和就业**：指政府在社会保障与就业方面的支出，包括社会保障和就业管理事务、民政管理事务、财政对社会保险基金的补助、补充全国社会保障基金、行政事业单位离退休、企业改革补助、就业补助、抚恤、退役安置、社会福利、残疾人事业、城市居民最低生活保障、其他城镇社会救济、农村社会救济、自然灾害生活救助、红十字事务等。

7. **医疗卫生**：指政府医疗卫生方面的支出，包括医疗卫生管理事务支出、医疗服务支出、医疗保障支出、疾病预防控制支出、卫生监督支出、妇幼保健支出、农村卫生支出等。

8. **环境保护**：指政府环境保护支出，包括环境保护管理事务支出、环境监测与监察支出、污染治理支出、自然生态保护支出、天然林保护工程支出、退耕还林支出、风沙荒漠治理支出、退牧还草支出、已垦草原退耕还草、能源节约利用、污染减排、可再生能源和资源综合利用等支出。

9. **城乡社区事务**：指政府城乡社区事务支出，包括城乡社区管理事务支出、城乡社区规划与管理支出、城乡社区公共设施支出、城乡社区住宅支出、城乡社区环境卫生支出、建设市场管理与监督支出等。

10. **农林水事务**：指政府农林水事务支出，包括农业支出、林业支出、水利支出、扶贫支出、农业综合开发支出等。

11. **交通运输**：指政府交通运输和邮政业方面的支出，包括公路运输支出、水路运输支出、铁路运输支出、民用航空运输支出、邮政业支出等。

12. **工业商业金融等事务**：指政府对工业、商业及金融等方面的支出，包括采掘业支出、制造业支出、建筑业支出、工业和信息产业监管支出、国有资产监管支出、商业流通事务支出、金融业监管支出、旅游业管理与服务支出等。

存款 指企业、机关、团体或居民根据资金必须收回的原则，把货币资金存入银行或其他信贷机构保管并取得一定利息的一种信贷活动形式。根据存款对象的不同可划分为企业存款、财政存款、机关团体存款、城乡储蓄存款、农业存款、委托及信托存款、其他类等。

贷款 指银行或其他信贷机构根据资金必须归还的原则，按一定利率，为企业、个人等提供资金的一种信用活动形式。我国银行贷款分为短期贷款、委托及信托类贷款、其他类贷款等。

保险金额 指保险人承担赔偿或者给付保险金责任的最高限额。

保费 指投保人为取得保险人在约定范围内所承担赔偿责任而支付给保险人的费用。

赔款 指保险人根据保险公司合同的规定，向被保险人支付的赔偿保险责任损失的金额。

Explanatory Notes on Principal Statistical Indicators

Government Revenue refers to income for the government finance through participating in the distribution of social products. It is the financial guarantee to ensure government functioning.

Local Government Budgetary Revenue refers to incomes which were organized and managed by the financial departments of local governments at all levels according to certain forms and procedures.

The contents of the local government budgetary revenue include the following main items:

1.**Tax revenues,** including domestic value added tax (VAT), domestic consumption tax, VAT and consumption tax from imports, VAT and consumption tax rebate for exports, business tax, corporate income tax, individual income tax, resource tax, city maintenance and construct tax, house property tax, stamp tax, urban land use tax, land appreciation tax, tax on vehicles and boat operation, ship tonnage tax, vehicle purchase tax, tariffs, farm land occupation tax, deed tax, and tobacco leaf tax, etc.

2.**Non-tax revenue**, including special program receipts, charge of administrative and institutional units, penalty receipts and others non-tax receipts.

Government Expenditure refers to the distribution and use of the funds which the government finance has raised, so as to meet the needs of economic construction and various causes.

Local Government Budgetary Expenditure refers to the planned distribution and use of the raised budgetary revenue by the financial departments of local government at all levels.

It includes the following main items

1.**Expenditure for general public services: It** refers to the spending on the basic public management and services which provided by governments, including the expense on affairs of People's Congress, affairs of People's Political Consultative Conference, affairs of government general office and relative institutions, affairs of development and reform, affairs of statistics, affairs of finance, affairs of taxation, affairs of audit, affairs of customs, affairs of human resources and social security, affairs of discipline inspection and supervision, affairs of population and family planning, affairs of commerce and trade, affairs of intellectual property, affairs of administration for industry and commerce, affairs of land and resources, affairs of oceanic administration, affairs of surveying and mapping, affairs of earthquake, ethnic affairs, religious affairs, affairs of Hong Kong, Macao, Taiwan, and Overseas Chinese, affairs of archives administration, affairs of Chinese Communist Party, affairs of democratic parties and federation of industry and commerce, affairs of mass organization, and affairs of lottery, etc.

2.**Expenditure for public security: It** refers to the spending of government on maintaining social and public security, including the expense on armed police force, public security, state security, prosecution, courts, justice, prison, labour education and rehabilitation, protection of state secrecy, anti-smuggling police, etc.

3.**Expenditure for education: It** refers to the spending of government on education, including the expense on the administration of education, pre-primary education, primary education, secondary education, high school education, regular higher education, primary vocational education, secondary vocational education, technical school education, vocational high school education and higher vocational education, radio and television education, student abroad education, special education, on the job training of cadres, education authorities services, etc.

4.**Expenditure for science and technology: It** refers to the spending of government on science and technology (S&T), including the expense on the administration of S&T, basic research, applied research, research and development, conditions and services of S&T, popularization of social science, science and technology, exchanges and cooperation of S&T, etc.

5.**Expenditure for culture, sport and media: It** refers to the spending of government on culture, cultural heritage, sports, radio, film, television, press and publication, etc.

6.**Expenditure for social safety net and employment effort: It** refers to the spending of government on social safety net and employment, including the expense on administration of social safety net and employment, civil affairs, budgetary subsidy on the social insurance funds, subsidy on National Social Security Fund, retirees of administrative units and institutions, subsidy on enterprise reform, subsidy on employment effort, pension, placement of ex-serviceman, social welfare, the handicapped undertakings, the system of cost of living allowances for urban residents, other urban social relief, rural social relief, living relief of natural disasters, affairs of Red Cross Society, etc.

7.**Expenditure for medical and health care: It** refers to the spending of government on medical and health care, including the expense on administration of medical and health care, medical services, health care, disease prevention and control, health inspection and supervision, women and children's health, rural health care, etc.

8.**Expenditure for environment protection: It** refers to the spending of government on environment protection, including the expense on administration of environment protection, environment monitoring and supervision, pollution control, natural ecology protection, project of virgin forests protection, reforesting farmland, controlling the sources of dust storms, returning pastureland to grassland, returning pastureland to grassland, returning cultivated land to grassland, energy conservation, emissions reduction, comprehensive utilization of renewable energy and resources, etc.

9.**Expenditure for urban and rural community affairs: It** refers to the spending of government on urban and rural community affairs, including the expense on administration of urban and rural community, planning and management of urban and rural community, public facilities of urban and rural community, housing of urban and rural community, sanitation of urban and rural community, management and supervision on the construction market, etc.

10.**Expenditure for agriculture, forestry and water conservancy: It** refers to the spending of government on agriculture, forestry and water conservancy, including the expense on agriculture, forestry, water conservancy, poverty alleviation, comprehensive agricultural development, etc.

11.**Expenditure for transportation: It** refers to the spending of government on transportation and postal services, including the expense on road transportation, waterway transportation, railway transportation, civil aviation transportation, and postal services.

12.**Expenditure for industry, commerce and banking: It** refers to the spending of government on industry, commerce and banking, including the expense on mining, manufacturing, construction, industry and information technology supervision and administration, State-owned assets supervision and administration, commerce and circulation affairs, financial intermediation supervision and administration, tourism administration and service, etc.

Deposit is a form of credit by which enterprises, institutions, organizations or households can put money into banks and other credit institutions for safekeeping and interest earning under the principle of free withdrawal. According to different depositors, deposits are divided into enterprise deposits, treasury deposits, deposits of government agencies and organizations, capital construction deposits, savings deposits, rural saving deposits, entrusted deposits and other deposits.

Loan is a form of credit by which banks and other credit institutions provide funds at certain interest rate to enterprises and individuals in the light of the principle of unconditional repayment. Loans from Chinese banks include short-term loans, trust and entrust loans and other kinds of loans.

Amount Insured refers to the maximum amount that the insurant will get for the claim of the case insured.

Premium is the fee paid by the insurant to the insurer to obtain the obligation of compensation from the insurance within the agreed terms.

Settled Claim is the compensation paid by the insurer to the insurant in accordance with the insurance contract.

Chapter 9

九、价格指数

Price Indices

9-1　全省各种价格指数
Price Indices

(上年=100)　　(preceding year=100)

年　份 Year	居民消费价格指数 Consumer Price Index	城市居民消费价格指数 Urban Household	农村居民消费价格指数 Rural Household	商品零售价格指数 Retail Price Index	工业生产者出厂价格指数 Producer Price Index for Manufactured Goods	工业生产者购进价格指数 Purchasing Price Index for Raw Material, Fuel and Power	固定资产投资价格指数 Price Index for Investment in Fixed Assets
1978	100.2	100.0	100.3	100.1			
1980	104.7	108.1	103.7	105.7			
1985	108.2	111.9	105.7	108.0			
1990	102.8	101.6	103.4	102.1			
1991	103.1	103.8	102.7	103.7	106.3	108.2	112.1
1992	108.9	110.4	108.8	107.7	103.8	111.9	117.6
1993	121.3	118.8	123.3	118.9	125.0	138.1	135.4
1994	119.2	117.3	119.9	115.8	116.7	110.3	107.8
1995	121.3	120.3	121.8	118.1	110.2	113.2	104.0
1996	108.7	108.2	108.8	106.6	101.3	111.3	104.3
1997	104.3	104.6	103.9	102.3	100.7	103.1	105.4
1998	101.7	102.4	101.1	99.2	96.9	100.7	101.8
1999	99.7	98.8	100.7	98.3	98.2	98.8	100.7
2000	97.9	97.6	98.4	97.6	101.2	101.5	101.6
2001	99.1	98.1	100.6	98.4	99.9	99.4	101.0
2002	99.8	99.3	100.5	98.1	98.2	97.6	100.0
2003	101.2	101.3	101.0	99.9	101.4	102.7	102.2
2004	106.0	106.1	105.9	104.7	108.8	109.6	108.0
2005	101.4	101.7	101.0	100.1	104.5	106.5	104.6
2006	101.9	101.9	101.8	100.8	104.6	107.6	101.8
2007	105.9	105.9	105.9	104.4	105.7	108.2	104.2
2008	105.7	105.4	106.0	106.1	105.8	111.6	107.4
2009	100.4	100.5	100.2	100.1	91.5	95.0	98.1
2010	103.7	103.8	103.6	103.6	108.8	109.0	102.7

9-2 1978-2010年居民消费价格总指数

General Consumer Price Indices over the Years (1978-2010)

年 份 Year	以1978年为100 1978=100	以1980年为100 1980=100	以1985年为100 1985=100	以1990年为100 1990=100	以1995年为100 1995=100	以上年为100 Preceding Year=100
1978	100.0					100.2
1979	101.1					101.1
1980	105.9	100.0				104.7
1981	107.1	101.2				101.2
1982	109.1	103.0				101.8
1983	110.1	104.1				101.0
1984	112.2	105.8				101.9
1985	121.4	114.4	100.0			108.2
1986	128.8	121.4	106.1			106.1
1987	137.9	129.9	113.0			107.0
1988	165.2	155.6	135.4			119.8
1989	195.9	184.6	160.6			118.6
1990	201.4	189.7	165.1	100.0		102.8
1991	207.6	195.6	170.2	103.1		103.1
1992	226.1	213.0	185.4	112.3		108.9
1993	274.2	258.4	224.8	136.2		121.3
1994	326.9	308.0	268.0	162.3		119.2
1995	396.5	372.1	325.1	196.9	100.0	121.3
1996	431.0	404.5	353.4	214.0	108.7	108.7
1997	449.6	420.9	368.6	223.3	113.1	104.3
1998	457.2	428.0	374.8	227.0	115.3	101.7
1999	455.8	426.8	373.7	226.4	115.0	99.7
2000	446.3	417.8	365.9	221.6	112.5	97.9
2001	444.5	414.0	362.6	219.6	111.5	99.1
2002	443.6	413.2	361.9	219.2	111.3	99.8
2003	448.9	418.2	366.2	221.8	112.6	101.2
2004	475.9	443.3	388.2	235.1	119.4	106.0
2005	482.5	449.5	393.6	238.4	121.1	101.4
2006	491.7	458.0	401.1	242.9	123.4	101.9
2007	520.7	485.0	424.7	257.3	130.7	105.9
2008	550.4	512.7	449.0	271.9	138.1	105.7
2009	552.6	514.7	450.7	273.0	138.6	100.4
2010	573.2	533.9	467.5	283.2	143.8	103.7

9-3 1978-2010年城市居民消费价格总指数

General Urban Consumer Price Indices over the Years (1978-2010)

年份 Year	以1952年为100 1952=100	以1978年为100 1978=100	以1980年为100 1980=100	以1990年为100 1990=100	以1995年为100 1995=100	以上年为100 Preceding Year=100
1978	112.7	100.0				100.0
1979	113.6	100.8				100.8
1980	122.8	109.0				108.1
1981	123.8	109.8	100.8			100.8
1982	125.9	111.7	102.5			101.7
1983	126.6	112.4	103.1			100.6
1984	129.9	115.3	105.8			102.6
1985	145.4	129.0	118.4			111.9
1986	152.4	135.2	124.1			104.8
1987	163.7	145.2	133.3			107.4
1988	198.2	175.9	161.4			121.1
1989	233.7	207.3	190.3			117.9
1990	237.4	210.6	193.3	100.0		101.6
1991	246.4	218.7	200.7	103.8		103.8
1992	272.1	241.4	221.5	114.6		110.4
1993	323.2	286.8	263.2	136.1		118.8
1994	379.1	336.4	308.7	159.7		117.3
1995	456.1	404.7	371.4	192.1	100.0	120.3
1996	493.5	438.3	401.8	207.9	108.2	108.2
1997	516.2	458.0	420.3	217.4	113.2	104.6
1998	528.6	469.0	430.4	222.6	115.9	102.4
1999	522.2	463.4	425.2	220.0	114.5	98.8
2000	509.7	452.2	415.0	214.7	111.8	97.6
2001	500.0	443.7	407.2	210.6	109.6	98.1
2002	496.5	440.5	404.3	209.1	108.9	99.3
2003	502.9	446.3	409.6	211.9	110.3	101.3
2004	533.6	473.5	434.5	224.8	117.0	106.1
2005	542.7	481.5	441.9	228.6	119.0	101.7
2006	553.0	490.7	450.3	232.9	121.3	101.9
2007	585.6	519.6	476.9	246.7	128.4	105.9
2008	617.3	547.7	502.6	260.0	135.3	105.4
2009	620.5	550.5	505.2	261.4	136.0	100.5
2010	644.4	571.7	524.6	271.5	141.2	103.8

9-4 1978-2010年农村居民消费价格总指数
General Rural Consumer Price Indices over the Years (1978-2010)

年　份 Year	以1978年为100 1978=100	以1980年为100 1980=100	以1985年为100 1985=100	以1990年为100 1990=100	以1995年为100 1995=100	以上年为100 Preceding Year=100
1978	100.0					100.3
1979	101.2					101.2
1980	104.9	100.0				103.7
1981	106.3	101.3				101.3
1982	108.2	103.1				101.8
1983	109.4	104.3				101.1
1984	110.9	105.7				101.4
1985	117.3	111.7	100.0			105.7
1986	124.8	118.9	106.4			106.4
1987	133.0	126.7	113.4			106.6
1988	158.0	150.6	134.7			118.8
1989	188.0	179.2	160.3			119.0
1990	194.4	185.3	165.8	100.0		103.4
1991	199.7	190.3	170.3	102.7		102.7
1992	217.3	207.0	185.3	111.7		108.8
1993	267.9	255.3	228.4	137.8		123.3
1994	321.2	306.0	273.9	165.2		119.9
1995	391.2	372.8	333.6	201.2	100.0	121.8
1996	425.6	405.6	362.9	218.9	108.8	108.8
1997	442.2	421.4	377.1	227.4	113.0	103.9
1998	447.1	426.0	381.2	229.9	114.3	101.1
1999	450.2	429.0	383.9	231.6	115.1	100.7
2000	443.0	422.1	377.8	227.9	113.2	98.4
2001	445.7	424.7	380.0	229.2	113.9	100.6
2002	447.9	426.8	381.9	230.4	114.5	100.5
2003	452.4	431.1	385.8	232.7	115.6	101.0
2004	479.1	456.5	408.5	246.4	122.5	105.9
2005	483.9	461.1	412.6	248.9	123.7	101.0
2006	492.6	469.4	420.0	253.3	125.9	101.8
2007	521.6	497.0	444.8	268.3	133.3	105.9
2008	552.9	526.9	471.5	284.4	141.3	106.0
2009	554.2	528.0	472.6	285.0	141.7	100.2
2010	573.9	546.8	489.4	295.1	146.7	103.6

9-5 1978-2010年商品零售价格总指数

General Retail Price Indices over the Years (1978-2010)

年份 Year	以1952年为100 1952=100	以1978年为100 1978=100	以1980年为100 1980=100	以1990年为100 1990=100	以1995年为100 1995=100	以上年为100 Preceding Year=100
1978	106.8	100.0				100.1
1979	107.5	100.7				100.7
1980	113.6	106.4	100.0			105.7
1981	115.0	107.7	101.2			101.2
1982	117.2	109.8	103.1			101.9
1983	118.4	110.9	104.2			101.0
1984	121.6	113.9	107.0			102.7
1985	131.3	123.0	115.5			108.0
1986	137.9	129.2	121.4			105.0
1987	147.0	137.7	129.4			106.6
1988	175.8	164.7	154.7			119.6
1989	209.7	196.5	184.6			119.3
1990	214.2	200.6	188.5	100.0		102.1
1991	222.1	208.0	195.4	103.7		103.7
1992	239.2	224.1	210.5	111.7		107.7
1993	284.4	266.4	250.3	132.8		118.9
1994	329.3	308.5	289.8	153.8		115.8
1995	388.9	364.3	342.2	181.6	100.0	118.1
1996	414.6	388.2	364.8	193.6	106.6	106.6
1997	424.1	397.3	373.2	198.0	109.1	102.3
1998	420.7	394.1	370.2	196.5	108.2	99.2
1999	413.6	387.4	363.9	193.1	106.3	98.3
2000	403.6	378.1	355.2	188.5	103.8	97.6
2001	397.2	372.1	349.5	185.5	102.1	98.4
2002	389.6	365.0	342.9	181.9	100.2	98.1
2003	389.3	364.6	342.5	181.8	100.1	99.9
2004	407.5	381.8	358.6	190.3	104.8	104.7
2005	408.0	382.2	359.0	190.5	104.9	100.1
2006	411.2	385.2	361.9	192.0	105.7	100.8
2007	429.3	402.2	377.8	200.5	110.4	104.4
2008	455.5	426.7	400.8	212.7	117.1	106.1
2009	456.0	427.2	401.3	213.0	117.3	100.1
2010	472.5	442.7	415.8	220.7	121.5	103.6

注:本表已根据现行价格调查统计制度予以调整,均不包括农业生产资料部分。

Note:The data in this form have been adjusted according to current statistical system of price survey.Means of agricultural production are excluded.

9-6 1978-2010年农业生产资料价格总指数

General Price Indices of Means of Agricultural Production over the Years (1978-2010)

年 份 Year	以1978年为100 1978=100	以1980年为100 1980=100	以1985年为100 1985=100	以1990年为100 1990=100	以1995年为100 1995=100	以上年为100 Preceding Year=100
1978	100.0					100.0
1979	98.3					98.3
1980	97.5	100.0				99.0
1981	99.4	102.0				102.0
1982	101.7	104.4				102.4
1983	104.6	107.4				102.8
1984	110.7	113.8				106.0
1985	115.1	118.1	100.0			103.8
1986	117.8	121.0	102.4			102.4
1987	124.3	127.7	108.1			105.5
1988	141.6	145.4	123.1			113.9
1989	170.5	175.1	148.2			120.4
1990	176.5	181.2	153.4	100.0		103.5
1991	193.0	198.2	167.8	109.4		109.4
1992	203.1	208.6	176.5	115.1		105.2
1993	246.5	253.2	214.3	139.7		121.4
1994	282.5	290.1	245.6	160.1		114.6
1995	354.6	364.1	308.2	200.9	100.0	125.5
1996	401.7	412.6	349.2	227.7	113.3	113.3
1997	411.4	422.5	357.6	233.1	116.0	102.4
1998	397.0	407.7	345.1	225.0	112.0	96.5
1999	391.8	402.4	340.6	222.1	110.5	98.7
2000	387.5	398.0	336.8	219.6	109.3	98.9
2001	374.3	384.4	325.4	212.1	105.6	96.6
2002	375.8	386.0	326.7	213.0	106.0	100.4
2003	383.0	393.3	332.9	217.0	108.0	101.9
2004	407.1	418.1	353.9	230.7	114.8	106.3
2005	431.1	442.7	374.8	244.3	121.6	105.9
2006	443.2	455.1	385.3	251.2	125.0	102.8
2007	474.2	487.0	412.2	268.7	133.7	107.0
2008	552.9	567.8	480.6	313.4	155.9	116.6
2009	549.1	563.9	477.3	311.2	154.9	99.3
2010	556.6	571.6	483.8	315.5	157.0	101.4

9–7 全省居民消费价格分类指数(2010年)

Consumer Price Indices by Category (2010)

(上年=100) (preceding year=100)

类　别	Category	全省 Provincial	城市 Urban	农村 Rural
居民消费价格指数	**Consumer Price Index**	**103.7**	**103.8**	**103.6**
非食品价格指数	Non-food Price Index	101.2	101.2	101.3
服务项目价格指数	Services Price Index	102.0	102.2	101.7
扣除鲜菜鲜果总指数	General Index Discounting Fresh Vegetables and Fresh Fruit	102.6	102.6	102.6
消费品价格指数	Consumer Goods Price Index	104.1	104.3	104.0
食　品	**Food**	**108.4**	**108.9**	**107.7**
粮　食	Grain	114.1	115.1	113.2
淀　粉	Starches	102.7	96.9	106.9
干豆类及豆制品	Dried Beans and Bean Products	105.1	106.0	104.0
油　脂	Oil or Fat	102.7	104.6	101.4
肉禽及其制品	Meal, Poultry and Their Products	102.2	102.7	101.6
食用畜肉及副产品	Animal Meat and Products	101.0	101.1	100.8
禽	Poultry	106.0	107.5	103.9
加工肉禽	Processing Products of Meal and Poultry	101.3	101.2	101.4
蛋	Eggs	106.7	108.8	103.7
水产品	Aquatic Products	107.3	108.6	103.9
鱼	Fishes	106.6	108.0	103.0
其他水产品	Other Aquatic Products	109.6	110.3	107.6
菜	Vegetables	123.0	126.4	118.3
调味品	Flavoring	99.7	99.6	99.9
糖	Carbohydrate	111.2	113.0	109.6
茶及饮料	Tea and Beverages	102.9	103.6	101.8
茶　叶	Tea	106.6	108.9	103.6
饮　料	Beverages	100.4	100.2	100.5
干鲜瓜果	Dried and Fresh Melons and Fruits	116.7	115.8	117.3
糕点饼干	Cake and Biscuit	102.7	103.8	100.5
液体乳及乳制品	Milk and Its Products	105.1	106.0	102.5
在外用膳食品	Outward Dinner	102.7	102.4	103.3
其他食品	Other Foods	102.7	102.4	103.0

9-7 续表1 continued

(上年=100) (preceding year=100)

类别	Category	全省 Provincial	城市 Urban	农村 Rural
烟酒及用品	**Tobacco, Liquor and Articles**	**101.0**	**101.1**	**101.0**
烟草	Tobacco	100.9	101.0	100.8
酒	Liquor	102.0	101.7	102.2
吸烟饮酒用品	Articles for Smoking and Drinking	98.0	100.4	96.0
衣着	**Clothing**	**96.8**	**96.0**	**98.1**
服装	Garments	96.3	96.0	97.2
男式服装	Men's Clothing	95.6	95.5	95.9
女式服装	Women's Clothing	97.1	96.7	97.9
儿童服装	Children's Clothing	95.7	94.3	97.5
衣着材料	Clothing Material	101.8	103.9	101.2
鞋袜帽	Footwear and Hats	96.7	95.5	98.7
鞋	Shoes	95.7	94.3	98.2
袜子	Socks	102.1	103.7	101.1
帽子	Hats	98.6	97.8	99.4
衣着加工服务费	Clothing Processing Services	103.5	99.7	105.6
家庭设备用品及维修服务	**Household Facilities, Articles and Services**	**99.6**	**99.9**	**99.2**
耐用消费品	Durable Consumer Goods	98.4	98.7	97.9
家具	Furniture	99.3	100.2	98.2
家庭设备	Household Facilities	97.6	97.6	97.7
室内装饰品	Interior Decorations	99.2	99.2	99.3
床上用品	Bed Articles	98.4	99.0	97.5
家庭日用杂品	Grocery for Daily Use	99.7	99.3	100.1
家庭服务及加工维修服务	Household Service and Processing and Upkeep	107.2	109.5	104.2
医疗保健和个人用品	**Health Care and Personal Articles**	**104.0**	**105.1**	**102.2**
医疗保健	Health Care	104.8	106.0	102.5
医疗器具及用品	Medical Instrument and Articles	103.4	100.1	106.2
中药材及中成药	Traditional Chinese Medicinal Materials and Medicines	114.1	117.0	107.6
西药	Western Medicine	101.2	101.6	100.4
保健器具及用品	Health Care Appliances and Articles	100.7	101.8	99.2
医疗保健服务	Health Care Services	100.4	100.2	100.9

9-7 续表2 continued

(上年=100) (preceding year=100)

类　别	Category	全　省 Provincial	城 市 Urban	农 村 Rural
个人用品及服务	Personal Articles and Services	101.9	102.3	101.4
化妆美容用品	Makeup Beauty Products	99.9	99.8	100.0
清洁化妆用品	Sanitation Articles	100.2	101.9	97.8
个人饰品	Personal Decorations	106.2	109.1	102.1
个人服务	Personal Services	102.4	100.4	105.7
交通和通信	**Transportation and Communication**	**100.0**	**99.4**	**100.9**
交　通	Transportation	102.7	102.2	103.4
交通工具	Transportation Facility	98.6	98.3	99.2
车用燃料及零配件	Fuels and Parts	111.7	111.8	111.6
车辆使用及维修	Using and Upkeep	102.9	103.2	102.3
市区公共交通	City Public Traffic	101.2	100.9	103.4
城市间交通	Intercity Traffic	103.3	103.2	103.5
通　信	Communication	97.1	96.7	97.8
通信工具	Communication Facility	86.8	82.2	92.4
通信服务	Communication Service	99.7	99.7	99.9
娱乐教育文化用品及服务	**Recreation, Education and Culture Articles and Services**	**101.0**	**100.4**	**102.0**
文娱用耐用消费品及服务	Durable Consumer Goods for Cultural and Recreational Use and Services	95.5	95.0	96.1
教　育	Education	105.2	105.1	105.3
教材及参考书	Teaching Materials and Reference Books	116.0	115.6	116.6
学杂托幼费	Tuition and Child Care	102.0	102.4	101.4
文化娱乐类	Cultural and Recreational Articles	101.6	101.7	101.3
文化娱乐用品	Culture and Recreation	99.7	99.2	100.5
书报杂志	Books, Newspapers and Magazines	100.0	99.0	100.9
文娱费	Expenditure of Culture and Recreation	105.3	106.0	103.1
旅　游	Touring and Outgoing	98.5	96.6	103.1
居　住	**Residence**	**104.6**	**105.1**	**103.9**
建房及装修材料	Building and Building Decoration Materials	102.4	102.4	102.3
租　房	Renting	103.5	106.4	100.6
自有住房	Private Housing	107.6	112.4	99.9
水、电、燃料	Water, Electricity and Fuels	105.2	103.9	107.8

9–8 全省商品零售价格分类指数（2010年）

Retail Indices by Category (2010)

（上年=100） (preceding year =100)

类　别	Category	全　省 Provincial	城 市 Urban	农 村 Rural
商品零售价格总指数	**Retail Index**	**103.6**	**103.5**	**103.7**
食　品	**Food**	**108.6**	**109.1**	**108.1**
粮　食	Grain	113.2	114.5	112.5
淀　粉	Starches	104.6	98.7	107.6
干豆类及豆制品	Beans and Bean Products	105.9	106.4	105.4
油　脂	Oil or Fat	102.7	104.1	101.9
肉禽及其制品	Meal, Poultry and Their Products	102.3	102.5	102.0
食用畜肉及副产品	Animal Meat and Products	100.7	100.9	100.5
禽	Poultry	106.9	107.4	106.2
肉禽加工制品	Processing Products of Meal and Poultry	101.8	101.5	102.1
蛋	Eggs	108.4	109.5	106.5
水产品	Aquatic Products	106.8	108.3	103.8
鱼	Fishes	105.7	107.5	102.8
其他水产品	Other Aquatic Products	109.3	109.7	108.0
菜	Vegetables	123.4	127.8	118.8
调味品	Flavoring	99.6	98.9	100.1
糖	Carbohydrate	112.0	114.7	109.6
干鲜瓜果	Dried and Fresh Melons and Fruits	115.3	115.0	115.4
糕点饼干面包	Cake and Biscuit	102.5	103.6	101.1
液体乳及乳制品	Milk and Its Products	105.1	106.1	102.8
在外用膳食品	Outward Dinner	102.7	102.5	103.0
其他食品	Other Foods	102.4	102.5	102.3
饮料、烟酒	**Beverages,Tobacco and Liquor**	**101.6**	**101.9**	**101.3**
茶及饮料	Tea and Beverages	103.0	104.4	101.5
茶　叶	Tea	106.9	111.3	103.4
饮　料	Beverages	100.5	100.9	100.0
烟　草	Tobacco	100.6	100.4	100.8
酒	Liquor	101.7	101.3	101.9
服装、鞋帽类	**Garments,Footwear and Hats**	**96.5**	**95.5**	**97.9**
服　装	Garments	96.2	95.4	97.3
男式服装	Men's Clothing	95.6	95.0	96.5
女式服装	Women's Clothing	96.8	96.2	97.8
儿童服装	Children's Clothing	95.6	93.5	97.6
鞋袜帽	Footwear and Hats	97.0	95.5	98.8
鞋	Shoes	96.1	94.3	98.3
袜　子	Socks	101.7	103.3	100.5
帽　子	Hats	98.4	95.2	100.0
其　他	Others	100.2	100.4	100.1
纺织品	**Textiles**	**100.3**	**100.8**	**100.0**
衣着材料	Clothing Material	104.1	104.8	103.7
床上用品	Bed Articles	98.3	99.0	97.8

9-8 续表 · continued

(上年=100) (preceding year=100)

类　别	Category	全　省 Provincial	城 市 Urban	农 村 Rural
家用电器及音像器材	**Household Appliances, Music and Video Equipment**	**95.4**	**95.0**	**96.1**
家庭设备	Household Facilities	97.8	97.9	97.7
文娱用耐用消费品	Durable Consumer Goods for Cultural and Recreational Use	92.0	91.0	94.0
音像器材	Music and Video Equipment	100.5	101.7	97.7
文化办公用品	**Cultural and Office Appliances**	**99.5**	**99.2**	**100.1**
日用品	**Articles for Daily Use**	**100.4**	**100.3**	**100.6**
日用百货	General Merchandise for Daily Use	100.9	101.4	100.4
日用杂品	Grocery for Daily Use	99.8	100.6	99.3
洗涤用品	Washing Products	100.4	99.4	101.8
其它日用品	Other Articles for Daily Use	100.3	100.5	100.2
体育娱乐用品	**Sports and Recreation Articles**	**99.8**	**100.3**	**99.2**
体育用品	Sports Articles	99.2	99.3	99.2
娱乐用品	Recreation Articles	100.1	100.7	99.1
交通、通信用品	**Transportation and Communication Articles**	**96.1**	**95.7**	**96.9**
交通运输机械	Transport machinery	99.2	99.0	99.6
通信器材	Communication Equipment	91.2	89.5	93.6
家　具	**Furniture**	**99.4**	**100.0**	**98.8**
化妆品	**Cosmetics**	**99.6**	**99.8**	**99.0**
金银珠宝	**Gold, Silver and Jewelry**	**117.1**	**118.8**	**115.7**
中西药品及医疗保健用品	**Traditional Chinese and Western Medicines and Health Care Articles**	**104.5**	**105.9**	**102.3**
医疗器具及用品	Medical Apparatus and Articles	103.9	100.2	106.6
中药材及中成药	Traditional Chinese Medicinal Materials and Medicines	110.5	113.8	105.4
西　药	Western Medicines	101.2	101.7	100.3
保健品及器具	Health Care Appliances and Articles	102.1	103.5	99.0
书报杂志及电子出版物	**Books, Newspapers, Magazines and Electronic Publications**	**106.7**	**105.4**	**108.5**
教材及参考书	Teaching Materials and Reference Books	115.3	113.1	118.7
书报杂志	Books, Newspapers and Magazines	99.9	98.8	101.3
电子音像制品	Electronic Audio-visual Products	100.0	100.3	99.7
燃　料	**Fuels**	**109.3**	**109.4**	**109.1**
煤炭及制品	Coal and Products	103.5	101.3	103.8
石油及制品	Petroleum and Products	110.8	109.7	114.9
建筑材料及五金电料	**Building Materials and Hardware**	**102.8**	**102.9**	**102.7**
建筑装潢材料	Building Decoration Materials	103.0	102.7	103.3
五金电料	Hardware	101.7	104.1	100.5

9–9 全省工业品出厂价格指数(2004–2010年)
Ex-factory Price Indices of Industrial Products (2004-2010)

(上年=100) (preceding year=100)

类别	Category	2004	2005	2006	2007	2008	2009	2010
全部工业品	**Total Industrial Products**	**108.8**	**104.5**	**104.6**	**105.7**	**105.8**	**91.5**	**108.8**
轻工业	**Light Industry**	**101.5**	**101.2**	**102.5**	**100.1**	**101.9**	**99.7**	**102.4**
以农产品为原料	Agricultural Products as Raw Materials	101.3	100.9	102.0	100.3	101.5	99.2	102.1
以非农产品为原料	Non-agricultural Products as Raw Materials	102.0	102.3	104.7	99.4	103.7	101.2	103.5
重工业	**Heavy Industry**	**117.4**	**107.4**	**106.1**	**109.9**	**108.1**	**87.6**	**112.0**
采　掘	Mining	126.2	120.9	112.3	113.0	106.1	87.3	115.5
原　料	Raw Materials	119.2	106.6	109.3	112.3	104.3	87.6	115.0
加　工	Processing	111.9	105.6	97.8	104.2	117.8	87.7	103.3
生产资料	**Means of Production**	**115.2**	**106.8**	**105.9**	**108.6**	**107.8**	**88.9**	**111.2**
采　掘	Mining	127.4	120.9	111.6	112.9	108.3	87.5	115.5
原　料	Raw Materials	118.5	106.6	109.4	112.1	103.5	87.7	115.5
加　工	Processing	109.4	104.8	99.9	102.8	114.3	91.1	102.9
生活资料	**Consumer Goods**	**100.7**	**100.6**	**102.0**	**100.1**	**101.0**	**99.5**	**102.0**
食　品	Food	101.0	100.8	102.2	100.3	101.0	99.5	102.1
衣　着	Clothing	100.7	101.3	103.7	99.6	103.6	101.0	101.8
一般日用品	Articles for Daily Use	96.9	98.5	99.9	98.2	101.0	99.1	99.3
耐用消费品	Durable Consumer Goods	102.9	102.8	99.9	104.0	102.8	97.7	103.3

主要统计指标解释

物价指数 是反映两个时期商品或服务项目价格变化和平均升降程度的相对数,通常用百分比表示。

居民消费价格指数 是反映一定时期内城乡居民所购买的生活消费品价格和服务项目价格变动趋势和程度的相对数，是对城市居民消费价格指数和农村居民消费价格指数进行综合汇总计算的结果。该指数可以观察和分析消费品的零售价格和服务项目价格变动对城乡居民实际生活费支出的影响程度。

城市居民消费价格指数 是反映一定时期内城市居民家庭所购买的生活消费品价格和服务项目价格变动趋势和程度的相对数。该指数可以观察和分析消费品的零售价格和服务项目价格变动对城镇职工货币工资的影响，作为研究职工生活和确定工资政策的依据。

农村居民消费价格指数 是反映一定时期内农村居民家庭所购买的生活消费品价格和服务项目价格变动趋势和程度的相对数。该指数可以观察农村消费品的零售价格和服务项目价格变动对农村居民生活消费支出的影响，直接反映农村居民生活水平的实际变化情况，为分析和研究农村居民生活问题提供依据。

商品零售价格指数 是反映一定时期内城乡商品零售价格变动趋势和程度的相对数。商品零售价格的变动直接影响到城乡居民的生活支出和国家的财政收入，影响居民购买力和市场供需的平衡，影响到消费与积累的比例关系。因此，该指数可以从一个侧面对上述经济活动进行观察和分析。

农业生产资料价格指数 指反映一定时期内农业生产资料价格变动趋势和程度的相对数。其编制目的是了解农业生产中物质资料投入价格的变动状况，服务于国民经济核算。1994 年以前，农业生产资料价格指数仅仅是商品零售价格指数的一个类别，此后，从商品零售价格指数中分离出来，单独编制。

农产品生产价格指数 是反映一定时期内，农产品生产者出售农产品价格水平变动趋势及幅度的相对数。该指数可以客观反映全国农产品生产价格水平和结构变动情况，满足农业与国民经济核算需要。其中某代表品生产价格指数是通过对全部有出售该产品行为的调查单位的个体指数进行几何平均求得的，类价格指数是通过对其所属的类（或代表品）的价格指数进行加权平均求得的。季度累计价格指数的计算方法与分季指数的计算方法相同。

工业品出厂价格指数 是反映一定时期内全部工业产品出厂价格总水平的变动趋势和程度的相对数，包括工业企业售给本企业以外所有单位的各种产品和直接售给居民用于生活消费的产品。该指数可以观察出厂价格变动对工业总产值及增加值的影响。

原材料、燃料和动力购进价格指数 是反映工业企业作为生产投入，而从物资交易市场和能源、原材料生产企业购买原材料、燃料和动力产品时，所支付的价格水平变动趋势和程度的统计指标，是扣除工业企业物质消耗成本中的价格变动影响的重要依据。

目前，我国编制的原材料、燃料和动力购进价格指数所调查的产品包括燃料动力、黑色金属、有色金属、化工、建材等九大类的近 1800 种产品。

固定资产投资价格指数 是反映一定时期内固定资产投资品及取费项目的价格变动趋势和程度的相对数。固定资产投资额是由建筑安装工程投资完成额、设备工器具购置投资完成额和其他费用投资完成额三部分组成的。编制固定资产投资价格指数应首先分别编制上述三部分投资的价格指数，然后采用加权算术平均法求出固定资产投资价格总指数。

该指数可以准确地反映固定资产投资中涉及的各类投资品和取费项目价格变动趋势和变动幅度，消除按现价计算的固定资产投资指标中的价格变动因素，真实地反映固定资产投资的规模、速度、结构和效益，为国家科学地制定、检查固定资产投资计划并提高宏观调控水平，为完善国民经济核算体系提供科学的、可靠的依据。

Explanatory Notes on Principal Statistical Indicators

Price Indices refer to the relative figures that reflect the trend and degree of changes in commodity or service prices between two different periods, which are usally expressed by percentage.

Consumer Price Indices reflect the trend and degree of changes in prices of consumer goods and services purchased by urban and rural households during a given period. They are obtained by combining Consumer Price Indices of Urban Household and Consumer Price Indices of Rural Household. The Indices enable the observation and analysis of the degree of impact of the changes in the prices of retailed goods and services on the actual living expenses of urban and rural residents.

Consumer Price Indices of Urban Household reflect the trend and degree of changes in prices of consumer goods and services purchased by urban households during a given period. It can be used to observe and analyze the impact of price changes in consumer goods and services on wages (in monetary terms) of urban staff and workers, and provide a basis for research on the livelihood of staff and workers and policy-making concerning wages.

Consumer Price Indices of Rural Household reflect the trend and degree of changes in prices of consumer goods and services purchased by rural households during a given period. It can be used to observe the impact of change in retail prices of consumer goods and service prices in rural areas on living expenditure of rural households, and to show the changes in the living standard of rural households. It provides a basis for analysis and research on the condition of life in rural areas.

Retail Price Indices reflect the trend and degree of change in retail prices of commodities during a given period. The change in retail prices of commodities directly affect the living expenses of urban and rural residents, government revenue, purchasing power of residents and the equilibrium of market supply and demand, and the ratio of consumption to accumulation. Therefore, the retail price indices are useful from an oblique perspective for observing and analyzing the changes of the above economic activities.

Price Indices for Means of Agricultural Production reflect the trend and degree of changes in the prices of the means of agricultural production during a given period. Compilation of these indices helps to understand the changes in prices of input into agricultural production and facilitate the compilation of national accounts statistics. Before 1994, price indices for means of agricultural production were a sub-category in the retail price indices for commodities, and it has been compiled separately since 1994.

Producer Prices Indices for Farm Products reflect the trend and degree of changes in producers' prices received by farmers when they sell farm products during a given period. These indices depict the change in the level and structure of producer prices for farm products of the country and meet the needs of agricultural statistics and national accounts statistics. The producer price index for a given product is calculated as the geometrical mean of individual indices for all surveyed units which sell such product, and the indices for a product category is obtained as the weighted mean of price indices for all products in the category. Method for calculating accumulative quarterly indices is the same as for calculating the individual quarterly indices.

Producer Price Indices for Manufactured Goods reflect the trend and degree of changes in general ex-factory prices of all manufactured goods during a given period, including sales of manufactured goods by an industrial enterprise to all units outside the enterprise, as well as sales of consumer goods to residents. It can be used to analyze the impact of ex-factory prices on gross output value and value-added of the industrial sector.

Purchasing Price Indices for Raw Materials, Fuels and Power reflect changes in the level and degree of prices paid by industrial enterprises when they purchase production input such as raw materials, fuels and power from the market or from other energy or raw materials producing enterprises. These indices provide an important basis for measuring the material consumption of industrial enterprises after removing the influence of price changes.

At present, close to 1,800 products in 9 categories, including fuels and power, ferrous metals, non-ferrous metals, chemicals, building materials, are covered in China for the survey to produce indices for purchasing prices of raw materials, fuels and power.

Price Indices for Investment in Fixed Assets reflect the trend and degree of changes in prices of investment goods and projects in fixed assets during a given period. The investment in fixed assets consists of three

components, namely the investment in construction and installation, the investment in purchases of equipment and instrument, and the investment in other items. Price indices for investment in fixed assets are calculated as the weighted arithmetic mean of the price indices for the three components of investment in fixed assets.

Removing the factor of price change in the aggregates of investment at current prices, this indicator shows the changes in the prices of commodities and fees involved in the investment of fixed assets, and can be used to observe the actual size, growth, structure, and efficiency of investment in fixed assets and provides reliable and scientific data for government planning, management, decision-making, and further improving the current national accounting system.

十、人民生活
People's Livelihood

10-1 1960-2010年城镇居民家庭基本情况
Historic Statistics on Livelihood of Urban Households (1960-2010)

年 份 Year	平均每户家庭人口(人) Average Household Size (person)	平均每户就业人口(人) Average Number of Employed Persons per Household (person)	平均每户就业面(%) Percentage of Employment per Household (%)	负担人数(人) Number of Persons Supported by Each Employee(person)	人均年可支配收入(元) Per Capita Annual Disposable Income (yuan)	人均年消费性支出(元) Per Capita Annual Living Expenditures (yuan)	#食 品 Food
1960	4.32	1.62	37.60	2.67	252.82	238.33	143.00
1965	4.19	1.62	38.60	2.59	261.95	240.69	143.32
1966	4.66	1.78	38.20	2.62	259.39	234.43	140.43
1967	4.69	1.79	38.10	2.62	260.55	228.33	136.62
1968	4.68	1.78	38.00	2.63	277.69	260.98	161.33
1969	4.66	1.77	38.00	2.63	281.47	263.12	167.04
1970	4.65	1.79	38.40	2.60	298.93	266.46	165.76
1971	4.63	1.78	38.50	2.60	291.02	268.77	167.02
1972	4.60	1.77	38.50	2.60	294.77	272.25	169.01
1973	4.58	1.77	38.60	2.59	297.08	275.98	171.14
1974	4.55	1.76	38.60	2.59	297.81	277.68	172.01
1975	4.53	1.75	38.70	2.59	300.29	282.53	174.62
1976	4.50	1.76	39.10	2.56	298.01	284.39	175.59
1977	4.48	1.80	40.10	2.49	296.28	283.89	175.10
1978	4.45	2.15	48.30	2.07	327.70	303.12	190.94
1979	4.39	2.16	49.30	2.03	362.40	342.60	214.56
1980	4.34	2.14	49.40	2.03	420.45	380.64	236.66
1981	4.28	2.20	51.40	1.95	446.41	411.57	247.19
1982	4.24	2.27	53.50	1.87	492.51	455.92	273.26
1983	4.21	2.29	54.40	1.83	532.54	480.13	285.94
1984	4.13	2.27	55.00	1.82	608.23	527.27	311.02
1985	3.85	2.03	52.70	1.89	752.29	703.56	360.39
1986	3.80	2.03	53.40	1.88	871.75	813.92	423.93
1987	3.77	2.01	53.30	1.88	989.37	883.52	481.85
1988	3.69	1.92	52.00	1.93	1 156.49	1 143.29	553.70
1989	3.67	1.92	52.30	1.91	1 305.15	1 140.71	621.33
1990	3.57	1.93	54.10	1.85	1 514.81	1 272.09	679.18
1991	3.48	1.91	54.90	1.82	1 703.16	1 428.28	763.42
1992	3.37	1.91	56.70	1.76	2 061.74	1 704.15	861.60
1993	3.30	1.87	56.70	1.76	2 639.07	2 186.29	1 066.99
1994	3.20	1.83	57.10	1.75	3 433.97	2 843.69	1 441.93
1995	3.17	1.84	57.80	1.73	4 064.93	3 448.27	1 808.71
1996	3.13	1.86	59.40	1.68	4 977.95	4 007.48	1 971.54
1997	3.12	1.88	60.30	1.66	5 558.29	4 537.08	2 109.53
1998	3.05	1.83	60.00	1.67	6 042.78	5 032.67	2 222.58
1999	3.05	1.80	59.00	1.69	6 178.68	4 941.26	2 194.25
2000	3.12	1.77	56.70	1.76	6 324.64	5 185.31	2 091.70
2001	3.04	1.60	52.60	1.90	6 797.71	5 252.60	2 105.66
2002	3.00	1.56	52.00	1.92	7 240.62	5 828.06	2 423.43
2003	2.99	1.55	51.84	1.93	7 643.57	6 023.56	2 506.62
2004	2.96	1.41	47.64	2.10	8 870.88	6 837.01	2 895.60
2005	2.96	1.33	44.93	2.23	9 265.90	6 996.90	2 997.06
2006	2.95	1.37	46.44	2.16	10 069.89	7 379.81	3 102.46
2007	2.88	1.39	48.26	2.07	11 496.11	7 921.83	3 562.33
2008	2.87	1.40	48.78	2.05	13 250.22	9 076.61	4 272.29
2009	2.85	1.40	49.12	2.04	14 423.93	10 201.81	4 460.58
2010	2.86	1.42	49.65	2.01	16 064.54	11 074.08	4 593.49

注：2002年以后城镇居民可支配收入按新口径计算。

Note:The data of disposable income after 2002 are calculated according to new standards.

10-2 城镇居民家庭平均每人全年现金收支(2010年)

单位：元

类　别	Category	总　计 Total	最低收入户 Lowest Income Household
家庭总收入	**Total Income**	**17 478.91**	**5 944.29**
# 可支配收入	Disposable Income	16 064.54	5 209.44
家庭总支出	**Total Expenditure**	**14 693.47**	**6 162.07**
消费性支出	Consumption Expenditure	11 074.08	5 061.69
食　品	Food	4 593.49	2 848.22
衣　着	Clothing	1 158.82	409.42
居　住	Residence	835.45	499.26
家庭设备用品及服务	Household Appliances and Services	509.41	187.89
医疗保健	Health care and Medical Services	637.89	291.59
交通和通信	Transport and Communications	2 039.67	477.57
教育文化娱乐服务	Recreation,Education and Cultural Services	1 014.40	290.77
其他商品和服务	Miscellaneous Goods and Services	284.95	56.96

10-3 城镇居民家庭平均每人全年消费性支出(2010年)

单位：元

类　别	Category	总　计 Total	最低收入户 Lowest Income Household
消费性支出	**Consumption Expenditure**	**11 074.08**	**5 061.69**
食　品	**Food**	**4 593.49**	**2 848.22**
# 粮　食	Grain	335.31	335.65
油脂类	Oil or Fat	81.44	88.07
肉　类	Meat	676.27	500.70
禽　类	Poultries	206.63	119.01
水产品类	Aquatic Products	122.38	81.49
蔬菜类	Vegetables	562.90	469.63
# 鲜　菜	Fresh Vegetables	528.04	446.96
糖烟酒饮料类	Carbohydrate,Tobacco,Liquor and Beverages	610.26	328.34
干鲜瓜果类	Dried and Fresh Melons and Fruits	315.52	164.73
糕点、奶及奶制品	Cake,Milk and Its Products	172.85	79.18
饮食服务	**Catering Services**	1 244.40	494.17
衣　着	**Clothing**	**1 158.82**	**409.42**
# 服　装	Garments	840.80	276.47
衣着材料	Clothing Material	8.09	3.25
居　住	**Residence**	**835.45**	**499.26**

Per Capita Cash Income and Expenditure of Urban Households (2010)

(yuan)

低收入户 Low Income Household	中等偏下收入户 Lower Middle Income Household	中等收入户 Middle Income Household	中等偏上收入户 Upper Middle Income Household	高收入户 High Income Household	最高收入户 Highest Income Household
8 692.81	**12 083.19**	**16 404.14**	**21 949.63**	**28 513.97**	**42 581.81**
8 041.08	11 147.74	15 120.61	20 138.91	26 198.73	39 330.78
7 662.73	**10 610.82**	**13 488.71**	**18 498.16**	**23 848.85**	**32 974.69**
6 434.53	8 279.97	10 502.00	14 028.37	16 877.91	22 627.74
3 446.14	4 004.16	4 718.79	5 227.19	6 015.25	7 134.39
591.56	890.76	1 027.88	1 452.07	1 781.38	2 819.29
503.72	768.37	689.60	996.66	997.32	1 836.52
232.12	368.83	479.42	640.07	695.91	1 354.62
327.78	476.31	799.71	646.55	901.74	1 333.38
820.26	920.83	1 516.56	3 505.68	4 350.68	4 484.99
432.39	681.55	954.86	1 253.13	1 695.81	2 712.44
80.57	169.15	315.17	307.02	439.83	952.11

Per Capita Consumption Expenditure in Urban Areas (2010)

(yuan)

低收入户 Low Income Household	中等偏下收入户 Lower Middle Income Household	中等收入户 Middle Income Household	中等偏上收入户 Upper Middle Income Household	高收入户 High Income Household	最高收入户 Highest Income Household
6 434.53	**8 279.97**	**10 502.00**	**14 028.37**	**16 877.91**	**22 627.74**
3 446.14	**4 004.16**	**4 718.79**	**5 227.19**	**6 015.25**	**7 134.39**
347.83	307.71	329.60	339.04	369.94	359.07
92.81	70.48	79.12	81.21	80.61	92.64
622.03	595.61	707.56	748.19	817.12	836.71
191.51	187.73	217.43	222.73	285.82	261.13
103.52	111.47	120.26	136.36	151.06	183.16
481.93	512.34	569.05	599.00	673.89	735.06
457.50	484.56	538.28	561.07	598.95	689.54
415.74	497.88	600.51	758.27	867.29	1 016.43
220.29	273.72	319.68	384.72	422.90	504.09
117.03	148.82	179.81	213.83	239.74	273.04
643.79	1 051.96	1 328.96	1 449.39	1 780.90	2 493.51
591.56	**890.76**	**1 027.88**	**1 452.07**	**1 781.38**	**2 819.29**
412.11	631.25	747.58	1 066.65	1 312.75	2 084.56
4.42	7.54	7.44	10.33	10.42	16.16
503.72	**768.37**	**689.60**	**996.66**	**997.32**	**1 836.52**

10—3 续表

单位：元

类 别	Category	总 计 Total	最低收入户 Lowest Income Household
家庭设备用品及服务	**Household Facilities,Articles and Services**	**509.41**	**187.89**
# 耐用消费品	Durable Consumer Goods	220.31	88.50
医疗保健	**Health Care and Personal Articles**	**637.89**	**291.59**
# 药品费	Drugs Charges	344.69	165.22
医疗费	Medical Charges	206.71	101.62
交通和通信	**Transportation and Communication**	**2 039.67**	**477.57**
交 通	Transportation	1 360.27	131.86
通 信	Communication	679.39	345.71
教育文化娱乐服务	**Education, Culture and Recreation Articles**	**1 014.40**	**290.77**
文化娱乐用品	Culture and Recreation Articles	246.78	50.08
文化娱乐服务	Culture and Recreation Services	444.63	96.63
教 育	Education	323.00	144.06
# 教育费用	Education Costs	304.22	136.69
其他商品和服务	**Miscellanecus Commodities and Services**	**284.95**	**56.96**
其他商品	Miscellaneous Commodities	182.90	35.16
服 务	Services	102.05	21.81

10—4 城镇居民家庭年末耐用消费品平均每百户拥有量(2010年)

类 别	Category	总 计 Total	最低收入户 Lowest Income Household
摩托车 (辆)	Motorcycles (unit)	31.82	26.69
助力车 (辆)	Motorbikes (unit)	19.18	15.07
家用汽车 (辆)	Automobiles(unit)	18.26	4.02
洗衣机 (台)	Washing Machines (unit)	93.48	81.80
电冰箱 (台)	Refrigerators (unit)	85.45	68.35
彩色电视机 (台)	Color TV Sets (unit)	123.19	114.98
家用电脑 (台)	Computers (unit)	53.64	23.40
组合音响 (套)	Hi-Fi Stereo Component System (set)	39.40	21.01
摄像机 (架)	Pickup Cameras (unit)	5.89	1.36
照相机 (架)	Cameras (unit)	39.50	12.01
钢 琴 (架)	Pianos (unit)	1.96	
微波炉 (台)	Microwave Ovens (unit)	54.14	29.64
空调器 (台)	Air Conditioner (unit)	1.63	0.29
淋浴热水器 (台)	Water Heaters (unit)	90.13	72.74
消毒碗柜 (台)	Sterilized Cabinet (unit)	15.38	3.88
洗碗机 (台)	Dishwasher (unit)	0.59	
健身器材 (套)	Body Building Equipment (set)	3.35	2.01
固定电话 (部)	Fixed-line Phones (unit)	61.48	54.92
移动电话 (部)	Mobile Phones (unit)	197.92	160.67

continued

(yuan)

低收入户 Low Income Household	中等偏下收入户 Lower Middle Income Household	中等收入户 Middle Income Household	中等偏上收入户 Upper Middle Income Household	高收入户 High Income Household	最高收入户 Highest Income Household
232.12	**368.83**	**479.42**	**640.07**	**695.91**	**1 354.62**
64.67	142.13	184.39	312.36	257.77	697.13
327.78	**476.31**	**799.71**	**646.55**	**901.74**	**1 333.38**
208.16	256.94	474.57	326.39	446.10	657.72
97.64	185.33	242.22	213.02	282.57	394.00
820.26	**920.83**	**1 516.56**	**3 505.68**	**4 350.68**	**4 484.99**
367.48	345.36	838.26	2 684.42	3 411.11	3 305.17
452.78	575.48	678.30	821.26	939.57	1 179.82
432.39	**681.55**	**954.86**	**1 253.13**	**1 695.81**	**2 712.44**
98.77	124.43	236.06	273.90	468.68	818.26
125.90	268.43	402.61	603.87	773.09	1 286.73
207.72	288.70	316.19	375.36	454.05	607.45
184.67	268.91	301.50	353.41	431.94	580.20
80.57	**169.15**	**315.17**	**307.02**	**439.83**	**952.11**
51.87	108.75	164.32	210.93	269.05	694.03
28.70	60.40	150.85	96.09	170.78	258.09

Number of Major Durable Consumer Goods Owned by Per 100 Urban Households at Year-end (2010)

低收入户 Low Income Household	中等偏下收入户 Lower Middle Income Household	中等收入户 Middle Income Household	中等偏上收入户 Upper Middle Income Household	高收入户 High Income Household	最高收入户 Highest Income Household
25.01	30.02	37.21	31.96	38.84	29.15
17.81	23.06	18.65	16.75	23.19	18.80
7.77	7.20	14.77	28.16	24.24	47.92
82.68	90.67	96.56	99.77	96.59	100.71
75.34	80.97	90.02	94.28	87.99	93.82
110.81	114.51	119.79	130.59	130.28	146.81
30.73	41.04	52.88	65.47	78.45	86.48
30.57	35.28	41.35	45.30	50.69	48.75
5.01	1.76	4.53	7.09	9.99	16.08
15.95	32.88	37.86	51.94	57.39	65.80
	1.04	1.92	3.27	4.00	3.14
34.29	45.56	58.79	61.50	69.79	77.62
1.51	1.75	1.32	2.49	2.44	0.94
79.44	87.31	92.62	96.18	96.84	101.36
8.66	12.42	10.17	24.34	23.47	24.31
0.73	0.20	0.20	0.83		2.91
1.83	0.88	1.80	5.80	4.08	8.79
61.11	50.28	70.95	64.99	59.73	67.86
174.20	195.95	203.17	215.29	205.52	212.94

10-5 主要年份农村居民家庭生活基本情况

Basic Statistics on Rural Household Livelihood in Significant Years

年 份 Year	平均每户常住人口(人) Number of Permanent Residents per Household (person)	平均每户整半劳动力(人) Number of Able-bodied and Semi-able-bodied Laborers per Household (person)	平均每个劳动力负担人口(人) Average Number of Dependents of Each Laborer (person)	平均每人全年纯收入(元) Per Capita Annual Net Income (yuan)	平均每人全年生活消费支出(元) Per Capita Annual Living Expenditures (yuan)	#食 品 Food	平均每人年末居住面积(平方米) Per Capita Living Space at Year-end (sq.m)
1962	4.76	2.36	2.01	92.12	84.20	55.30	8.50
1965	4.88	2.51	2.00	101.00	90.70	64.40	7.71
1975	6.15	2.83	2.18	110.14	105.00	71.60	8.35
1978	6.28	3.03	2.10	130.60	113.40	84.00	7.69
1980	5.98	2.90	2.06	147.70	122.63	86.21	8.96
1985	5.83	3.31	1.76	325.74	267.01	177.91	14.92
1986	5.76	3.22	1.79	338.14	304.99	205.19	15.45
1987	5.68	3.20	1.77	364.57	325.65	217.26	15.86
1988	5.58	3.19	1.75	427.72	389.20	240.49	16.31
1989	5.50	3.20	1.72	477.89	436.18	269.18	16.56
1990	5.42	3.16	1.72	489.75	453.03	274.73	16.96
1991	5.20	3.02	1.72	572.58	501.36	315.10	18.02
1992	5.18	3.05	1.70	617.98	536.06	324.96	18.07
1993	5.10	3.11	1.64	674.79	625.19	382.60	20.12
1994	5.01	3.07	1.62	802.95	764.91	458.43	18.68
1995	4.94	3.12	1.59	1 010.97	981.10	602.92	19.78
1996	4.90	3.15	1.56	1 229.28	1 209.16	743.33	19.80
1997	4.82	3.10	1.55	1 375.50	1 318.07	818.51	20.42
1998	4.68	3.05	1.53	1 387.25	1 312.31	801.99	20.64
1999	4.59	2.96	1.55	1 437.63	1 269.33	815.67	21.37
2000	4.56	2.85	1.60	1 478.60	1 270.83	749.22	22.18
2001	4.49	2.83	1.59	1 533.76	1 422.85	811.71	22.42
2002	4.48	2.87	1.57	1 608.77	1 381.54	772.61	23.72
2003	4.45	2.85	1.56	1 697.12	1 405.70	744.58	23.45
2004	4.41	2.88	1.53	1 864.19	1 569.98	847.24	23.53
2005	4.33	2.79	1.56	2 041.79	1 789.00	975.72	25.24
2006	4.35	2.85	1.53	2 250.46	2 195.64	1 071.13	25.79
2007	4.32	2.85	1.52	2 634.09	2 637.18	1 226.69	26.73
2008	4.32	2.86	1.51	3 102.60	2 990.61	1 483.16	27.44
2009	4.30	2.87	1.50	3 369.34	2 924.85	1 410.00	28.67
2010	4.28	2.87	1.49	3 952.03	3 398.33	1 604.50	28.97

10–6 农村居民家庭基本情况(2006–2010年)
Basic Condition of Rural Households (2006-2010)

单位：户/百户 (household/100 households)

类　别	Category	2006	2007	2008	2009	2010
抽样调查户数（户）	**Number of Households Surveyed (household)**	**2 400**	**2 400**	**2 400**	**2 400**	**2400**
调查户从业类型	Business Types of Households Surveyed					
(按总收入比重计算)	(calculated according to the proportion of total income)					
农业户	Households Engaged in Agriculture	33.63	35.54	35.00	37.33	28.83
农业兼业户	Households Engaged in Agriculture and Other Sectors	53.00	51.63	53.17	47.17	53.29
非农业兼业户	Households Engaged in Non-agriculture and Other Sectors	12.00	11.38	10.42	13.33	15.50
非农业户	Households Engaged in Non-agriculture	1.38	1.46	1.42	2.17	2.38
调查户从业类型	Business Types of Households Surveyed					
(按从业劳动力比重计算)	(calculated according to the proportion of business labour force)					
农业户	Households Engaged in Agriculture	76.33	75.04	72.29	62.29	59.79
农业兼业户	Households Engaged in Agriculture and Other Sectors	10.00	9.42	10.92	14.50	16.96
非农业兼业户	Households Engaged in Non-agriculture and Other Sectors	11.54	12.83	13.54	18.58	19.17
非农业户	Households Engaged in Non-agriculture	2.13	2.71	3.25	4.63	4.08
家庭结构	Household Structure					
单身或夫妇	Single and Couples	4.42	4.50	4.88	4.83	5.21
夫妇与一个孩子	Couples with One Child	14.00	14.79	14.08	13.96	14.92
夫妇与两个孩子	Couples with Two Children	34.88	34.00	34.00	34.04	32.21
夫妇与三个以上孩子	Couples with Three Children and More	9.29	8.54	7.71	7.71	7.58
单亲与孩子	Single-parent with Children	1.96	2.67	3.25	3.46	3.21
三代同堂	Three Generations Living under One Roof	31.83	31.75	32.83	32.33	33.33
其　他	Others	3.63	3.75	3.25	3.67	3.54
参加专业性合作经济组织的户数	Number of Participating in Professional Cooperative Economic Organizations	1.79	0.83		0.46	1.21
参加新型农村合作医疗的户数	Number of Households Participating in the New Type of Rural Cooperative Medical Care	56.79	94.54	97.46	98.29	99.88
领取最低生活保障的户数	Number of Households Receiving the Minimum Livelihood Guarantee	0.67	8.75	12.88	16.67	18.04

10−7 农村居民家庭居住情况(2006−2010年)

Living Condition of Rural Households (2006-2010)

类　　别	Category	2006	2007	2008	2009	2010
期末住房情况	**Housing Condition at Term-end**					
住房面积 (平方米/人)	Housing Area (sq.m/person)	26	27	27	29	29
住房价值 (元/平方米)	Housing Value (yuan/sq.m)	4 883	5 742	6 419	7 793	9212
住房类型 (平方米/人)	Houging Type (sq.m/person)					
楼房面积	Apartment Area	12	13	13	14	13
砖瓦平房面积	Brick Bungalow Area	3	4	4	4	4
其 他	Other Types	10	9	10	11	11
住房结构 (平米/人)	Housing Structure (sq.m/person)					
钢筋混凝土结构面积	Reinforced Concrete Structure	5	6	6	8	8
砖木结构面积	Brick and Wood Structure	5	5	6	6	6
其 他	Other Structures	16	16	15	15	15
期内新建(购)住房情况	**Condition of Newly Building (Buying) Housing in the Term**					
新建(购)住房面积 (平方米/人)	Area of Newly Building(Buying) Housing (sq.m/person)	1	1	1	1	1
新建(购)住房价值 (元/平方米)	Value of Newly Building(Buying) Housing (yuan/sq.m)	281	591	536	1 053	493
新建(购)住房类型 (平方米/人)	Type of Newly Building(Buying) Housing (sq.m/person)					
楼房面积	Apartment Area	1	1	1	1	0
砖瓦平房面积	Brick Bungalow Area	0	0	0	0	0
其 他	Other Types	0	0	0	0	0
新建(购)住房结构 (平方米/人)	Structure of Newly Building Housing (sq.m/person)					
钢筋混凝土结构面积	Reinforced Concrete Structure	1	1	1	1	1
砖木结构面积	Brick and Wood Structure	0	0	0	0	0
其 他	Other Structures	0	0	0	0	0
居住条件 (户/百户)	**Living Condition (household/100 households)**					
住房卫生设备使用情况	Condition of Health Equipment					
使用水冲式厕所的户数	Having Flushing Toilet	2	2	4	6	7
使用旱厕的户数	Having Old Toilet	71	71	72	71	73
无厕所的户数	No Toilet	26	26	24	23	20
取暖设备使用情况	Condition of Heating Equipment					
# 使用空调的户数	Having Air Conditioner			0	0	0
使用暖气的户数	Having Heater	0	0	0		0
使用火炕的户数	Having Kang	47	34	30	29	26
无取暖设备的户数	No Heating Equipment	53	49	48	48	23
炊事使用的主要能源	Major Source of Cooking					
使用液化气的户数	Liquid Natural Gas	2	8	5	5	6
使用煤炭的户数	Coal	29	24	22	22	20
使用柴草的户数	Fuelwood	57	52	51	50	49
使用电的户数	Electricity	3	5	10	12	14
使用其他燃料的户数	Other Fuels	10	11	13	11	11
饮用水来源情况	Source of Drinking Water					
饮用自来水的户数	Tap Water	56	55	57	62	63
饮用深井水的户数	Deep Well Water	7	7	8	7	6
饮用浅井水的户数	Shallow Well Water	11	13	12	10	10
住宅外道路路面状况	Condition of Road Near Residential					
水泥或柏油路面的户数	Cement or Asphalt	21	27	31	36	39
沙石或石板等硬质路面的户数	Stone, Sand and Gravel or Other Hard Materials	16	12	13	15	13
其他路面的户数	Other Materials	63	61	56	49	48

10-8 农村居民家庭人均总收入与总支出(2006-2010年)

Per Capita Total Income and Expenditure of Rural Households (2006-2010)

单位：元 (yuan)

类 别	Category	2006	2007	2008	2009	2010
总收入	**Total Income**	**3 594**	**4 215**	**4 889**	**5 105**	**5 838**
工资性收入	Income from Wages and Salaries	442	522	617	685	930
在非企业组织中劳动得到收入	Incomes from Working in the Non-business Organizations	75	77	88	92	106
在本乡地域内劳动得到收入	Incomes from Working inside the Village	287	356	409	453	594
# 在企业中劳动得到收入	Incomes from Working in Enterprises	52	55	48	60	85
外出从业得到收入	Income from Working Somewhere Away from Home	80	88	121	140	230
家庭经营收入	Income from Household Operations	2 952	3 459	3 908	3 975	4 339
第一产业收入	Income from Primary Industry	2 656	3 157	3 567	3 610	3 956
农业收入	Income from Farming	1 635	1 920	2 070	2 276	2 467
农产品收入	Farming Products	1 617	1 899	2 050	2 257	2 444
农业服务性收入	Income from Agricultural Services	18	20	20	19	24
林业收入	Income from Forestry	251	265	246	267	418
林业产品收入	Forestry Products	248	264	244	265	414
林业服务性收入	Income from Forestry Services	3	2	2	2	4
牧业收入	Income from Animal Husbandry	765	966	1 239	1 057	1 060
牧业产品收入	Animal Husbandry Products	760	962	1 232	1 048	1 052
牧业服务性收入	Animal Husbandry Services	5	4	6	9	7
渔业收入	Income from Fishery	5	6	12	10	11
渔业产品收入	Fishery Products	5	6	12	10	11
渔业服务性收入	Fishery Services					0
第二产业收入	Income from Secondary Industry	51	51	58	75	96
工业收入	Industry	33	28	28	36	45
工业产品收入	Industrial Products	31	24	24	26	41
工业服务性收入	Industrial Services	3	4	4	9	4
建筑业收入	Construction	18	23	31	39	51
建筑业产品收入	Construction Products	3	3	3	3	0
建筑业服务性收入	Construction Services	14	20	28	36	51
第三产业收入	Income from Tertiary Industry	246	251	283	290	287
其他产品收入	Other Products	3	3	2	2	1
第三产业服务性收入	Tertiary Industry Services	243	249	281	288	286
交通、运输、邮电业收入	Transport,Storage and Post	87	97	131	137	139
批零贸易业、饮食业收入	Wholesale,Retail and Catering Trades	100	111	106	102	100
社会服务业收入	Social Services	9	10	10	9	10
文教卫生业收入	Culture,Education and Health	4	4	8	13	15
其他行业收入	Other Sectors	42	26	26	26	22
财产性收入	Income from Properties	82	86	110	128	177
# 利 息	Interest	1	2	2	3	4
集体分配股息和红利	Divident and Bonus Distributed by Mass	14	22	26	32	44
其他股息和红利	Other Divident and Bonus	1		1	4	5
租金(包括农业机械)	Rent(including Agricultural Machinery)	8	20	25	31	38
土地征用补偿收入	Compensation for Land Acquisition	21	22	31	36	46
转让承包土地经营权收入	Land Management Rights Transfer	17	9	13	14	18
转移性收入	Income from Transfers	117	148	254	318	392
# 家庭非常住人口寄回和带回收入	Sent back by Non-permanent Resident	16	16	18	21	31
城市亲友赠送收入	Presentation from Relatives and Friends in Rural Area	3	3	3	4	4
农村亲友赠送收入	Presentation from Relatives and Friends in Urban Area	26	34	37	44	58

10–8 续表 continuted

单位：元 (yuan)

类　别	Category	2006	2007	2008	2009	2010
总支出	**Total Expenditure**	**3 687**	**4 400**	**4 923**	**4 856**	**5 523**
家庭经营费用支出	Expenditure for Household Operations	1 208	1 424	1 612	1 547	1 672
第一产业生产费用支出	Primary Industry	1 085	1 301	1 476	1 403	1 530
农业生产费用支出	Expenditure for Farming Production	545	633	641	683	795
林业生产费用支出	Expenditure for Forestry Production	64	58	22	17	39
牧业生产费用支出	Expenditure for Animal Husbandry Production	473	607	805	697	690
渔业生产费用支出	Expenditure for Fishery Production	3	3	8	6	6
第二产业生产费用支出	Secondary Industry	24	19	21	38	48
工业生产费用支出	Expenditure for Industry Production	23	17	14	22	28
建筑业生产费用支出	Expenditure for Construction Production	1	1	7	17	20
第三产业生产费用支出	Tertiary Industry	98	104	114	106	94
交通运输邮电业生产费用支出	Production of Transport,Storage and Post	42	49	72	61	50
批零贸易餐饮业生产费用支出	Production of Wholesale,Retail and Catering Trade	37	46	34	30	29
社会服务业生产费用支出	Production of Social Services	2	2	1	1	1
文教卫生业生产费用支出	Production of Culture,Education and Health	2	1	3	7	8
其他行业生产费用支出	Production of Other Secotrs	15	7	4	7	6
购置生产性固定资产支出	Expenditure for Purchase of Productive Fixed Assets	153	172	158	183	167
建造生产性固定资产雇工支出	Expenditure for Building of Productive Fixed Assets	2	2	3	3	4
税费支出	Expenditure for Taxes and Fees	4	3	3	4	3
生活消费支出	Expense on Household Consumption	2 196	2 637	2 991	2 925	3 398
# 服务性支出	Expenditure for Services	538	661	636	685	805
食品消费支出	Food	1 071	1 227	1 483	1 410	1 605
衣着消费支出	Clothing	94	113	120	137	161
居住消费支出	Residence	436	586	626	497	638
家庭设备、用品消费支出	Household Appliances and Goods	84	107	119	148	168
交通和通讯消费支出	Transport and Communications	157	217	248	313	338
文化教育、娱乐消费支出	Recreation,Education and Culture	178	182	169	178	206
医疗保健消费支出	Health care	138	168	182	198	240
其他商品和服务消费支出	Other Goods and Services	38	38	44	45	43
财产性支出	Expenditure for Properties	15	19	9	17	24
# 宅基地有偿使用费	Paid Use of Land	6	2	1	2	1
承包其他农户转让费	Contract on Other Farmers Transfer	9	11	6	12	11
转移性支出	Expenditure for Transfers	109	142	148	177	255
# 寄给带给家庭非常住人口	Sent to Non-permanent Resident	23	34	30	46	45
赠送农村亲友	Presentation to Relatives and Friends in Rural Area	62	72	74	90	120
赠送城市亲友	Presentation to Relatives and Friends in Urban Area	2	2	1	2	4

10–9 农村居民家庭人均纯收入(2006–2010年)
Per Capita Net Income of Rural Households (2006-2010)

单位：元 (yuan)

类　别	Category	2006	2007	2008	2009	2010
全年纯收入	**Net Income**	**2 250**	**2 634**	**3 103**	**3 369**	**3 952**
工资性收入	**Income from Wages and Salaries**	**442**	**522**	**617**	**685**	**930**
在非企业组织中劳动得到收入	Incomes from Working in the Non-business Organizations	75	77	88	92	106
在本乡地域内劳动得到收入	Incomes from Working inside the Village	287	356	409	453	594
#在企业中劳动得到收入	Incomes from Working in Enterprises	52	55	48	60	85
外出从业得到收入	Income from Working Somewhere away from Home	80	88	121	140	230
家庭经营纯收入	**Net Income from Household Operations**	**1 632**	**1 910**	**2 157**	**2 279**	**2 510**
第一产业纯收入	Net Income from Primary Industry	1 476	1 753	1 975	2 084	2 295
农业收入	Net Income from Farming	1 028	1 222	1 355	1 514	1 589
林业收入	Net Income from Forestry	187	207	223	249	378
牧业收入	Net Income from Animal Husbandry	260	322	394	317	324
渔业收入	Net Income from Fishery	1	3	4	4	5
非农产业纯收入	Net Income from Non-agricultural Industries	155	157	181	195	215
第二产业纯收入	Net Income from Secondary Industry	26	31	36	35	47
工业收入	Industry	9	9	13	13	16
建筑业收入	Construction	17	22	24	23	31
第三产业纯收入	Net Income from Tertiary Industry	130	126	145	159	168
交通、运输、邮电业收入	Transport,Storage and Post	29	30	37	54	66
批零贸易业、饮食业收入	Wholesale , Retail and Catering Trades	63	64	70	70	70
社会服务业收入	Social Services	7	8	8	8	9
文教卫生业收入	Culture, Education and Health	2	3	5	6	7
其他行业收入	Other Sectors	29	22	24	21	17
财产性纯收入	**Net Income from Properties**	**82**	**86**	**110**	**128**	**177**
#利　息	Interest	1	2	2	3	4
集体分配股息和红利	Divident and Bonus Distributed by Mass	14	22	26	32	44
其他股息和红利	Other Divident and Bonus	1		1	4	5
租金(包括农业机械)	Rent(including Agricultural Machinery)	8	20	25	31	38
土地征用补偿收入	Compensation for Land Acquisition	21	22	31	36	46
转让承包土地经营权收入	Land Management Rights Transfer	17	9	13	14	18
转移性纯收入	**Net Income from Transfers**	**95**	**116**	**219**	**278**	**335**
#家庭非常住人口寄回和带回	Sent back by Non-permanent Resident	16	16	18	21	31
城市亲友赠送	Presentation from Relatives and Friends in Rural Area	3	3	3	4	4
离退休金、养老金	Old-age Pensions	9	10	21	25	30
城市亲友支付赡养费	Alimony Relatives and Friends in Urban Area		2		1	1
农村亲友支付赡养费	Alimony Relatives and Friends in Rural Area	1	2	2	1	4
救济金	Relief	1	2	2	4	2
抚恤金	Pensions	1		4	2	
报销医疗费	Reimbursement for Medical Expenses	2	6	11	15	28
无偿扶贫或扶持款	Free of Help Sustain	7	7	10	15	12

10-10 农村居民家庭人均现金收支情况(2006-2010年)
Per Capita Cash Income and Expenditure of Rural Households (2006-2010)

单位：元 (yuan)

类 别	Category	2006	2007	2008	2009	2010
期内现金收入	**Cash Income in the Term**	**2 665**	**3 191**	**3 692**	**3 876**	**4 565**
工资性收入	Income from Wages and Salaries	442	522	614	684	929
在非企业组织中劳动得到收入	Incomes from Working in the Non-business Organizations	75	77	87	92	106
在本乡地域内劳动得到收入	Incomes from Working inside the Village	287	356	407	453	594
# 在企业中劳动得到收入	Incomes from Working in Enterprises	52	55	47	60	85
外出从业得到收入	Income from Working Somewhere away from Home	80	88	120	139	229
家庭经营现金收入	Cash Income from Household Operations	2 039	2 446	2 722	2 754	3 077
第一产业现金收入	Cash Income from Primary Industry	1 743	2 145	2 381	2 390	2 695
农业现金收入	Cash Income from Farming	967	1 194	1 250	1 339	1 507
林业现金收入	Cash Income from Forestry	241	241	236	256	407
牧业现金收入	Cash Income from Animal Husbandry	530	706	890	786	771
渔业现金收入	Cash Income from Fishery	5	4	5	9	10
第二产业现金收入	Cash Income from Secondary Industry	51	51	58	75	96
工业收入	Industry	33	28	28	36	45
建筑业收入	Construction	18	23	31	39	51
第三产业现金收入	Cash Income from Tertiary Industry	245	250	282	290	287
出售其他产品收入	Other Products	3	3	2	2	1
第三产业服务性现金收入	Tertiary Industry Services	242	247	280	288	285
交通、运输、邮电业收入	Transport,Storage and Post	87	97	131	137	139
批零贸易业、饮食业收入	Wholesale , Retail and Catering Trades	100	111	106	102	100
社会服务业收入	Social Services	9	10	10	9	10
文教卫生业收入	Culture , Education and Health	4	4	8	13	15
其他行业收入	Other Sectors	41	25	25	26	21
财产性收入	Income from Properties	68	80	107	128	171
# 利 息	Interest	1	2	2	3	4
集体分配股息和红利	Divident and Bonus Distributed by Mass	14	22	26	32	44
其他股息和红利	Other Divident and Bonus	1		1	4	5
租金(包括农业机械)	Rent(including Agricultural Machinery)	8	20	25	31	38
土地征用补偿收入	Compensation for Land Acquisition	21	22	31	36	46
转让承包土地经营权收入	Land Management Rights Transfer	17	9	13	14	18
转移性收入	Income from Transfers	116	142	249	309	388
# 家庭非常住人口寄回和带回	Sent back by Non-permanent Resident	16	16	18	21	31
城市亲友赠送	Presentation from Relatives and Friends in Rural Area	3	3	3	3	4
离退休金、养老金	Old-age Pensions	9	10	21	25	30
城市亲友支付赡养费	Alimony Relatives and Friends in Urban Area		2		1	1
农村亲友支付赡养费	Alimony Relatives and Friends in Rural Area	1	2	2	1	4
救济金	Relief	1	2	2	4	2
抚恤金	Pensions	1		4	2	
报销医疗费	Reimbursement for Medical Expenses	2	6	11	15	28
无偿扶贫或扶持款	Free of Help Sustain	7	7	10	15	12

10-10 续表1 continued

单位：元 (yuan)

类　别	Category	2007	2008	2009	2010
借贷性现金收入	**Lending Cash Proceeds**	**587**	**689**	**907**	**762**
银行、信用社贷款	Loans from Banks and Credit Union	117	148	204	165
借入款	Borrowing	192	242	252	226
收回借出款	Repayment	80	66	66	70
取回存款	Recovered Deposits	195	230	382	275
兑换债券(本金)	Converted bonds				
出售股票	Shares Sales				
兑换其他有价证券(本金)	Converted Other securities				
收回其他投资款	Recovered Other Investments				26
其　他	Others	3	2	3	1
期内现金支出	**Cash Expenditure in the Term**	**3 338**	**3 737**	**3 781**	**4293**
生产费用支出	Expenditure of Production Costs	1 193	1 370	1 369	1439
家庭经营费用支出	Expenditure for Household Operations	1 018	1 209	1 183	1268
第一产业生产费用支出	Primary Industry	897	1 074	1 040	1126
农业生产费用支出	Expenditure for Farming Production	508	546	612	678
林业生产费用支出	Expenditure for Forestry Production	55	16	14	26
牧业生产费用支出	Expenditure for Animal Husbandry Production	331	503	407	416
渔业生产费用支出	Expenditure for Fishery Production	3	8	6	6
第二产业生产费用支出	Secondary Industry	19	21	38	48
工业生产费用支出	Expenditure for Industry Production	17	14	22	28
建筑业生产费用支出	Expenditure for Construction Production	1	7	17	20
第三产业生产费用支出	Tertiary Industry	103	114	105	93
交通运输邮电业生产费用支出	Production of Transport,Storage and Post	49	72	61	50
批零贸易餐饮业生产费用支出	Production of Wholesale, Retail and Catering Trades	45	34	30	28
社会服务业生产费用支出	Production of Social Services	2	1	1	1
文教卫生业生产费用支出	Production of Culture, Education and Health	1	3	7	8
其他行业生产费用支出	Production of Other Secotrs	6	4	7	6
购置生产性固定资产支出	Expenditure for Purchase of Productive Fixed Assets	172	158	183	167
建、造生产性固定资产雇工支出	Expenditure for Building of Productive Fixed Assets	2	3	3	4
税费支出	Expenditure for Taxes and Fees	2	3	4	3
生活消费支出	Expense on Household Consumption	1 982	2 209	2 218	2576
#服务性支出	Expenditure for Services	661	636	685	805
食品消费支出	Food	619	735	741	840
衣　着	Clothing	113	120	137	161
居　住	Residence	539	593	458	581
家庭设备、用品及服务	Household Appliances and Goods	107	119	148	168
交通和通讯	Transport and Communications	217	248	313	338
文化教育、娱乐用品及服务	Recreation,Education,Culture and Services	182	169	178	206
医疗保健	Health Care	168	182	198	240
其他商品和服务	Other Goods and Services	38	44	45	43

10-10 续表2 continued

单位：元 (yuan)

类 别	Category	2007	2008	2009	2010
财产性支出	Expenditure for Properties	19	9	17	24
宅基地有偿使用费	Paid Use of Land	2	1	2	1
承包其他农户转让	Contract on Other Farmers Transfer	11	6	12	11
其 他	Others	6	1	3	12
转移性支出	Expenditure for Transfers	141	146	174	251
#寄给带给家庭非常住人口现金	Sent to Non-permanent Resident	34	30	46	45
赠送农村亲友	Presentation to Relatives and Friends in Rural Area	72	73	88	118
赠送城市亲友	Presentation to Relatives and Friends in Urban Area	2	1	1	3
交纳医疗保险	Medical Insurance	5	14	12	19
赡养费	Alimony	3	2	2	3
捐 赠	Donation	0	3	1	2
罚款、赔款	Fine and Compensation	1	7	4	7
储蓄、借贷性支出	**Savings and Loan Expenditure**	**500**	**530**	**836**	**1070**
归还银行、信用社	Repayment to Bank and Credit Union	82	96	94	122
借出款	Lending Money	24	35	68	61
归还借款	Repayment	127	138	151	138
存 款	Deposits	261	258	505	741
购债券	Purchase of Notes				0
购买储蓄性保险	Purchase of Savings Insurance	2	1	6	3
购买股票	Purchase of Stock		0	0	0
其 他	Others	4	2	12	4
期末金融资产余额	**Balance of Financial Assets at Term-end**	**1 578**	**1 862**	**2 270**	**2886**
手存现金	Cash in Hand	586	703	826	1082
存款余额	Deposits	983	1 154	1 441	1781
债券价值款	Bonds	7	2		3
股票价值金	Stock			2	1
其他金融资产价值	Other Financial Assets	2	3	1	19
期末债务余额	**Debt at Term-end**	**390**	**448**	**533**	**583**
银行、信用社贷款	Bank and Credit Union Loan	192	225	312	401
个人借(欠)款	Individual Borrowing	188	206	211	155
其 他	Others	9	17	11	27

10-11 农村居民家庭人均消费支出(2006-2010年)

Per Capita Consumption Expenditure of Rural Households (2006-2010)

单位：元 (yuan)

类　别	Category	2006	2007	2008	2009	2010
生活消费支出	**Expense on Household Consumption**	**2 196**	**2 637**	**2 991**	**2 925**	**3 398**
# 服务性支出	Expenditure for Services	538	661	636	685	805
食品消费支出	**Food**	**1 071**	**1 227**	**1 483**	**1 410**	**1 605**
食品消费品支出	Consumer Foods	969	1 110	1 350	1 265	1 449
谷　物	Cereal	272	266	305	310	338
薯　类	Tubers	6	8	8	8	18
豆　类	Beans	10	10	15	14	15
食用油	Edible Oil	25	36	54	34	36
蔬菜及制品	Vegetable and Products	85	95	134	155	219
肉、禽、蛋、奶及制品	Meat,Poultry,Egg,Milk and Their Products	352	438	551	443	489
水产品及制品	Aquatic Products	12	16	19	19	20
烟、酒	Tobacco and Liquor	110	127	139	149	167
茶叶、饮料	Tea and Beverages	12	15	15	17	22
其他类食品	Other Foods	83	99	111	117	125
食品消费服务性支出	Services for Foods Consumption	103	117	133	145	155
在外饮食	Outward Dinner	96	112	128	139	150
食品加工费	Foods Processing	5	5	5	5	5
其他服务性支出	Other Services	1	1		1	
衣着消费支出	**Clothing**	**94**	**113**	**120**	**137**	**161**
衣着消费品支出	Consumer Clothing	93	112	119	137	160
服　装	Garments	64	76	80	92	110
服装材料	Clothing Material	1	1	1	2	2
鞋　类	Footwear	26	31	35	39	44
其　他	Others	3	3	3	4	5
衣着消费服务性支出	Services for Clothing Consumption		1			
衣着加工费	Clothing Proceeding Services					
其他服务性支出	Other Services					
居住消费支出	**Residence**	**436**	**586**	**626**	**497**	**638**
居住消费品支出	Consumer Residence	327	412	501	361	473
建筑生活用房材料	Construction Materials	192	253	211	185	145
维修生活用房材料	Repair Materials	18	29	30	30	36
装修生活用房材料	Decoration Materials	10	24	40	46	78
生活用房	Household Housing	13	31	152	25	115
生活用燃料	Household Fuels	95	75	70	76	99
居住消费服务性支出	Services for Residence	109	174	125	136	165
建筑、维修生活用房雇工工资	Wages for Housing Construction and Repair	68	79	69	67	68
房　租	Rent	1	1	1	2	5
生活用水	Household Water	2	2	2	3	5
生活用电	Household Electricity	26	72	37	44	52
清洁费、卫生费	Cleaning and Sanitation Costs					
其他服务性支出	Other Services	12	21	15	19	35

10-11 续表1 continued

单位: 元 (yuan)

类 别	Category	2007	2008	2009	2010
家庭设备、用品消费支出	**Household Appliances and Goods**	**107**	**119**	**148**	**168**
家庭设备用品消费品支出	Consumer Household Appliances	104	116	144	164
日用品	Goods for Daily Use	40	45	49	57
床上用品	Bed Articles	8	10	12	10
室内装饰品	Interior Decorations	3	2	3	3
家俱类	Furniture	28	33	44	42
机电设备	Electrical Equipment	26	25	36	53
家庭设备用品服务性消费支出	Services for Household Appliances	3	3	4	3
家庭设备修理费	Charges for Household Appliances Repair	1	1	1	2
日杂用品加工修理费	Charges for Grocery Processing and Repair	1	1	1	1
家政服务费	Charges for Household Services	0	0	0	
其他服务性支出	Other Services	1	1	2	1
交通和通讯消费支出	**Transport and Communications**	**217**	**248**	**313**	**338**
交通和通讯用品支出	Transport and Communications Goods	125	149	202	214
交通工具	Transportation Facility	73	90	139	140
交通工具用燃料	Fuels for Transportation Facility	18	26	31	39
交通工具用零配件	Parts of Transportation Facility	3	2	3	4
通讯工具	Communication Facility	31	30	29	32
通讯工具用零配件	Parts of Communication Facility	0	0	0	0
交通和通讯服务消费支出	Transport and Communications Services	92	99	111	124
交通消费服务支出	Services for Transport	46	45	48	50
交通客运费	Passenger Traffic Charges	31	29	28	31
生活物品货运费	Freight Charges for Living Goods	3	2	3	3
交通工具修理费	Charges for Transportation Facility Repair	8	9	10	11
其他服务性支出	Other Services	4	5	7	4
通讯消费服务支出	Services for Communications	46	54	63	74
邮寄费	Mailing Costs	0	0	0	0
通讯费	Communication Charges	45	53	63	73
通讯工具修理费	Charges for Communication Facility Repair	0	0	0	1
其 他	Others	1	0	0	0
文化教育、娱乐消费支出	**Recreation,Education and Cultural**	**182**	**169**	**178**	**206**
文化教育、娱乐用品消费支出	Culture,Education and Recreation Appliances	43	40	44	46
文教、娱乐用机电消费品	Electrical Consumer Goods for Culture, Education and Recreation	26	23	28	28
书、报、杂志	Books,Newspapers and Magazines	7	5	4	4
纸张、文具	Paper and Stationery	3	4	4	4
音像制品	Audio-visual Products	1	1	0	1
电脑软件	Software		0		
体育用品	Sport Goods	0	0	0	0
计算机零配件及耗材	Computer Parts and Materials				0
鲜 花	Flower	0	0	0	0
娱乐用品	Recreation Goods	3	3	3	5
其他用品	Other Goods	3	4	5	5

10-11 续表2 continued

单位：元 (yuan)

类　别	Category	2007	2008	2009	2010
教育服务消费支出	Education Services	128	117	114	138
托儿费	Child-care Fee	1	1	2	3
幼儿园赞助费	Sponsor Fee for Kindergarten	0	1	0	1
学杂费	Tuition Fee	97	79	71	82
入学赞助费	Sponsor Fee for School Entrance	0	0	0	0
私立学校就读费	Student Fee for Private Schools Entrance	1	0	1	2
成人培训费	Adult Training Expenses	7	6	11	12
教育设备修理费	Repair Charges for Education Equipment		0	0	0
其他服务性支出	Other Services	22	30	29	39
文化、体育、娱乐服务消费支出	Services for Culture,Sports and Recreation	11	12	20	23
旅　游	Tourism	5	6	13	16
休闲娱乐费	Recreation Costs	3	2	2	2
文化、体育、娱乐用品修理费	Repair Charges for Culture,Sports and Recreation Goods	0	0	0	0
其他服务性支出	Other Services	3	4	4	5
医疗保健消费支出	**Health care**	**168**	**182**	**198**	**240**
医疗保健用品	Health Care Appliances	52	57	60	61
医疗卫生用品	Medical Appliances	52	57	59	61
药　品	Medicine	52	56	58	60
医疗卫生器械	Medical Equipment	0	0	0	0
其他医疗卫生用品	Other Medical Appliances	0	0	0	0
保健用品	Health Appliances	0	1	1	1
药品类保健品	Drugs Health Products	0	0	0	0
保健器材	Health Equipment	0	0	1	0
医疗保健服务消费支出	Health Care Services	115	125	137	179
医疗费	Medical Charges	115	124	136	176
医疗设备修理费	Repair Charges for Medical Equipment	0	0	0	0
保健费	Health Charges	0	0	1	1
保健设备修理费	Repair Charges for Health Equipment	0		0	
其他服务性支出	Other Services	0	1	0	1
其他商品和服务消费支出	**Other Goods and Services**	**38**	**44**	**45**	**43**
其他商品支出	Other Goods	18	22	26	26
首　饰	Jewelry	3	2	3	4
手　表	Watch	0	0	1	0
化妆品	Cosmetics	1	2	2	2
宗教活动用品	Religious Appliances	4	5	7	7
其　他	Others	10	13	14	12
其他消费服务支出	Other Services	20	22	18	18
旅馆住宿费	Hotel Accommodations	1	1	2	2
美容美发	Beauty Salons	1	1	1	2
殡殓费	Funeral Expenses	6	9	6	3
生活消费借贷利息	Loan Interest of Household Consumption	1	1	2	2
其他服务性支出	Other Services	11	10	8	9

10–12 农村居民家庭年末主要耐用消费品平均每百户拥有量(2007–2010年)

Number of Major Durable Consumer Goods Owned by Per 100 Rural Households at Year-end (2007-2010)

单位：台/百户 (unit/100 households)

类 别	Category	2007	2008	2009	2010
洗衣机	Washing Machine	30.29	33.71	37.21	42.96
电冰箱	Refrigerator	8.38	9.75	12.33	18.17
空调机	Air Conditioner	0.08	0.17	0.25	0.29
抽油烟机	Lampblack Exhauster	1.42	1.67	2.92	3.29
吸尘器	Vacuam Cleaner	0.29	0.25	0.25	0.46
微波炉	Microwave Oven	2.33	2.96	3.79	4.13
热水器	Water Heater	19.71	22.58	29.50	36.33
# 太阳能热水器	Solar Water Heater	11.88	14.67	21.96	28.13
自行车（辆/百户）	Bicycle	28.50	27.67	27.29	25.19
# 电动自行车	Motorbikes	0.96	1.79	2.42	3.67
摩托车	Motorcycle	27.29	33.29	38.83	46.63
汽 车(生活用)	Automobile	0.71	0.83	1.67	2.75
固定电话机（部/百户）	Phone	30.88	29.88	29.54	26.21
移动电话（部/百户）	Cell Phone	69.83	91.17	115.25	138.83
# 接入互联网的（部/百户）	Access to the Internet	3.71	3.83	5.38	4.46
彩色电视机	Color TV Set	84.13	88.96	92.33	96.17
# 接入有线电视网的	Access to Cable TV Network	29.83	31.67	33.96	39.67
黑白电视机	Black/White TV Set	7.63	6.83	4.21	3.08
# 接入有线电视网的	Access to Cable TV Network	1.54	1.17	0.54	0.58
摄像机	Pickup Camera	0.08	0.17	0.04	0.58
影碟机	Video Disc Player	49.04	53.79	53.92	56.92
照相机（架/百户）	Camera	2.50	1.96	2.42	2.79
家用计算机	Computer	0.63	0.83	1.21	2.38
# 接入互联网的	Access to the Internet	0.08	0.17	0.33	0.58
中高档乐器（件/百户）	Medium and Top Grade Music Instruments	0.17	0.08	0.17	0.33

10-13 农村居民家庭人均食品消费数量(2007-2010年)
Per Capita Food Consumption of Rural Households (2007-2010)

单位：千克 (kg)

类　别	Category	2007	2008	2009	2010
粮食消费量	**Grain Consumption**	**183.07**	**190.37**	**190.80**	**173.53**
谷物消费量	Cereal	174.56	181.62	182.90	166.07
#小　麦	Wheat	9.10	10.80	9.88	5.67
稻　谷	Rice	135.62	145.27	148.63	140.69
玉　米	Corn	25.88	21.74	20.49	16.32
薯类消费量	Tubers	4.12	3.34	3.02	3.48
豆类消费量	Beans	4.39	5.41	4.88	3.99
油脂类消费量	**Oil Consumption**	**3.07**	**3.59**	**2.77**	**2.93**
植物油	Vegetable Oil	1.32	1.52	1.45	1.48
动物油	Animal Fat	1.75	2.07	1.32	1.46
烟叶消费量	**Tobacco Consumption**	**0.43**	**0.38**	**0.30**	**0.20**
豆制品	**Bean Products**	**1.58**	**1.50**	**1.56**	**1.55**
蔬菜及菜制品消费量	**Consumption of Vegetable and Products**	**86.44**	**97.84**	**105.65**	**91.48**
瓜　类	Melons	0.76	2.33	1.85	1.26
水果类	Fruits	11.61	10.00	9.96	9.36
茶叶消费量	Tea Consumption	0.59	0.55	0.62	0.59
坚果消费量	Nuts Consumption	1.27	1.19	0.87	0.84
肉禽及其制品	**Meat,Poultry and Products**	**33.04**	**33.49**	**32.91**	**34.72**
猪　肉	Pork	28.26	27.10	27.34	29.07
牛　肉	Beef	0.70	0.64	0.39	0.56
羊　肉	Mutton	0.19	0.21	0.22	0.17
家　禽	Poultry	3.23	4.87	4.38	4.46
其他肉禽及制品	Other Meat,Poultry and Products	0.67	0.67	0.57	0.46
蛋类及蛋制品	**Eggs and Products**	**1.87**	**2.41**	**2.27**	**2.11**
奶和奶制品	**Milk and Products**	**0.25**	**0.29**	**0.40**	**0.43**
水产品	**Aquatic Products**	**1.58**	**1.72**	**1.61**	**1.58**
鱼　类	Fish	1.50	1.65	1.53	1.50
虾、贝、蟹类	Shrimp,Shellfish and Crab	0.02	0.02	0.02	0.02
藻　类	Algae	0.01	0.00	0.00	0.00
其　他	Others	0.04	0.05	0.05	0.05
食　糖	**Sugar**	**1.13**	**1.22**	**1.02**	**0.97**
酒　类	**Liquor**	**7.52**	**7.38**	**7.51**	**7.35**
#白　酒	White Spirit	4.77	4.70	4.43	4.06
啤　酒	Beer	2.60	2.57	2.99	3.20
果　酒	Wine	0.05	0.03	0.03	0.03

10-14 农村居民家庭人均粮食收支情况(2006-2010年)
Per Capita Grain Income and Expenditure of Rural Households (2006-2010)

单位：千克 (kg)

类 别	Category	2006	2007	2008	2009	2010
期内粮食收入合计	**Grain Income in the Term**	**591.21**	**583.48**	**587.13**	**617.80**	**622.15**
家庭经营生产粮食	Grain of Household Operations	509.85	509.94	502.34	527.36	481.07
谷 物	Cereal	460.96	462.34	449.41	477.11	443.99
#小 麦	Wheat	41.38	39.40	29.95	26.94	15.19
水 稻	Rice	176.30	169.44	160.44	171.17	149.75
玉 米	Corn	229.28	236.34	239.47	264.19	268.65
薯 类	Tubers	28.52	26.70	32.29	28.32	24.13
豆 类	Beans	20.36	20.90	20.64	21.93	12.96
购入粮食	Purchase of Grain	80.35	72.34	83.82	88.38	140.29
谷 物	Cereal	78.85	71.18	82.30	87.37	139.34
#小 麦	Wheat	2.44	2.22	3.14	3.00	55.36
水 稻	Rice	37.93	36.83	40.81	40.25	39.66
玉 米	Corn	33.65	28.55	33.73	39.79	39.14
薯 类	Tubers	0.45	0.35	0.33	0.36	0.27
豆 类	Beans	1.05	0.81	1.19	0.65	0.69
借入粮食	Loan of Grain	0.12		0.01	0.07	0.03
收回借出粮	Grain Repaid	0.05		0.17	0.85	0.05
其他粮食收入	Other Grain Income	0.83	1.20	0.79	1.14	0.71
期内粮食支出合计	**Grain Expenditure in the Term**	**548.65**	**519.07**	**517.68**	**520.74**	**538.58**
主食用粮	Grain as Staple	202.51	183.07	190.37	190.80	173.53
谷 物	Cereal	194.42	174.56	181.62	182.90	166.07
#小 麦	Wheat	11.70	9.10	10.80	9.88	5.67
水 稻	Rice	148.58	135.62	145.27	148.63	140.69
玉 米	Corn	30.20	25.88	21.74	20.49	16.32
薯 类	Tubers	3.54	4.12	3.34	3.02	3.48
豆 类	Beans	4.56	4.39	5.41	4.88	3.99
其他生活用粮	Other Living Grain		0.85	0.05		
出售粮食	Sale of Grain	130.29	125.61	115.78	107.93	89.00
谷 物	Cereal	112.81	109.94	99.91	94.50	80.84
#小 麦	Wheat	12.81	13.13	5.73	4.60	2.29
水 稻	Rice	44.07	38.20	38.51	36.83	31.57
玉 米	Corn	53.22	55.92	52.92	51.59	45.86
.薯 类	Tubers	7.85	6.66	7.57	6.15	4.24
豆 类	Beans	9.63	9.01	8.30	7.29	3.93
种子用粮食	Grain as Seeds	13.29	13.03	12.01	9.05	12.70
饲料用粮食	Grain as Feed	201.34	195.75	199.10	211.64	262.20
借出粮食	Creditor of Grain	0.05	0.01	0.03		
归还借粮	Grain Returned	0.80		0.04	0.18	
其他粮食支出	Other Grain Expenditure	0.36	0.75	0.30	1.14	1.13
期末粮食结存实际调查数	**Balance of Grain Surveyed at Term-end**	**394.36**	**371.15**	**413.45**	**426.70**	**408.56**
谷 物	Cereal	366.57	342.74	380.32	391.81	373.95
#小 麦	Wheat	8.71	10.52	8.12	6.21	5.32
水 稻	Rice	158.85	141.14	161.50	157.72	145.49
玉 米	Corn	195.17	185.65	205.15	222.64	217.86
薯 类	Tubers	23.57	22.56	26.25	27.63	29.59
豆 类	Beans	4.23	5.85	6.89	7.26	5.02

10–15 农村居民家庭人口与劳动力情况(2006–2010年)
Population and Employment of Rural Households (2006-2010)

单位：人 (person)

类　别	Category	2006	2007	2008	2009	2010
农村居民家庭人口状况	**Population of Rural Households**					
家庭常住人口	Number of Permanent Residents	10 449	10 371	10 361	10 316	10 271
常住人口与户主关系	Relationship between the Permanent Residents and the Head of the Household					
户　主	the Head of the Household	2 400	2 400	2 393	2 398	2 400
配　偶	Spouses	2 280	2 255	2 243	2 237	2 234
子　女	Children	4 345	4 296	4 286	4 212	4 161
孙子女	Grandchildren	423	471	526	583	609
父　母	Parents	811	771	741	708	688
祖父母	Grandparents	41	27	21	24	23
兄弟姐妹	Brothers and Sisters	130	119	115	119	108
其他亲属	Other Relatives	17	32	36	35	48
非亲属	Unrelated					
家庭常住人口年龄状况	Age of Permanent Residents					
6岁及以下	6 Year-old and Under	803	754	729	694	625
7-15岁	Between 7 and 15 Year-old	1 499	1 463	1 439	1 397	1 351
16-18岁	Between 16 and 18 Year-old	684	623	576	506	505
19-22岁	Between 19 and 22 Year-old	870	904	927	891	819
23-25岁	Between 23 and 25 Year-old	497	494	534	578	631
26-30岁	Between 26 and 30 Year-old	822	772	732	719	703
31-40岁	Between 31 and 40 Year-old	1 764	1 721	1 698	1 680	1 653
41-50岁	Between 41 and 50 Year-old	1 606	1 683	1 699	1 749	1 810
51-60岁	Between 51 and 60 Year-old	1 019	1 051	1 104	1 145	1 160
61岁及以上	61 Year-old and above	885	906	923	957	1 014
在校学生人数	Students Enrollment	2 005	1 953	1 922	1 907	1 905
# 7-15岁以下在校学生人数	Between 7 and 15 Year-old	1 431	1 398	1 394	1 357	1 320
7-15岁非在校学生人数	Non-school Students Between 7 and 15 Year-old	68	65	45	40	31
参加医疗保险的人数	People Participated in Medical Insuarance	5 659	9 915	10 117		
农村居民家庭劳动力素质状况	**Labor Force Quality of Rural Households**					
整半劳动力数	Number of Full/Semi Labour Force	6 833	6 831	6 866	6 890	6 897
# 男劳动力人数	Number of Male Labour Force	3 600	3 612	3 652	3 659	3 670
整劳动力人数	Number of Full Labour Force	5 245	5 236	5 200	5 127	5 035
受过专业培训的人数	Number of Professionally Trained					
年龄状况	Age of Labor Force					
16-20岁	Between 16 and 20 Year-old	743	676	635	531	437
21-25岁	Between 21 and 25 Year-old	836	874	923	954	974
26-30岁	Between 26 and 30 Year-old	820	767	724	711	696
31-35岁	Between 31 and 35 Year-old	836	856	847	841	804
36-40岁	Between 36 and 40 Year-old	924	861	843	835	840
41-45岁	Between 41 and 45 Year-old	979	1 045	1 014	968	920
45-50岁	Between 45 and 50 Year-old	620	631	678	768	880
51岁及以上	51 Year-old and above	1 075	1 121	1 202	1 282	1 346

10–15 续表 continued

单位：人 (person)

类 别	Category	2006	2007	2008	2009	2010
文化程度	Education of Labor Force					
不识字或识字很少	Can Not Read or Read Very Little	880	912	905	851	783
小学程度	Primary School	2 791	2 721	2 605	2 586	2 657
初中程度	Junior High School	2 719	2 739	2 840	2 868	2 824
高中程度	Senior High School	342	331	364	398	443
中 专	Secondary School	77	98	110	130	126
大专及以上	Junior College and over	24	30	42	57	64
农村居民家庭劳动力就业情况	**Employment of Rural Labor Force**					
就业劳动力人数	Number of Employed Labor Force	6 819	6 825	6 859	6 866	6 865
# 男劳动力人数	Male Labor Force	3 594	3 611	3 650	3 655	3 664
整劳动力人数	Full Labor Force	5 236	5 233	5 196	5 115	5 013
受专业培训的人数	Professionally Trained	986	1 362	1 383		
就业地点	Place of Employment					
乡 内	in the Village	6 465	6 371	6 342	6 055	6 032
县内乡外	in the County but outside the Village	46	54	66	156	179
省内县外	in the Province but outside the County	184	184	207	364	336
国内省外	in China but outside the Province	121	212	243	286	311
国 外	Abroad	3	4	1	5	7
行业分布	Sector Employment					
一产业就业劳动力	Primary Industry	6 041	5 950	5 892	5 541	5 492
# 农 业	Farming	6 001	5 898	5 857	5 500	5 263
林 业	Forestry	16	11	11	14	21
牧 业	Animal Husbandry	22	39	24	23	206
渔 业	Fishery	2	2		4	2
非农产业就业劳动力	Non-agricultural Industries	778	875	967	1 325	1 373
二产业就业劳动力	Secondary Industry	297	346	372	540	584
采矿业	Mining and Quarrying	52	38	33	49	72
制造业	Manufacturing	135	169	173	195	224
电力煤气及水的生产供应业	Electricity, Gas & Water Production and Supply	8	15	6	18	21
建筑业	Construction	102	124	160	278	267
三产业就业劳动力	Tertiary Industry	481	529	595	785	789
交通运输仓储及邮电通讯业	Transport,Storage and Post	55	70	63	98	109
批发和零售贸易	Wholesale and Retail Trades	45	60	64	88	100
住宿和餐饮业	Hotels and Catering Services	63	72	91	111	100
居民服务和其他服务业	Services to Households and Other Services	92	128	149	192	238
教 育	Education	22	16	11	21	21
卫生、社会保障和社会福利业	Health,Social Security and Social Welfare	17	11	12	28	39
文化、体育和娱乐业	Culture,Sports and Entertainment	4	3	6	24	26
其 他	Others	183	169	199	223	156
年内从事各种行业时间（月）	Time Engaged in Various Sectors in the Year (month)	66 477	65 672	66 340	65 766	65 799
从事农业的时间	Engaged in Agriculture	54 525	52 975	52 483	49 115	48 881
从事非农产业的时间	Engaged in Non-agriculture	11 952	12 696	13 857	16 651	16 918

10-16 农村居民家庭农业生产结构及生产技术应用情况(2006-2010年)
Agricultural Production Structure and Technology Application of Rural Households (2006-2010)

单位：亩/人 (mu/person)

类　别	Category	2006	2007	2008	2009	2010
土地经营情况	**Land Operation**					
期内增加的经营土地面积	Added Land Area Operated in the Term	0.12	0.07	0.08	0.08	0.03
#耕　地	Farmland	0.06	0.04	0.04	0.06	0.03
期内减少的经营土地面积	Reduce Land Area Operated in the Term	0.05	0.02	0.04	0.03	0.03
#耕　地	Farmland	0.04	0.02	0.03	0.02	0.02
期末实际经营的土地面积	Actually Land Area Operated at Term-end	2.25	2.30	2.40	2.63	2.64
耕　地	Farmland	1.45	1.45	1.43	1.49	1.50
#有效灌溉面积	Effective Irrigation Area	0.49	0.47	0.47	0.48	0.45
山　地	Mountain Land	0.56	0.61	0.71	0.82	0.84
园　地	Garden Land	0.23	0.23	0.26	0.30	0.29
牧草地	Grassland	0.01	0.01	0.01	0.01	0.01
养殖水面	Culture Surface	0.00	0.00	0.00	0.00	0.00
土地种植情况	**Land Cultivation**					
粮食播种面积	Acreage of Grain	1.75	1.95	1.65	1.67	1.65
#小麦播种面积	Acreage of Wheat	0.21	0.19	0.19	0.15	0.12
水稻播种面积	Acreage of Rice	0.46	0.69	0.37	0.38	0.37
玉米播种面积	Acreage of Corn	0.69	0.69	0.71	0.77	0.81
豆类播种面积	Acreage of Beans	0.13	0.16	0.15	0.15	0.12
薯类播种面积	Acreage of Tubers	0.14	0.13	0.15	0.14	0.17
经济作物播种面积	Acreage of Economic Crops				0.72	0.66
#棉花播种面积	Acreage of Cotton					
油料播种面积	Acreage of Oil	0.10	0.10	0.09	0.10	0.08
蔬菜播种面积	Acreage of Vegetables	0.60	0.24	0.52	0.24	0.24
瓜类播种面积	Acreage of Melons	0.01	0.01	0.01	0.01	0.01
农业生产技术应用情况	**Agricultural Technology Application**					
优质粮食品种播种面积	Acreage of Quality Grain Varieties	0.10	0.05			
优质小麦面积	Acreage of Quality Wheat	0.02	0.01			
优质水稻面积	Acreage of Quality Rice	0.03	0.02			
优质玉米面积	Acreage of Quality Corn	0.05	0.02			
机耕面积	Mechanical Cultivation Area	0.14	0.16	0.18	0.20	0.19
抛秧面积	Throwing Seedling Area	0.00	0.01	0.01	0.00	0.01
机播面积	Mechanical Seeding Area	0.01	0.00			0.00
机收面积	Mechanical Harvesting Area	0.02	0.02	0.01	0.02	0.01
机电灌溉面积	Mechanical Irrigation Area	0.02	0.03	0.03	0.03	0.02
薄膜覆盖面积	Films Coverage Area	0.21	0.17	0.21	0.23	0.21
温室面积	Greenhouse Area	0.00	0.00	0.00	0.00	0.00

10-17 农村居民家庭农业生产情况(2006-2010年)
Agricultural Production of Rural Households (2006-2010)

类　别	Category	2006	2007	2008	2009	2010
农　业	**Farming**					
谷物产量（千克/人）	Cereal Output (kg/person)	460.96	462.34	449.41	477.11	443.99
#粮食产量	Ordinary Wheat	231.68	226.00	209.94	212.92	175.34
玉米产量	Ordinary Corn	229.28	236.34	239.47	264.19	268.65
薯类产量（千克/人）	Tubers Output (kg/person)	28.52	26.70	32.29	28.32	24.13
豆类产量（千克/人）	Beans Output (kg/person)	20.36	20.90	20.64	21.93	12.96
油料产量（千克/人）	Oil Output (kg/person)	17.74	17.61	14.45	14.88	7.60
蔬菜产量（千克/人）	Vegetable Output (kg/person)	241.43	272.99	274.12	275.35	245.53
水果产量（千克/人）	Fruit Output (kg/person)	36.49	34.99	33.50	32.75	34.28
林　业	**Forestry**	**64.60**	**28.96**	**28.04**	**48.08**	**65.18**
核桃产量（千克/人）	Walnut Output (kg/person)	3.16	4.38	2.60	2.69	2.98
木　材（立米/人）	Wood (cu.m/person)	0.04	0.04	0.03	0.05	0.05
树　苗（株/人）	Sapling (stem/person)	33.38	11.29	8.17	20.50	37.65
牧　业	**Animal Husbandry**	**107.97**	**101.14**	**122.12**	**127.27**	**121.10**
畜禽肉产量(出售、自宰)（千克/人）	**Output of Livestock and Poultry (kg/person)**	65.29	60.05	61.05	61.63	64.98
畜肉产量(千克/人)	Output of Livestock Meat	58.98	55.59	52.52	55.41	58.46
#肉猪头数(头/人)	Pig (head/person)	0.66	0.61	0.58	0.58	0.64
肉猪肉产量(千克/人)	Pork	56.49	52.85	50.20	53.73	56.47
菜羊只数（只/人）	Sheep (head/person)	0.05	0.03	0.02	0.01	0.02
菜羊肉产量(千克/人)	Mutton	0.90	0.66	0.50	0.27	0.41
肉牛头数（头/人）	Cattle (head/person)	0.01	0.01	0.01	0.01	0.01
肉牛肉产量(千克/人)	Beef	1.55	2.02	1.56	1.29	1.51
家禽肉产量(千克/人)	Output of Poultry Meat	6.32	4.45	8.53	6.22	6.52
#鸡只数（只/人）	Chicken (head/person)	3.03	2.05	3.88	2.98	3.15
鸡肉产量(千克/人)	Chicken Meat	6.01	4.06	8.21	5.95	6.19
蛋类产量（千克/人）	Eggs Output (kg/person)	6.79	6.08	6.53	7.47	4.57
奶类产量（千克/人）	Milk Outout (kg/person)	14.37	14.09	14.70	13.59	15.60
渔　业	**Fishery**					
鱼类产量(千克/人)	Fishes output	0.56	0.59	1.37	0.97	0.98

10–18 农村居民家庭出售农产品情况(2006–2010年)
Agricultural Product Sales by Rural Households (2006-2010)

类　别	Category	2006	2007	2008	2009	2010
农　业（元/人）	**Farming (yuan/person)**	**948.84**	**1 173.97**	**1 229.92**	**1 320.09**	**1 483.56**
谷物数量　（千克/人）	Cereal Amount (kg/person)	112.81	109.94	99.91	94.50	80.84
金　额（元/人）	Sum (yuan/person)	155.63	166.92	182.29	171.01	178.71
#出售小麦数量（千克/人）	Amount of Wheat (kg/person)	12.81	13.13	5.73	4.60	2.29
出售小麦金额（元/人）	Sum of Wheat (yuan/person)	15.23	18.36	10.10	8.32	4.83
出售玉米数量（千克/人）	Amount of Corn (kg/person)	53.22	55.92	52.92	51.59	45.86
出售玉米金额（元/人）	Sum of Corn (yuan/person)	63.49	75.34	87.90	84.78	91.79
出售薯类数量（千克/人）	Amount of Tubers (kg/person)	7.85	6.66	7.57	6.15	4.24
出售薯类金额（元/人）	Sum of Tubers (yuan/person)	22.58	20.28	29.59	25.71	34.87
出售豆类数量（千克/人）	Amount of Beans (kg/person)	9.63	9.01	8.30	7.29	3.93
出售豆类金额（元/人）	Sum of Beans (yuan/person)	26.17	25.85	26.33	25.29	15.56
出售棉花数量（千克/人）	Amount of Cotton (kg/person)			0.00		0.00
出售棉花金额（元/人）	Sum of Cotton (yuan/person)			0.35		0.01
出售油料数量（千克/人）	Amount of Oil (kg/person)	13.35	13.54	8.64	11.24	4.92
出售油料金额（元/人）	Sum of Oil (yuan/person)	30.63	47.86	46.45	43.46	26.18
出售蔬菜数量（千克/人）	Amount of Vegetables (kg/person)	143.40	171.16	180.71	167.40	166.18
出售蔬菜金额（元/人）	Sum of Vegetables (yuan/person)	186.08	235.61	260.99	296.86	390.82
出售瓜类数量（千克/人）	Amount of Melons (kg/person)	7.92	10.96	7.22	3.55	11.00
出售瓜类金额（元/人）	Sum of Melons (yuan/person)	6.90	9.46	6.49	6.39	15.59
出售园林水果数量（千克/人）	Amount of Fruits (kg/person)	26.38	27.16	29.01	27.80	30.61
出售园林水果金额（元/人）	Sum of Fruits (yuan/person)	31.20	38.53	46.00	56.75	90.70
林　业（元/人）	**Forestry (yuan/person)**	**238.38**	**239.55**	**234.32**	**254.42**	**403.58**
#出售采集林产品金额（元/人）	Sum of Forestry Products (yuan/person)	214.21	217.92	209.45	220.69	355.95
出售竹木金额（元/人）	Sum of Bamboo (yuan/person)	11.00	9.63	9.01	11.47	12.79
出售育种、育苗金额（元/人）	Sum of Breeding Nursery (yuan/person)	7.01	6.33	5.71	7.82	13.13
牧　业（元/人）	**Animal Husbandry (yuan/person)**	**524.96**	**701.57**	**883.93**	**776.95**	**763.28**
#出售肉猪及猪肉总重量（千克/人）	Amount of Pigs and Meat (kg/person)	36.70	34.38	31.93	34.43	36.36
出售肉猪及猪肉总金额（元/人）	Sum of Pigs and Meat (yuan/person)	310.20	431.54	516.00	459.22	489.41
出售菜羊及羊肉总重量（千克/人）	Amount of Sheep and Mutton (kg/person)	0.90	0.52	0.39	0.29	0.38
出售菜羊及羊肉总金额（元/人）	Sum of Sheep and Mutton (yuan/person)	11.28	8.24	8.43	6.25	9.18
出售家禽总重量（千克/人）	Amount of Livestock (kg/person)	2.92	2.36	4.55	2.61	3.22
出售家禽总金额（元/人）	Sum of Livestock (yuan/person)	27.77	31.40	37.96	39.77	40.57
出售蛋类的数量（千克/人）	Amount of Eggs (kg/person)	5.65	4.92	4.86	6.25	3.43
出售蛋类的金额（元/人）	Sum of Eggs (yuan/person)	30.96	32.78	33.97	41.63	26.27
渔　业（元/人）	**Fishery (yuan/person)**	**4.75**	**3.95**	**5.44**	**8.86**	**9.68**
#出售水产品金额（元/人）	Sum of Aquatic Products (yuan/person)	4.52	3.80	5.43	8.07	9.68

10-19 各州市农村居民家庭主要指标（2010年）

Principal Indicators of Rural Households by Region (2010)

州 市	Region	调查户数(户) Number of Households Surveyed (household)	常住人口(人) Number of Permanent Residents (person)	整半劳动力数(人) Number of Full Semi Labour Force (person)	整半劳动力（人)受教育程度 Among Number of Full Semi Labour Force (person) 文盲或半文盲 Illiterate and Semiliterate	小学程度 Primary School	初中程度 Junior Secondary School	高中程度 Senior Secondary School	中专 Secondary School	大专及以上 Junior College and over
全省合计	**Total**	**2 400**	**10 271**	**6 897**	**783**	**2 657**	**2 824**	**443**	**126**	**64**
昆 明	Kunming	1 177	4 400	3 066	199	817	1 606	265	107	72
曲 靖	Qujing	2 915	11 239	7 671	1 067	2 615	3 098	641	165	85
玉 溪	Yuxi	670	2 700	1 872	175	604	856	175	39	23
保 山	Baoshan	580	2 558	1 636	158	581	798	74	18	7
昭 通	Zhaotong	1 210	5 402	3 684	595	1 694	1 183	159	32	21
丽 江	Lijiang	460	1 942	1 364	289	552	422	66	16	19
普 洱	Pu'er	1 000	4 381	3 065	359	1 364	1 127	150	48	17
临 沧	Lincang	1 000	4 479	3 147	503	1 471	1 007	113	38	15
楚 雄	Chuxiong	2 500	10 587	7 310	518	2 615	3 598	358	145	76
红 河	Honghe	3 000	12 946	8 832	1 207	3 200	3 564	586	207	68
文 山	Wenshan	800	3 501	2 440	384	947	984	100	16	9
西双版纳	Xishuangbanna	172	874	617	56	284	232	24	13	8
大 理	Dali	500	2 167	1 481	104	469	765	96	27	20
德 宏	Dehong	544	2 426	1 712	156	663	739	118	20	16
怒 江	Nujiang	400	1 713	1 120	303	415	365	18	15	4
迪 庆	Diqing	300	1 382	921	200	435	221	41	10	14

10-19 续表1 continued

单位：元/人 (yuan/person)

州 市	Region	全年总收入 Total Income	工资性收入 Income from Wages and Salaries	#在企业中劳动得到收入 Earning Money by Working at Enterprises	#外出从业得到收入 Earning Money by Working outside	家庭经营收入 Income from Household Operations	财产性收入 Income from Properties	转移性收入 Income from Transfers
全 省	**Yunnan**	**5 954.23**	**963.00**	**84.97**	**262.53**	**4 422.76**	**176.84**	**391.62**
昆 明	Kunming	8 592.77	1 875.01	438.89	184.35	5 278.32	913.66	525.78
曲 靖	Qujing	5 779.13	1 352.22	412.98	280.25	4 120.52	80.05	226.35
玉 溪	Yuxi	8 759.91	1 415.09	512.73	159.91	6 722.68	202.47	419.67
保 山	Baoshan	6 004.00	1 179.71	47.92	497.67	4 378.67	88.16	357.46
昭 通	Zhaotong	3 732.06	1 153.74	88.41	458.99	2 201.37	54.59	322.36
丽 江	Lijiang	4 536.28	1 029.25	192.90	198.36	3 137.11	97.13	272.78
普 洱	Pu'er	5 716.53	621.79	23.20	69.93	4 589.09	110.93	394.73
临 沧	Lincang	4 650.91	916.80	8.54	208.83	3 312.00	47.47	374.63
楚 雄	Chuxiong	6 067.18	990.36	100.82	312.21	4 775.22	60.56	241.04
红 河	Honghe	6 843.50	886.02	85.85	67.71	5 611.73	107.60	238.15
文 山	Wenshan	3 860.72	827.70	4.07	303.10	2 771.22	37.09	224.71
西双版纳	Xishuangbanna	7 175.87	300.87	11.16	3.39	6 130.24	283.55	461.21
大 理	Dali	6 167.93	920.74	83.99	164.23	4 875.49	100.08	271.63
德 宏	Dehong	5 434.46	422.56	14.05	55.67	4 685.62	37.95	288.33
怒 江	Nujiang	2 560.24	464.52	23.03	22.51	1 582.01	18.66	495.05
迪 庆	Diqing	3 918.99	1 091.97	48.70	170.62	2 208.75	50.48	567.79

10-19 续表2 continued

单位：元/人 (yuan/person)

州 市	Region	全年纯收入 Net Income	工资性纯收入 Net Income from Wages and Salaries	家庭经营纯收入 Net Income from Household Operations	财产性纯收入 Net Income from Properties	转移性纯收入 Net Income from Transfers	现金纯收入 Cash Net Income
全 省	**Yunnan**	**4 026.24**	**963.00**	**2 551.33**	**176.84**	**335.07**	**3 196.31**
昆 明	Kunming	5 810.25	1 875.01	2 581.32	913.66	440.26	5 428.12
曲 靖	Qujing	4 130.34	1 352.22	2 501.35	80.05	196.73	3 056.54
玉 溪	Yuxi	5 746.84	1 415.09	3 753.24	202.47	376.05	5 059.10
保 山	Baoshan	3 626.57	1 179.71	2 015.20	88.16	343.49	2 664.36
昭 通	Zhaotong	2 768.45	1 153.74	1 272.37	54.59	287.75	2 078.20
丽 江	Lijiang	3 410.32	1 029.25	2 050.11	97.13	233.82	2 798.47
普 洱	Pu'er	3 456.48	621.79	2 357.65	110.93	366.12	2 449.97
临 沧	Lincang	3 279.27	916.80	1 958.73	47.47	356.26	2 506.07
楚 雄	Chuxiong	3 896.41	990.36	2 618.61	60.56	226.88	2 657.15
红 河	Honghe	3 922.44	886.02	2 709.80	107.60	219.01	2 935.59
文 山	Wenshan	2 805.98	827.70	1 729.58	37.09	211.60	1 934.74
西双版纳	Xishuangbanna	4 354.16	300.87	3 365.29	283.55	404.45	3 304.93
大 理	Dali	3 902.02	920.74	2 621.99	100.08	259.21	3 279.81
德 宏	Dehong	3 368.01	422.56	2 632.28	37.95	275.23	2 319.28
怒 江	Nujiang	2 005.28	464.52	1 044.25	18.66	477.85	1 407.43
迪 庆	Diqing	3 346.74	1 091.97	1 651.86	50.48	552.43	2 689.31

10-19 续表3 continued

单位：元/人 (yuan/person)

州 市	Region	全年总支出 Total Expenditure	家庭经营费用支出 Expenditure for Household Operations	购置生产性固定资产支出 Expenditure for Purchase of Productive Fixed Assets	建造生产性固定资产雇工支出 Expenditure for Building of Productive Fixed Assets	税费支出 Expenditure for Taxes and Fees	生活消费支出 Expense on Household Consumption	财产性支出 Expenditure for Properties	转移性支出 Expenditure for Transfers
全 省	**Yunnan**	**5 608.38**	**1 714.50**	**166.77**	**3.93**	**3.43**	**3 441.32**	**23.83**	**254.60**
昆 明	Kunming	9 104.79	2 426.81	390.55	6.23	22.48	5 701.17	80.08	477.46
曲 靖	Qujing	4 803.48	1 409.15	85.24	3.65	1.06	3 120.31	3.87	180.21
玉 溪	Yuxi	8 942.44	2 741.24	674.04	4.86	4.37	5 032.72	78.09	407.11
保 山	Baoshan	5 840.23	2 186.91	165.38	6.11	4.04	3 214.13	34.81	228.85
昭 通	Zhaotong	3 404.46	867.53	56.68	2.07	0.71	2 314.36	2.06	161.04
丽 江	Lijiang	3 198.06	837.77	122.62	4.46	2.48	2 184.21	6.05	40.46
普 洱	Pu'er	5 107.31	2 091.84	163.80	3.34	2.92	2 755.40	6.07	83.94
临 沧	Lincang	3 467.01	1 251.19	113.53	2.01	3.92	2 020.19	7.98	68.18
楚 雄	Chuxiong	6 050.68	1 915.79	212.07	9.13	8.47	3 710.09	10.51	184.61
红 河	Honghe	6 368.20	2 742.04	165.15	1.30	1.54	3 233.96	40.41	183.80
文 山	Wenshan	3 221.12	942.21	57.25		0.74	2 174.46	6.06	40.39
西双版纳	Xishuangbanna	6 759.61	2 607.65	196.48	2.86	9.04	3 751.44	4.60	187.54
大 理	Dali	5 917.47	2 082.23	170.85	7.42	3.34	3 244.90	80.45	328.29
德 宏	Dehong	5 203.61	1 885.39	301.38	3.27	7.91	2 893.36	11.73	100.57
怒 江	Nujiang	2 288.09	456.83	45.13			1 681.08		105.04
迪 庆	Diqing	3 013.20	423.75	76.53			2 361.57		151.35

10-19 续表4 continued

单位：元/人 (yuan/person)

州 市	Region	全年生活消费总支出 Total Expense on Household Consumption	食品消费支出 Food	衣着消费支出 Clothing	居住消费支出 Residence	家庭设备、用品消费支出 Household Appliances and Services
全 省	**Yunnan**	**3 441.32**	**1 647.49**	**160.72**	**638.09**	**167.66**
昆 明	Kunming	5 701.17	1 780.95	336.83	1 169.22	289.18
曲 靖	Qujing	3 120.31	1 395.84	208.11	568.03	156.31
玉 溪	Yuxi	5 032.72	1 932.14	290.17	975.16	306.97
保 山	Baoshan	3 214.13	1 541.17	134.23	492.23	185.97
昭 通	Zhaotong	2 314.36	1 297.54	117.63	359.37	110.64
丽 江	Lijiang	2 184.21	1 061.05	131.74	334.32	108.99
普 洱	Pu'er	2 755.40	1 636.10	87.27	299.41	130.62
临 沧	Lincang	2 020.19	1 129.54	86.26	217.02	89.51
楚 雄	Chuxiong	3 710.09	1 807.82	131.63	695.64	158.72
红 河	Honghe	3 233.96	1 570.67	147.86	511.41	161.00
文 山	Wenshan	2 174.46	1 298.33	92.97	322.97	90.75
西双版纳	Xishuangbanna	3 751.44	1 727.29	149.78	532.30	163.42
大 理	Dali	3 244.90	1 395.13	182.54	595.80	174.18
德 宏	Dehong	2 893.36	1 429.52	119.56	522.34	154.29
怒 江	Nujiang	1 681.08	1 074.75	108.35	98.48	73.19
迪 庆	Diqing	2 361.57	1 256.55	198.44	314.45	89.78

10-19 续表5 continued

单位：元/人 (yuan/person)

州 市	Region	交通和通讯消费支出 Transport and Communications	文化教育、娱乐消费支出 Recreation,Education and Cultural Services	医疗保健保障支出 Health Care and Medical Services	其他商品和服务消费支出 Other Goods and Services
全 省	**Yunnan**	**337.85**	**206.45**	**239.94**	**43.11**
昆 明	Kunming	895.41	589.69	526.50	113.39
曲 靖	Qujing	280.12	241.77	235.83	34.31
玉 溪	Yuxi	561.45	327.55	528.74	110.54
保 山	Baoshan	366.59	179.49	246.14	68.30
昭 通	Zhaotong	187.34	87.67	126.13	28.03
丽 江	Lijiang	192.37	187.83	145.74	22.17
普 洱	Pu'er	260.94	124.43	181.38	35.25
临 沧	Lincang	268.34	84.31	110.56	34.66
楚 雄	Chuxiong	352.76	240.89	290.82	31.82
红 河	Honghe	319.90	245.65	218.95	58.52
文 山	Wenshan	164.76	83.91	91.31	29.47
西双版纳	Xishuangbanna	666.91	178.82	278.21	54.71
大 理	Dali	329.54	235.88	286.63	45.20
德 宏	Dehong	274.48	132.61	170.58	89.99
怒 江	Nujiang	145.16	84.14	82.67	14.34
迪 庆	Diqing	202.07	156.14	133.91	10.22

主要统计指标解释

一、城镇住户

城镇家庭人口 指居住在一起，经济上合在一起共同生活的家庭成员。凡计算为家庭人口的成员其全部收支都包括在本家庭中。

城镇就业面 指就业人口占家庭人口的百分比。

城镇就业者负担人数 指家庭人口与就业人口之比。

城镇家庭总收入 指家庭成员得到的工薪收入、经营净收入、财产性收入、转移性收入之和，不包括出售财物收入和借贷收入。

城镇家庭可支配收入 指家庭成员得到可用于最终消费支出和其他非义务性支出以及储蓄的总和，即居民家庭可以用来自由支配的收入。它是家庭总收入扣除交纳的个人所得税、个人交纳的社会保障支出以及记账补贴后的收入。计算公式为：

可支配收入=家庭总收入−交纳个人所得税−个人交纳的社会保障支出−记账补贴

城镇家庭总支出 指除借贷支出以外的全部家庭支出。包括消费性支出、购房建房支出、转移性支出、财产性支出、社会保障支出。

城镇家庭消费性支出 指家庭用于日常生活的支出，包括食品、衣着、居住、家庭设备用品及服务、医疗保健、交通和通信、娱乐教育文化服务、其他商品和服务等八大类支出。

城镇家庭服务性消费支出 指家庭用于支付社会提供的各种非商品性服务费用。

城镇家庭收入分组方法 是将所有调查户按户人均可支配收入由低到高排队，按 10%，10%，20%，20%，20%，10%，10%的比例依次分成：最低收入户、低收入户、中等偏下收入户、中等收入户、中等偏上收入户、高收入户、最高收入户等七组。总体中最低 5%的户为困难户。

恩格尔系数 指食物支出金额在消费性总支出金额中所占的比例。计算公式为：

$$\text{恩格尔系数} = \frac{\text{食品支出金额}}{\text{消费性总支出金额}} \times 100\%$$

二、农村住户

农村住户 指农村常住户。农村常住户指长期（一年以上）居住在乡镇（不包括城关镇）行政管理区域内的住户，以及长期居住在城关镇所辖行政村范围内的农村住户。户口不在本地而在本地居住一年及以上的住户也包括在本地农村常住户范围内；有本地户口，但举家外出谋生一年以上的住户，无论是否保留承包耕地都不包括在本地农村住户范围内。

常住人口 指全年经常在家或在家居住 6 个月以上，而且经济和生活与本户连成一体的人口。外出从业人员在外居住时间虽然在 6 个月以上，但收入主要带回家中，经济与本户连为一体，仍视为家庭常住人口；在家居住，生活和本户连成一体的国家职工、退休人员也为家庭常住人口。但是现役军人、中专及以上（走读生除外）的在校学生、以及常年在外（不包括探亲、看病等）且已有稳定的职业与居住场所的外出从业人员，不算家庭常住人口。家庭常住人口主要作为计算农村住户平均每人收入、消费和积累水平及分析家庭人口状况的依据。

整、半劳动力 整劳动力指男子 18 周岁到 50 周岁，女子 18 周岁到 45 周岁；半劳动力指男子 16 周岁到 17 周岁，51 周岁到 60 周岁；女子 16 周岁到 17 周岁，46 周岁到 55 周岁，同时具有劳动能力的人。虽然在劳动年龄之内，但已丧失劳动能力的人，不应算为劳动力；超过劳动年龄，但能经常参加劳动，计入半劳动力数内。常住人口中的职工，若这些职工为劳动力，就包括在本户的整半劳动力中。

总收入 指调查期内农村住户和住户成员从各种来源渠道得到的收入总和。按收入的性质划分为工资性收入、家庭经营收入、财产性收入和转移性收入。

工资性收入 指农村住户成员受雇于单位或个人，靠出卖劳动而获得的收入。

家庭经营收入 指农村住户以家庭为生产经营单位进行生产筹划和管理而获得的收入。农村住户家庭经营活动按行业划分为农业、林业、牧业、渔业、工业、建筑业、交通运输业邮电业、批发和零售贸易餐饮业、社会服务业、文教卫生业和其他家庭经营。

财产性收入 指金融资产或有形非生产性资产的所有者向其他机构单位提供资金或将有形非生产性资产供其支配，作为回报而从中获得的收入。

转移性收入 指农村住户和住户成员无须付出任何对应物而获得的货物、服务、资金或资产所有权等，不包括无偿提供的用于固定资本形成的资金。一般情况下，是指农村住户在二次分配中的所有收入。

现金收入 指农村住户和住户成员在调查期内得到以现金形态表现的收入。按来源分成工资性收入、家庭经营现金收入、财产性收入、转移性收入。

纯收入 指农村住户当年从各个来源得到的总收入相应地扣除所发生的费用后的收入总和。计算方法：

纯收入=总收入-税费支出-家庭经营费用支出-生产性固定资产折旧-赠送农村内部亲友支出

纯收入主要用于再生产投入和当年生活消费支出，也可用于储蓄和各种非义务性支出。“农民人均纯收入”按人口平均的纯收入水平，反映的是一个地区或一个农户农村居民的平均收入水平。

总支出 指农村住户用于生产、生活和再分配的全部支出。家庭经营费用支出、购置生产性固定资产支出、生产性固定资产折旧、税费支出、生活消费支出、财产性支出和转移性支出。

Explanatory Notes on Principal Statistical Indicators

I. Urban Households

Population of Urban Households refers to members of households living and sharing economically together in the urban areas. All the income and expenditure of all the members of such households are included in the income and expenditure of the household.

Proportion of Urban Employment refers to the proportion of employed population to the population of urban households.

Number of Dependents per Urban Employee refers to the ratio between number of persons in an urban household and the number of employed persons.

Total Income of Urban Households refers to the sum of wage and salary; net business income; income from properties; and income from transfers of members of the households. Income from selling of properties and income from borrowing are not included.

Disposable Income of Urban Households refers to the actual income at the disposal of members of the households which can be used for final consumption, other non-compulsory expenditure and savings. This equals to total income minus income tax, personal contribution to social security and subsidy for keeping diaries in being a sample household. The following formula is used:

Disposable income = total household income - income tax - personal contribution to social security - subsidy for keeping diaries for a sampled household

Total Expenditure of Urban Households refers to all expenditure of households except expenditure on lending. It includes expenditure on consumption; on purchasing or building houses; on transfers; on properties; and on social security.

Consumption Expenditure of Urban Households refers to total expenditure of households for consumption in daily life, including expenditure on the eight categories of food; clothing; housing; household appliances and services; health care and medical services; transport and communications; recreation, education and cultural services; and miscellaneous goods and services.

Expenditure of Urban Households on Consumption of Services refers to expenditure of households on various kinds of non-commercial services provided by society.

Urban Households by Income Group All households in the sample are grouped, by per capita disposable income of the household, into groups of lowest income, low income, lower middle income, middle income, upper middle income, high income and highest income, each group consisting of 10%, 10%, 20%, 20%, 20%, 10% and 10% of all households respectively. The lowest 5% of households are also referred to as poor households.

Engel's Coefficient refers to the percentage of expenditure on food in the total consumption expenditure, using the following formula:

$$\text{Engels Coefficient} = \frac{\text{expenditure on food}}{\text{total consumption expenditure}} \times 100\%$$

II. Rural Household

Rural Households refer to usual resident households in rural areas. Usual resident households in rural areas are households residing on a long term basis(for more than one year) in the areas under the administration of township governments (not including county towns), and in the areas under the administration of villages in county towns. Households residing in the current addresses for over one year with their household registration in other places are still considered as resident households of the locality. For households with their household registration in one place but all members of the households having moved away to make a living in another place for over one year, they will not be included in the rural households of the area where they are registered, irrespective of whether they still keep their contracted land.

Usual Resident Population refers to persons staying at home regularly or for over 6 months during a year and integrated with the household economically and in terms of living.. Members of the household staying away from the household for over 6 months but keeping a close economic relation with the household by sending the majority of income to the household are regarded as usual resident of the household. Government staff and workers or retirees living as close members of the household are also considered as usual resident. However, servicemen, students of secondary technical schools or schools of higher education and persons with stable jobs and residence outside the household (excluding those visiting relatives or seeking medical service) are not included as resident population of the household. Resident population is used in calculating income, consumption, accumulation on per capita basis of rural households and in analyzing composition of rural households.

Full/Semi Labour Force Full labour force refers to persons capable of work, aged 18-50 for males and 18-45 for females. Semi labour force refers to persons capable of work, aged 16-17 and 51-60 for males and 16-17 and 46-55 for females. Persons at their working ages but not capable of work are not to be included as labour force. Persons not at working ages but participating regularly in work are included in semi labour force. For staff and workers who are usual residents, are included as full or semi labour force of the household if they are in the labour force.

Total Income refers to the sum of income earned from various sources by the rural households and their members during the reference period, and is classified as income from wages and salaries, income from household operations, income from properties and income from transfers.

Income from Wages and Salaries refers to income from labour earned by the members of rural households employed by other units or individuals.

Income from Household Operations refers to income by the rural households as units of production and operation. Operations by rural households are classified according to their economic activities namely agriculture, forestry, animal husbandry, fishery, manufacturing, construction, transportation, post and telecommunications, wholesale, retail and catering, social service, culture, education, health, and other household operations.

Income from Properties refers to the income received as returns by owners of financial assets or tangible non-productive assets by providing capitals or tangible non-productive assets to other institutional units.

Income from Transfers refers to the receipt by rural households and their members of goods, services, capital or rights of assets without giving or repaying accordingly, excluding capital provided to them for the formation of fixed assets. In general, it refers to all income received by rural households through redistribution.

Cash Income refers to income received by rural households and their members in the form of cash during the reference period. It is classified, by source of income, into income from wages and salaries, cash income from household operations, income from properties and income from transfers.

Net Income refers to the total income of rural households from all sources minus all corresponding expenses. The formula for calculation is as follows:

Net income = total income - taxes and fees paid - household operation expenses - taxes and fees depreciation of fixed assets for production - gifts to non-rural relatives

Net income is mainly used as input for reinvestment in production and as consumption expenditure of the year, and also used for savings and non-compulsory expenses of various forms. "Per capita net income of farmers" is the level of net income averaged by population, reflecting the average income level of rural households in a given area.

Total Expenditure refers to total expenses of rural households on production, consumption and redistribution, including expenditure on household operations. purchase of productive fixed assets; depreciation of productive fixed assets; taxes and fees; expenses on household consumption; expenses on properties; and expenses on transfers.

Chapter 11

十一、资源和环境

Resources and Environment

11-1 人口和资源（2010年）
Population and Resources (2010)

指　标	Item	2010
全省年末人口总数（万人）	Total Population (year-end) (10 000 persons)	4 601.60
人口密度（人/平方千米）	Population Density (person/sq .km)	116.80
全省土地面积（万平方千米）	Total Land Area (10 000 sq .km)	39.40
民族自治地方土地面积（万平方千米）	Autonomous Area of Nationalities (10 000 sq.km)	27.67
全省年末耕地总资源（万公顷）（2008年）	Total Cultivated Land Resources at Year-end (10 000 hectares)(2008)	607.78
# 常用耕地面积（万公顷）	Area of Cultivated Land in Common Use (10 000 hectares)	423.01
牧草地面积（万公顷）（2007年）	Area of Grassland (10 000 hectares)(2007)	78.23
全省森林面积（万公顷）	Forest Area (10 000 hectares)	1 817.73
全省森林覆盖率（%）	ForestCoverageRate（%）	47.5
全省活立木总蓄积量（亿立方米）	Standing Stock Volume (100 million cu.m)	15.54
全省水面面积（万公顷）（2008年）	Water Area (10 000 hectares)(2008)	28.00
全省水能资源理论蕴藏量（万千瓦）	Hydropower Resources by Theoretic (10 000 kw)	10 439.00
全省水资源总量（亿立方米）	Total of Water Resources (100 million cu.m)	1 577.00
全省铁矿保有资源储量（亿吨）	Ensured Reserves of Iron Ore (100 million tons)	35.67
全省煤矿保有资源储量（亿吨）	Ensured Reserves of Coal Ores (100 million tons)	289.84
全省磷矿石保有资源储量（亿吨）	Ensured Reserves of Phosphate Ores (100 million tons)	42.40

注：森林资源有关数据为2007年云南省第五次森林资源连续清查数据。
Note: Data of forest resource are the reviewing data of the 5th provincial continuous forest resource census in 2007.

11-2 土地资源状况
Land Characteristics

项　目	Item	面　积 Area	占总面积(%) Proportion to Total Area (%)
按地形分类(万平方千米)	**By Topographic Feature (10 000 sq.km)**	**39.4**	**100**
山　地	Mountains	33.1	84.0
高　原	Plateaus	3.9	10.0
盆　地	Basins	2.4	6.0
按特征分类(万公顷)	**By Land Use (10 000 hectares)**	**3 940.0**	**100**
常用耕地面积	Cultivated Land Area	423.01	10.7
有林地	Forest	1 590.75	40.4
荒山草坡地	Undeveloped Land on the Slope	565.11	14.3
水面面积	Water Area	28.00	0.7
其　他	Others	1 333.13	33.9

11-3 主要山峰高程
Height of Major Mountain Peaks

名 称	Mountain Range	标 高 (米) Height of Mountain Peak (m)	所处州、市	Region
梅里雪山（卡瓦格博峰）	Meili Snow Mountains (Kagebo Peak)	6 740	迪 庆	Diqing
玉龙雪山（扇子陡峰）	Yulong Snow Mountains (Shanzi Peak)	5 596	丽 江	Lijiang
碧罗雪山	Biluo Snow Mountains	4 141	怒 江	Nujiang
点苍山（马龙峰）	Diancang Mountains (Malong Peak)	4 122	大 理	Dali
拱王山	Gongwang Mountains	3 677	昆 明	Kunming
大雪山	Daxue Mountains	3 504	临 沧	Lincang
高黎贡山	Gaoligong Mountains	3 374	保 山	Baoshan
无量山	Wuliang Mountains	3 291	大理、普洱	Dali, Pu'er
哀牢山	Ailao Mountains	2 940	普洱、玉溪、红河	Pu'er,Yuxi, Honghe
梁王山	Liangwang Mountains	2 833	曲 靖	Qujing
五莲峰	Wulian Mountains	2 561	昭 通	Zhaotong

注：全省最低点为河口县境内的南溪河与红河汇合处，海拔76.4米。
Note: The minimum height is that of 76.4 meters of the confluence of the Nanxi River and the Honghe River in Hekou county.

11-4 主要河流情况
Major Rivers

名 称	River	境内河长（千米） Internal Length (km)	集水面积（平方千米） Catchments Area (sq.km)
金沙江	Jinsha River	1 560	105 614
澜沧江	Lancang River	1 227	88 574
元 江	Yuan River	680	37 455
南盘江	Nanpan River	677	43 342
怒 江	Nu River	618	33 366
瑞丽江	Ruili River	370	9 743
大盈江	Daying River	196	5 859

11-5 主要湖泊情况
Major Lakes

名称	Lake	所属水系 River System	湖面面积（平方千米）Lake Area (sq·km)	最大水深（米）Maximum Depth(m)	平均水深（米）Average Depth(m)	平均水位（米）Average Water Level (m)	总容水量（亿立方米）Water Volume (100 million cu.m)
滇池	Dianchi Lake	金沙江 Jinsha River	306.3	8	5	1 885	15.70
洱海	Erhai Lake	澜沧江 Lancang River	250.0	23	10.5	1 974	30.00
抚仙湖	Fuxian Lake	南盘江 Nanpan River	212.0	151.5	87	1 720	185.00
程海	Chenghai Lake	金沙江 Jinsha River	78.8	36.9	15	1 503	27.00
泸沽湖	Lugu Lake	金沙江 Jinsha River	51.8	73.2	40	2 685	20.72
星云湖	Xingyun Lake	南盘江 Nanpan River	39.0	12	9	1 723	2.30
杞麓湖	Qilu Lake	南盘江 Nanpan River	37.3	6.8	4	1 792	1.68
阳宗海	Yangzonghai Lake	南盘江 Nanpan River	31.0	30	20	1 770	6.02
异龙湖	Yilong Lake	泸江 Lu River	31.0	6.6	2.8	1 413	1.27

11-6 各县(市、区)土地、气温、降水量(2010年)
Land Characteristics, Temperature and Precipitation of Cities, Counties and Prefectures (2010)

州市	Region	土地面积（平方千米）Land Area (sq.km)	牧草地面积（千公顷）Area of Grazing Land (1000 hectares)	年平均气温（℃）Annual Average Temperature (℃)	年降水量（毫米）Annual Precipitation (mm)
全省合计	**Total**	**394 139**	**782.30**	**17.4**	**835.3**
昆明市	**Kunming**	**21 582**	**44.85**	**16.8**	**603.9**
呈贡县	Chenggong	541	0.00	16.4	550.9
五华区	Wuhua	} 2 190		} 16.6	565.8
盘龙区	Panlong				
官渡区	Guandu		1.27		
西山区	Xishan		0.03		
东川区	Dongchuan	1 674	21.45	20.7	428.4
晋宁县	Jinning	1 391	3.62	15.8	608.3
富民县	Fumin	1 030	0.12	16.8	557.8
宜良县	Yiliang	1 880	7.23	17.7	531.1
石林县	Shilin	1 777	0.35	17.5	569.7
嵩明县	Songming	1 442	0.91	15.6	672.2
禄劝县	Luquan	4 378	0.00	16.4	621.7
寻甸县	Xundian	3 966	9.85	16.0	826.6
安宁市	Anning	1 313	0.01	16.3	824.2

注：本表土地面积为过去清查数，牧草地面积为2007年数。
Note: Figures of land are obtained from the previous surveys,figures of grazing land area are that of 2007.

11-6 续表1 continued

州　市	Region	土地面积（平方千米） Land Area (sq.km)	牧草地面积（千公顷） Area of Grazing Land (1000 hectares)	年平均气温（℃） Annual Average Temperature (℃)	年降水量（毫米） Annual Precipitation (mm)
曲 靖 市	**Qujing**	**29 855**	**40.87**	**15.1**	**739.7**
麒麟区	Qilin	1 442	7.10	16.0	679.0
马龙县	Malong	1 751	1.59	14.7	636.2
陆良县	Luliang	2 096	8.96	15.7	650.1
师宗县	Shizong	2 858	2.61	15.0	628.9
罗平县	Luoping	3 116	0.81	15.9	1 042.5
富源县	Fuyuan	3 348	2.53	15.1	783.5
会泽县	Huize	6 077	3.72	14.1	623.4
沾益县	Zhanyi	2 910	12.78	15.4	758.0
宣威市	Xuanwei	6 257	0.77	14.4	855.8
玉 溪 市	**Yuxi**	**15 285**	**0.22**	**18.0**	**672.8**
红塔区	Hongta	1 004		16.9	628.4
江川县	Jiangchuan	850		17.0	719.7
澄江县	Chengjiang	773	0.16	17.2	691.3
通海县	Tonghai	721	0.00	16.5	590.7
华宁县	Huaning	1 313		17.5	838.1
易门县	Yimen	1 571		17.4	564.7
峨山县	Eshan	1 972	0.05	17.1	608.8
新平县	Xinping	4 223		18.1	735.7
元江县	Yuanjiang	2 858		24.6	677.4
保 山 市	**Baoshan**	**19 637**	**39.61**	**16.4**	**1 041.8**
隆阳区	Longyang	5 011	4.69	17.0	663.3
施甸县	Shidian	2 009	11.91	18.3	720.0
腾冲县	Tengchong	5 845	1.91	16.1	1 185.1
龙陵县	Longling	2 884	20.93	15.1	1 623.3
昌宁县	Changning	3 888	0.17	15.6	1 017.1
昭 通 市	**Zhaotong**	**23 021**	**117.84**	**16.1**	**740.1**
昭阳区	Zhaoyang	2 240	21.54	12.7	557.2
鲁甸县	Ludian	1 519	18.27	12.8	856.0
巧家县	Qiaojia	3 245	54.15	21.5	764.2
盐津县	Yanjin	2 096		18.0	971.4
大关县	Daguan	1 802	0.27	15.2	779.7
永善县	Yongshan	2 833	21.88	17.4	583.4
绥江县	Suijiang	882	0.01	18.4	717.3
镇雄县	Zhenxiong	3 785	1.32	12.6	578.7
彝良县	Yiliang	2 884	0.17	17.7	535.4
威信县	Weixin	1 416	0.23	14.3	1 057.8
水富县	Shuifu	319			
丽 江 市	**Lijiang**	**21 219**	**26.48**	**15.1**	**821.1**
古城区	Gucheng	1255		13.9	821.8
玉龙县	Yulong	6393	19.72	13.9	821.8
永胜县	Yongsheng	5 099	1.25	14.3	863.8

11–6 续表2 Continued

州 市	Region	土地面积（平方千米）Land Area (sq.km)	牧草地面积（千公顷）Area of Grazing Land (1 000 hectares)	年平均气温（℃）Annual Average Temperature (℃)	年降水量（毫米）Annual Precipitation (mm)
华坪县	Huaping	2 266		20.1	787.5
宁蒗县	Ninglang	6 206	5.52	13.1	810.5
普 洱 市	**Pu'er**	**45 385**	**22.86**	**19.7**	**1 355.3**
思茅区	Simao	4 093	7.01	19.6	1 515.6
宁洱县	Ning'er	3 670	0.58	19.1	1 306.2
墨江县	Mojiang	5 459	1.00	18.4	1 226.6
景东县	Jingdong	4 532		19.1	908.9
景谷县	Jinggu	7 777		21.0	1 056.7
镇沅县	Zhenyuan	4 223	0.02	19.9	979.4
江城县	Jiangcheng	3 476	13.94	19.4	1 917.0
孟连县	Menglian	1 957	0.02	20.2	1 345.5
澜沧县	Lancang	8 807	0.24	20.2	1 482.9
西盟县	Ximeng	1 391	0.03	19.7	1 813.7
临 沧 市	**Lincang**	**24 469**	**3.91**	**19.2**	**1 055.2**
临翔区	Linxiang	2 652	0.04	18.4	917.8
凤庆县	Fengqing	3 451	0.03	17.5	984.4
云 县	Yunxian	3 760		20.8	619.8
永德县	Yongde	3 296	0.21	18.3	922.6
镇康县	Zhenkang	2 642	2.24	20.0	1 472.6
双江县	Shuangjiang	2 292	1.02	20.1	873.8
耿马县	Gengma	3 837	0.22	19.9	990.8
沧源县	Cangyuan	2 539	0.16	18.2	1 660.0
楚 雄 州	**Chuxiong**	**29 258**	**3.33**	**17.0**	**612.5**
楚雄市	Chuxiong	4 482	0.32	17.2	619.1
双柏县	Shuangbo	4 045	0.00	16.0	596.1
牟定县	Mouding	1 494	0.04	16.9	660.5
南华县	Nanhua	2 343	1.02	15.0	518.8
姚安县	Yao'an	1 803		16.3	614.9
大姚县	Dayao	4 146	1.78	16.4	476.5
永仁县	Yongren	2 189		17.9	635.4
元谋县	Yuanmou	1 803	0.01	22.0	597.4
武定县	Wuding	3 322	0.14	15.7	715.7
禄丰县	Lufeng	3 631	0.02	16.8	690.6
红 河 州	**Honghe**	**32 931**	**6.20**	**19.4**	**952.8**
蒙自市	Mengzi	2 228	0.44	20.1	671.6
个旧市	Gejiu	1 597	0.00	16.9	828.6
开远市	Kaiyuan	2 009	0.92	20.7	586.0
屏边县	Pingbian	1 906	0.00	16.9	1 344.8
建水县	Jianshui	3 940	0.71	19.7	547.7
石屏县	Shiping	3 090	0.03	18.5	651.3
弥勒县	Mile	4 004	0.00	18.0	617.5
泸西县	Luxi	1 674		15.7	585.3
元阳县	Yuanyang	2 292	0.62	24.8	649.6
红河县	Honghe	2 034		21.3	542.7

11-6 续表3 continued

州 市	Region	土地面积(平方千米) Land Area (sq.km)	牧草地面积(千公顷) Area of Grazing Land (1000 hectares)	年平均气温(℃) Annual Average Temperature (℃)	年降水量(毫米) Annual Precipitation (mm)
金平县	Jinping	3 677	0.04	18.6	2 071.4
绿春县	Luchun	3 167	3.43	17.6	1 717.7
河口县	Hekou	1 313		23.9	1 572.7
文 山 州	**Wenshan**	**32 239**	**19.46**	**18.1**	**778.7**
文山市	Wenshan	3 064		19.4	684.7
砚山县	Yangshan	3 888	0.24	16.9	705.5
西畴县	Xichou	1 545		16.5	974.2
麻栗坡县	Malipo	2 395	0.76	18.4	875.3
马关县	Maguang	2 755		17.8	734.5
丘北县	Qiubei	5 150	11.54	17.5	731.8
广南县	Guangnan	7 983	0.24	17.9	760.8
富宁县	Funing	5 459	6.68	20.7	763.0
西双版纳州	**Xishuangbanna**	**19 124.50**	**1.22**	**8.1**	**421.2**
景洪市	Jinghong	7 133	0.81	22.9	1 036.1
勐海县	Menghai	5 511	0.33	19.7	1 108.8
勐腊县	Mengla	7 056	0.08	22.2	1 224.5
大 理 州	**Dali**	**29 459**	**62.90**	**16.5**	**679.5**
大理市	Dali	1 468	0.27	16.1	1 049.0
漾濞县	yangbi	1 957	0.26	17.0	898.6
祥云县	Xiangyun	2 498	12.50	15.9	653.0
宾川县	Binchuan	2 627	39.89	18.9	464.5
弥渡县	Midu	1 571	0.14	17.7	571.2
南涧县	Nanjian	1 802		19.4	555.0
巍山县	Weishan	2 266	0.75	16.7	582.3
永平县	Yongping	2 884	1.50	16.2	677.6
云龙县	Yunlong	4 712	0.10	16.9	549.3
洱源县	Eryuan	2 961	0.02	14.9	576.5
剑川县	Jianchuan	2 318	7.47	13.2	652.6
鹤庆县	Heqing	2 395		14.7	924.7
德 宏 州	**Dehong**	**11 526**	**4.94**	**20.1**	**1 206.4**
芒 市	Mangshi	2 987		20.4	1 331.4
瑞丽市	Ruili	1 020	0.02	21.2	1 282.5
梁河县	Lianghe	1 159	3.05	18.6	1 002.7
盈江县	Yingjiang	4 429	1.87	20.6	1 199.8
陇川县	Longchuan	1 931		19.7	1 215.5
怒 江 州	**Nujiang**	**14 703**	**9.74**	**16.7**	**720.6**
泸水县	Lushui	2 938	0.32	21.1	622.4
福贡县	Fugong	2 804		18.1	85.8
贡山县	Gongshan	4 506	7.74	15.7	1 319.4
兰坪县	Lanping	4 455	1.68	11.9	854.7
迪 庆 州	**Diqing**	**23 870**	**377.88**	**9.1**	**464.8**
香格里拉县	Shangri-La	11 613	263.23	7.5	606.6
德钦县	Deqing	7 596	99.52	7.1	521.4
维西县	Weixi	4 661	15.13	12.8	731.2

11–7 各州市土地利用情况

Land Use by Region

单位：百公顷 (100 hectares)

州市	Region	土地调查面积 Area under Land Survey	农用地 Land for Agriculture Use	#园地 Garden Land	#牧草地 Land Grazing and Pasture	建设用地 Land for Construction	居民点及工矿用地 Land for Inhabitation, Mining and Manufacturing	交通用地 Land for Transport Facilities	水利设施用地 Land for Water Conservancy Facilities
全省合计	**Total**	**5 747 912**	**4 763 937**	**126 232**	**117 280**	**122 389**	**94 231**	**15 024**	**13 134**
昆明	Kunming	315 182	246 258	6 233	6 728	17 163	13 755	2 235	1 173
曲靖	Qujing	433 562	352 684	5 666	6 071	16 043	12 196	1 594	2 253
玉溪	Yuxi	224 180	190 214	4 303	32	5 859	4 444	823	591
保山	Baoshan	285 997	250 108	5 646	5 937	6 998	5 766	748	484
昭通	Zhaotong	336 453	290 566	5 383	17 675	8 588	6 835	1 101	651
丽江	Lijiang	308 235	252 308	2 305	3 972	3 730	2 970	474	286
普洱	Pu'er	665 205	591 115	19 801	3 429	7 730	5 679	944	1 108
临沧	Lincang	354 380	299 246	18 310	586	6 333	5 109	701	523
楚雄	Chuxiong	426 723	351 991	4 390	499	8 893	5 807	1 378	1 708
红河	Honghe	482 717	363 684	8 726	929	11 221	8 484	1 335	1 402
文山	Wenshan	471 072	356 845	4 611	2 919	9 045	7 117	1 098	830
西双版纳	Xishuangbanna	284 918	246 725	26 645	183	2 928	2 237	443	248
大理	Dali	424 532	349 238	8 970	9 435	10 447	8 062	1 293	1 092
德宏	Dehong	167 606	146 172	3 928	741	4 580	3 459	417	704
怒江	Nujiang	218 969	176 834	505	1 461	1 445	1 196	180	69
迪庆	Diqing	348 419	299 949	809	56 682	1 387	1 114	261	12

注：本表为2008年数。
Note:Number of this table are that of 2008.

11–8 各州市自然湿地面积

Area of Natural Wetlands by Region

州市	Region	自然湿地面积(千公顷) Area of Natural Wetlands (1 000 hectares)	河流 Rivers	湖泊 Lakes	沼泽 Marshland	占国土面积比重(%) Proportion to Total Territory Area (%)
全省合计	**Total**	**343.90**	**159.50**	**175.40**	**9.00**	**0.8**
昆明	Kunming	50.00	3.00	47.00		2.3
曲靖	Qujing	12.50	8.00	4.00	0.50	0.4
玉溪	Yuxi	48.00	8.50	39.50		3.1
保山	Baoshan	7.00	6.50	0.50		0.4
昭通	Zhaotong	22.30	17.80	1.50	3.00	1.0
丽江	Lijiang	25.70	9.90	14.80	1.00	1.2
普洱	Pu'er	27.10	27.10			0.6
临沧	Lincang	11.30	11.30			0.5
楚雄	Chuxiong	23.90	14.50	9.40		0.4
红河	Honghe	19.30	7.00	12.30		0.6
文山	Wenshan	9.40	1.00	8.40		0.3
西双版纳	Xishuangbanna	7.90	7.90			0.4
大理	Dali	49.60	15.00	33.60	1.00	1.7
德宏	Dehong	11.90	10.90		1.00	1.0
怒江	Nujiang	6.50	5.50	0.50	0.50	0.4
迪庆	Diqing	11.50	5.60	3.90	2.00	0.5

注：本表数据为2006年云南省林业调查规划院卫星判图数据。
Note:Numbers of 2006 in this table are obtained from the satellite photos taken by Yunnan Forestry Investigation and Planning Institute.

11–9 各州市造林面积情况
Area of Afforestation by Region

单位：百公顷 (100 hectare)

年份 州市	Year Region	造林总面积 Total Area of Afforestation	按造林方式分 By Approach 人工造林 Manual Planting	飞机播种 Airplane Planting	按林种用途分 By Function of Forest 用材林 Timber Forests	经济林 By-product Forests	防护林 Protection Forests	薪炭林 Fuel Forests	特种用途林 Forests for Special Purpose
2000		430 645	330 914	99 731	144 407	138 045	140 670	5 632	1 891
2001		335 036	279 816	55 220	89 236	104 529	138 220	2 168	883
2002		402 293	307 871	94 422	68 236	74 300	255 282	3 393	1 082
2003		495 135	431 426	63 709	83 737	90 962	318 492	1 010	934
2004		228 184	174 265	53 919	31 016	31 003	149 571	16 172	422
2005		207 923	163 598	44 325	34 847	39 270	132 475	1 331	
2006		157 994	136 157	21 837	30 187	91 776	35 711	27	300
2007		319 223	264 192		37 968	181 681	98 008	67	1 499
2008		566 135	507 733		41 575	408 078	115 482	67	933
2009		713 478	605 993		87 995	481 500	142 097	623	1 263
2010		661 500	596 879		71 629	481 529	106 055	1 125	1 162
昆　明	Kunming	15 820	9 620			9 293	6 527		
曲　靖	Qujing	70 038	56 570		12 725	32 793	24 520		
玉　溪	Yuxi	25 280	18 020			13 964	11 124	186	6
保　山	Baoshan	39 347	39 347		1 353	37 954	40		
昭　通	Zhaotong	73 799	69 672		5 420	54 226	14 086		67
丽　江	Lijiang	57 344	55 913		434	50 717	5 623		570
普　洱	Pu'er	26 695	25 695		12 303	13 788	180	424	
临　沧	Lincang	41 626	41 626		667	40 959			
楚　雄	Chuxiong	52 932	46 933		4 215	40 896	7 575	246	
红　河	Honghe	62 048	58 153		11 174	43 234	7 640		
文　山	Wenshan	27 351	19 815		2 043	13 022	12 020	266	
西双版纳	Xishuangbanna	3 046	3 046		340	2 706			
大　理	Dali	101 701	96 663		709	94 228	6 431		333
德　宏	Dehong	34 007	34 007		20 179	13 825		3	
怒　江	Nujiang	15 639	14 972			14 972	667		
迪　庆	Diqing	14 827	6 827		67	4 952	9 622		186

11-10 各州市水资源状况

Water Resources

年份 Year / 州市 Region		水资源总量 (亿立方米) Total Amount of Water Resources (100 million cu.m)	地表水资源量 Surface Water Resources	地下水与地表水资源重复量 Duplicated Measurement Between Surface Water and Groundwater
2000		2 447.55	2 447.55	772.60
2001		2 561.94	2 561.94	808.50
2002		2 308.87	2 308.87	763.60
2003		1 699.36	1 699.36	592.20
2004		2 106.30	2 106.30	719.80
2005		1 846.43	1 846.43	660.30
2006		1 712.00	1 712.00	615.00
2007		2 256.00	2 256.00	794.60
2008		2 314.49	2 314.49	801.60
2009		1 577.00	1 577.00	582.60
2010		1 941.00	1 941.00	686.00
昆　明	Kunming	46.60	46.60	13.19
曲　靖	Qujing	92.43	92.43	28.04
玉　溪	Yuxi	28.03	28.03	10.63
保　山	Baoshan	159.41	159.41	60.47
昭　通	Zhaotong	108.08	108.08	42.86
丽　江	Lijiang	70.90	70.90	27.21
普　洱	Pu'er	263.90	263.90	105.10
临　沧	Lincang	126.11	126.11	43.75
楚　雄	Chuxiong	39.63	39.63	13.14
红　河	Honghe	148.12	148.12	50.56
文　山	Wenshan	123.80	123.80	39.59
西双版纳	Xishuangbanna	71.84	71.84	35.20
大　理	Dali	94.08	94.08	32.85
德　宏	Dehong	130.94	130.94	47.74
怒　江	Nujiang	285.22	285.22	79.98
迪　庆	Diqing	152.26	152.26	55.68

11－11 各州市水资源及供、用水情况（2010年）

Water Resource and Tap Water Supply and Use by Region (2010)

单位：万立方米 (10 000 cu.m)

州 市	Region	水资源总量 Total Amount of Water Resources	供水总量 Total Volume of Water Supply	用水总量 Total Volume of Water Use	农 业 For Agriculture Use	工 业 For Productive Use	生 活 For Residential Use	生 态 For Entironment Use
全 省	**Total**	**19 413 000**	**1 474 747**	**1 474 747**	**1 004 707**	**264 749**	**166 444**	**38 847**
昆 明	Kunming	466 000	209 032	209 032	77 312	73 197	28 763	29 760
曲 靖	Qujing	924 252	128 279	128 279	66 545	40 040	20 112	1 582
玉 溪	Yuxi	280 300	73 482	73 482	34 298	29 768	8 994	422
保 山	Baoshan	1 594 100	100 779	100 779	79 427	13 616	7 500	236
昭 通	Zhaotong	1 080 813	77 694	77 694	50 693	13 958	12 680	363
丽 江	Lijiang	708 963	61 172	61 172	50 958	4 569	5 445	200
普 洱	Pu'er	2 638 952	104 129	104 129	92 567	10 060	10 375	1 187
临 沧	Lincang	1 261 100	98 252	98 252	83 460	5 159	8 095	538
楚 雄	Chuxiong	396 290	90 120	90 120	70 175	9 874	9 477	594
红 河	Honghe	1 481 238	157 620	157 620	114 233	24 349	17 142	1 896
文 山	Wenshan	1 238 000	65 788	65 788	47 658	8 660	9 120	350
西双版纳	Xishuangbanna	718 400	68 048	68 048	58 542	4 487	4 829	190
大 理	Dali	940 818	130 545	130 545	98 119	16 501	14 690	1 235
德 宏	Dehong	1 309 400	63 955	63 955	52 925	4 804	6 226	10 000
怒 江	Nujiang	2 852 240	19 112	19 112	15 340	2 294	1 417	61
迪 庆	Diqing	1 522 625	16 289	16 289	12 455	2 202	1 580	52

11－12 各州市城市人口和建设用地情况(2010年)

Basic Statistics on Urban Population and Land Use for Construction by Region(2010)

城 市	City	城区人口（万人）Number of Urban Population (10 000 persons)	城区面积（平方公里）City Area (sq.km)	建成区面积 Of Which: Developed Area	绿化覆盖面积（平方公里）Coverage Area of Greenery and Plants (sq.km)	建成区面积 Of Which: Developed Area	人均公园绿地面积（平方米）Per Capita Public Park Area (sq.km)	建成区绿化覆盖率(%) Percentage of Coverage by Greenery and Plants in Developed Area (%)
全 省	**Total**	**1 042.58**	**3 528.71**	**1 363.13**	**51 136.00**	**42 144.00**	**8.66**	**30.9**
昆 明	Kunming	291.65	1 120.18	366.77	16 807.00	15 141.00	9.61	41.3
曲 靖	Qujing	142.26	159.16	159.16	6 508.00	5 924.00	9.30	37.2
玉 溪	Yuxi	50.24	132.55	60.34	2 693.00	1 763.00	9.61	29.2
保 山	Baoshan	39.12	101.96	57.54	1 779.00	1 726.00	8.97	30.0
昭 通	Zhaotong	72.01	174.28	78.85	1 916.00	1 299.00	3.78	16.5
丽 江	Lijiang	21.99	44.50	35.50	1 048.00	1 032.00	16.19	29.1
普 洱	Pu'er	48.45	119.69	61.86	2 075.00	1 898.00	10.56	30.7
临 沧	Lincang	48.35	109.01	51.86	1 628.00	1 285.00	3.90	24.8
楚 雄	Chuxiong	55.92	195.88	81.02	3 300.00	2 628.00	11.11	32.4
红 河	Honghe	92.98	191.44	121.09	6 620.00	3 457.00	9.37	28.6
文 山	Wenshan	49.67	113.19	61.35	1 334.00	875.00	6.37	14.3
西双版纳	Xishuangbanna	17.16	197.93	35.57	1 410.00	1 406.00	13.27	39.5
大 理	Dali	67.11	671.76	87.64	2 113.00	2 045.00	4.92	23.3
德 宏	Dehong	28.74	107.50	56.02	1 609.00	1 423.00	8.21	25.4
怒 江	Nujiang	7.74	27.44	20.69	249.00	211.00	5.19	10.2
迪 庆	Diqing	9.19	62.24	27.87	47.00	31.00	1.24	1.1

11-13 全省“三废”治理项目完成情况
Completion of "Three Wastes" Disposal

指　　标	Item	2007年	2008年	2009年	2010年
汇总工业企业数(个)	**Number of Industrial Enterprises**	**317**	**292**	**252**	**247**
污染治理项目本年投资来源合计（万元）	**Total of Investment in Pollution Dispoal in the Year (10 000 yuan)**	**86 423**	**102 677**	**94 880**	**106 272**
按使用分	**By Use**				
治理废水(万元)	Disposal of Waste Water(10 000 yuan)	21 511	26 847	14 808	24 184
治理废气(万元)	Disposal of Waste Gas(10 000 yuan)	51 766	46 429	63 769	72 910
治理固体废物(万元)	Disposal of Solid Wastes(10 000 yuan)	7 501	21 630	13 399	6 302
治理噪声(万元)	Disposal of Noise Pollution(10 000 yuan)	284	289	424	240
治理其它(万元)	Disposal of Other Pollution(10 000 yuan)	5 352	7 342	2 481	2 636
本年施工项目总数(个)	**Number of Projects Under Consumption**	**461**	**451**	**398**	**364**
治理废水(个)	Disposal of Waste Water	129	99	128	134
治理废气(个)	Disposal of Waste Gas	275	279	211	168
治理固体废物（个)	Disposal of Solid Wastes	29	33	22	29
治理噪声(个)	Disposal of Noise Pollution	8	4	10	5
治理其它(个)	Disposal of Other Pollution	20	36	27	28
当年竣工项目数(个)	**Number of Projects Completed**	**425**	**416**	**381**	**334**
治理废水(个)	Disposal of Waste Water	116	88	122	119
治理废气(个)	Disposal of Waste Gas	257	261	203	158
治理固体废物（个)	Disposal of Solid Wastes	25	30	22	24
治理噪声(个)	Disposal of Noise Pollution	8	4	10	5
治理其它(个)	Disposal of Other Pollution	19	33	24	28
当年竣工项目新增设计处理能力	**Newly Added Design Capacity of Projects Completed**				
治理废水(吨／日)	Disposal of Waste Water(ton/day)	298 625	270 090	48 507	53 693
治理废气(万标立方米／时)	Disposal of Waste Gas (10 000cu.m/h)	321	633	1 370	251
治理固体废物(吨／日)	Disposal of Solid Wastes(ton/day)	4 178	9 867	15 900	5 953

注：1.治理类型中的“治理废气”包括燃料燃烧废气和生产工艺废气的治理。
　　2.治理类型中的“治理其他”包括：(1)电磁辐射治理；(2)放射性治理；(3)其他治理(包括搬迁)。

Note: a. Disposal of waste gas refers to that of waste gas emitted fuel pluring and industrial production.
　　b. Disposal of other pollution refers to that of electromagnetic radiation,combustion and others(including relocation).

11-14 各州市废水、废气、固体废物排放情况

Waste Water, Waste Gas and Solid Waste Discharged By Region

单位：万吨 (10 000 tons)

年份 Year 州市 Region	废水排放总量 Total Volume of Waste Water Discharged	生活污水排放量 Consumption Waste Water Discharged	化学需氧量(COD)排放量 COD Discharge	生活污水中COD排放量 COD Discharge from Consumption Waste Water	二氧化硫(SO_2)排放量 Volume of Sulphur Dioxide Emission	工业SO_2排放量 Volume of Industry Sulphur Dioxide Emission	工业SO_2排放达标量 Volume of Indusry Sulphur Dioxide Emision Meeting Discharge Standards	工业固体废物排放量 Volume of Industrial Solid Wastes Discharged	工业固体废物处置率(%) Ratio of Industrial Solid Wastes Utilized
2000	675 27.15	324 10.00	29.71	11.97	38.59	32.39		5 30.40	4.9
2001	641 52.34	314 39.00	30.89	16.64	35.75	29.44	10.20	2 95.80	15.9
2002	662 71.02	325 75.00	30.10	18.07	36.41	29.31	11.48	2 31.81	10.5
2003	681 80.80	335 26.00	28.52	19.24	45.26	38.07	14.52	1 21.67	21.4
2004	783 02.56	399 01.00	29.02	19.26	47.75	39.99	18.19	55.10	22.3
2005	752 02.45	422 74.00	28.47	17.78	52.19	42.89	18.76	70.66	35.1
2006	804 78.36	461 92.41	29.37	18.80	55.10	45.62	30.91	99.56	33.7
2007	837 58.94	484 06.66	29.00	19.21	53.37	44.54	34.50	82.66	33.0
2008	838 64.57	508 69.04	28.05	18.86	50.17	41.99	38.41	39.42	30.8
2009	875 90.64	552 15.43	27.31	18.78	49.93	41.78	40.12	60.65	29.7
2010	919 92.68	610 66.20	26.83	17.90	50.07	43.96	42.40	36.31	31.0
昆明 Kunming	312 12.93	279 87.92	1.48	1.17	8.23	7.75	7.74	9.48	52.8
曲靖 Qujing	90 26.79	60 50.35	3.36	2.80	17.74	17.28	16.96		26.2
玉溪 Yuxi	40 64.27	25 53.80	1.09	0.72	1.55	1.01	0.95	4.63	41.9
保山 Baoshan	61 78.81	25 33.83	2.57	1.03	0.86	0.72	0.67	0.58	
昭通 Zhaotong	37 17.10	33 52.32	1.93	1.81	2.77	0.90	0.83		51.0
丽江 Lijiang	9 14.61	7 68.69	0.74	0.52	0.69	0.42	0.42		3.8
普洱 Pu'er	42 71.51	18 15.29	1.38	1.10	1.10	0.87	0.87	0.20	0.7
临沧 Lincang	33 48.87	10 58.94	2.44	1.13	0.38	0.36	0.36		5.8
楚雄 Chuxiong	38 82.62	25 74.93	1.13	1.05	1.50	0.91	0.69	0.03	2.7
红河 Honghe	65 88.76	34 68.54	2.89	2.11	11.67	11.29	11.12		16.5
文山 Wenshan	47 60.83	32 17.33	1.83	1.26	1.47	0.97	0.71	0.12	17.7
西双版纳 Xishuangbanna	40 33.68	20 68.89	2.30	0.89	0.11	0.07	0.05	0.20	0.0
大理 Dali	23 87.47	15 70.43	1.06	0.94	1.55	1.05	0.85	13.20	1.1
德宏 Dehong	62 54.32	13 20.68	1.92	0.68	0.27	0.23	0.11	0.00	12.1
怒江 Nujiang	9 69.75	4 27.25	0.50	0.48	0.13	0.11	0.08	4.89	85.6
迪庆 Diqing	3 80.35	2 97.00	0.21	0.20	0.04	0.03		2.97	0.8

11–15 各州市工业废水排放及处理情况(2010年)
Discharge and Disposal of Industrial Waste Water by Region (2010)

州 市	Region	工业用水总量 (万吨) Total Consumption of Water for Industrial Use (10 000 tons)	工业用水重复利用率 (%) Recycling Rate of Water for Industrial Use (%)	工业废水排放总量 (万吨) Total Volume of Industrial Waste Water Discharged (10 000 tons)	工业废水排放达标量 (万吨) Volume of Industrial Waste Water Meeting Discharge Standards (10 000 tons)	工业废水排放达标率 (%) Ratio of Treated Industrial Waste Water Meeting Discharge Standard (%)
全省合计	**Total**	**839 211**	**92**	**30 926**	**28 403**	**91.8**
昆 明	Kunming	254 502	95	3 225	3 225	100.0
曲 靖	Qujing	225 889	93	2 976	2 956	99.3
玉 溪	Yuxi	42 634	92	1 510	1 501	99.3
保 山	Baoshan	6 823	40	3 645	3 470	95.2
昭 通	Zhaotong	3 638	52	365	339	92.8
丽 江	Lijiang	2 244	80	146	143	97.8
普 洱	Pu'er	5 983	42	2 456	2 423	98.7
临 沧	Lincang	5 586	52	2 290	2 218	96.9
楚 雄	Chuxiong	47 354	94	1 308	1 205	92.2
红 河	Honghe	214 559	95	3 120	3 086	98.9
文 山	Wenshan	9 715	76	1 544	1 284	83.2
西双版纳	Xishuangbanna	3 059	32	1 965	1 735	88.3
大 理	Dali	3 996	68	817	629	77.0
德 宏	Dehong	8 965	39	4 934	3 647	73.9
怒 江	Nujiang	3 481	12	542	495	91.3
迪 庆	Diqing	784	59	83	48	58.0

注：1.工业用新鲜水量71289.90万吨；2.工业重复用水量767920.85万吨；3.汇总工业企业2049个。

Note: a.Total Consumption of fresh water for industrial use is 712.90 million tons;

b. Volume of Recycled Water for Industrial Use is 7679.21 million tons;

c. Total Number of industrial enterprises is 2049.

11–16 各州市工业废气排放及处理能力情况(2010年)
Emission and Disposal Capacity of Industrial Waste Gas by Region (2010)

州 市	Region	工业废气处理设施数 (套) Number of Facilities for Disposal of Industrial Waste Gas (set)	工业废气治理设施处理能力 (万标立方米/时) Capacity of Facilities for Disposal of Industrial Waste Gas (10 000 cu.m/h)	工业废气排放总量 (万标立方米) Total Volume of Industrial Waste Gas Emitted (10 000 cu.m)	燃料燃烧 from Process of Fuel Burning	生产工艺 from Process of Production
全省合计	**Total**	**5 649**	**20 305**	**109 780 703**	**52 352 252**	**57 428 451**
昆 明	Kunming	1 369	6 076	28 281 844	9 006 048	19 275 796
曲 靖	Qujing	783	4 185	30 376 566	20 037 600	10 338 966
玉 溪	Yuxi	803	1 482	8 690 646	4 374 258	4 316 388
保 山	Baoshan	206	514	2 412 946	1 238 902	1 174 044
昭 通	Zhaotong	207	425	2 928 702	1 201 320	1 727 382
丽 江	Lijiang	40	51	678 304	243 404	434 900
普 洱	Pu'er	156	399	1 076 845	735 185	341 660
临 沧	Lincang	173	401	850 895	723 466	127 429
楚 雄	Chuxiong	258	1 036	4 928 799	1 304 188	3 624 611
红 河	Honghe	648	2 502	15 330 060	8 782 458	6 547 602
文 山	Wenshan	218	783	4 622 708	2 082 466	2 540 242
西双版纳	Xishuangbanna	83	60	237 649	198 446	39 203
大 理	Dali	519	957	5 671 074	1 299 670	4 371 404
德 宏	Dehong	138	1 232	2 211 866	1 018 838	1 193 028
怒 江	Nujiang	37	199	1 266 941	105 954	1 160 987
迪 庆	Diqing	11	3	214 858	49	214 809

11−17 各州市工业固体废物排放及处理利用情况(2010年)

Discharge, Disposal and Recycling of Industrial Solid Wastes by Region (2010)

州 市	Region	工业固体废物产生量(万吨) Volume of Industrial Solid Wastes Produced (10 000 tons)	工业固体废物综合利用量(万吨) Volume of Industrial Solid Wastes Utilized (10 000 tons)	工业固体废物综合利用率(%) Rate of Industrial Solid Wastes Utilized (%)	工业固体废物贮存量(万吨) Volume of Industrial Solid Wastes Stored (10 000 tons)
全省合计	**Total**	**9 392**	**4 798**	**51**	**1 845**
昆 明	Kunming	2 284	944	41	126
曲 靖	Qujing	1 873	970	51	448
玉 溪	Yuxi	1 573	832	53	84
保 山	Baoshan	176	119	68	56
昭 通	Zhaotong	88	42	48	1
丽 江	Lijiang	76	60	74	19
普 洱	Pu'er	143	117	82	25
临 沧	Lincang	151	140	93	2
楚 雄	Chuxiong	405	322	79	167
红 河	Honghe	1 577	699	44	664
文 山	Wenshan	428	259	60	99
西双版纳	Xishuangbanna	51	34	67	17
大 理	Dali	237	138	58	83
德 宏	Dehong	109	83	76	13
怒 江	Nujiang	156	14	9	3
迪 庆	Diqing	66	26	39	37

11−17 续表 continued

地 区	Region	工业固体废物处置量(万吨) Volume of Industrial Solid Wastes Disposal (10 000 tons)	其中：处置往年贮存量(万吨) Of Which: Volume of Previously Stored Industrial Solid Wastes Disposal (10 000 tons)	工业固体废物排放量(万吨) Volume of Industrial Solid Wastes Discharged (10 000 tons)	"三废"综合利用产品产值(万元) Output Value of Products Made from Waste Gas, Waste Water and Solid Wastes (10 000 yuan)
全省合计	**Total**	**2 911**	**1**	**36**	**654 555**
昆 明	Kunming	1 207		9	213 578
曲 靖	Qujing	491			131 580
玉 溪	Yuxi	659		5	33 031
保 山	Baoshan			1	19 880
昭 通	Zhaotong	45			3 510
丽 江	Lijiang	3	1		23 250
普 洱	Pu'er	0.9703			17 053
临 沧	Lincang	9			10 871
楚 雄	Chuxiong	11			54 126
红 河	Honghe	260			89 768
文 山	Wenshan	76			5 567
西双版纳	Xishuangbanna				869
大 理	Dali	3		13	38 495
德 宏	Dehong	13			6 675
怒 江	Nujiang	134		5	523
迪 庆	Diqing	1		3	5 778

11-18 各州市城市污水排放和处理情况(2010年)

Discharge and Disposal of City Sewage by Region (2010)

州市	Region	城市污水排放量(万立方米) Total Volume of City Sewage Discharged (10 000 cu.m)	污水处理总量(万立方米) Total Volume of Sewage Disposal (10 000 cu.m)	污水厂污水处理量 Volume of Sewage Disposal by Sewage Disposal Plants	污水再生利用量(万立方米) Volume of Utilized by Sewage regenerated (10 000 cu.m)	城市污水处理率(%) Ratio of City Sewage Disposal (%)	污水处理厂集中处理率(%) Ratio of Centralized Disposal by Sewage Disposal Plants (%)
全省	**Total**	**79 860**	**59 644**	**55 987**	**1 355**	**74.7**	**70.1**
昆明	Kunming	41 381	40 106	37 947	389	96.9	91.7
曲靖	Qujing	6 194	3 622	2 520	70	58.5	35.6
玉溪	Yuxi	4 121	2 804	2 804		68.0	68.0
保山	Baoshan	2 312	850	850		36.8	36.8
昭通	Zhaotong	3 198	985	985	179	30.8	30.8
丽江	Lijiang	1 613	1 072	1 072	637	66.5	66.5
普洱	Pu'er	2 255	567	300		25.1	30.3
临沧	Lincang	1 707	493	493		28.9	28.9
楚雄	Chuxiong	2 956	1 774	1 774		60.0	60.0
红河	Honghe	5 099	2 775	2 775	75	54.4	54.4
文山	Wenshan	2 395	838	838		35.0	35.0
西双版纳	Xishuangbanna	1 463	682	682		46.6	46.6
大理	Dali	3 445	2 299	2 299	5	66.7	66.7
德宏	Dehong	1 107	564	564		51.0	51.0
怒江	Nujiang	286	120			42.0	
迪庆	Diqing	328	93	84		28.4	25.6

11-19 主要城市空气质量指标(2010年)

The Indicators of Air Quality By Main Cities and Towns (2010)

单位：毫克/立方米 (mg/m³)

城市	City and Town	可吸入颗粒物 (PM_{10}) Particulate Matters	二氧化硫 (SO_2) Sulphur Dioxide	二氧化氮 (NO_2) Nitrogen Dioxide	空气质量达到及好于二级的天数(天)	主要污染物指标	空气综合污染指数 Index of Wastes Air Pollution
昆明市	Kunming	0.072	0.039	0.045	358		1.93
曲靖市	Qujing	0.085	0.047	0.026	355		1.96
玉溪市	Yuxi	0.078	0.058	0.024	360		2.05
保山市	Baoshan	0.050	0.023	0.023	365		1.17
昭通市	Zhaotong	0.048	0.082	0.021	332	二氧化硫	2.11
丽江市	Lijiang	0.043	0.004	0.220	358		0.77
普洱市	Pu'er	0.046	0.012	0.012	349		0.81
临沧市	Lincang	0.059	0.015	0.007	345		0.93
楚雄市	Chuxiong	0.041	0.050	0.014	364		1.42
个旧市	Gejiu	0.066	0.060	0.013	339		1.82
开远市	Kaiyuan	0.071	0.059	0.017	-		1.91
蒙自市城	Mengzi	0.050	0.039	0.011	346		1.29
河口县城	Hekou	0.106	0.010	0.025	-	可吸入颗粒物	1.53
文山市城	Wenshan	0.054	0.014	0.011	362		0.91
景洪市	Jinghong	0.051	0.019	0.019	356		1.06
大理市	Dali	0.036	0.022	0.012	338		0.88
芒市	Mangshi	0.057	0.012	0.009	339		0.88
六库镇	Liuku	0.038	0.014	0.010	355		0.73
香格里拉县城	Shangri-la	0.031	0.019	0.011	356		0.76
宣威市	xuanwei	0.092	0.018	0.016	-		-

注：空气质量监测城市20个，其中二级或优于二级城市18个，三级城市2个，劣三级城市0个。
Not e:There are cities towns air quality be monitored, of which: secondary cities, tertiary cities, and town .

11－20 主要城市区域环境噪声源构成情况(2010年)

Composition of Environmental Noise Source By Major Cities and Towns (2010)

单位：分贝 (dB)

城　市	City and Town	等效声级 Average Equivalent Sound Level of Environmentalt Noise	交通噪声 Average Equivalent Sound Level of Traffic Noise	工业噪声 Average Equivalent Sound Level of Industrial Noise	施工噪声 Average Equivalent Sound Level of Construction Noise	生活噪声 Average Equivalent Sound Level of Residental Noise	其　他 Others
全　省	**Total**	**52.7**	**54.9**	**53.2**	**53.9**	**51.3**	**50.7**
昆明市	Kunming	52.9	55.6	53.2	53.5	50.7	49.7
曲靖市	Qujing	48.9	46.8	41.1	50.8	49.8	49.7
玉溪市	Yuxi	46.2	47.1	47.0	50.3	46.1	46.7
保山市	Baoshan	56.4	62.0	64.3	59.4	53.9	57.0
昭通市	Zhaotong	49.4	49.1	50.2	49.4	49.4	-
普洱市	Pu'er	56.0	56.0	-	55.5	56.0	56.5
楚雄市	Chuxiong	52.6	52.1	52.0	52.2	52.0	-
个旧市	Gejiu	51.7	56.0	54.0	54.9	51.4	55.3
开远市	Kaiyuan	51.9	53.4	56.7	56.1	52.9	54.8
景洪市	Jinghong	50.8	53.1	-	-	49.4	48.4
大理市	Dali	55.2	53.8	54.7	54.7	56.1	-
芒　市	Mangshi	52.3	56.6	58.7	55.4	53.4	-
文山市	Wenshan	59.2	64.9	56.6	63.1	55.2	-

注：统计范围是州、市所在地监测城市。
Note:Statistical coverage is the monitored cities of prefectures and cities.

11－21 各州市农村改水、改厕投入情况(2010年)

Basic Statistics on Rural Improventing Water Use and Rural Improved on Sanitation Lavatories by Region (2010)

单位:万元 (10 000 yuan)

州　市	Region	农村改水 Rural Improventing Water Use: 农村改水投入 Investment in Rural Improventing Water Use	国家 State Investment	集体 Collective Investment	个人 Individual Investment	农村改厕 Rural Improved on Sanitation Lavatories: 农村改厕投入 Investment in Rural Improved on Sanitation Lavatories	国家 State Investment	集体 Collective Investment	个人 Individual Investment
全　省	**Total**	**104 720.38**	**89 241.57**	**4 112.02**	**9 180.39**	**32 167.71**	**17 435.94**	**1 017.50**	**13 471.02**
昆　明	Kunming	19 929.13	17 412.03	1 222.18	1 134.60	2 839.05	1 558.82	433.75	837.38
曲　靖	Qujing	21 450.28	20 781.92	253.36	355.00	3 319.10	2 705.40	86.46	486.10
玉　溪	Yuxi	2 577.68	2 054.43	238.76	208.80	1 776.22	831.17	218.00	727.05
保　山	Baoshan					720.00	720.00		
昭　通	Zhaotong	11 340.84	8 751.34	158.00	1 741.50	2 751.45	1 849.70		897.75
丽　江	Lijiang	1 506.50	1 479.10		27.40	704.89	522.89	1.50	180.50
普　洱	Pu'er	3 341.57	2 570.78	49.00	711.79	1 658.97	840.00		818.97
临　沧	Lincang	9 476.26	9 260.43		215.83	4 314.63	2 080.35		2 234.28
楚　雄	Chuxiong	9 309.45	7 087.19	389.55	1 832.71	2 605.54	1 443.72	99.78	1 058.03
红　河	Honghe	263.00	263.00			813.00	708.00		105.00
文　山	Wenshan	7 282.51	4 547.46	217.66	1 680.00	1 835.63	1 138.59	53.00	576.04
西双版纳	Xishuangbanna	3 449.90	3 403.90	10.00	33.00	3 843.76	227.76	10.00	3 606.00
大　理	Dali	8 260.28	6 186.45	1 184.80	569.03	2 906.99	1 563.66	21.01	1 322.32
德　宏	Dehong	3 556.12	2 512.89	372.50	670.73	1 140.23	510.88	94.00	530.35
怒　江	Nujiang	2 414.41	2 398.20	16.21		648.25	495.00		41.25
迪　庆	Diqing	562.45	532.45			290.00	240.00		50.00

11-22 各州市农村改水、改厕情况(2010年)
Basic Statistics on Rural Improventing Water Use and Improved on Sanitation Lavatories by Region(2010)

州 市	Region	农村改水(万人) Number of Rural Persons Benefited from Improventing Water Use (10 000 persons)				农村改厕 (万户) Number of Rural Households Improved on Sanitation Lavatories (units)				
		农村总人口 Total Number of Rural Population	累计已改水受益人口 Number of Rural Persons Benefited from Improventing Water Use by Accumulative	自来水 Tap Water	手压机井 Manual Pumped Well	农村总户数 Total Number of Rural Households	累计使用卫生厕所户数 Number of Rural Households Using Sanitation Lavatories by Accumulative	卫生厕所普及率(%) Percentage of Rural Households with Access to Sanitation Lavatories	无害化卫生厕所普及率(%)	累计使用卫生公厕户数 Number of Rural Households Using Sanitation Lavatories by Accumulative
全 省	**Total**	**3683.4**	**3132.93**	**2362.28**	**105.17**	**899.0**	**507.0**	**56.4**	**29.2**	**108.15**
昆 明	Kunming	314.54	293.09	257.53	6.95	86.82	61.19	70.5	34.4	16.08
曲 靖	Qujing	505.9	489.85	304.9	21.08	128.01	80.46	62.9	28.0	13.89
玉 溪	Yuxi	177.45	164.91	164.01		46.50	28.48	61.3	56.5	7.74
保 山	Baoshan	221.89	164.27	126.84	1.24	57.07	30.55	53.5	12.1	0.26
昭 通	Zhaotong	488.85	365.44	224.11	31.17	113.30	58.47	51.6	27.2	9.23
丽 江	Lijiang	113.66	98.29	81.54	12.44	27.32	14.88	54.5	22.7	2.42
普 洱	Pu'er	213.76	167.64	155.26	0.03	49.31	26.29	53.3	27.0	4.33
临 沧	Lincang	215.08	192.54	161.89	8.44	46.85	27.03	57.7	27.2	1.59
楚 雄	Chuxiong	225.7	196.57	138.06	3.74	56.84	38.93	68.5	34.1	2.54
红 河	Honghe	342.4	297.03	224.85	8.5	84.60	48.11	56.9	35.6	34.10
文 山	Wenshan	312.42	275.7	146.71	1.53	73.10	37.51	51.3	26.3	5.23
西双版纳	Xishuangbanna	81.91	67.38	62.52	4.84	18.11	3.89	21.5	20.1	5.90
大 理	Dali	303.46	219.08	181.6	2.86	73.31	37.76	51.5	28.8	2.61
德 宏	Dehong	86.47	82.25	77.65	2.35	18.67	8.41	45.0	24.4	1.03
怒 江	Nujiang	50.36	36.78	34.34		12.62	1.82	14.4	12.9	0.97
迪 庆	Diqing	29.55	22.11	20.47		6.57	3.22	49.0	18.9	0.21

主要统计指标解释

自然资源 指人类可以直接从自然界获得，并用于生产和生活的物质资源。自然资源一般可以分为可再生资源和非再生资源两大类。可再生资源指在较短时间内可以再生、可以循环利用的资源，包括土地资源、水资源、气候资源、生物资源和海洋资源等。非再生资源指在使用后不能再生的资源，包括矿产资源和地热能源。

土地资源 土地指陆地的表层部分，它主要由岩石、岩石的风化物和土壤构成。土地资源按利用类型可以分为农用地、建筑用地和未利用地。农用地包括耕地、园地、林地、牧草地和水面。建筑用地包括居民点及工矿用地、交通用地和水利设施用地。未利用地指农用地和建筑用地以外的土地，包括滩涂、荒漠、戈壁、冰川和石山等。

耕地面积 指经过开垦用以种植农作物并经常进行耕耘的土地面积。包括种有作物的土地面积、休闲地、新开荒地和抛荒未满三年的土地面积。

林业用地面积 指生长乔木、竹类、灌木、沿海红树林等林木的土地面积，包括有林地、灌木林、疏林地、未成林造林地、迹地、苗圃等。

牧草地面积 指牧区和农区用于放牧牲畜或割草，植被覆盖度在 5%以上的草原、草坡、草山等面积。包括天然的和人工种植或改良的草地面积。

森林资源 指森林、林木、林地以及依托森林、林木、林地生存的野生动物、植物和微生物。林木指树木和竹子。森林指以乔木为主体的植物群落，是集生的乔木及与共同作用的植物、动物、微生物和土壤、气候等的总体。

森林面积 指由乔木树种构成，郁闭度 0.2 以上（含 0.2）的林地或冠幅宽度 10 米以上的林带的面积，即有林地面积。森林面积包括天然起源和人工起源的针叶林面积、阔叶林面积、针阔混交林面积和竹林面积，不包括灌木林地面积和疏林地面积。

森林覆盖率 指一个国家或地区森林面积占土地总面积的百分比。森林覆盖率是反映森林资源的丰富程度和生态平衡状况的重要指标。在计算森林覆盖率时，森林面积包括郁闭度 0.2 以上的乔木林地面积和竹林地面积，国家特别规定的灌木林地面积、农田林网以及“四旁”(村旁、路旁、水旁、宅旁)林木的覆盖面积。计算公式为：

$$\text{森林覆盖率}(\%)=\frac{\text{森林面积}}{\text{土地总面积}}\times 100\%$$

活立木总蓄积量 指一定范围内土地上全部树木蓄积的总量，包括森林蓄积、疏林蓄积、散生木蓄积和“四旁”树蓄积。

森林蓄积量 指一定森林面积上存在着的林木树干部分的总材积。它是反映一个国家或地区森林资源总规模和水平的基本指标之一，也是反映森林资源的丰富程度、衡量森林生态环境优劣的重要依据。

气候 指地球与大气之间长期能量交换与质量交换所形成的一种自然环境状态，它是多种因素综合作用的结果。气候既是人类生活和生产的环境要素之一，又是供给人类生活和生产的重要资源。气温、降水、湿度等气象要素的多年平均值是用来描述一个地区气候状况的主要参数，而各种气象要素某年、某月的平均值（或总量）则可以反映出该时期天气气候状况的重要特征。

气温 指空气的温度，我国一般以摄氏度（℃）为单位表示。气象观测的温度表是放在离地面约 1.5 米处，通风良好的百叶箱里测量的，因此，通常说的气温指的是离地面 1.5 米处百叶箱中的温度。其统计计算方法为：

月平均气温是将全月各日的平均气温相加，除以该月的天数而得。

年平均气温是将 12 个月的月平均气温累加后除以 12 而得。

降水量 指从天空降落到地面的液态或固态（经融化后）水，未经蒸发、渗透、流失而在地面上积聚的深度。其统计计算方法为：

月降水量是将全月各日的降水量累加而得。

年降水量是将 12 个月的月降水量累加而得。

土地调查面积 指行政区域内的土地调查总面积，包括农用地、建设用地和未利用地。

农用地 指直接用于农业生产的土地，包括耕地、园地、林地、牧草地及其他农用地。

湿地 指天然或人工、长久或暂时性的沼泽地、泥炭地或水域地带，包括静止或流动、淡水、半咸水、咸水体，低潮时水深不超过 6 米的水域以及海岸地带地区的珊瑚滩和海草床、滩涂、红树林、河口、河流、淡水沼泽、沼泽森林、湖泊、盐沼及盐湖。

造林总面积 指报告期内在荒山、荒地、沙丘、退耕地等一切可以造林的土地上，采用人工播种、飞机播种、植苗造林、分植造林等方法新植成片乔木林和灌木林，经过检查验收符合《造林技术规程》要求的单位面积株数，并按《中华人民共和国森林法实施条例》规定，成活率达 85%以上（含 85%，年降雨量在 400 毫米以下且无浇灌条件的地区造林成活率达 70%以上）的总面积。“四旁”植树如一侧在四行以上，连片面积 0.066 公顷（一亩）以上，应统计在造林面积内。造林面积，通常按所有制（国有、国有集体合作、集体和个人）、造林方式（人工、飞机播种）、主要林种用途（用材林、经济林、防护林、薪炭林、特种用途林）分组进行统计。

人工造林 指在宜林荒山荒地、宜林沙荒地、无立木林地、疏林地和退耕地等其他宜林地上通过播种、植苗和分植来提高森林植被覆被率的技术措施。

飞机播种 通过飞机播种，为宜林荒山荒地、宜林沙荒地、其他宜林地、疏林地补充适量的种源，并辅以适当的人工措施，在自然力的作用下使其形成森林或灌草植被，提高森林植被覆被率的技术措施。

用材林 指以生产木材为主要目的的森林和林木，包括以生产竹材为主要目的的竹林。

经济林 指以生产果品，食用油料、饮料、调料，工业原料和药材为主要目的的林木。经济林是人们为了取得林木的果实、叶片、皮层、胶液等产品作为工业原料或者供食用所营造的林木，如油茶、油桐、核桃、樟树、花椒、茶、桑、果等。

防护林 指以防护为主要目的的森林、林木和灌木丛。包括水源涵养林，水土保持林，防风固沙林，农田、牧场防护林，护岸林，护路林等。

薪炭林 指以生产燃料为主要目的的林木。

特种用途林 指以国防、环境保护、科学实验等为主要目的的森林和林木。包括国防林、实验林、母树林、环境保护林、风景林，名胜古迹和革命纪念地的林木，自然保护区的森林。

水资源总量 指评价区内降水形成的地表和地下产水总量，即地表产流量与降水入渗补给地下水量之和，不包括过境水量。

地表水资源量 指评价区内河流、湖泊、冰川等地表水体中可以逐年更新的动态水量，即当地天然河川径流量。

地下水资源量 指评价区内降水和地表水对饱水岩土层的补给量，包括降水入渗补给量和河道、湖库、渠系、渠灌田间等地表水体的入渗补给量。

地表水与地下水资源重复量 指地表水和地下水相互转化的部分，即天然河川径流量中的地下水排泄量和地下水补给量中来源于地表水的入渗补给量。

供水总量 指各种水源工程为用户提供的包括输水损失在内的毛供水量之和，不包括海水直接利用量。

用水总量 指分配给各类用户的包括输水损失在内的毛用水量之和，不包括海水直接利用量。

农业用水 指农田灌溉用水、林果地灌溉用水、草地灌溉用水和鱼塘补水。

工业用水 指工矿企业在生产过程中用于制造、加工、冷却、空调、净化、洗涤等方面的用水，按新水取用量计，不包括企业内部的重复利用水量。

生活用水 包括城镇生活用水和农村生活用水。城镇生活用水由居民用水和公共用水（含第三产业及建筑业等用水）组成；农村生活用水除居民生活用水外，还包括牲畜用水在内。

生态用水 仅包括人为措施供给的城镇环境用水和部分河湖、湿地补水，而不包括降水、径流自然满足的水量。

工业废水排放量 指经过企业厂区所有排放口排到企业外部的工业废水量。包括生产废水、外排的直接冷却水、超标排放的矿井地下水和与工业废水混排的厂区生活污水，不包括外排的间接冷却水（清污不分流的间接冷却水应计算在内）。

工业废水排放达标量 指报告期内废水中各项污染物指标都达到国家或地方排放标准的外排工业废水量，包括未经处理外排达标的，经废水处理设施处理后达标排放的，以及经污水处理厂处理后达标排放的。

工业废水排放达标率 指工业废水排放达标量占工业废水排放量的百分率，计算公式为：

$$\text{工业废水排放达标率}=\frac{\text{工业废水排放达标量}}{\text{工业废水排放量}}\times 100\%$$

化学需氧量(COD) 指用化学氧化剂氧化水中有机污染物时所需的氧量。COD值越高，表示水中有机污染物污染越重。

生活污水中化学需氧量(COD)排放量 指城镇居民每年排放的生活污水中的COD的量。用人均系数法测算。测算公式为：

$$\begin{matrix}\text{城镇生活污水}\\ \text{中}COD\text{排放量}\end{matrix}=\begin{matrix}\text{城镇生活污水中}\\ COD\text{产生系数}\end{matrix}\times\begin{matrix}\text{市镇非}\\ \text{农业人口}\end{matrix}\times 365$$

工业废气排放量 指报告期内企业厂区内燃料燃烧和生产工艺过程中产生的各种排入大气的含有污染物的气体的总量，以标准状态(273K，101325Pa)计算。测算公式为：

$$\begin{matrix}\text{工业废气}\\ \text{排放量}\end{matrix}=\begin{matrix}\text{燃料燃烧过程}\\ \text{中废气排放量}\end{matrix}+\begin{matrix}\text{生产工艺过程}\\ \text{中废气排放量}\end{matrix}$$

二氧化硫排放量 指报告期内工业SO_2排放量与生活SO_2排放量之和。

工业SO_2排放量 指报告期内企业在燃料燃烧和生产工艺过程中排入大气的SO_2总量，计算公式为：

$$\begin{matrix}\text{工业}SO_2\\ \text{排放量}\end{matrix}=\begin{matrix}\text{燃料燃烧过程}\\ \text{中}SO_2\text{排放量}\end{matrix}+\begin{matrix}\text{生产工艺过程}\\ \text{中}SO_2\text{排放量}\end{matrix}$$

工业SO_2排放达标量 指排入大气的达到排放标准的工业二氧化硫量。

工业SO_2排放达标率 指工业SO_2排放达标量占工业SO_2排放量的百分率。计算公式为：

$$\text{工业}SO_2\text{排放达标率}=\frac{\text{工业}SO_2\text{排放达标量}}{\text{工业}SO_2\text{排放量}}\times 100\%$$

工业固体废物产生量 指报告期内企业在生产过程中产生的固体状、半固体状和高浓度液体状废弃物的总量，包括危险废物、冶炼废渣、粉煤灰、炉渣、煤矸石、尾矿、放射性废物和其他废物等；不包括矿山开采的剥离废石和掘进废石（煤矸石和呈酸性或碱性的废石除外）。酸性或碱性废石指采掘的废石其流经水、雨淋水的pH值小于4或pH值大于10.5者。

工业固体废物排放量 指报告期内企业将所产生的固体废物排到固体废物污染防治设施、场所以外的数量，不包括矿山开采的剥离废石和掘进废石（煤矸石和呈酸性或碱性的废石除外）。

工业固体废物综合利用量 指报告期内企业通过回收、加工、循环、交换等方式，从固体废物中提取或者使其转化为可以利用的资源、能源和其他原材料的固体废物量（包括当年利用往年的工业固体废物贮存量），如用作农业肥料、生产建筑材料、筑路等。综合利用量由原产生固体废物的单位统计。

工业固体废物综合利用率 指工业固体废物综合利用量占工业固体废物产生量（包括综合利用往年贮存量）的百分率。计算公式为：

$$\begin{matrix}\text{工业固体废物}\\ \text{综合利用率}\end{matrix}=\frac{\begin{matrix}\text{工业固体废物}\\ \text{综合利用量}\end{matrix}}{\begin{matrix}\text{工业固体废物产生量}+\\ \text{综合利用往年贮存量}\end{matrix}}\times 100\%$$

工业固体废物贮存量 指报告期内企业以综合利用或处置为目的，将固体废物暂时贮存或堆存在专设的贮存设施或专设的集中堆存场所内的数量。专设的固体废物贮存场所或贮存设施必须有防扩散、防流失、

防渗漏、防止污染大气、水体的措施。

工业固体废物处置量 指报告期内企业将固体废物焚烧或者最终置于符合环境保护规定要求的场所，并不再回取的工业固体废物量（包括当年处置往年的工业固体废物贮存量）。处置方式有填埋（其中危险废物应安全填埋）、焚烧、专业贮存场(库)封场处理、深层灌注、回填矿井及海洋处置（经海洋管理部门同意投海处置）等。

“三废”综合利用产品产值 指报告期内利用“三废” 作为主要原料生产的产品价值（现行价）；已经销售或准备销售的应计算产品价值，留作生产自用的不应计算产品价值。

城区面积 城区面积包括：（1）街道办事处所辖地域；（2）城市公共设施、居住设施和市政公用设施等连接到的其他镇（乡）地域；（3）常住人口在3000人以上独立的工矿区、开发区、科研单位、大专院校等特殊区域。

城市建成区面积 指城市行政区内实际已成片开发建设、市政公用设施和公共设施基本具备的区域。对于核心城市来说，它包括核心区域和多个分散区域；对于一城多镇的城市来说，它包括若干个连片开发起来的区域。一般是指建成区外轮廓线所能包括的地区，也就是这个城市实际建设用地所达到的范围。

城区人口 指划定的城区范围的人口数。按公安部门的户籍人口统计为准。

城市污水排放量 指城市生活污水、工业废水的排放总量，包括从排水管道和排水沟（渠）排出的污水量。

城市污水处理量 指城市污水处理厂和处理装置实际处理的污水量。包括物理处理量、生物处理量和化学处理量。

城市污水集中处理率 指城市污水处理厂处理的污水量与城市污水排放总量的比率。计算公式：

$$城市污水处理率=\frac{城市污水处理厂污水处理量}{城市污水排放总量}\times 100\%$$

人均公园绿地面积 指报告期末区域内城市人口平均每人拥有的公园绿地面积。人口数采用年底人口数。其中公园绿地指城市中向公众开放的、以游憩为主要功能，有一定的游憩设施和服务设施，同时兼有健全生态、美化景观、防灾减灾等综合作用的绿化用地。计算公式为：

$$人均公园绿地面积=\frac{公园绿地面积}{城市人口数}\times 100\%$$

建成区绿化覆盖率 指报告期末建成区内绿化覆盖面积与建成区面积的比率。计算公式为：

$$建成区绿化覆盖率=\frac{建成区内绿化覆盖面积}{建成区面积}\times 100\%$$

其中，绿化覆盖面积指城市中的乔木、灌木、草坪等所有植被的垂直投影面积。包括公共绿地、居住区绿地、单位附属绿地、防护绿地、生产绿地、道路绿地、风景林地的绿化种植覆盖面积、屋顶绿化覆盖面积以及零散树木的覆盖面积。乔木树冠下重叠的灌木和草本植物不能重复计算。

农村改水受益率 指农村累计已改水受益人口占农村人口总数的百分比。其中，改水受益人口指通过改善饮用水的水质，改善供水方式，如管道式集中供水（自来水）、分布式改水（手压机井、改良大口井）而受益的累计农村人口。农村人口总数采用爱卫会统计数据。注意不要和“农村饮用自来水人口比重”混淆。统计范围为全国县及城市下辖农村（不包括城市市区）。计算公式为：

$$农村改水受益率=\frac{农村累计已改水受益人口数}{农村人口总数}\times 100\%$$

农村自来水普及率 指农村饮用自来水人口数占农村人口总数的百分比。计算公式为：

$$农村自来水普及率=\frac{农村饮用自来水人口数}{农村人口总数}\times 100\%$$

农村卫生厕所普及率 指使用各种类型卫生厕所的农户数占农村总户数的百分比。其中，农村卫生厕所包括三格化粪池式、双瓮漏斗式、三联沼气池式、粪尿分集式、完整下水道水冲式和其他类型的厕所，以及粪便及时清理并进行高温堆肥无害化处理的非水冲式厕所。农村总户数指县城以下农村农户总数。计算公式为：

$$农村卫生厕所普及率=\frac{使用卫生厕所农户数}{农村总户数}\times 100\%$$

Explanatory Notes on Principal Statistical Indicators

Natural Resources refer to material resources that could be obtained from the nature by human being and used for production and living. Natural resources in general can be classified as renewable resources and non-renewable resources. Renewable resources refer to resources that could be renewed and recycled during a relatively short period of time, including land resource, water resource, climate resource, biology resource and marine resource. Non-renewable resources include resources that could not be renewed, such as minerals and geothermal resource.

Land Resource Land refers to the surface of the earth, consisting of mainly rocks and its weathering and earth. Land resource can be classified, by its utilization, as land for agriculture, land for construction and unused land. Land for agriculture includes cultivated land, plantation land, forestland, grassland and waters. Land for construction includes land for residential purpose, for manufacturing and mining, for transportation and for water-conservancy projects. Unused land refers to land other than land for agriculture and construction, including beaches, deserts, Gobi, glaciers and rock mountains.

Area of Cultivated Land refers to area of land reclaimed for the regular cultivation of various farm crops, including crop-cover land, fallow, newly reclaimed land and land laid idle for less than 3 years.

Area of Afforested Land refers to area for land for trees bamboo, bushes and mangrove, including forest-covered land, bush-covered land, sparse forest land, land planned for a forestation and nurseries of young trees.

Area of Pasture refers to area of grassland, grass-slopes and grass-covered hills with a vegetation-covering rate of over 5% that are used for animal husbandry or harvesting of grass. It includes natural, cultivated and improved grassland areas.

Forest Resource refers to forests, trees, forestland and wild animals, plants and microorganism that live on forest and trees. Trees include trees and bamboo. Forest refers to the population of clusters of trees and other plants, animals and microorganism as well as the earth and climate that have interactions with the trees.

Forest Area refers to the area of forest where trees and bamboo grow with canopy density above 0.2, including land of natural woods and planted woods, but excluding bush land and thin forest land. It reflects the total areas of afforestation.

Forest Coverage Rate refers to the ratio of area of afforested land to total land area. It is a very important indicator that reflects the status of abundance of forest resource and balance of the ecosystem. Forest area includes the area of trees and bamboo grow with canopy density above 0.2, the area of shrubby tree according to regulations of the government, the area of forest land inside farm land and the area of trees planted by the side of villages, farm houses and along roads and rivers. The formula for calculating forest coverage rate is as follows:

$$\text{Forestry coverage rate (\%)} = \frac{\text{Area of Afforested Land}}{\text{Area of Total Land}} \times 100\%$$

Total Standing Stock Volume refers to the total stock volume of trees growing in land, including trees in forest, trees in sparse forest, scattered trees and trees planted by the side of villages, farm houses and along roads and rivers.

Stock Volume of Forest refers to total stock volume of wood growing in forest area, which shows the total size and level of forest resources of a country or a region. It is also an important indicator illustrating the richness of forest resource and the status of forest ecological environment.

Climate refers to the natural environment status formed by the long-term exchange of energy and mass between the earth and the atmosphere, and is the result of interaction of many factors. Climate is both one of the environment factors and also the important resources for living and production activities of the human being. The average values across several years of meteorological factors such as temperature, rainfall and humidity are used as important parameters to describe the climate of a region, while the average values(or total values) of a given year or month of meteorological factors reflect the key characteristics of climate for the period of time.

Temperature refers to the air temperature. China uses centigrade as the unit. The thermometry used for weather observation is put in a breezy shutter, which is 1.5 meters high from the ground. Therefore, the commonly used temperature refers to the temperature in the breezy shutter 1.5 meters away from the ground. The calculation method is as follows:

Monthly average temperature is the summation of average daily temperature of one month divided by the actual days of that particular month.

Annual average temperature is the summation of monthly average of a year divided by 12 months.

Volume of Precipitation refers to the deepness of liquid state or solid state (thawed) water falling from the sky to the ground that has not been evaporated, infiltrated or run off. The calculation method is as follows:

Monthly precipitation is the summation of daily precipitation of a month.

Annual precipitation is the summation of 12 months precipitation of a year.

Land for Agriculture Use refers to land directly used for agriculture production, including land for cultivation, gardening, forests, herbage and other agriculture activities.

Wetlands refer to marshland and peat bog, whether natural or man-made, permanent or temporary; water covered areas, whether stagnant or flowing, with fresh or semi-fresh or salty water that is less than 6 meters deep at low tide; as well as coral beach, weed beach, mud beach, mangrove, river outlet, rivers, fresh-water marshland, marshland forests, lakes, salty bog and salt lakes along the coastal areas.

Total Area of A forestation refers to the total area of land suitable for a forestation, including barren hills, idle land, sand dunes, "grain for green" land, on which acres of arbores or bushes are planted through manual planting, airplane planting, plant seedlings, etc. in accordance with the required density standards of the Technical Procedures of A forestation, and with a survival rate of over 85% in line with the Implementing Rules of the Forest Law of the People's Republic of China (or a survival rate of 75% in areas with less that 400 mm of annual rainfall and without irrigation facilities). Included in this category are trees planted alone the roadsides, riversides, or next to houses that occupy an area over 0.066 hectares, or where more than 4 lines of trees are planted. Total area of a forestation is further classified by ownership (state-owned, state-collective, collective or private), by approach of planting (manual, airplane), and by type of forests (timber, by-products, protection, fuel, special use, etc.).

Area of Man-made Forests refer to the area of stable growing forests, planted manually or by airplanes, with a survival rate of 80% or higher of the designed number of trees per hectare, or with a canopy density of 0.20 - or above after 3-5 years of manual planting or 5-7 years of airplane planting.

Timber Forests refer to forests which are mainly for the production of timber, including bamboo groves planted to harvest bamboos.

By-product Forests refer to forests that mainly produce fruits, nuts, edible oil, beverages, indigents, raw materials and medicine materials. By-product forests are planted to harvest the fruits, leaves, bark or liquid of trees, and consume them as food or raw materials for the manufacturing industry, such as tea-oil trees, tung oil trees, walnut trees, camphor trees, tea bushes, mulberry trees, fruit trees, etc.

Protection Forests refer to forests, trees and bushes planted mainly for protection or preservation purpose, including water resource conservation forests, water and soil conservation forests, windbreak and dune-fixing forests, farmland and pasture protection forests, riverside protection forests, roadside protection forests, etc.

Fuel Forests refer to forests planted mainly for fuels.

Forests for Special Purpose refer to forests planted mainly for national defense, environment protection or scientific experiments, including national defense forests, experimental forests, mother-tree forests, environment protection forests, scenery forests, trees in historical or scenic spots, roadside in natural reserves.

Total Water Resources refers to total volume of water resources measured as run-off for surface water from rainfall and recharge for groundwater in a given area, excluding transit water.

Surface Water Resources refers to total renewable resources which exist in rivers, lakes, glaciers and other collectors from rainfall and are measured as run-off of rivers.

Groundwater Resources refers to replenishment of aquifers with rainfall and surface water.

Duplicated Measurement between Surface Water and Groundwater refers to mutual exchange between surface water and groundwater, i.e. run-off of rivers includes some depletion into groundwater while groundwater includes some replenishment from surface water.

Water Supply refers to gross water supply by supply systems from sources to consumers, including losses during distribution.

Water Use refers to gross water use distributed to users, including loss during transportation, broken down into use by agriculture, industry, living consumption and ecological protection.

Water Use by Agriculture includes uses of water by irrigation of farming fields and by forestry, animal husbandry and fishing. Water use by forestry, animal husbandry and fishery includes irrigation of forestry and orchards, irrigation of grassland and replenishment of fishing farms.

Water Use by Industry refers to new withdrawals of water, excluding reuse of water within enterprises.

Water Use by Living Consumption includes use of water for living consumption in both urban and rural areas. Urban water use by living consumption is composed of household use and public use (including services, commerce, restaurants, cargo transportation, posts, telecommunications and construction). Rural water use by living consumption includes both households and animals.

Water Use by Ecological Protection includes replenishment of rivers and lakes and use for urban environment.

Waste Water Discharged by Industry refers to the volume of waste water discharged by industrial enterprises through all their outlets, including waste water from production process, directly cooled water, groundwater from mining wells which does not meet discharge standards and sewage from households mixed with waste water produced by industrial activities, but excluding indirectly cooled water discharged (It should be included if the discharge is not separated from waste water).

Industrial Waste Water Meeting Discharge Standards refers to volume of industrial waste water discharge which, with or without treatment, reaches national or local standards with regard to all pollutants.

Ratio of Industrial Waste Water Meeting Discharge Standards refers to percentage of industrial waste water meeting discharge standards over total industrial waste water discharge. It is calculated as:

$$\begin{array}{c}\text{Ratio of industrial waste water}\\ \text{meeting discharge standards}\end{array} = \frac{\begin{array}{c}\text{industrial waste water}\\ \text{meeting discharge standards}\end{array}}{\begin{array}{c}\text{total industrial waste}\\ \text{water discharge}\end{array}}$$

Chemical Oxygen Demand (COD) refers to the amount of oxygen required when chemical oxidants are used to oxidize organic pollutants in water. A higher value of COD corresponds to more serious pollution by organic pollutants.

Volume of Chemical Oxygen Demand (COD) Generated by Urban Non-industrial Waster Water refers to chemical oxygen demand generated through the annual discharge of non-industrial waste water by urban households. It is estimated as:

$$\begin{array}{c}\text{Volume of chemical oxygen}\\ \text{demand (cod) generated}\\ \text{by urban non - industrial}\\ \text{waster water}\end{array} = \begin{array}{c}\text{Coefficient of COD}\\ \text{generated through urban}\\ \text{non - industrial waste water}\end{array} \times \begin{array}{c}\text{urban}\\ \text{non - agricultural}\\ \text{population}\end{array} \times 365$$

Industrial Waste Air Emission refers to the discharge into atmosphere of waste air containing pollutants generated from fuel burning and production processes in enterprises within a given period of time. It is calculated at standard status (273K, 101325Pa) as:

$$\begin{array}{c}\text{Industrial waste}\\ \text{air emission}\end{array} = \begin{array}{c}\text{emission through}\\ \text{fuel burning}\end{array} + \begin{array}{c}\text{emission through}\\ \text{production process}\end{array}$$

SO_2 Emission is calculated on the basis of consumption of coal by households and industrial activities.

SO_2 Emission through Industrial Activities refers to volume of sulphur dioxide emission from fuel burning and production process by enterprises during a given period of time. It is calculated as:

$$\text{SO}_2\text{ emission through industrial activities} = \text{SO}_2\text{ emission from fuel burning} + \text{SO}_2\text{ emission from production process}$$

SO_2 Emission through Industrial Activities Meeting Discharge Standards refers to volume of sulphur dioxide emission from fuel burning and production process by enterprises during a given period of time meeting discharge standards

Ratio of SO_2 Emission through Industrial Activities Meeting Discharge Standards refers to percentage of sulphur dioxide emission from fuel burning and production process by enterprises meeting discharge standards over total volume of sulphur dioxide emission from fuel burning and production process by enterprises during a given period of time.

It is estimated as:

Ratio of SO_2 emission through industrial activities meeting discharge Standards= SO_2 emission through industrial activities meeting discharge standards÷SO_2 emission through industrial activities.

Industrial Solid Wastes Produced refers to total volume of solid, semi-solid and high concentration liquid residues produced by industrial enterprises from production process in a given period of time, including hazardous wastes, slag, coal ash, gangue, tailings, radioactive residues and other wastes, but excluding stones stripped or dug out in mining - gangue and acid or alkaline stones not included (a stone is acid or alkaline according to the pH value of the water being below 4 or above 10.5 when the stone is in, or soaked by water).

Industrial Solid Wastes Discharged refers to the volume of industrial solid wastes discharged by producing enterprises to disposal facilities or to other sites. The wastes exclude stones stripped or dug from mining (gangue and acid or alkaline waste stones not included).

Industrial Solid Wastes Utilized refers to volume of solid wastes from which useful materials can be extracted or which can be converted into usable resources, energy or other materials by means of reclamation, processing, recycling and exchange (including utilizing in the year the stocks of industrial solid wastes of the previous year). Examples of such utilizations include fertilizers, building materials and road materials. The information shall be collected by the producing units of the wastes.

Ratio of Utilization of Industrial Solid Wastes refers to the percentage of industrial solid wastes utilized over industrial solid wastes produced (including stocks of the previous years). It is calculated as:

$$\text{Rate of utilization of industrial solid wastes} = \frac{\text{volume of industrial solid wastes utilized}}{\text{industrial solid wastes produced + stock of previous years}} \times 100\%$$

Stock of Industrial Solid Wastes refers to the volume of solid wastes placed in special facilities or special sites for purposes of utilization or disposal. The sites or facilities should take measures against dispersion, loss, seepage, and air and water contamination.

Industrial Solid Wastes Disposed refers to the quantity of industrial solid wastes which are burnt or placed ultimately in the sites meeting the requirements for environmental protection and not salvaged or recycled (including disposition in the year of those wastes of previous years). The disposition includes landfill (Safe landfills should be conducted for hazardous wastes), incineration, containment spaces, deep underground disposal, backfill in mining pits and disposal at sea.

Output Value of Products Made from Waste Gas, Waste Water and Solid Wastes refers to the current value of products with waste gas, waste water and solid wastes as main materials of production. Products sold and ready to sell shall be included while those produced for own use shall not be included.

Urban Area includes 1)Area under Sub-District Offices 2)The area of other towns(villages) connected by urban public infrastructure, accommodations and municipal public infrastructure. 3)Independent industrial and mining areas, development areas, scientific research institutions, institutes of higher education and such special areas with a permanent residents above 3000 persons.

Urban Completed Areas refers to the areas of the districts which have been developed aggregately and with municipal public infrastructure and public infrastructure. For the core cities, it includes the core areas and many scattered areas. For a city with many towns, it included several districts which were developed into one district. Generally, it refers to all districts which can be covered by the outline of the developed areas, which is the size of actual land for construction of the city.

Urban District Population refers to the population of the defined urban districts. It is based on the household register statistics of the public security departments.

Urban Sewage Discharge refers to volume of the domestic sewage and industrial sewage, which includes the sewage discharged from the drainage pipe and drainage channel(ditch).

Treatment Rate of Urban Sewage refers to the percentage of sewage volume disposed by the sewage treatment plants over the urban sewage discharge volume. It is calculated as:

Treatment Rate of Urban Sewage= sewage volume disposed by the sewage treatment plants ÷ urban sewage discharge volume×100%.

Per Capita Public Green Land Area refers to the public green area enjoyed by every urban resident in the end of the report period. The number of the population is the population at the year-end. The public green land refers to the green spaces opening to the public with certain recreation and service facilities and whose main function is providing recreation areas, at the same time, their comprehensive functions include improving ecological environment, beautifying scenery and preventing disasters.

It is calculated as:

Per capita public green land area= public green area ÷ urban population×100%

Ratio of Green Covered Area in Completed Area refers to percentage of the green coverage in the urban completed area over the urban completed area in the end of the report period.

It is calculated as:

Ratio of Green Covered Area in Completed Area= green coverage in the urban completed area ÷ urban completed area×100%

In which, the green coverage refer to the vertical shadow of all vegetation such as trees, shrubs and lawn. It includes the green coverage, roof greenery coverage and scattered trees of the public green area, residential quarter green area, units attached green area, green area for environmental protection, green space attached to urban road and square and scenic forest land.

The overlapping of the bushes and herbaceous plants under the trees crown can't be calculated repeatedly.

Ratio of Beneficial Population of Water Renovation in Rural Areas refers to the percentage of the beneficial population of the water renovation in the rural areas over the rural population. In which, the beneficial population of the water renovation in the rural areas refers to the accumulated rural population benefits from the quality renovation of the drinking water, renovation of ways for supplying water such as tubular central water supply (tap water), distributed water supply (manual pumped wells and improved open wells).The population in the rural areas is based on the statistics of the Patriotic Health Committee. Don't confuse it with rate of the population drinking tap water in the rural areas. The statistical coverage is the rural areas under the county and city in the whole country (excluding the urban districts).

It is calculated as:

Ratio of Beneficial population of water renovation in rural areas= the beneficial population of the water renovation in the rural areas ÷ the rural population×100%

Ratio of Access to tap water in rural areas refers to the percentage of the population drinking the tap water in rural areas over the rural population. It is calculated as:

Ratio of Access to tap water in rural areas=the population drinking the tap water in rural areas ÷ the rural population×100%

Dissemination Ratio of the Sanitation Toilets in Rural Areas refers to the percentage of the number of rural families using all types of sanitation toilets over number of the rural families. In which, the sanitation toilets in rural areas include the toilets with three lattices cesspool, funnel toilets with two urns, triad marsh gas tank toilets, toilets with separate collection of the excrement and urine, flushing toilets with integrated sewer and other types of toilets and the non-flushing toilets which can clean the excrement and urine in time and can disposed them with high temperature compost harmlessly. The number of rural families refers to the number of the rural families under the county towns.

It is calculated as:

Dissemination ratio of the sanitation toilets in rural areas=number of rural families using all types of sanitation toilets ÷number of rural families ×100%.

十二、农 业

Agriculture

12-1 云南省农村和农业生产基本情况(2006-2010年)
Basic Statistics on Rural Areas and Agriculture Production (2006-2010)

指 标	Item	2006	2007	2008	2009	2010
农村基层组织情况（个）	**Rural Grass-roots Units (unit)**					
乡镇个数	Number of Townships and Towns	1 207	1 201	1 206	1 188	1 188
# 镇个数	Number of Towns	474	479	476	492	497
村委会个数	Number of Villagers' Committees	13 080	13 120	13 099	13 034	12 927
乡村户数及人口	**Number of Rural Households and Population**					
乡村户数（万户）	Number of Rural Households(10 000 households)	867	900	915	928	947
乡村人口数（万人）	Rural Population (10 000 persons)	3 594	3 620	3 640	3 671	3 711
乡村就业人员（万人）	**Number of Rural Employed Persons (10 000 persons)**	**2 074**	**2 097**	**2 113**	**2 137**	**2 167**
按人口性别分	**Popucation Grouped by Sex**					
男	Male (10 000 persons)	1 081	1 093	1 099	1 117	1 137
女	Female (10 000 persons)	993	1 004	1 014	1 021	1 030
按国民经济行业分	**Grouped by National Economic Sector**					
农、林、牧、渔	Farming, Forestry, Animal Husbandry and Fishery	1 677	1 664	1 659	1 658	1 650
工 业	Industry	64	69	72	75	81
建筑业	Construction	70	76	81	88	100
交通运输、仓储和邮政业	Employed Persons of Transport,Storage and Post Service	41	42	44	47	49
批发与零售业	Employed Persons of Wholesale and Retail Trade	39	40	42	44	46
其 他	Others	183	206	188	197	208

注：1.乡村总人口是按1984年前的老口径统计，故本表的数字大于人口篇乡村总人口数。乡镇个数中不包括城关镇、街道办事处。
2.“交通运输、仓储和邮政业就业人员”2003年以前统计口径为“交通运输和邮电通讯业就业人员”；“批发与零售业就业人员”2003年以前统计口径为“批发、零售、餐饮、金融、保险就业人员”。

Note: a. The total rural population is calculated accolding to original standards before 1984, so the data in this table are larger than the rural population in chapter on population. since 2001,the data of townships and towns have not included those of urban towns.
b.The employed persons of transport, storage and post service have calculated including the telecommunication service and unincorporated the stoarge before 2003;employed persons of wholesale trade, retail trade refers to the employed persons of wholesale trade, retail trade,food services,banking and insurance trades.

12-2 1978-2010年主要农业机械拥有量

Historic Number of Major Agricultural Machinery Owned (1978-2010)

年 份 Year	农业机械总动力（万千瓦） Total Power of Agricultural Machinery (10 000 kw)	农用大中型拖拉机（台/万瓦特） Large and Medium-sized Agricultural Tractors (unit/10 000watt)	农用小型及手扶拖拉机（台/万瓦特） Small and Walking Agricultural Tractors (unit/10 000watt)	大中型拖拉机机引农具(部) Farm Tools Towed by Large and Medium Sized Tractors (unit)	小型拖拉机机引农具（部） Farm Tools Towed by Small Tractors (unit)	农用水泵（台） Water Pumps for Agricultural Use (unit)	联 合 收割机（台） Combine Harvesters (unit)	机 动 脱粒机（台） Power-driver Shellers (unit)
1978	243	14 361	25 215	22 270	18 714	17 060	215	41 930
1979	292	16 653	31 253	21 910	24 229	21 204	201	50 714
1980	295	17 234	33 431	21 097	29 575	22 052	184	53 612
1981	328	16 756	34 168	20 593	31 092	22 398	156	52 785
1982	335	16 543	37 970	18 621	28 803	21 897	170	48 427
1983	369	18 199	49 015	17 592	33 454	26 572	93	42 221
1984	407	18 412	61 069	14 718	31 957	27 942	68	39 662
1985	439	17 741	73 783	12 813	29 461	28 235	53	33 846
1986	475	19 128	86 213	10 999	40 029	32 350	53	31 304
1987	513	17 770/69 233	90 624/147 455	10 562	35 291	34 537	42	31 737
1988	579	17 546/68 551	115 683/102 743	10 194	39 064	37 119	60	37 391
1989	612	16 751/66 798	128 064/114 026	9 747	44 077	42 230	124	33 922
1990	649	16 247/63 947	141 277/126 223	9 362	53 981	44 576	120	36 611
1991	710	15 545/61 877	159 914/143 005	9 002	64 497	47 674	154	41 412
1992	754	13 937/55 850	172 167/153 600	8 572	63 994	50 128	125	45 947
1993	788	11 659/48 429	184 159/165 611	7 632	75 443	51 899	197	50 470
1994	850	10 543/44 183	198 661/179 880	6 698	79 977	44 576	126	54 434
1995	906	9 568/39 503	216 192/196 864	6 568	89 717	57 005	134	59 234
1996	1 003	8 425/35 650	260 296/240 400	3 520	65 226	54 105	101	80 071
1997	1 104	8 488/36 090	291 619/279 950	3 438	74 725	58 895	171	96 999
1998	1 177	10 092/38 920	314 089/30 516	3 633	81 655	62 017	257	102 181
1999	1 255	15 557/49 860	304 434/298 310	8 187	138 973	78 781	360	92 391
2000	1 301	38 331/101 623	300 694/299 355	8 138	150 317	88 845	450	111 029
2001	1 398	52 600/137 465	304 826/299 849	8 805	157 866	90 256	484	115 710
2002	1 460	66 954/176 880	299 060/303 928	10 319	164 603	94 928	483	115 791
2003	1 543	86 347/230 980	305 106/307 144	9 051	171 968	101 904	652	112 380
2004	1 608	91 483/250 820	304 830/310 377	9 002	166 610	110 143	817	115 708
2005	1 666	44 978/121 380	274 764/307 360	11 545	180 819	117 705	1 150	123 967
2006	1 755	48 635/128 300	278 764/281 250	12 331	188 251	127 210	1 570	148 155
2007	1 862	75 097/181 000	286 790/328 120	15 078	202 281	147 306	2 168	176 746
2008	2 014	175 087/378 934	295 727/311 676	19 081	222 962	170 899	2 537	218 036
2009	2 159	208 981/446 299	321 202/338 581	27 853	257 875	205 544	3 016	243 051
2010	2 411	225 061/494 096	339 199/358 193	31 470	276 903	216 596	3 496	270 994

12-3 各州市农村基本情况及农业生产条件(2010年)

Basic Conditions of Rural Areas and Agricultural Production by Region (2010)

州 市 Region	乡镇个数(个) Number of Townships and Towns (unit)	镇个数(个) Number of Towns (unit)	村委会个数(个) Number of Villagers' Commitees (unit)	自来水受益村数(个) Villages with Tap Water Supply (unit)	通汽车村数(个) Villages with Highway (unit)	通电话村数(个) Villages with Telephone Service (unit)	农村用电量(万千瓦时) Rural Consumption of Electricity (10 000 kwh)	乡村办电站/装机容量(个/万瓦特) Number of Power Stations Owned by Villages and Their Installed Capacity (10 000 w)
全省合计 Total	**1 188**	**497**	**12 927**	**12 074**	**12 773**	**12 658**	**616 730**	**356/41 261**
昆 明 Kunming	72	50	1 072	1 051	1 070	1 068	80 954	31/12 616
曲 靖 Qujing	99	56	1 539	1 407	1 535	1 493	73 887	15/692
玉 溪 Yuxi	64	37	655	638	655	654	128 704	15/219
保 山 Baoshan	72	24	881	863	881	880	28 486	40/2 331
昭 通 Zhaotong	130	44	1 177	1 032	1 168	1 170	42 732	96/8 040
丽 江 Lijiang	55	8	450	347	448	442	10 948	37/3 185
普 洱 Pu'er	94	21	995	988	893	885	18 575	14/221
临 沧 Lincang	68	25	897	890	896	886	13 076	5/300
楚 雄 Chuxiong	93	44	1 037	1 019	1 035	1 037	33 790	7/1 643
红 河 Honghe	118	42	1 179	1 059	1 178	1 122	65 408	10/623
文 山 Wenshan	94	35	947	792	946	942	34 243	11/1 538
西双版纳 Xishuangbar	31	18	222	221	222	220	8 439	1/15
大 理 Dali	98	57	1 097	1 017	1 075	1 096	57 328	52/4 080
德 宏 Dehong	45	18	336	329	336	322	6 625	
怒 江 Nujiang	29	9	259	259	251	259	4 593	12/5 660
迪 庆 Diqing	26	9	184	162	184	182	8 942	10/98

12-4 水库库容量(2009-2010年)

Storage Capacity of Reservoirs (2009-2010)

类 型	Item	水 库 (座) Number of Reservoirs (unit)		水库库容量 (亿立方米) Reservoir Capacity (100 million cu.m)		2010年比2009年增长 (%) Increase Rate in 2010 Over 2009(%)	
		2009	2010	2009	2010	水 库 Number of Reservoirs	水库库容量 Capacity of Reservoirs
合 计	**Total**	**5 514**	**5 555**	**108.3**	**111.04**	**0.7**	**2.5**
大型水库	Large Reservoirs	6	7	21.63	23.87	16.7	10.4
中型水库	Medium Sized Reservoirs	183	188	52.01	52.28	2.7	0.5
小型水库	Small Reservoirs	5 325	5 360	34.67	34.89	0.7	0.6

12-5 各州市农田水利情况(2010年)
Basic Conditions of Farmland Water Conservancy by Region (2010)

单位：千公顷 (1 000 hectares)

州 市	Region	水库座数 (座) Number of Reservoirs (unit)	水库总库容 (万立方米) Capacity of Reservoirs (10 000 cu.m)	农田水利情况 Irrigation and Water Conservancy 有效灌溉面积 Irrigated Area	旱涝保收面积 Area with Stable Yields Despite Drought or Waterlogging	机电排灌面积 Mechenical and Electric Irrigation and Drainage Area
全省合计	**Total**	**5 555**	**1 110 424**	**1 588.42**	**932.00**	**183.05**
昆 明	Kunming	807	260 408	129.49	87.88	41.23
曲 靖	Qujing	672	171 315	180.10	113.81	26.21
玉 溪	Yuxi	562	70 241	81.65	56.96	17.72
保 山	Baoshan	263	43 022	109.89	81.14	6.58
昭 通	Zhaotong	171	58 592	126.86	54.51	4.61
丽 江	Lijiang	137	33 611	68.59	36.05	8.43
普 洱	Pu'er	290	53 144	115.18	62.68	0.85
临 沧	Lincang	224	32 496	87.89	46.66	1.74
楚 雄	Chuxiong	1 063	107 598	118.58	80.10	9.96
红 河	Honghe	427	96 896	174.32	92.09	31.48
文 山	Wenshan	230	50 101	108.30	56.30	5.17
西双版纳	Xishuangbanna	178	31 385	46.85	27.73	0.08
大 理	Dali	431	68 096	143.68	79.88	26.69
德 宏	Dehong	68	32 551	62.67	33.82	0.34
怒 江	Nujiang	19	338	14.71	10.54	
迪 庆	Diqing	13	1 629	19.65	11.86	1.96

12-6 各州市农用化肥及农用薄膜施用量(2010年)
Quantity of Chemical Fertilizers and Chemical Film Used for Farming by Region (2010)

单位：吨 (ton)

州 市	Region	化肥施用量合计 Consumption of Chemical Fertilizer	氮 肥 Nitrogenous Fertilizer	磷 肥 Phosphate Fertilizer	钾 肥 Potash Fertilizer	复 合 肥 Compound Fertilizer	农用塑料薄膜使用量 Plastic Film	地膜使用量 Mulching Film	农药使用量 Compound Fertilizer
全省合计	**Total**	**1 845 797**	**975 236**	**271 754**	**179 170**	**419 637**	**85 690**	**67 751**	**46 191**
昆 明	Kunming	172 921	94 047	32 291	12 389	34 194	13 823	9 634	4 433
曲 靖	Qujing	305 115	150 440	52 171	29 421	73 083	20 342	18 170	5 388
玉 溪	Yuxi	83 191	50 003	10 779	16 831	5 578	7 194	5 276	4 159
保 山	Baoshan	113 253	62 827	13 975	16 405	20 046	4 889	3 936	4 071
昭 通	Zhaotong	131 229	79 176	19 059	13 970	19 023	5 797	4 906	1 351
丽 江	Lijiang	75 181	35 462	19 659	5 736	14 324	2 395	2 005	1 035
普 洱	Pu'er	62 090	44 407	5 739	4 472	7 472	2 652	1 415	3 002
临 沧	Lincang	154 069	55 596	6 438	6 553	85 482	1 438	1 276	1 895
楚 雄	Chuxiong	125 820	74 574	23 081	4 583	23 582	6 087	4 894	2 876
红 河	Honghe	205 385	104 026	32 594	22 495	46 270	10 075	6 665	6 693
文 山	Wenshan	131 110	78 543	19 182	12 377	21 008	2 977	2 558	2 085
西双版纳	Xishuangbanna	43 004	22 043	3 511	10 206	7 244	433	420	3 996
大 理	Dali	164 039	70 351	24 402	17 578	51 708	5 136	4 373	3 610
德 宏	Dehong	64 299	44 935	6 283	5 404	7 677	1 396	1 327	1 327
怒 江	Nujiang	6 025	3 888	759	191	1 187	448	337	87
迪 庆	Diqing	9 066	4 918	1 830	559	1 759	608	559	183

注：化肥施用量按折纯计算。

Note: Consumption of chemical fertilizers is calculated according to the volume of effective component of the chemical fertilizers.

12-7 1978-2010年农、林、牧、渔业总产值
Historic Total Output Value of Farming，Forestry, Animal Husbandry and Fishery (1978-2010)

(按当年价格计算) (at current prices)

单位：亿元 (100 million yuan)

年 份 Year	合 计 Total	农 业 Farming	林 业 Forestry	牧 业 Animal Husbandry	渔 业 Fishery	农、林、牧、渔服务业 Services in Support of Agriculture,Forestry, Animal Husbandry and Fishery
1978	40.02	28.58	2.48	7.08	0.08	1.80
1979	44.71	31.03	3.17	8.27	0.09	2.15
1980	48.20	33.02	2.94	10.22	0.19	1.83
1981	55.20	38.32	3.77	10.74	0.20	2.17
1982	61.84	41.90	3.87	12.79	0.21	3.07
1983	65.68	42.30	4.73	13.84	0.24	4.57
1984	77.36	48.78	5.97	15.79	0.27	6.55
1985	88.88	52.02	7.90	20.33	0.40	8.23
1986	96.01	51.80	7.40	26.14	0.71	9.96
1987	111.25	61.75	8.85	29.42	0.95	10.28
1988	135.39	76.11	10.05	37.01	1.56	10.66
1989	152.68	84.30	12.97	41.68	1.93	11.80
1990	211.72	119.63	18.27	54.01	1.39	18.42
1991	222.93	130.67	18.69	55.68	1.37	16.52
1992	250.35	146.70	22.84	61.54	2.02	17.25
1993	281.21	179.39	25.39	72.89	3.54	
1994	356.78	228.99	30.41	92.13	5.25	
1995	474.46	299.48	40.53	127.19	7.26	
1996	567.51	369.36	43.21	146.03	8.91	
1997	612.01	397.09	40.40	163.93	10.59	
1998	620.02	381.26	41.77	184.83	12.16	
1999	642.48	394.96	45.60	188.82	13.10	
2000	680.86	416.36	49.75	201.49	13.26	
2001	703.53	431.31	47.21	210.63	14.38	
2002	737.55	445.35	53.52	223.49	15.19	
2002(新口径)	743.75	414.89	59.27	223.49	15.19	
2003	799.33	433.91	73.17	242.53	16.56	33.16
2004	965.22	516.92	86.40	305.42	19.14	35.19
2005	1 068.58	559.32	105.53	339.68	22.97	41.08
2006	1 209.76	630.19	142.59	362.89	26.30	44.78
2007	1 414.79	707.15	156.27	459.63	35.73	56.00
2008	1 641.46	790.87	183.60	570.01	38.12	58.86
2009	1 706.19	850.65	196.13	557.76	41.96	59.69
2010	1 810.53	925.58	184.23	588.81	48.06	63.85

注：1.“农林牧渔服务业”1992年及以前年份为“副业”。

2.从2003年开始，按新国民经济行业分类标准，农业总产值中取消“农民家庭兼营的商品性工业”；“木材采运”改为全社会口径；增加“农林牧渔服务业”。“农林牧渔服务业”包含在“农业总产值”中(下同)。

Note: a. Services in Support of farming，forestry,animal husbandry and fishery was called sideline production before 1992.

b. According to the new standards for the classification of National Economy,subsidiary commercial industry operated by farmers has been deleted from the output value of agriculture since 2003. The Statitcal Coverage of logging and transport of timber has been changed to the whole society. Services in support of farming, forestry,animal husbandry and fishery are added.Services of farming, forestry,animal husbandry and fishery are included in the output value of agriculture (The same as below).

12-8 1978-2010年农、林、牧、渔业总产值指数
Indices of Historic Gross Output Value of Farming，Forestry, Animal Husbandry and Fishery (1978-2010)

(以1952年为100) (1952=100)

年 份 Year	合 计 Total	农 业 Farming	林 业 Forestry	牧 业 Animal Husbandry	渔 业 Fishery	农、林、牧、渔服务业 Services in Support of Agriculture,Forestry, Animal Husbandry and Fishery
1978	249.2	233.0	13 119.8	410.2	1 296.6	103.5
1979	235.2	213.5	14 288.8	404.3	1 619.3	103.9
1980	251.2	231.3	14 938.3	418.3	1 759.0	104.9
1981	273.6	255.7	16 118.2	439.9	1 886.9	105.7
1982	302.9	274.1	16 885.3	525.0	1 946.7	150.0
1983	319.7	274.8	19 622.1	568.2	2 225.7	222.2
1984	368.3	303.7	25 504.0	645.6	2 500.9	321.5
1985	391.8	308.2	29 241.5	700.0	3 058.1	404.4
1986	382.6	288.0	25 449.1	717.4	3 599.1	489.3
1987	406.0	315.8	24 428.5	738.9	4 402.0	504.9
1988	432.8	339.7	25 935.5	781.7	5 771.3	524.1
1989	445.3	346.4	27 366.2	821.8	5 091.1	530.0
1990	474.5	366.1	29 995.2	882.9	5 318.0	566.6
1991	501.1	398.6	30 756.4	929.5	5 702.4	514.0
1992	523.0	416.5	33 893.6	968.5	6 181.4	503.7
1993	538.8	422.1	40 280.4	991.9	7 462.5	479.0
1994	555.4	426.3	42 959.2	1 050.2	9 256.1	
1995	591.2	457.0	43 946.1	1 112.7	11 177.8	
1996	634.9	490.8	46 714.7	1 195.0	13 223.3	
1997	686.9	530.1	49 941.7	1 303.4	14 728.1	
1998	718.1	533.2	52 506.4	1 467.9	18 282.1	
1999	753.7	555.6	53 943.5	1 571.6	20 274.7	
2000	802.7	589.3	56 155.9	1 705.5	20 850.3	
2001	831.5	611.7	54 154.9	1 800.6	22 289.4	
2002	870.0	633.3	59 030.7	1 892.0	24 368.0	
2003	927.8	663.1	67 532.6	2 027.4	25 600.1	105.1
2004	990.7	703.8	70 033.8	2 204.5	28 027.2	116.6
2005	1 059.1	734.0	76 196.7	2 431.6	31 222.3	121.1
2006	1 148.5	791.1	86 271.6	2 610.6	36 558.9	132.5
2007	1 232.3	844.1	94 553.7	2 767.3	44 309.4	146.7
2008	1 329.7	899.8	105 521.9	3 016.3	47 278.1	152.1
2009	1 407.2	938.0	112 529.3	3 255.4	52 293.3	153.9
2010	1 472.9	972.1	119 348.5	3 440.4	57 204.7	158.6

注：1.本表按可比价格计算。
2."农林牧渔业"1993年及以前年份为"副业"。
3.农林牧渔服务业产值指数从2003年开始计算，为新农业发展速度口径。

Note: a. The data in this table are calculated at comparable prices.
b.Farming，forestry,animal husbandry and fishery in 1993 and years before 1993 were called sideline production.
c.The indices of services in support of agriculture,forestry,animal husbandry and fishery has been calculated according the new calculating coverage of agriculture developing speed since 2003.

12-9 农、林、牧、渔业总产值(2009-2010年)
Gross Output Value of Farming, Forestry, Animal Husbandry and Fishery (2009-2010)

单位：亿元 (100 million yuan)

项 目	Item	按当年价格计算 At Current Prices 2009	2010
农、林、牧、渔业总产值	**Gross Output Value of Farming, Forestry, Animal Husbandry and Fishery**	**1 706.19**	**1 810.53**
农业产值	**Gross Output Value of Farming**	**850.65**	**925.58**
谷物及其他作物	Cereals and Other Crops	527.77	542.14
#谷物	Corn Cereals	237.01	241.65
薯类	Tubers	44.72	46.86
油料	Oil-bering Crops	15.05	15.47
豆类	Beans and Peas	26.48	24.58
糖料	Sugar Crops	40.51	42.02
烟草	Tobacco	128.36	140.78
蔬菜园艺作物	Vegetables and Horticultural Crops	206.52	229.37
水果、坚果、饮料和香料作物	Fruits，Nuts, Beverages and Spiceberry Crops	77.92	129.28
中药材	Traditional Chinese Medicinal Materials	38.45	24.80
林业产值	**Gross Output Value of Animal Husbandry**	**196.13**	**184.23**
林木的培育和种植	Cultivation of Forest Trees	29.78	37.50
竹木采运	Logging and Transport of Timber and Bamboo	52.79	49.81
林产品	Forest Products	113.56	96.93
牧业产值	**Gross Output Value of Animal Husbandry**	**557.76**	**588.81**
牲畜饲养产值	Livestock Raising	115.23	114.41
生猪产值	Hogs	368.95	378.00
家禽产值	Poultry	65.03	87.85
狩猎和捕捉动物	Hunting	0.09	0.09
其他畜牧业	Others	8.46	8.46
渔业产值	**Gross Output Value of Fishery**	**41.96**	**48.06**
农、林、牧、渔服务业产值	**Output Value of Services in Support of Farming, Forestry，Animal Husbandry and Fishery**	**59.69**	**63.85**

12-10 各州市农、林、牧、渔业总产值（2010年）
Gross Output Value of Farming, Forestry, Animal Husbandry and Fishery by Region (2010)

(按当年价格计算) (at current prices)
单位：万元 (10 000 yuan)

州市	Region	合计 Total	农业 Farming	林业 Forestry	牧业 Animal Husbandry	渔业 Fishery	农、林、牧、渔服务业 Services in Support of Agriculture,Forestry, Animal Husbandry and Fishery
全省合计	**Total**	**18 105 271**	**9 255 805**	**1 842 280**	**5 888 064**	**480 607**	**638 514**
昆明	Kunming	2 007 273	1 084 922	60 009	750 349	43 320	68 673
曲靖	Qujing	3 033 431	1 344 233	88 790	1 496 638	65 297	38 473
玉溪	Yuxi	1 141 634	625 180	32 142	448 477	19 176	16 659
保山	Baoshan	1 260 654	649 039	106 931	455 105	25 834	23 745
昭通	Zhaotong	1 156 229	532 097	35 709	558 726	4 107	25 590
丽江	Lijiang	449 379	209 440	24 784	182 451	18 840	13 864
普洱	Pu'er	1 081 651	481 130	286 007	254 367	35 953	24 194
临沧	Lincang	1 178 623	709 587	92 698	337 333	13 085	25 920
楚雄	Chuxiong	1 490 090	740 179	64 898	555 310	20 646	109 057
红河	Honghe	1 758 400	853 928	107 347	718 783	51 590	26 752
文山	Wenshan	1 200 679	607 800	74 695	480 637	17 350	20 197
西双版纳	Xishuangbanna	731 556	262 746	377 800	57 153	18 494	15 363
大理	Dali	1 886 924	971 494	69 132	752 571	43 284	50 443
德宏	Dehong	579 985	348 446	68 342	127 542	18 776	16 879
怒江	Nujiang	105 670	47 793	9 976	39 884	218	7 799
迪庆	Diqing	117 187	53 310	15 416	35 950	2 197	10 314

注：由于省、州(市)农业总产值实行分级核算，所以各州(市)加总不等于全省合计数(下同)。
Note:Total agricultural output value is not the value calculated by plusing the agricultural output value of each prefecture(city) because the agricultural output value of the province and prefecture(city) are accounted at different levels.(Same as below).

12-11 各州市农、林、牧、渔业总产值指数(2010年)
Indices of Gross Output Value of Agriculture, Forestry, Animal Husbandry and Fishery by Region (2010)

(以上年为100) (preceding year= 100)
单位：% (%)

州市	Region	合计 Total	农业 Farming	林业 Forestry	牧业 Animal Husbandry	渔业 Fishery	农、林、牧、渔服务业 Services in Support of Agriculture,Forestry, Animal Husbandry and Fishery
全省	**Yunnan**	**104.7**	**103.6**	**106.1**	**105.7**	**109.4**	**103.1**
昆明	Kunming	105.5	105.0	92.8	107.6	101.8	105.5
曲靖	Qujing	107.5	107.3	73.5	110.3	103.6	104.3
玉溪	Yuxi	104.5	101.9	92.2	109.0	105.8	107.3
保山	Baoshan	106.5	116.0	64.3	110.8	116.1	105.5
昭通	Zhaotong	105.4	105.3	67.5	109.2	117.6	100.9
丽江	Lijiang	105.1	102.0	87.8	110.8	108.8	111.8
普洱	Pu'er	107.1	109.4	100.9	105.3	149.4	104.9
临沧	Lincang	105.9	115.5	63.3	106.0	118.4	107.5
楚雄	Chuxiong	102.0	109.4	55.6	108.0	100.5	79.6
红河	Honghe	105.1	103.4	97.5	108.9	103.0	96.9
文山	Wenshan	105.5	102.0	112.2	109.1	109.1	102.1
西双版纳	Xishuangbanna	108.0	104.9	110.7	105.4	108.6	102.6
大理	Dali	105.9	117.5	36.1	108.0	103.2	103.7
德宏	Dehong	108.2	109.2	109.6	105.5	106.0	106.1
怒江	Nujiang	106.4	116.9	70.9	108.4	128.8	104.3
迪庆	Diqing	103.7	103.3	99.1	105.7	106.8	104.4

注：本表按可比价格计算。按国家新方案的调整，林业中的核桃、板栗、花椒等归入农业中进行核算，林业产值与上年不可比。
Note : The data in the table are calculated at comparable prices.Due to adjustment of the new survey plan,walnut,Chinese chestnut,Chinese red pepper which were classfied into forestry before,are calssfied into farming and their output value are calculated into that of farming now,so the output value of the forestry is incomparable with that of the previous year.

12-12 各州市农、林、牧、渔业总产值构成(2010年)
Composition of Gross Output Value of Farming, Forestry, Animal Husbandry and Fishery by Region (2010)

(按当年价格计算) (at current prices)
单位：% (%)

州市	Region	构成 Composition	农业 Farming	林业 Forestry	牧业 Animal Husbandry	渔业 Fishery	农、林、牧、渔服务业 Services in Support of Agriculture,Forestry, Animal Husbandry and Fishery
全省	**Yunnan**	**100.0**	**51.1**	**10.2**	**32.5**	**2.7**	**3.5**
昆明	Kunming	100.0	54.0	3.0	37.4	2.2	3.4
曲靖	Qujing	100.0	44.3	2.9	49.3	2.2	1.3
玉溪	Yuxi	100.0	54.8	2.8	39.3	1.7	1.5
保山	Baoshan	100.0	51.5	8.5	36.1	2.0	1.9
昭通	Zhaotong	100.0	46.0	3.1	48.3	0.4	2.2
丽江	Lijiang	100.0	46.6	5.5	40.6	4.2	3.1
普洱	Pu'er	100.0	44.5	26.4	23.5	3.3	2.2
临沧	Lincang	100.0	60.2	7.9	28.6	1.1	2.2
楚雄	Chuxiong	100.0	49.7	4.4	37.3	1.4	7.3
红河	Honghe	100.0	48.6	6.1	40.9	2.9	1.5
文山	Wenshan	100.0	50.6	6.2	40.0	1.4	1.7
西双版纳	Xishuangbanna	100.0	35.9	51.6	7.8	2.5	2.1
大理	Dali	100.0	51.5	3.7	39.9	2.3	2.7
德宏	Dehong	100.0	60.1	11.8	22.0	3.2	2.9
怒江	Nujiang	100.0	45.2	9.4	37.7	0.2	7.4
迪庆	Diqing	100.0	45.5	13.2	30.7	1.9	8.8

12-13 各州市农、林、牧、渔业增加值(2010年)
Added Value of Farming, Forestry, Animal Husbandry and Fishery by Region (2010)

(按当年价格计算) (at current prices)
单位：万元 (10 000 yuan)

州市	Region	合计 Total	农业 Farming	林业 Forestry	牧业 Animal Husbandry	渔业 Fishery	农、林、牧、渔服务业 Services in Support of Agriculture, Forestry, Animal Husbandry and Fishery
全省合计	**Total**	**11 083 764**	**6 092 446**	**1 289 596**	**3 170 722**	**288 364**	**242 635**
昆明	Kunming	1 202 963	693 754	37 597	411 646	23 433	36 533
曲靖	Qujing	1 835 734	797 411	54 722	920 410	35 089	28 102
玉溪	Yuxi	661 840	414 124	21 030	202 384	13 265	11 037
保山	Baoshan	752 220	411 057	52 552	256 131	16 822	15 658
昭通	Zhaotong	744 580	376 356	27 729	320 253	2 924	17 318
丽江	Lijiang	260 225	118 250	16 818	104 805	11 538	8 814
普洱	Pu'er	700 021	318 472	195 140	149 150	20 895	16 364
临沧	Lincang	714 779	460 754	50 846	178 524	7 105	17 550
楚雄	Chuxiong	885 007	484 027	20 515	305 607	12 028	62 830
红河	Honghe	1 043 801	530 330	67 490	397 880	31 972	16 129
文山	Wenshan	731 126	368 273	54 680	285 206	10 191	12 776
西双版纳	Xishuangbanna	438 251	150 851	232 858	28 088	14 092	12 362
大理	Dali	1 044 131	557 199	32 670	397 954	25 242	31 066
德宏	Dehong	372 446	216 716	58 025	76 377	11 825	9 503
怒江	Nujiang	65 102	30 403	7 409	23 086	149	4 055
迪庆	Diqing	71 503	30 732	13 802	16 958	1 476	8 535

注：从2003年开始，农林牧渔业增加值为新口径核算数。
Note:The data of added value of farming, forestry, animal husbandry and fishery have been calculated according to the new standards since 2003.

12-14 各州市农、林、牧、渔业中间消耗(2010年)

Intermediate Consumption of Farming, Forestry, Animal Husbandry and Fishery by Region (2010)

(按当年价格计算) (at current prices)

单位：万元 (10 000 yuan)

州市 Region		合计 Total	农业 Farming	林业 Forestry	牧业 Animal Husbandry	渔业 Fishery	农、林、牧、渔服务业 Services in Support of Agriculture，Forestry, Animal Husbandry and Fishery
全省合计	**Total**	**7 021 507**	**3 163 359**	**552 684**	**2 717 341**	**192 243**	**395 879**
昆明	Kunming	804 310	391 168	22 412	338 703	19 887	32 140
曲靖	Qujing	1197 697	546 822	34 068	576 228	30 208	10 371
玉溪	Yuxi	479 794	211 056	11 112	246 093	5 911	5 622
保山	Baoshan	508 434	237 982	54 379	198 974	9 012	8 087
昭通	Zhaotong	411 649	155 741	7 980	238 473	1 183	8 272
丽江	Lijiang	189 154	91 190	7 966	77 646	7 302	5 050
普洱	Pu'er	381 630	162 658	90 867	105 217	15 058	7 830
临沧	Lincang	463 844	248 833	41 852	158 809	5 980	8 370
楚雄	Chuxiong	605 083	256 152	44 383	249 703	8 618	46 227
红河	Honghe	714 599	323 598	39 857	320 903	19 618	10 623
文山	Wenshan	469 553	239 527	20 015	195 431	7 159	7 421
西双版纳	Xishuangbanna	293 305	111 895	144 942	29 065	4 402	3 001
大理	Dali	842 793	414 295	36 462	354 617	18 042	19 377
德宏	Dehong	207 539	131 730	10 317	51 165	6 951	7 376
怒江	Nujiang	40 568	17 390	2 567	16 798	69	3 744
迪庆	Diqing	45 684	22 578	1 614	18 992	721	1 779

12-15 各州市农、林、牧、渔业中间消耗、增加值占总产值比重(2010年)

Proportion of Intermediate Consumption and Added Value of Farming, Forestry, Animal Husbandry and Fishery to Gross Output Value by Region (2010)

(按当年价格计算) (at current prices)

单位：万元 (10 000 yuan)

州市 Region		农、林、牧、渔业总产值 Gross Output Value of Farming, Forestry, Animal Husbandry and Fishery	农、林、牧、渔业中间消耗 Intermediate Consumption of Farming, Forestry, Animal Husbandry and Fishery	农、林、牧、渔业增加值 Added Value of Farming,Forestry, Animal Husbandry and Fishery	占农、林、牧、渔业总产值比重(%) Proportion to Gross Output Value (%)	
					中间消耗 Intermediate Consumption	增加值 Added Value
全省	**Yunnan**	**18 105 271**	**7 021 507**	**11 083 764**	**38.8**	**61.2**
昆明	Kunming	2 007 273	804 310	1 202 963	40.1	59.9
曲靖	Qujing	3 033 431	1 197 697	1 835 734	39.5	60.5
玉溪	Yuxi	1 141 634	479 794	661 840	42.0	58.0
保山	Baoshan	1 260 654	508 434	752 220	40.3	59.7
昭通	Zhaotong	1 156 229	411 649	744 580	35.6	64.4
丽江	Lijiang	449 379	189 154	260 225	42.1	57.9
普洱	Pu'er	1 081 651	381 630	700 021	35.3	64.7
临沧	Lincang	1 178 623	463 844	714 779	39.4	60.6
楚雄	Chuxiong	1 490 090	605 083	885 007	40.6	59.4
红河	Honghe	1 758 400	714 599	1 043 801	40.6	59.4
文山	Wenshan	1 200 679	469 553	731 126	39.1	60.9
西双版纳	Xishuangbanna	731 556	293 305	438 251	40.1	59.9
大理	Dali	1 886 924	842 793	1 044 131	44.7	55.3
德宏	Dehong	579 985	207 539	372 446	35.8	64.2
怒江	Nujiang	105 670	40 568	65 102	38.4	61.6
迪庆	Diqing	117 187	45 684	71 503	39.0	61.0

12-16 主要年份主要农产品产量
Output of Major Farm Products in Significant Years

单位：万吨　　(10 000 tons)

年 份 Year	粮 食 Grain	#稻 谷 Rice	#小 麦 Wheat	#玉 米 Corn	#豆 类 Beans	#大 豆 Soybeans	#薯 类 Tubers	油 料 Oil-bearing Crops	#花 生 Peanuts	#油菜籽 Rapeseeds	烟 叶 Tobacco	#烤 烟 Flue-cured Tobacco
1978	864.05	411.60	85.95	233.10		9.70	48.65	5.51	2.05	3.18		12.26
1980	865.55	387.60	78.55	225.05		7.05	53.60	6.48	1.83	4.18		10.32
1985	935.00	482.95	61.90	248.75		9.60	63.00	11.81	3.60	7.17		41.00
1990	1 061.21	509.44	106.79	280.56		10.12	67.51	13.31	2.93	9.65	44.70	43.60
1995	1 188.91	515.77	138.50	341.83		13.13	79.48	19.58	4.33	14.29	76.83	76.07
1996	1 246.30	535.15	145.39	365.03		12.02	82.72	18.81	4.32	13.61	90.19	88.39
1997	1 271.90	533.77	166.14	365.63		12.54	85.10	17.43	3.82	12.80	110.16	109.28
1998	1 319.50	540.86	152.22	420.72		12.95	87.58	17.46	4.55	11.95	57.29	56.37
1999	1 399.25	534.34	153.47	463.44		13.43	98.86	20.62	4.78	14.54	62.66	60.95
2000	1 467.80	536.29	151.19	473.30		13.99	145.46	26.98	5.35	19.11	65.57	64.61
2001	1 486.30	595.87	137.88	477.30		15.97	148.96	27.66	5.40	20.42	61.47	60.08
2002	1 424.74	543.20	134.11	461.50		15.89	153.88	27.52	5.37	20.52	71.80	66.15
2003	1 471.01	635.89	124.35	399.93		14.81	172.29	29.70	5.34	22.75	65.49	63.68
2004	1 509.50	639.40	121.67	425.66		20.62	191.39	33.41	5.59	26.23	70.75	69.24
2005	1 514.93	646.34	106.86	449.31		17.39	193.60	36.22	5.75	29.02	79.09	77.22
2006	1 457.60	612.90	93.00	478.00	93.80	10.90	157.40	39.01	5.80	31.57	77.73	75.78
2007	1 460.70	589.70	91.20	498.60	80.10	17.90	162.20	36.65	6.11	29.07	79.12	76.68
2008	1 518.59	621.01	83.05	529.55	112.12	26.16	169.76	40.38	6.70	32.10	86.38	83.97
2009	1 576.92	636.23	92.30	542.67	130.36	29.06	172.18	50.16	7.13	41.41	91.69	88.03
2010	1 531.00	616.57	45.98	612.98	79.48	27.14	173.55	34.23	7.01	25.98	99.14	95.40

12-16 续表 continued

单位：万吨　　(10 000 tons)

年 份 Year	糖 料 Sugar Crops	#甘 蔗 Sugar cane	茶 叶 Tea	水 果 Fruits	猪牛羊肉 Pork, Beef and Mutton	禽 蛋 Poultry Eggs	水产品 Aquatic Products	麻 类 Fiber Crops	棉 花 Cotton
1978	160.04	160.01	1.78	11.62	29.23		1.12		
1980	184.59	184.45	1.78	11.63	30.91		1.52		
1985	480.13	479.77	3.11	21.18	56.82	3.90	2.65		
1990	662.32	661.88	4.48	31.97	74.74	4.90	4.60	0.22	0.04
1995	1 056.31	1 055.92	6.40	55.71	120.45	6.85	8.44	0.22	0.07
1996	1 143.36	1 143.08	6.82	59.01	133.37	7.41	10.20	0.30	0.06
1997	1 435.18	1 434.92	7.08	66.02	148.95	8.51	11.89	0.23	0.07
1998	1 598.09	1 597.71	7.75	68.07	166.21	8.70	13.84	0.22	0.08
1999	1 526.89	1 526.53	7.51	73.83	180.35	9.83	15.53	0.21	0.06
2000	1 420.61	1 420.29	7.94	76.95	191.51	10.63	16.62	0.19	0.05
2001	1 481.49	1 481.10	8.07	79.29	203.84	11.80	18.02	0.49	0.05
2002	1 733.66	1 733.36	8.36	85.63	218.74	13.16	19.26	2.33	0.04
2003	1 695.24	1 694.96	8.59	96.53	234.53	14.39	20.43	4.49	0.03
2004	1 688.80	1 688.49	9.51	115.52	257.10	16.49	22.05	13.66	0.03
2005	1 415.89	1 415.50	11.59	136.63	277.32	20.35	23.85	14.10	0.02
2006	1 679.06	1 678.73	13.82	162.56	296.13	20.54	29.24	5.88	0.02
2007	1 938.81	1 938.67	16.99	202.37	238.60	18.00	33.39	2.42	0.03
2008	1 898.88	1 898.75	17.15	266.18	257.18	19.41	39.37	2.28	0.04
2009	1 761.42	1 761.31	18.29	342.74	270.88	20.75	43.06	1.84	0.04
2010	1 750.97	1 750.92	20.73	397.91	285.32	20.80	48.17	0.56	0.04

注：1.1991年起粮食总产量为抽样调查数，2001年起分品种粮食为抽样调查数，由国家统计局云南调查总队提供。
2.2006–2007年粮食产量、猪、牛、羊肉产量为农业普查衔接数，2008年起为抽样调查数，由国家统计局云南调查总队提供。

Note: a.Since 1991, the data of total output of grain are numbers of sample surveys.Since 2001,grain data by variety are numbers of sample surveys, which are provided by NBS Survey Office in Yunnan.
b.The data of grain output and output of pork,beef and mutton are linked up with the agricultural census from 2006 to 2007, and since 2008, they are numbers of sample surveys and are provided by NBS Survey Office in Yunnan.

12-17　1978-2010年粮食面积和产量

Historic Sown Areas and Grain Yields (1978-2010)

年　份 Year	粮食总计(万吨) Total Yield of Grain (10 000 tons)	夏收粮 Summer Harvest Grain		秋收粮 Autumn Harvest Grain	
		面积(万亩) Area(10 000 mu)	粮食产量(万吨) Grain Yield(10 000 tons)	面积(万亩) Area(10 000 mu)	粮食产量(万吨) Grain Yield(10 000 tons)
1978	864.05	1 578.92	134.79	3 937.87	729.26
1979	792.90	1 557.12	107.27	3 973.99	685.63
1980	865.55	1 409.80	126.64	3 979.23	738.91
1981	917.10	1 323.67	124.01	3 986.30	793.09
1982	945.90	1 240.77	111.59	3 970.09	834.31
1983	954.35	1 272.87	140.28	3 933.34	814.07
1984	1 005.00	1 281.50	135.28	3 880.56	869.72
1985	935.00	1 268.20	109.23	3 709.57	825.77
1986	870.00	1 266.33	75.48	3 733.04	794.52
1987	934.84	1 288.10	133.89	3 758.63	800.95
1988	940.72	1 392.94	138.49	3 733.81	802.23
1989	998.41	1 467.68	132.19	3 822.92	866.22
1990	1 061.21	1 543.05	170.02	3 890.39	891.19
1991	1 093.00	1 566.19	184.25	3 862.21	908.75
1992	1 070.40	1 584.30	196.00	3 788.70	874.40
1993	1 085.24	1 598.05	211.24	3 692.51	874.00
1994	1 146.47	1 704.37	201.36	3 798.90	945.11
1995	1 188.91	1 690.28	228.18	3 773.79	960.73
1996	1 246.30		234.30		1 012.00
1997	1 271.90		254.70		1 017.20
1998	1 319.50		240.15		1 079.35
1999	1 399.25	1 951.28	234.49	4 111.83	1 164.76
2000	1 467.80	1 897.13	241.00	4 090.38	1 226.80
2001	1 486.30	1 995.02	233.86	4 513.53	1 252.44
2002	1 424.74	1 827.33	240.85	4 413.54	1 183.89
2003	1 471.01	1 791.71	244.55	4 310.89	1 226.46
2004	1 509.50	1 765.11	236.32	4 472.60	1 273.18
2005	1 514.93	1 783.40	222.31	4 597.50	1 292.62
2006	1 457.60	1 658.25	220.60	4 374.90	1 237.00
2007	1 460.70	1 645.80	223.40	4 345.95	1 237.30
2008	1 518.59	1 652.60	207.58	4 491.30	1 311.01
2009	1 576.92	1 692.50	236.47	4 607.70	1 340.45
2010	1 531.00	1 683.60	127.68	4 728.00	1 403.32

12-18 各州市主要农作物播种面积（2010年）
Total Sown Areas of Major Farm Crops by Region (2010)

单位：公顷 (hectare)

州市	Region	总播种面积 Total Sown Area	粮食播种面积 Sown Area of Grain Crops	#稻谷 Rice	#小麦 Wheat	#玉米 Corn	#豆类 Beans	#薯类 Tubers
全省合计	**Total**	**6 118 500**	**4 274 400**	**1 021 000**	**428 900**	**1 417 800**	**579 400**	**631 600**
昆明	Kunming	421 000	262 511	35 467	33 251	76 270	45 641	35 985
曲靖	Qujing	990 305	579 930	51 107	34 102	175 346	63 820	177 806
玉溪	Yuxi	245 858	96 562	22 209	14 627	38 462	9 247	4 387
保山	Baoshan	376 704	237 207	64 107	15 041	78 984	29 059	18 998
昭通	Zhaotong	692 661	496 116	28 022	51 650	206 003	41 847	149 046
丽江	Lijiang	164 179	127 239	19 182	18 796	33 806	26 287	16 575
普洱	Pu'er	426 357	312 108	90 198	26 552	125 850	39 403	13 738
临沧	Lincang	429 588	263 287	48 988	38 369	101 364	40 109	16 881
楚雄	Chuxiong	355 723	230 983	50 254	33 116	63 326	48 774	9 513
红河	Honghe	555 132	342 076	89 498	30 237	115 454	42 791	30 088
文山	Wenshan	626 038	455 084	63 214	40 611	158 957	91 056	63 583
西双版纳	Xishuangbanna	123 636	89 031	44 641	267	39 792	2 739	1 151
大理	Dali	385 886	274 481	57 663	15 760	82 954	49 824	18 430
德宏	Dehong	242 192	133 944	59 907	7 900	49 430	6 504	9 778
怒江	Nujiang	95 895	78 191	6 567	8 003	27 254	17 087	9 940
迪庆	Diqing	57 353	46 830	2 786	9 832	16 818	6 140	4 238

12-18 续表 continued

单位：公顷 (hectare)

州市	Region	油料播种面积 Oil-bearing Crops	#花生 Peanuts	#油菜籽 Rapeseeds	甘蔗 Sugarcane	烤烟播种面积 Flue-cured Tobacco	蔬菜播种面积 Vegetables and Melon	其他作物 Other Farm Crops
全省合计	**Total**	**333 298**	**48 995**	**269 757**	**295 124**	**419 891**	**671 253**	**338 437**
昆明	Kunming	10 287	769	8 741	51	40 099	72 355	33 588
曲靖	Qujing	66 820	841	64 146	27	90 045	114 364	129 650
玉溪	Yuxi	21 785	714	20 560	17 153	48 138	54 760	6 051
保山	Baoshan	36 214	832	35 219	31 276	27 546	26 624	10 017
昭通	Zhaotong	31 726	5 082	26 102	1 837	27 659	78 059	52 803
丽江	Lijiang	5 648	682	4 217	1 262	10 376	9 162	4 072
普洱	Pu'er	15 446	9 683	5 617	30 947	18 016	24 775	21 805
临沧	Lincang	11 128	2 025	8 628	101 230	13 090	19 536	12 076
楚雄	Chuxiong	21 480	1 117	19 141	320	40 979	52 118	6 043
红河	Honghe	22 510	8 970	12 892	20 187	40 201	82 428	39 241
文山	Wenshan	51 035	15 144	29 785	19 748	27 278	65 332	
西双版纳	Xishuangbanna	1 910	1 802	76	13 357		12 567	1 530
大理	Dali	18 281	387	17 375	2 876	35 876	37 760	10 550
德宏	Dehong	13 525	792	12 705	53 432	588	12 638	5 368
怒江	Nujiang	3 441	155	2 585	1 421		7 409	1 758
迪庆	Diqing	2 062		1 968			1 366	3 885

注：2001年起全省粮食播种面积为抽样调查数。
Note: Since 2001 the data from sample surveys have been used for the total sown area of grain crops in the whole province.

12-19 茶叶、水果生产情况(2008-2010年)
Planting Areas and Output of Tea and Fruits (2008-2010)

单位：公顷、吨 (hectare, ton)

指 标	Item	2008		2009		2010	
		面 积 Area	产 量 Output	面 积 Area	产 量 Output	面 积 Area	产 量 Output
茶 叶	**Tea**	**335 708**	**171 535**	**354 585**	**182 948**	**367 699**	**207 341**
水 果(全口径)	**Fruits**	**289 027**	**2 661 799**	**327 161**	**3 427 427**	**315 189**	**3 979 079**
香 蕉	Bananas	50 867	948 455	58 490	1 155 919	63 212	1 335 821
苹 果	Apples	29 945	267 954	30 480	269 289	30 927	257 908
柑 橘	Citrus	32 941	327 196	34 103	383 120	34 295	416 561
梨	Pears	46 856	286 850	48 310	278 681	51 640	332 044
葡 萄	Grapes	7 919	128 449	9 596	167 090	12 330	205 992
菠 萝	Pineapples	4 141	28 912	4 260	36 494	3 781	36 248
瓜 果	Melon and Fruit	18 290	472 585	17 758	388 946	24 941	562 675
# 西 瓜	Watermelon	14 853	393 246	14 007	313 610	21 121	482 198

12-20 橡胶、咖啡和香料作物面积和产量(2009-2010年)
Areas and Output of Rubber,Coffee and Perfume (2009-2010)

单位：公顷、吨 (hectare, ton)

指 标	Item	年末实有面积 Real Area at Year-end		收获面积 Harvest Area		总产量 Total Output	
		2009	2010	2009	2010	2009	2010
橡 胶	Rubber	461 357	486 704	184 570	210 353	298 414	330 635
咖 啡	Coffee	36 590	43 083	22 442	24 967	70 203	49 439
香料作物(折香料油)	Perfume Plants (perfume oil)	4 791	5 966	3 401	5 209	1 119	796

12-21 各州市营造林生产情况

Forestry Production by Region

单位：千公顷 (1 000 hectares)

年 份 州 市	Year Region	造林面积 Afforested Area	迹地更新面积 Area of Reforested Slash	幼林抚育作业面积 Area of Cultivating Young Growth	成林抚育面积 Area of Cultivating Mature Forest	零星(四旁)植树(万株) Area of Planting Trees Around(10 000 trees)	育苗面积(公顷) Area of Growing Seedings (hectares)	本年新育苗面积(公顷) (hectares)
2000		430.65	151.79	150.58	181.38	13 433	1 886	
2001		335.04	8.44	115.92	67.67	13 151	2 642	
2002		402.29	17.99	95.89	56.38	11 226	2 579	
2003		495.14	21.87	92.48	31.18	11 972	3 303	
2004		259.26	13.03	87.14	30.19	10 990	3 098	
2005		210.98	13.21	80.26	16.54	11 687	3 748	
2006		158.75	10.68	82.19	61.10	10 112	2 040	
2007		319.23	10.29	63.96	39.60	8 650	1 911	
2008		566.14	10.37	74.94	24.16	8 891	3 627	
2009		713.49	5.02	21.55	38.41	9 166	4 332	3 090
2010		661.50	6.40	30.63	48.64	9 261	5 823	3 505
昆 明	Kunming	15.82			0.67	1 308	2 236	982
曲 靖	Qujing	70.04		6.63	3.22	1 994	393	336
玉 溪	Yuxi	25.28			0.82	308	106	23
保 山	Baoshan	39.35			0.47	284	296	211
昭 通	Zhaotong	73.80		9.73	4.40	1 038	336	210
丽 江	Lijiang	57.34			2.67	186	131	25
普 洱	Pu'er	26.70	6.05	0.33	22.26	199	347	261
临 沧	Lincang	41.63			0.33	305	213	213
楚 雄	Chuxiong	52.93		3.86	2.00	1 619	168	137
红 河	Honghe	62.05	0.36	3.55	2.64	5 371	600	244
文 山	Wenshan	27.35			0.67	469	269	248
西双版纳	Xishuangbanna	3.05				196	31	2
大 理	Dali	101.70		2.67	0.67	777	259	187
德 宏	Dehong	34.01		3.86	3.76	125	365	365
怒 江	Nujiang	15.64				80	57	57
迪 庆	Diqing	14.83			1.33	82	16	4

12−22 各州市主要林产品产量(2010年)
Output of Major Forest Products by Region (2010)

单位：百千克 (100 kg)

州市	Region	橡胶 Rubber	松脂 Pine Resin	油桐籽 Tung-oil Seeds	油茶籽 Rapeseeds	核桃 Walnuts	板栗 Chestnuts	紫胶 Shellac
全省合计	**Total**	**3 306 345**	**1 478 417**	**220 292**	**76 201**	**2 482 712**	**371 573**	**26 039**
昆明	Kunming		580	205	30	26 901	135 434	
曲靖	Qujing		282	58 283	4 650	84 855	37 475	
玉溪	Yuxi		66 287			28 072	35 453	46
保山	Baoshan		878	2 170	1 491	312 132	16 674	1 411
昭通	Zhaotong			25 456		70 083	9 180	
丽江	Lijiang		2 815	2 454		73 983	4 348	25 257
普洱	Pu'er	300 801	1 131 627	458	18	58 469	5 949	9 323
临沧	Lincang	212 417	149 510	8 284	605	422 431	4 526	6 022
楚雄	Chuxiong		96 995	390	218	213 396	74 696	
红河	Honghe	171 286	960	406		29 283	7 936	8 996
文山	Wenshan	8 813	2 236	109 223	67 416	12 414	9 735	
西双版纳	Xishuangbanna	2 552 720	9 027			361	4 515	25
大理	Dali		4 747	4 196	362	973 633	16 204	73
德宏	Dehong	60 308	10 774	1 856	1 411	16 448	3 590	143
怒江	Nujiang			6 863		44 700	2 096	
迪庆	Diqing		1 699	48		115 551	3 762	

12−23 主要年份畜牧业生产情况
Basic Conditions of Animal Husbandry Production in Significant Years

指标	Item	2006	2007	2008	2009	2010
牲畜年末头数	**Number of Livestock (at year-end)**					
大牲畜（万头）	Large Livestock (10 000 heads)	892.65	903.07	883.57	919.54	923.06
牛	Cattle and Buffaloes	713.00	725.67	706.43	742.57	746.65
马	Horses	78.77	75.48	75.30	74.36	74.3
驴	Donkeys	34.01	33.97	34.19	34.06	35.02
骡	Mules	66.87	67.95	67.65	68.55	67.09
猪（万头）	Hogs (10 000 heads)	2 365.01	2 457.60	2 669.03	2 736.17	2 766.82
羊（万只）	Goats and Sheep (10 000 heads)	793.50	825.82	843.27	877.59	877.94
畜禽产品产量	**Output of Livestock and Poultry Products**					
肉类总产量（万吨）	Total Output of Meat (10 000 tons)	300.40	266.10	288.28	304.59	321.37
猪肉	Pork	235.90	203.60	219.58	230.82	242.53
牛肉	Beef	22.90	24.80	26.12	27.99	29.89
羊肉	Mutton	9.30	10.20	11.47	12.07	12.9
其他畜禽产品产量	**Output of Other Livestock and Poultry Products**					
牛奶（万吨）	Milk (10 000 tons)	36.40	42.30	44.67	48.38	50.41
山羊毛（吨）	Goat Wool (ton)	101	76	86	104	70
绵羊毛（吨）	Sheep Wool (ton)	1 999	3 862	1 489	1 744	1 865
禽蛋（万吨）	Poultry Eggs (10 000 tons)	16.90	18.00	19.41	20.75	20.8
蚕茧（吨）	Silkworm Cocoons (ton)	23 677	29 637	28 386	26 595	24 971

注：2006—2007年畜牧业主要产品数据为第二次农业普查修正数据，2008年起为抽样调查数。

Note: From 2006 to 2007, the data of animal husbandry production is corrected by The Census of Agriculture, and the data of 2008 are on the basis of sample survey.

12-24 各州市畜产品产量（2010年）

Output of Livestock Products by Region (2010)

单位：吨 (ton)

州 市	Region	猪、牛、羊肉产量 Output of Pork, Beef and Mutton	#猪 肉 Pork	#牛 肉 Beef	#羊 肉 Mutton	奶 类 Milk	#牛 奶 Cow Milk	绵羊毛 Sheep Wool	禽 蛋 Eggs	蜂 蜜 Honey
全省合计	**Total**	**2 853 205**	**2 425 263**	**298 910**	**129 033**	**541 476**	**504 071**	**1 865**	**207 962**	**6 453**
昆 明	Kunming	376 069	328 287	30902	16 880	100 902	100 761	200	78 562	641
曲 靖	Qujing	1 338 668	1 221 201	79 043	38 424	19 205	5 751	151	42 876	1 813
玉 溪	Yuxi	207 756	182 756	18 928	6 072	3 313	3 082	3	74 427	91
保 山	Baoshan	290 546	259 736	24 263	6 547	7 159	7 159	4	12 568	248
昭 通	Zhaotong	375 045	347 076	20 903	7 066	591	591	721	19 113	169
丽 江	Lijiang	92 567	72 663	12 392	7 512	6 951	6 947	139	4 308	185
普 洱	Pu'er	121 873	108 837	10 479	2 557	1 176	273		5 259	575
临 沧	Lincang	170 270	147 832	16 924	5 514	1 106	1 106		4 186	183
楚 雄	Chuxiong	301 144	239 794	45 276	16 074	3 221	3 221	270	7 714	848
红 河	Honghe	528 959	494 427	27 079	7 453	30 117	21 487	41	53181	535
文 山	Wenshan	388 932	337 030	45 922	5 980	175	175		21 877	177
西双版纳	Xishuangbanna	27 324	22 917	4 341	66				1 840	42
大 理	Dali	406 381	321 279	57 889	27 213	427 445	424 516	158	45 494	553
德 宏	Dehong	70 127	61 584	7 562	981	3 198	3 198		4 469	100
怒 江	Nujiang	30 432	23 982	3 039	3 411	47	47	39	944	181
迪 庆	Diqing	22 142	17 052	3 909	1 181	14 783	14 783	139	992	112

注：各地州市数据为全面统计数，全省合计为抽样调查数。
Note: The data of the prefectures and cities are overall statistics.The data of the whole province are on the basis of sample survey.

12-25 各州市水产品产量及养殖面积(2010年)

Output of Aquatic Products and Aquaculture Areas by Region (2010)

单位：吨，公顷 (ton,hectare)

州 市	Region	水产品产量 Output of Aquatic Products	养殖产量 Artificially Cultured	捕捞产量 Naturally Grown	鱼 类 Fish	虾 蟹 类 Shrimps, Prawns and Crabs	贝 类 Shellfish	其 他 Others	水产养殖面积 Aquiculture Area
全省合计	**Total**	**481 717**	**444 305**	**37 412**	**473 667**	**4 285**	**2 336**	**1 429**	**107 792**
昆 明	Kunming	34 403	32 605	1 798	33 823	509		71	10 249
曲 靖	Qujing	81 634	75 772	5 862	81 327	298		9	16 360
玉 溪	Yuxi	15 016	12 884	2 132	14 890	125		1	10 258
保 山	Baoshan	26 005	23 225	2 780	25 982	8		15	3 300
昭 通	Zhaotong	13 502	12 712	790	13 499	3			4 661
丽 江	Lijiang	11 631	9 230	2 401	10 895			736	3 955
普 洱	Pu'er	49 035	47 890	1 145	48 643	129	258	5	8 043
临 沧	Lincang	25 065	19 923	5 142	23 090	423	1 326	226	3 345
楚 雄	Chuxiong	17 047	16 779	268	17 047				8 699
红 河	Honghe	56 208	55 841	367	55 879	310	18	1	13 347
文 山	Wenshan	40 939	36 853	4 086	40 463	252	176	48	9 765
西双版纳	Xishuangbanna	36 002	34 668	1 334	35 873	123		6	4 129
大 理	Dali	48 272	40 084	8 188	46 279	1 988	5		8 082
德 宏	Dehong	23 880	22 833	1 047	22 899	117	553	311	3 059
怒 江	Nujiang	551	541	10	551				54
迪 庆	Diqing	2 527	2 465	62	2 527				488

12-26 各州市主要蔬菜产品产量(2010年)

Output of Major Vegetable Products by Region (2010)

单位：吨 (ton)

州 市	Region	蔬菜产量 Yield of Vegetable	叶菜类 Leaf Vegetables	瓜菜类 Melon Vegetables	块根块茎类 Root and Stem Vegetables	茄果菜类 Eggplant Vegetables	葱蒜类 Onion and Garlic Vegetables
全省合计	**Total**	**12 550 275**	**1 647 545**	**846 278**	**2 370 868**	**1 300 739**	**966 658**
昆 明	Kunming	1 950 964	459 889	152 036	216 680	132 329	112 393
曲 靖	Qujing	2 054 935	216 214	55 938	660 803	192 117	63 018
玉 溪	Yuxi	1 290 571	99 138	65 274	229 393	76 086	145 072
保 山	Baoshan	441 264	83 052	38 384	37 855	126 549	17 345
昭 通	Zhaotong	1 089 383	75 543	66 081	231 132	87 247	35 976
丽 江	Lijiang	208 921	15 801	12 389	14 551	25 291	46 283
楚 雄	Chuxiong	1 253 605	28 752	55 197	330 891	149 210	48 534
红 河	Honghe	1 705 302	222 235	133 982	346 919	247 935	76 984
文 山	Wenshan	549 178	163 830	61 073	55 075	28 893	18 157
普 洱	Pu'er	300 729	76 048	58 308	37 441	35 307	11 340
西双版纳	Xishuangbanna	122 765	3 210	24 173	3 794	67 896	3 034
大 理	Dali	967 214	117 199	41 416	82 997	78 696	357 071
德 宏	Dehong	132 898	27 452	13 949	13 206	11 025	8 025
怒 江	Nujiang	72 438	10 199	9 340	29 699	3 994	1 923
迪 庆	Diqing	20 305	3 637	2 427	3 476	1 478	1 740
临 沧	Lincang	389 804	45 346	56 311	76 957	36 686	19 764

注：2010年蔬菜按照新口径进行统计，叶菜类中减少大白菜和圆白菜两项。

Note:Output of vegetable is calculated by new statical coverage in 2010,Chinese cabbage and cabbage are excluded from the coverage of leaf vegetables.

12-27 各州市特种作物生产情况(2010年)

Output of Special Crops by Region (2010)

州 市	Region	鲜切花 (万枝) Fresh Cut Flowers (10 000 branches)	盆栽观赏植物 (盆) Potted Ornamental Plants (pot)	药 材 (百千克) Medicinal Materials (100 kg)	食用菌 (百千克) Edible Mushrooms (100 kg)
全省合计	**Total**	**605 018**	**174 893 700**	**1 069 110**	**504 945**
昆 明	Kunming	420 324	40 390 400	29 943	20 905
曲 靖	Qujing	21 528	4 990 000	282 774	140 538
玉 溪	Yuxi	57 179	6 188 500	8 228	2 476
保 山	Baoshan	301	60 111 400	9 191	86 194
昭 通	Zhaotong	58 446	6 537 900	87 858	7 116
丽 江	Lijiang	1 777	2 361 500	104 076	642
普 洱	Pu'er	246	5 564 300	19 737	7 473
临 沧	Lincang	147	1 336 500	70 924	13 209
楚 雄	Chuxiong	31 543	1 439 000	21 218	107 963
红 河	Honghe	9 057	2 448 700	187 076	9 284
文 山	Wenshan	427	652 800	40 040	14 983
西双版纳	Xishuangbanna	774		929	17 043
大 理	Dali	2 720	27 099 400	79 405	52 062
德 宏	Dehong	83	1 505 000	62 845	24 335
怒 江	Nujiang		900 000	8 062	550
迪 庆	Diqing	467	13 368 300	56 804	172

主要统计指标解释

农、林、牧、渔业总产值 指以货币形式表现的农林渔业全部产品总量和对农、林、牧、渔业生产活动进行的各种支持性服务活动的价值。它反映了一定时期（通常指一年）农、林、牧、渔业生产及其服务的总成果和总规模。

1957 年以前的农业总产值包括了厩肥和农民自给性手工业（如农民自制衣服、鞋、袜，自己从事粮食初步加工等）。1958 年及以后的农业总产值，林业中增加了村及村以下竹木采伐产值；牧业中取消了厩肥产值；副业中取消了农民自给性手工业产值，增加了村及村以下的工业产值；渔业中增加了机械化捕鱼产值。1980 年及以后农业总产值，在副业中增加了农民商品性家庭手工业的产值。从 1984 年起村及村以下办工业产值划归工业。1993 年取消副业产值，农业总产值改为农、林、牧、渔业总产值。原副业产值的采集野生植物和农民家庭兼营商品性工业划归农业产值；捕猎野兽野禽划归牧业产值。2003 年开始，增加农林牧渔服务业产值，同时取消农民家庭兼营商品性工业，竹木采运由村及村以下扩大到全社会口径。

农、林、牧、渔业中间消耗 指各种经济类型的农业生产单位和农户在农业生产经营过程中投入（或消耗）的各种物质产品和劳务价值的总和。包括中间物质消耗和中间劳务消耗两个部份。计入中间消耗必须具备以下两个条件：一是与总产出相对应的生产过程中消耗的物质产品和劳务活动；二是本期投入并一次性消耗的不属于固定资产的非耐用品。

农、林、牧、渔业增加值 指农、林、牧、渔及农林牧渔服务业生产货物或提供服务活动而增加的价值。增加值的计算方法有两种，一是生产法：农、林、牧、渔业增加值=农、林、牧、渔业总产出−农、林、牧、渔业中间消耗；二是分配法：农、林、牧、渔业增加值=固定资产折旧+劳动者报酬+生产税净额（生产税−生产补贴）+营业盈余。

自来水受益村数 包括取水、净水、输配水三部分组成的自来水供给的，或由取水和输配水两部分的符合饮用卫生标准的简易自来水年末实际受益的村委会个数。

通汽车村数 指拥有乡级以上公路通过，并通达客运或货运汽车的村委会个数。

粮食产量 指全社会的产量。包括国营农场等全民所有制经营的、集体统一经营的和农民家庭经营的粮食产量，还包括工矿企业家属办的农场和其他生产单位的产量。粮食除包括稻谷、小麦、玉米、高粱、谷子及其他杂粮外，还包括薯类和大豆。其产量计算方法,豆类按去豆荚后的干豆计算；薯类（包括甘薯和马铃薯,不包括芋头和木薯）1963 年以前按每 4 公斤鲜薯折 1 公斤粮食计算，从 1964 年以后按 5 公斤鲜薯折 1 公斤粮食计算。其他粮食一律按脱粒后的原粮计算。

谷物 指稻谷、小麦、玉米、谷子、高粱和其他谷物，不包括薯类和豆类。其他谷物指除稻谷、小麦、玉谷、高粱以外的一些子实主要用作粮食的作物，包括大麦、元麦（青稞）、莜麦、荞麦、糜子等。

油料产量 指全部油料作物的生产量。包括花生、油菜籽、芝麻、向日葵子、胡麻子（亚麻子）和其他油料。不包括大豆、木本油料和野生油料。花生以带壳干花生计算。

水产品产量 指人工养殖的水产品天然生长的水产品的捕捞量。包括海水的鱼类、虾蟹类、贝类和藻类以及淡水的鱼类、虾蟹类、贝类，不包括淡水水生植物。

猪、牛、羊产量 指当年的猪、牛、羊的肉产量。即屠宰后除去头、蹄、下水后带骨肉（即胴体重）的重量。

期初(末)畜禽存栏头(只)数 指报告期初(末)农村各种合作经济组织和国营农场、农民个人、机关、团体、学校、工矿企业、部队等单位以及城镇居民饲养的大牲畜、猪、羊、家禽等畜禽的存栏数。数据上报方式及数据调整情况同猪、牛、羊肉产量。

灌溉面积 指有效灌溉面积，即具有一定的水源，地块比较平整，灌溉工程或设备已经配套，在一般年景下当年能够正常灌溉的耕地面积。

迹地更新面积 在新、旧采伐迹地和火烧迹地上，进行人工更新或人工促进天然更新的面积（包括乔木林和灌木林）称迹地更新面积。迹地更新面积不包括未经人工措施的天然更新面积以及补植面积。

农作物播种面积　指实际播种或移植有农作物的面积。凡是实际种植有农作物的面积，不论种植在耕地上还是种植在非耕地上，均包括在农作物播种面积中。在播种季节基本结束后，因遭灾而重新改种和补种的农作物面积，也包括在内。它是反映我国耕地面积利用情况的一个重要指标。目前，农作物播种面积主要包括粮食、棉花、油料、糖料、麻类、烟叶、蔬菜和瓜类、药材和其他农作物九大类。

农用化肥施用量　指本年内实际用于农业生产的化肥数量，包括氮肥、磷肥、钾肥和复合肥。化肥施用量要求按折纯量计算数量。折纯量是指把氮肥、磷肥、钾肥分别按含氮、含五氧化二磷、含氧化钾的百分之百成分进行折算后的数量。复合肥按其所含主要成分折算。公式为：

折纯量=实物量×某种化肥有效成份含量的百分比

农业机械总动力　指主要用于农、林、牧、渔业的各种动力机械的动力总和。包括耕作机械、排灌机械、收获机械、农用运输机械、植物保护机械、牧业机械、林业机械、渔业机械和其他农业机械（内燃机按引擎马力折成瓦（特）计算、电动机按功率折成瓦（特）计算）。不包括专门用于乡、镇、村、组办工业、基本建设、非农业运输、科学试验和教学等非农业生产方面用的动力机械与作业机械。这个指标的统计数据主要来源于农机部门。

Explanatory Notes on Principal Statistical Indicators

Gross Output Value of Farming, Forestry, Animal Husbandry and Fishery refers to the total value of products of farming, forestry, animal husbandry and fishery and the value of support services for production of farming, forestry, animal husbandry and fishery, which reflects the total scale and result of agricultural production and services during a given period (generally one year).

The gross agricultural output value before 1957 included output value of barnyard manure and farmers' self-supporting handicraft industry (e.g., self-made clothing, shoes, socks, initial grain processing, etc.). Since 1958, output value of felling timber and bamboo by villages and organizations has been included in below village that of forestry; output value of barnyard manure has been excluded from that of animal husbandry; output value of farmers' self-supporting handicraft industry has been excluded from that of sideline production, while output value of industries run by villages and organizations had been included in it; output value of mechanized fishing has been included in that of fishery. Since 1980, output value of farmers' commercial household handicraft industry has been added to that of sideline production. Since 1984, output value of industries run by villages or organizations below village has been classified into that of industry. Since 1993, output value of sideline production has been cancelled and gross agricultural output value has been changed to gross output value of farming, forestry, animal husbandry and fishery; output value of wild plants gathering and commercial industry run by rural households has been incorporated to agricultural output value; output value of animal and bird hunting has been classified into that of animal husbandry. Since 2003, output value of services of farming, forestry, animal husbandry and fishery has been added while farmers' commercial household industry has been cancelled, and transporting and felling timber and bamboo by villages and organizations below village has been expanded to all levels.

Intermediate Consumption of Farming, Forestry, Animal Husbandry and Fishery refers to the total value of material products and labor input (or consumed) by various agricultural production entities and rural households in the process of agricultural production and operation. It is composed of intermediate material consumption and intermediate labor consumption. Items calculated into intermediate consumption should satisfy the following two conditions: first, they are material products and labor consumed in the process of production against total output; second, they are is non-durable goods that do not belong to fixed assets but input and consumed up one time in the present phase.

Added Value of Farming, Forestry, Animal Husbandry and Fishery refers to the added Value produced by manufacturing goods or supplying service in farming, forestry, animal husbandry, fishery and service in support of farming,forestry, animal husbandry, fishery .There are two methods to calculate value added: one is the method of production: added value of farming, forestry, animal husbandry and fishery = total output of farming, forestry, animal husbandry and fishery - intermediate consumption of farming, forestry, animal husbandry and fishery; the other is the method of distribution: added value of farming, forestry, animal husbandry and fishery = depreciation of fixed assets - remuneration of laborers + net production tax (production tax — production subsidy) + business surplus.

Number of Villages Benefiting from Tap Water Supply refers to the number of villages practically enjoying tap water supply composed of water intakes, water treatment and water conveyance and distribution or up-to-standard potable water supply composed of water intakes and water conveyance and distribution at the year-end.

Number of Villages Accessible to Motor Vehicle refers to the number of villages with town-level road passing through and transport service.

Grain Yield refers to the total yield in the whole country including grain produced by state farms, collective entities, rural households, industrial enterprises and mines. Grain includes rice, wheat, maize, sorghum, millet and other cereals as well as tubers and soybeans. Output of beans refers to dry beans without pods. Output of tubers (sweet potatoes and potatoes, not including taros and cassava) was converted into that of grain at the ratio 4:1, i.e. 4 kilograms of fresh tubers was equivalent to 1 kilogram of grain up to 1963. Since 1964 the ratio for conversion has been 5:1. Tubers supplied as vegetables (such as potatoes) in cities and suburbs are calculated as fresh vegetables and their output is not included in the output of grain. Other kinds of grain are calculated as husked grain.

Cereals refer to rice, wheat, maize millet, sorghum and other kinds of grain, but tubers and beans are not included. Other kinds of grain refer to some crops whose seeds are mainly used for food such as barley, highland barley, naked oats, buckwheat, broom corn millet, etc.

Output of Oil-bearing Crops refers to the total production of oil-bearing crops of various kinds, including peanuts (dry, in shell), rapeseeds, sesame, sunflower seeds, flax seeds, and other oil-bearing crops. Soybeans, oil-bearing woody plants, and wild oil-bearing crops are not included.

Output of Aquatic Products refers to catches of both artificially cultured and naturally grown aquatic products, including fish, shrimps, crabs and shellfish in sea and inland water as well as seaweed. Freshwater plants are not included.

Output of Pork, Beef, and Mutton refers to the weight of the meat of slaughtered hogs, cattle, sheep and goats with head, feet, and offal taken away.

Number of Livestock or Poultry in Stock at Beginning (or End) of Period refers to the total number of large animals, pigs, sheep, fowls, etc. raised by rural cooperative organizations, State farms, rural individuals, government agencies, schools, industrial and mining enterprises, army, and urban residents at the beginning (or end) of the reference period. Data reporting system and data adjustment are the same as that in the output of pork, beef and mutton.

Irrigated Area refers to area under effective irrigation, i.e., area of cultivated land which is relatively level and has water source and complete sets of irrigation facilities to lift and move adequate water for irrigation purpose under normal conditions.

Reforested area refers to the area created by artificial reforestation or artificial measures promoting regeneration (including arbor and shrubbery forests) in new and old cut-over areas and burned areas. Reforested area excludes natural forest regeneration area and reinforcement planting area.

Sown Area of Crops refers to area of land sown or transplanted with crops regardless of being in cultivated area or non-cultivated area. Area of land re-sown due to natural disasters is also included. This is an important indicator that can reflect the utilization condition of the cultivated land in China. At present, the sown area of crops mainly include the following 9 categories of crops: grain, cotton, oil-bearing crops, sugar crops, flax crops, tobacco, vegetables and melons, medicinal materials and other farm crops.

Consumption of Chemical Fertilizers in Agriculture refers to the quantity of chemical fertilizers applied in agriculture in the year, including nitrogenous fertilizer, phosphate fertilizer, potash fertilizer, and compound fertilizer. The consumption of chemical fertilizers is calculated in terms of volume of effective components by means of converting the gross weight of the respective fertilizers into weight containing effective component (e.g. nitrogen content in nitrogenous fertilizer, phosphorous pentoxide contents in phosphate fertilizer, and potassium oxide contents in potash fertilizer). Compound fertilizer is converted in regard to its major components. The formula is:

Volume of effective component= physical quantity× effective component of certain chemical fertilizer (%)

Total Power of Agricultural Machinery refers to total mechanical power of machinery used in agriculture, forestry, animal husbandry and fishery, including machinery for ploughing, irrigation and drainage, harvesting, transport, plant protection, animal husbandry, forestry and fishery and other agricultural machineries. (For the power of internal combustion engines, it is converted from its horsepower into watts while for electric motors the output power is converted into watts.) Machinery employed for non-agricultural purposes, such as the machines used in township-run and village-run industry, construction, non-agricultural transport, scientific experiments and teaching, are not included. Data are mainly from agricultural machinery agencies.

Chapter 13

十三、工 业

Industry

13-1 1978-2010年工业总产值及其指数

年 份 Year	工业总产值 (万元) Gross Industrial Output Value (10 000 yuan)	轻工业总产值 Gross Output Value of Light Industry	重工业总产值 Gross Output Value of Heavy Industry	工业总产值指数 (1952年=100) Indices of Gross Industrial Output Value (1952=100)
1978	554 322	238 358	315 964	3 123.7
1979	623 838	262 636	361 202	3 378.6
1980	653 515	295 389	358 126	3 459.9
1981	725 435	351 836	373 599	3 725.9
1982	836 026	412 997	423 029	4 175.0
1983	951 128	473 662	477 466	4 691.4
1984	1 122 748	551 269	571 479	5 420.4
1985	1 362 584	659 277	703 307	6 261.4
1986	1 470 176	677 101	793 075	6 789.1
1987	1 818 450	855 253	963 197	7 921.6
1988	2 446 267	1 216 368	1 229 899	9 347.9
1989	3 049 109	1 546 107	1 503 002	9 981.1
1990	3 452 587	1 811 436	1 641 151	10 869.9
1991	3 936 266	2 038 510	1 897 756	11 937.7
1992	4 770 707	2 408 461	2 362 246	13 904.3
1993	6 900 767	3 332 846	3 567 921	16 097.9
1994	9 487 088	5 146 859	4 340 229	19 101.2
1995	12 300 076	6 565 984	5 734 092	22 624.4
1996	12 913 798	6 955 577	5 958 221	25 747.2
1997	14 401 096	7 511 543	6 889 553	28 204.6
1998	15 032 348	7 747 162	7 285 186	29 568.7
1999	15 610 824	7 938 783	7 672 041	32 082.0
2000	15 893 615	8 027 044	7 866 571	34 680.6
2001	16 751 061	8 637 582	8 113 479	37 118.0
2002	18 504 623	9 542 729	8 961 894	40 643.9
2003	21 763 983	10 147 043	11 616 940	46 667.3
2004	24 790 725	9 172 079	15 618 646	53 807.4
2005	32 498 373	11 204 660	21 293 713	63 008.5
2006	41 102 462	12 696 331	28 406 131	76 870.4
2007	51 373 000	18 301 640	33 071 360	90 860.8
2008	57 388 126	14 477 999	42 910 127	108 923.9
2009	62 617 473	19 308 801	43 308 672	123 452.8
2010	78 807 036	23 179 490	55 627 546	140 082.9

注：本表总产值按当年价格计算，指数按可比价格计算。

Gross Industrial Output Value and Its Indices over the Years (1978-2010)

轻工业 总产值 Gross Output Value of Light Industry	重工业 总产值 Gross Output Value of Heavy Industry	占全部工业总产值的比重(%) Share in Gross Industrial Output Value(%)	
		轻工业 Light Industry	重工业 Heavy Industry
2 033.0	4 876.8	43.0	57.0
2 153.3	5 357.0	42.1	57.9
2 366.3	5 194.7	45.2	54.8
2 782.1	5 171.4	48.5	51.5
3 171.4	5 699.9	49.4	50.6
3 596.9	6 346.6	49.8	50.2
4 097.6	7 435.1	49.1	50.9
4 819.9	8 436.9	48.4	51.6
5 347.3	8 963.4	46.1	53.9
6 368.8	10 261.3	47.0	53.0
7 669.9	11 873.5	49.7	50.3
8 140.1	12 752.8	50.7	49.3
9 093.4	13 540.5	52.5	47.5
9 780.0	15 169.0	51.8	48.2
11 407.0	17 644.9	50.5	49.5
13 154.8	20 503.4	48.3	51.7
15 955.5	23 828.9	54.3	45.7
18 827.5	28 332.6	53.4	46.6
21 029.5	32 843.1	53.9	46.1
22 178.0	37 276.1	52.2	47.8
23 086.3	39 327.4	51.5	48.5
24 803.2	43 056.1	50.9	49.1
26 167.4	47 533.9	50.5	49.5
26 925.7	52 577.3	51.6	48.4
28 515.9	59 095.9	51.6	48.4
30 211. 5	71 837. 6	46.6	53.4
32 537. 8	87 785. 5	37.0	63.0
35 036. 7	108 274. 6	34.5	65.5
39 030. 9	138 266. 7	30.9	69.1
46 134. 5	162 325. 1	35.6	64.4
54 314. 2	196 056. 3	25.2	74.8
64 154.8	218 535. 5	30.8	69.2
74 150.9	245 424. 3	29.4	70.6

Note:Data of gross output value in this table are calculated at current prices,while indices are calculated at comparable prices.

13-2 规模以上工业增加值(2005-2010年)

单位：万元

工业行业	Industrial Sector	2005 工业增加值 Industrial Added Value	2005 比上年增长(%) Increase over 2004(%)
总　计	**Total**	**9 988 313**	**8.4**
轻工业	Light Industry	5 371 599	5.8
重工业	Heavy Industry	4 616 715	11.8
煤炭开采和洗选业	Mining and Washing of Coal	201 989	18.7
石油和天然气开采业	Extraction of Petroleum and Natural Gas	104	18.3
黑色金属矿采选业	Mining and Processing of Ferrous Metal Ores	72 149	-18.6
有色金属矿采选业	Mining and Processing of Non-Ferrous Metal Ores	273 503	23.2
非金属矿采选业	Mining and Processing of Nonmetal Ores	79 330	26.1
其他矿采选业	Mining of Other Ores		
农副食品加工业	Processing of Food from Agricultural Products	227 182	-2.9
食品制造业	Manufacture of Foods	25 540	-7.4
饮料制造业	Manufacture of Beverages	111 085	26.1
烟草制品业	Manufacture of Tobacco	4 404 146	6.1
纺织业	Manufacture of Textile	18 329	13.9
纺织服装、鞋、帽制造业	Manufacture of Textile Wearing Apparel,Footware and Caps	1 307	-26.6
皮革、毛皮、羽毛(绒)及其制品业	Manufacture of Leather, Fur, Feather and Related Products	- 106	-41.7
木材加工及木、竹、藤、棕、草制品业	Processing of Timber, Manufacture of Wood,Bamboo, Rattan, Palm and Straw Products	30 992	-14.5
家具制造业	Manufacture of Furniture	523	-41.5
造纸及纸制品业	Manufacture of Paper and Paper Products	113 848	-10.6
印刷业和记录媒介的复制	Printing, Reproduction of Recording Media	132 838	3.5
文教体育用品制造业	Manufacture of Articles for Culture, Education and Sport Activities	106	-2.1
石油加工、炼焦及核燃料加工业	Processing of Petroleum, Coking, Processing of Nuclear Fuel	106 636	42.7
化学原料及化学制品制造业	Manufacture of Raw Chemical Materials and Chemical Products	653 108	19.0
医药制造业	Manufacture of Medicines	210 789	9.4
化学纤维制造业	Manufacture of Chemical Fibers	37 184	118.7
橡胶制品业	Manufacture of Rubber	4 481	6.8
塑料制品业	Manufacture of Plastics	30 948	-13.6
非金属矿物制品业	Manufacture of Non-metallic Mineral Products	248 134	-2.2
黑色金属冶炼及压延加工业	Smelting and Pressing of Ferrous Metals	567 361	-1.8
有色金属冶炼及压延加工业	Smelting and Pressing of Non-ferrous Metals	717 198	12.8
金属制品业	Manufacture of Metal Products	20 033	36.6
通用设备制造业	Manufacture of General Purpose Machinery	64 892	12.0
专用设备制造业	Manufacture of Special Purpose Machinery	81 280	5.6
交通运输设备制造业	Manufacture of Transport Equipment	135 344	8.7
电气机械及器材制造业	Manufacture of Electrical Machinery and Equipment	68 250	8.5
通信设备、计算机及其他电子设备制造	Manufacture of Communication Equipment, Computers and Other Electronic Equipment	22 574	14.7
仪器仪表及文化、办公用机械制造业	Manufacture of Measuring Instruments and Machinery for Cultural Activity and Office Work	11 909	-12.1
工艺品及其他制造业	Manufacture of Artwork and Other Manufacturing	14 147	39.4
废弃资源和废旧材料回收加工业	Recycling and Disposal of Waste	8 963	-33.1
电力、热力的生产和供应业	Production and Supply of Electric Power and Heat Power	1 240 738	16.6
燃气生产和供应业	Production and Supply of Gas	4 702	-9.1
水的生产和供应业	Production and Supply of Water	46 779	9.4

注:本表绝对数按当年价格计算，增幅按可比价计算。

Added Value of Industry Above Designated (2005-2010)

(10 000 yuan)

2006		2007		2008		2009		2010	
工业增加值 Industrial Added Value	比上年增长(%) Increase over 2005(%)	工业增加值 Industrial Added Value	比上年增长(%) Increase over 2006(%)	工业增加值 Industrial Added Value	比上年增长(%) Increase over 2007(%)	工业增加值 Industrial Added Value	比上年增长(%) Increase over 2008(%)	工业增加值 Industrial Added Value	比上年增长(%) Increase over 2009(%)
12 403 607	**17.8**	**14 943 794**	**17.5**	**18 036 219**	**12.6**	**19 043 828**	**11.2**	**22 469 107**	**15.0**
5 985 083	9.6	6 910 774	17.9	8 186 050	14.2	8 846 640	13.0	10 374 512	15.0
6 418 524	27.1	8 033 020	16.5	9 850 169	11.3	10 197 188	9.8	12 094 595	15.0
237 586	2.4	307 751	5.1	789 325	35.2	933 886	3.1	1 308 679	14.8
157	22.0	284	-16.1	307	-48.8	108	-58.3	49	-55.3
79 545	35.8	181 835	37.6	313 061	33.6	325 033	10.5	343 880	14.7
485 686	64.0	652 043	18.5	564 201	6.2	499 035	7.4	622 727	5.7
131 131	59.9	142 050	12.5	201 955	20.9	238 804	7.3	255 582	9.2
267 014	8.3	377 872	20.0	377 506	14.5	462 414	15.4	624 250	9.7
32 756	11.5	58 386	27.4	78 033	17.4	95 035	14.0	193 917	27.1
161 992	29.0	278 931	44.9	240 983	-4.2	282 242	15.3	335 926	22.6
4 832 026	9.2	5 398 892	17.7	6 593 867	15.3	6 898 161	11.4	7 972 021	16.0
20 567	-3.3	24 684	12.5	28 748	21.6	25 900	-14.9	27 837	17.7
2 645	38.6	3 590	34.3	4 106	-0.1	3 151	-9.7	3 266	14.9
- 29	-71.5	- 34	-65.7	306	17.7	262	-12.9	219	11.3
34 700	-3.8	44 251	5.2	39 419	7.7	45 420	12.8	87 622	39.2
116	52.0	688	-24.8	2 372	13.0	2 212	-8.0	2 353	39.8
111 354	-5.4	124 025	17.6	130 208	7.6	146 930	15.7	161 904	2.8
151 045	13.5	165 071	15.0	162 762	-2.8	188 585	14.6	232 505	8.8
87	-19.2			184	0.5				
161 670	14.2	306 959	47.4	574 937	35.5	505 859	0.9	359 613	15.8
811 210	22.0	864 892	18.6	1 257 976	19.3	1 148 615	5.4	1 259 149	17.1
243 610	13.5	314 789	24.0	397 603	18.9	469 740	17.2	476 752	12.0
41 957	9.8	37 943	4.8	40 032	1.5	43 931	2.6	46 656	-2.4
5 969	9.2	7 095	11.0	8 127	4.2	27 972	-0.9	7 983	48.1
35 553	9.6	42 629	6.5	71 611	40.8	80 374	14.7	92 257	9.6
362 496	24.8	397 307	5.1	403 685	11.8	525 125	20.7	738 321	18.9
585 051	13.0	766 163	33.0	1 109 761	8.0	977 601	9.1	1 135 251	18.7
1 432 672	49.5	1 995 357	7.0	1 775 357	-4.7	1 527 368	3.6	2 238 047	11.0
25 114	14.4	37 965	10.5	41 601	12.1	104 033	76.7	130 885	4.2
83 716	24.5	155 802	40.9	179 943	9.4	171 535	-7.7	233 704	42.7
104 191	13.1	129 167	19.2	124 263	5.1	163 569	15.2	183 926	9.8
141 278	9.3	175 622	18.7	231 176	29.6	345 960	50.4	339 497	-0.1
84 656	25.9	92 604	8.9	113 160	22.3	124 110	12.8	171 225	4.7
24 374	8.8	36 416	18.4	37 507	26.0	37 064	6.4	34 264	54.2
11 408	12.0	18 025	4.6	22 940	7.7	27 783	10.0	48 425	10.2
13 323	-5.6	16 742	11.9	16 185	14.6	95 929	567.6	68 004	-29.0
7 153	-24.0	1 847	-68.8	3 784	69.4	3 978	35.1	14 096	3.7
1 608 542	24.1	1 721 363	15.9	2 033 105	12.1	2 423 612	16.6	2 557 030	19.9
2 258	-6.7	8 624	107.2	7 742	21.4	24 238	122.1	63 825	39.1
69 030	18.3	56 169	2.4	58 383	3.7	68 255	15.8	97 463	-3.1

Note:Absolute figures in this table are calculated at current prices and rates of increase are calculated at comparable prices.

13-3 规模以上工业发展指数(2000-2010年)

(按可比价格计算，2000年=100)

工业行业	Industrial Sector	2000	2001
总 计	**Total**	**100.0**	**105.6**
轻工业	Light Industry	100.0	98.6
重工业	Heavy Industry	100.0	111.3
煤炭开采和洗选业	Mining and Washing of Coal	100.0	110.0
石油和天然气开采业	Extraction of Petroleum and Natural Gas	100.0	102.0
黑色金属矿采选业	Mining and Processing of Ferrous Metal Ores	100.0	136.6
有色金属矿采选业	Mining and Processing of Non-Ferrous Metal Ores	100.0	104.5
非金属矿采选业	Mining and Processing of Nonmetal Ores	100.0	103.2
农副食品加工业	Processing of Food from Agricultural Products	100.0	86.9
食品制造业	Manufacture of Foods	100.0	129.8
饮料制造业	Manufacture of Beverages	100.0	110.6
烟草制品业	Manufacture of Tobacco	100.0	101.3
纺织业	Manufacture of Textile	100.0	93.9
纺织服装、鞋、帽制造业	Manufacture of Textile Wearing Apparel,Footware and Caps	100.0	109.3
皮革、毛皮、羽毛(绒)及其制品业	Manufacture of Leather, Fur, Feather and Related Products	100.0	109.4
木材加工及木、竹、藤、棕、草制品业	Processing of Timber, Manufacture of Wood, Bamboo, Rattan, Palm and Straw Products	100.0	104.5
家具制造业	Manufacture of Furniture	100.0	51.0
造纸及纸制品业	Manufacture of Paper and Paper Products	100.0	94.1
印刷业和记录媒介的复制	Printing, Reproduction of Recording Media	100.0	109.1
文教体育用品制造业	Manufacture of Articles for Culture, Education and Sport Activities	100.0	113.7
石油加工、炼焦及核燃料加工业	Processing of Petroleum, Coking, Processing of Nuclear Fuel	100.0	135.7
化学原料及化学制品制造业	Manufacture of Raw Chemical Materials and Chemical Produc	100.0	117.7
医药制造业	Manufacture of Medicines	100.0	126.8
化学纤维制造业	Manufacture of Chemical Fibers	100.0	100.0
橡胶制品业	Manufacture of Rubber	100.0	62.4
塑料制品业	Manufacture of Plastics	100.0	100.0
非金属矿物制品业	Manufacture of Non-metallic Mineral Products	100.0	97.9
黑色金属冶炼及压延加工业	Smelting and Pressing of Ferrous Metals	100.0	105.9
有色金属冶炼及压延加工业	Smelting and Pressing of Non-ferrous Metals	100.0	112.6
金属制品业	Manufacture of Metal Products	100.0	94.7
通用设备制造业	Manufacture of General Purpose Machinery	100.0	123.0
专用设备制造业	Manufacture of Special Purpose Machinery	100.0	104.5
交通运输设备制造业	Manufacture of Transport Equipment	100.0	118.1
电气机械及器材制造业	Manufacture of Electrical Machinery and Equipment	100.0	112.5
通信设备、计算机及其他电子设备制造	Manufacture of Communication Equipment, Computers and Other Electronic Equipment	100.0	110.2
仪器仪表及文化、办公用机械制造业	Manufacture of Measuring Instruments and Machinery for Cultural Activity and Office Work	100.0	176.5
工艺品及其他制造业	Manufacture of Artwork and Other Manufacturing	100.0	83.3
废弃资源和废旧材料回收加工业	Recycling and Disposal of Waste	100.0	104.5
电力、热力的生产和供应业	Production and Supply of Electric Power and Heat Power	100.0	110.8
燃气生产和供应业	Production and Supply of Gas	100.0	112.5
水的生产和供应业	Production and Supply of Water	100.0	103.2
昆 明	Kunming	100.0	105.6
曲 靖	Qujing	100.0	111.8
玉 溪	Yuxi	100.0	95.8
保 山	Baoshan	100.0	103.4
昭 通	Zhaotong	100.0	88.6
丽 江	Lijiang	100.0	94.8
普 洱	Pu'er	100.0	99.6
临 沧	Lincang	100.0	94.5
楚 雄	Chuxiong	100.0	114.2
红 河	Honghe	100.0	108.3
文 山	Wenshan	100.0	112.9
西双版纳	Xishuangbanna	100.0	92.9
大 理	Dali	100.0	106.2
德 宏	Dehong	100.0	82.0
怒 江	Nujiang	100.0	96.7
迪 庆	Diqing	100.0	125.8

Development Indices of Industry above Designated by Sector (2000-2010)

(calculated at comparable prices,and year 2000=100)

2002	2003	2004	2005	2006	2007	2008	2009	2010
114.2	**124.5**	**145.2**	**157.5**	**185.5**	**217.9**	**245.4**	**272.9**	**313.9**
103.0	112.0	124.1	131.3	143.9	169.7	193.7	218.9	251.7
126.0	138.1	174.6	195.1	248.0	289.0	321.6	353.1	406.1
121.0	135.1	160.9	191.0	195.6	205.4	277.7	286.3	328.6
255.6	226.5	154.9	183.3	223.6	187.5	96.1	40.1	17.9
194.3	138.8	531.8	432.7	587.5	808.1	1 079.2	1 192.6	1 367.9
101.1	111.0	133.3	164.3	269.4	319.4	339.1	364.2	384.9
116.2	115.0	169.3	213.5	341.5	384.3	464.7	498.6	544.5
103.2	187.4	260.9	253.4	274.4	329.1	376.9	435.0	477.2
150.4	273.7	396.4	367.0	409.1	521.1	611.5	697.1	886.0
123.7	163.2	211.1	266.2	343.5	497.6	476.6	549.5	673.7
100.2	103.2	112.0	118.7	129.6	152.6	175.8	195.9	227.2
89.2	99.8	207.6	236.4	228.6	257.1	312.7	266.1	313.2
75.4	86.7	89.4	65.7	91.0	122.3	122.2	110.3	126.7
62.7	22.2	10.8	6.3	1.8	0.6	0.7	0.6	0.7
108.1	132.5	165.3	141.4	136.0	143.0	154.0	173.7	241.8
32.5	44.2	93.2	54.5	82.8	62.3	70.4	64.7	90.5
113.6	114.1	138.5	123.8	117.1	137.8	148.2	171.5	176.3
125.7	137.1	162.7	168.3	191.1	219.8	213.6	244.8	266.4
126.5	132.3	179.4	175.6	141.8	141.8	142.5		
151.3	258.2	321.3	458.4	523.5	771.7	1 045.2	1 054.6	1 221.3
142.4	161.9	198.9	236.7	288.7	342.4	408.4	430.5	504.1
140.7	143.8	163.6	179.0	203.2	251.9	299.4	350.9	393.0
100.0	97.9	96.3	210.7	231.4	242.6	246.3	252.7	246.6
49.7	52.2	61.7	65.9	71.9	79.9	83.2	82.5	122.2
118.9	136.2	120.5	104.1	114.1	121.4	171.0	196.1	215.0
111.2	162.1	206.6	202.1	252.2	264.9	296.1	357.3	424.9
134.0	167.4	229.6	225.5	254.8	338.9	366.1	399.4	474.1
138.3	173.3	212.3	239.5	358.0	383.0	365.2	378.3	420.0
111.7	75.3	71.2	97.3	111.3	123.0	137.9	243.7	254.0
157.0	77.9	108.7	121.7	151.4	213.4	233.5	215.5	307.5
133.5	150.8	163.6	172.7	195.4	233.0	244.7	281.9	309.5
124.7	244.2	415.7	451.8	493.9	586.1	759.8	1 142.8	1 141.7
122.4	123.6	154.6	167.7	211.2	230.1	281.3	317.3	332.2
118.1	103.2	143.8	165.0	179.6	212.7	268.0	285.1	439.7
170.0	161.1	137.8	121.1	135.6	141.9	152.9	168.1	185.3
91.1	111.1	62.2	86.7	81.9	91.6	104.9	700.4	497.3
111.5	111.5	111.5	74.6	56.7	17.7	30.0	40.5	42.0
123.2	155.4	189.6	221.2	274.4	318.1	356.6	415.8	498.5
115.7	341.4	508.8	462.8	432.0	895.1	1 087.0	2 414.1	3 358.0
119.9	119.8	134.3	147.0	173.8	178.0	184.7	213.9	207.2
113.4	122.9	146.8	166.2	195.1	229.6	259.5	285.7	330.8
126.3	134.2	150.8	177.0	226.4	260.2	294.3	331.6	381.7
96.1	105.8	115.1	118.1	139.9	167.2	195.0	217.4	252.0
113.2	125.2	154.5	196.9	279.2	331.9	374.1	470.6	542.1
103.8	108.7	152.9	172.7	208.5	242.3	257.3	286.4	334.5
110.7	145.9	167.5	167.9	240.4	300.7	363.9	426.5	530.5
111.3	127.2	152.7	182.4	223.2	289.7	374.3	442.4	504.4
104.4	115.7	122.6	129.0	150.8	186.1	231.0	237.2	248.1
129.7	135.7	145.9	175.5	195.7	234.2	267.2	294.0	336.3
119.6	130.8	146.1	154.3	178.7	199.6	218.1	240.2	264.4
141.8	161.9	183.0	242.5	311.3	401.0	465.5	552.1	641.0
99.6	125.2	206.9	255.8	412.5	567.7	571.6	641.4	706.2
125.1	145.0	184.6	207.7	256.4	312.1	354.5	412.0	477.1
96.4	133.1	146.9	101.2	148.5	198.2	205.6	270.1	346.0
126.9	155.3	173.5	259.8	752.5	809.7	820.2	883.4	823.3
144.2	159.7	282.9	405.7	438.5	479.8	512.9	606.7	698.3

13-4 规模以上工业企业主要经济数据

单位：万元

年 份 / 类 别	Year / Item	企业单位数（个） Number of Enterprises (unit)	# 亏损企业 Lossmaking Enterprises
1998		2 516	1 092
1999		2 212	973
2000		2 124	862
2001		2 031	853
2002		2 072	911
2003		1 995	846
2004		2 407	856
2005		2 362	829
2006		2 601	813
2007		2 698	744
2008		3 320	1 056
2009		3 489	1 036
2010		3 599	832
按登记注册类型分	**Grouped by Registration Status**		
内资企业	Domestic Funded Enterprises	3 383	778
国有企业	State-owned Enterprises	236	67
集体企业	Collective-owned Enterprises	108	21
股份合作企业	Share Holding Enterprises	40	10
联营企业	Joint Ownership Enterprises	7	1
有限责任公司	Limited Liability Corporations	831	227
股份有限公司	Share-holding Corporations Limited	141	27
私营企业	Private Enterprises	2 000	419
其他企业	Other Enterprises	20	6
港、澳、台商投资企业	Enterprises with Funds from Hong Kong, Macao and Taiwan	101	24
外商投资企业	Foreign Funded Enterprises	115	30
在总计中:亏损企业	Of which:Lossmaking Enterprises	832	832
在总计中:国有控股企业	Of which:State-holding Enterprises	555	141
按轻重工业分	**Grouped by Light & Heavy Industries**		
轻工业	Light Industry	1 016	191
重工业	Heavy Industry	2 583	641
按企业规模分	**Grouped by Size of Enterprises**		
大型企业	Large Enterprises	45	4
中型企业	Medium-sized Enterprises	597	78
小型企业	Small Enterprises	2 957	750

Main Economic Indicators of Industrial Enterprises above Designated Size

(10 000 yuan)

工 业 总产值 Gross Industrial Output Value	工业销售产值 Industrial Sale Output Value	# 出口交货值 Delivery Value of Exports	资产合计 Total Assets	产成品 Finished Goods
10 172 914	9 936 363		20 778 218	781 207
10 028 762	9 905 697		21 551 085	858 958
10 633 561	10 504 500		23 102 178	756 051
11 573 977	11 413 110		25 850 556	801 679
13 206 190	13 074 310		27 221 422	828 614
15 571 712	15 471 383		30 334 981	1 310 066
20 939 812	20 618 436	940 392	35 671 655	1 165 410
25 962 139	25 774 730	896 297	39 643 245	1 467 223
33 930 873	33 382 239	1 157 628	48 089 769	1 862 094
42 982 861	42 256 643	1 592 639	58 341 157	2 191 272
51 445 816	48 968 478	1 160 282	71 851 100	2 596 413
51 782 090	49 629 880	991 399	76 748 797	2 660 828
64 646 261	62 478 732	1 151 364	96 110 920	3 170 402
60 738 980	58 684 953	996 262	91 102 906	2 926 298
10 783 830	10 519 036	12 672	23 689 147	407 955
783 142	739 740	1 729	545 866	37 592
167 934	164 589	35	267 287	23 051
29 998	29 341		26 697	4 160
22 899 249	22 146 598	469 411	36 348 570	972 327
9 782 851	9 706 453	260 591	14 169 352	471 835
16 146 757	15 242 812	251 824	15 936 837	1 008 180
145 220	136 383		119 150	1 197
1 405 309	1 364 665	50 916	1 616 414	100 764
2 501 972	2 429 114	104 187	3 391 600	143 340
4 449 617	4 273 449	95 389	9 907 335	482 462
37 544 382	36 704 455	470 051	64 713 800	1 479 239
18 075 298	17 240 970	491 856	21 469 882	983 938
46 570 963	45 237 762	659 508	74 641 038	2 186 465
22 707 639	22 334 268	267 245	30 322 517	654 542
25 577 555	24 501 775	560 500	41 010 030	1 376 773
16 361 067	15 642 689	323 619	24 778 373	1 139 087

13−4 续表1

单位：万元

年份 类别	Year Item	负债合计 Total Liabilities	主营业务收入 Revenue from Principal Business
1998		11 828 334	9 994 264
1999		11 874 464	9 791 463
2000		12 806 247	10 589 075
2001		13 995 638	11 613 844
2002		14 751 401	13 132 933
2003		16 648 624	15 373 687
2004		18 786 048	20 524 596
2005		20 684 193	25 697 106
2006		26 381 415	33 575 283
2007		31 736 637	43 066 145
2008		41 683 592	49 611 166
2009		43 824 813	49 680 832
2010		57 352 406	63 562 417
按登记注册类型分	**Grouped by Registration Status**		
内资企业	Domestic Funded Enterprises	54 775 105	59 682 590
国有企业	State-owned Enterprises	16 051 811	10 426 171
集体企业	Collective-owned Enterprises	337 075	752 792
股份合作企业	Share Holding Enterprises	164 904	166 626
联营企业	Joint Ownership Enterprises	11 044	28 478
有限责任公司	Limited Liability Corporations	19 892 910	22 233 071
股份有限公司	Share-holding Corporations Limited	8 504 472	10 661 413
私营企业	Private Enterprises	9 735 411	15 276 301
其他企业	Other Enterprises	77 479	137 739
港、澳、台商投资企业	Enterprises with Funds from Hong Kong, Macao and Taiwan	825 457	1 382 269
外商投资企业	Foreign Funded Enterprises	1 751 844	2 497 558
在总计中:亏损企业	Of which:Lossmaking Enterprises	7 594 741	4 320 705
在总计中:国有控股企业	Of which:State-holding Enterprises	38 017 018	37 586 795
按轻重工业分	**Grouped by Light & Heavy Industries**		
轻工业	Light Industry	7 280 559	16 920 015
重工业	Heavy Industry	50 071 847	46 642 402
按企业规模分	**Grouped by Size of Enterprises**		
大型企业	Large Enterprises	14 993 804	22 897 766
中型企业	Medium-sized Enterprises	26 233 159	24 711 606
小型企业	Small Enterprises	16 125 443	15 953 044

continued

(10 000 yuan)

# 主营业务税金及附加 Taxes and Other Charges on Principal Business	营业费用 Operating Expenses	管理费用 Administration Expenses	利润总额 Total Profits	亏损企业亏损总额 Total Losses of Lossmaking Enterprises	利税总额 Total Pre-tax Profits	本年应交增值税 Value Added Tax Payable	全部从业人员年平均人数(人) Employed Persons at Year-end (person)
1 712 459	225 687	808 162	684 767	374 010	3 237 498	840 272	925 986
1 732 768	238 104	845 837	531 974	367 054	3 094 136	829 394	872 317
1 748 610	265 753	861 186	697 503	231 473	3 331 326	885 213	116 280
1 710 296	363 990	940 897	821 910	201 483	3 473 976	941 770	22 178
1 924 838	520 034	1 029 531	731 600	300 391	3 714 744	1 058 305	7 948
2 070 774	573 657	1 195 511	1 080 567	294 428	4 390 337	1 238 997	1 013
2 270 780	648 616	1 443 599	2 154 727	246 253	5 937 609	1 512 102	270 463
2 456 190	762 827	1 542 145	2 279 128	311 829	6 512 156	1 776 838	98 311
2 782 393	907 037	1 792 647	3 101 754	327 830	8 068 615	2 184 467	351 483
3 271 079	1 084 512	2 088 791	3 886 105	282 098	9 961 303	2 804 119	4 641
3 895 054	1 336 617	2 751 734	3 101 443	996 666	10 055 226	3 058 729	21 212
4 423 643	1 500 096	2 820 950	3 602 465	597 709	10 941 773	2 915 665	32 457
5 074 115	1 988 370	3 710 739	5 993 406	381 449	14 443 251	3 375 730	925 986
5 026 719	1 767 600	3 482 676	5 547 457	327 618	13 765 358	3 191 182	872 317
800 961	289 994	683 801	779 310	50 629	2 232 340	652 069	116 280
4 275	18 145	28 469	81 343	3 576	116 820	31 203	22 178
3 873	5 233	17 138	15 782	1 205	30 041	10 386	7 948
1 370	730	1 232	4 236	72	7 572	1 966	1 013
4 034 487	630 703	1 386 003	2 532 697	148 740	8 147 383	1 580 199	270 463
49 717	385 107	551 305	577 914	16 820	941 982	314 351	98 311
130 020	433 368	806 708	1 531 861	104 749	2 250 251	588 370	351 483
2 016	4 320	8 019	24 314	1 828	38 968	12 638	4 641
4 955	49 490	76 703	193 745	36 806	271 127	72 427	21 212
42 442	171 280	151 359	252 204	17 025	406 767	112 121	32 457
37 915	162 958	368 598	- 381 449	381 449	- 186 729	156 804	151 744
4 851 573	1 091 387	2 279 227	3 353 585	147 685	10 504 020	2 298 861	350 691
4 749 827	879 031	1 132 535	2 518 100	51 760	8 789 868	1 521 941	211 826
324 288	1 109 340	2 578 203	3 475 306	329 689	5 653 383	1 853 789	714 160
4 207 960	434 806	1 245 958	2 243 976	19 222	7 923 527	1 471 591	185 588
715 972	1 040 248	1 603 143	2 578 006	138 620	4 513 272	1 219 294	385 995
150 183	513 317	861 638	1 171 424	223 607	2 006 452	684 845	354 403

13-4 续表2

单位：万元

类别	Item	企业单位数(个) Number of Enterprises (unit)	# 亏损企业 Lossmaking Enterprises
按行业类别分	**Grouped by Industry Sector**		
采矿业	Mining	737	154
煤炭开采和洗选业	Coal Mining and Dressing	514	98
石油和天然气开采业	Petroleum & Natural Gas Extraction		
黑色金属矿采选业	Mining & Dressing of Ferrous Metals	68	19
有色金属矿采选业	Mining and Processing of Non-Ferrous Metal Ores	105	25
非金属矿采选业	Mining and Processing of Nonmetal Ores	50	12
其他采矿业	Mining of Other Ores		
制造业	Manufacturing Industry	2 474	557
农副食品加工业	Processing of Food from Agricultural Products	306	48
食品制造业	Manufacture of Foods	96	15
饮料制造业	Manufacture of Beverages	146	39
烟草制品业	Manufacture of Tobacco	21	
纺织业	Manufacture of Textile	24	7
纺织服装、鞋、帽制造业	Manufacture of Textile Wearing Apparel,Footware and Caps	7	3
皮革、毛皮、羽毛(绒)及其制品业	Manufacture of Leather, Fur, Feather and Related Products	1	
木材加工及木、竹、藤、棕、草制品业	Processing of Timber, Manufacture of Wood, Bamboo, Rattan, Palm and Straw Products	58	19
家具制造业	Manufacture of Furniture	7	1
造纸及纸制品业	Manufacture of Paper and Paper Products	93	20
印刷业和记录媒介的复制	Printing, Reproduction of Recording Media	67	7
文教体育用品制造业	Manufacture of Articles for Culture, Education and Sport Activities		
石油加工、炼焦及核燃料加工业	Processing of Petroleum, Coking, Processing of Nuclear Fuel	40	10
化学原料及化学制品制造业	Manufacture of Raw Chemical Materials and Chemical Products	302	81
医药制造业	Manufacture of Medicines	104	20
化学纤维制造业	Manufacture of Chemical Fibers	1	
橡胶制品业	Manufacture of Rubber	9	2
塑料制品业	Manufacture of Plastics	94	14
非金属矿物制品业	Manufacture of Non-metallic Mineral Products	328	96
黑色金属冶炼及压延加工业	Smelting and Pressing of Ferrous Metals	128	32
有色金属冶炼及压延加工业	Smelting and Pressing of Non-ferrous Metals	216	63
金属制品业	Manufacture of Metal Products	78	17
通用设备制造业	Manufacture of General Purpose Machinery	100	22
专用设备制造业	Manufacture of Special Purpose Machinery	58	6
交通运输设备制造业	Manufacture of Transport Equipment	46	11
电气机械及器材制造业	Manufacture of Electrical Machinery and Equipment	74	15
通信设备、计算机及其他电子设备制造业	Manufacture of Communication Equipment, Computers and Other Electronic Equipment	10	1
仪器仪表及文化、办公用机械制造业	Manufacture of Measuring Instruments and Machinery for Cultural Activity and Office Work	30	5
工艺品及其他制造业	Manufacture of Artwork and Other Manufacturing	22	2
废弃资源和废旧材料回收加工业	Recycling and Disposal of Waste	8	1
电力、燃气及水的生产和供应业	Production and Supply of Electricity Gas and Water	388	121
电力、热力的生产和供应业	Production and Supply of Electric Power and Heat Power	351	108
燃气生产和供应业	Production and Supply of Gas	2	
水的生产和供应业	Production and Supply of Water	35	13

continued

(10 000 yuan)

工 业 总产值 Gross Industrial Output Value	工业销 售产值 Industrial Sale Output Value	# 出 口 交货值 Delivery Value of Exports	资产合计 Total Assets	产成品 Finished Goods
5 640 335	5 395 242	6 484	10 102 329	280 286
2 480 018	2 441 497	6 484	3 461 498	79 245
1 235 955	1 158 075		2 951 711	81 480
1 276 392	1 193 328		2 516 520	82 415
647 969	602 342		1 172 601	37 146
50 547 802	48 617 300	1 121 426	57 840 717	2 876 894
2 454 770	2 358 461	137 224	2 302 668	136 578
676 984	651 824	77 958	530 810	52 852
971 201	905 992	51 072	1 347 612	124 418
10 321 352	9 907 905	101 967	11 907 484	391 212
126 667	105 969	27 260	336 914	17 681
28 746	29 371	2 303	50 291	6 647
700	619		1 058	208
265 452	247 560	8 585	432 175	33 428
28 706	29 030		25 120	1 527
521 047	471 499		851 736	63 784
526 816	520 563	528	687 119	43 513
2 115 068	2 074 130		2 347 205	68 860
5 650 303	5 361 953	268 066	7 864 206	331 798
1 405 501	1 278 299	34 014	1 864 066	97 793
120 340	122 184		93 831	5 344
41 782	40 422		32 695	7 027
418 531	409 017	322	357 134	42 652
2 447 322	2 357 172	5 301	3 928 189	137 965
7 716 872	7 535 020	502	5 473 998	252 903
10 011 183	9 687 043	256 313	11 856 206	631 869
490 851	489 011	11 362	775 887	61 453
749 020	721 664	14 420	761 069	75 200
665 212	671 807	20 965	834 096	59 895
1 477 755	1 376 556	20 408	1 572 006	88 113
763 227	739 290	43 341	899 008	119 087
127 347	126 320	13 996	265 044	4 720
160 734	147 345	16 802	283 090	8 996
244 130	231 154	8 720	141 332	10 215
20 186	20 123		18 670	1 156
8 458 125	8 466 190	23 454	28 167 874	13 222
8 023 576	8 034 190	23 454	27 197 778	2 515
270 359	267 580		278 085	10 099
164 189	164 420		692 011	607

13-4 续表3

单位：万元

类　别	Sector	负债合计 Total Liabilities
按行业类别分	**Grouped by Industry Sector**	
采矿业	Mining	5 360 688
煤炭开采和洗选业	Coal Mining and Dressing	1 899 179
石油和天然气开采业	Petroleum & Natural Gas Extraction	
黑色金属矿采选业	Mining & Dressing of Ferrous Metals	1 512 756
有色金属矿采选业	Mining and Processing of Non-Ferrous Metal Ores	1 356 939
非金属矿采选业	Mining and Processing of Nonmetal Ores	591 814
其他采矿业	Mining of Other Ores	
制造业	Manufacturing Industry	31 072 282
农副食品加工业	Processing of Food from Agricultural Products	1 416 240
食品制造业	Manufacture of Foods	241 956
饮料制造业	Manufacture of Beverages	754 900
烟草制品业	Manufacture of Tobacco	2 204 612
纺织业	Manufacture of Textile	220 104
纺织服装、鞋、帽制造业	Manufacture of Textile Wearing Apparel,Footware and Caps	33 455
皮革、毛皮、羽毛(绒)及其制品业	Manufacture of Leather, Fur, Feather and Related Products	396
木材加工及木、竹、藤、棕、草制品业	Processing of Timber, Manufacture of Wood, Bamboo, Rattan, Palm and Straw Products	267 024
家具制造业	Manufacture of Furniture	19 217
造纸及纸制品业	Manufacture of Paper and Paper Products	488 581
印刷业和记录媒介的复制	Printing, Reproduction of Recording Media	277 742
文教体育用品制造业	Manufacture of Articles for Culture, Education and Sport Activities	
石油加工、炼焦及核燃料加工业	Processing of Petroleum, Coking, Processing of Nuclear Fuel	1 573 797
化学原料及化学制品制造业	Manufacture of Raw Chemical Materials and Chemical Products	5 071 611
医药制造业	Manufacture of Medicines	877 800
化学纤维制造业	Manufacture of Chemical Fibers	14 486
橡胶制品业	Manufacture of Rubber	23 261
塑料制品业	Manufacture of Plastics	209 183
非金属矿物制品业	Manufacture of Non-metallic Mineral Products	2 497 851
黑色金属冶炼及压延加工业	Smelting and Pressing of Ferrous Metals	3 318 492
有色金属冶炼及压延加工业	Smelting and Pressing of Non-ferrous Metals	8 152 956
金属制品业	Manufacture of Metal Products	621 659
通用设备制造业	Manufacture of General Purpose Machinery	439 995
专用设备制造业	Manufacture of Special Purpose Machinery	609 400
交通运输设备制造业	Manufacture of Transport Equipment	930 302
电气机械及器材制造业	Manufacture of Electrical Machinery and Equipment	572 029
通信设备、计算机及其他电子设备制造业	Manufacture of Communication Equipment, Computers and Other Electronic Equipment	97 834
仪器仪表及文化、办公用机械制造业	Manufacture of Measuring Instruments and Machinery for Cultural Activity and Office Work	74 919
工艺品及其他制造业	Manufacture of Artwork and Other Manufacturing	51 135
废弃资源和废旧材料回收加工业	Recycling and Disposal of Waste	11 344
电力、燃气及水的生产和供应业	Production and Supply of Electricity Gas and Water	20 919 437
电力、热力的生产和供应业	Production and Supply of Electric Power and Heat Power	20 401 942
燃气生产和供应业	Production and Supply of Gas	206 814
水的生产和供应业	Production and Supply of Water	310 681

continued

(10 000 yuan)

主营业务收入 Revenue from Principal Business		营业费用 Operating Expenses	管理费用 Administration Expenses	利润总额 Total Profit	亏损企业亏损总额 Total Losses of Loss making Enterprises	利税总额 Total Pre-tax Profit	本年应交增值税 Value Added Tax Payable	全部从业人员年平均人数(人) Employed Persons at Year-end (person)
	# 主营业务税金及附加 Taxes and Other Charges on Principal Business							
5 640 806	166 730	268 861	624 430	849 105	56 812	1 525 922	510 087	218 157
2 538 876	70 525	128 068	289 158	360 658	35 650	686 774	255 590	149 348
1 220 108	34 948	89 281	131 974	195 543	12 428	318 055	87 564	20 774
1 204 294	24 288	19 450	128 694	220 315	7 238	359 157	114 554	34 220
677 528	36 969	32 062	74 605	72 588	1 495	161 936	52 379	13 815
49 633 500	4 835 004	1 559 457	2 614 686	4 584 496	251 470	11 807 998	2 388 498	625 376
2 425 711	13 824	83 835	127 477	323 742	6 921	426 662	89 096	52 067
649 672	11 722	62 079	26 550	47 041	4 460	74 239	15 476	18 986
921 003	23 884	77 772	52 159	119 253	12 680	182 175	39 038	24 683
9 495 813	4 659 384	262 264	667 891	1 561 990		7 400 410	1 179 037	34 244
112 676	710	1 469	9 166	7 818	2 708	11 871	3 343	8 289
30 317	125	1 465	1 053	709	321	1 520	687	1 126
619	5	23	43	114		124	6	82
246 712	2 418	9 511	18 229	5 894	8 689	22 590	14 279	14 179
27 659	269	2 210	975	1 567	22	2 390	554	870
463 644	1 480	22 432	36 439	42 408	6 668	63 934	20 046	15 266
512 924	1 469	9 493	44 861	107 272	651	141 044	32 302	12 384
2 024 564	5 629	19 550	63 488	103 284	8 660	171 216	62 304	16 521
5 394 716	21 374	280 941	312 252	372 896	81 945	510 041	115 771	74 699
1 309 260	8 694	292 773	99 742	176 479	8 288	283 892	98 719	20 948
122 185	12	260	6 005	32 692		40 270	7 565	334
37 491	355	903	4 263	- 507	1 000	1 031	1 183	1 586
412 672	792	11 311	20 797	24 586	2 072	35 221	9 843	9 485
2 330 055	12 779	78 165	131 987	179 238	29 379	315 469	123 452	59 914
7 811 535	19 156	71 960	161 624	471 231	10 984	664 142	173 755	60 176
10 639 438	30 005	133 193	547 701	606 293	51 127	907 409	271 111	113 856
530 921	3 077	10 006	28 662	22 571	2 051	36 873	11 225	10 314
749 866	2 231	32 680	43 781	62 657	1 779	92 707	27 819	16 931
660 924	3 432	11 780	55 685	60 620	944	78 807	14 755	15 764
1 432 434	5 549	34 824	65 849	136 032	1 654	177 876	36 295	19 187
742 518	2 128	35 298	45 687	49 303	6 573	76 069	24 638	12 351
144 320	926	6 488	11 653	25 531	796	30 217	3 760	1 973
147 036	317	2 609	20 719	13 161	328	17 676	4 198	3 751
237 029	3 184	3 828	9 189	29 143	544	39 826	7 499	5 001
19 790	75	336	761	1 479	227	2 299	744	409
8 288 111	72 381	160 053	471 623	559 805	73 167	1 109 331	477 145	82 453
7 865 719	49 262	140 910	440 144	548 507	68 780	1 061 221	463 452	75 832
275 460	529	5 323	11 611	2 110		9 493	6 854	1 880
146 932	22 591	13 819	19 868	9 188	4 387	38 617	6 838	4 741

13–5 规模以上工业企业主要财务分析数据(2010年)

类　　别	Item	综合经济效益指数(%) Composite Economic Performance Index (%)
规上工业企业	**Total**	**262.0**
按登记注册类型分	**Grouped by Registration Status**	
内资企业	Domestic Funded	261.8
国有企业	State-owned	293.8
中央企业	Central Enterprises	487.4
地方企业	Local Enterprises	206.9
集体企业	Collective-owned	198.8
股份合作企业	Share Holding Enterprises	140.4
联营企业	Joint Ownership Enterprises	155.2
国有联营企业	State-owned Joint Ownership Enterprises	81.0
集体联营企业	Collective-owned Joint Ownership Enterprises	122.5
国有与集体联营企业	State-owned and Collective-owned Joint Ownership Enterprises	119.0
其他联营企业	Other Joint Ownership Enterprises	525.2
有限责任公司	Limited Liability Corporations	388.8
国有独资公司	State-owned sole-funded company	901.9
其他有限责任公司	Other Limited Liability Corporations	196.6
股份有限公司	Share-holding Corporations Limited	210.3
私营企业	Private Enterprises	182.7
私营独资企业	Private sole-funded Enterprises	173.2
私营合作企业	Private Partnership Enterprises	133.5
私营有限责任公司	Private Limited Liability Enterprises	185.7
私营股份有限公司	Private Share Holding Corporations	232.3
其他企业	Other Enterprises	270.1
港、澳、台商投资企业	Enterprises with Funds from Hong Kong, Macao and Taiwan	261.8
合资经营企业(港或澳、台资)	Joint-venture Enterprises (Hong Kong, Macao or Taiwan)	300.4
合作经营企业(港或澳、台资)	Cooperatives Enterprise (Hong Kong, Macao or Taiwan)	187.8
港澳台商独资经营企业	Enterprises with Funds only from Hong Kong, Macao and Taiwan	136.0
港澳台商投资股份有限公司	Share-holding Corporations Ltd.With Funds from Hong Kong, Macao and Taiwan	407.0
外商投资企业	Foreign Funded Enterprises	268.4
中外合资经营企业	Sino-foreign Joint Venture	291.9
中外合作经营企业	Sino-foreign Cooperative Enterprises	190.8
外资企业	Foreign Owned Enterprises	218.8
外商投资股份有限公司	Share-holding Corporations Ltd.with Foreign Investment	341.9
在总计中:亏损企业	Of which:Lossmaking Enterprises	- 154.6
在总计中:国有控股企业	Of which:State-holding Enterprises	382.7
在总计中:农村工业	Of which:Rural Industry	160.2
按轻重工业分	**Grouped by Light & Heavy Industries**	
轻工业	Of which:Light Industry	189.1
重工业	Heavy Industry	485.7
按企业规模分	**Grouped by Size of Enterprises**	
大型企业	Grouped by Size of Enterprises:Large Enterprises	485.7
中型企业	Medium-sized Enterprises	250.6
小型企业	Small Enterprises	139.5

Main Financial Analysis Indicators of Industry above Designated (2010)

总资产贡献率 (%) Ratio of Total Assets to Industrial Output Value (%)	资本保值增值率 (%) Capital Maintenance and Increment Ratio (%)	资产负债率 (%) Assets Liability Ratio (%)	流动资产周转率 (%) Ratio of Turnover of Working Capitals (%)	成本费用利润率 (%) Ratio of Profits to Cost (%)	全员劳动生产率 (元/人) Overall Labor Productivity (yuan/person)	产品销售率 (%) Proportion of Products Sold (%)
18.1	**117.9**	**59.7**	**1.8**	**10.8**	**212 309**	**96.7**
18.3	118.4	60.1	1.8	10.7	212 359	96.6
13.9	145.9	67.8	2.4	7.8	283 788	97.5
14.4	172.5	70.2	3.0	8.2	585 686	96.4
13.0	112.8	61.7	1.9	7.3	158 959	99.3
22.9	124.3	61.8	3.5	12.1	58 380	94.5
13.5	111.3	61.7	1.4	10.1	39 660	98.0
1.6	27.6	41.4	1.7	18.4	60 521	97.8
0.2	6.1	17.4	1.0	8.2		108.2
15.1	95.1	57.0	2.4	8.4		97.2
17.5	162.5	67.5	1.4	8.1		77.6
55.1	230.1	33.8	4.3	67.8	110 664	103.1
25.2	112.8	54.7	1.6	15.1	377 887	96.7
45.7	108.2	34.8	1.4	25.5	1 100 417	97.5
10.4	120.0	68.4	1.8	9.8	139 322	96.0
8.6	103.8	60.0	1.7	5.6	192 749	99.2
16.8	123.4	61.1	2.0	10.9	82 445	94.4
20.6	127.5	57.4	1.7	12.6	47 627	95.3
17.7	113.5	61.7	2.2	6.9	21 366	95.7
15.8	121.5	61.8	2.0	10.2	94 503	94.5
18.8	136.8	61.6	2.1	15.4	125 739	91.5
35.0	82.8	65.0	3.0	22.0	95 311	93.9
19.0	110.1	51.1	1.7	16.4	177 485	97.1
21.1	107.9	49.1	1.7	19.8	214 625	97.3
18.9	181.4	34.7	2.0	9.4	81 101	88.0
7.7	113.7	61.7	1.5	2.7	93 741	97.3
60.8	119.6	20.5	6.6	15.0	216 104	97.0
13.5	112.2	51.7	1.9	11.2	233 734	97.1
12.8	112.7	52.3	2.0	10.5	278 147	98.9
8.5	44.8	61.1	2.4	5.2	166 886	95.9
16.8	128.8	54.7	2.1	12.5	129 228	92.1
16.0	108.8	29.6	1.1	20.0	307 634	93.1
- 37.7	456.7	50.4	2.3	- 51.8		94.5
19.7	116.0	58.8	1.8	10.6	408 650	97.8
16.9	74.9	64.8	1.7	14.4	41 150	88.4
43.7	110.9	33.9	1.5	24.5	473 198	95.4
10.2	122.4	67.1	2.0	7.7	134 928	97.1
29.1	107.9	49.5	1.7	12.6	540 099	98.4
14.6	132.7	64.0	2.0	11.3	197 738	95.8
10.2	115.1	65.1	1.8	7.8	56 529	95.6

13-5 续表

类别	Sector	综合经济效益指数(%) Composite Economic Performance Index (%)
按行业类别分	**Grouped by Industry Sector**	
采矿业	Mining	207.5
煤炭开采和洗选业	Coal Mining and Dressing	199.3
石油和天然气开采业	Petroleum & Natural Gas Extraction	
黑色金属矿采选业	Mining & Dressing of Ferrous Metals	270.5
有色金属矿采选业	Mining and Processing of Non-Ferrous Metal Ores	250.4
非金属矿采选业	Mining and Processing of Nonmetal Ores	234.8
其他采矿业	Mining of Other Ores	
制造业	Manufacturing Industry	295.0
农副食品加工业	Processing of Food from Agricultural Products	220.8
食品制造业	Manufacture of Foods	180.3
饮料制造业	Manufacture of Beverages	203.3
烟草制品业	Manufacture of Tobacco	1 769.8
纺织业	Manufacture of Textile	101.8
纺织服装、鞋、帽制造业	Manufacture of Textile Wearing Apparel,Footware and Caps	86.7
皮革、毛皮、羽毛(绒)及其制品业	Manufacture of Leather, Fur, Feather and Related Products	203.0
木材加工及木、竹、藤、棕、草制品业	Processing of Timber, Manufacture of Wood, Bamboo, Rattan, Palm and Straw Products	94.0
家具制造业	Manufacture of Furniture	136.1
造纸及纸制品业	Manufacture of Paper and Paper Products	159.0
印刷业和记录媒介的复制	Printing, Reproduction of Recording Media	281.9
文教体育用品制造业	Manufacture of Articles for Culture, Education and Sport Activities	
石油加工、炼焦及核燃料加工业	Processing of Petroleum, Coking, Processing of Nuclear Fuel	218.5
化学原料及化学制品制造业	Manufacture of Raw Chemical Materials and Chemical Products	185.2
医药制造业	Manufacture of Medicines	252.3
化学纤维制造业	Manufacture of Chemical Fibers	1 137.6
橡胶制品业	Manufacture of Rubber	114.7
塑料制品业	Manufacture of Plastics	153.5
非金属矿物制品业	Manufacture of Non-metallic Mineral Products	163.6
黑色金属冶炼及压延加工业	Smelting and Pressing of Ferrous Metals	241.6
有色金属冶炼及压延加工业	Smelting and Pressing of Non-ferrous Metals	191.2
金属制品业	Manufacture of Metal Products	128.1
通用设备制造业	Manufacture of General Purpose Machinery	180.2
专用设备制造业	Manufacture of Special Purpose Machinery	170.9
交通运输设备制造业	Manufacture of Transport Equipment	211.5
电气机械及器材制造业	Manufacture of Electrical Machinery and Equipment	156.3
通信设备、计算机及其他电子设备制造业	Manufacture of Communication Equipment, Computers and Other Electronic Equipment	276.3
仪器仪表及文化、办公用机械制造业	Manufacture of Measuring Instruments and Machinery for Cultural Activity and Office Work	163.4
工艺品及其他制造业	Manufacture of Artwork and Other Manufacturing	248.6
废弃资源和废旧材料回收加工业	Recycling and Disposal of Waste	143.7
电力、燃气及水的生产和供应业	Production and Supply of Electricity Gas and Water	249.5
电力、热力的生产和供应业	Production and Supply of Electric Power and Heat Power	255.3
燃气生产和供应业	Production and Supply of Gas	209.1
水的生产和供应业	Production and Supply of Water	177.9

continued

总资产贡献率 (%) Ratio of Total Assets to Industrial Output Value (%)	资本保值增值率 (%) Capital Maintenance and Increment Ratio (%)	资产负债率 (%) Assets Liability Ratio (%)	流动资产周转率 (%) Ratio of Turnover of Working Capitals (%)	成本费用利润率 (%) Ratio of Profits to Cost (%)	全员劳动生产率 (元/人) Overall Labor Productivity (yuan/person)	产品销售率 (%) Proportion of Products Sold (%)
17.3	112.4	53.1	1.3	17.9	90 475	95.7
23.8	136.9	54.9	1.6	16.5	54 279	98.5
	100.0					
12.0	108.6	51.3	1.0	19.5	206 459	93.7
15.4	96.4	53.9	1.1	22.4	146 408	93.5
16.5	106.4	50.5	1.6	12.4	168 809	93.0
23.1	113.8	53.7	1.8	11.0	251 927	96.2
21.9	122.0	61.5	2.2	14.9	99 965	96.1
17.9	165.0	45.6	2.9	7.8	69 199	96.3
15.7	114.8	56.0	1.3	15.0	106 632	93.3
64.2	107.9	18.5	1.3	41.6	2 376 153	96.0
4.5	130.4	65.3	1.1	7.4	26 007	83.7
4.9	105.2	66.5	0.9	2.4	36 360	102.2
12.9	304.6	37.4	0.8	22.7	33 707	88.4
7.0	122.9	61.8	1.2	2.3	32 886	93.3
12.6	174.2	76.5	1.9	5.9	45 770	101.1
9.8	123.1	57.4	1.3	9.9	82 335	90.5
22.0	113.6	40.4	1.3	25.9	147 660	98.8
10.2	124.0	67.1	2.1	5.3	196 130	98.1
9.1	117.7	64.5	1.9	7.2	136 953	94.9
17.0	111.2	47.1	1.3	16.1	178 675	91.0
42.8	103.6	15.4	1.7	38.0	1 414 877	101.5
5.0	198.5	71.2	2.0	- 1.2	69 509	96.7
12.5	115.1	58.6	2.2	6.3	72 978	97.7
10.1	124.8	63.6	1.8	8.2	90 459	96.3
14.3	120.0	60.6	3.4	6.4	191 550	97.6
9.9	117.0	68.8	1.9	5.8	155 774	96.8
6.6	124.9	80.1	1.1	4.3	86 495	99.6
14.8	131.6	57.8	1.8	9.0	96 925	96.4
11.2	129.3	73.1	1.2	9.5	104 075	101.0
12.6	94.9	59.2	1.5	9.9	162 849	93.2
10.1	111.1	63.6	1.2	6.9	100 657	96.9
11.1	84.3	36.9	0.9	20.5	219 081	99.2
7.1	110.6	26.5	1.1	9.8	105 528	91.7
30.6	103.8	36.2	2.7	14.0	121 016	94.7
11.0	55.0	60.8	1.3	7.8	80 012	99.7
7.0	141.1	74.3	3.1	6.2	234 183	100.1
7.0	145.0	75.0	3.3	6.4	240 024	100.1
4.5	100.5	74.4	3.2	0.8	216 790	99.0
6.4	99.5	44.9	1.0	7.4	147 656	100.1

13-6 各州市规模以上工业企业主要经济数据(2010年)

Main Economic Indicators of Industry above Designated (2010)

单位：万元 (10 000 yuan)

州市	Region	企业单位数(个) Number of Enterprises (unit)	大型企业 Large Enterprises	中型企业 Medium-sized Enterprises	小型企业 Small Enterprises	亏损企业数(个) Number of Loss making Enterprises (unit)	工业总产值(万元) Gross Industrial Output Value (10 000 yuan)
全省合计	**Total**	**3 599**	**45**	**597**	**2 957**	**832**	**64 646 261**
昆　明	Kunming	1 099	13	144	942	228	22 266 508
曲　靖	Qujing	532	9	119	404	134	10 058 405
玉　溪	Yuxi	352	3	72	277	78	9 414 392
保　山	Baoshan	138	1	16	121	29	1 076 725
昭　通	Zhaotong	252	3	18	231	53	2 049 149
丽　江	Lijiang	78	1	10	67	11	708 648
普　洱	Pu'er	116		21	95	37	947 367
临　沧	Lincang	83		23	60	24	829 211
楚　雄	Chuxiong	183	3	23	157	39	2 994 699
红　河	Honghe	228	7	58	163	59	7 096 204
文　山	Wenshan	140	1	24	115	36	1 861 510
西双版纳	Xishuangbanna	60		11	49	16	526 726
大　理	Dali	208	2	39	167	51	3 515 269
德　宏	Dehong	92	1	11	80	24	765 066
怒　江	Nujiang	16	1	2	13	8	261 417
迪　庆	Diqing	22		6	16	5	274 966

13-6 续表1 cntinued

单位：万元 (10 000 yuan)

州市	Region	国有工业 State-owned Enterprises	集体工业 Collective-owned Enterprises	股份合作企业 Share Holding Enterprises	联营企业 Joint Ownership Enterprises	有限责任公司 Limited Liability Corporations	股份有限公司 Share-holding Corporations Limited
全省合计	**Total**	**10 783 829**	**783 142**	**167 934**	**29 998**	**22 899 249**	**9 782 851**
昆　明	Kunming	3 324 765	147 690	32 187	11 608	6 602 343	6 662 158
曲　靖	Qujing	1 795 190	97 217			3 813 677	998 706
玉　溪	Yuxi	399 711	493 637	21 115	4 970	5 202 006	257 598
保　山	Baoshan	31 864		26 115		287 524	216 988
昭　通	Zhaotong	714 335	6 222	6 170	7 632	254 569	200 260
丽　江	Lijiang	26 319	6 971	18 589		162 384	100 346
普　洱	Pu'er	154 002	2 065	14 017		258 103	127 081
临　沧	Lincang	199 111		1 064	489	246 106	61 121
楚　雄	Chuxiong	925 370	13 164	2 913		677 870	59 891
红　河	Honghe	1 593 333	4 952	4 940	5 300	3 547 179	490 248
文　山	Wenshan	306 797		7 838		372 240	477 473
西双版纳	Xishuangbanna	220 208	1 551	3 176		130 869	13 528
大　理	Dali	935 201	3 962	6 825		757 179	84 684
德　宏	Dehong	49 718	5 713			323 145	29 273
怒　江	Nujiang	53 484		4 222		175 985	3 497
迪　庆	Diqing	54 421		18 765		88 070	

13-6 续表2 cntinued

单位：万元 (10 000 yuan)

州 市	Region	私营企业 Private Enterprises	其他企业 Other Enterprises	港澳台商投资企业 Enterprises with Funds from Hong Kong, Macao and Taiwan	外商投资企业 Foreign Funded Enterprises	工业销售产值(当年价) Sales Value of Industry (at current price)	# 出口交货值 Delivery Value of Exports
全省合计	**Total**	**16 146 757**	**145 220**	**1 405 309**	**2 501 972**	**62 478 732**	**1 151 364**
昆 明	Kunming	3 356 586	5 213	653 146	1 470 814	21 798 430	480 278
曲 靖	Qujing	2 932 180	3 982	30 811	386 643	9 870 211	140 620
玉 溪	Yuxi	2 803 933	2 375	130 545	98 503	9 053 674	95 212
保 山	Baoshan	422 134		53 197	38 903	984 063	59 060
昭 通	Zhaotong	802 135	4 272	53 554		1 951 545	5 757
丽 江	Lijiang	359 451	7 800		26 788	684 258	11 836
普 洱	Pu'er	327 340		14 947	49 813	876 042	13 388
临 沧	Lincang	203 979	99 876	13 475	3 990	795 184	11 636
楚 雄	Chuxiong	1 188 226		99 429	27 836	2 905 720	35 176
红 河	Honghe	1 276 702	8 306	34 343	130 902	6 767 170	162 698
文 山	Wenshan	696 357		805		1 669 229	10 012
西双版纳	Xishuangbanna	122 379		35 016		511 351	8
大 理	Dali	1 424 070	13 396	123 671	166 281	3 329 484	117 024
德 宏	Dehong	170 536		162 371	24 311	801 335	3 985
怒 江	Nujiang	18 926			5 303	253 332	
迪 庆	Diqing	41 823			71 886	227 705	4 673

13-6 续表3 Continued

单位：万元 (10 000 yuan)

州 市	Region	资产合计 Total Assets	产成品 Finished Goods	流动资产合计 Annual Average Balance of Working Capitals	固定资产净值 Annual Average Balance of Net Value of Fixed Assets	负债合计 Total Liabilities
全省合计	**Total**	**96 110 920**	**3 170 402**	**38 189 811**	**35 676 932**	**57 352 406**
昆 明	Kunming	28 346 366	1 143 027	14 662 143	7 600 153	16 768 794
曲 靖	Qujing	14 153 761	343 515	5 157 602	6 011 657	8 900 642
玉 溪	Yuxi	9 611 069	391 741	4 649 847	2 274 527	3 482 856
保 山	Baoshan	2 372 185	69 010	818 716	805 989	1 557 252
昭 通	Zhaotong	4 184 406	50 975	1 595 080	1 529 026	2 314 550
丽 江	Lijiang	1 048 152	24 554	387 824	448 116	660 255
普 洱	Pu'er	3 117 453	68 644	716 484	1 820 715	2 349 228
临 沧	Lincang	3 268 098	55 886	609 427	1 527 561	2 280 898
楚 雄	Chuxiong	3 669 209	156 812	1 727 046	1 119 179	1 725 586
红 河	Honghe	10 216 371	404 466	4 138 321	4 217 455	6 542 978
文 山	Wenshan	2 954 345	201 682	891 623	1 442 709	1 792 579
西双版纳	Xishuangbanna	2 348 043	35 730	410 956	1 261 531	1 669 680
大 理	Dali	7 212 594	155 748	1 476 072	3 481 947	4 792 167
德 宏	Dehong	2 280 485	39 130	527 162	1 458 823	1 600 177
怒 江	Nujiang	761 991	9 352	239 962	372 343	480 295
迪 庆	Diqing	566 393	20 131	181 547	305 201	434 470

13-6 续表4 cntinued

单位：万元

州 市	Region	主营业务收入 Revenue from Principal Business	# 主营业务税金及附加 Taxes and Other Charge on Principal Business	营业费用 Operating Expenses	管理费用 Administration Expenses
全省合计	**Total**	**63 562 417**	**5 074 115**	**1 988 370**	**3 710 739**
昆 明	Kunming	23 094 731	1 177 703	893 463	1 061 191
曲 靖	Qujing	10 003 816	718 343	259 253	581 104
玉 溪	Yuxi	8 957 556	1 705 707	224 995	474 939
保 山	Baoshan	1 001 558	17 291	43 869	69 416
昭 通	Zhaotong	1 901 108	262 738	69 999	202 750
丽 江	Lijiang	658 518	9 449	28 788	48 637
普 洱	Pu'er	881 079	7 821	31 715	70 868
临 沧	Lincang	795 663	9 616	22 900	65 108
楚 雄	Chuxiong	2 797 586	333 523	64 430	146 857
红 河	Honghe	6 685 072	590 974	142 470	574 135
文 山	Wenshan	1 747 475	21 677	43 135	111 755
西双版纳	Xishuangbanna	521 295	6 775	21 492	50 071
大 理	Dali	3 242 323	201 310	85 195	162 843
德 宏	Dehong	779 445	4 450	16 996	39 111
怒 江	Nujiang	252 223	2 435	6 176	28 598
迪 庆	Diqing	242 970	4 304	33 494	23 356

13-6 续表5 Continued

单位：万元 (10 000 yuan)

州 市	Region	利润总额 Total Profit	亏损企业亏损总额 Total Losses of Loss making Enterprises	利税总额 Total Pre-tax Profits	本年应交增值税 Value Added Tax Payable	全部从业人员年平均人数(人) Employed Persons at Year-end (person)
全省合计	**Total**	**5 993 406**	**381 449**	**14 443 251**	**3 375 730**	**925 986**
昆 明	Kunming	1 539 136	93 762	3 626 978	910 140	242 451
曲 靖	Qujing	731 386	86 894	1 958 094	508 364	186 082
玉 溪	Yuxi	1 366 575	16 420	3 668 009	595 727	85 227
保 山	Baoshan	113 253	6 062	193 697	63 152	28 355
昭 通	Zhaotong	158 274	21 834	586 280	165 267	47 270
丽 江	Lijiang	86 824	6 737	135 490	39 216	18 129
普 洱	Pu'er	86 576	12 854	158 107	63 711	26 852
临 沧	Lincang	100 618	36 096	167 343	57 109	20 156
楚 雄	Chuxiong	199 542	16 065	693 612	160 547	42 941
红 河	Honghe	527 776	27 645	1 510 560	391 810	109 943
文 山	Wenshan	256 327	18 944	394 602	116 598	27 770
西双版纳	Xishuangbanna	99 745	6 498	152 470	45 950	11 672
大 理	Dali	516 710	13 057	874 344	156 324	50 742
德 宏	Dehong	136 476	9 390	202 605	61 679	15 693
怒 江	Nujiang	25 725	2 919	55 133	26 974	7 202
迪 庆	Diqing	48 462	6 272	65 926	13 160	5 501

13-7 各州市规模以上工业主要财务分析数据(2010年)

Main Financial Analysis Indicators of Industry above Designated by Region (2010)

州 市	Region	综合经济效益指数(%) Composite Economic Performance Index (%)	总资产贡献率(%) Ratio of Total Assets to Industrial Output Value (%)	资本保值增值率(%) Capital Maintenance and Increment Ratio (%)	资产负债率(%) Assets-Liability Ratio (%)	流动资产周转率(%) Ratio of Turnover of Working Capitals (%)	成本费用利润率(%) Ratio of Profits to Cost (%)	全员劳动生产率(元/人) Overall Labor Productivity (yuan/person)	产品销售率(%) Proportion of Products Sold (%)
全 省	**Yunnan**	**262.0**	**18.1**	**117.9**	**59.7**	**1.8**	**10.8**	**212 309**	**96.7**
昆 明	Kunming	248.7	14.7	108.1	59.2	1.8	7.3	225 825	97.9
曲 靖	Qujing	214.2	17.1	119.7	62.9	2.1	8.5	147 508	98.1
玉 溪	Yuxi	526.1	40.3	111.6	36.2	2.0	20.8	515 465	96.2
保 山	Baoshan	173.7	10.4	118.8	65.7	1.4	12.5	90 331	91.4
昭 通	Zhaotong	208.8	16.0	109.8	55.3	1.3	10.0	146 426	95.2
丽 江	Lijiang	212.0	15.3	107.6	63.0	1.9	14.6	117 758	96.6
普 洱	Pu'er	170.6	7.2	110.9	75.4	1.4	10.3	115 890	92.5
临 沧	Lincang	205.0	10.8	245.2	69.8	1.6	14.1	100 716	95.9
楚 雄	Chuxiong	265.4	20.5	115.7	47.0	1.7	8.5	226 588	97.0
红 河	Honghe	249.9	17.4	118.8	64.0	1.7	8.6	212 040	95.4
文 山	Wenshan	269.4	16.3	118.1	60.7	2.1	16.9	190 032	89.7
西双版纳	Xishuangbanna	246.7	13.9	241.9	71.1	1.5	22.2	111 997	97.1
大 理	Dali	294.6	19.9	178.1	66.4	2.4	18.1	195 361	94.7
德 宏	Dehong	244.2	12.3	140.3	70.2	1.9	20.2	140 272	104.7
怒 江	Nujiang	196.6	9.8	111.1	63.0	1.1	11.4	140 644	96.9
迪 庆	Diqing	259.9	15.3	104.1	76.7	1.6	20.8	172 745	82.8

13-8 主要工业产品产量(2010年)

Output of Major Industrial Products (2010)

单位：万吨 (10 000 tons)

名　　称	Item	生产量 Output
原　煤	Coal	9 763.38
洗精煤	Washed Coal	990.63
焦　炭	Coke	1 607.26
#机 焦	Machine-made Coke	478.63
发电量（亿千瓦小时）	Electricity (100 million kwh)	1 364.85
#水 电	Thermal Power	546.49
火 电	Hydro Power	813.80
铁矿石原矿量	Ironstone in Original Iron Ores	2 464.52
锰矿石成品矿	Manganese Ore	140.74
铜选矿产品含铜量	Copper Content of Copper Dressing Products	28.53
铅选矿产品含铅量	Lead Content of Lead Dressing Products	13.16
锌选矿产品含锌量	Zinc Content of Zinc Dressing Products	60.62
锡选矿产品含锡量	Stannum Content of Stannum Dressing Products	4.83
钨精矿折含量(吨)	tungsten ores & concentrates (ton)	5 073.30
硫铁矿（折S 35%）	Pyrite Ore(converted into 35% sulphur)	66.45
磷矿石（折P_2O_3 30%）	Rock Phosphate (converted into 30% P_2O_3)	2 315.69
生　铁	Pig Iron	1 337.31
粗　钢	Crude Steel	1 293.77
钢　材	Rolled Steel	1 214.99
中小型型钢	Medium and Small Rolled Steel	37.37
棒　材	Steel Bar	220.25
钢　筋	Corrugated Steel Bar	389.98
盘　条（线材）	Wire Rod	319.78
中　板	Medium Steel Plate	12.94
铁合金（吨）	Ferroalloy（ton）	788 036.34
十种有色金属（吨）	Ten Kinds of Nonferrous Metals(ton)	2 403 432.46
#铜	Copper	340 918.33
原 铝	Primary Aluminum	676 120.35
铅	Lead	380 114.67
锌	Zinc	891 270.74
锡	Stannum	2 262.90
锑	Stibium	24 451.04
硫　酸（折100%）	Sulfuric Acid(converted into 100% H_2SO_4)	1 068.19
烧　碱（折100%）(吨)	Caustic soda (converted into 100% sodium hydroxide)(ton)	178 270.32
电　石（折合量)(吨)	Calcium Carbide(ton)	639 642.39
三聚磷酸钠（吨）	Sodium tripolyphosphate (ton)	60 871.00
黄　磷（吨）	Yellow Phosphorus(ton)	411 790.96
纯　碱（吨）	Soda ash(ton)	143 288.94
塑　料（吨）	Plastic (ton)	177 306.99
合成氨	Synthetic ammonia	201.48
化　肥(折100%）	Chemical Fertilizer(converted into 100% nitrogen,phosphorus and kalium)	363.97
#氮　肥	Nitrogen Fertilizer	124.35
磷　肥	Phosphate fertilizer	239.62
化学农药（吨）	Chemical Pesticide	1 207.00
农用簿膜（吨）	Agriculture Plastic Film (ton)	50 836.27
小型拖拉机（台）	Agricultural Transport Machinery(units)	32 739.00
饲料	Forage	155.09
复烤烟叶(吨)	Flue-cured Tobacco(ton)	443 675.83
卷　烟（亿支）	Cigarettes(100 million pieces)	3 573.78
成品糖	Sugar of Finished Product	179.78
发酵酒精（折96度)(千升)	Fermenting Alcohol (kiloliter)	173 605.84
精制茶叶（吨）	Refined Tea (ton)	122 778.53

13-8 续表 continued

单位：万吨 (10 000 tons)

名 称	Item	生产量
原 盐	Salt	123.76
饮料酒（千升）	Liquor (kiloliter)	973 208.38
#白 酒（折65度）	White Spirit (converted into 65% alcoholicity)	396 344.10
啤 酒	Beer	547 161.98
葡萄酒	Wine	15 861.30
软饮料	Soft Drinks	227.84
罐 头（吨）	Canned Food (ton)	25 030.00
乳制品（吨）	Milk Products (ton)	314 415.42
糖 果（吨）	Candy(ton)	12 813.27
化学纤维（吨）	Chemical Fiber(ton)	35 555.00
纱（吨）	Yarn (ton)	5 386.00
布（万米）	Cloth (10 000 m)	412.76
#纯棉布	Cotton Cloth	412.76
印染布（万米）	Printed Fabric (10 000 m)	2 368.00
丝（吨）	Silk (ton)	2 137.88
丝织品（万米）	Silk Products (10 000 m)	60.00
服 装（万件）	Garments (10 000 pieces)	786.08
塑料制品（吨）	Plastic Products (ton)	342 116.58
自来水生产量（万立方米）	tap water output (10 000 cu.m)	69 499.12
合成洗涤剂（吨）	Synthetic Detergents (ton)	19 007.00
肥 皂（吨）	Soap (ton)	1 836.00
日用精铝制品（吨）	Refined Aluminium Products for Daily Use (ton)	
日用陶瓷器（万件）	Ceramics for Daily Use (10 000 units)	18 468.10
日用玻璃制品（吨）	Glass Products for Daily Use (ton)	150 173.00
干电池（万只）	Dry Battery(10 000 units)	
皮 鞋（万双）	Leather Shoe (10 000 pairs)	40.87
纸 浆（吨）	paper pulp (ton)	211 245.98
机制纸及纸板（吨）	Machine-made Paper and Cardboard (ton)	448 666.92
大 米	Rice	111.19
小麦粉	wheat flour	29.18
食用植物油（吨）	Edible Vegetable Oil (ton)	221 711.78
水 泥	Cement	5 786.16
平板玻璃（万重量箱）	Plate Glass (10 000 weight boxes)	736.08
大理石板材（万平方米）	Marble Building Block (10 000 sq.m)	523.49
商品混凝土（万立方米）	Concrete (10 000 cu.m)	591.88
人造板（立方米）	Manmade Plates (10 000 cu.m)	1501 826.47
复合地板（万平方米）	Engineered Floor(10 000 cu.m)	228.10
松 香（吨）	Rosin(ton)	159 193.67
矿山设备（吨）	Mining Equipment(ton)	21 109.00
金属轧制设备（吨）	Metal Shaping Equipment (ton)	2 622.00
起重设备（吨）	lifting equipment (ton)	13 316.93
发电设备（千瓦）	Power Equipment (kw.)	714 375.00
交流电动机（万千瓦）	Alternating Current Motor (10 000 kw.)	149.15
变压器（万千伏安）	Transformer (10 000 KVA)	1 795.89
工业锅炉（蒸发量吨）	Industrial Boilers (evaporation ton)	254.00
金属切削机床（台）	Metal-cutting Machine Tools (unit)	36 318.00
汽 车（辆）	Motor Vehicles (unit)	101 873.00
#轿 车	Cars	4.00
内燃机（万千瓦）	Internal Combustion Engines (10 000 kw)	1 178.61
电力电缆（公里）	Electric Power Cable (km)	243 014.00
轴 承（万套）	Bearing (10 000 units)	152.37
阀 门（吨）	valve(ton)	
打印机（台）	Printers (unit)	100 200.00
单色印刷（万令）	single-color printing (10 000 reams)	194.51
轻 革（万平方米）	Light Leather (10 000 sq.m.)	1.02
油 漆（吨）	oil paint (ton)	
化学医药（吨）	Chemical Medicine (ton)	3 774.91
中成药（吨）	Chinese Traditional Patent Medicine (ton)	20 846.54
轮胎外胎（万条）	Outer Tyre (10 000 units)	0.35

主要统计指标解释

工业 我国的工业包括以下四个方面的生产活动：

1. 对自然资源的开采，如：采矿、晒盐等，但不包括禽兽捕猎、水产捕捞和森林采伐。
2. 对农副产品的加工、再加工，如：粮油加工、食品加工、缫丝、纺织、制革等。
3. 对采掘品的加工、再加工，炼铁、炼钢、轧钢、化工生产、石油加工、机械制造、木材加工等，以及电力、水、燃气的生产和供应等。
4. 对工业品的修理、翻新，如：机器设备的修理、交通运输工具（包括小卧车）的修理等。

1984 年以前农村的村及村以下办工业归属农业，1984 年及以后划归工业。

独立核算法人工业企业和工业活动单位 工业统计调查单位分为两类：独立核算法人工业企业和工业活动单位。

独立核算法人工业企业 是指从事工业生产经营活动的单位。应同时具备以下条件：

1. 依法成立,有自己的名称，组织机构和场所，能够承担民事责任。
2. 独立拥有和使用资产，承担负债，有权与其他单位签订合同。
3. 独立核算盈亏，并能够编制资产负债表。

工业活动单位 是指在一个场所从事一种或主要从事一种工业生产活动的经济单位。一般应同时具备以下三个条件：

1. 具有一个场所，从事一种或主要从事一种工业活动。
2. 单独组织工业生产、经营或业务活动。
3. 单独核算收入和支出。

国有经济（全民所有制工业） 是指生产资料归国家所有的一种经济类型。包括中央和地方各级国家机关,事业单位和社会团体使用国有资产和使用自有资金投资举办的工业企业。1957 年以前的公私合营和私营工业,后均改造为国营工业，这部分工业资料不单独列时，均包括在国有经济内。

集体经济 是指生产资料归公民、集体所有的一种经济类型，包括城乡所有使用集体投资举办的工业企业,以及部分个人通过集体自愿放弃所有权并依法经工商行政管理机关认定为集体所有制的工业企业。

私营经济 是指生产资料归公民私人所有，以雇佣劳动力为基础的一种经济类型，包括私营独资企业,私营合伙企业和私营有限责任公司。

个体经济 是指生产资料归劳动者个人所有,以个体劳动为基础，劳动成果归劳动者个人占有和支配的一种经济类型。

“三资工业” 包括外商投资经济和港、澳、台投资经济。

其他经济 指除国有经济、集体经济和私营、个体经济以外的其他经济，包括联营经济、股份制经济、外商投资经济、港、澳、台投资经济等。

轻工业 指提供生活消费品和制作手工工具的工业，是为满足人们吃、穿、用需要的工业。按其所使用的原料不同，可分为两大类：

1. 以农产品为原料的轻工业　是指直接或间接以农产品为基本原料的轻工业。主要包括食品制造、饮料制造、烟草加工、纺织、缝纫、皮革和毛皮制作、造纸以及印刷等工业。

2. 以非农产品为原料的轻工业　是指以工业品为原料的轻工业,主要包括文教体育用品、化学药品制造、合成纤维制造、日用化学制品、日用玻璃制品、日用金属制品、手工工具制造、医疗器械制造、文化和办公用机械制造等工业。

重工业 指生产生产资料的工业，是为国民经济各部门提供物质技术基础的工业。按其生产和产品用途，可分为下列三大类：

1. **采掘工业** 是指对自然资源的开采，包括石油开采、煤炭开采、金属矿开采和非金属矿开采等工业；

2. **原材料工业** 是指提供国民经济各部门使用的原料、动力和燃料的工业。包括金属冶炼及加工、炼焦及焦炭化学、化工原料、水泥、人造板以及电力、石油和煤炭加工等工业；

3. **加工工业** 是指对原材料进行加工制造的工业。包括装备国民经济各部门的机械设备制造工业、金属结构、水泥制品等工业，以及为农业提供的生产资料和化肥、农药等工业。

根据上述划分原则，修理业中修理作业对象是重工业的划为重工业，反之划为轻工业。

大、中、小型企业 从2003年年报开始企业规模的划分标准，执行《统计上大中小型企业划分办法（暂行）》的规定，按照企业资产总计、主营业务收入、从业人员平均人数的大小，将企业划分为大型、中型和小型。

工业总产值 是以货币表现的工业企业在一定时间内生产的工业产品总量，它反映工业生产的总规模和总水平。它包括：在本企业内不再进行加工，经检验、包装入库的成品价值、对外加工费收入、自制半成品、在制品期末期初差额价值。工业总产值采用“工厂法”计算，即以工业企业作为一个整体，按企业工业生产活动的最终成果计算，企业内部不允许重复计算，不能把企业内部各个车间（分厂）生产的成果相加。但在企业之间、行业之间、地区之间存在重复计算。

轻重工业总产值的划分也是按“工厂法”计算的，即一个工业企业在正常情况下生产的主要产品的性质属于轻工业，则该企业的全部总产值作为轻工业总产值；一个工业企业生产的主要产品的性质属于重工业，则该企业的全部总产值作为重工业总产值。

工业总产值新规定的主要修订内容 自1992年起，国务院决定以国内生产总值作为衡量国民经济发展的总量指标，以工业增加值作为衡量工业经济的总量指标，淡化工业总产值指标的作用。但工业增加值指标的计算仍然要以工业总产值为基础。为使工业总产值的计算口径与工业中间投入的计算相配套，减少计算难度，保证工业增加值计算的准确性，在第三次全国工业普查方案中，针对工业总产值计算原规定的缺陷，对其作了下列四个方面的修订：

1. 凡用自备原材料生产的产品，不论其加工的繁简程度如何，一律按全价，即工业总产值包括自备原材料的价值。

2. 凡承接来料加工生产的产品，加工企业一律按财务上结算的加工费计算工业总产值，即不包括定货者来料的价值。

3. 自制半成品、在制品期末期初差额价值，原则上应计入工业总产值，不再按生产周期是六个月以上还是六个月以下来区分是否计入工业总产值。

4. 现价工业总产值一律采用不含销项税额的价格计算。

工业总产值计算新规定与原规定的区别主要包括以下两点：

1. 计算口径不同

（1）全价与加工费的计算原则不同：新规定凡用自备原材料生产的产品，不论其加工的繁简程度如何，一律按加工费计算工业总产值。原规定则根据加工的繁简程度，有一些特殊规定，即对某些来料加工，允许按全价计算工业总产值，对某些自备原材料生产的产品，只允许按加工费计算总产值。

（2）自制半成品、在制品期末、期初差额价值计算规定不同：新规定要求原则上将自制半成品在制品期末期初差额价值计入工业总产值，并明确，如果会计的产品成本核算计算了这部分价值，工业总产值中也相应包括，否则可不包括；原规定，凡生产周期在六个月以上的产品，在计算工业总产值时应包括这部分差额价值，否则，可不包括这部分价值。

2. 计算价格不同

按新规定计算的工业总产值按不含销项税额的价格计算；原规定则按含销项税额的价格计算。按1990年不变价格计算的工业总产值则不涉及计算价格扣除增值税的问题。

有关工业总产值计算的新规定详见《第三次全国工业普查实施方案》。

工业增加值 是指工业企业在一定时期内以货币表现的工业生产活动的最终成果。

工业企业主要财务指标

1. **固定资产原价(原值)**：指企业在建造、购置、安装、改建、扩建、技术改造某项固定资产时所支出的全部货币总额。一般包括买价、包装费、运杂费和安装费等。

2. **固定资产净值**：指固定资产原价减去历年所提折旧额的净额。

3. **流动资产平均余额**　流动资产是指可以在一年或者超过一年的一个营业周期内变现或者耗用的资产，包括现金及各种存款、短期投资、存货等；流动资产平均余额指全部流动资产报告期平均余额。计算公式为：

流动资产月平均余额=月初、月末流动资产余额之和÷2

流动资产季平均余额=季内各月流动资产平均余额之和÷3

流动资产年平均余额=1至12月各月流动资产平均余额之和÷12

工业企业主要经济效益指标

1.**全员劳动生产率**　指根据产品的价值量指标的平均每一职工在单位时间内的产品生产量。目前我国的全员劳动生产率是用工业总产值或工业增加值除以同一时期全部职工的平均人数来计算的。计算公式为：

全员劳动生产率=工业总产值/全部职工平均人数×12/累计月份

或=工业增加值/全部职工平均人数×12/累计月份

2. **工业产品销售率**　指报告期工业销售产值与同期全部工业总产值之比，反映工业产品生产已实现销售的程度。计算公式为：

工业产品销售率（%）=报告期现价工业销售产值/报告期现价工业总产值×100%

3. **工业资产利税率**　指报告期已实现的利税总额与同期的资产（流动资产和固定资产净值）之比，反映企业资金运用的经济效益。计算公式为：

工业资产利税率(%)=报告期止累计实现利税总额/报告期平均流动资产+固定资产净值平均余额×12/累计月数×100%

4. **工业增加值率**　指报告期工业增加值与同期工业总产值之比，反映降低中间消耗的经济效益。计算公式为：

工业增加值率（%）=报告期工业增加值/（报告期现价工业总产值（新规定）+报告期销项税额）×100%

5. **工业成本费用利润率**　指报告期实现利润总额与成本费用之比，反映降低成本的经济效益。计算公式为：

工业成本费用利润率（%）=报告期实现利润总额/报告期成本费用总额×100%

成本费用是产品销售成本、产品销售费用、管理费用、财务费用之和

6. **流动资产周转率**　指一定时期内流动资产完成的周转次数，反映流动资产的周转速度。计算公式为：

流动资产周转率=报告期止累计产品销售收入/报告期平均流动资产×12/累计月数

7. **资产负债率**　又称债务比率，该比率反映在企业资产总额中有多少资产是通过借债而得到的。是反映企业长期偿债能力的指标之一，也可以用于衡量企业利用债权人提供资金进行经营活动的能力以及企业在清算时保护债权人利益的程度。计算公式为：

资产负债率=负债总额÷资产总额×100%

8. **总资产贡献率**　是反映全部资产的获利能力，是企业管理水平和经营业绩的集中体现。计算公式为：

总资产贡献率（%）=利润总额＋利息支出/平均资产总额×12/累计月数×100%

平均资产总额为资产总计期初、期末之和的算术平均值。即：

平均资产总额=（期初资产总额＋期末资产总额）÷2

9. 资本保值增值率　反映企业资产的变动状况，是企业发展能力的集中体现。计算公式为：

资产保值增值率（%）= 期末所有者权益/期初所有者权益×100%

Explanatory Notes on Principal Statistical Indicators

Industry refers to the material production sector which is engaged in the following four aspects:

1. extraction of natural resources, such as mining, salt production, but not including hunting, fishing and logging;

2. processing and reprocessing of farm and sideline produces, such as rice husking, food processing, flour milling, wine making, oil pressing, cotton ginning, silk reeling, spinning and weaving, and leather making;

3. manufacturing of extracted products, such as steel making, iron smelting, chemicals manufacturing, petroleum processing, machine building, timber processing; water and gas production and electricity generation and supply;

4.repairing and renovating of industrial products, such as the repairing of machinery, equipment and means of transport (including cars) etc..

Prior to 1984, the rural industry run by villages and cooperative organizations under village was classified into agriculture. Since 1984, it has been grouped into industry.

Corporate Industrial Enterprises with Independent Accounting System and Industrial Activity Entities Units of industrial statistics and inquiry are classified into two categories:corporate industrial enterprises with independent accounting system and industrial activity entities.

Corporate Industrial Enterprises with Independent Accounting System refer to enterprises engaging in industrial production activities, which meet the following requirements:

1. Established legally, having their own names, organizations, location, and being able to take civil liability;

2. Legally possessing and having the right to their assets independently, to assume liabilities, and to sign contracts with other entities;

3. Being able to calculate profit and loss independently and prepare their own balance sheets.

Industrial Activity Entities refer to the economic entities located in one single place and engaged entirely or primarily in one kind of industrial activity. Which generally meet the following requirements:

1. Having regular location and entirely or mainly engaging in one kind of industrial activity;

2. Operating and managing their industrial production activities independently;

3. Having independent accounting system for income and expenditures.

State-owned Enterprises (Whole People Owned Industry) refers to a type of industrial enterprises where the means of production are owned by the state. It includes the industrial enterprises run by the central and local state agencies at all levels and by institutions and social groups in using state-owned assets and self-owned funds. Joint state-private industries and private industries, which existed before 1957, have been transformed into state industries. Statistics on these enterprises has been included in the state-owned industries since 1957 when separation of data was no longer necessary.

Collective-owned Enterprises refers to a type of industrial enterprises where the means of production are owned collectively, including urban and rural enterprises invested by collectives and some enterprises which were formerly owned privately but have been registered in industrial and commercial administration agencies as collective entities through raising funds from the public.

Private Enterprises refers to a type of economic entities where the means of production are owned privately and employed labor force is taken as their basis. It includes private solely-funded enterprises, private partnership enterprises and private limited liability companies.

Individual Enterprises refers to a type of economic entities where the means of production are owned by individual laborer, individual labor is taken as their basis and labor fruits are owned by individual laborer.

Other Enterprises refers to other enterprises excluding state-owned, collective-owned, private-owned and individual enterprises. It includes joint ownership enterprises, joint stock enterprises, foreign funded enterprises, and enterprises funded by Hong Kong, Macao and Taiwan, etc.

Light Industry refers to the industry that produces consumer goods and hand tools, satisfying people's need of eating, clothing and using. It consists of two categories, depending on the materials used:

1. Industries using farm products as raw materials. These are branches of light industry which directly or indirectly use farm products as basic raw materials, including food and beverages production, tobacco processing, textile, clothing, fur and leather making, paper making, printing, etc.;

2. Industries using non-farm products as raw materials. These are branches of light industry which use manufactured goods as raw materials, including the manufacture of cultural, educational articles and sports goods, chemicals, synthetic fiber, chemical products for daily use, glass products for daily use, metal products for daily use, hand tools, medical apparatus and instruments, and cultural and clerical machinery.

Heavy Industry refers to the industry, which produces capital goods, and provides various sectors of the national economy with necessary material and technical basis. It consists of the following three branches according to the purpose of production or the use of products:

1. **Mining, quarrying and logging industry** refers to the industry that extracts natural resources, including extraction of petroleum, coal, metal and non-metal ores and logging;

2. **Raw materials industry** refers to the industry that provides various sectors of the national economy with raw materials, fuels and power. It includes smelting and processing of metals, coking and coke chemistry, chemical materials and building materials such as cement, plywood, and power, petroleum refining and coal dressing;

3. **Manufacturing industry** refers to the industry that processes raw materials. It includes machine building industry which equips sectors of the national economy, industries of metal structure and cement products, industries producing means of agricultural production, such as chemical fertilizers and pesticides.

According to the above principle of classification, repairing trades which are engaged primarily in repairing products of heavy industry are classified into heavy industry while those engaged in repairing products of light industry are classified into light industry.

Large-scale, Medium-scale and Small-scale Enterprises Enterprises are classified into three categories: large-scale, medium-scale and small-scale enterprises according to their total assets, annual sales revenue of products and average number of employed persons. The regulations of Methods of Classification of Enterprises by Scale in Statistics have been carried out as the standards of classification since 2003.

Gross Industry Output Value is the total volume of industrial products produced during a given period in monetary terms, which reflects the total achievements and overall scale of industrial production. It includes value of finished products, which are not to be further processed in the enterprises and have been inspected, packed and put in storage, income from external processing, and differential value of self-made semi-finished products and products in process at the end and beginning of the report period. The gross industrial output value is calculated by the "factory method", i.e. an industrial enterprise is treated as the basic amounting unit in calculating the gross industrial output value; no double calculations are to be made within the same enterprise, e.g. the output value of the different workshops (branch factories) of an enterprises should not be added, however, this method does not exclude the possibility of double counting among different enterprises, industries and regions.

Output value of light and heavy industries is also classified by the "factory" method, i.e. if the major products of an industrial enterprise belongs to light industry products, the gross output value of that enterprise is classified wholly into light industry; the same principle applies to heavy industry.

Explanation: differences between the new regulations and the original ones for calculation of gross industrial output value (main points) Since 1992 the State Council has decided to adopt gross domestic product as the total amount index to measure development of the national economy, to adopt added value of industry as the total amount index to measure industrial economy and to downplay the function of the index of gross industrial output value. But the calculation of industrial added value is still based on gross industrial output value. In order to

coordinate the principles of calculation of gross industrial output value and of calculation of industrial intermediate input, to reduce the difficulty of calculation and to ensure the accuracy of industrial added value, the revision was made in the following four aspects to counter the defects in the original regulations for the calculation of gross industrial output value in the Third National Industrial General Survey Scheme:

1. Products produced with self-prepared raw material are calculated at all-round price in reporting the gross industrial output value, irrespective complexity of simplicity of production, i.e., the gross industrial output value includes the value of self-prepared raw material.

2. Products processed with supplied materials are calculated, according to processing charges financially settled in reporting the gross industrial output value, i.e., the gross industrial output value excludes the value of orders' material.

3. Differential value of self-made semi-finished products and product in process at the end and beginning of the report period should be calculated into the gross industrial output value in principle and the old method in which inclusion or exclusion of the differential value is determined by whether the production cycle is over or below six months is not applied.

4. Current gross industrial output value is all calculated at price without sales tax.

There are two main differences between the new regulations and the original one for calculation of gross industrial output value:

1 Difference in principle of calculation

1).Different principles of calculation for all-round price and processing charge: according to the new regulations, the product produced with self-prepared raw material is calculated at all-round price in reporting the gross industrial output value, no matter how complex or simple its processing is. Under the original regulations, the use of all-round price or processing charge in calculation the complexity or simplicity of processing, i.e., for some products processed with supplied materials gross industrial output value was calculated at all-round price and for some products produced with self-prepared materials, gross industrial output value was calculated only according to the processing charge.

2).Different principles of calculating the differential value of self-made semi-finished products and product in process at the end and beginning of the report period: according to the new regulations, the differential value (of self-made semi-product and product in progress at the beginning and end of period) is calculated into gross industrial output value in principle and it is made clear that if the value is included in product cost, it should be included in gross industrial output value accordingly, otherwise it can not be included. Under the original regulations, for the product with the production cycle over six months, gross industrial output value should include the differential value, otherwise it can not be included.

2. Difference in calculation price

Gross industrial output value is calculated at price without sales tax under the new regulations, while at price with sales tax under the original regulations. The gross industrial output value calculated at fixed price in 1990 does not involve the question of whether value added tax is deducted from calculation price.

The details of the new regulations for calculation of gross industrial output value can refer to the Third National Industrial General Survey Scheme.

Added Value of Industry refers to the final results of industrial production of industrial enterprises in monetary terms during the report period.

Principal Finance Indicators of Industrial Enterprises

1. **Original Value of Fixed Assets** refers to the value of payment made by enterprises, in building, purchase, installation, reconstruction, expansion, and technical transformation of a particular item of fixed assets, which includes expenses on purchase, package, transportation, and installation, etc.

2. **Net value of fixed assets** refers to the balance of the original value of fixed assets minus the amount of accumulated depreciation.

3. **Average balance of current assets:** current assets refer to the assets which can be liquidated or consumed within an operating cycle of one year or over one year, including cash and various deposits, short-term investment, inventory, etc.; average balance of current assets refers to the average balance of all the current assets in the report period. The formulae are as follows:

Monthly Average Balance of Current Assets = Sum of Balance of Current Assets at Beginning and End of Month ÷2

Quarterly Average Balance of Current Assets = Sum of Balance of Current Assets in Each Month of Quarter ÷3

Annual Average Balance of Current Assets = Sum of Balance of Current Assets in Each Month from January to December ÷12

Principal Indicators on Economic Performances of Industrial Enterprises

1. **Overall Labor Productivity** refers to the average output per employed person of industrial enterprises in unit time in value terms. At present, gross industrial output value or added value of industry and average number of staff and workers of an industrial enterprise in a given period are used to calculate overall labor productivity. The formula used is as follows:

Overall Labor Productivity = Gross Industrial Output Value/Average Number of Staff and Workers × 12/Aunmulated Months or = Added Value of Industry/Average Number of Staff and Workers × 12/Aunmulated Months

2. **Ratio of Sales to Gross Output Value** refers to the ratio of industrial sales value in the report period to gross industrial output value in the same period, which reflects the linkage between the industrial production and the realized sales. The formula is as follows:

Ratio of Sales to Gross Output Value = (Industrial Sales Value at Current Price in the Report Period/Gross Industrial Output Value at Current Price in the Report Period) × 100%

3. **Ratio of Profits and Tax to Assets** refers to the ratio of total realized profits and tax in the report period to assets (net value of current assets and fixed assets) in the same period, which reflects the economic efficiency of fund utilization. The formula is as follows:

Ratio of Profits and Tax to Assets (%) = [Total Accumulated Profit and Tax by the End of Report Period/(Average Current Assets in the Report Period + Average Balance of Net Value of Fixed Assets)] × 12/Accumulated Months × 100%

4. **Value-added Rate of Industry** refers to the ratio of added value of industry in the report period to gross output value in the same period, which reflects the economic efficiency of reduction in intermediate input and is calculated as follows:

Value-added Rate of Industry (%) = (Added Value of Industry in the Report Period/Gross Industrial Output Value at Current Price) in the Report Period + Sales Tax in the Report Period) × 100%

5. **Ratio of Profits to Total Costs and Expenses** refers to the ratio of profits realized in the report period to the total costs and expenses in the same period, which reflects the economic efficiency of cost reduction. It is calculated as follows:

Ratio of Profits to Total Costs and Expenses (%) = (Total Profits Realized in the Report Period/Total Costs and Expenses in the Report Period) × 100%

Costs and expenses are the sum of product sales cost, product sales expenses and financial expenses.

6. **Turnover Rate of Current Assets** refers to the number of times of turnover of current assets in a given period of time, which reflects the speed of the turnover of current assets. It is calculated as follows:

Turnover Rate of Current Assets (%) = (Accumulated Sales Revenue of Products by the End of Report Period/Average Current Assets in the Report Period) × 12/Accumulated Months

7. **Ratio of Debts to Assets** reflects the proportion of assets obtained by borrowing in the total assets of an enterprise. It is one of the indicators reflecting the debt repaying capability of an enterprise in the long run and can also be used to measure the operating capability of an enterprise with the capital from creditors and the degree to which an enterprise can protect the interest of creditor during liquidation. The formula is as follows:

Ratio of Debts to Assets (%) = (Total Debts/Total Assets)×100%

8. **Contribution Rate of Total Assets** reflects the profit-making capability of all assets and it is a key indicator manifesting the performance and management level of an enterprise. The formula is as follows:

Contribution Rate of Total Assets (%) = [(Total Profits and Tax + Interest Payment)/Total Average Assets]×12/Accumulated Months×100%

Total average assets refer to the arithmetic average value of total assets at the beginning and end of period, i.e. Total Average Assets = (Total Assets at the Beginning of Period + Total Assets at the End of Period)÷2.

9. **Rate of Asset Hedge and Increment** reflects the variation of assets of an enterprise and manifests the development capability of an enterprise. The formula is as follows:

Rate of Asset Hedge and Increment (%) = (Owner's Equity at the End of Period/ Owner's Equity at the Beginning of Period)×100%

Chapter 14

十四、建筑业

Construction

14-1 主要年份建筑施工企业数、人数和施工产值

Number of Construction Enterprises, Employed Persons and Their Output Value in Significant Years

年 份 Year	总 计 Total	国有建筑施工企业 State-owned Construction Enterprises	集体建筑施工企业 Collective-owned Construction Enterprises	其 他 Others
施工企业数(个) Number of Enterprises (unit)				
1985	2 522	144	2 378	
1990	3 010	123	2 887	
1995	2 657	140	2 517	6
2000	1 564	201	854	509
2001	1 583	190	713	680
2002	1 317	152	440	725
2003	1 231	129	330	772
2004	1 663	122	325	1 216
2005	1 648	111	258	1 279
2006	1 796	110	243	1 443
2007	1 903	107	232	1 564
2008	2 150	105	230	1 815
2009	2 117	100	212	1 805
2010	2 176	99	198	1 879
施工企业人数(人) Number of Employed Persons (person)				
1985	466 428	166 963	299 465	
1990	476 111	160 500	315 611	
1995	646 528	181 237	463 892	1 399
2000	535 519	158 817	253 806	122 896
2001	555 784	141 518	223 031	191 235
2002	517 674	124 543	170 328	222 803
2003	573 651	153 486	135 960	284 205
2004	502 976	105 600	102 822	294 554
2005	553 068	94 660	86 334	372 074
2006	633 161	105 271	90 092	437 798
2007	647 721	116 372	74 208	457 141
2008	658 106	114 925	68 590	474 591
2009	709 901	134 406	60 466	515 029
2010	786 424	124 516	56 922	604 986
建筑业总产值(万元) Gross Output Value (10 000 yuan)				
1985	212 751	102 616	110 135	
1990	366 810	185 895	180 915	
1995	1 812 155	737 385	1 071 367	3 403
2000	3 113 352	1 305 512	1 088 314	719 526
2001	3 455 135	1 278 259	1 004 570	1 172 306
2002	3 582 375	1 218 833	777 624	1 585 918
2003	3 969 692	1 322 335	682 398	1 964 959
2004	4 485 045	1 363 090	664 112	2 457 843
2005	5 395 877	1 389 621	580 259	3 425 996
2006	6 728 819	1 839 452	637 809	4 251 558
2007	7 633 192	2 058 647	641 227	4 933 318
2008	9 075 827	2 275 422	714 718	6 085 687
2009	11 968 605	3 042 829	778 393	8 147 383
2010	15 118 486	3 644 061	830 426	10 643 999

注：1996年起各种经济类型的，具有资质等级证书的建筑企业均纳入国家统计；集体企业中的农村集体1996年的数据为测算数,以前年度为省乡镇企业局统计数。

Note: Since 1996, the state statistical coverage has included the construction enterprises of various types of ownership with credentials. The figures of rural collective-owned enterprises in 1996 in this table are estimated figures, while before 1996, they were included in the statistical coverage of the provincial bureau of township and town enterprises.

14-2 总承包专业承包建筑施工企业生产情况(2010年)

类　　别	Category	企业个数 (个) Number of Enterprises (unit)	建筑业总产值 (万元) Gross Output Value of Construction (10 000 yuan)
总　　计	**Total**	**2 176**	**15 109 960**
按企业控股情况分	**Grouped by Share Holding**		
国有控股	State-controlled	131	5 145 304
集体控股	Collective-controlled	265	1 728 392
私人控股	Private-controlled	1 710	7 457 052
按国民经济行业分	**Grouped by Sector**		
房屋和土木工程建筑业	Building and Civil Engineering Construction	1 424	13 855 090
建筑安装业	Construction Installation	314	827 472
建筑装饰业	Construction Decoration	349	189 075
其他建筑业	Others	89	238 322
按企业资质等级分	**Grouped by Qualification Criteria**		
施工总承包	Construction Contract	1 326	13 788 112
特　级	Special Grade	3	1 311 195
一　级	First Grade	58	5 447 277
二　级	Second Grade	407	4 371 642
专业承包	Professional Contract	804	1 321 848
一　级	First Grade	59	446 053
二　级	Second Grade	293	411 824
劳务分包	Labor Subcontract	46	
按州市分	**Grouped by Region**		
昆　明	Kunming	1 033	9 925 693
曲　靖	Qujing	181	1 017 330
玉　溪	Yuxi	154	426 874
保　山	Baoshan	53	315 484
昭　通	Zhaotong	67	232 073
丽　江	Lijiang	61	213 117
普　洱	Pu'er	80	341 381
临　沧	Lincang	51	220 918
楚　雄	Chuxiong	111	484 951
红　河	Honghe	123	721 357
文　山	Wenshan	39	190 345
西双版纳	Xishuangbanna	29	105 180
大　理	Dali	129	584 514
德　宏	Dehong	34	208 200
怒　江	Nujiang	12	48 138
迪　庆	Diqing	19	74 406

Construction Situation of Construction Enterprises of General Contractors and Professional Contractors (2010)

建筑业总产值 Gross Output Value of Construction		竣工产值 (万元) Value of Construction Completed (10 000 yuan)	房屋建筑施工面积 (万平方米) Floor Space under Construction (10 000 sq.m)	本年新开工面积 Newly Started Building Area in This Year	房屋建筑竣工面积 (万平方米) Floor Space Completed (10 000 sq.m)	房屋建筑面积竣工率 (%) Ratio of Floor Space Completed (%)
建筑工程产值 Output Value of Construction Projects	安装工程产值 Output Value of Installation Projects					
13 545 882	**1 252 382**	**8 581 321**	**8 872.27**	**4 518.24**	**4 393.39**	**49.5**
						49.5
4 673 925	423 013	2 149 928	2 183.99	845.88	829.43	38.0
1 436 982	227 181	949 071	984.51	610.03	545.07	55.4
6 835 357	428 050	5 051 269	5 152.73	2 757.01	2 723.77	52.9
						49.5
12 972 018	636 518	7 613 637	8 773.70	4 472.42	4 328.02	49.3
223 393	590 791	651 607	87.20	34.53	62.14	71.3
154 025	18 592	133 186	8.06	8.04	0.03	0.4
196 446	6 481	182 891	3.31	3.25	3.20	96.8
						49.5
12 781 283	763 337	7 631 222	8 676.48	4 424.69	4 299.20	49.6
1 273 160	29 092	289 084	343.87	181.73	115.07	33.5
4 975 285	443 307	2 433 561	3 285.19	1 531.24	1 378.85	42.0
4 105 270	163 726	2 989 939	3 061.84	1 620.27	1 659.75	54.2
764 599	489 045	950 099	195.79	93.55	94.19	48.1
340 693	101 372	304 801	76.95	13.61	37.87	49.2
233 069	166 681	319 481	58.69	50.68	21.82	37.2
						49.5
8 818 779	1 000 924	5 045 043	4 823.89	2 361.50	2 227.70	46.2
908 634	44 998	709 528	833.91	463.56	485.79	58.3
395 789	18 689	334 603	427.24	252.64	248.08	58.1
291 935	500	268 770	203.26	115.33	159.74	78.6
211 630	19 283	157 569	162.88	104.81	126.78	77.8
204 625	4 158	156 460	168.34	93.90	91.02	54.1
325 713	15 411	181 478	218.40	144.83	107.28	49.1
206 876	10 232	148 459	172.13	106.16	91.24	53.0
438 923	9 967	426 940	310.00	163.75	188.03	60.7
627 512	76 085	422 505	625.64	296.43	249.45	39.9
170 453	10 470	100 219	330.46	89.76	120.19	36.4
98 372	1 441	80 192	100.70	49.74	62.36	61.9
539 581	25 051	363 211	315.34	195.10	148.95	47.2
194 269	12 093	113 978	123.93	65.85	62.38	50.3
39 584	1 883	35 409	22.34	10.66	12.85	57.5
73 209	1 197	36 958	33.80	4.24	11.55	34.2

14-2 续表

类 别	Category	施 工 Construction	
		自有机械设备净值(万元) Net Value of Machinery and Equipment Owned (10 000 yuan)	自有机械设备总台数(万台) Number of Machinery and Equipment Owned (10 000 unit)
总 计	**Total**	**743 583**	**15.19**
按企业控股情况分	**Grouped by Share Holding**		
国有控股	State-controlled	154 574	2.77
集体控股	Collective-controlled	78 190	2.26
私人控股	Private-controlled	490 942	9.43
按国民经济行业分	**Grouped by Sector**		
房屋和土木工程建筑业	Building and Civil Engineering Construction	697 925	13.80
建筑安装业	Construction Installation	24 358	0.76
建筑装饰业	Construction Decoration	5 993	0.35
其他建筑业	Others	15 308	0.28
按企业资质等级分	**Grouped by Qualification Criteria**		
施工总承包	Construction Contract	679 994	13.88
特 级	Special Grade	73 751	1.21
一 级	First Grade	148 337	2.16
二 级	Second Grade	275 357	5.53
专业承包	Professional Contract	63 589	1.31
一 级	First Grade	21 664	0.55
二 级	Second Grade	17 418	0.34
劳务分包	Labor Subcontract		
按州市分	**Grouped by Region**		
昆 明	Kunming	377 227	5.82
曲 靖	Qujing	85 427	0.89
玉 溪	Yuxi	47 861	1.38
保 山	Baoshan	35 515	1.21
昭 通	Zhaotong	13 029	0.42
丽 江	Lijiang	8 652	0.13
普 洱	Pu'er	21 705	0.33
临 沧	Lincang	17 667	0.54
楚 雄	Chuxiong	28 586	1.31
红 河	Honghe	20 077	0.72
文 山	Wenshan	1 794	0.24
西双版纳	Xishuangbanna	2 804	0.20
大 理	Dali	48 164	1.39
德 宏	Dehong	27 709	0.42
怒 江	Nujiang	3 888	0.10
迪 庆	Diqing	3 480	0.09

continued

机械设备 Machinery and Equipment			计算建筑业劳动生产率的平均人数(人) Average Persons of calculating the Labor Productivity (person)	年末从业人数(人) Number of Employed Persons at Year-end (person)	全员劳动生产率(元/人) Overall Labor Productivity of Construction Enterprises (yuan/per)
自有机械设备总功率(万千瓦) Total Power of Machinery and Equipment Owned (10 000kw)	技术装备率(元/人) Value of Machinery Per Laborer (yuan/per)	动力装备率(千瓦/人) Power of Machinery Per Laborer (kw/per)			
290.33	**9 464**	**3.70**	**785 709**	**748 844**	**192 310**
68.08	8 558	3.77	180 614	179 392	284 878
32.55	6 885	2.87	113 559	116 537	152 202
177.47	10 679	3.86	459 728	424 112	162 206
269.39	9 680	3.74	721 024	697 412	192 159
13.62	5 651	3.16	43 104	32 493	191 971
1.69	4 373	1.23	13 705	12 077	137 961
5.63	19 436	7.15	7 876	6 862	302 593
265.86	9 453	3.70	719 334	690 750	191 679
24.17	23 937	7.85	30 810	35 758	425 575
70.22	6 742	3.19	220 024	213 575	247 576
103.75	9 391	3.54	293 219	263 501	149 091
24.47	9 581	3.69	66 369	58 088	199 166
10.51	12 247	5.94	17 690	15 780	252 150
6.00	7 806	2.69	22 313	19 122	184 567
145.60	8 827	3.41	427 352	420 325	232 260
16.76	13 814	2.71	61 840	57 555	164 510
14.43	15 709	4.74	30 467	30 598	140 110
19.29	10 189	5.53	34 855	33 305	90 513
8.02	8 480	5.22	15 364	15 906	151 050
3.22	7 712	2.87	11 219	8 812	189 960
6.67	9 076	2.79	23 916	18 718	142 742
11.72	12 757	8.47	13 848	14 685	159 531
19.31	6 054	4.09	47 216	31 446	102 709
11.25	4 632	2.59	43 342	36 364	166 434
1.12	1 569	0.98	11 438	13 401	166 414
3.57	4 855	6.19	5 775	5 332	182 130
22.67	13 115	6.17	36 725	38 791	159 160
4.77	25 566	4.40	10 838	11 893	192 102
1.10	6 245	1.77	6 226	6 357	77 318
0.82	6 581	1.56	5 288	5 356	140 707

14–3 总承包专业承包建筑施工企业财务状况(2010年)

单位：万元

类 别	Item	资产合计 Total Assets	固定资产 Fixed Assets	负债合计 Total Liabilities	流动负债 Liquid Liabilities	所有者权益 Owners' Equity
总 计	**Total**	**14 651 626**	**2 330 757**	**9 670 217**	**8 803 499**	**4 981 409**
按企业控股情况分	**Grouped by Share Holding**					
国有控股	State-controlled	4 994 938	487 125	3 893 618	3 478 156	1 101 320
集体控股	Collective-controlled	1 721 942	383 385	1 061 956	950 489	659 986
私人控股	Private-controlled	7 239 011	1 384 621	4 214 699	3 890 172	3 024 312
按国民经济行业分	**by Sector**					
房屋和土木工程建筑业	Building and Civil Engineering Construction	12 846 560	2 103 003	8 565 429	7 795 155	4 281 132
建筑安装业	Construction Installation	1 196 801	141 959	774 938	711 726	421 863
建筑装饰业	Construction Decoration	414 297	49 499	214 857	195 064	199 440
其他建筑业	Others	193 968	36 296	114 994	101 553	78 974
按企业资质等级分	**by Qualification Criteria**					
施工总承包	Construction Contract	12 728 082	2 055 639	8 552 716	7 772 884	4 175 367
特 级	Special Grade	1 162 550	162 070	920 120	827 422	242 430
一 级	First Grade	5 305 168	400 099	4 230 654	3 881 126	1 074 513
二 级	Second Grade	3 884 163	808 268	2 264 932	2 056 731	1 619 231
专业承包	Professional Contract	1 923 543	275 117	1 117 502	1 030 615	806 042
一 级	First Grade	411 160	52 335	256 489	230 462	154 671
二 级	Second Grade	733 813	92 285	432 201	393 764	301 612
劳务分包	Labor Subcontract					
按州市分	**by Region**					
昆 明	Kunming	10 041 459	1 186 380	7 225 635	6 596 136	2 815 824
曲 靖	Qujing	899 172	233 897	404 175	326 840	494 998
玉 溪	Yuxi	418 480	126 708	172 554	163 870	245 926
保 山	Baoshan	221 471	65 168	96 799	90 039	124 672
昭 通	Zhaotong	218 637	55 944	102 053	96 129	116 584
丽 江	Lijiang	204 786	54 605	103 062	99 693	101 724
普 洱	Pu'er	307 474	65 220	187 848	182 963	119 626
临 沧	Lincang	128 058	54 543	45 065	39 320	82 993
楚 雄	Chuxiong	393 850	94 384	193 363	182 304	200 487
红 河	Honghe	547 984	128 095	327 587	313 678	220 397
文 山	Wenshan	181 847	37 754	103 715	71 771	78 132
西双版纳	Xishuangbanna	84 592	19 207	53 709	50 614	30 883
大 理	Dali	738 755	106 702	519 492	479 921	219 263
德 宏	Dehong	182 667	73 077	108 166	90 608	74 501
怒 江	Nujiang	26 895	16 673	6 855	6 812	20 041
迪 庆	Diqing	55 499	12 401	20 141	12 802	35 358

Financial Situation of Construction Enterprises of General Contractors and Professional Contractors (2010)

(10 000 yuan)

实收资本 Paid-in Capitals	工程结算收入 Revenue of Project Settlement Accounts	工程结算成本 Cost of Project Settlement Accounts	工程结算税金及附加 Taxes and Extra Charges on Project Settlement Accounts	工程结算利润 Profits of Project Settlement Accounts	其他业务收入 Revenue from Other Businesses	其他业务利润 Profits from Other Businesses	经营费用 Operation Expenses	管理费用 Management Expenses	税金 Tax	财务费用 Financial Expenses
3 550 739	**13 934 718**	**12 329 230**	**526 709**	**976 410**	**230 957**	**80 294**	**106 797**	**472 793**	**24 534**	**93 601**
762 366	4 967 413	4 484 259	195 941	276 155	131 329	41 904	11 073	160 659	4 519	33 251
391 433	1 581 520	1 369 537	57 799	141 832	24 048	9 585	14 505	60 671	2 808	10 211
2 245 456	6 519 544	5 689 855	244 533	508 398	72 205	28 055	78 580	221 440	16 401	46 794
2 997 640	12 676 651	11 239 575	485 788	864 129	190 547	66 718	91 327	388 816	20 792	85 531
324 685	877 635	762 785	27 846	76 730	31 731	10 336	10 347	57 121	1 880	5 384
174 885	191 060	161 876	6 623	19 485	4 547	2 465	3 344	16 326	1 076	1 908
53 529	189 372	164 994	6 453	16 066	4 132	775	1 779	10 530	786	778
2 946 080	12 649 656	11 247 432	485 043	835 635	187 220	67 833	84 967	387 120	20 556	83 608
109 073	1 525 846	1 381 085	41 123	103 339	5 291	2 030	299	37 790	366	12 450
726 014	5 138 579	4 664 649	212 187	248 243	118 005	39 121	13 504	145 889	4 694	34 637
1 171 613	3 825 258	3 361 527	143 261	281 887	46 339	15 658	39 101	122 993	8 849	23 696
604 659	1 285 062	1 081 798	41 667	140 775	43 737	12 461	21 830	85 673	3 978	9 993
116 483	434 844	388 354	13 785	28 660	2 074	883	4 055	19 384	654	2 546
241 892	390 953	329 295	12 169	42 727	18 960	6 361	7 121	31 160	1 423	4 047
1 939 262	9 557 530	8 563 401	357 134	584 025	170 335	60 757	52 970	312 550	11 788	62 966
350 807	840 797	702 808	32 392	92 907	16 277	3 600	13 030	36 241	4 319	7 764
195 047	394 326	342 336	14 997	31 601	4 157	2 216	6 669	14 983	413	2 824
92 184	296 286	263 007	12 298	18 147	302	149	2 571	8 528	431	1 811
92 501	223 928	187 123	10 630	24 560	2 600	2 566	1 615	17 364	260	1 416
83 264	190 840	171 369	6 170	12 533	193	184	1 593	3 271	169	794
88 399	299 612	261 154	10 931	25 016	1 750	987	2 524	8 624	757	2 082
68 232	195 108	163 880	7 870	18 195	2 382	689	5 164	6 307	251	1 010
150 021	352 565	307 956	12 881	25 880	10 389	2 540	6 644	11 567	2 292	2 172
156 485	550 498	480 538	20 729	45 996	3 349	1 319	4 051	18 526	1 843	3 590
43 994	156 521	124 483	6 434	25 651	2 847	- 333	1 153	3 841	307	773
26 035	87 456	78 132	3 295	3 553	1 532	551	2 354	2 027	54	- 37
161 385	558 244	494 908	21 458	39 793	14 042	4 564	2 302	22 059	1 356	5 218
65 273	137 025	110 914	5 682	18 014	652	435	2 266	4 091	117	633
15 319	28 927	23 941	1 255	2 831	33	23	899	1 672	138	156
22 533	65 056	53 281	2 553	7 709	119	48	993	1 143	39	430

14-3 续表 continued

单位：万元 (10 000 yuan)

类别	Item	利润总额 Total Profits	应交所得税 Value-added Tax Payale	企业总收入 Total Revenue	上缴税金 Tax Payment	产值利税率(%) Ratio of Profits & Taxes to Output Value (%)	资产利税率(%) Ratio of Profits and Taxes to Assets (%)
总计	**Total**	**505 436**	**89 316**	**14 165 675**	**640 559**	**7.0**	**7.2**
按企业控股情况分	**Grouped by Share Holding**						
国有控股	State-controlled	121 891	19 977	5 098 742	220 437	6.3	6.5
集体控股	Collective-controlled	90 040	14 403	1 605 568	75 009	8.7	8.7
私人控股	Private-controlled	271 171	50 386	6 591 749	311 319	7.1	7.4
按国民经济行业分	**by Sector**						
房屋和土木工程建筑业	Building and Civil Engineering Construction	471 388	80 129	12 867 198	586 709	7.1	7.6
建筑安装业	Construction Installation	25 285	6 831	909 366	36 556	6.6	4.6
建筑装饰业	Construction Decoration	3 742	1 452	195 606	9 151	6.1	2.8
其他建筑业	Others	5 022	903	193 505	8 143	5.1	6.3
按企业资质等级分	**by Qualification Criteria**						
施工总承包	Construction Contract	439 514	76 969	12 836 876	582 568	6.9	7.4
特级	Special Grade	55 061	6 071	1 531 136	47 560	7.4	8.3
一级	First Grade	114 336	24 132	5 256 584	241 012	6.1	6.2
二级	Second Grade	157 411	29 041	3 871 597	181 150	7.1	8.0
专业承包	Professional Contract	65 923	12 346	1 328 799	57 991	8.4	5.8
一级	First Grade	6 927	1 835	436 918	16 274	4.8	5.2
二级	Second Grade	19 985	4 400	409 913	17 992	8.2	4.6
劳务分包	Labor Subcontract						
按州市分	**by Region**						
昆明	Kunming	288 208	53 456	9 727 865	422 378	4.0	4.0
曲靖	Qujing	50 872	8 164	857 074	44 875	8.6	9.7
玉溪	Yuxi	16 116	4 641	398 483	20 050	7.4	7.5
保山	Baoshan	7 909	1 412	296 588	14 141	6.5	9.3
昭通	Zhaotong	8 309	626	226 528	11 515	8.3	8.8
丽江	Lijiang	7 933	982	191 033	7 322	6.7	7.0
普洱	Pu'er	15 443	1 761	301 362	13 449	7.9	8.8
临沧	Lincang	11 791	1 776	197 489	9 897	9.0	15.5
楚雄	Chuxiong	15 508	2 345	362 953	17 518	6.3	7.8
红河	Honghe	23 847	4 311	553 847	26 883	6.4	8.5
文山	Wenshan	21 178	3 563	159 369	10 304	14.7	15.4
西双版纳	Xishuangbanna	1 552	397	88 988	3 747	4.7	5.8
大理	Dali	17 542	3 540	572 286	26 353	6.9	5.5
德宏	Dehong	13 787	1 940	137 677	7 739	9.4	10.7
怒江	Nujiang	898	305	28 960	1 699	4.8	8.5
迪庆	Diqing	4 543	97	65 175	2 689	9.6	12.9

主要统计指标解释

建筑施工企业 指从事房屋、构筑物和设备安装生产活动的独立施工单位,分为建筑安装企业和自营施工单位两种组织形式。建筑安装企业是指行政有独立组织，经济上实行独立核算的企业。一般称为建筑公司、安装公司、工程公司、工程局(处)等。自营施工单位是指附属于现有生产企业、事业内部或行政单位的，为建造和修理本单位固定资产而自行组织的，同时具备下述条件：

1. 对内独立核算。
2. 有固定组织和施工队伍。
3. 全年施工期在半年以上。

建筑业总产值（自行完成施工产值） 指建筑施工企业在一定时期内所完成的以货币表现的生产总量。是反映全部生产规模、水平和成果的综合指标。

房屋建筑施工面积 指在报告期内施工的全部房屋建筑面积，包括本期新开工的房屋面积、上期施工跨入本期继续施工的房屋面积、上期停缓建在本期恢复施工的房屋面积、本期竣工的房屋面积及本期施工后又停缓建的房屋面积。

房屋建筑竣工面积 指在报告期内房屋建筑按照设计要求全部完工，达到了住人和使用条件，经验收鉴定合格，正式移交使用单位的房屋建筑面积。

自有机械设备年末总台数 指归本企业所有，属于本企业固定资产的生产性机械设备年末总台数。包括施工机械、生产设备、运输设备以及其他设备。

自有机械设备年末总功率 指本企业自有施工机械、生产设备、运输设备以及其他设备等列为在册固定资产的生产性机械设备年末总功率，按设定能力或查定能力计算。包括机械本身的动力和为该机械服务的单独动力设备，如电动机等。计算单位用千瓦，动力换算可按 1 马力=0.735 千瓦折合成瓦数。电焊机、变压器、锅炉不计算动力。

企业总收入 指与企业生产经营直接有关的各项收入，包括工程结算收入与其他业务收入。

利润总额 指建筑施工企业在--定时期内实现的利润。

工程结算收入 指企业承包工程实现的工程价款结算收入，以及向发包单位收取的除工程价款以外的按规定列作营业收入的各种款项，如临时设施费、劳动保险费、施工机械调迁费等以及向发包单位收取的各种索赔款。

工程结算利润 指已结算工程实现的利润，如亏损以“－”号表示。计算公式为：

工程结算利润=工程结算收入－工程结算成本－工程结算税金及附加

建筑业增加值 指建筑企业在报告期内以货币表现的建筑生产经营活动的最终成果。

产值利润率 是指报告期内企业实现的利润总额占同期建筑业总产值的百分比。

Explanatory Notes on Principal Statistical Indicators

Statistical Entities in Construction refers to corporate enterprises engaged in construction of buildings and structures and equipment installation. A corporate construction enterprise should meet the following requirements:

1.Being established in line with relevant legal provisions, having its full mane, organization and location and capable of taking civil liability.

2.Iindependently possessing and using its assets and bearing its liabilities, and being entitled to sign contracts with other entities.

3.Keeping independent accounts of its profits and losses and capable of preparing its balance sheet.

Gross Output Value of Construction (Output Value of Self-completed Projects) refers to the total volume of construction products, expressed in monetary terms and completed by construction and installation enterprises during a given period of time. It is a comprehensive indicator reflecting the whole production scale, level and fruits.

Floor Space of Buildings Under Construction refers to the floor space of buildings under construction during the report period, including newly started buildings, buildings started in the preceding period and continued during the current period, and buildings suspended in the preceding period but restarted in the current period, buildings completed during the current period, and buildings under construction and then suspended during the current period.

Floor Space of Buildings Completed refers to the floor space of buildings that are completed in the report period in accordance with the requirements of the design, up to the standard of putting them into use, and have been checked and accepted by concerned departments as qualified ones.

Total Number of Machinery and Equipment Owned at Year-end refers to the number of machines and equipment owned by enterprises, and listed as their fixed assets by the end of the year, including machinery and equipment for construction, production and transportation.

Total Power of Machinery and Equipment Owned at Year-end refers to the total power of machinery and equipment for construction, production and transportation owned by enterprises, and listed as their fixed assets by the end of the year, which is calculated on the basis of the designed or verified capacity, covering the power of machinery and equipment and separate power equipment serving them (such as electric motors), but excluding welders, transformers and boilers. The unit used for the calculation of power is kilowatt, with horsepower converted to kilowatt by 1 horsepower = 0.735 kilowatt.

Total Revenue of Enterprises refers to the sum of income from production and operation of enterprises, including income from settlement of projects and other operating income.

Total Profits refer to the profits made by construction enterprises in a certain period of time.

Income from Settlement of Projects refers to income received by construction enterprises from contracted projects through settlement, and other payments from entities which contract the projects out as operating income according to the relevant regulations except costs of the projects, such as expenses on temporary facilities, labor insurance premium, costs of moving construction equipment, and various claims.

Profit from Settlement of Projects refers to the profit made through settled projects. If there is a loss, it is expressed with the sign "-". It is calculated with the following formula:

Profit from Settlement of Projects = Income from Settlement of Projects – Settlement Costs – Taxes and Surcharges on Settlement.

Added Value of Construction refers to the final results of production and operation of construction enterprises in monetary terms in the report period.

Ratio of Profit to Output Value refers to the ratio of the total profits to the gross output value of construction in the report period.

Chapter 15

十五、运输和邮电

Transport, Post and Telecommunication Services

15-1 主要年份年末交通运输线路长度
Length of Transport Routes at Year-end in Significant Years

单位：公里 (km)

年份 Year	铁路营业里程 Length of Railways in Operation	公路通车里程 Total Length of Highways	内河航道里程 Length of Navigable Inland Waterways	民用航空航线里程 Length of Civil Aviation Routes	国际航线 International Lines
1980	1 682	44 149	1 006	1 009	
1985	1 679	49 541	1 042	22 720	1 318
1988	1 626	52 534	1 072	23 682	3 071
1989	1 694	54 732	1 072	22 682	3 071
1990	1 695	56 536	1 130	26 639	3 065
1991	1 684	58 123	1 130	30 773	3 114
1992	1 651	60 045	1 130	47 322	4 147
1993	1 644	63 086	1 130	45 132	6 964
1994	1 642	65 578	1 324	64 220	9 464
1995	1 644	68 236	1 324	51 638	9 464
1996	1 644	70 279	1 324	70 610	6 693
1997	2 023	73 821	1 324	89 781	6 693
1998	1 991	76 957	1 324	128 685	16 256
1999	2 015	102 405	1 530	133 105	33 672
2000	2 015	163 604	1 580	119 702	20 356
2001	2 015	163 953	1 824	135 114	20 744
2002	2 016	164 852	1 824	148 114	29 063
2003	1 984	166 133	1 810	145 498	20 907
2004	1 925	167 050	2 549	137 800	24 348
2005	1 925	194 495	2 764	135 448	24 413
2006	1 925	198 496	2 764	136 785	22 437
2007	1 924	200 333	2 764	129 879	26 251
2008	1 924	203 753	2 764	112 120	14 713
2009	1 924	206 028	2 764	152 041	23 875
2010	1 924	209 231	2 893	182 841	49 615

15-2 各州市公路运输线路长度(2010年底)
Length of Highways at Year-end by Region (2010)

单位：公里 (km)

州市	Region	公路通车里程 Total Length of Highways	按公路等级分 Expressway and Class I to IV Highway				等外公路 Highway Below Class IV
			合计 Total	#二级 Second Class	#三级 Third Class	#四级 Fourth Class	
全省合计	**Total**	**209 231**	**158 120**	**5 771**	**9 329**	**139 656**	**51 111**
昆明	Kunming	16 442	12 645	725	596	10 785	3 797
曲靖	Qujing	20 344	17 157	388	921	15 364	3 187
玉溪	Yuxi	16 472	16 019	349	999	14 354	453
保山	Baoshan	11 730	8 593	415	384	7 635	3 137
昭通	Zhaotong	14 723	10 160	362	189	9 474	4 563
丽江	Lijiang	6 357	5 091	240	565	4 271	1 266
普洱	Pu'er	19 227	12 607	376	692	11 339	6 620
临沧	Lincang	14 091	10 658	563	212	9 861	3 433
楚雄	Chuxiong	17 123	10 018	197	687	8 834	7 105
红河	Honghe	19 715	16 394	386	1 272	14 359	3 321
文山	Wenshan	13 802	11 513	110	1 297	9 744	2 289
西双版纳	Xishuangbanna	6 337	4 675	424	19	4 115	1 662
大理	Dali	17 070	11 198	591	1 094	9 181	5 872
德宏	Dehong	7 081	4 943	441	215	4 288	2 137
怒江	Nujiang	3 915	2 636	35	131	2 470	1 279
迪庆	Diqing	4 804	3 813	170	57	3 583	990

15-3 铁路里程和机车拥有量(2006-2010年)

Length of Railways and Number of Railway Locomotives Owned (2006-2010)

指　　标	Item	2006	2007	2008	2009	2010
铁路里程	**Length of Railways in Operation**					
正线延长里程(公里)	Length of Railways in Trunk Line (km)	2 071.20	2 172.10	2 170.60	2 136.30	2 154.90
营业里程(公里)	Length of Railways in Operation (km)	1 925.00	1 923.70	1 923.70	1 923.70	1 923.70
准　轨(公里)	Standard Tracks (km)	1 264.20	1 262.90	1 262.90	1 262.90	1 262.90
米　轨(公里)	Meter Tracks (km)	660.80	660.80	660.80	660.80	660.80
内燃机车牵引里程(公里)	Length of Diesel Engine Routes (km)	842.30	857.90	857.90	857.90	857.90
占营业里程比重(%)	As Percentage of Railways in Operation (%)	43.76	44.60	44.60	44.60	44.60
半自动闭塞里程(公里)	Semi-automatic Blocking Length (km)	1 914.20	1 781.20	1 781.20	1 785.10	1 676.90
占营业里程比重(%)	As Percentage of Railways in Operation (%)	73.7	92.6	92.6	92.8	87.2
无缝线路里程(公里)	Length of Continuous Welded Rail (km)	704.6	946.6	973.6	1191.5	1254.5
占营业里程比重(%)	As Percentage of Railways in Operation (%)	34.02	43.6	50.6	61.9	65.2
有电气集中的车站(个)	Number of Stations with Electric Interlocking (unit)	133	132	132	130	129
占正式营业线路车站比重(%)	As Percentage of Railways Stations in Operation (%)	100	67.0	67.0	70.7	69.7
营业线路主要车站(个)	Railways Station of in Operation (unit)	202	196	196	184	184
铁路机车拥有量（台）	Number of Railway Locomotives（unit）	404	388	381	391	360
内燃机车(台)	Diesel Locomotives (unit)	171	171	164	174	132
电力机车(台)	Electric Locomotives (unit)	233	217	217	217	228

15-4 铁路客货车拥有量(2009-2010年)

Number of Railway Passenger Coaches and Freight Cars Owned (2009-2010)

指　　标	Item	2009	#准　轨 Standard Tracks	2010	#准　轨 Standard Tracks
客车合计(辆)	**Passenger Coaches (coach)**	**1 003**	**978**	**1316**	**1294**
软卧车	Soft Berth Coaches	78	78	99	99
硬卧车	Hard berth Coaches	424	424	584	584
硬座车	Hard Seat Coaches	379	367	491	479
餐　车	Dining Cars	57	57	77	77
行李邮政车	Luggage and Post Cars				
其　他	Others	65	52	61	51
货车合计(辆)	**Freight Cars (coach)**	**1 283**		**1266**	
按车型分	Grouped by Type of Car				
棚　车	Covered Cars	205		188	
敞　车	Open cars	894		894	
平　车	Flat Cars	80		80	
罐　车	Tank Cars	94		94	
其　他	Others	10		10	
按载重量分	Grouped by Capacity of Car				
30吨及以下	30 Tons and Under	1 283		1266	
货车总载重(万吨)	Total Loading Capacity of Freight Cars (10 000 tons)	3.8		5.7	
平均每辆车载重量(吨)	Average Marked Loading Capacity Per Car (ton)	30		45	

15–5 各州市民用车辆拥有量(2010年)

Number of Civil Motor Vehicles Owned by Region (2010)

单位：辆 (unit)

州 市	Region	总 计 Total	营 运 Operation	非营运 Non-operation	总计中：Of Total 进 口 Import	个 人 Private-owned	新注册 New Registration
全省合计	**Total**	**7 346 604**	**667 379**	**6 278 669**	**99 480**	**6 840 705**	**1 231 947**
昆 明	Kunming	1 320 135	132 829	1 144 356	38 554	1 169 790	238 315
曲 靖	Qujing	767 796	104 892	635 178	8 141	724 091	73 564
玉 溪	Yuxi	582 004	56 820	486 031	6 374	549 591	116 393
保 山	Baoshan	449 585	32 072	388 934	2 779	439 540	66 053
昭 通	Zhaotong	377 611	34 595	333 405	2 205	361 631	80 500
丽 江	Lijiang	148 625	19 719	111 492	1 652	137 147	103 485
普 洱	Pu'er	514 215	38 724	441 534	3 989	493 831	79 051
临 沧	Lincang	341 312	19 704	278 259	1 623	330 189	90 952
楚 雄	Chuxiong	395 765	33 360	334 366	2 186	375 034	42 233
红 河	Honghe	641 452	71 213	545 194	7 846	578 772	95 130
文 山	Wenshan	472 575	26 442	429 608	3 237	443 171	77 574
西双版纳	Xishuangbanna	330 421	13 436	303 037	5 807	317 707	44 602
大 理	Dali	537 968	43 098	465 775	3 674	508 649	28 097
德 宏	Dehong	341 582	16 527	294 655	7 245	328 621	8 384
怒 江	Nujiang	35 523	5 402	26 808	769	30 607	8 346
迪 庆	Diqing	60 822	18 546	30 824	1 148	52 187	75 802

注：营运和非营运车辆中不含拖拉机。
Note:The number of operation and non-operation civil motor vehicles excludes the number of tractors.

15–5 续表1 continued

单位：辆 (unit)

州 市	Region	汽车合计 Total	轿 车 Car	载客汽车 Passenger Vehicles	大 型 Large-scale	中 型 Medium	小 型 Small-scale	微 型 Miniature
全省合计	**Total**	**2 423 807**	**943 931**	**1 690 838**	**20 652**	**32 941**	**1 480 190**	**157 055**
昆 明	Kunming	851 289	450 897	721 630	8 534	8 926	636 651	67 519
曲 靖	Qujing	270 622	91 753	177 933	1 982	2 352	156 142	17 457
玉 溪	Yuxi	187 746	70 519	114 686	1 064	1 710	95 620	16 292
保 山	Baoshan	80 059	22 502	45 549	412	1 397	40 451	3 289
昭 通	Zhaotong	99 365	26 651	62 223	809	1 181	51 101	9 132
丽 江	Lijiang	59 310	18 511	37 065	664	1 106	32 441	2 854
普 洱	Pu'er	99 632	23 147	50 448	617	1 362	45 378	3 091
临 沧	Lincang	50 517	17 779	31 336	272	714	28 705	1 645
楚 雄	Chuxiong	85 292	27 416	54 845	626	1 600	47 245	5 374
红 河	Honghe	196 306	55 822	117 425	1 633	2 664	104 368	8 760
文 山	Wenshan	86 856	28 656	54 010	664	1 583	47 864	3 899
西双版纳	Xishuangbanna	65 652	23 693	41 164	817	1 552	36 479	2 316
大 理	Dali	144 905	44 122	91 132	1 300	3 176	79 658	6 998
德 宏	Dehong	63 258	20 463	37 323	246	943	32 330	3 804
怒 江	Nujiang	16 283	3 672	10 856	133	408	9 730	585
迪 庆	Diqing	40 665	7 291	18 237	472	691	15 034	2 040

15-5 续表2 continued

单位：辆 (unit)

州 市	Region	载货汽车 Trucks	重 型 Heavy	中 型 Medium	轻 型 Light	微 型 Miniature
全省合计	**Total**	**633 914**	**86 684**	**169 404**	**374 995**	**2 831**
昆 明	Kunming	119 757	18 185	23 652	77 631	289
曲 靖	Qujing	80 511	15 377	22 852	42 083	199
玉 溪	Yuxi	68 321	9 668	20 969	37 291	393
保 山	Baoshan	30 116	4 388	9 557	16 153	18
昭 通	Zhaotong	33 808	5 147	7 778	20 636	247
丽 江	Lijiang	18 749	1 513	6 640	10 400	196
普 洱	Pu'er	35 153	1 989	10 693	22 446	25
临 沧	Lincang	15 226	1 421	3 285	10 476	44
楚 雄	Chuxiong	23 307	2 883	6 097	14 064	263
红 河	Honghe	60 816	9 258	17 901	33 615	42
文 山	Wenshan	30 159	2 296	7 796	19 696	371
西双版纳	Xishuangbanna	23 182	647	4 073	18 428	34
大 理	Dali	47 633	6 454	14 618	26 523	38
德 宏	Dehong	21 458	1 922	4 920	14 136	480
怒 江	Nujiang	4 654	282	960	3 314	98
迪 庆	Diqing	20 160	5 212	7 544	7 318	86

15-5 续表3 continued

单位：辆 (unit)

州 市	Region	其他汽车 Others	三 轮 Three-wheel	低速货车 Four-wheel	摩托车 Motors	普 通 Common	轻 便 Convenient
全省合计	**Total**	**99 055**	**4 519**	**80 183**	**4 517 807**	**4 402 443**	**115 364**
昆 明	Kunming	9 902	1 665	2 723	424 444	410 403	14 041
曲 靖	Qujing	12 178	511	10 457	469 301	461 770	7 531
玉 溪	Yuxi	4 739	146	3 172	354 105	322 024	32 081
保 山	Baoshan	4 394	241	3 764	340 705	336 179	4 526
昭 通	Zhaotong	3 334	459	2 508	268 567	265 709	2 858
丽 江	Lijiang	3 496	198	3 152	71 893	70 986	907
普 洱	Pu'er	14 031	86	13 737	380 564	369 261	11 303
临 沧	Lincang	3 955	19	3 744	247 427	245 059	2 368
楚 雄	Chuxiong	7 140	275	6 096	282 143	270 772	11 371
红 河	Honghe	18 065	420	16 070	419 735	411 353	8 382
文 山	Wenshan	2 687	155	2 158	369 129	366 541	2 588
西双版纳	Xishuangbanna	1 306	19	1 081	250 794	245 507	5 287
大 理	Dali	6 140	278	4 647	363 503	355 705	7 798
德 宏	Dehong	4 477	26	4 150	247 901	243 986	3 915
怒 江	Nujiang	773	18	667	15 923	15 704	219
迪 庆	Diqing	2 268	3	2 054	8 510	8 321	189

15–5　续表4　continued

单位：辆 (unit)

州　市	Region	拖拉机 Tractors	大中型 Large and Medium	小型方向盘式 Small Steering Wheel	挂车 Trailers	其他类 Others	机动车驾驶员 Number of Motor Drivers	汽车驾驶员 Automobile Drivers
全省合计	**Total**	**400 556**	**231 277**	**85 448**	**4 334**	**100**	**7 160 808**	**4 072 956**
昆　明	Kunming	42 950	20 600	9 662	1 394	58	1 606 550	1 367 366
曲　靖	Qujing	27 726	16 150	9 227	147		825 822	519 237
玉　溪	Yuxi	39 153	10 696	21 505	997	3	488 070	277 046
保　山	Baoshan	28 579	25 574	659	241	1	393 484	141 739
昭　通	Zhaotong	9 611	4 707	4 627	68		364 608	184 888
丽　江	Lijiang	17 414	6 771	8 158	8		131 421	82 469
普　洱	Pu'er	33 957	19 834	797	62		435 396	160 757
临　沧	Lincang	43 349	26 095	2 147	19		331 527	97 463
楚　雄	Chuxiong	28 039	15 467	8 500	290	1	395 341	174 627
红　河	Honghe	25 045	19 430	5 327	364	2	549 134	332 243
文　山	Wenshan	16 525	13 141	2 921	65		502 006	157 740
西双版纳	Xishuangbanna	13 948	6 271	5 309	24	3	247 502	131 214
大　理	Dali	29 095	26 337	1 591	433	32	500 946	260 863
德　宏	Dehong	30 400	11 788	2 008	23		296 396	113 108
怒　江	Nujiang	3 313	3 233	77	4		43 080	31 501
迪　庆	Diqing	11 452	5 183	2 933	195		49 525	40 695

15–6　各州市私人车辆拥有量(2010年)

Number of Private Motor Vehicles by Region (2010)

单位：辆 (unit)

州　市	Region	总　计 Total	载客汽车 Passenger Vehicles	载货汽车 Trucks	拖拉机 Tractors	摩托车 Motors
全省合计	**Total**	**6 840 705**	**1 358 724**	**492 715**	**400 556**	**4 500 125**
昆　明	Kunming	1 169 790	606 044	93 324	42 950	421 040
曲　靖	Qujing	724 091	149 304	68 164	27 726	467 634
玉　溪	Yuxi	549 591	96 631	55 999	39 153	353 538
保　山	Baoshan	439 540	38 352	27 930	28 579	340 309
昭　通	Zhaotong	361 631	50 618	30 338	9 611	267 981
丽　江	Lijiang	137 147	29 465	15 605	17 414	71 451
普　洱	Pu'er	493 831	37 575	29 033	33 957	379 517
临　沧	Lincang	330 189	22 192	13 906	43 349	247 005
楚　雄	Chuxiong	375 034	41 979	16 659	28 039	281 863
红　河	Honghe	578 772	89 115	29 785	25 045	418 517
文　山	Wenshan	443 171	41 451	15 351	16 525	367 801
西双版纳	Xishuangbanna	317 707	32 933	19 744	13 948	249 926
大　理	Dali	508 649	73 922	37 651	29 095	362 649
德　宏	Dehong	328 621	28 135	19 048	30 400	246 788
怒　江	Nujiang	30 607	6 966	3 824	3 313	15 829
迪　庆	Diqing	52 187	13 915	16 353	11 452	8 258

15-7 民用运输船舶年末实有数(2009-2010年)

Number of Civil Transport Vessels at Year-end (2009-2010)

类 型	Type	2008 合 计 Total	2008 #个 体 Individual	2009 合 计 Total	2009 #个 体 Individual	2010 合 计 Total
机动船总计	**Total Motor Vessels**					
艘 数 (艘)	Number (unit)	843	638	848	562	880
净载重量 (吨位)	Dead Weight Tonnage (ton)	57 346	37 580	65 549	38 870	69 080
载客量 (客位)	Passenger Capacity (seat)	13 439	10 248	16 521	10 765	16 704
功 率 (千瓦)	Drawing Power (kw)	71 649	40 485	77 655	41 147	80 328
客 船	Passenger Boat					
艘 数 (艘)	Number (unit)	538	416	545	316	623
载客量 (客位)	Passenger Capacity (seat)	10 253	7 562	13 318	7 562	15 013
功 率 (千瓦)	Drawing Power (kw)	19 420	14 398	22 466	14 398	24 813
客货船	Passenger Boat and Cargo Vessel					
艘 数 (艘)	Number (unit)	136	112	136	136	75
净载重量 (吨位)	Dead Weight Tonnage (ton)	1 011	812	668	668	187
载客量 (客位)	Passenger Capacity (seat)	3 186	2 686	3 203	3 203	1 691
功 率 (千瓦)	Drawing Power (kw)	5 678	4 256	4 918	4 918	2 871
货 船	Cargo Vessel					
艘 数 (艘)	Number (unit)	167	108	165	108	180
净载重量 (吨位)	Dead Weight Tonnage (ton)	54 803	35 642	57 040	37 076	59 537
功 率 (千瓦)	Drawing Power (kw)	46 155	21 435	49 875	21 435	52 248
拖 船	Tugboat					
艘 数 (艘)	Number (unit)	2	2	2	2	2
功 率 (千瓦)	Drawing Power (kw)	396	396	396	396	396
驳 船	Barge					
艘 数 (艘)	Number (unit)	2	2	2	2	2
净载重量 (吨位)	Dead Weight Tonnage (ton)	164	164	164	164	164

15-8 内河、湖泊主要港口吞吐量和码头泊位数(2010年)

Throughput and Number of Berths in Major Ports of Inland Rivers and Lakes (2010)

州 市	Region	旅客吞吐量(万人) Volume of Passenger Traffic (10 000 persons)	出港量 Export Volume	货物吞吐量(万吨) Volume of Freight Handled (10 000 tons)	出港量 Export Volume	生产用码头 Quay Line For Productive Use: 码头长度(米) Length of Quay Line (m)	泊位数(个) Number of Berths (unit)	最大靠泊能力(吨级) The Greatest Capacity (tons)
全省合计	**Total**	**928.3**	**473**	**419**	**356**	**9 060**	**192**	**500**
昆 明	Kunming	148	74	18	11	1 767	72	300
曲 靖	Qujing	142	71			1 310	10	200
玉 溪	Yuxi	6	3			214	5	300
昭 通	Zhaotong			298	280	900	17	500
丽 江	Lijiang	22	11			400	2	300
普 洱	Pu'er	72	36	16	10	890	17	300
临 沧	Lincang	42	21	18	9	706	16	50
楚 雄	Chuxiong	98	58	22	18	385	8	
文 山	Wenshan	72	36			330	8	
西双版纳	Xishuangbanna	4.3	2	32	19	773	5	300
大 理	Dali	240	120	3	2	1 135	24	300

15-9 主要年份交通运输客运量
Passenger Traffic in Significant Years

单位：万人 (10 000 persons)

年 份 Year	全省交通客运量总计 Passenger Traffic of Yunnan Province	铁 路 Railways	公 路 Highways	水 运 Waterways	民用航空 Civil Aviation
1978	3 941.0	1 267.0	2 534.0	31.0	8.9
1980	5 250.0	1 528.0	3 612.0	93.0	17.2
1985	9 393.0	1 509.0	7 735.0	126.0	23.0
1987	10 091.0	1 351.0	8 552.0	149.0	39.0
1988	10 551.0	1 444.0	8 864.0	211.0	32.0
1989	10 389.0	1 320.0	8 928.0	110.0	31.0
1990	10 702.0	1 016.0	9 475.0	177.0	34.0
1991	11 078.0	1 006.0	9 880.0	142.0	50.0
1992	10 565.0	1 086.0	9 277.0	119.0	83.0
1993	11 063.0	1 250.0	9 528.0	158.0	127.0
1994	25 163.0	1 359.0	23 518.0	141.0	145.8
1995	21 697.0	1 257.0	20 095.0	134.0	211.0
1996	23 904.0	1 119.0	22 397.1	135.2	253.0
1997	25 003.7	1 129.5	23 437.9	148.0	288.3
1998	29 863.0	1 295.0	28 048.0	189.0	331.1
1999	32 962.2	1 494.8	30 796.0	236.0	435.4
2000	33 704.0	1 531.6	31 586.0	241.0	345.0
2001	39 984.4	1 424.4	37 909.0	271.0	380.0
2002	38 879.6	1 391.6	36 726.0	369.0	393.0
2003	35 156.0	1 360.5	33 039.0	382.0	377.0
2004	38 902.0	1 524.0	36 502.0	412.0	464.0
2005	41 079.0	1 574.0	38 509.0	501.0	495.0
2006	43 844.0	1 840.0	40 861.0	544.0	599.1
2007	46 290.2	2 105.9	42 913.0	599.0	672.3
2008	34 827.4	2 432.0	31 157.0	639.0	599.4
2009	36 590.3	2 435.9	32 775.0	658.0	721.4
2010	40 422.8	2 708.0	36 230.0	731.0	753.8

注：1、公路客运量1993年前为运输系统统计数，1994年起为全社会统计数。
2、2008年公路客运量为全国专项调查数，与2007年口径不一致。
3、铁路客运量从2008年起调整口径。

Note: a. Before 1993,the data of highways passenger traffic were transportation system data, and since 1994, whole society statistics.
b.The data of highways passenger traffic of 2008 were the data of national special survey and the coverage is different from that of 2007.
c. The coverage of the railways passenger traffic statistics has been changed since 2008.

15-10 主要年份交通运输旅客周转量
Passenger-kilometers in Significant Years

单位：亿人公里 (100 million persons-km)

年 份 Year	全省交通旅客周转量总计 Passenger Traffic of Yunnan Province	铁 路 Railways	公 路 Highways	水 运 Waterways	民用航空 Civil Aviation
1978	24.25	9.92	13.89	0.12	0.32
1980	33.74	12.86	20.30	0.26	0.32
1985	72.84	19.56	52.53	0.32	0.43
1987	88.41	23.20	59.92	0.55	4.74
1988	93.46	23.91	64.81	0.57	4.17
1989	94.01	21.92	67.66	0.42	4.01
1990	87.67	17.22	65.77	0.46	4.22
1991	95.86	17.95	71.83	0.37	5.72
1992	99.98	20.29	69.89	0.34	9.46
1993	111.90	22.86	73.38	0.37	15.29
1994	146.87	24.41	101.77	0.33	20.36
1995	137.93	23.03	93.10	0.35	21.45
1996	149.94	20.57	102.40	0.37	26.61
1997	172.37	22.73	119.47	0.38	29.78
1998	189.85	24.76	131.80	0.58	32.71
1999	237.99	32.82	164.20	0.64	40.34
2000	237.94	31.35	171.20	0.78	34.57
2001	304.20	31.79	232.76	0.82	38.83
2002	281.60	30.50	210.10	0.90	40.10
2003	263.45	30.07	192.87	0.88	39.60
2004	317.76	37.30	227.21	0.91	52.34
2005	331.60	41.04	233.12	1.05	56.39
2006	362.40	47.22	247.71	1.17	66.30
2007	393.40	52.63	265.80	1.21	73.76
2008	411.89	66.61	272.98	1.54	70.76
2009	448.45	63.37	302.22	1.55	81.31
2010	523.64	80.73	352.10	1.78	89.03

注：1.公路旅客周转量1993年前为运输系统统计数，1994年起为全社会统计数。
2.2008年公路旅客周转量为全国专项调查数，与2007年口径不一致。
3.铁路旅客周转量从2008年起调整口径。

Note: a. Before 1993,the data of highways passenger-kilometers were transportation system data, and since 1994, whole society statistics.
b.The data of highways passenger-kilometers of 2008 were the data of national special survey and the coverage is different from that of 2007.
c. The coverage of the railways passenger traffic statistics has been changed since 2008.

15−11　主要年份交通运输货运量

Freight Traffic in Significant Years

单位：万吨　　(10 000 tons)

年　份 Year	全省货运量总计 Passenger Traffic of Yunnan Province	铁　路 Railways	公　路 Highways	水　运 Waterways	民用航空 Civil Aviation
1978	4 994	1 929	2 972	93	0.16
1980	4 758	2 106	2 587	65	0.22
1985	20 044	2 022	17 970	52	0.40
1987	21 583	2 308	19 184	91	0.50
1988	22 990	2 421	20 477	91	0.60
1989	30 822	2 541	28 189	91	1.00
1990	38 327	2 567	35 656	104	0.43
1991	30 834	2 577	28 165	91	0.63
1992	42 752	2 658	39 988	105	1.00
1993	35 704	2 718	32 869	115	1.84
1994	37 860	2 769	34 921	168	2.00
1995	38 400	2 829	35 446	123	2.40
1996	42 852	2 896	39 728	245	3.50
1997	46 782	2 904	43 716	157	5.60
1998	48 448	3 100	45 199	141	7.27
1999	50 781	3 287	47 368	118	7.75
2000	52 452	3 521	48 789	134	7.82
2001	53 199	3 859	49 189	142	8.63
2002	55 014	4 312	50 549	146	6.70
2003	58 664	4 634	53 864	160	6.10
2004	59 636	5 082	54 326	221	7.50
2005	62 246	5 300	56 702	236	7.93
2006	66 412	5 542	60 614	247	8.56
2007	71 829	6 021	65 537	262	8.74
2008	45 570	6 104	39 119	339	7.56
2009	47 455	5 945	40 765	345	7.74
2010	52 775	6 268	45 665	402	8.74

注：1.公路货运量从1984年起为国家统计局统一口径的全社会运量数。
2.2008年公路货运量为全国专项调查数，与2007年口径不一致。
3.铁路货运量从2008年起调整口径。
4.货运量总计从2009年起包括管道运输。

Note: a. Since 1984, the approach in computation of freight-traffic of highways has been included in total social count according to National Bureau of Statistics of China .
b.The data of highways freight traffic of 2008 were the data of national special survey and the coverage is different from that of 2007.
c.The coverage of the railways passenger traffic statistics has been changed since 2008.
d.Since 2009,data of shipments quantity have included that of pipeline transport.

15-12 主要年份交通运输货物周转量
Freight Ton-kilometers in Significant Years

单位：亿吨公里 (100 million tons-km)

年 份 Year	全省货物周转量总计 Passenger Traffic of Yunnan Province	铁 路 Railways	公 路 Highways	水 运 Waterways	民用航空 Civil Aviation
1978	62.34	43.52	18.57	0.24	0.01
1980	68.76	50.59	17.84	0.32	0.01
1985	154.11	64.83	88.73	0.50	0.05
1987	195.89	79.77	115.35	0.69	0.08
1988	208.05	82.78	124.44	0.75	0.08
1989	225.21	88.00	136.10	1.04	0.07
1990	260.67	93.91	166.10	0.59	0.07
1991	233.12	96.07	136.42	0.55	0.08
1992	275.85	100.92	173.92	0.88	0.13
1993	241.61	106.23	134.06	1.08	0.24
1994	295.08	107.86	185.99	0.98	0.26
1995	307.71	114.24	192.10	1.06	0.31
1996	352.44	122.24	228.53	1.23	0.44
1997	384.94	129.00	253.96	1.21	0.76
1998	416.18	141.08	273.12	0.96	1.02
1999	443.09	152.64	288.14	0.92	1.11
2000	479.52	180.76	296.65	0.98	1.13
2001	517.31	196.58	318.49	0.99	1.25
2002	551.20	215.80	333.20	1.20	1.00
2003	595.88	235.79	357.64	1.54	0.90
2004	628.39	260.01	365.08	2.12	1.18
2005	656.49	270.37	381.96	2.93	1.23
2006	692.21	277.21	409.46	4.22	1.32
2007	770.96	314.23	450.83	4.59	1.31
2008	811.15	336.20	468.63	5.16	1.16
2009	910.43	340.95	496.14	5.42	1.16
2010	990.50	358.31	548.53	6.91	1.29

注：1.公路货物周转量从1984年起为国家统计局统一口径的全社会数。
2.2008年公路货物周转量为全国专项调查数，与2007年口径不一致。
3.铁路货物周转量从2008年起调整口径。
4.货物周转量总计从2009年起包括管道运输。

Note: a. Since 1984, the approach in computation of freight-kilometers of highways has been included in total social count according to National Bureau of Statistics of China .
b.The data of highways freight ton-kilometers of 2008 were the data of national special survey and the coverage is different from that of 2007.
c.The coverage of the railways passenger traffic statistics has been changed since 2008.
d.Since 2009,data of shipments quantity have included that of pipeline transport.

15-13 主要年份货物运输平均运距

Average Transport Distance of Freight in Significant Years

单位：公里 (km)

年 份 Year	货物运输平均运距 Average Transport Distance of Freight	铁 路 Railways	公 路 Highways	水 运 Waterways	民用航空 Civil Aviation
1980	144.5	240.2	69.0	49.2	454.5
1985	194.0	320.6	88.6	96.2	1 250.0
1986	204.7	312.9	100.7	82.8	1 200.0
1987	237.5	345.6	119.7	75.8	1 600.0
1988	178.2	341.9	71.5	82.4	1 333.3
1989	73.1	346.3	48.3	114.0	1 444.1
1990	68.0	365.8	46.6	57.0	1 595.3
1991	75.6	372.8	48.4	60.4	1 269.8
1992	64.5	379.7	43.5	84.3	1 256.7
1993	67.7	390.0	40.8	93.9	1 304.3
1994	77.9	389.5	53.3	58.3	1 300.0
1995	80.1	403.8	54.2	86.2	1 291.7
1996	82.3	422.1	57.5	54.7	1 257.1
1997	82.3	444.2	58.1	77.2	1 358.2
1998	85.9	455.0	60.4	68.1	1 483.0
1999	87.3	464.4	60.8	78.0	1 793.5
2000	91.4	513.4	60.8	73.1	1 445.0
2001	97.2	509.4	64.7	69.7	1 448.4
2002	100.2	500.5	65.9	82.2	1 515.1
2003	101.6	508.8	66.4	96.3	1 475.4
2004	105.4	512.0	67.2	95.9	1 573.3
2005	105.5	510.1	67.4	124.2	1 551.1
2006	104.2	500.2	67.6	170.9	1 542.1
2007	107.3	521.9	68.8	175.2	1 498.9
2008	178.0	550.8	119.8	152.2	1 534.4
2009	190.6	573.5	121.7	157.1	1 498.7
2010	187.7	571.6	120.1	171.9	1 476.0

15-14 主要年份旅客运输平均运距

Average Transport Distance of Passengers in Significant Years

单位：公里 (km)

年 份 Year	旅客运输平均运距 Average Transport Distance of Passengers	铁 路 Railways	公 路 Highways	水 运 Waterways	民用航空 Civil Aviation
1980	64.3	84.2	56.2	28.0	186.0
1985	77.5	129.6	67.9	25.4	487.0
1986	78.1	151.7	64.3	36.4	1 174.2
1987	87.6	171.7	70.1	36.9	1 215.4
1988	88.6	165.6	73.1	27.0	1 303.1
1989	86.4	166.1	72.6	31.4	1 292.7
1990	81.9	169.5	69.4	25.9	1 240.4
1991	86.5	178.4	72.7	26.1	1 144.0
1992	88.4	186.9	75.3	28.6	1 139.4
1993	101.1	182.9	77.0	23.4	1 203.9
1994	116.4	179.6	73.6	23.4	1 396.4
1995	63.6	183.2	46.3	26.1	1 016.6
1996	62.7	183.8	45.7	27.4	1 051.8
1997	68.9	201.3	51.0	25.9	1 032.9
1998	63.6	191.3	47.0	30.7	987.9
1999	72.2	219.5	53.3	27.1	926.5
2000	70.6	204.7	54.2	32.4	1 002.0
2001	90.3	223.2	61.4	30.3	1 021.8
2002	72.4	219.2	57.2	24.3	1 019.1
2003	74.9	221.0	58.4	23.0	1 050.4
2004	82.0	244.0	62.0	22.0	1 128.0
2005	80.7	260.7	60.5	21.0	1 139.2
2006	82.7	256.6	60.6	21.5	1 106.7
2007	85.0	249.9	61.9	20.2	1 097.1
2008	118.3	273.9	87.6	24.1	1 180.5
2009	122.6	260.2	92.2	23.6	1 127.1
2010	129.5	298.1	97.2	24.4	1 181.1

15-15 全省铁路货物运输量(2009-2010年)

Railway Freight Traffic of Yunnan Province (2009-2010)

(按货类分) (by category of cargo)

品 种	Item	2009			2010		
		货运量(万吨) Freight Traffic (10 000 tons)	货物周转量(百万吨公里) Freight Ton-kilometers (1 000 000 tons-km)	平均运距(公里) Average Transport Distance (km)	货运量(万吨) Freight Traffic (10 000 tons)	货物周转量(百万吨公里) Freight Ton-kilometers (1 000 000 tons-km)	平均运距(公里) Average Transport Distance (km)
合 计	**Total**	**11 067**	**34 095**	**308**	**11 364**	**35 831**	**315**
煤	Coal	2 402	4 513	188	2 346	5 167	220
焦 炭	Coke	237	490	207	231	590	255
石 油	Petroleum	496	1 661	335	556	1 781	320
钢铁及有色金属	Steel and Nonferrous metal	1 476	5 098	345	1 653	5 670	343
金属矿石	Metal Ores	1 316	5 149	391	1 307	5 546	424
非金属矿石	Nonmetal Materials	170	777	456	124	471	380
磷矿石	Phosphate Mineral	421	1 367	325	531	1 680	316
矿建材料	Mineral Building Materials	341	1 190	349	354	1 319	373
水 泥	Cement	83	262	317	48	162	338
木 材	Timber	119	377	317	121	376	311
化肥农药	Chemical Fertilizers and pesticide	1 082	3 520	325	1 036	3 322	321
粮 食	Grain	269	784	291	348	1 009	290
棉 花	Cotton	1	4	358	1	4	371
盐	Salt	53	177	332	55	164	299
农副土特产品	Farm Crops	57	163	286	45	136	302
鲜活易腐货物	Goods of Live Animal and Putrescence	38	122	319	36	119	330
其 他	Others	2 506	8 441	337	2 572	8 315	323

注：2008年调整口径。
Note: The coverage was adjusted in 2008.

15-16 全省公路部门货物运输量(2009-2010年)

Highway Freight Traffic of Yunnan Province (2009-2010)

(按货类分) (by category of cargo)

品 种	Item	2009			2010		
		货运量(万吨) Freight Traffic (10 000 tons)	货物周转量(万吨公里) Freight Ton-kilometers (10 000 tons-km)	平均运距(公 里) Average Transport Distance (km)	货运量(万吨) Freight Traffic (10 000 tons)	货物周转量(万吨公里) Freight Ton-kilometers (10 000 tons-km)	平均运距(公 里) Average Transport Distance (km)
合 计	**Total**	**40 765**	**4 961 416**	**121.71**	**45 665**	**5 485 273**	**120.10**
煤炭及制品	Coal and Coal Products	6 116	799 139	130.66	6 090	736 272	120.90
石油、天然气及制品	Petroleum,Natrual gas and Products	1 031	215 325	208.85	2 827	257 732	91.20
钢 铁	Steel	1 826	276 961	151.68	1 969	304 486	154.60
金属矿石	Metal Ores	2 469	317 607	128.64	1 942	296 779	152.80
非金属矿石	Nonmetal Materials	2 098	152 388	72.63	1 942	213 309	109.80
磷矿石	Phosphate Mineral	614	51 710	84.22	703	52 891	75.20
矿物性建筑材料	Mineral Building Materials	5 364	240 616	44.86	3 004	264 685	88.10
水 泥	Cement	3 419	435 375	127.34	4 295	497 246	115.80
木 材	Timber	625	120 450	192.72	1 024	182 828	178.50
化肥农药	Chemical Fertilizers and pesticide	1 186	120 009	101.19	1 962	264 138	134.60
粮 食	Grain	1 079	101 319	93.90	1 996	222 655	111.60
盐	Salt	213	74 980	352.02	595	84 235	141.60
日用工业品	Daily Use Industrial Products	382	125 872	329.51	528	96 885	183.50
其 他	Others	14 957	1 981 375	132.47	17 491	1 282 527	73.30

15-17 全省民用航空运输基本情况(2006-2010年)
Principal Indicators of Civil Aviation of Yunnan Province (2006-2010)

指　　标	Item	2006	2007	2008	2009	2010
旅客发运量（人）	Passenger Traffic (person)	5 991 257	6 722 979	5 994 371	7 213 854	7 537 523
国际航线（人）	International Routes (person)	155 259	199 311	196 929	250 516	413 284
国内航线（人）	Domestic Routes (person)	5 772 253	6 523 668	5 797 442	6 963 338	7 024 793
地区航线（人）	Regional Routes (person)	63 745	79 424	63 682	86 703	99 446
货邮发运量（吨）	Freight Traffic (ton)	85 574	87 442	75 587	77 421	87 444
国际航线（吨）	International Routes (ton)	1 658	1 669	1 293	1 437	4 359
国内航线（吨）	Domestic Routes (ton)	83 474	85 773	74 294	75 984	83 085
地区航线（吨）	Regional Routes (ton)	442	533	477	247	227
旅客周转量（万人公里）	Passenger-tons (10 000 persons-km)	663 031	737 649	707 592	813 108	890 272
货邮周转量（万吨公里）	Freight Ton-kilometers (10 000 tons-km)	13 175	13 063	11 619	11 566	12 872
总周转量（万吨公里）	Total Air Traffic Ton-kilometers (10 000 tons-km)	72 250	78 708	74 674	83 957	92 059
起飞架次（架次）	Number of Flying Aircrafts (number)	65 774	73 408	68 444	78 730	80 014
飞行里程（万公里）	Distance of Flying (10 000 km)	6 549	7 029	7 001	7 845	8 148
飞行小时（小时）	Hours of Flying (hour)	107 942	120 616	122 379	133 992	141 660
飞行生产率（吨公里/小时）	Productivity of Flying (ton-km/h)	6 756	6 525	6 102	6 266	6 536
正班载运率（%）	Carry Rate of Aircrafts (%)	77.2	79.4	77.8	75.8	76.5
正班客座率（%）	Utilization Rate of Seats (%)	74.5	77.3	76.0	76.3	77.5

15-18 全省电信业务基本情况(2000-2010年)
Basic Conditions of Telecommunication Services of Yunnan Province (2000-2010)

年份 Year	电信业务总量（亿元） Business Volume of Telecommunication Services (100 million yuan)	移动短信业务量（亿条） Short Message Services (100 million messages)	移动电话年末用户（万户） Number of Mobile Telephone Subscribers at Year-end (10 000 subscribers)	固定电话年末用户（万户） Number of Fixed Telephone Subscribers at Year-end (10 000 subscribers)	城市电话用户 Number of Urban Fixed Telephone Subscribers	农村电话用户 Number of Rural Fixed Telephone Subscribers
2000	82.43		200.90	288.90	221.90	67.00
2001	93.40		338.50	359.90	276.20	83.70
2002	118.50	10.70	502.30	437.20	357.40	79.60
2003	151.45	24.90	628.40	483.20	226.50	114.90
2004	200.80	33.00	732.40	547.20	232.30	121.40
2005	253.60	55.90	898.80	597.70	444.00	153.80
2006	327.70	77.90	1 068.90	644.20	441.70	202.60
2007	458.30	134.00	1 346.40	628.70	237.90	210.00
2008	594.28	169.80	1 635.90	616.30	248.60	221.00
2009	655.25	222.06	1 936.38	583.12	267.29	205.38
2010	253.85	270.00	2 244.50	562.50	357.70	204.80

注:电信业务总量指标测算从2010起,执行工业和信息化部统一制定的“2010年不变单价”标准。

15-19 全省主要年份邮政业务基本情况

Basic Conditions of Postal Services of Yunnan Province in Significant Year

年份 Year / 州市 Region	营业网点(处) Number of Postal Offices (unit)	信筒信箱(个) Number of Postal Boxes (unit)	邮路总长度(公里) Length of Postal Routes (km)	汽车邮路 Highway Routes	铁路邮路 Railway Routes	农村投递路线(公里) Rural Delivery Routes (km)	邮政业务总量(亿元) Business Volume of Postal Services (100 million yuan)	函件(万件) Number of Letters (10 000 pcs)	报刊期发数(万份) Issue of Newspaper and Magazines (10 000 copies)
1978	1 698	2 359	260 761	25 494	5 101			5 571.57	224.08
1980	1 680	3 929	255 779	27 241	4 812			7 023.68	364.22
1985	1 684	4 647	50 015	29 261	5 395	180 490		9 496.54	639.24
1990	1 696	4 500	56 408	31 299	5 398	171 312		8 957.46	471.20
1991	1 691	4 599	55 001	31 846	5 103	171 377	1.00	9 378.72	597.30
1992	1 721	4 738	57 089	32 393	5 103	171 174	1.20	10 319.95	529.04
1993	1 711	4 558	57 361	32 348	5 106	171 023	1.50	12 658.39	532.64
1994	1 741	4 736	63 974	33 459	5 106	168 109	2.05	15 534.33	522.96
1995	1 779	4 786	65 564	34 948	5 106	170 883	2.17	16 024.08	484.57
1996	1 812	4 785	124 454	37 023	5 106	168 907	2.44	14 951.09	507.35
1997	1 894	4 696	125 504	37 685	5 099	168 414	2.64	14 467.20	596.55
1998	1 944	4 735	126 567	39 606	5 099	166 333	2.74	12 558.42	457.75
1999	1 912	4 763	127 612	41 593	5 104	166 673	3.00	10 798.30	640.20
2000	1 930	4 436	129 808	44 420	4 638	166 900	3.21	10 001.50	421.30
2001	1 893	4 538	135 276	51 427	4 666	164 655	7.60	8 876.10	459.20
2002	1 884	4 471	136 537	53 013	4 666	164 277	8.30	12 344.10	410.80
2003	1 891	4 487	136 365	52 855	4 638	165 196	8.52	9 969.30	328.90
2004	1 895	4 292	140 483	58 347	4 666	163 756	8.18	8 386.70	339.10
2005	1 879	4 013	145 971	66 382	4 666	165 455	8.60	7 957.40	317.60
2006	1 853	3 857	146 171	66 777	4 638	160 478	9.92	7 299.80	342.80
2007	1 794	3 936	168 727	67 477	10 375	161 377	11.10	6 695.60	264.50
2008	1 789	3 266	175 670	71 103	13 403	160 898	12.71	7 442.82	279.69
2009	1 736	3 315	172 714	70 151	13 533	159 859	14.74	6 516.11	305.00
2010	1 722	2 927	171 441	79 701	15 170	159 623	15.09	5 498.61	300.76
昆明 Kunming	274	374	117 913	29 135	15 031	11 842	5.11	2 787.16	106.91
曲靖 Qujing	148	216	4 300	3 821	139	17 305	1.18	447.64	21.99
玉溪 Yuxi	75	172	1 983	1 974		8 412	0.74	226.14	17.51
保山 Baoshan	81	157	3 431	3 384		10 210	0.58	166.89	12.00
昭通 Zhaotong	136	169	4 462	3 801		13 901	0.93	106.68	13.76
丽江 Lijiang	59	237	2 453	2 063		5 625	0.46	159.22	7.05
普洱 Pu'er	122	272	5 302	5 288		11 423	0.65	180.06	13.11
临沧 Lincang	92	117	3 822	3 760		10 561	0.48	123.56	8.20
楚雄 Chuxiong	132	204	5 375	4 836		16 395	0.62	175.86	17.32
红河 Honghe	178	363	5 618	5 139		15 474	1.25	247.39	22.58
文山 Wenshan	124	213	4 298	4 148		15 114	0.85	62.68	15.37
西双版纳 Xishuangbanna	47	55	3 332	3 304		1 282	0.52	555.66	9.34
大理 Dali	125	243	4 918	4 894		12 128	1.07	145.13	17.22
德宏 Dehong	67	96	1 732	1 732		4 265	0.39	76.11	8.51
怒江 Nujiang	31	39	779	699		3 170	0.13	12.25	6.39
迪庆 Diqing	31		1 723	1 723		2 516	0.13	26.20	3.52

注：1.邮路总长度1980年及以前是邮路及农村投递线路总长度之和。
2.营业网点不含代办点，1998年及以前年份的为邮电支局所(已剔除独立的电信局所)。
3.1990年及以前年份没有单独核算邮政业务量。

Note: a.Length of postal routes included the length of postal routes and rural delivery route in and before 1981.
b.Number of postal offices excluded the number of post sub-stations, while in and before 1998,the number of postal offics referred to postal and telcommunication offices (has excluded the independent telcommunication offices)
c.In and before 1990,the business volume of postal services was not calculated independently.

主要统计指标解释

铁路营业里程　又称营业长度（包括正式营业和临时营业里程），指办理客货运输业务的铁路正线总长度。凡是全线或部分建成双线及以上的线路，以第一线的实际长度计算；复线、站线、段管线、岔线和特殊用途线以及不计算运费的联络线都不计算营业里程。该指标可以反映铁路运输业基础设施的发展水平，也是计算客货周转量、运输密度和机车车辆运用效率等指标的基础资料。

公路里程　指在一定时期内实际达到《公路工程[WTBZ]技术标准 JTJ01-88》规定的等级公路，并经公路主管部门正式验收交付使用的公路里程数。包括大中城市的郊区公路以及通过小城镇街道部分的公路里程和桥梁、渡口的长度，不包括大中城市的街道、厂矿、林区生产用道和农业生产用道的里程。两条或多条公路共同经由同一路段，只计算一次，不得重复计算里程长度。该指标可以反映公路建设的发展规模，也是计算运输网密度等指标的基础资料。

内河航道里程　也称内河通航里程，指在一定时期内，能通航运输船舶及排筏的天然河流、湖泊水库、运河及通航渠道的长度。包括全年季节性通航累计三个月以上的航道，不包括仅供零散流放竹、木排的河道。该指标可以反映内河水运网的规模、水平和发展情况。

民用航空航线里程　指统计期间内全部民用航空航线的航线总长度。航线长度指民用航空航线的计费距离。计算航线里程可按重复和不重复两种方法，前者是指各航线长度相加的总和；后者则要扣除各航线之间相同航段重复计算的部分。

货(客)运量　指在一定时期内，各种运输工具实际运送的货物（旅客）数量。该指标是反映运输业为国民经济和人民生活服务的数量指标，也是制订和检查运输生产计划、研究运输发展规模和速度的重要指标。货运按吨计算，客运按人计算。货物不论运输距离长短、货物类别，均按实际重量统计。旅客不论行程远近或票价多少，均按一人一次客运量统计；半价票、小孩票也按一人统计。

货物（旅客）周转量　指在一定时期内，由各种运输工具运送的货物（旅客）数量与其相应运输距离的乘积之总和。该指标可以反映运输业生产的总成果，也是编制和检查运输生产计划，计算运输效率、劳动生产率以及核算运输单位成本的主要基础资料。计算货物周转量通常按发出站与到达站之间的最短距离，也就是计费距离计算。计算公式为：

货物（旅客）周转量=Σ（货物（旅客）运输量×运输距离）

邮电业务总量　指以货币形式表示的邮电企业为社会提供各类邮电服务的总数量，是用于观察邮电业务发展变化总趋势的综合性总量指标。分别按邮政业务总量和电信业务总量统计。邮电业务总量是以各类业务的实物量分别乘以相应的不变单价，得出各类业务的货币量再加总求得。

移动电话用户　指在电信运营企业营业网点办理开户登记手续，通过移动电话交换机进入移动电话网，占用移动电话号码的各类电话用户。包括 GSM 数字移动电话用户、CDMA 数字移动电话用户和电信运营企业发行的报告期末已激活充值的能异地漫游的各种智能卡用户。

固定电话用户　指在电信运营企业营业网点办理开户登记手续并已接入固定电话网上的全部电话用户。包括普通电话用户、公用电话用户、窄带综合业务数字网（N—ISDN）用户、智能网专用接入终端用户等。按行政区划分为城市电话用户和农村电话用户。

城市电话用户　指直辖市、省辖市、地级市、县级市的市区、市郊区及县城范围内接入局用交换机的电话用户。包括分布在农村地区县团级以上建制的独立工矿区、林区、驻军等电话用户。

农村电话用户　指县城关区以下的集镇和农村接入局用交换机的电话用户。

Explanatory Notes on Principal Statistical Indicators

Length of Railways in Operation refers to the total length of the trunk line under passenger and freight transportation (including both full operation and temporary operation). The calculation is based on the actual length of the first line even if this line has a full or partial double track or more tracks, excluding double tracks, station sidings, tracks under the charge of stations, branch lines, special purpose lines and the non payable connecting lines. The length of railways in operation is an important indicator to show the development of the infrastructure for the railway transport, and also the essential data to calculate volume of passenger freight transport, traffic density and utilization efficiency of the locomotives and carriages.

Length of Highways refers to the length of highways which are built in conformity with the grades specified by the highway engineering standard formulated by the Ministry of Communications, and have been formally checked and accepted by the departments of highways and put into use. The length of highways includes that of the suburb highways at large and medium sized cities, highways passing through streets at small cities and towns, and also the length of bridges and ferries. It does not include the length of streets in big and medium sized cities and highways built for the production purpose at factories, mines, forest areas and agricultural areas. If two or more highways go the same section of the way, the length of the section is only calculated for once and no duplication is allowed. The length of highways is an important indicator to show the development of the highway construction and to provide essential information to calculate the transport network density.

Length of Navigable Inland Waterways it is an indicator reflecting the size and development of inland water network, it refers to the length of the natural rivers, lakes, reservoirs, canals, and ditches open to navigation during a given period, which enables the transport by ships and rafts. It includes the channels open to navigation for over an accumulative 3 months in a year, yet this does not include the river courses, which are only used to float odd logs and bamboo rafts. This indicator can reflect the scale, level and development situation of the inland waterway network.

Length of Civil Aviation Routes refers to the length of all routes for regular civil aviation flights, which is used to account the freight, during the period of statistics. There are usually two ways to calculate the route length: duplicated calculation and non-duplicated calculation, the former is the sum of length of all civil aviation routes, and latter should deduct the duplication length of same route among all routes.

Freight (Passenger) Traffic refers to the volume of freight (passenger) transported with various means. The freight (passenger) traffic provides a quantitative measure to show how the transport industry serves the national economy and people, and is also an important indicator for planning the transport industry and for studying the development scale and speed of the transport industry. Freight transport is calculated in tons and passenger traffic is calculated in the number of persons. Despite the type of freight and traveling distance, the freight transport is calculated in the actual weight of the goods, and despite the traveling distance and ticket price, the passenger traffic is calculated by the principle that one person can be counted only once in one travel. The passengers who travel with a half price ticket or a child ticket is also calculated as one person.

Freight Ton-kilometres (Passenger-kilometres) refer to the sum of the products of the volume of transported cargo (passengers) multiplying by the transport distance. It is an important indicator to reflect the achievement of transportation industry. Normally, the shortest distance between the departure station and the destination station (i.e., the payable distance) is the basis to calculate the freight ton-kilometers. This is an important indicator to show the total results of the transport industry, to prepare and examine the transport plan and to measure the efficiency, the labour productivity and the unit cost of transport. The formula is as follows:

$$\begin{matrix}\text{Freight ton-kilometres}\\\text{(passenger-kilometres)}\end{matrix} = \sum \begin{matrix}\text{freight}\\\text{(passenger)traffic}\end{matrix} \times \begin{matrix}\text{distance of}\\\text{transportation}\end{matrix}$$

Business Volume of Post and Telecommunications refers to the total amount of post and telecommunication services, expressed in value terms, provided by the post and telecommunications departments for the society. This indicator reflects the overall results of development of postal and telecommunication services. It can be classified as postal services and telecommunication services. Business Volume of Post and Telecommunications is the sum of all services in kind multiplying with the unit price(constant price) to get the total business value.

Mobile Telephone Subscribers refer to the persons who have gone through registration procedures in the operation points of enterprises engaged in telecommunications and are hence connected with the mobile telephone communication network through the mobile telephone switchboards and occupy mobile phone numbers. Included are GSM digital mobile phone subscribers and CDMA digital mobile phone subscribers and subscribers to intelligent phone cards with roaming facility issued by telecommunications enterprises and which have been subscribed to and achieved at the end of the reference period.

Local telephone Subscribers refer to all subscribers who have gone through registration procedures in the operation points of enterprises engaged in telecommunication and are hence connected to the local telecommunication service providers through fixed line network .Included are general subscribers, public telephone subscribers, N-ISDN subscribers and intelligent network terminal subscribers. They are also classified in terms of administrative districts as urban telephone subscribers and rural telephone subscribers according to location.

Urban Telephone Subscribers refer to number of telephone subscribers, located at municipalities, cities under the jurisdiction of province, cities at prefecture level, downtown and suburb of city at county level town and county towns (including country towns where county government located, and towns of county level according to the administrative organizational system), that are connected to the public line telephone network, including rural mineral area, forest area, military area.

Rural Telephone Subscribers refer to telephone subscribers, located at counties (towns) and villages outside the range of cities according to administrative jurisdiction.

Chapter 16

十六、批发和零售业

Wholesale and Retail Trades

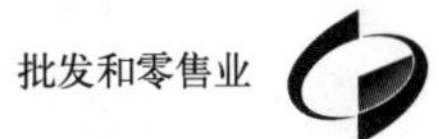

16-1 全省主要年份流通业基本情况

Basic Statistics on Circulation of Commodities of Yunnan Province in Significant Year

类 别	Category	2005	2007	2008	2009	2010
全省限额以上法人企业（个）	**Corporate Enterprises Above Designated Size (unit)**	**1 699**	**1 671**	**2 004**	**2 017**	**2 445**
批发和零售业	Wholesale and Retail Trades	1 121	1 070	1 518	1 512	1 842
住宿业	Hotels	501	518	359	373	423
餐饮业	Catering Services	77	83	127	132	180
全省限额以上企业从业人员(人)	**Employed Persons in Enterprises Above Designated Size (person)**	**114 627**	**194 831**	**201 244**	**216 383**	**262 103**
批发和零售业	Wholesale and Retail Trades	104 087	134 555	140 368	147 160	173 938
住宿业	Hotels	46 414	48 171	46 676	52 153	59 676
餐饮业	Catering Services	10 540	12 105	14 200	17 070	28 489
全省批发和零售业（万元）	**Wholesale and Retail Trade (10 000 yuan)**					
商品购进总额	Total Purchases	18 941 809	21 848 437	27 278 834	26 623 843	36 770 863
商品销售总额	Total Sales	28 674 631	34 268 420	46 992 238	48 472 695	62 291 567
商品库存总额	Total Inventory	2 653 376	3 301 892	4 697 399	5 628 745	7 000 602
全省社会消费品零售总额(万元)	**Total Retail Sales of Consumer Goods (10 000 yuan)**	**10 412 856**	**14 225 692**	**17 647 385**	**20 510 638**	**25 001 442**
按销售单位所在地分	**Grouped by Location of Marketing Establishments**					
城镇	Urban Areas	8 091 858	11 115 261	13 870 125	16 227 394	19 927 240
#城区	Cities	5 682 997	7 868 177	9 855 304	12 550 239	15 518 463
乡村	Rural Areas	2 320 997	3 110 431	3 777 260	4 283 244	5 074 202
按行业分	**Grouped by Sector**					
批发和零售业	Wholesale and Retail Trades	8 296 197	10 939 781	13 517 741	16 261 549	20 235 376
住宿和餐饮业	Hotels and Catering Services	1 565 350	2 368 703	3 067 647	3 048 191	3 628 226
按经济成分分	**Grouped by Type of Economic Ownership**					
公有制经济	Public Ownership Economy	1 889 299	2 488 861	3 059 286	3 352 403	4 353 459
#国有经济	Of Which: State-owned Economy	1 175 769	1 659 757	1 983 689	2 236 159	3 591 131
非公有制经济	Non-public Ownership Economy	8 523 557	11 736 830	14 588 099	17 158 235	20 647 983
#私有经济	Of Which: Private Ownership Economy	6 646 152	9 873 509	12 072 336	14 407 168	18 436 130

注：1. 2008年数据为第二次经济普查数据，统计口径与非普查年份有差异；2009年起购销存数据包括达到限额标准的个体户。
2. 限额以上住宿业的统计口径，2008年后为年主营业务收入200万元以上的企业，2007年及以前的为评为星级的住宿企业。
3. 2005—2008年零售额相关数据根据2008年第二次经济普查结果有所调整。
4.零售额按行业分为其中数，未包括其他行业数据。

Note: a.Data of 2008 are that of the Second Economic Census,and the statistical coverage of 2008 differs from that of years without census. Buying,selling and stocking data of 2009 include that of individual-employed people up to limited standards.
b. The calculating standard of business of star-rated hotels in 2008 are enterprises of revenue from principal business above 2 million Yuan, while in 2007, the star-rated hotels.
c.Relevant data of retail sales from year 2005 to 2008 have been adjusted according to the Second Economic Census held in 2008.
d.Data of retail Sales are that of each Sector under retail trades,exclude data of other Sector.

16-2 1978-2010年社会消费品零售总额

Historical Total Retail Sales of Consumer Goods (1978-2010)

单位：万元 (10 000 yuan)

年 份 Year	社会消费品零售总额 Total Retail Sales of Consumer Goods	城镇 Urban Areas	# 城区 Cities	乡村 Rural Areas	按行业分 Grouped by Sector 批发零售贸易业 Wholesale and Retail Trades	住宿餐饮业 Hotels and Catering Services
1978	283 811	187 446	69 328	96 365		
1979	326009	203 643	84 874	122 366		
1980	379 641	243 548	107 937	136 093		
1985	844 463	543 781	315 367	300 682		
1986	919 066	580 765	303 496	338 301		
1987	1 025 522	657 636	339 423	367 886		
1988	1 355 679	891 321	462 446	464 358		
1989	1 421 534	941 041	499 802	480 493		
1990	1 455 944	975 761	524 397	480 183		
1991	1 637 515	1 117 296	598 973	520 219		
1992	2 045 994	1 440 476	809 999	605 518		
1993	2 619 032	1 952 001	1 176 212	667 031		
1994	3 049 700	2 287 811	1 420 495	761 889		
1995	3 695 537	2 774 734	1 722 962	920 803		
1996	4 141 796	3 090 086	1 920 664	1 051 710		
1997	4 670 654	3 532 457	2 275 987	1 138 197		
1998	5 000 868	3 825 333	2 562 627	1 175 535		
1999	5 389 506	4 130 444	2 833 712	1 259 062	4 630 655	617 778
2000	5 831 702	4 483 634	3 092 810	1 348 068	4 935 311	748 688
2001	6 407 957	4 936 509	3 434 096	1 471 448	5 338 230	901 006
2002	7 112 500	5 503 663	3 846 051	1 608 837	5 855 717	1 066 086
2003	7 824 580	6 057 472	4 252 620	1 767 108	6 354 201	1 246 322
2004	9 153 100	7 101 990	4 989 624	2 051 110	7 320 700	1 345 500
2005	10 412 855	8 091 858	5 682 997	2 320 997	8 296 197	1 565 350
2006	12 047 537	9 388 222	6 597 452	2 659 316	9 631 611	1 812 279
2007	14 225 691	11 115 261	7 868 177	3 110 431	10 939 781	2 368 703
2008	17 647 385	13 870 125	9 855 304	3 777 260	13 517 741	3 067 647
2009	20 510 637	16 227 394	12 550 239	4 283 244	16 261 549	3 048 191
2010	25 001 441	19 927 240	15 518 463	5 074 202	20 235 376	3 628 226

注：2005-2008年零售额相关数据根据2008年第二次经济普查结果有所调整。
Note:Relevant data of retail sales from 2005 to 2008 have been adjusted according to the Second Economic Census held in 2008.

16–3 各州市社会消费品零售总额(2010年)

Total Retail Sales of Consumer Goods by Region (2010)

单位：万元 (10 000 yuan)

州 市	Region	社会消费品零售总额 Total Retail Sales of Consumer Goods	按销售单位所在地分 Grouped by Location of Marketing Establishments			按行业分 Grouped by Sector	
			城镇 Urban Areas	# 城区 Cities	乡村 Rural Areas	批发零售贸易业 Wholesale and Retail Trades	住宿餐饮业 Hotels and Catering Services
全省合计	**Total**	**25 001 442**	**19 927 240**	**15 518 463**	**5 074 202**	**20 235 376**	**3 628 226**
昆　明	Kunming	10 601 922	10 091 521	9 306 015	510 401	8 990 375	1 611 547
曲　靖	Qujing	2 328 024	1 560 986	1 089 715	767 039	2 010 776	317 248
玉　溪	Yuxi	1 415 277	1 071 615	785 445	343 662	1 158 034	257 243
保　山	Baoshan	843 578	562 970	356 068	280 609	717 101	126 478
昭　通	Zhaotong	1 056 653	727 399	383 570	329 254	931 581	125 072
丽　江	Lijiang	454 984	300 712	110 482	154 272	336 779	118 205
普　洱	Pu'er	726 620	569 529	198 087	157 091	600 574	126 046
临　沧	Lincang	725 787	490 944	359 916	234 843	585 874	139 914
楚　雄	Chuxiong	1 319 345	956 840	519 608	362 506	1 079 804	144 945
红　河	Honghe	1 534 684	1 206 468	626 779	328 216	1 244 881	289 803
文　山	Wenshan	1 436 429	901 442	174 576	534 987	1 164 054	272 375
西双版纳	Xishuangbanna	506 003	361 444	204 197	144 560	434 235	71 768
大　理	Dali	1 421 032	1 045 519	732 887	375 513	1 201 096	219 936
德　宏	Dehong	543 613	398 102	306 366	145 511	467 472	76 141
怒　江	Nujiang	148 659	97 389	73 257	51 269	125 048	23 611
迪　庆	Diqing	209 872	126 703	24 509	83 169	188 625	21 247

注：分地区不等于全省合计数。
Note: The sum of the data of various regions is not equal to the provincial total.

16–3 续表 continued

单位：万元 (10 000 yuan)

州 市	Region	按经济成分分 Grouped by Type of Ownership			
		公有制经济 Public Ownership Economy	国有经济 Of Which: State-owned Economy	非公有制经济 Non-public Ownership Economy	私有经济 Of Which: Private Ownership Economy
全省合计	**Total**	**4 353 459**	**3 591 131**	**20 647 983**	**18 436 130**
昆　明	Kunming	1 443 501	1 164 068	9 158 421	6 005 416
曲　靖	Qujing	542 773	315 268	1 785 251	1 437 918
玉　溪	Yuxi	275 927	216 342	1 139 349	891 071
保　山	Baoshan	209 079	190 157	634 499	568 629
昭　通	Zhaotong	224 784	221 453	831 870	819 643
丽　江	Lijiang	30 555	18 963	424 429	384 758
普　洱	Pu'er	83 933	60 148	642 686	631 786
临　沧	Lincang	98 288	77 052	627 499	522 314
楚　雄	Chuxiong	195 117	157 635	1 124 229	1 075 182
红　河	Honghe	566 751	506 585	967 934	724 944
文　山	Wenshan	197 373	137 868	1 239 057	1 190 346
西双版纳	Xishuangbanna	94 303	81 782	411 700	290 513
大　理	Dali	290 862	247 981	1 130 171	876 401
德　宏	Dehong	73 483	61 788	470 130	449 435
怒　江	Nujiang	27 078	23 879	121 580	75 570
迪　庆	Diqing	72 069	57 302	137 802	133 695

16-4 限额以上批发和零售业商品购进、销售、库存总额(2010年)

单位：万元

类　别	Category	法人企业数(个) Number of Corporate Enterprises (unit)	产业活动单位和个体户数(个) Number of Industrial Activity Entities and self-employed Entities
全省总计	**Total**	**1 842**	**248**
批发业	**Wholesale Trade**	**897**	**18**
按登记注册类型分	**Grouped by Status of Registration**		
内资企业	Domestic-funded Enterprises	884	11
国有企业	State-owned Enterprises	64	2
集体企业	Collective-owned Enterprises	29	
股份合作企业	Joint Stock Cooperative Enterprises	8	
联营企业	Joint Ownership Enterprises	4	
有限责任公司	Limited Liability Companies	206	1
股份有限公司	Incorporated Corporations	41	6
私营企业	Private Enterprises	526	2
其他企业	Other Enterprises	6	
港澳台商投资企业	Enterprises Invested by Hong Kong, Macao and Taiwan	8	
外商投资企业	Foreign-funded Enterprises	5	
按国民经济行业分	**Grouped by Sector**		
农畜产品批发业	Wholesale of Farm and Livestock Products	28	1
食品、饮料及烟草制品批发业	Wholesale of Food, Beverages and Tobaccos	104	4
米、面制品及食用油批发业	Wholesale of Rice, Flour and Edible Oil	34	
饮料及茶叶批发	Wholesale of Beverages and Tea	21	
烟草制品批发业	Wholesale of Tobaccos	17	
纺织、服装及日用品批发业	Wholesale of Textiles, Garments and Daily Consumer Articles	19	1
文化、体育用品及器材批发业	Wholesale of Culture, Sports Appliances and Equipments	12	
医药及医疗器材批发业	Wholesale of Medicines and Medical Appliances	83	
矿产品、建材及化工产品批发业	Wholesale of Mineral Products, Building Materials and Chemical Products	482	9
煤炭及制品批发业	Wholesale of Coal and Related Products	48	
石油及制品批发业	Wholesale of Petrolem and Related Products	34	1
金属及金属矿批发业	Wholesale of Metal Materials	193	4
建材批发业	Wholesale of Building Materials	39	2
化肥批发业	Wholesale of Chemical Fertilizer	83	1
其他化工产品批发	Wholesale of Other Chemical Products	75	
机械设备、五金交电及电子产品批发业	Wholesale of Machinery, Hardware and Electronic Products	125	3
汽车、摩托车及零配件批发业	Wholesale of Motor Vehicles, Motorcycles and Parts	24	1
家用电器批发业	Wholesale of Household Electrical Appliances	12	
计算机、软件及辅助设备批发业	Wholesale of Computer, Software and Assistant Appliances	20	
其他机械设备及电子产品批发	Wholesale of Machinery and Electronic Products	45	
贸易经纪与代理	Trade Broker and Agency	2	
其他批发业	Other Wholesale Trades	42	

Total Purchases, Sales and Inventory of Enterprises above Designated Size in Wholesale and Retail Trades (2010)

(10 000 yuan)

从业人员数(人) Number of Employed Persons (persons)	购进总额 Total Purchases		销售总额 Total Sales				年末库存总额 Inventory at Year-end	年末零售营业面积(平方米) Retail Operational Area at Year-end (sq.m)
		进口 Imports	合计 Total	批发 Wholesale	出口 Outputs	零售 Retail		
173 938	**36 770 863**	**1 767 675**	**43 545 439**	**32 898 670**	**1 093 891**	**10 646 769**	**7 000 602**	**5 876 069**
74 683	**28 259 782**	**1 584 086**	**33 234 182**	**31 978 888**	**1 091 352**	**1 255 294**	**5 953 130**	**1 314 325**
72 753	27 907 079	1 479 673	32 867 221	31 625 890	1 079 866	1 241 331	5 898 228	1 313 325
31 258	9 860 201	390 391	12 852 343	12 684 867	299 843	167 475	2 446 438	144 238
1 089	136 838	10 142	143 213	137 317	2 697	5 896	19 079	5 059
190	27 238	8	38 133	34 921		3 212	19 884	450
242	151 208		138 935	137 553		1 383	27 828	
12 749	7 887 304	194 659	7 037 906	6 944 559	64 495	93 347	2 285 602	33 410
8 029	1 320 219	19 282	3 580 787	2 936 758	94 587	644 029	101 352	1 080 929
19 019	8 476 069	865 191	9 027 583	8 707 153	618 245	320 430	991 734	49 239
177	48 003		48 322	42 762		5 559	6 310	
1 183	104 955		125 237	124 598	3 244	639	4 368	
336	204 825	104 413	197 510	197 510	8 242		47 421	
1 985	3 622 363	613 485	2 481 619	2 476 616	10 150	5 002	1 762 013	142 333
30 824	6 965 602	66 888	9 583 509	9 450 985	52 363	132 525	2 547 434	21 264
1 943	353 737		340 733	333 165		7 568	228 725	7 282
2 359	709 251	52 035	602 267	493 348	9 285	108 919	219 587	13 110
25 029	5 319 545		8 026 762	8 021 243		5 519	2 060 666	632
506	196 059	198	192 005	180 005	132 526	12 000	11 855	
554	228 711	2 895	222 297	214 494	3 746	7 803	98 932	600
8 830	1 591 677	6 257	1 764 678	1 723 316	27 380	41 362	167 779	19 802
22 620	11 332 569	394 954	14 313 134	13 322 150	248 072	990 984	868 905	1 122 177
1 731	781 268	2 662	867 622	818 394		49 228	38 019	486
7 826	1 669 573	10 341	4 030 582	3 222 283	37 231	808 299	67 978	1 076 294
4 534	5 722 603	328 164	6 097 093	6 083 506	20 931	13 588	433 062	40
880	867 915	29 202	916 211	829 571	6 938	86 640	78 326	4 254
4 133	1 066 102	6 971	1 100 604	1 076 407	44 241	24 197	126 921	30 803
3 045	1 144 346	17 608	1 209 805	1 204 736	138 634	5 069	121 082	10 000
7 115	2 052 289	123 754	2 238 484	2 174 784	309 302	63 700	284 909	7 149
951	264 668		363 749	334 732	14 421	29 017	49 078	2 150
1 547	336 383	105	353 050	352 007	13 321	1 043	55 897	
754	171 098		172 286	155 266		17 020	14 377	756
2 559	938 077	123 483	1 014 867	1 014 784	199 504	83	119 809	846
103	380 113	160 662	368 947	368 947	94 505		55 320	
2 146	1 890 399	214 994	2 069 509	2 067 591	213 308	1 918	155 983	1 000

16-4 续表

单位：万元

类　别	Category	法人企业数(个) Number of Corporate Enterprises (unit)	产业活动及个体户数(个) Number of Industnial Activity Entities and Self-employed Entities
零售业	**Retail Trade**	**945**	**230**
按登记注册类型分	**Grouped by Status of Registration**		
内资企业	Domestic Funded Enterprises	919	17
国有企业	State-owned Enterprises	72	6
集体企业	Collective-owned Enterprises	26	1
股份合作企业	Joint Stock Cooperative Enterprises	23	1
有限责任公司	Limited Liability Companies	214	1
股份有限公司	Incorporated Corporations	31	
私营企业	Private Enterprises	540	8
其他企业	Other Enterprises	13	
港澳台商投资企业	Enterprises Invested by Hong Kong, Macao and Taiwan	14	1
外商投资企业	Foreign-funded Enterprises	12	
按国民经济行业分	**Grouped by Sector**		
综合零售业	Integrated Retail	181	70
百货零售业	Retail of General Merchandise	65	28
超级市场零售业	Retail of Supermarkets	75	29
食品、饮料及烟草制品专门零售业	Retail of Food, Beverages and Tobaccos	74	66
纺织、服装及日用品专门零售业	Retail of Textiles, Garments and Daily Consumer Articles	10	9
服装零售业	Retail of Garments	6	6
文化、体育用品及器材专门零售业	Retail of Culture, Sports Appliances and Equipments	53	3
图书零售业	Retail of Books	38	
医药及医疗器材专门零售业	Retail of Medicines and Medical Equipments	53	5
药品零售业	Retail of Medicines	52	5
汽车、摩托车、燃料及零配件专门零售	Retail of Motor Vehicles, Motorcycles,Fuel and Parts	416	30
汽车零售业	Retail of Motor Vehicles	304	8
摩托车及零配件零售	Retail of Motorcycle and Parts	50	6
机动车燃料零售业	Retail of Fuel of Motor Vehicles	55	16
家用电器及电子产品专门零售业	Special Retail of Household Electric Appliances and Electronic Products	115	24
家用电器零售业	Retail of Household Electric Appliances	43	18
计算机、软件及辅助设备零售业	Retail of Computer, Software and Assistant Appliances	56	3
通讯设备零售业	Retail of Communication Equipments	15	3
五金、家具及室内装修材料专门零售业	Special Retail of Hardware, Furniture and Decoration Materials	10	19
无店铺及其他零售业	Non-shop and Other Retails	33	4
其他未列明的零售	Other Retail Trades not Listed Here	21	1
各州市限额以上批发和零售业			
昆　明	Kunming	751	7
曲　靖	Qujing	172	60
玉　溪	Yuxi	116	12
保　山	Baoshan	54	7
昭　通	Zhaotong	57	3
丽　江	Lijiang	40	3
普　洱	Pu'er	63	59
临　沧	Lincang	31	26
楚　雄	Chuxiong	62	10
红　河	Honghe	126	16
文　山	Wenshan	91	17
西双版纳	Xishuangbanna	63	1
大　理	Dali	81	15
德　宏	Dehong	111	12
怒　江	Nujiang	8	
迪　庆	Diqing	16	

continued

(10 000 yuan)

从业人员数(人) Number of Employed Persons (persons)	购进总额 Total Purchases	进口 Imports	销售总额 Total Sales 合计 Total	批发 Wholesale	出口 Outputs	零售 Retail	年末库存总额 Inventory at Year-end	年末零售营业面积(平方米) Retail Operational Area at Year-end (sq.m)
99 255	**8 511 081**	**183 589**	**10 311 257**	**919 782**	**2 540**	**9 391 475**	**1 047 473**	**4 561 744**
80 598	7 081 716	181 420	8 676 285	811 735	478	7 864 550	824 980	3 703 646
5 664	875 668		912 056	103 040		809 016	48 094	235 460
1 746	43 743	113	69 049	3 763		65 286	4 231	46 922
789	93 033		98 479	22 400		76 079	8 313	75 659
28 029	2 209 389	72 144	2 522 699	151 365		2 371 334	312 543	1 299 957
4 587	785 360		1 427 560	218 506		1 209 054	31 207	136 717
39 382	3 048 994	109 163	3 620 095	312 637	478	3 307 458	419 355	1 894 594
401	25 528		26 347	24		26 323	1 238	14 337
3 048	622 958		779 510	83 226		696 283	65 165	125 673
6 041	543 871	2 170	571 905	1 100		570 805	117 690	345 345
33 027	1 476 087	868	1 720 801	96 672		1 624 129	252 140	1 469 478
11 985	633 012	352	854 843	55 095		799 748	81 612	611 131
17 482	703 126	516	713 785	9 738		704 047	147 852	669 857
5 828	309 251	7 474	344 559	24 460		320 100	85 414	511 961
1 871	90 257		152 958	54 165		98 793	37 698	42 668
1 684	82 104		142 400	51 173		91 227	31 961	38 704
8 983	327 529		374 868	74 516		300 352	111 262	268 531
5 360	173 497		172 807	11 386		161 420	41 442	181 972
14 551	338 376		452 993	89 236		363 757	62 065	385 311
14 483	333 266		447 884	84 264		363 620	62 065	384 890
23 813	5 325 586	174 906	6 426 503	492 933	258	5 933 570	422 179	1 330 912
15 334	3 662 394	173 491	4 095 336	118 551		3 976 785	353 249	989 392
1 143	85 386		87 546	20 806		66 740	16 550	35 228
7 130	1 560 286	113	2 224 448	352 665		1 871 782	47 955	294 996
6 894	485 552	342	652 894	41 746		611 149	61 763	317 886
3 190	233 033	342	360 188	5 593		354 595	35 251	271 070
1 953	176 995		216 096	31 810		184 286	18 153	17 881
1 735	72 261		73 594	3 389		70 205	8 059	28 796
1 375	56 028		62 675	3 623		59 052	7 890	158 577
2 913	102 416		123 006	42 433	2 281	80 573	7 063	76 420
658	53 383		61 208	19 359		41 849	3 616	40 095
75 754	20 539 379		25 215 448				2 464 836	2 643 764
14 362	1 953 438		2 836 884				549 298	974 210
12 087	4 785 895		4 222 646				1 819 132	282 230
7 249	841 443		753 139				189 932	128 999
5 198	858 092		1 006 266				180 568	69 879
3 429	531 825		618 778				112 450	144 408
5 649	623 076		775 204				83 275	146 834
2 617	335 367		525 921				66 069	72 238
6 167	843 286		1 051 012				247 266	99 053
13 797	1 185 509		1 423 854				381 376	358 231
8 956	840 239		961 183				164 807	318 607
4 208	638 416		687 566				81 772	129 858
8 310	1 200 284		1 886 446				221 743	303 802
3 828	846 517		933 056				65 772	123 276
539	51 102		64 583				192 913	35 820
1 788	696 995		583 455				179 394	44 860

16-5 限额以上批发和零售业商品销售情况(2009-2010年)

Total Sales of Enterprises above Designated Size in Wholesale and Retail Trades by Category of Commodities (2009-2010)

单位：万元 (10 000 yuan)

类　别	Category	销售额合计 Sales		批　发 Wholesale Trade		零　售 Retail Trade	
		2009	2010	2009	2010	2009	2010
全省总计	**Total**	**31 074 368**	**38 954 320**	**24 154 522**	**29 983 916**	**6 919 847**	**8 970 404**
食品、饮料、烟酒类	Food,Beverages,Tobacco and Liquor	5 825 894	7 240 853	5 193 735	6 503 162	632 158	737 691
粮油类	Grain and Oil	568 279	764 935	380 472	534 203	187 807	230 732
肉禽蛋类	Meat,Poultry and Eggs	70 661	84 490	16 873	10 607	53 788	73 883
其他食品类	Other Foodstuffs	667 959	846 984	472 216	623 675	195 743	223 309
饮料类	Beverages	103 025	119 062	46 773	55 031	56 252	64 032
烟酒类	Tobacco and Liquor	4 415 971	5 425 382	4 277 402	5 279 647	138 569	145 735
服装、鞋帽、针、纺织品类	Clothing, Footwerw, Headgear, Kaitting and Textiles	462 039	579 291	91 786	126 611	370 253	452 680
服装类	Clothing	309 547	379 435	27 527	35 613	282 020	343 822
鞋帽类	Footwear and Headgear	71 057	83 986	10 288	10 965	60 769	73 022
针、纺织类	Knitting and Textile	81 435	115 870	53 971	80 033	27 464	35 836
化妆品类	Cosmetics	114 350	133 247	20 149	22 672	94 201	110 575
金银珠宝类	Gold,Silver and Jewelry	194 023	214 918	77 679	62 297	116 343	152 621
日用品类	Articles for Daily Use	235 285	337 628	89 520	148 796	145 765	188 831
洗涤用品类	Washing Articles	118 256	160 858	47 388	74 404	70 867	86 454
儿童玩具类	Children Toys	10 489	11 443	284	210	10 205	11 233
五金、电料类	Hardware and Electrical Materials	102 691	120 357	82 129	96 606	20 562	23 751
体育、娱乐用品类	Sports and Recreation Articles	32 040	44 425	6 798	9 129	25 243	35 297
书报杂志类	Newspapers and Magazines	226 331	313 452	109 838	148 366	116 493	165 086
电子出版物及音像制品类	E-journals and Audio-visual Products	26 235	28 496	21 384	23 132	4 850	5 365

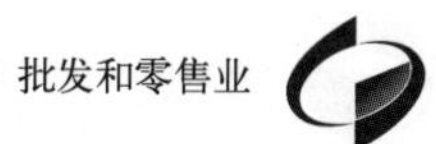

16-5 续表 continued

单位：万元 (10 000 yuan)

类 别	Category	销售合计 Sales 2009	2010	批 发 Wholesale Trade 2009	2010	零 售 Retail Trade 2009	2010
家用电器和音像器材类	Household Appliances and Audio-visual Equipment	907 207	818 194	555 414	406 554	351 793	411 640
中西药品类	Traditional Chinese and Western Medicines	1 642 464	1 910 716	1 350 034	1 549 250	292 430	361 466
西药	Western Medicine	1 409 271	1 666 058	1 164 906	1 361 120	244 365	304 938
中草药及中成药	Herban Medicine and Traditional Chinese Medicines Products	188 200	192 028	153 786	156 095	34 414	35 933
文化办公用品类	Cultural Goods and Office Stationary	350 506	389 387	218 733	236 573	131 773	152 814
家具类	Furniture	18 845	21 011	4 233	3 997	14 612	17 015
通讯器材类	Communication Equipment	213 638	204 209	117 863	107 602	95 775	96 607
煤炭及制品类	Coal and Related Products	552 001	831 200	546 690	808 788	5 311	22 412
木材及制品类	Timber and Related Products	31 714	48 074	31 714	48 074		
石油及制品类	Petroleum and Related Products	3 799 903	5 678 099	2 158 540	3 421 125	1 641 363	2 256 974
化工材料及制品类	Chemical Industrial Materials and Related Products	2 081 331	2 467 504	2 081 331	2 467 504		
化肥类	Fertilizer	935 488	957 404	935 488	957 404		
金属材料类	Metal Materials	4 171 499	5 933 539	4 171 499	5 933 539		
建筑及装潢材料类	Building and Decoration Materials	369 941	322 184	352 739	307 310	17 203	14 874
机电产品及设备类	Mechanical and Electric Products and Equipment	953 367	1 143 028	863 420	1 008 673	89 948	134 355
农机类	Agricultural Machinary	54 319	59 176	54 319	59 176		
汽车类	Automobiles	3 135 637	4 086 617	477 356	587 428	2 658 281	3 499 189
种子饲料类	Seeds and Forage	74 029	75 926	74 029	75 926		
棉麻类	Cotton and Hemp	8 278	10 103	8 216	9 909	62	194
其他类	Others	5 545 121	6 001 863	5 449 693	5 870 894	95 429	130 969

16–6 限额以上批发和零售业企业财务状况(2010年)

单位：万元

类　别	Category	企业数（个） Number of Enterprises (unit)
全省总计	**Total**	**1 842**
批发业	**Wholesale Trade**	**897**
# 国有及国有控股	Of Which: State-owned and State-holding	125
按登记注册类型分	**Grouped by Status of Registration**	
内　资	Domestic Funded Enterprises	884
国　有	State-owned	64
集　体	Collective-owned	29
股份合作	Cooperative	8
联营企业	Joint Ownership	4
有限责任公司	Limited Liability Corporations	206
股份有限公司	Share-holding Corporations Ltd.	41
私营企业	Private-funded Enterprises	526
其　他	Others	6
港澳台商投资企业	Enterprises with Funds from Hong Kong,Macao and Taiwan	8
外商投资企业	Share-holding Corporations Ltd. with Foreign Investment	5
按国民经济行业分	**Grouped by Sector**	
农畜产品批发业	Wholesale of Farm and Livestock Products	28
食品、饮料及烟草制品批发业	Wholesale of Food, Beverages and Tobaccos	104
米、面制品及食用油批发业	Wholesale of Rice, Flour and Edible Oil	34
饮料及茶叶批发	Wholesale of Beverages and Tea	21
烟草制品批发业	Wholesale of Tobaccos	17
纺织、服装及日用品批发业	Wholesale of Textiles, Garments and Daily Consumer Articles	19
文化、体育用品及器材批发业	Wholesale of Culture, Sports Appliances and Equipments	12
医药及医疗器材批发业	Wholesale of Medicines and Medical Appliances	83
矿产品、建材及化工产品批发业	Wholesale of Mineral Products, Building Materials and Chemical Products	482
煤炭及制品批发业	Wholesale of Coal and Related Products	48
石油及制品批发业	Wholesale of Petrolem and Related Products	34
金属及金属矿批发业	Wholesale of Metal Materials	193
建材批发业	Wholesale of Building Materials	39
化肥批发业	Wholesale of Chemical Fertilizer	83
其他化工产品批发	Wholesale of Other Chemical Products	75
机械设备、五金交电及电子产品批发业	Wholesale of Machinery, Hardware and Electronic Products	125
汽车、摩托车及零配件批发业	Wholesale of Motor Vehicles, Motorcycles and Parts	24
家用电器批发业	Wholesale of Household Electrical Appliances	12
计算机、软件及辅助设备批发业	Wholesale of Computer, Software and Assistant Appliances	20
其他机械设备及电子产品批发	Wholesale of Machinery and Electronic Products	45
贸易经纪与代理	Trade Broker and Agency	2
其他批发业	Other Wholesale Trades	42

Financial Indicators of Enterprises above Designated Size of Wholesales and Retail Trades (2010)

(10 000 yuan)

年末资产负债 Assets and Liabilities at Year-end					
流动资产合计 Total Working Capitals	固定资产原价 Original Value of Fixed Assets	本年折旧 Depreciation in the Year	资产合计 Total Assests	负债合计 Total Liabilities	所有者权益合计 Total Owners' Equities
19 133 471	**3 180 272**	**174 592**	**23 780 456**	**16 238 571**	**7 541 885**
15 843 372	**2 161 717**	**113 653**	**19 112 258**	**13 121 672**	**5 990 587**
9 717 765	1 736 940	90 875	11 853 403	7 133 995	4 719 408
15 718 654	2 151 739	112 818	18 975 058	13 008 902	5 966 156
6 333 459	1 296 515	68 939	7 673 194	3 874 134	3 799 060
41 743	15 423	218	63 129	50 962	12 167
9 092	4 062	177	13 757	8 418	5 338
30 203	5 830	255	46 624	23 107	23 517
4 441 565	264 491	13 010	5 084 927	4 255 716	829 211
492 447	334 707	17 096	1 036 813	564 686	472 127
4 350 436	229 623	13 081	5 035 124	4 212 514	822 610
19 709	1 087	43	21 491	19 366	2 125
37 163	3 051	225	44 784	34 960	9 825
87 555	6 927	610	92 416	77 810	14 606
2 263 484	70 908	3 431	2 321 604	2 155 224	166 380
5 319 104	1 178 133	61 152	6 611 341	3 199 388	3 411 954
311 418	62 281	1 627	420 379	331 637	88 742
117 485	10 747	5 592	431 444	234 252	197 192
4 662 918	1 077 275	53 391	5 486 942	2 410 276	3 076 666
46 429	1 707	98	48 663	45 101	3 562
161 872	15 901	977	204 837	115 275	89 562
703 571	70 064	2 906	824 696	578 306	246 390
4 536 020	662 636	36 039	5 950 138	4 766 546	1 183 592
433 476	47 349	3 425	512 293	425 164	87 129
240 889	377 774	20 238	950 642	439 454	511 188
2 415 045	76 321	4 930	2 708 834	2 373 995	334 839
492 730	18 333	1 057	579 653	538 959	40 694
375 086	67 740	2 132	481 491	388 561	92 931
549 955	59 366	3 810	673 584	570 608	102 976
1 565 090	55 028	4 080	1 736 154	1 387 090	349 064
120 968	10 255	805	140 370	115 754	24 616
616 354	2 508	199	619 168	494 724	124 444
57 230	1 666	111	65 581	48 374	17 207
691 205	36 145	2 673	825 571	662 805	162 766
382 793	408	46	388 438	371 208	17 230
865 009	106 933	4 924	1 026 388	503 534	522 854

16−6 续表1

单位：万元

类　别	Category	营业收入合计 Total Business Revenue
全省总计	**Total**	**39 782 857**
批发业	**Wholesale Trade**	**30 325 568**
# 国有及国有控股	Of Which: State-owned and State-holding	17 803 757
按登记注册类型分	**Grouped by Status of Registration**	
内　资	Domestic Funded Enterprises	30 005 723
国　有	State-owned	11 556 450
集　体	Collective-owned	137 116
股份合作	Cooperative	35 070
联营企业	Joint Ownership	124 234
有限责任公司	Limited Liability Corporations	6 465 075
股份有限公司	Share-holding Corporations Ltd.	3 211 226
私营企业	Private-funded Enterprises	8 428 919
其　他	Others	47 633
港澳台商投资企业	Enterprises with Funds from Hong Kong,Macao and Taiwan	124 850
外商投资企业	Share-holding Corporations Ltd. with Foreign Investment	194 995
按国民经济行业分	**Grouped by Sector**	
农畜产品批发业	Wholesale of Farm and Livestock Products	2 218 461
食品、饮料及烟草制品批发业	Wholesale of Food, Beverages and Tobaccos	8 680 525
米、面制品及食用油批发业	Wholesale of Rice, Flour and Edible Oil	344 935
饮料及茶叶批发	Wholesale of Beverages and Tea	600 022
烟草制品批发业	Wholesale of Tobaccos	7 178 509
纺织、服装及日用品批发业	Wholesale of Textiles, Garments and Daily Consumer Articles	160 417
文化、体育用品及器材批发业	Wholesale of Culture, Sports Appliances and Equipments	162 791
医药及医疗器材批发业	Wholesale of Medicines and Medical Appliances	1 576 825
矿产品、建材及化工产品批发业	Wholesale of Mineral Products, Building Materials and Chemical Products	13 091 751
煤炭及制品批发业	Wholesale of Coal and Related Products	891 093
石油及制品批发业	Wholesale of Petrolem and Related Products	3 649 769
金属及金属矿批发业	Wholesale of Metal Materials	5 437 413
建材批发业	Wholesale of Building Materials	843 276
化肥批发业	Wholesale of Chemical Fertilizer	1 078 883
其他机械设备及电子产品批发	Wholesale of Other Chemical Products	1 104 061
机械设备、五金交电及电子产品批发业	Wholesale of Machinery, Hardware and Electronic Products	2 116 728
汽车、摩托车及零配件批发业	Wholesale of Motor Vehicles, Motorcycles and Parts	336 796
家用电器批发业	Wholesale of Household Electrical Appliances	362 278
计算机、软件及辅助设备批发业	Wholesale of Computer, Software and Assistant Appliances	154 957
其他机械设备及电子产品批发	Wholesale of Machinery and Electronic Products	963 203
贸易经纪与代理	Trade Broker and Agency	365 611
其他批发业	Other Wholesale Trades	1 952 460

continued

(10 000 yuan)

损益及分配 Losses,Profits and Distribution						
# 主营业务收入 Revenue from Principal Business	主营业务成本 Cost of Principal Business	主营业务税金及附加 Taxes and Other Charges on Principal Business	主营业务利润 Profits from Principal Business	营业费用 Expenses on Business	管理费用 Expenses on Management	财务费用 Expenses on Finance
39 391 788	**35 126 604**	**233 297**	**4 044 133**	**1 466 550**	**815 505**	**115 689**
30 050 381	**26 769 128**	**209 275**	**3 108 753**	**1 003 431**	**584 036**	**65 639**
17 575 127	14 958 328	187 673	2 424 111	690 546	431 109	- 8 060
29 730 904	26 485 617	209 189	3 072 873	983 668	577 720	66 019
11 369 906	9 253 732	176 036	1 940 309	494 610	352 093	- 19 605
136 674	126 590	206	9 878	4 027	2 770	932
35 007	31 746	25	3 235	1 126	712	112
123 580	117 923	88	5 570	2 000	1 244	757
6 426 699	6 037 561	11 771	382 998	178 709	86 646	28 920
3 188 214	2 890 665	3 948	295 568	101 455	43 790	5 220
8 405 097	7 988 340	17 079	428 685	200 264	89 868	49 664
45 726	39 060	36	6 630	1 478	598	19
124 692	103 979	48	20 665	12 823	2 405	433
194 785	179 531	39	15 215	6 940	3 911	- 814
2 209 397	2 138 495	1 086	69 008	47 218	16 267	4 270
8 491 972	6 475 852	177 343	1 874 280	453 759	329 135	- 16 384
340 173	327 743	450	12 150	10 324	9 898	5 128
598 363	518 858	240	114 861	12 572	12 474	2 325
6 999 369	5 104 990	176 252	1 718 127	419 467	301 720	- 28 489
159 398	157 346	82	1 970	1 956	1 024	171
161 715	145 117	698	15 900	8 919	3 449	1 233
1 575 381	1 394 832	2 927	177 622	95 564	25 608	4 526
13 042 810	12 360 220	20 844	663 828	279 354	129 326	70 256
889 802	829 239	2 849	57 714	25 577	8 730	8 048
3 631 206	3 320 162	4 030	309 243	111 015	37 538	5 364
5 423 623	5 263 632	4 941	153 158	74 056	34 403	32 302
839 404	811 894	597	26 764	10 564	12 333	11 381
1 072 206	1 027 403	2 849	43 901	27 026	16 589	4 635
1 101 510	1 030 277	5 387	65 795	27 609	17 502	7 937
2 098 141	1 965 439	2 814	129 888	63 605	45 154	2 240
335 531	320 302	255	14 975	8 251	4 805	372
361 470	339 458	332	21 680	9 960	3 260	- 56
153 306	147 409	251	5 646	3 438	1 885	452
949 425	875 885	1 816	71 725	31 162	31 422	1 063
365 567	334 947	415	30 206	21 974	2 759	292
1 946 000	1 796 882	3 066	146 051	31 082	31 314	- 964

16-6 续表2

单位：万元

类别	Category	营业利润 Profits from Business
全省总计	**Total**	**1 582 472**
批发业	**Wholesale Trade**	**1 322 546**
# 国有及国有控股	Of Which: State-owned and State-holding	1 237 506
按登记注册类型分	**Grouped by Status of Registration**	
内资	Domestic Funded Enterprises	1 311 995
国有	State-owned	1 116 064
集体	Collective-owned	2 563
股份合作	Cooperative	1 344
联营企业	Joint Ownership	2 223
有限责任公司	Limited Liability Corporations	79 328
股份有限公司	Share-holding Corporations Ltd.	61 583
私营企业	Private-funded Enterprises	44 329
其他	Others	4 561
港澳台商投资企业	Enterprises with Funds from Hong Kong,Macao and Taiwan	5 161
外商投资企业	Share-holding Corporations Ltd. with Foreign Investment	5 389
按国民经济行业分	**Grouped by Sector**	
农畜产品批发业	Wholesale of Farm and Livestock Products	4 121
食品、饮料及烟草制品批发业	Wholesale of Food, Beverages and Tobaccos	1 023 947
米、面制品及食用油批发业	Wholesale of Rice, Flour and Edible Oil	- 9 822
饮料及茶叶批发	Wholesale of Beverages and Tea	4 626
烟草制品批发业	Wholesale of Tobaccos	1 020 389
纺织、服装及日用品批发业	Wholesale of Textiles, Garments and Daily Consumer Articles	- 348
文化、体育用品及器材批发业	Wholesale of Culture, Sports Appliances and Equipments	3 036
医药及医疗器材批发业	Wholesale of Medicines and Medical Appliances	53 177
矿产品、建材及化工产品批发业	Wholesale of Mineral Products, Building Materials and Chemical Products	113 092
煤炭及制品批发业	Wholesale of Coal and Related Products	16 347
石油及制品批发业	Wholesale of Petrolem and Related Products	66 557
金属及金属矿批发业	Wholesale of Metal Materials	18 897
建材批发业	Wholesale of Building Materials	- 5 015
化肥批发业	Wholesale of Chemical Fertilizer	240
其他机械设备及电子产品批发	Wholesale of Other Chemical Products	14 614
机械设备、五金交电及电子产品批发业	Wholesale of Machinery, Hardware and Electronic Products	31 991
汽车、摩托车及零配件批发业	Wholesale of Motor Vehicles, Motorcycles and Parts	2 688
家用电器批发业	Wholesale of Household Electrical Appliances	9 187
计算机、软件及辅助设备批发业	Wholesale of Computer, Software and Assistant Appliances	630
其他机械设备及电子产品批发	Wholesale of Machinery and Electronic Products	17 611
贸易经纪与代理	Trade Broker and Agency	5 222
其他批发业	Other Wholesale Trades	88 309

continued

(10 000 yuan)

损益及分配 Losses,Profits and Distribution				工资、福利、增值税 Wages,Welfare and Value Added Tax		
利润总额 Total Profits	应交所得税 Income Tax Payable	劳动、失业保险费 Charges on Labor and Unemployment Insurance	住房公积金和住房补贴 Housing Accumulation Fund and Housing Subsidies	本年应付工资总额 Total Wages Payable	本年应付福利费总额 Total Welfare Payable	本年应交增值税 Value Added Tax Payable
1 764 781	**431 121**	**10 124**	**35 988**	**569 755**	**37 824**	**779 579**
1 529 770	**387 781**	**7 957**	**32 144**	**369 915**	**26 455**	**624 746**
1 420 893	364 155	6 764	30 621	277 039	22 046	483 219
1 519 024	385 546	7 537	31 967	364 039	26 286	620 348
1 288 631	344 825	6 077	26 609	235 144	17 881	416 209
975	162	30	63	2 026	104	1 294
1 168	220	4	2	482	37	286
2 355	313	59	33	882	78	480
95 137	17 555	938	3 402	58 228	4 373	81 750
70 847	9 667	243	1 585	19 605	1 333	36 450
59 215	12 629	185	264	46 889	2 414	83 545
697	174	2	9	784	65	333
5 287	1 063	238	69	4 048	37	3 471
5 459	1 172	182	108	1 827	133	927
5 121	496	54	993	10 902	829	14 459
1 202 070	323 038	5 858	24 661	234 918	17 344	384 016
3 464	293	85	331	5 760	444	1 523
4 206	1 594	9	39	13 104	190	20 031
1 189 971	320 450	5 754	24 194	212 271	16 625	360 648
- 315	11	7	8	749	3	1 421
4 781	509	11	182	2 534	121	5 218
58 360	8 019	129	435	22 017	1 808	36 296
120 522	21 523	1 009	3 245	57 907	3 447	129 312
5 106	1 157	41	136	5 706	131	11 957
65 419	8 407	373	1 453	17 008	1 078	62 051
27 383	6 033	80	600	12 789	749	34 498
- 3 425	510	13	121	2 912	277	8 563
9 359	1 954	166	577	10 169	772	4 880
15 068	3 150	270	313	8 191	410	6 685
41 632	8 393	779	808	29 172	1 626	21 987
2 928	699	114	63	3 643	208	2 939
9 934	1 688	367	75	5 838	174	3 554
816	247	14	19	2 061	103	946
25 784	5 340	267	627	14 485	1 013	11 784
3 998	17	5	88	1 039	48	31
93 600	25 776	106	1 723	10 678	1 230	32 005

16–6 续表3

单位：万元

类　别	Category	企业数（个）Number of Enterprises (unit)
零售业	**Retail Trade**	**945**
# 国有及国有控股	Of Which: State-owned and State-holding	105
按登记注册类型分	**Grouped by Status of Registration**	
内　资	Domestic Funded Enterprises	919
国　有	State-owned	72
集　体	Collective-owned	26
股份合作	Cooperative	23
联营企业	Joint Ownership	
有限责任公司	Limited Liability Corporations	214
股份有限公司	Share-holding Corporations Ltd.	31
私营企业	Private-funded Enterprises	540
其　他	Others	13
港澳台商投资企业	Enterprises with Funds from Hong Kong,Macao and Taiwan	14
外商投资企业	Share-holding Corporations Ltd. with Foreign Investment	12
按国民经济行业分	**Grouped by Sector**	
综合零售业	Integrated Retail	181
百货零售业	Retail of General Merchandise	65
超级市场零售业	Retail of Supermarkets	75
食品、饮料及烟草制品专门零售业	Retail of Food, Beverages and Tobaccos	74
纺织、服装及日用品专门零售业	Retail of Textiles, Garments and Daily Consumer Articles	10
服装零售业	Retail of Garments	6
文化、体育用品及器材专门零售业	Retail of Culture, Sports Appliances and Equipments	53
图书零售业	Retail of Books	38
医药及医疗器材专门零售业	Retail of Medicines and Medical Equipments	53
药品零售业	Retail of Medicines	52
汽车、摩托车、燃料及零配件专门零售业	Retail of Motor Vehicles, Motorcycles,Fuel and Parts	416
汽车零售业	Retail of Motor Vehicles	304
摩托车及零配件零售业	Retail of Motorcycle and Parts	50
机动车燃料零售业	Retail of Fuel of Motor Vehicles	55
家用电器及电子产品专门零售业	Special Retail of Household Electric Appliances and Electronic Prod	115
家用电器零售业	Retail of Household Electric Appliances	43
计算机、软件及辅助设备零售业	Retail of Computer, Software and Assistant Appliances	56
通讯设备零售业	Retail of Communication Equipments	15
五金、家具及室内装修材料专门零售业	Special Retail of Hardware, Furniture and Decoration Materials	10
无店铺及其他零售业	Non-shop and Other Retails	33
其他未列明的零售业	Other Retail Trades not Listed Here	21
各州市限额以上批发和零售业		
昆　明	Kunming	751
曲　靖	Qujing	172
玉　溪	Yuxi	116
保　山	Baoshan	54
昭　通	Zhaotong	57
丽　江	Lijiang	40
普　洱	Pu'er	63
临　沧	Lincang	31
楚　雄	Chuxiong	62
红　河	Honghe	126
文　山	Wenshan	91
西双版纳	Xishuangbanna	63
大　理	Dali	81
德　宏	Dehong	111
怒　江	Nujiang	8
迪　庆	Diqing	16

continued

(10 000 yuan)

年末资产负债 Assets and Liabilities at Year-end					
流动资产合计 Total Working Capitals	固定资产原价 Original Value of Fixed Assets	本年折旧 Depreciation in the Year	资产合计 Total Assests	负债合计 Total Liabilities	所有者权益合计 Total Owners' Equities
3 290 099	**1 018 555**	**60 939**	**4 668 198**	**3 116 899**	**1 551 299**
373 315	261 320	11 278	747 572	272 083	475 488
2 828 439	920 269	52 043	4 098 665	2 777 140	1 321 525
233 316	113 862	5 660	402 585	148 346	254 239
13 944	7 888	136	27 241	18 814	8 427
11 022	11 082	420	21 581	13 689	7 892
1 029 483	331 435	14 178	1 482 740	1 056 546	426 194
77 895	121 241	4 902	260 885	87 417	173 468
1 459 145	333 139	26 715	1 897 792	1 449 579	448 213
3 634	1 624	31	5 841	2 748	3 093
288 029	33 284	2 446	336 453	197 916	138 537
173 632	65 002	6 451	233 080	141 844	91 237
709 543	307 175	18 287	1 099 563	803 101	296 462
457 700	148 072	7 932	637 077	506 670	130 408
219 367	96 550	9 141	325 184	210 885	114 299
110 009	50 448	1 606	173 926	112 954	60 973
92 878	5 649	403	103 492	61 934	41 558
83 385	4 940	387	93 653	51 889	41 764
205 005	137 755	12 980	317 024	157 285	159 739
87 168	56 421	2 272	133 124	86 596	46 529
174 303	33 886	2 775	236 392	150 222	86 169
171 081	33 683	2 775	232 399	146 379	86 020
1 739 482	406 714	22 239	2 384 894	1 598 067	786 828
1 434 388	163 864	11 848	1 719 734	1 375 133	344 601
36 393	5 430	329	43 607	34 125	9 481
255 697	235 440	9 946	607 365	177 823	429 543
200 557	42 125	1 029	252 564	177 677	74 887
123 131	35 222	491	162 252	112 339	49 913
46 573	4 193	237	56 369	38 546	17 823
28 830	2 606	299	31 905	25 052	6 853
17 767	9 606	475	24 488	12 759	11 729
40 557	25 197	1 146	75 855	42 901	32 954
24 389	11 015	614	42 688	26 447	16 241
11 622 109	1 177 344	76 301	13 694 972	10 327 676	3 367 296
1 143 256	297 483	14 732	1 401 208	716 403	684 805
2 916 553	305 895	15 665	3 189 649	2 449 041	740 608
265 982	103 776	4 622	389 487	199 125	190 363
349 219	127 151	6 437	472 691	233 646	239 046
245 064	62 887	3 509	376 064	294 120	81 944
195 641	78 938	4 979	292 684	154 320	138 365
88 875	56 866	3 374	149 512	77 691	71 820
436 103	157 955	9 218	624 942	330 469	294 473
559 030	286 680	11 106	934 860	340 680	594 180
450 066	124 883	6 845	584 416	259 665	324 751
156 184	88 226	3 674	250 544	131 129	119 415
425 903	244 335	10 086	756 562	375 798	380 763
200 832	41 737	2 290	252 233	164 852	87 381
16 032	15 053	628	30 690	12 079	18 610
62 622	11 064	1 125	379 943	171 877	208 066

16-6 续表4

单位：万元

类别	Category	营业收入合计 Total Business Revenue
零售业	**Retail Trade**	**9 457 290**
# 国有及国有控股	Of Which: State-owned and State-holding	2 362 906
按登记注册类型分	**Grouped by Status of Registration**	
内资	Domestic Funded Enterprises	8 221 913
国有	State-owned	829 278
集体	Collective-owned	63 913
股份合作	Cooperative	92 171
联营企业	Joint Ownership	
有限责任公司	Limited Liability Corporations	2 423 721
股份有限公司	Share-holding Corporations Ltd.	1 398 423
私营企业	Private-funded Enterprises	3 389 252
其他	Others	25 155
港澳台商投资企业	Enterprises with Funds from Hong Kong,Macao and Taiwan	714 740
外商投资企业	Share-holding Corporations Ltd. with Foreign Investment	520 637
按国民经济行业分	**Grouped by Sector**	
综合零售业	Integrated Retail	1 456 354
百货零售业	Retail of General Merchandise	719 006
超级市场零售业	Retail of Supermarkets	619 452
食品、饮料及烟草制品专门零售业	Retail of Food, Beverages and Tobaccos	240 438
纺织、服装及日用品专门零售业	Retail of Textiles, Garments and Daily Consumer Articles	120 162
服装零售业	Retail of Garments	113 139
文化、体育用品及器材专门零售业	Retail of Culture, Sports Appliances and Equipments	351 317
图书零售业	Retail of Books	162 332
医药及医疗器材专门零售业	Retail of Medicines and Medical Equipments	405 399
药品零售业	Retail of Medicines	400 424
汽车、摩托车、燃料及零配件专门零售业	Retail of Motor Vehicles, Motorcycles,Fuel and Parts	6 142 367
汽车零售业	Retail of Motor Vehicles	3 920 397
摩托车及零配件零售业	Retail of Motorcycle and Parts	80 716
机动车燃料零售业	Retail of Fuel of Motor Vehicles	2 114 143
家用电器及电子产品专门零售业	Special Retail of Household Electric Appliances and Electronic Products	579 515
家用电器零售业	Retail of Household Electric Appliances	306 903
计算机、软件及辅助设备零售业	Retail of Computer, Software and Assistant Appliances	199 007
通讯设备零售业	Retail of Communication Equipments	71 027
五金、家具及室内装修材料专门零售业	Special Retail of Hardware, Furniture and Decoration Materials	50 923
无店铺及其他零售业	Non-shop and Other Retails	110 814
其他未列明的零售业	Other Retail Trades not Listed Here	61 755
各州市限额以上批发和零售业		
昆明	Kunming	22 907 796
曲靖	Qujing	2 764 482
玉溪	Yuxi	3 786 279
保山	Baoshan	747 737
昭通	Zhaotong	893 606
丽江	Lijiang	597 944
普洱	Pu'er	581 992
临沧	Lincang	479 545
楚雄	Chuxiong	940 973
红河	Honghe	1 432 137
文山	Wenshan	832 197
西双版纳	Xishuangbanna	621 845
大理	Dali	1 703 426
德宏	Dehong	844 370
怒江	Nujiang	65 074
迪庆	Diqing	583 455

continued

(10 000 yuan)

损益及分配 Losses,Profits and Distribution						
# 主营业务收入 Revenue from Principal Business	主营业务成本 Cost of Principal Business	主营业务税金及附加 Taxes and Other Charges on Principal Business	主营业务利润 Profits from Principal Business	营业费用 Expenses on Business	管理费用 Expenses on Management	财务费用 Expenses on Finance
9 341 407	**8 357 477**	**24 022**	**935 380**	**463 119**	**231 469**	**50 050**
2 345 229	2 138 468	6 867	177 281	92 993	33 837	4 130
8 132 196	7 328 416	23 022	756 229	375 134	204 086	48 276
822 318	738 033	1 257	60 579	33 653	13 490	1 936
62 269	56 590	160	5 318	4 017	1 749	376
92 030	86 647	300	4 904	2 309	1 934	268
2 389 213	2 103 924	7 884	276 735	131 484	84 977	16 805
1 391 763	1 298 879	4 965	87 919	41 938	11 777	1 873
3 349 463	3 022 969	8 384	317 109	161 050	89 400	26 926
25 141	21 375	73	3 666	683	760	92
708 675	619 607	247	88 821	32 766	14 297	1 745
500 536	409 453	754	90 329	55 220	13 086	29
1 417 580	1 186 551	5 161	224 644	113 531	67 858	8 680
695 719	586 170	2 982	106 059	42 279	42 447	7 277
606 492	501 365	1 585	102 826	64 820	21 064	723
233 680	208 004	305	25 318	13 028	8 364	2 593
119 858	84 872	165	34 821	20 613	1 692	2 405
112 850	78 909	114	33 828	19 687	1 651	2 312
345 451	234 201	2 612	108 248	32 474	37 628	5 897
157 875	112 197	1 085	44 203	18 235	18 952	189
401 297	301 161	1 857	97 811	67 155	15 969	1 672
396 325	297 432	1 854	96 571	67 137	15 810	1 672
6 103 167	5 697 753	10 039	372 982	170 519	81 374	27 202
3 903 632	3 657 403	4 377	241 651	97 243	63 237	23 029
80 405	74 236	107	6 063	3 752	1 533	376
2 102 282	1 950 340	5 546	124 204	68 664	16 132	3 581
560 119	507 741	1 965	50 413	38 473	12 847	1 066
298 296	265 679	1 006	31 611	26 769	5 516	439
196 537	183 847	382	12 309	6 340	4 734	335
62 707	55 857	573	6 278	5 364	2 531	292
50 662	45 598	352	4 712	2 635	527	89
109 595	91 597	1 568	16 430	4 691	5 210	447
61 204	48 632	1 480	11 093	2 875	3 661	316
22 756 981	20 711 044	73 489	1 972 448	760 654	374 372	90 470
2 711 567	2 279 374	27 599	404 594	130 280	73 801	2 536
3 749 357	3 470 216	11 970	267 171	109 847	57 065	1 110
743 380	595 983	9 857	137 541	41 855	22 859	1 852
877 432	739 988	16 244	120 815	42 758	35 702	301
592 223	530 894	7 126	54 204	24 670	21 281	5 980
568 239	474 579	8 783	84 878	35 287	21 075	1 442
471 960	321 091	6 915	143 497	23 571	15 282	587
915 666	748 325	11 407	154 280	54 594	33 723	1 687
1 407 345	1 181 614	21 356	203 376	76 714	53 195	2 165
810 477	697 208	10 112	102 264	47 623	24 306	1 370
619 669	571 457	4 970	43 242	17 757	11 791	967
1 676 706	1 473 201	14 125	193 979	69 945	42 638	1 731
842 615	797 156	5 518	39 941	17 571	13 028	1 903
64 716	51 407	1 185	12 124	4 382	3 576	177
583 455	483 069	2 642	109 780	9 044	11 813	1 411

16-6 续表5

单位：万元

类别	Category	营业利润 Profits from Business
零售业	**Retail Trade**	**259 927**
# 国有及国有控股	Of Which: State-owned and State-holding	52 955
按登记注册类型分	**Grouped by Status of Registration**	
内资	Domestic Funded Enterprises	182 161
国有	State-owned	13 583
集体	Collective-owned	- 85
股份合作	Cooperative	658
联营企业	Joint Ownership	
有限责任公司	Limited Liability Corporations	73 050
股份有限公司	Share-holding Corporations Ltd.	32 496
私营企业	Private-funded Enterprises	60 288
其他	Others	2 170
港澳台商投资企业	Enterprises with Funds from Hong Kong,Macao and Taiwan	45 391
外商投资企业	Share-holding Corporations Ltd. with Foreign Investment	32 375
按国民经济行业分	**Grouped by Sector**	
综合零售业	Integrated Retail	61 179
百货零售业	Retail of General Merchandise	28 884
超级市场零售业	Retail of Supermarkets	27 709
食品、饮料及烟草制品专门零售业	Retail of Food, Beverages and Tobaccos	4 687
纺织、服装及日用品专门零售业	Retail of Textiles, Garments and Daily Consumer Articles	10 350
服装零售业	Retail of Garments	10 414
文化、体育用品及器材专门零售业	Retail of Culture, Sports Appliances and Equipments	36 825
图书零售业	Retail of Books	10 225
医药及医疗器材专门零售业	Retail of Medicines and Medical Equipments	17 066
药品零售业	Retail of Medicines	16 000
汽车、摩托车、燃料及零配件专门零售业	Retail of Motor Vehicles, Motorcycles,Fuel and Parts	111 245
汽车零售业	Retail of Motor Vehicles	71 525
摩托车及零配件零售业	Retail of Motorcycle and Parts	448
机动车燃料零售业	Retail of Fuel of Motor Vehicles	38 994
家用电器及电子产品专门零售业	Special Retail of Household Electric Appliances and Electronic Produ	9 814
家用电器零售业	Retail of Household Electric Appliances	6 235
计算机、软件及辅助设备零售业	Retail of Computer, Software and Assistant Appliances	2 856
通讯设备零售业	Retail of Communication Equipments	574
五金、家具及室内装修材料专门零售业	Special Retail of Hardware, Furniture and Decoration Materials	1 696
无店铺及其他零售业	Non-shop and Other Retails	7 065
其他未列明的零售业	Other Retail Trades not Listed Here	4 804
各州市限额以上批发和零售业		
昆明	Kunming	827 497
曲靖	Qujing	192 451
玉溪	Yuxi	107 663
保山	Baoshan	72 349
昭通	Zhaotong	43 123
丽江	Lijiang	2 892
普洱	Pu'er	28 678
临沧	Lincang	11 076
楚雄	Chuxiong	72 449
红河	Honghe	74 385
文山	Wenshan	33 597
西双版纳	Xishuangbanna	13 328
大理	Dali	86 338
德宏	Dehong	7 951
怒江	Nujiang	4 307
迪庆	Diqing	4 389

continued

(10 000 yuan)

损益及分配 Losses,Profits and Distribution				工资、福利、增值税 Wages,Welfare and Value Added Tax		
利润总额 Total Profits	应交所得税 Income Tax Payable	劳动、失业保险费 Charges on Labor and Unemployment Insurance	住房公积金和住房补贴 Housing Accumulation Fund and Housing Subsidies	本年应付工资总额 Total Wages Payable	本年应付福利费总额 Total Welfare Payable	本年应交增值税 Value Added Tax Payable
235 011	**43 340**	**2 167**	**3 844**	**199 840**	**11 369**	**154 833**
53 199	4 478	450	1 209	32 801	2 776	26 095
156 980	32 793	1 842	2 811	176 103	10 239	130 427
13 057	1 169	270	557	14 199	1 537	8 568
819	263	143	58	1 476	96	533
638	65	17	12	1 033	88	368
78 090	16 129	507	1 240	66 554	4 502	57 181
33 394	1 829	57	329	11 231	716	14 351
30 556	13 323	842	610	80 978	3 293	49 173
426	15	6	6	631	5	254
45 198	5 070	80	221	10 599	228	9 208
32 833	5 477	245	813	13 138	903	15 198
61 823	12 128	577	1 240	48 384	2 906	36 838
30 944	6 586	199	350	21 082	1 400	19 363
28 801	5 435	321	845	24 545	1 371	16 601
7 465	1 592	96	183	7 227	305	2 151
13 187	874	40	15	3 401	64	908
13 187	867	39	11	3 228	64	849
37 057	5 630	163	816	25 418	1 879	7 850
10 679	1 226	142	763	15 219	1 327	4 827
16 436	2 996	315	415	31 701	302	13 778
16 448	2 982	315	415	31 626	302	13 764
108 467	16 997	772	865	65 020	4 921	79 979
68 900	13 996	473	327	47 312	3 448	58 793
480	66	7		1 907	96	540
38 734	2 849	290	526	15 328	1 341	20 373
- 18 014	1 838	172	153	13 949	712	9 472
- 21 750	1 099	81	103	6 694	176	6 072
2 868	376	77	41	3 781	378	1 533
716	335	10	9	3 455	158	1 835
1 686	130	7	26	1 828	139	677
6 903	1 154	25	131	2 913	142	3 180
4 538	774	17	58	1 591	56	1 846
865 843	215 756	2 809	11 172	244 097	13 859	398 075
195 223	42 112	631	4 977	67 133	4 147	78 342
124 294	30 670	1 214	2 965	36 894	2 120	40 052
73 403	16 573	103	1 913	19 111	2 944	24 392
54 592	14 822	2 514	2 352	26 811	278	23 071
11 241	4 123	399	892	11 105	1 234	18 311
40 850	10 994	257	931	14 919	1 451	16 876
19 189	5 027	260	768	9 974	195	9 568
87 576	22 846	375	1 738	25 876	2 676	30 771
105 617	23 235	394	3 123	36 238	2 479	40 294
53 914	14 032	307	1 637	15 187	1 351	24 549
13 510	2 569	159	320	9 254	660	7 647
100 916	24 650	174	2 511	30 931	3 396	33 981
10 568	2 434	40	273	6 915	633	13 565
3 975	490	127	198	2 131	213	1 897
4 071	789	364	218	13 179	190	18 189

主要统计指标解释

社会消费品零售总额 指国民经济各行业直接销售给城乡居民和社会集团的消费品总额。它是反映各行业通过多种商品流通渠道向居民和社会集团供应的生活消费品总量，是研究国内零售市场变动情况、反映经济景气变化程度的重要指标。

社会消费品零售总额包括：(1) 售给城乡居民作为生活用品和修建房屋用的建筑材料；(2) 售给社会集团的各种办公用品和公用消费品；(3) 售给机关、团体、学校、部队、企业、事业单位的职工食堂和旅店（招待所）附设专门供本店旅客食用，不对外营业的食堂的各种食品、燃料；企业、事业单位和国营农场直接售给本单位职工和职工食堂的自己生产的产品；(4) 售给部队干部、战士生活用的粮食、副食品、衣着品、日用品、燃料；(5) 售给来华的外国人、华侨、港澳台同胞的消费品；(6) 居民自费购买的中、西药品、中药材及医疗用品；(7) 报社、出版社直接售给居民和社会集团的报纸、图书、杂志，集邮公司出售的新、旧纪念邮票、特种邮票、首日封、集邮册、集邮工具等；(8) 旧货寄售商店自购、自销部分的商品；(9) 煤气公司、液化石油气站售给居民和社会集团的煤气、灶具和罐装液化石油气；(10) 农民售给非农业居民和社会集团的商品。

批发零售业商品购、销、存总额 指各种登记注册类型的批发、零售贸易企业（单位）以本企业（单位）为总体的，从国内、国外市场购进的商品总量、销售和出口的商品总量、库存商品总量等情况。该指标对促进工农业生产发展、活跃市场、平抑物价、保障供给、满足需求具有举足轻重的作用。该指标可以反映商品流通过程中商品的购进、销售、库存之间的比例关系和存在的问题。

商品购进总额 指从本企业（单位）以外的单位和个人购进（包括从境外直接进口）作为转卖或加工后转卖的商品总额。它反映批发零售贸易业从国内、国外市场上购进商品的总量。

商品购进总额包括：(1) 从工农业生产者购进的商品；(2) 从出版社、报社的出版发行部门购进的图书、杂志、报纸和音像制品；(3) 从各种登记注册类型的批发零售贸易企业（单位）购进的商品；(4) 从其他单位购进的商品，如：从机关、团体、企业等单位购进的剩余物资，从餐饮业、服务业购进的商品，从海关、市场管理部门购进的缉私和没收的商品，从居民手中收购的废旧商品等；(5) 从国（境）外直接进口的商品。

商品销售总额 指对本企业（单位）以外的单位和个人出售（包括对境外直接出口）的商品总额。它反映批发零售贸易业在国内市场上销售商品以及出口商品的总量。

商品销售总额包括：(1) 售给城乡居民和社会集团消费用的商品；(2) 售给工业、农业、建筑业、运输邮电业、批发零售贸易业、餐饮业、服务业等作为生产、经营使用的商品；(3) 售给批发零售贸易业作为转卖或加工后转卖的商品；(4) 对国（境）外直接出口的商品。

批发零售业库存 指报告期末各种登记注册类型的批发零售贸易企业（单位）已取得所有权的商品。它反映批发零售贸易企业（单位）的商品库存情况和对市场商品供应的保证程度。

期末库存包括：(1) 存放在批发零售业经营单位（如：门市部、批发站、经营处）仓库、货场、货柜和货架中的商品；(2) 挑选、整理、包装中的商品；(3) 已记入购进而尚未达到本单位的商品，即发货单或银行承兑凭证已到而货未到的部分；(4) 寄放他处的商品，如：因购货方拒绝承付而暂时存放在购货方的商品和已办理加工成品收回手续而未提回的商品；(5) 委托其他单位代销（未作销售或调出）尚未售出的商品；(6) 代其他单位购进尚未交付的商品。

Explanatory Notes on Principal Statistical Indicators

Total Retail Sales of Consumer Goods refer to the total amount of consumer goods directly sold by all sectors of the national economy to urban and rural residents and social groups. This indicator is used to show the total supplies of consumer goods through various channels of commodity circulation to households and institutions, and to study changes in the domestic retail market and in economic climate.

Total retail sales of consumer goods include: 1).commodities sold to urban and rural residents for their daily use and building materials sold to them for construction or repair of houses; 2).office appliances and supplies sold to social groups; 3).food and fuels sold to staff canteens of government departments, organizations institutions, enterprises, schools, military units and to canteens attached to hotels and hostels that only serve their guests, and commodities produced by enterprises, institutions or state farms and sold directly to their employees or their staff canteens; 4).grain and non-staple food, clothing, articles for daily use and fuels sold to military personnel; 5).consumer goods sold to foreigners, overseas Chinese, and Chinese compatriots from Taiwan, Hong Kong and Macao during their stay in the mainland of China; 6).Chinese and western medicines, Chinese herbal medicine and medical facilities purchased by residents; 7).newspapers, books and magazines directly sold to residents and social groups by publishers, new and old commemorative stamps, special stamps, first-day covers, stamp albums and other stamp-collection articles sold by stamp companies; 8).consumer goods purchased and then sold by second-hand shops; 9).stoves, coal gas and liquefied petroleum gas sold by gas companies to households and social groups; and 10).commodities sold by farmers to non-agricultural residents and social groups.

Total Purchases, Sales and Inventory of Commodities in Wholesale and Retail Trade refer to the total volume of commodities purchased, total volume of sales and exports, and inventory of commodities by wholesale and retail enterprises (establishments) of different status of registration from domestic and overseas markets. This indictor plays an important role in promoting industrial and agricultural production, thriving market, stabilizing prices, ensuring market supply and meeting the needs of consumers. It also reflects the proportional relationship among purchase, sales and inventory of commodities in the circulation of goods and reveals the existing problems.

Total Purchases of Commodities refer to the total volume of commodities purchased by the enterprises (establishments) from other establishments or individuals (including direct imports from abroad) for the purpose of re-selling, either with or without further processing of the commodities purchased. This indicator is used to show the total volume of commodities purchased by wholesale and retail establishments from domestic and overseas markets. Total purchases include: 1).agricultural and industrial products purchased from producers; 2).books, publishers; 3).commodities purchased from wholesale and retail establishments of different status of registration; 4).commodities purchased from other entities, such as surplus materials purchased from government departments, enterprises or institutions, commodities purchased from food and service establishments, confiscated goods purchased from customs authorities or market management agencies, second-hand goods and wastes purchased from residents; and 5).commodities directly imported from abroad.

Total Sales of Commodities refer to total volume of commodities sold by the establishments to other establishments and individuals (including direct exports). This indicator is used to show the total volume of commodities sold at domestic markets and exports. Total sales include: 1).commodities sold to urban and rural residents and social groups for their consumption; 2).commodities sold to establishments in industry, agriculture, construction, transportation, post and telecommunications, wholesale and retail trade, food service and other service industries for their production and operation; 3).commodities sold to wholesale and retail establishments for re-selling, with or without further processing; and 4).commodities for direct export to other countries.

Inventory of Commodities of Wholesale and Retail Enterprises refers to total commodities possessed by wholesale and retail enterprises (establishments) of various status of registration at the end of the report period, which reflects the commodity inventory level of various wholesale and retail enterprises and the potential for market supply. It includes: 1).commodities stored in warehouses, goods yards, counters, and shelves of operating establishments (such as stores, wholesale centers, and operating offices) of wholesale and retail trade; 2).commodities in the process of selecting, sorting, and packing; 3).commodities not arrived but recorded as purchase in the account, i.e. commodities not arrived but payment receipts for the commodities from the sellers or the banks arrived; 4).commodities deposited in other places rather than places mentioned above, for instance: commodities in the hold of purchasers temporarily due to the refusal of payment and commodities not taken back after going through the formalities; 5).commodities entrusted to other entities to sell but not sold yet; 6).commodities purchased for other entities but not delivered yet.

Chapter 17

十七、住宿、餐饮和旅游业

Hotels , Catering Services and Tourism

17-1 限额以上住宿和餐饮业经营情况(2010年)

单位：万元

类　别	Category	法人企业数(个) Number of Corporate Enterprises (unit)	产业单位和个体户数(个) Number of Industrial Activity Entities and Self-employed Entities(unit)
全省总计	**Total**	**603**	**344**
住宿业	**Hotel Industry**	**423**	**101**
按登记注册类型分组	**Grouped by Status of Registration**		
内资企业	Domestic-funded Enterprises	400	39
国有企业	State-owned Enterprises	93	11
集体企业	Collective-owned Enterprises	21	2
股份合作企业	Joint Stock Cooperative Enterprises	6	
联营企业	Joint Ownership Enterprises	4	
国有联营企业	State -owned Joint Ownership	2	
集体联营	Collective-owned Joint Ownership	1	
有限责任公司	Limited Liability Companies	93	13
国有独资公司	Wholly State-funded Companies	3	1
其他有限责任公司	Other Joint Ownership Enterprises	90	12
股份有限公司	Incorporated Corporations	14	2
私营企业	Private Enterprises	161	10
私营独资企业	Private Sale Proprietorship Enterprises	46	
私营合伙企业	Private Partnership Enterprises	5	1
私营有限责任公司	Private Limited Liability Companies	101	9
私营股份有限公司	Private Incorporated Corporations	9	
其他企业	Other Enterprises	8	1
港澳台商投资企业	Enterprises Funded by Hong Kong, Macao and Taiwan	10	1
合资经营企业	Joint Ventures	5	
合作经营企业	Cooperative Enterprises	1	
独资经营企业	Enterprises Wholly Funded by Hong Kong, Macao and Taiwan	4	1
外商投资企业	Foreign-funded Enterprises	13	
中外合资经营企业	Sino-foreign Joint Ventures	7	
中外合作经营企业	Sion-foreign-funded Cooperative Enterprises		
外资企业	Wholly Foreign-funded Enterprises	6	
按国民经济行业分组	**Grouped by Sector**		
旅游饭店	Tour Hotel	334	53
一般旅馆	General Hotel	75	37
其他住宿服务	Other Accommodation Services	14	11

Basic Statistics on Commodity Sales of Hotels Industry Attained Star level and Catering Services above Designated Size (2010)

(10 000 yuan)

从业人员数（人）Number of Employed Persons (persons)	营业总收入 Total Business Income	客房收入 Hotels	餐费收入 Catering Services	商品销售收入 Retail Sales of Commodities	其他收入 Other	年末餐饮营业面积（平方米）Catering Services Operational Area at Year-end (sq.m)	床位数（个）Number of Hotel beds (unit)	餐位数（位）Number of Food Seats (unit)
88 165	**893 078**	**315 902**	**470 968**	**32 990**	**73 218**	**1 186 112**	**130 598**	**399 777**
59 676	**567 441**	**306 500**	**171 982**	**22 115**	**66 844**	**535 053**	**124 519**	**215 810**
52 693	487 248	264 463	147 640	20 991	54 154	467 720	109 688	188 498
13 959	119 551	54 806	36 027	11 510	17 208	104 940	24 879	46 911
1 804	12 750	8 330	3 418	58	944	10 747	4 374	3 405
537	3 508	2 137	766	180	425	8 490	1 655	3 360
1 028	9 259	5 208	3 058	1	991	9 280	1 362	4 890
757	6 302	3 806	1 747		749	7 000	918	3 780
68	346	205	135	1	5	280	117	260
16 102	191 327	104 424	62 605	5 855	18 444	136 230	31 043	46 960
284	2 230	1 134	694	228	174	2 580	781	1 804
15 818	189 098	103 290	61 911	5 626	18 270	133 650	30 262	45 156
2 176	16 039	10 153	5 059	113	715	25 969	6 082	11 260
15 906	124 540	74 207	33 585	2 624	14 124	162 746	37 912	67 950
3 388	25 190	15 292	6 666	556	2 675	30 490	7 461	14 245
333	2 867	1 906	758	25	177	2 857	933	806
11 365	91 740	54 634	23 948	2 027	11 131	126 289	27 890	51 030
820	4 744	2 375	2 212	15	142	3 110	1 628	1 869
1 181	10 274	5 199	3 123	652	1 302	9 318	2 381	3 762
2 615	30 749	14 762	9 963	72	5 952	20 656	4 640	7 283
1 382	16 351	8 609	5 498		2 244	10 370	2 404	3 340
241	4 572	2 049	1 650	16	858	2 317	529	720
992	9 825	4 104	2 815	56	2 850	7 969	1 707	3 223
1 814	25 245	13 730	7 278	205	4 032	12 254	3 071	5 427
1 047	10 260	3 872	3 028	205	3 154	7 874	1 926	3 720
767	14 985	9 858	4 250		877	4 380	1 145	1 707
50 064	469 299	253 505	144 010	16 141	55 643	428 929	101 794	170 394
7 789	82 990	44 742	24 199	5 675	8 374	87 408	19 123	38 760
1 823	15 152	8 253	3 774	299	2 826	18 716	3 602	6 656

17-1 续表

单位：万元

类 别	Category	法人企业数（个）Number of Corporate Enterprises (unit)	产业单位和个体户数（个）Number of Industrial Activity Entities and Self-employed Entities(unit)
餐饮业	**Total of Catering Services**	**180**	**243**
按登记注册类型分组	**Grouped by Status of Registration**		
内资企业	Domestic-funded Enterprises	170	14
国有企业	State-owned Enterprises	13	7
集体企业	Collective-owned Enterprises	5	
股份合作企业	Joint Stock Cooperative Enterprises	2	
有限责任公司	Limited Liability Companies	32	3
其他有限责任公司	Other Joint Ownership Enterprises	32	3
股份有限公司	Incorporated Corporations	4	1
私营企业	Private Enterprises	107	3
私营独资企业	Private Sale Proprietorship Enterprises	29	
私营有限责任公司	Private Limited Liability Companies	73	2
私营股份有限公司	Private Incorporated Corporations	5	1
其他企业	Other Enterprises	7	
港澳台商投资企业	Enterprises Funded by Hong Kong, Macao and Taiwan	5	
合资经营企业	Joint Ventures	2	
独资经营企业	Enterprises Wholly Funded by Hong Kong, Macao and Taiwan	3	
外商投资企业	Foreign-funded Enterprises	5	
中外合资经营企业	Sino-foregin Joint Ventures	3	
外资企业	Wholly Foreign-funded Enterprises	2	
按国民经济行业分组	**Grouped by Sector**		
正餐服务	Dinner Service	169	234
快餐服务	Snack Service	5	2
饮料及冷饮服务	Service of Beverages and Cold Drink	1	
其他餐饮服务	Others Catering Services	5	7

continued

(10 000 yuan)

从业人员数(人) Number of Employed Persons (persons)	营业总收入 Total Business Income	客房收入 Hotels	餐费收入 Catering Services	商品销售收入 Retail Sales of Commodities	其他收入 Other	年末餐饮营业面积(平方米) Catering Services Operational Area at the Year-end (sq.m)	床位数(个) Number of Hotel beds (unit)	餐位数(位) Number of Food Seats (unit)
28 489	**325 637**	**9 402**	**298 986**	**10 874**	**6 375**	**651 059**	**6 079**	**183 967**
16 891	182 498	8 213	164 134	7 171	2 980	424 227	5 139	112 622
1 594	13 550	2 159	11 094	151	145	70 842	1 539	18 678
225	1 813	250	1 538	3	22	4 456	297	1 898
90	576		555	20		2 850		345
3 911	45 109	1 956	36 108	5 396	1 649	96 772	1 099	23 486
3 911	45 109	1 956	36 108	5 396	1 649	96 772	1 099	23 486
359	3 052	991	2 051		10	4 830	480	1 094
10 302	114 892	2 665	110 048	1 537	641	231 483	1 678	63 151
1 857	19 144	926	17 786	302	130	70 213	690	21 003
7 337	87 116	863	84 664	1 235	355	149 920	759	37 743
1 108	8 632	877	7 599		156	11 350	229	4 405
410	3 507	193	2 738	63	513	12 994	46	3 970
796	23 315		20 101	2 000	1 214	13 700		4 022
153	5 848		3 848	2 000		3 100		1 400
643	17 467		16 253		1 214	10 600		2 622
2 880	39 530		37 943		1 587	18 940		5 420
532	7 597		6 009		1 587	2 300		920
2 348	31 934		31 934			16 640		4 500
24 581	266 143	8 852	242 989	10 843	3 459	612 502	5 655	167 968
2 987	45 654	43	44 366	31	1 214	26 840	111	9 406
30	269		269			300		300
891	13 570	507	11 361		1 702	11 417	313	6 293

17-2 限额以上住宿和餐饮业企业财务状况(2010年)

单位：万元　　(10 000 yuan)

类　别	Category	企业数 (个) Number of Enterprises (unit)	流动资产合计 Total Working Capitals
全省总计	**Total**	**603**	**589 507**
住宿业	**Hotels**	**423**	**490 214**
# 国有及国有控股	Of Which: State-owned and State-holding	124	173 572
按登记注册类型分	**Grouped by Status of Registration**		
内　资	Domestic Funded Enterprises	400	428 099
国　有	State-owned	93	73 650
集　体	Collective-owned	21	5 598
股份合作	Cooperative	6	7 563
联营企业	Joint Ownership	4	5 134
国有联营	State Joint Ownership	2	3 973
集体联营	Collective Joint Ownership	1	162
国有与集体联营	Joint State-collective	1	999
其他联营	Other Joint Ownership		
有限责任公司	Limited Liability Corporations	93	199 498
国有独资公司	State Sole Funded Corporations	3	395
其他有限责任公司	Other Limited Liability Corporations	90	199 103
股份有限公司	Share-holding Corporations Ltd.	14	10 185
私营企业	Private Enterprises	161	104 148
私营独资	Private-funded Enterprises	46	14 197
私营合伙	Private Partnership Enterprises	5	1 048
私营有限责任公司	Private Limited Liability Corporations	101	83 606
私营股份有限公司	Private Share-holding Corporations Ltd.	9	5 297
其　他	Others	8	22 323
港澳台商投资企业	Enterprises with Funds from Hong Kong,Macao and Taiwan	10	41 719
与港澳台商合资经营	Joint-venture	5	30 169
与港澳台商合作经营	Cooperative	1	5 133
港澳台商独资	Sole Investment	4	6 417
外商投资企业	Foreign Funded Enterprises	13	20 396
中外合资经营	Joint-venture	7	7 897
中外合作经营	Cooperative		
外资企业	Sole Foreign Investment	6	12 499
按国民经济行业分	**Grouped by Sector**		
旅游饭店	Tourist Hotels	334	457 369
一般旅馆	General Hotels	75	27 396
其他住宿服务	Other Accommodation Services	14	5 449

Financial Indicators of Enterprises above Designated Size of Catering Services (2010)

(10 000 yuan)

年末资产负债 Assets and Liabilities at Year-end				
固定资产原价 Original Value of Fixed Assets	本年折旧 Depreciation in the Year	资产合计 Total Assests	负债合计 Total Liabilities	所有者权益合计 Total Owners' Equities
1 618 867	**73 553**	**2 033 348**	**1 105 110**	**928 238**
1 494 429	**65 172**	**1 782 469**	**946 675**	**835 794**
655 256	24 496	677 166	254 709	422 457
1 265 689	54 645	1 549 973	803 587	746 386
361 337	11 425	341 744	133 202	208 543
20 175	1 035	19 711	14 814	4 896
12 050	306	15 762	6 068	9 695
4 836	343	7 675	3 811	3 865
3 248	201	5 799	2 619	3 180
314	23	313	126	187
1 274	118	1 563	1 066	497
487 630	22 550	592 596	306 659	285 936
6 642	157	5 202	430	4 772
480 987	22 393	587 394	306 230	281 164
61 650	2 431	49 972	18 775	31 197
302 664	15 553	471 323	294 564	176 759
54 297	2 567	69 371	35 287	34 084
4 593	145	7 224	2 150	5 074
237 664	12 379	383 273	245 477	137 796
6 110	462	11 455	11 649	- 194
15 347	1 003	51 190	25 695	25 495
105 573	6 294	119 297	90 377	28 920
34 604	3 798	50 244	25 758	24 486
26 058	528	33 930	42 258	- 8 328
44 912	1 968	35 123	22 360	12 763
123 167	4 233	113 199	52 711	60 488
42 209	2 723	39 395	11 927	27 468
80 958	1 510	73 804	40 784	33 020
1 355 035	58 961	1 617 370	837 525	779 844
117 080	5 540	142 857	96 950	45 907
22 315	670	22 243	12 200	10 042

17-2 续表1

单位：万元

类 别	Category	营业收入合计 Business Revenue	# 主营业务收入 Revenue from Principal Business
全省总计	**Total**	**748 086**	**732 492**
住宿业	**Hotels**	**514 442**	**501 762**
# 国有及国有控股	Of Which: State-owned and State-holding	196 118	190 632
按登记注册类型分	**Grouped by Status of Registration**		
内 资	Domestic Funded Enterprises	459 246	447 073
国 有	State-owned	108 906	105 371
集 体	Collective-owned	12 298	12 037
股份合作	Cooperative	3 445	3 040
联营企业	Joint Ownership	9 307	8 651
国有联营	State Joint Ownership	6 302	5 658
集体联营	Collective Joint Ownership	394	383
国有与集体联营	Joint State-collective	2 610	2 610
其他联营	Other Joint Ownership		
有限责任公司	Limited Liability Corporations	183 057	179 521
国有独资公司	State Sole Funded Corporations	1 390	1 390
其他有限责任公司	Other Limited Liability Corporations	181 667	178 131
股份有限公司	Share-holding Corporations Ltd.	15 265	15 143
私营企业	Private Enterprises	117 082	113 474
私营独资	Private-funded Enterprises	25 118	24 898
私营合伙	Private Partnership Enterprises	2 636	2 636
私营有限责任公司	Private Limited Liability Corporations	84 484	81 184
私营股份有限公司	Private Share-holding Corporations Ltd.	4 844	4 756
其 他	Others	9 886	9 836
港澳台商投资企业	Enterprises with Funds from Hong Kong,Macao and Taiwan	27 785	27 747
与港澳台商合资经营	Joint-venture	16 351	16 351
与港澳台商合作经营	Cooperative	4 573	4 573
港澳台商独资	Sole Investment	6 861	6 824
港澳台商独资股份有限公司	Share-holding Corporations Ltd. with Sole Investment		
外商投资企业	Foreign Funded Enterprises	27 412	26 942
中外合资经营	Joint-venture	10 260	9 793
中外合作经营	Cooperative		
外资企业	Sole Foreign Investment	17 152	17 149
外商投资股份有限公司	Share-holding Corporations Ltd. with Foreign Investment		
按国民经济行业分	**Grouped by Sector**		
旅游饭店	Tourist Hotels	437 939	426 660
一般旅馆	General Hotels	69 416	68 179
其他住宿服务	Other Accommodation Services	7 088	6 924

continued

(10 000 yuan)

损益及分配 Losses,Profits and Distribution					
主营业务成本 Cost of Principal Business	主营业务税金及附加 Taxes and Other Charges on Principal Business	主营业务利润 Profits from Principal Business	营业费用 Expenses on Business	管理费用 Expenses on Management	财务费用 Expenses on Finance
283 970	**39 348**	**408 404**	**220 120**	**178 049**	**17 168**
163 484	**28 204**	**309 377**	**158 240**	**151 021**	**15 085**
63 629	10 551	116 134	61 613	60 441	2 859
152 091	25 838	268 758	142 996	128 227	12 426
39 517	5 819	59 717	31 957	34 574	1 823
4 104	685	7 249	4 712	3 212	53
1 404	204	1 432	950	739	265
1 898	513	6 241	2 638	3 485	12
997	344	4 317	1 480	2 784	2
160	24	200	81	92	
741	146	1 724	1 076	609	10
49 480	9 918	120 055	61 740	50 579	3 859
470	64	856	803	187	1
49 010	9 854	119 199	60 937	50 392	3 858
3 982	822	9 961	6 207	7 017	60
48 668	7 360	57 823	31 569	25 515	6 105
12 809	1 107	10 739	5 043	4 175	657
1 024	129	1 483	665	446	113
32 174	5 855	43 776	24 596	19 779	5 239
2 662	269	1 825	1 265	1 115	96
3 039	517	6 280	3 224	3 106	249
5 806	1 464	20 477	7 624	11 232	550
3 039	826	12 486	3 974	5 674	538
1 915	298	2 359	560	1 778	- 14
852	340	5 632	3 090	3 781	26
5 587	902	20 143	7 620	11 561	2 109
3 268	430	5 725	3 311	1 971	1 014
2 319	472	14 418	4 309	9 590	1 095
127 805	24 505	274 313	139 290	136 406	13 555
33 113	3 329	31 077	16 774	12 335	1 169
2 567	369	3 988	2 175	2 279	360

17-2 续表2

单位：万元

类　别	Category	营业利润 Profits from Business	利润总额 Total Profits
全省总计	**Total**	**6 767**	**12 696**
住宿业	**Hotels**	**- 3 402**	**2 654**
# 国有及国有控股	Of Which: State-owned and State-holding	- 5 312	1 477
按登记注册类型分	**Grouped by Status of Registration**		
内　资	Domestic Funded Enterprises	- 5 145	- 1 063
国　有	State-owned	- 6 452	201
集　体	Collective-owned	- 583	- 535
股份合作	Cooperative	- 255	- 250
联营企业	Joint Ownership	566	571
国有联营	State Joint Ownership	510	518
集体联营	Collective Joint Ownership	27	27
国有与集体联营	Joint State-collective	28	26
其他联营	Other Joint Ownership		
有限责任公司	Limited Liability Corporations	6 670	5 800
国有独资公司	State Sole Funded Corporations	- 136	- 133
其他有限责任公司	Other Limited Liability Corporations	6 806	5 933
股份有限公司	Share-holding Corporations Ltd.	- 1 995	- 2 011
私营企业	Private Enterprises	- 2 839	- 4 807
私营独资	Private-funded Enterprises	1 024	146
私营合伙	Private Partnership Enterprises	260	256
私营有限责任公司	Private Limited Liability Corporations	- 3 561	- 4 852
私营股份有限公司	Private Share-holding Corporations Ltd.	- 561	- 357
其　他	Others	- 257	- 34
港澳台商投资企业	Enterprises with Funds from Hong Kong,Macao and Taiwan	1 101	3 283
与港澳台商合资经营	Joint-venture	2 300	2 334
与港澳台商合作经营	Cooperative	36	
港澳台商独资	Sole Investment	- 1 234	948
港澳台商独资股份有限公司	Share-holding Corporations Ltd. with Sole Investment		
外商投资企业	Foreign Funded Enterprises	642	434
中外合资经营	Joint-venture	594	1 027
中外合作经营	Cooperative		
外资企业	Sole Foreign Investment	48	- 593
外商投资股份有限公司	Share-holding Corporations Ltd. with Foreign Investment		
按国民经济行业分	**Grouped by Sector**		
旅游饭店	Tourist Hotels	- 5 069	2 569
一般旅馆	General Hotels	2 360	801
其他住宿服务	Other Accommodation Services	- 693	- 716

continued

(10 000 yuan)

损益及分配 Losses,Profits and Distribution			工资、福利费 Wages and Welfare	
应交所得税 Income Tax Payable	劳动、失业保险费 Charges on Labor and Unemployment Insurance	住房公积金和住房补贴 Housing Accumulation Fund and Housing Subsidies	本年应付工资总额 Total Wages Payable	本年应付福利费总额 Total Welfare Payable
8 708	**1 211**	**3 426**	**135 150**	**10 191**
5 177	**707**	**2 835**	**102 854**	**7 821**
1 923	373	1 596	42 725	2 982
4 569	580	2 293	92 536	6 426
1 304	286	1 257	25 089	2 248
56	34	44	3 115	186
	3	3	666	30
127	5	11	2 456	51
127	2	10	1 719	38
	1		129	13
	2	2	607	
2 451	161	719	31 997	2 098
	1		295	11
2 451	159	719	31 702	2 088
62	16	14	3 314	255
500	67	132	23 523	1 135
70	12	1	4 510	222
5			460	123
417	53	48	17 392	762
8	2	83	1 162	27
70	8	113	2 378	424
65	54	122	5 792	639
65	36	48	3 513	314
	6	9	873	
	13	65	1 406	325
544	73	420	4 525	755
230	7	186	2 142	129
314	65	234	2 383	626
4 791	666	2 667	90 216	7 092
351	36	153	10 877	660
36	5	16	1 761	68

17-2 续表3

单位：万元

类 别	Category	企业数（个）Number of Enterprises (unit)	流动资产合计 Total Working Capitals
餐饮业	**Catering Service**	**180**	**99 293**
# 国有及国有控股	Of Which: State-owned and State-holding	17	14 975
按登记注册类型分	**Grouped by Status of Registration**		
内 资	Domestic Funded Enterprises	170	83 683
国 有	State-owned	13	2 340
集 体	Collective-owned	5	1 619
股份合作	Cooperative	2	649
联营企业	Joint Ownership		
国有联营	State Joint Ownership		
集体联营	Collective Joint Ownership		
国有与集体联营	Joint State-collective		
其他联营	Other Joint Ownership		
有限责任公司	Limited Liability Corporations	32	23 758
国有独资公司	State Sole Funded Corporations		
其他有限责任公司	Other Limited Liability Corporations	32	23 758
股份有限公司	Share-holding Corporations Ltd.	4	2 534
私营企业	Private Enterprises	107	52 049
私营独资	Private-funded Enterprises	29	5 383
私营合伙	Private Partnership Enterprises		
私营有限责任公司	Private Limited Liability Corporations	73	45 423
私营股份有限公司	Private Share-holding Corporations Ltd.	5	1 243
其 他	Others	7	735
港澳台商投资企业	Enterprises with Funds from Hong Kong,Macao and Taiwan	5	5 785
与港澳台商合资经营	Joint-venture	2	2 751
与港澳台商合作经营	Cooperative		
港澳台商独资	Sole Investment	3	3 034
港澳台商独资股份有限公司	Share-holding Corporations Ltd. with Sole Investment		
外商投资企业	Foreign Funded Enterprises	5	9 825
中外合资经营	Joint-venture	3	8 287
中外合作经营	Cooperative		
外资企业	Sole Foreign Investment	2	1 538
外商投资股份有限公司	Share-holding Corporations Ltd. with Foreign Investment		
按国民经济行业分	**Grouped by Sector**		
正餐服务业	Dinner Service	169	83 139
快餐服务业	Snack Service	5	4 574
饮料及冷饮服务业	Service of Beverages and Cold Drinks	1	37
其他餐饮服务业	Other Carering Services	5	11 543

continued

(10 000 yuan)

年末资产负债 Assets and Liabilities at Year-end				
固定资产原价 Original Value of Fixed Assets	本年折旧 Depreciation in the Year	资产合计 Total Assests	负债合计 Total Liabilities	所有者权益合计 Total Owners' Equities
124 437	**8 381**	**250 878**	**158 435**	**92 444**
11 665	1 865	24 602	13 558	11 044
112 239	6 131	218 303	142 709	75 594
7 128	483	7 919	4 956	2 963
1 844	11	2 037	2 016	21
1 156	29	1 793	3 206	- 1 414
33 120	1 576	59 009	34 838	24 172
33 120	1 576	59 009	34 838	24 172
7 321	269	6 347	4 871	1 477
53 621	3 675	132 776	92 657	40 119
16 685	576	26 130	7 537	18 593
35 478	2 974	104 546	84 557	19 989
1 457	125	2 100	563	1 537
8 049	89	8 421	165	8 256
6 226	658	14 567	8 798	5 768
494	26	2 888	1 229	1 659
5 732	633	11 678	7 569	4 109
5 972	1 592	18 009	6 928	11 082
1 777	1 149	9 363	2 710	6 653
4 195	443	8 647	4 218	4 429
104 679	6 093	214 435	138 138	76 297
10 299	912	19 049	9 719	9 329
235		323	192	132
9 224	1 377	17 071	10 385	6 686

17-2 续表4

单位：万元

类 别	Category	营业收入合计 Business Revenue	# 主营业务收入 Revenue from Principal Business
餐饮业	**Catering Service**	**233 644**	**230 730**
# 国有及国有控股	Of Which: State-owned and State-holding	21 616	21 386
按登记注册类型分	**Grouped by Status of Registration**		
内 资	Domestic Funded Enterprises	170 799	169 162
国 有	State-owned	6 704	6 593
集 体	Collective-owned	1 825	1 790
股份合作	Cooperative	555	555
联营企业	Joint Ownership		
有限责任公司	Limited Liability Corporations	44 845	43 814
国有独资公司	State Sole Funded Corporations		
其他有限责任公司	Other Limited Liability Corporations	44 845	43 814
股份有限公司	Share-holding Corporations Ltd.	2 885	2 885
私营企业	Private Enterprises	110 470	110 017
私营独资	Private-funded Enterprises	19 348	19 288
私营合伙	Private Partnership Enterprises		
私营有限责任公司	Private Limited Liability Corporations	86 218	85 848
私营股份有限公司	Private Share-holding Corporations Ltd.	4 904	4 881
其 他	Others	3 515	3 507
港澳台商投资企业	Enterprises with Funds from Hong Kong,Macao and Taiwan	23 315	22 101
与港澳台商合资经营	Joint-venture	5 848	5 848
与港澳台商合作经营	Cooperative		
港澳台商独资	Sole Investment	17 467	16 253
港澳台商独资股份有限公司	Share-holding Corporations Ltd. with Sole Investment		
外商投资企业	Foreign Funded Enterprises	39 530	39 468
中外合资经营	Joint-venture	7 597	7 534
中外合作经营	Cooperative		
外资企业	Sole Foreign Investment	31 934	31 934
外商投资股份有限公司	Share-holding Corporations Ltd. with Foreign Investment		
按国民经济行业分	**Grouped by Sector**		
正餐服务业	Dinner Service	175 931	174 294
快餐服务业	Snack Service	45 153	43 939
饮料及冷饮服务业	Service of Beverages and Cold Drinks	269	269
其他餐饮服务业	Other Carering Services	12 291	12 228

continued

(10 000 yuan)

损益及分配 Losses,Profits and Distribution					
主营业务成本 Cost of Principal Business	主营业务税金及附加 Taxes and Other Charges on Principal Business	主营业务利润 Profits from Principal Business	营业费用 Expenses on Business	管理费用 Expenses on Management	财务费用 Expenses on Finance
120 486	**11 144**	**99 027**	**61 880**	**27 028**	**2 083**
13 046	683	7 657	3 024	4 011	- 180
93 605	8 428	67 055	41 833	21 504	2 014
3 114	330	3 150	1 643	1 505	18
845	113	833	810	209	18
459	13	84	81	96	
23 706	2 105	17 930	10 031	7 145	194
23 706	2 105	17 930	10 031	7 145	194
1 345	166	1 375	473	895	121
61 872	5 509	42 636	27 930	11 251	1 654
12 477	991	5 820	2 885	1 060	303
47 213	4 220	34 415	23 376	9 461	1 344
2 181	299	2 401	1 670	730	7
2 266	193	1 048	865	403	10
10 994	1 009	10 099	8 703	1 237	232
3 944	191	1 713	1 210	221	55
7 050	818	8 385	7 492	1 016	177
15 887	1 708	21 873	11 344	4 288	- 164
5 229	155	2 150	432	1 892	- 195
10 659	1 553	19 722	10 913	2 397	31
98 152	8 568	67 500	42 610	20 854	2 022
15 004	2 167	26 768	17 272	3 452	126
109	1	160	42	1	
7 221	409	4 598	1 957	2 721	- 65

17-2 续表5

单位：万元

类 别	Category	营业利润 Profits from Business	利润总额 Total Profits
餐饮业	**Catering Service**	**10 169**	**10 043**
# 国有及国有控股	Of Which: State-owned and State-holding	938	983
按登记注册类型分	**by Status of Registration**		
内 资	Domestic Funded Enterprises	3 065	2 929
国 有	State-owned	92	57
集 体	Collective-owned	- 170	- 162
股份合作	Cooperative	- 94	- 76
联营企业	Joint Ownership		
有限责任公司	Limited Liability Corporations	1 427	2 110
国有独资公司	State Sole Funded Corporations		
其他有限责任公司	Other Limited Liability Corporations	1 427	2 110
股份有限公司	Share-holding Corporations Ltd.	- 114	- 148
私营企业	Private Enterprises	2 149	1 421
私营独资	Private-funded Enterprises	1 607	1 322
私营合伙	Private Partnership Enterprises		
私营有限责任公司	Private Limited Liability Corporations	525	68
私营股份有限公司	Private Share-holding Corporations Ltd.	17	31
其 他	Others	- 224	- 272
港澳台商投资企业	Enterprises with Funds from Hong Kong,Macao and Taiwan	832	775
与港澳台商合资经营	Joint-venture	227	190
与港澳台商合作经营	Cooperative		
港澳台商独资	Sole Investment	605	585
港澳台商独资股份有限公司	Share-holding Corporations Ltd. with Sole Investment		
外商投资企业	Foreign Funded Enterprises	6 273	6 339
中外合资经营	Joint-venture	22	65
中外合作经营	Cooperative		
外资企业	Sole Foreign Investment	6 251	6 273
外商投资股份有限公司	Share-holding Corporations Ltd. with Foreign Investment		
按国民经济行业分	**by Sector**		
正餐服务业	Dinner Service	3 376	3 224
快餐服务业	Snack Service	6 691	6 708
饮料及冷饮服务业	Service of Beverages and Cold Drinks	117	117
其他餐饮服务业	Other Carering Services	- 15	- 6

continued

(10 000 yuan)

损益及分配 Losses,Profits and Distribution			工资、福利费 Wages and Welfare	
应交所得税 Income Tax Payable	劳动、失业保险费 Charges on Labor and Unemployment Insurance	住房公积金和住房补贴 Housing Accumulation Fund and Housing Subsidies	本年应付工资总额 Total Wages Payable	本年应付福利费总额 Total Welfare Payable
3 531	**504**	**591**	**32 296**	**2 370**
312	28	211	3 931	251
1 678	454	129	25 402	801
20	5	25	1 202	87
3	2	1	382	1
			105	
764	372	89	5 848	195
764	372	89	5 848	195
15	2	6	698	5
873	71	8	16 645	498
188	13	3	2 371	68
643	57	5	13 354	363
42	1		921	66
3	2		521	17
253	32	186	2 374	466
58	8		351	
194	24	186	2 023	466
1 600	19	275	4 520	1 103
59	13	141	1 636	130
1 541	6	135	2 884	973
1 762	465	126	25 862	807
1 714	25	324	4 475	1 429
			20	
55	14	141	1 939	135

17-3 各州市限额以上住宿和餐饮业企业财务状况(2010年)

Financial Indicators of Enterprises above Designated Size of Catering Services by Region (2010)

单位：万元 (10 000 yuan)

州 市	Region	企业数（个）Number of Enterprises (unit)	流动资产合计 Total Working Capitals	固定资产原价 Original Value of Fixed Assets	本年折旧 Depreciation in the Year	资产合计 Total Assests	负债合计 Total Liabilities	所有者权益合计 Total Owners' Equities
全省合计	**Total**	**603**	**589 507**	**1 618 867**	**73 553**	**2 033 348**	**1 105 110**	**928 238**
昆 明	Kunming	241	307 670	749 384	34 346	929 581	524 041	405 540
曲 靖	Qujing	55	22 845	78 083	4 655	96 357	67 421	28 936
玉 溪	Yuxi	37	22 871	92 520	3 116	87 278	41 636	45 642
保 山	Baoshan	11	9 348	28 542	1 523	35 615	11 538	24 076
昭 通	Zhaotong	18	3 799	29 381	648	31 612	17 943	13 669
丽 江	Lijiang	52	55 270	162 231	8 658	190 594	107 233	83 361
普 洱	Pu'er	14	4 177	18 789	642	21 869	9 211	12 658
临 沧	Lincang	10	7 541	17 466	830	22 046	15 243	6 804
楚 雄	Chuxiong	20	6 097	28 584	898	34 748	17 115	17 632
红 河	Honghe	43	66 848	139 852	5 635	199 957	59 883	140 074
文 山	Wenshan	19	7 708	27 134	983	32 028	22 557	9 471
西双版纳	Xishuangbanna	25	28 612	79 230	4 800	96 368	70 512	25 856
大 理	Dali	29	15 857	79 636	2 914	80 780	58 693	22 087
德 宏	Dehong	10	13 690	35 573	1 595	101 991	47 853	54 138
怒 江	Nujiang	5	2 764	13 435	1 113	18 357	12 482	5 874
迪 庆	Diqing	14	14 411	39 028	1 197	54 168	21 748	32 419

17-3 续表1 continued

单位：万元 (10 000 yuan)

州 市	Region	营业收入合计 Business Revenue	#主营业务收入 Revenue from Principal Business	主营业务成本 Cost of Principal Business	主营业务税金及附加 Taxes and Other Charges on Principal Business	主营业务利润 Profits from Principal Business	营业费用 Expenses on Business	管理费用 Expenses on Management	财务费用 Expenses on Finance
全省合计	**Total**	**748 086**	**732 492**	**283 970**	**39 348**	**408 404**	**220 120**	**178 049**	**17 168**
昆 明	Kunming	436 281	427 718	157 800	22 354	247 565	131 998	99 740	6 349
曲 靖	Qujing	61 511	60 986	34 520	2 636	23 830	10 547	8 047	677
玉 溪	Yuxi	28 600	28 236	13 533	1 683	13 020	6 795	6 641	976
保 山	Baoshan	15 759	15 612	3 296	1 036	11 280	6 143	3 554	317
昭 通	Zhaotong	11 743	11 530	6 254	562	4 493	1 929	2 532	581
丽 江	Lijiang	57 560	56 933	17 152	2 415	37 366	18 562	21 407	2 109
普 洱	Pu'er	6 188	5 509	2 650	297	2 562	1 330	1 030	388
临 沧	Lincang	5 283	5 040	1 782	314	3 010	1 450	1 481	453
楚 雄	Chuxiong	10 427	9 883	4 243	715	4 755	2 653	2 325	396
红 河	Honghe	40 571	39 902	15 210	2 085	22 607	14 970	6 905	889
文 山	Wenshan	9 578	9 519	4 532	563	4 424	2 450	2 464	380
西双版纳	Xishuangbanna	23 218	21 644	9 703	1 262	10 679	7 125	8 580	476
大 理	Dali	18 813	18 621	6 895	1 080	10 829	6 018	6 170	1 123
德 宏	Dehong	7 648	6 552	2 136	327	4 089	3 169	1 138	1 301
怒 江	Nujiang	3 735	3 640	964	234	2 442	1 560	1 179	71
迪 庆	Diqing	11 170	11 167	3 300	1 785	5 454	3 420	4 858	683

17-3 续表2 continued

单位：万元 (10 000 yuan)

州 市	Region	营业利润 Profits from Business	利润总额 Total Profits	应交所得税 Income Tax Payable	劳动、失业保险费 Charges on Labor and Unemployment Insurance	住房公积金和住房补贴 Housing Accumulation Fund and Housing Subsidies	本年应付工资总额 Total Wages Payable	本年应付福利费总额 Total Welfare Payable
全省合计	**Total**	**6 767**	**12 696**	**8 708**	**1 211**	**3 426**	**135 150**	**10 191**
昆　明	Kunming	15 850	21 175	7 444	824	2 298	77 700	6 396
曲　靖	Qujing	5 005	2 678	253	38	85	9 021	472
玉　溪	Yuxi	- 1 252	- 792	74	45	128	5 409	141
保　山	Baoshan	1 393	1 186	226	16	25	3 484	243
昭　通	Zhaotong	17	460	38	2	9	2 041	113
丽　江	Lijiang	- 4 237	- 4 471	12	89	513	10 798	1 620
普　洱	Pu'er	409	404	7	10	23	1 062	145
临　沧	Lincang	- 297	131	10	6	6	891	12
楚　雄	Chuxiong	- 439	- 24	11	32	37	2 100	85
红　河	Honghe	174	- 235	65	32	19	6 561	220
文　山	Wenshan	- 819	- 830	44	5	1	2 320	65
西双版纳	Xishuangbanna	- 4 553	- 3 838	136	35	57	5 103	153
大　理	Dali	- 2 317	179	86	10	12	4 138	271
德　宏	Dehong	- 1 446	- 1 924	10	11		1 785	32
怒　江	Nujiang	- 272	- 271	1		28	620	
迪　庆	Diqing	- 448	- 1 132	292	57	186	2 117	225

17-4 主要年份全省旅游业发展旅游接待人数及旅游总收入情况

Basic Statistics on Tourism Development in Significant Years

项　目	Item	2007	2008	2009	2010
旅游总人数	**Number of Tourists**				
国内旅游者（万人次）	Domestic Tourists (10 000 person-times)	8 986	10 250	12 023	13 837
过夜游客	Of which: Overnight Tourists	5 401	6 265	6 728	7 633
一日游游客	One-day Tourists	3 585	3 985	5 294	6 204
海外和港澳台旅游者（人次）	Overseas Tourists and Tourists from Hong Ko Macao and Taiwan (person-time)	2 219 030	2 502 170	2 844 902	3 291 532
外国人	Of which: Foreigners	1 447 431	1 691 835	1 917 912	2 312 314
香港同胞	Tourists from Hong Kong	338 114	358 570	431 854	433 886
澳门同胞	Tourists from Macao	93 295	99 117	107 996	127 863
台湾同胞	Tourists from Taiwan	340 190	352 648	387 140	417 469
海外和港澳台旅游者（人天数）	Overseas Tourists and Tourists from Hong Ko Macao and Taiwan (person-day)	4 004 101	4 527 585	5 457 749	6 151 998
旅游总收入（万元）	**Total Tourism Revenue (10 000 yuan)**	**5 592 081**	**6 632 787**	**8 107 266**	**10 068 306**
国内旅游收入（万元）	Domestic Tourism Revenue (10 000 yuan)	4 947 396	5 947 650	7 306 646	9 168 222
过夜游客收入	Of which: Revenue from Overnight Tourists	3 957 198	4 837 961	5 739 911	7 203 959
一日游收入	Revenue from One-day Tourists	990 198	1 109 689	1 566 735	1 964 263
旅游外汇收入合计（万美元）	Total Foreign Exchange Earning (USD 10 000)	85 958	100 755	117 221	132 365
折合人民币（万元）	Equivalent Amount Converted into RMB (10 000 yuan)	644 685	685 137	800 620	900 084

17–5 主要年份分国别或地区接待旅游者人次

Number of International Tourists in Yunnan by Country and Region in Significant Years

单位：人次 (person-time)

国家或地区	Country and Territory	2005	2006	2007	2008	2009	2010
海外和港澳台旅游者总计	**Total Overseas Tourists and Tourists from Hong Kong, Macao and Taiwan**	**1 502 817**	**1 810 017**	**2 219 030**	**2 502 170**	**2 844 902**	**3 291 532**
外国旅游者	Foreigners	996 557	1 111 744	1 447 431	1 691 835	1 917 912	2 312 314
日　本	Japan	85 448	108 503	147 439	138 988	150 677	151 679
菲律宾	The Philippines	4 021	8 929	11 287	14 433	18 116	12 389
新加坡	Singapore	63 150	66 125	88 838	104 034	143 453	155 011
泰　国	Thailand	81 172	72 047	95 248	185 390	216 309	306 714
印度尼西亚	Indonesia	16 261	14 594	17 628	21 063	27 117	41 333
美　国	The United States	62 981	75 234	87 671	106 956	104 519	118 767
加拿大	Canada	15 479	16 474	22 936	25 188	31 493	37 387
英　国	The United Kingdom	17 289	22 007	31 674	42 486	55 510	68 268
法　国	France	43 768	45 368	74 918	84 192	94 371	110 874
德　国	Germany	28 543	29 521	43 595	50 594	75 001	76 361
意大利	Italy	14 730	18 079	26 301	29 163	39 871	45 430
俄罗斯	Russia	5 365	6 270	11 576	6 486	9 513	13 163
澳大利亚	Australia	25 501	31 381	35 801	35 781	45 219	50 801
新西兰	New Zealand	4 301	7 035	4 063	6 450	10 922	10 276
其　他	Others	528 548	590 177	748 456	840 631	895 821	1 113 861
港澳台同胞	Compatriots from Hong Kong, Macao and Taiwan	506 260	698 273	771 599	810 335	926 990	979 218

17–6 边境口岸入境一日游旅客数及外汇收入(2010年)

Number of One-day Entry Tourists and Earnings in Foreign Exchange in Border Areas (2010)

边境口岸	Border Port Administrative Prefecture	口岸入境一日游人　数(万人次) Number of One-day Entry Tourists (10 000 person-time)	比2009年增长（%） Increase Rate Over 2009 (%)	口岸入境一日游外汇收入(万美元) Earnings in Foreign Exchange from One-day Entry Tourists (USD 10 000)	比2009年增长（%） Increase Rate Over 2009 (%)
保　山	Baoshan	7.33	-0.1	400.94	-5.9
普　洱	Pu'er	8.73	4.2	477.04	-1.8
临　沧	Lincang	14.85	-8.2	811.58	-13.5
红　河	Honghe	116.47	13.0	6 367.48	6.6
文　山	Wenshan	19.10	53.8	1 044.20	45.0
西双版纳	Xishuangbanna	35.86	16.4	1 960.47	9.7
德　宏	Dehong	125.94	10.7	6 884.93	4.4
怒　江	Nujiang	5.39	0.2	294.46	-5.5

17-7 各州市旅游业发展情况(2010年)
Tourism Development by Region (2010)

州市 Region	旅游总收入 (亿元) Total Tourism Revenue (100million yuan)	旅游外汇收入 (万美元) Foreign Exchange Earnings (USD10000)	国内旅游人数 (万人次) Domestic Tourists (10000 person-time)	海外旅游人数 (人次) Overseas Tourists (person-tines)	外国人 Foreigners	香港同胞 Compatriots from Hong Kong	澳门同胞 Compatriots from Macao	台湾同胞 Compatriots From Taiwan
全省合计 Total	**1006.83**	**114 124.14**	**13 836.82**	**3 291 532**	**2 312 314**	**433 886**	**127 863**	**417 469**
昆明 Kunming	288.73	24 252.15	3 465.60	860 632	666 361	60 576	1 872	131 823
曲靖 Qujing	43.35	406.10	707.30	15 705	4 728	3 102		7 875
玉溪 Yuxi	40.54	63.01	1 164.10	2 639	2 389	79	11	160
保山 Baoshan	30.76	1 856.56	611.41	89 518	83 534	2 168	1 500	2 316
昭通 Zhaotong	20.06	19.50	591.21	792	637	65	58	32
丽江 Lijiang	112.46	20 222.47	848.83	611 408	421 150	95 567	2 523	92 168
普洱 Pu'er	17.14	594.95	347.24	30 119	30 092	17		10
临沧 Lincang	14.49	1 472.44	268.92	41 231	41 061	48	10	112
楚雄 Chuxiong	31.07	510.64	964.38	19 893	14 730	1 834	995	2 334
红河 Honghe	69.22	6 608.19	1 200.43	137 577	124 843	5 465	674	6 595
文山 Wenshan	34.84	423.80	465.12	18 423	13 440	1 138	350	3 495
西双版纳 Xishuangbann	80.33	6 656.30	795.61	216 682	206 893	3 624	2 852	3 313
大理 Dali	115.01	12 917.23	1 296.98	407 483	205 227	84 619	16 709	100 928
德宏 Dehong	46.21	2 712.47	460.63	94 945	94 760	87		98
怒江 Nujiang	8.00	659.33	148.97	15 435	14 927	178	76	254
迪庆 Diqing	54.61	34 749.00	500.09	729 050	387 542	175 319	100 233	65 956

注：本表旅游外汇收入不包括口岸一日游创汇收入。

Note: In this table, the data of foreign exchange earning is not included part of Revenue from one-day tourists in port.

主要统计指标解释

住宿和餐饮业营业收入 指住宿和餐饮业法人企业（单位）在经营活动中因提供服务或销售商品等取得的收入。包括：客房收入、餐费收入、商品销售额和其他收入。客房收入指住宿和餐饮业法人企业（单位）在经营活动中因提供住宿服务取得的收入。餐费收入指住宿和餐饮业法人企业、（单位）因为顾客提供就餐服务取得的收入，包括经烹饪、调制加工后出售的各种食品，如主食、炒菜、凉拌菜等的收入。商品销售额指住宿和餐饮业法人企业（单位）伴随服务而出售商品所取得的收入（含增值税）。其他收入指营业收入中除客房收入、餐费收入、商品销售额以外的其他收入，包括娱乐、健身和商务服务等。

旅游人数

1. **入境旅游人数**：指报告期内来我国观光、度假、探亲访友、就医疗养、购物、参加会议或从事经济、文化、体育、宗教活动的外国人、港澳台同胞等入境游客。统计时，外国人、港澳台同胞每入境一次统计 1 人次。

2. **出境人数**：指中国（大陆）居民因公或因私出境前往其他国家、中国香港特别行政区、澳门特别行政区和台湾省观光、度假、探亲访友、就医疗养、购物、参加会议或从事经济、文化、体育、宗教活动的人数，即出境游客。统计时，按每出境一次统计 1 人次。

3. **国内旅游人数**：指在报告期内在中国（大陆）观光游览、度假、探亲访友、就医疗养、购物、参加会议或从事经济、文化、体育、宗教活动的中国（大陆）居民人数，其出游的目的不是通过所从事的活动谋取报酬。统计时，国内游客按每出游一次统计 1 人次。

国际旅游(外汇)收入 指入境游客在中国（大陆）境内旅行、游览过程中用于交通、参观游览、住宿、餐饮、购物、娱乐等全部花费。

国内旅游收入 又称旅游总花费，指国内游客在国内旅行、游览过程中用于交通、参观游览、住宿、餐饮、购物、娱乐等全部花费。

国际旅行社 指经营业务范围包括入境旅游业务、出境旅游业务和国内旅游业务的旅行社。

国内旅行社 指经营范围仅限于国内旅游业务的旅行社。

星级饭店 指设备、设施、服务符合《旅游饭店星级的划分与评定》（GB/T14308-2003），通过相关旅游管理部门评定，并取得星级饭店称号的饭店（含预备星级饭店）。

Explanatory Notes on Principal Statistical Indicators

Business Revenue of Hotels and Catering Services refers to revenue received from providing services or selling commodities by corporate enterprises and establishments engaged in hotels and catering services, including income from hotels, from catering services, from selling of commodities and from other services. Income from hotels refers to income of corporate enterprises and establishments engaged in hotels and catering services by providing lodging services. Income from catering services refers to income of corporate enterprises and establishments engaged in hotels and catering services by providing catering services, including selling of cooked or prepared foods such as staple food, cooked dishes or cold dishes. Income from selling of commodities refers to income of corporate enterprises and establishments engaged in hotels and catering services by selling commodities (including value-added tax) that accompany the services they provide. Income from other activities refers to income received other than income from hotels, catering services or selling of commodities, such as income from providing recreation, fitness or business services.

Number of Tourists

1. **Visitor arrivals** refer to the number of foreigners, Chinese compatriots from Hong Kong, Macao and Taiwan Chinese (mainland) who come to China (mainland) for sight-seeing, vacation, visiting relatives, medical treatment, shopping, attending conference, or to engage in economic, cultural, sports and religious activities. In compiling statistics, each time of entering China is counted as one person-time.

2. **Number of Chinese** residents going abroad refer to the number of Chinese (mainland) residents going to other countries, Hong Kong Special Administrative region, Macao Special Administrative region and Taiwan for on official or private purposes, for sight-seeing, vacation, visiting relatives, medical treatment, shopping, attending conference, or to engage in economic, cultural, sports and religious activities. In compiling statistics, each time of leaving is counted as one person-time.

3.**Number of domestic tourists** refers to the number of Chinese (mainland) residents who travel within China (mainland) for sight-seeing, vacation, visiting relatives, medical treatment, shopping, attending conference, or to engage in economic, cultural, sports and religious activities. In compiling statistics, each time of travelling is counted as one person-time.

Foreign Exchange Earnings from International Tourism refer to the total expenditure of foreigners, overseas Chinese, Chinese compatriots from Hong Kong, Macao and Taiwan during their stay in the mainland of China on transportation,sighting, accommodation, food, shopping and entertainment.

Income from Domestic Tourism refers to expenditure of domestic tourists on transportation, sighting, accommodation, food, shopping and entertainment while they travel.

International Travel Agencies refer to travel agencies engaged in tourism entering China, Chinese residents going abroad and domestic tourism.

Domestic Travel Agencies refer to travel agencies only engaged in domestic tourism.

Star-rated Hotels refer to hotels rated with stars as assessed by the relevant tourism authorities according to GB/T14308-2003 standard with reference to their infrastructure, facilities and service levels.

Chapter 18

十八、教育、科技、文化和体育

Education, Science and Technology, Culture and Sports

18-1 主要年份各级各类教育学校数

Number of Schools by Level and Type of School in Significant Years

单位：所 (unit)

年 份 Year	普通高等教育学校 Regular Institutions of Higher Education	中 等 教 育 学 校 Secondary Schools					普通教育小学 Primary Schools	幼儿园 Kindergartens
		普通中等教育专业学校 Regular Secondary Specialized Schools	普 通 教 育 中 学 Regular Secondary Schools			职业教育中学 Vocational Secondary Schools		
			合 计 Total	高 中 Senior Secondary Schools	初 中 Junior Secondary Schools			
1978	15	70	1 476	841	635		66 672	371
1980	18	100	1 435	610	825	59	59 499	591
1985	26	111	1 765	528	1 237	179	58 484	1 981
1990	26	138	2 030	503	1 527	228	53 556	1 434
1995	26	143	2 225	455	1 770	233	24 612	1 340
1996	26	144	2 242	442	1 800	217	24 078	1 501
1997	26	146	2 240	431	1 809	217	23 724	1 412
1998	26	142	2 245	419	1 826	211	23 249	1 500
1999	24	136	2 225	407	1 818	209	22 705	1 568
2000	24	127	2 236	418	1 818	199	22 151	1 770
2001	28	121	2 276	419	1 857	209	21 315	1 530
2002	31	121	2 267	411	1 856	193	20 595	1 711
2003	34	113	2 275	421	1 854	181	20 296	1 862
2004	43	99	2 280	429	1 851	177	19 725	2 103
2005	44	96	2 257	443	1 814	172	18 747	2 247
2006	50	93	2 266	452	1 814	168	18 127	2 495
2007	51	93	2 281	465	1 816	182	17 163	2 760
2008	59	94	2 272	460	1 812	182	16 573	3 085
2009	61	94	2 248	457	1 791	191	15 826	3 381
2010	61	91	2 183	451	1 732	198	14 059	3 790

18-2 主要年份各级各类学校专任教师数

Number of Full-time Teachers by Level and Type of School in Significant Years

单位：人 (person)

年 份 Year	普通高等教育学校 Regular Institutions of Higher Education	中等学校 Secondary Schools						普通小学 Primary Schools	幼儿园 Kindergartens
		普通中等教育专业学校 Regular Secondary Specialized Schools	普通教育中学 Regular Secondary Schools			职业教育中学 Vocational Secondary Schools			
			合 计 Total	高 中 Senior Secondary Schools	初 中 Junior Secondary Schools				
1978	3 743	2 221	59 003	11 561	47 442	222		164 100	2 474
1980	4 354	3 321	52 665	8 877	43 728	274		175 353	3 493
1985	6 383	4 631	52 140	10 722	41 418	1 947		171 574	8 064
1990	7 754	7 093	69 238	12 331	56 907	3 712		174 159	11 966
1995	7 415	7 886	80 139	12 668	67 471	5 474		181 384	16 330
1996	7 518	8 150	83 840	12 967	70 873	5 661		184 303	17 254
1997	7 690	8 432	88 120	13 057	75 063	5 983		189 129	18 937
1998	8 143	8 400	92 736	13 003	79 733	6 319		193 900	18 272
1999	8 296	8 304	98 927	13 511	85 416	6 900		201 125	18 618
2000	9 237	7 750	105 620	14 631	90 989	7 091		210 507	19 614
2001	9 982	7 678	109 674	15 991	93 683	7 115		217 658	13 148
2002	11 152	7 550	114 916	18 449	96 467	7 165		222 855	14 525
2003	12 236	7 262	120 221	21 497	98 724	7 167		221 589	15 279
2004	15 162	6 145	124 718	25 076	99 642	7 219		218 969	16 963
2005	16 819	6 285	131 685	29 760	101 925	7 517		219 236	17 987
2006	19 402	6 133	138 465	34 046	104 419	7 978		222 022	19 608
2007	21 233	6 300	143 111	36 788	106 323	8 880		222 676	21 251
2008	23 276	7 090	148 602	38 278	110 324	9 094		226 795	23 178
2009	24 893	7 443	155 215	39 728	115 487	9 602		233 811	25 339
2010	26 498	7 319	160 984	41 166	119 818	10 196		237 537	29 203

18-3 主要年份各级各类学校招生数

Number of New Students Enrollment by Level and Type of School in Significant Years

单位：万人 (10 000 persons)

年份 Year	普通高等教育学校 Regular Institutions of Higher Education	中等教育学校 Secondary Schools					普通小学 Primary Schools
		普通中等教育专业学校 Regular Specialized Secondary Schools	普通教育中学 Regular Secondary Schools			职业教育中学 Vocational Secondary Schools	
			合计 Total	高中 Senior Secondary Schools	初中 Junior Secondary Schools		
1978	0.71	1.28	51.55	10.42	41.13		109.34
1980	0.50	1.48	34.97	6.27	28.70	0.35	111.97
1985	1.26	1.97	36.58	6.32	30.26	1.95	103.58
1990	1.30	2.29	44.40	6.51	37.89	3.28	79.99
1995	1.65	3.51	47.66	6.54	41.12	6.56	87.93
1996	1.72	3.70	48.77	5.84	42.93	6.13	87.52
1997	1.83	3.96	52.52	6.25	46.27	6.31	85.27
1998	2.04	3.94	56.30	6.56	49.74	7.31	75.80
1999	2.75	3.65	62.94	7.43	55.51	7.77	70.99
2000	3.20	3.76	69.84	8.82	61.02	6.42	70.20
2001	4.25	4.67	72.20	10.67	61.54	6.20	72.36
2002	5.04	4.81	77.74	12.44	65.30	6.17	73.71
2003	6.22	4.54	81.59	13.84	67.75	5.35	73.11
2004	6.67	5.17	80.13	16.73	63.40	5.00	73.25
2005	7.45	5.97	82.31	19.00	63.31	5.80	73.34
2006	9.07	6.60	86.04	20.47	65.57	6.67	76.03
2007	9.92	6.92	88.59	20.33	68.26	8.73	75.46
2008	11.71	8.34	91.51	21.20	70.31	8.44	72.91
2009	13.24	9.79	91.74	22.03	69.70	10.71	69.50
2010	14.25	13.57	93.56	22.90	70.66	14.32	66.93

18-4 主要年份各级各类学校在校学生数

Number of Students Enrollment by Level and Type of School in Significant Years

单位：万人 (10 000 persons)

年份 Year	普通高等教育学校 Regular Institutions of Higher Education	中等学校 Secondary Schools					普通小学 Primary Schools	幼儿园 Kindergartens
		普通中等教育专业学校 Regular Specialized Secondary Schools	普通教育中学 Regular Secondary Schools			职业教育中学 Vocational Secondary Schools		
			合计 Total	高中 Senior Secondary Schools	初中 Junior Secondary Schools			
1978	1.59	2.66	128.54	23.78	104.76	0.39	436.03	4.08
1980	1.81	4.02	96.86	14.67	82.20	0.54	424.39	10.32
1985	3.23	5.01	101.99	17.49	84.50	4.07	514.66	19.68
1990	4.35	7.38	123.95	18.06	105.89	6.82	446.86	30.06
1995	5.14	10.26	127.25	17.78	109.47	12.54	462.41	51.74
1996	5.40	10.97	133.43	17.61	115.82	9.78	473.12	53.35
1997	5.74	11.68	142.31	17.76	124.55	11.38	483.71	53.72
1998	6.24	12.24	152.15	17.84	134.31	12.51	485.45	54.37
1999	7.39	11.95	167.44	19.42	148.02	15.78	480.80	57.75
2000	9.04	11.92	185.97	22.21	163.76	15.85	472.06	60.35
2001	11.90	12.86	200.46	26.50	173.96	15.26	460.50	62.70
2002	14.34	13.89	215.14	31.55	183.58	14.64	450.93	66.85
2003	17.53	14.84	228.46	36.33	192.13	13.14	441.88	70.66
2004	20.06	14.76	235.06	41.98	193.09	13.21	440.65	75.37
2005	23.21	15.56	238.88	48.31	190.58	14.08	441.23	77.27
2006	26.81	17.35	244.70	54.54	190.16	16.21	452.26	82.38
2007	30.21	18.63	251.77	57.64	194.12	19.64	453.31	86.31
2008	34.35	20.53	259.48	59.47	200.01	21.28	451.04	89.57
2009	38.95	23.37	264.97	61.15	203.82	24.10	444.14	92.17
2010	43.69	29.0	270.63	63.28	207.35	28.64	435.21	98.69

18−5 主要年份各级各类学校毕业生数

Number of Graduates by Level and Type of School in Significant Years

单位：万人 (10 000 persons)

年 份 Year	普通高等教育学校 Regular Institutions of Higher Education	中等教育学校 Secondary Schools 普通中等教育专业学校 Regular Specialized Secondary Schools	普通教育中学 Regular Secondary Schools 合 计 Total	高 中 Senior Secondary Schools	初 中 Junior Secondary Schools	职业教育中学 Vocational Secondary Schools	普通小学 Primary Schools
1978	0.33	0.99	44.60	9.19	35.41	0.11	56.76
1980	0.53	1.59	27.90	8.12	19.78	0.09	48.27
1985	0.54	1.23	24.32	4.63	19.69	0.58	51.90
1990	1.45	2.07	33.99	5.57	28.42	2.63	64.59
1995	1.63	2.63	35.71	5.55	30.16	2.83	56.03
1996	1.45	2.96	34.03	5.25	28.78	2.90	57.98
1997	1.49	3.20	37.03	5.48	31.55	2.97	61.25
1998	1.53	3.30	40.17	5.82	34.35	3.17	61.80
1999	1.58	3.50	42.80	5.15	37.65	3.50	65.61
2000	1.62	3.77	47.54	5.65	41.89	4.61	72.15
2001	1.94	3.69	52.50	5.93	46.56	4.94	76.04
2002	2.56	3.69	58.80	7.11	51.7	4.49	77.52
2003	3.13	3.94	63.94	8.45	55.49	4.30	77.15
2004	3.26	4.87	67.88	9.94	57.94	3.55	72.13
2005	4.49	4.88	73.10	11.60	61.50	4.07	69.32
2006	5.58	4.34	76.29	12.77	63.52	3.98	68.69
2007	6.61	5.07	76.21	15.33	60.88	4.51	71.46
2008	7.28	5.46	77.91	17.39	60.52	5.13	73.23
2009	8.36	6.31	80.45	18.38	62.08	5.58	73.31
2010	9.34	6.45	82.60	18.44	64.16	6.55	73.69

18–6 主要年份培养研究生数

Number of Postgraduates in Significant Years

单位：人 (person)

年 份 Year	招生数 New Students Enrollment	在学人数 Total Enrollment		毕业生数 Graduates	
		攻读硕士学位 Master's Degree	攻读博士学位 Doctor's Degree	攻读硕士学位 Master's Degree	攻读博士学位 Doctor's Degree
1985	448	724	5	98	1
1990	151	467	24	248	11
1991	140	481	26	221	8
1992	198	533	40	148	11
1993	275	612	42	187	8
1995	343	948	77	183	14
1996	414	1 030	156	266	18
1997	592	1 351	202	326	24
1998	643	1 483	175	373	50
1999	822	1 830	247	538	74
2000	1 231	2 376	332	535	46
2001	1 777	3 428	396	559	77
2002	2 302	4 799	500	692	93
2003	3 307	6 739	667	1 052	117
2004	4 517	9 254	916	1 568	116
2005	5 483	12 223	1 147	2 053	151
2006	6 193	14 927	1 319	2 951	210
2007	6 549	16 751	1 507	4 048	207
2008	6 905	18 373	1 711	4 923	271
2009	8 309	20 296	1 895	5 498	262
2010	9 267	23 226	2 099	5 674	301

18–7 各级各类成人学校基本情况(2010年)

Basic Statistics on Adult Schools by Level and Type of School (2010)

单位：所，人 (unit, person)

项 目	Item	学校数 Schools	毕业生数 Graduates	招生数 New Student Enrollment	在校学生数 Student Enrollment	教职工合计 Faculty	# 专任教师 Full-time Teachers
成人高等教育	**Adult Education Schools**	**2**	**56 344**	**55 775**	**171 652**	**1 891**	**946**
按办学形式	**Grouped by Form of Running a School**						
函 授	Correspondence Schools		38 091		118 189		
业 余	Sparetime Schools		11 057		46 547		
脱 产	Full-time Schools		7 196		6 916		
成人中专	**Secondary Specialized Schools for Adults**	**132**	**1 763**	**1 680**	**5 727**	**3 588**	**2 483**
成人小学	**Primary Schools for Adults**	**455**	**118 709**		**178 488**	**2 998**	**1 202**
小学班	Primary Courses		62 086		40 368	1 380	726

18-8 各级各类学校师生比例(2008-2010年)
Student-teacher Ratio by Level and Type of School (2008-2010)

单位：% (%)

项　　目	Item	2008	2009	2010
普通高等院校	Regular Institutions of Higher Education	19.1	19.4	20.5
普通中专	Regular Secondary Specialized Schools	29.0	31.4	39.6
成人中专	Specialized Secondary Schools for Adult	3.0	2.5	2.3
普通高中	Regular Senior Secondary Schools	23.2	25.2	20.1
职业高中	Vocational Senior Secondary Schools	15.5	15.4	28.4
普通初中	Regular Junior Secondary Schools	18.1	17.6	17.3
职业初中	Vocational Junior Secondary Schools	27.8	22.7	20.8
小　学	Primary Schools	19.9	19.0	18.3
幼儿园	Kindergartens	38.6	36.4	33.8

注：普通高等学校师生比例按教育部新标准测算。
Note: The data in this table are calculated according to the new standards of educational departments.

18-9 主要年份小学学龄儿童入学率
Enrollment Rate of School-age Children in Primary Schools in Significant Years

年　份 Year	全省学龄儿童数(万人) School-Age Children (10 000 persons)	已入学学龄儿童数 (万人) School-Age Children Enrolled in Schools (10 000 persons)	入学率(%) Enrollment Rate (%)	年　份 Year	全省学龄儿童数 (万人) School-Age Children (10 000 persons)	已入学学龄儿童数(万人) School-Age Children Enrolled in Schools (10 000 persons)	入学率(%) Enrollment Rate (%)
1980	400.79	349.54	87.2	2002	421.63	419.86	99.6
1985	421.61	384.14	93.1	2003	412.87	396.92	96.1
1990	342.40	324.06	94.6	2004	416.06	400.02	96.2
1995	427.81	416.79	97.4	2005	420.31	404.77	96.3
1997	452.05	446.64	98.4	2006	427.83	413.17	96.6
1998	454.13	448.37	98.4	2007	425.09	414.84	97.6
1999	449.02	444.52	99.0	2008	420.32	413.15	98.3
2000	438.41	434.10	99.0	2009	415.57	408.45	98.3
2001	429.62	426.92	99.4	2010	402.01	400.82	99.71

18-10 主要年份自然科学研究成果获奖统计

Statistics on Prizes of Natural Science Research Achievements in Significant Years

单位：项 (unit)

年 份 Year	云南省自然科学研究成果科学技术奖 Provincial Scientific Technological Prize				
	申报数 Applications Acceptance	获奖数 Number of Prize-wining	奖励等级 Reward Grade		
			一等 Grade I	二等 Grade II	三等 Grade III
1985	455	149	3	22	124
1990	179	90		11	79
1995	293	182	1	19	162
1999	377	208	2	24	182
2000	444	193	6	24	163
2002	298	173	8	29	136
2003	416	239	12	15	212
2004	374	221	12	42	167
2005	404	242	15	50	177
2006	413	230	12	46	172
2007	420	227	15	45	167
2008	402	211	22	42	147
2009	411	198	18	40	140
2010	401	174	14	35	125

注：1.1985年和2010年一等奖中各含特等奖1项。2.云南省星火奖从1988年开始实行，2000年以后不再统计。

Note: a. The first prizes in 1985 and 2010 included the special awards.

b. The Spark Prize was executed in 1988 in Yunnan province,and it hasn't been calculated since 2000.

18-11 主要年份自然科学研究机构数(独立科研机构)

Number of Research Institutions of Natural Science in Significant Years (Independent Research Institutions)

单位：个 (unit)

年 份 Year	中 国 科学院 Chinese Academy of Sciences	国务院各部委直属 Directly under Departments of State Council	省业务局直属 Directly under Provincial Departments	州(市) 直 属 Directly under Prefecture (municipal) Departments	年 份 Year	中 国 科学院 Chinese Academy of Sciences	国务院各部委直属 Directly under Departments of State Council	省业务局直属 Directly under Provincial Departments	州(市) 直 属 Directly under Prefecture (municipal) Departments
1980	5	12	54	83	2002	4	9	55	64
1985	4	15	57	72	2003	3	8	55	64
1990	4	14	55	80	2004	3	5	24	62
1995	4	12	54	79	2005	3	4	23	61
1997	4	12	54	78	2006	3	4	22	60
1998	4	12	53	77	2007	3	4	21	58
1999	4	12	51	73	2008	3	5	19	59
2000	4	9	55	67	2009	3	5	19	58
2001	4	9	55	65	2010	3	5	18	60

18-12 主要年份分行业自然科学独立研究机构数

Number of Independent Research Institutions of Natural Science by Sector in Significant Years

单位：个 (unit)

年份 Year	合计 Total	农林牧渔业 Farming, Forestry, Animal Husbandry and Fishery	工业 Industry	建筑业 Construction	交通运输邮电通讯业 Transport, Postal and Telecommunication Services	社会服务业 Social Services	卫生、体育和社会福利业 Health Care, Sports and Social Welfare	科学研究与综合技术服务业 Scientific Research and Polytechnic Services	地质普查及勘探业 Geological Prospecting
1985	149	59	44	2	3		16	24	1
1990	153	79	35	2	3	3	12	17	2
1994	150	77	32	2	3	3	12	19	2
1995	149	76	32	2	3	3	12	19	2
1996	149	61	36	2	3	5	11	28	3
1997	148	57	48	2	3	7	12	16	3
1998	146	57	46	2	3	7	12	16	3
1999	140	56	44	2	3	7	11	14	1
2000	135	67	25	1	3	4	5	29	1
2001	133	67	22	1	3	4	6	29	1
2002	132	70	22	1	3	4	6	25	1
2003	130	70	27	2	2	4	6	19	
2004	94	57	10	1	1	6	7	12	
2005	91	56	9	1	1	5	7	11	1
2006	89	56	8	1	1	5	7	10	1
2007	86	56	7	1	1	5	6	9	1
2008	86	56	7	1	1	4	6	10	1
2009	85	56	7		1	4	6	10	1
2010	86	55	8		1	4	7	10	1

注：从1991年起不包括国防科工委系统。

Note: Units under committee of science, technology and industry for national defense have not been included since 1991.

18-13 主要年份分行业自然科学独立研究机构科技活动人员数

Number of Scientific and Technical Personnel in Independent Research Institutions of Natural Science by Sector in Significant Years

单位：人 (person)

年份 Year	合计 Total	农林牧渔业 Farming, Forestry, Animal Husbandry and Fishery	工业 Industry	建筑业 Construction	交通运输邮电通讯业 Transport, Postal and Telecommunication Services	社会服务业 Social Services	卫生、体育和社会福利业 Health Care, Sports and Social Welfare	科学研究与综合技术服务业 Scientific Research and Polytechnic Services	地质普查及勘探业 Geological Prospecting
1985	8 012	1 956	3 522	60	193		845	1 340	96
1990	11 008	2 801	5 006	89	190	98	814	1 890	120
1994	8 875	2 818	2 746	72	187	105	876	1 948	123
1995	8 722	2 821	2 606	67	175	115	875	1 943	120
1996	8 260	2 572	2 523	64	170	331	562	1 895	143
1997	8 135	2 524	2 724	53	172	411	592	1 532	127
1998	7 863	2 305	2 619	62	154	400	623	1 482	128
1999	7 606	2 528	2 306	98	160	409	522	1 443	58
2000	7 160	2 819	1 754	82	152	258	321	1 726	48
2001	7 224	2 978	1 609	82	138	220	406	1 748	43
2002	6 965	3 060	1 574	85	157	201	407	1 433	48
2003	6 573	3 033	1 578	164	116	156	352	1 174	
2004	5 229	3 281	293	50	45	317	413	830	
2005	5 151	3 192	298	50	46	277	413	811	64
2006	5 517	3 497	343	60	35	285	406	826	65
2007	5 467	3 452	373	55	35	292	334	865	61
2008	5 471	3 465	323	55	38	279	333	917	61
2009	5 657	3 476	302		47	283	292	1 196	61
2010	5 774	3 527	309		44	291	312	1 230	61

注：从1991年起不包括国防科工委系统。

Note: Units under committee of science, technology and industry for national defense have not been included since 1991.

18-14 各州市自然科学机构中从事科技人员数(2010年)
Number of Scientific and Technical Personnel in Natural Science Institutions by Region (2010)

单位：人 (person)

州 市	Region	科技人员数 Scientists and Technicians	高级技术人员 Senior Technicians	中级技术人员 Middle Technicians	初级技术人员 Junior Technicians
全省合计	**Total**	**5 774**	**1 458**	**2 019**	**2 297**
昆　明	Kunming	3 407	1 005	1 255	1 147
曲　靖	Qujing	69	26	24	19
玉　溪	Yuxi	61	2	1	58
保　山	Baoshan	124	21	48	55
昭　通	Zhaotong	92	28	32	32
丽　江	Lijiang	70	15	21	34
普　洱	Pu'er	140	26	41	73
临　沧	Lincang	98	17	32	49
楚　雄	Chuxiong	109	34	53	22
红　河	Honghe	181	51	57	73
文　山	Wenshan	178	36	69	73
西双版纳	Xishuangbanna	774	125	262	387
大　理	Dali	158	36	58	64
德　宏	Dehong	256	25	41	190
怒　江	Nujiang	33	5	13	15
迪　庆	Diqing	24	6	12	6

18-15 各州市独立研究与开发机构情况(2009-2010年)
Basic Statistics on Independent Scientific Research and Development Institutions by Region (2009-2010)

单位：个、人 (unit,person)

州 市	Region	2009				2010			
		合 计 Total		自然科学 Natural Science		合 计 Total		自然科学 Natural Science	
		机 构 Institutions	人 员 Employees	机 构 Institutions	人 员 Employees	机 构 Institutions	人 员 Employees	机 构 Institutions	人 员 Employees
全省合计	**Total**	**95**	**8 071**	**85**	**7 441**	**103**	**8307**	**86**	**7563**
昆　明	Kunming	36	5 172	29	4 586	39	5359	29	4688
曲　靖	Qujing	3	78	3	78	4	87	3	80
玉　溪	Yuxi	3	67	2	55	3	71	2	61
保　山	Baoshan	4	124	4	124	4	124	4	124
昭　通	Zhaotong	2	99	2	99	2	104	2	104
丽　江	Lijiang	3	73	3	73	3	76	3	76
普　洱	Pu'er	4	146	3	122	6	197	5	183
临　沧	Lincang	6	244	5	236	3	102	3	102
楚　雄	Chuxiong	5	224	5	224	5	176	4	152
红　河	Honghe	5	173	5	173	6	251	5	243
文　山	Wenshan	6	989	6	989	5	213	5	213
西双版纳	Xishuangbanna	6	237	6	237	6	982	6	982
大　理	Dali	5	252	5	252	6	225	6	225
德　宏	Dehong	2	35	2	35	7	273	6	268
怒　江	Nujiang	1	26	1	26	3	41	2	36
迪　庆	Diqing	4	132	4	132	1	26	1	26

18-16 主要年份独立研究与开发机构基本情况

Basic Statistics on Independent Research and Development Institutions in Significant Years

单位：个、人 (unit,person)

指　　标	Item	2005	2006	2007	2008	2009	2010
机构合计	**Total Institutions**	**110**	**108**	**104**	**105**	**95**	**103**
人员合计	**Total Employees**	**7 660**	**7 638**	**7 522**	**7 741**	**8 071**	**8307**
自然科学技术领域	Field of Natural Sciences and Technology						
机构数	Number of Institutions	91	89	86	86	85	86
人员数	Number of Employees	7 101	7 057	6 921	7 108	7 441	7563
# 科学家和工程师	Scientists and Engineers	3 307	3 304	3 520	3 734	3 576	3772
社会、人文科学技术领域	Field of Social Sciences and Humanities						
机构数	Number of Institutions	13	13	12	13	4	8
人员数	Number of Employees	342	356	365	401	387	464
# 科学家和工程师	Scientists and Engineers	274	279	279	324	301	343
科技情报和文献机构	Scientific-Technological Information and Literature Institutions						
机构数	Number of Institutions	6	6	6	6	6	9
人员数	Number of Employees	217	225	236	232	243	280
# 科学家和工程师	Scientists and Engineers	156	183	176	186	179	211

注：科学家和工程师2009年后调整为大学本科及以上学历。
Note:Since 2009,number of scientists and engineers refers to number of scientists and engineers with bachelor degree or above.

18-17 主要年份专利申请和批准数

Number of Patents Applications Approved and Granted in Significant Years

单位：件 (piece)

年份 Year	专利申请数（件） Applications Examined				专利批准数（件） Applications Granted			
	合计 Total	发明 Invention	实用新型 Utility Models	外观设计 Design	合计 Total	发明 Invention	实用新型 Utility Models	外观设计 Design
1985	135	66	65	4				
1990	461	77	326	58	362	24	312	26
1993	729	164	485	80	686	35	568	83
1994	883	171	499	213	439	25	367	47
1995	959	195	476	288	569	35	346	188
1996	1 290	266	665	359	602	33	336	233
1997	1 108	163	612	333	692	20	362	310
1998	1 136	163	579	394	832	45	477	310
1999	1 246	198	609	438	1 185	73	695	417
2000	1 710	341	737	632	1 216	139	606	417
2001	1 793	344	807	642	1 347	113	662	572
2002	1 780	448	722	610	1 128	83	522	523
2003	1 976	574	797	605	1 213	172	521	513
2004	1 710	341	737	632	1 216	139	606	471
2005	2 556	776	905	875	1 381	306	563	512
2006	3 085	1 005	1 076	1 004	1 637	355	689	593
2007	3 108	1 014	1 100	994	2 139	368	1 017	754
2008	4 089	1 474	1 389	1 226	2 021	383	1 038	600
2009	4 633	1 637	1 825	1 171	2 923	476	1 338	1 109
2010	5 645	2 333	2 212	1 100	3 823	652	2 026	1 145

18–18 主要年份文化事业机构数
Number of Cultural Institutions in Significant Years

单位：个 (unit)

年份 Year	文化艺术事业 Culture and Art		图书出版社 Publishing Houses	博物馆 Museums	公共图书馆 Public Libraries
	表演团体 Art Performance Troupes	艺术表演场所 Art Performance Sites			
1978	149	3	2	4	16
1980	154	26	2	4	80
1985	149	15	4	16	149
1990	137	46	7	20	148
1994	135	44	8	22	148
1995	134	44	8	22	148
1996	133	42	8	23	148
1997	132	40	8	26	148
1998	131	40	8	27	148
1999	130	39	8	27	147
2000	129	40	8	30	148
2001	128	41	8	30	147
2002	124	38	8	30	148
2003	123	39	8	30	149
2004	116	40	8	31	149
2005	135	38	8	32	149
2006	126	33	8	33	149
2007	131	31	8	36	149
2008	127	31	8	36	150
2009	146	34	8	113	150
2010	142	36	8	120	150

18–18 续表 continued

单位：个 (unit)

年份 Year	群众文化事业 Mass Culture		广播电视事业 Broadcasting and Television Stations	
	群众艺术馆及文化馆 Mass Art Centers and Cultural Centers	文化站 Cultural Stations	电视发射台及转播台 Television Transmission Stations and Relay Stations	县级以上广播电台 Broadcasting Stations above County Level
1978	145	2	5	3
1980	148	388	5	4
1985	148	1 456	12	5
1990	147	1 477	24	12
1994	147	1 591	15	13
1995	147	1 567	30	14
1996	147	1 582	30	14
1997	147	1 577	44	13
1998	147	1 593	44	13
1999	147	1 580	44	13
2000	147	1 551	44	14
2001	146	1 586	28	14
2002	147	1 576	27	11
2003	148	1 582	17	12
2004	149	1 577	33	14
2005	149	1 535	33	15
2006	148	1 400	33	15
2007	148	1 375	56	15
2008	148	1 376	56	16
2009	148	1 365	56	16
2010	148	1 369	57	16

18-19　主要年份艺术、群众文化发展情况

Basic Statistics on Artist and Mass Cultural Development in Significant Years

年　份 Year	艺术活动 Artist Activities		群众文化活动 Mass Cultural Activities	
	演出场次（场）Number of Performances (show)	国内观众人次（千人次）Number of Domestic Spectators (1 000 person-time)	办展览（个）Number of Exhibitions (unit)	训练班结业（人次）Number of Persons Completing Courses(person-time)
1978	6 802	9 756	612	
1980	16 102	15 288	968	11 610
1985	9 105	8 864	754	20 229
1990	9 092	10 645	2 504	24 000
1995	14 500	12 954	2 138	70 300
1999	10 240	12 066	3 085	192 000
2000	10 080	13 292	3 427	178 000
2001	11 000	12 209	3 019	167 000
2002	8 874	11 113	3 052	208 000
2003	9 035	10 298	3 333	216 000
2004	10 302	13 220	5 272	218 847
2005	8 215	11 137	4 270	226 000
2006	8 896	12 277	11 507	231 000
2007	15 002	12 547	3 126	439 000
2008	9 592	11 226	3 329	473 000
2009	23 700	20 696	4 161	586 010
2010	20 950	17 407	4 166	638 070

18-20　主要年份图书馆、博物馆利用情况

Facilities and Services of Libraries and Museums in Significant Years

年　份 Year	图书馆 Library		博物馆 Museum	
	借阅册次（千册次）Number of Books Borrowed by the Readers (1 000 volume-times)	借阅人次（千人次）Number of Circulation Borrowing People (1 000 person-times)	陈列、展览（个）Number of Displays and Exhibitions (unit)	参观人数（千人次）Number of Visitors (1 000 person-times)
1978	552	358		
1980	3 384	2 889	19	40
1985	5 399	4 630	99	473
1990	7 100	5 170	85	506
1995	5 285	5 586	112	887
1999	7 426	4 030	146	1 437
2000	6 803	3 834	145	1 066
2001	6 877	3 729	156	1 112
2002	6 414	3 415	109	1 234
2003	6 181	3 422	98	580
2004	5 850	2 766	131	1 266
2005	7 005	3 519	139	1 371
2006	6 312	3 171	221	1 815
2007	6 071	3 965	131	1 514
2008	5 680	2 769	299	2 341
2009	7 670	3 897	598	9 326
2010	7 024	4 026	2 681	15 291

18-21 主要年份图书、杂志、报纸出版发行情况

Publication of Books, Magazines and Newspapers in Significant Years

年 份 Year	出版总数（种） Number of Publications (kind)			出版印数（万册、万份） Printed Copies(10 000 copies)		
	图 书 Books Published	杂 志 Magazines Published	报 纸 Newspapers Published	图 书 Books Published	杂 志 Magazines Published	报 纸 Newspapers Published
1978	333	31	7	4 543	75	
1980	336	87	11	8 106	739	17 570
1985	568	65	43	11 411	1 161	32 138
1990	804	68	41	12 330	954	22 280
1995	1 452	99	44	11 889	1 604	25 936
2000	1 644	125	70	13 414	2 877	36 029
2005	2 337	124	61	12 898	2 308	49 736
2006	2 471	124	61	17 388	2 898	53 314
2007	3 117	126	63	15 962	2 793	55 943
2008	3 336	126	63	17 485	3 265	58 879
2009	3 541	125	63	17 068	3 086	67 193
2010	4 598	126	64	15 084	3 538	64 079

18-22 各州市文化、文物事业建设情况(2010年)

Basic Statistics on Development of Culture and Cultural Relics by Region (2010)

州 市	Region	公 共 图书馆 (个) Public Libraries (unit)	公共图书馆藏书量(万册) Number of books in Public Libraries (unit)	艺术表演团体(个) Numbers of Art Performance Troupes(unit)	艺术表演场所(个) Arts Perfor-mance Places (unit)	群众艺术馆及文化馆(个) Mass Art and Cultural Centers (unit)	文化站 (个) Cultural Centers (unit)	文化、文物事业费(万元) Total Expenditures on Culture and Cultural Relics (10 000 yuan)	文物事业费 (万元) Total Expenditures on Cultural Relics (10 000 yuan)	博物馆 (个) Museums (unit)
全省合计	**Total**	**150**	**1 566.00**	**142**	**36**	**148**	**1369**	**162 637**	**27 857.90**	**120**
昆 明	Kunming	17	230.52	8	10	15	131	20 870	2 258.60	85
曲 靖	Qujing	11	102.72	10	3	10	115	7 135	415.00	
玉 溪	Yuxi	10	110.54	7	5	10	76	11 303	1 049.60	4
保 山	Baoshan	7	53.13	6	1	6	72	5 621	470.80	5
昭 通	Zhaotong	12	76.50	12		12	139	8 103	357.60	3
丽 江	Lijiang	6	45.15	4		6	63	3 439	509.20	2
普 洱	Pu'er	10	67.56	9		11	103	9 089	244.60	3
临 沧	Lincang	9	58.46	11		9	77	3 291	79.10	
楚 雄	Chuxiong	11	112.16	10	3	11	103	9 926	1 145.00	4
红 河	Honghe	14	156.54	8	4	14	133	10 091	1 333.60	4
文 山	Wenshan	9	57.53	9		9	104	6 719	391.50	3
西双版纳	Xishuangbanna	4	21.06	8	2	4	32	3 569	40.50	
大 理	Dali	13	100.76	8	1	14	110	10 003	3 275.40	3
德 宏	Dehong	7	40.54	16		7	53	3 435	153.80	
怒 江	Nujiang	5	34.83	6		5	29	2 817	512.30	1
迪 庆	Diqing	4	15.58	4	2	4	29	3 234	397.50	2

18–23 广播电视业发展情况(2007–2010年)

Basic Statistics on Development of Radio and Television (2007-2010)

项　目	Item	2007	2008	2009	2010
广播电台(座)	Number of Broadcasting Stations (unit)	15	16	16	17
电视台 (座)	Number of Television Stations (unit)	16	16	16	17
职工人数(人)	Number of Staff and Workers (person)	14 694	15 035	15 549	16347
广播人口覆盖率(%)	Radio Coverage of Population (%)	92.7	93.1	94.3	95.4
电视人口覆盖率(%)	Television Coverage of Population (%)	94.0	94.3	95.1	96.4

18–24 主要年份运动员参赛获奖情况

Prizes Won by Yunnan Athletes in Significant Years

单位：枚　　(unit)

年　份 Year	金　牌 Gold Medal		银　牌 Silver Medal		铜　牌 Copper Medal	
	国　际 International Competitions	全　国 National Competitions	国　际 International Competitions	全　国 National Competitions	国　际 International Competitions	全　国 National Competitions
1978	1	4	1	9	14	8
1980	4	13	2	13		21
1985	11	24	13	13	9	18
1990	4	22		27	6	19
1995	9	27	3	29	4	31
2000	1	44		38	5	36
2005	1	34	1	30		32
2006	6	13	4	15	1	12
2007	2	13		15	1	15
2008	4	14	3	6	5	11
2009	3	17	2	16	10	22
2010	5	14	4	16	7	17

18–25 主要年份等级裁判员、运动员人数

Number of Referees and Athletes in Significant Years

单位：人　　(person)

项　目	Item	1985	1990	1995	2000	2007	2008	2009	2010
等级裁判员合计	**Number of Referees in Grades**	**1 316**	**1 920**	**1 675**	**2 229**	**1 414**	**1 214**	**1 989**	**1 948**
国际级裁判	International-level Referees		1				2		
国家级裁判	National-level Referees			12	7		104	3	11
一级裁判	First Grade Referees	135	145	57	40	134	276	44	633
二级裁判	Second Grade Referees	280	455	316	519	1 280	832	1 942	1 304
三级裁判	Third Grade Referees	901	1 320	134	1 663				
等级运动员合计	**Number of Athletes in Grades**	**1 843**	**1 379**	**1 474**	**1 187**	**707**	**463**	**1 457**	**950**
国际级健将	International-level Master Sportsmen		4	3			7	8	7
运动健将	Master Sportsmen		36	27		2	21	21	24
一级运动员	First Grade Sportsmen	63	38	52	12	53	58	43	83
二级运动员	Second Grade Sportsmen	83	352	328	353	652	377	1 385	836
三级运动员	Third Grade Sportsmen	861	583	703	479				
少年级运动员	Juvenile Sportsmen	836	433	361	343				

主要统计指标解释

普通高等学校 指按照国家的审批程序批准举办，通过全国统一招生考试，招收高级中等学校毕业和具有同等学历者，实施高等教育，培养高等专门人才的学校。包括大学、专门学院、专科学校和短期职业大学。

成人高等学校 指按国家规定的审批程序批准举办，招收职业高中毕业或同等学历者，利用多种形式对成人实施高等教育，培养相当于普通高等专科或本科毕业水平的专门人才的学校。包括广播电视大学、职工高等学校、农民高等学校、干部管理学院、教育学院、独立函授学院以及普通高等学校举办的函授、夜大学等。

小学学龄儿童入学率 指调查范围内已入小学学习的学龄儿童占该地区校内外学龄儿童总数（包括弱智儿童在内，但不包括盲聋哑儿童）的比重。计算公式为：

小学学龄儿童入学率=已入学的小学学龄儿童数/校内外小学学龄儿童总数×100%

科技活动 指在自然科学、农业科学、医药科学、工程与技术科学、人文与社会科学领域(简称科学技术领域)中，与科技知识的产生、发展、传播和应用密切相关的有组织的活动。可分为研究与试验发展(R&D)、研究与试验发展成果应用及相关的科技服务三类活动。该定义是联合国教科文组织考虑成员国特别是发展中国家开展科技统计工作的需要，而对科技活动所作的统计界定。

科技活动人员 指直接从事科技活动，以及专门从事科技活动管理和为科技活动提供直接服务，累计的实际工作时间占全年制度工作时间10%及以上的人员。(1)直接从事科技活动的人员包括：在独立核算的科学研究与技术开发机构、高等学校、各类企业及其他事业单位内设的研究室、实验室、技术开发中心及中试车间（基地）等机构中从事科技活动的研究人员、工程技术人员、技术工人及其他人员，虽不在上述机构工作，但编入科技活动项目（课题）组的人员，科技信息与文献机构中的专业技术人员，从事论文设计的研究生等。(2)专门从事科技活动管理和为科技活动提供直接服务的人员，包括：独立核算的科学研究与技术开发机构、科技信息与文献机构、高等学校、各类企业及其他事业单位主管科技工作的负责人，专门从事科技活动的计划、行政、人事、财务、物资供应、设备维护、图书资料管理等工作的各类人员，但不包括保卫、医疗保健人员、司机、食堂人员、茶炉工、水暖工、清洁工等为科技活动提供间接服务的人员。该指标用来反映投入科技活动人力的规模。

科学家与工程师 指科技活动人员中具有高、中级技术职称（职务）的人员和不具有高、中级技术职称（职务）的大学本科及以上学历人员。该指标用来反映投入科技活动人力的素质。

研究与试验发展(R&D) 指在科学技术领域，为增加知识总量，以及运用这些知识去创造新的应用进行的系统的创造性的活动，包括基础研究、应用研究、试验发展三类活动。国际上通常采用R&D活动的规模和强度指标反映一国的科技实力和核心竞争力。

专业技术人员 指从事专业技术工作和专业技术管理工作的人员，即企事业单位中已经聘任专业技术职务从事专业技术工作和专业技术管理工作的人员，以及未聘任专业技术职务、现在专业技术岗位上工作的人员。包括工程技术人员，农业技术人员，科学研究人员，卫生技术人员，教学人员。

科技活动经费筹集 指从各种渠道筹集到的计划用于科技活动的经费，包括政府资金、企业资金、事业单位资金、金融机构贷款、国外资金和其他资金等。反映各社会经济主体对促进科技进步所作的努力。

政府资金 指从各级政府部门获得的计划用于科技活动的经费，包括科学事业费、科技三项费、科研基建费、科学基金、教育等部门事业费中计划用于科技活动的经费，以及政府部门预算外资金中计划用于科技活动的经费等。

科技活动经费内部支出 指报告年内用于科技活动的实际支出，包括劳务费、科研业务费、科研管理费、非基建投资购建的固定资产、科研基建支出以及其他用于科技活动的支出。不包括生产性活动支出、归还贷款支出及转拨外单位支出。反映科技投入实际完成情况。

劳务费 指以货币或实物形式直接或间接支付给从事科技活动人员的劳动报酬及各种费用。包括各种形式的工资、津贴、奖金、福利、离退休人员费用、人民助学金等。反映改善科技人员的待遇情况。

固定资产购建费 指报告年内使用非基建投资购建的固定资产和用于科研基建投资的实际支出额，即固定资产实际支出和科研基建投资实际完成额之和。固定资产是指长期使用而不改变原有实物形态的主要物资设备、图书资料、实验材料和标本以及其他设备和家具、房屋、建筑物。反映用于改善科研条件和科研手段方面的投入情况。

新产品 指采用新技术原理、新设计构思研制、生产的全新产品，或在结构、材质、工艺等某一方面比原有产品有明显改进，从而显著提高了产品性能或扩大了使用功能的产品。既包括政府有关部门认定并在有效期内的新产品，也包括企业自行研制开发，未经政府有关部门认定，从投产之日起一年之内的新产品。用来反映科技产出及对经济增长的直接贡献。

专利 是专利权的简称，是对发明人的发明创造经审查合格后，由专利局依据专利法授予发明人和设计人对该项发明创造享有的专有权。包括发明、实用新型和外观设计。反映拥有自主知识产权的科技和设计成果情况。

发明 指对产品、方法或者其改进所提出的新的技术方案。是国际通行的反映拥有自主知识产权技术的核心指标。

实用新型 指对产品的形状、构造或者其结合所提出的适于实用的新的技术方案。反映具有一定技术含量的技术成果情况。

外观设计 指对产品的形状、图案、色彩或者其结合所做出的富有美感并适于工业上应用的新设计。反映拥有自主知识产权的外观设计成果情况。

文化事业机构 指从事专业文化工作和为专业文化工作服务的单独核算、独立建制的单位。不包括半工半艺、半农半艺的业余剧团。

艺术表演观众人数 指售票、包场演出或民族地区免费演出的艺术表演观众人数。不包括彩排审查和内部观摩演出的观看人次数。

等级运动员人数 指经考核正式批准授予等级运动员称号的人数。运动员等级分为国际级运动健将、运动健将、一级运动员、二级运动员、三级运动员、少年级运动员。

等级裁判员人数 指经考核正式批准授予等级裁判员称号的人数。裁判员等级分为国际裁判、国家级裁判、一级裁判、二级裁判、三级裁判。

Explanatory Notes on Principal Statistical Indicators

Regular Institutions of Higher Learning refer to the educational institutions set up according to the government evaluation and approval procedures, enrolling graduates from senior high schools and providing higher education courses and training senior professionals. They include fulltime universities and colleges, junior colleges and short-term schools for professional training.

Institutions of Higher Learning for Adults refer to the educational institutions, set up in line with relevant rules approved by the government, enrolling staff and workers with senior high school or equivalent education, and providing higher education courses in many forms of full time, part time, spare time, or correspondence for adults. Professionals thus trained receive a qualification equivalent to graduates studying regular courses at regular universities, colleges and professional colleges. Institutions of higher learning for adults include Radio and TV universities, colleges for staff and workers and for farmers, management colleges for cadres, education colleges, independent correspondence college and correspondence schools, night schools and the like run by regular institutions of higher learning.

Enrollment Rate of Primary School-age Children refers to the proportion of school-age children enrolled at school to the total number of school-age children both at and out of school (including retarded children, but excluding blind, deaf and mute children). The formula is as follows:

Enrollment Rate of Primary School-age Children = (Total Primary School-age Children at School)/(Total Primary School-age Children Both at and out of School)×100%

Scientific and Technological Activities (S&T Activities) refer to organized activities which are closely related to the creation, development, dissemination and application of scientific and technological knowledge in the fields of natural sciences, agricultural science, medical science, engineering and technological science, humanities and social sciences (referred to as scientific and technological fields). S&T activities can be divided into three categories: research and development (R&D) activities, application of R&D results, and related S&T services. This statistical definition is made by UNICHIEF for scientific and technological activities to meet the need for carrying out statistical work in this field in its member countries, especially those developing countries.

Personnel Engaged in S&T Activities refer to personnel directly engaged in S&T activities, in the management of S&T activities, and in providing direct service to S&T activities, who spend over 10% of the total working hours in a year in S&T activities. 1).Personnel directly engaged in S&T activities include researchers, engineers, technicians and other related personnel engaged in S&T activities in independent-accounting R&D institutions, institutions of higher learning, and in research rooms and institutes, laboratories, technological development centers and central experiment workshops under enterprises and institutions. Also included are people working in S&T research project teams, professional and technical personnel working in S&T information and literature institutions, and graduate students working on the design of their theses. 2).Personnel engaged in the management of S&T activities and in providing direct service to S&T activities include administrative personnel responsible for S&T activities in independent-accounting R&D institutions, S&T information and literature institutions, institutions of higher learning, and enterprises and institutions where S&T activities are undertaken. Also included are people responsible for the planning, administration, personnel management, financial management, logistics supply, equipment maintenance, information and library management that are related to S&T activities. People providing indirect services are excluded, such as security personnel, medical staff, drivers, plumbers, cleaners and those providing food and related services. This indicator reflects the scale of personnel engaged in S&T activities.

Scientists and Engineers refer to persons engaged in S&T activities who have obtained technical or professional titles of senior and middle rank, and those without such title but have completed university or higher education. This indicator reflects the quality of personnel engaged in S&T activities.

Research and Development (R&D) refers to systematic and creative activities in the field of science and technology aiming at increasing and using the knowledge for new application. R&D falls into 3 categories of activities: basic research, applied research and experiment and development. The scale and intensity of R&D are widely used internationally to reflect the strength of S&T and the core competitiveness of a country in the world.

Professional and Technical Personnel refer to persons engaged in professional and technical work or in the management of professional and technical activities, i.e., personnel with professional or technical titles who are engaged in professional and technical work or in the management of professional and technical activities, and personnel without professional or technical titles but working on professional or technical posts in enterprises and institutions. They include professionals and technicians working in the fields of engineering, agriculture, scientific research, health care and education.

Funding for S&T Activities refers to funds obtained from various sources for S&T activities, including government funds, self-raised funds by enterprises, self-raised funds by institutions, loans from financial institutions, foreign funds and other funds. This indicator reflects the efforts made by various social economic entities in promoting the development of S&T.

Government Funds refer to funds obtained from government departments at all levels for S&T activities, including funds for scientific undertakings, 3 kinds of funds for S&T activities, funds for capital construction for scientific research, science funds, funds from educational expenditures by educational departments for S&T activities, and extra-budgetary funds from government departments for S&T activities.

Internal Expenditures on S&T Activities refer to the actual expenditures on S&T activities during the report year, including service charges, operating expenses on research activities, overhead charges on research, fixed assets excluded in the investment in capital construction, expenditures on capital construction for scientific research, and other expenditures on S&T activities. Not included are expenditures on production activities, repayment of loans and transfer expenditures. This indicator reflects the real completion of input in S&T.

Service Charges refer to direct or indirect payments, in cash or in kind, made to personnel engaged in S&T activities as remuneration and other charges, including salaries, subsidies, bonus, benefits, retirement pensions, stipends, etc. This indicator reflects the improvement of treatment toward S&T personnel.

Expenditure on Purchase and Construction of Fixed Assets refers to the fixed assets purchased or constructed by using funds excluded in the investment in capital construction and the actual expenditures on capital construction for scientific research within the report year, i.e. the sum total of the actual expenditures on fixed assets and the actual investments in capital construction for scientific research. Fixed asset refers to main materials and equipment, literature and documents in libraries, materials for experiments, specimen, instruments, furniture, buildings and constructions that can be used for a long time without changing their original forms and shapes. This indictor reflects the input in improving the conditions and means of scientific research.

New Products refer to new products produced with new technology and design, or products that represent noticeable improvement in terms of structure, material, or production process so as to improve significantly the character or function of the older versions. They include new products certified by relevant government departments within the period of certification, and those designed and produced by enterprises within a year without certification by government departments. This indictor reflects the S&T output and its direct contribution to economic growth.

Patent is an abbreviation for patent right and refers to the exclusive right of ownership by the inventors or designers for their creations or inventions, conferred by the patent offices after the due process of assessment and approval in accordance with the Patent Law. Patent is granted for inventions, utility models and designs. This indicator reflects the achievements of S&T and design with independent intellectual property.

Inventions refer to the new technical proposals on products or methods or their modifications. This is universal core indicator reflecting the technologies with independent intellectual property.

Utility Models refer to the practical and new technical proposals on the shape and structure of the product or their combination. This indicator reflects the technological results with certain technical content.

Designs refer to the aesthetic and industrially applicable new designs for the shape, pattern and color of the product or their combinations. This indicator reflects the exterior design achievements with independent intellectual property.

Cultural Institutions refer to entities which have their own organizational systems and independent accounting systems and specialize in or serve cultural development, excluding other establishments run by these cultural institutions and amateur cultural groups established by various departments.

Number of Spectators at Art Performance refers to the number of attendants at commercial shows, completely booked shows or a free show offered in minority nationality areas, and does not include the number of spectators at rehearsals of examination and internal shows for observation.

Number of Athletes in Grades refers to the number of athletes who have been conferred titles after examination. The titles of athletes include international masters of sports, masters of sports, first-grade, second-grade and third-grade sportsmen and young athletes.

Number of Referees in Grades refers to the number of referees who have been conferred titles after examination. They are classified as international-level referees, national-level referees and referees of the first, second and third grades.

Chapter 19

十九、卫生和其他社会活动

Public Health and Other Social Activities

19-1 主要年份卫生医疗机构数
Number of Health and Medical Institutions in Significant Years

单位：个 (unit)

年 份 Year	全省总计 Total	# 医 院 Hospitals	门诊部、所 Clinics	疾病预防控制中心（含卫生防疫站） Center for Disease Control and Prevention (Including Epidemic Prevention Stations)	妇幼保健站 Women and Children Care Agencies
1985	6 305	1 813	3 846	159	145
1990	6 671	1 908	4 085	150	144
1992	6 765	1 950	4 107	149	144
1993	6 469	1 969	3 772	157	143
1994	6 474	2 115	3 618	157	143
1995	6 400	2 108	3 522	158	145
1996	11 122	548	53	148	140
1997	11 454	589	46	149	140
1998	11 867	594	53	150	143
1999	11 875	603	51	151	140
2000	13 356	602	51	151	142
2001	12 552	590	37	152	142
2002	8 541	584	38	148	144
2003	9 804	566	52	153	151
2004	9 436	594	69	150	146
2005	10 110	648	73	153	148
2006	10 020	649	69	150	148
2007	9 693	668	73	150	148
2008	9 249	692	74	152	148
2009	9 251	720	66	152	147
2010	9 699	780	78	150	147

注：2002年及以后卫生机构数为登记注册数。
Note:Numbers of health institutions are numbers of registeration since 2002.

19-2 主要年份卫生医疗机构床位数
Number of beds in Health and Medical Institutions in Significant Years

单位：张 (unit)

年 份 Year	全省总计 Total	# 医 院 Hospitals	# 农 村 Rural Areas	平均每千人口拥有医院床位数 Number of Hospital Beds per 1000 Persons
1985	74 477	68 012	47 709	1.99
1990	84 530	76 145	48 286	2.04
1992	90 981	80 863	50 455	2.11
1993	92 684	82 529	51 904	2.14
1994	93 654	83 351	49 812	2.12
1995	95 552	83 959	50 942	2.10
1996	90 818	60 848	30 719	1.51
1997	93 993	63 418	30 170	1.55
1998	95 965	64 041	29 687	1.55
1999	97 197	64 575	30 551	1.53
2000	97 530	66 106	31 232	1.56
2001	99 768	65 978	31 722	1.55
2002	96 633	67 522	31 931	1.56
2003	98 388	67 930	31 530	1.55
2004	102 167	71 170	32 261	1.61
2005	106 961	74 697	32 482	1.68
2006	110 472	77 366	34 346	1.73
2007	119 038	83 193		1.84
2008	127 784	90 391		1.99
2009	140 130	99 713		2.19
2010	157 143	112 493		2.45

19-3 主要年份卫生医疗机构人员数

Number of Employed Persons in Health and Medical Institutions in Significant Years

单位：人 (person)

年份 Year	全省总计 Total	# 卫生技术人员 Medical Technical Personnel	# 医生 Doctors	平均每千人拥有卫生技术人员或医生 Number of Medical Technical Personnel or Doctors per 1 000 Persons: 卫生技术人员 Medical Technical Personnel	医生 Doctors
1978	79 520	65 486	31 145	2.12	1.01
1980	89 086	71 375	33 421	2.25	1.28
1985	107 905	87 337	42 660	2.56	1.25
1990	125 503	101 649	53 879	2.72	1.44
1992	131 775	105 622	53 471	2.76	1.40
1993	133 873	107 660	55 452	2.77	1.43
1994	137 167	110 900	57 675	2.82	1.46
1995	139 529	112 530	59 456	2.86	1.49
1996	138 748	111 591	56 392	2.76	1.40
1997	145 863	118 227	59 090	2.89	1.44
1998	147 159	119 200	59 138	2.88	1.43
1999	148 429	121 040	60 680	2.88	1.44
2000	151 588	124 055	62 572	2.93	1.48
2001	149 788	123 021	62 311	2.89	1.46
2002	133 155	109 713	51 746	2.56	1.20
2003	133 960	111 748	52 696	2.55	1.20
2004	136 697	113 871	53 248	2.58	1.21
2005	142 175	118 429	55 837	2.66	1.25
2006	145 621	121 424	56 476	2.71	1.26
2007	149 266	123 722	56 582	2.74	1.25
2008	151 859	126 237	57 276	2.78	1.26
2009	160 761	133 824	59 388	2.94	1.30
2010	169 988	141 658	62 140	3.08	1.35

注：2002年及以后医生数系执业(助理)医师数。

Note:Numbers of doctors refer to certified (assistant) doctors since 2002.

19-4 主要年份卫生防疫机构、妇幼保健机构情况

Basic Statistics on Epidemic Prevention Institutions, Women and Children Care Agencies in Significant Years

单位：个、人 (unit,person)

年份 Year	卫生防疫机构 Epidemic Prevention Institutions: 机构数 Number of Institutions(unit)	人员数 Number of Employed Persons(person)	妇幼保健机构 Women and Children Care Agencies: 机构数 Number of Institutions(unit)	床位数 Number of Beds(unit)	人员数 Number of Employed Persons(person)
1978	149	3 604	142	82	1 194
1985	159	4 931	145	524	2 108
1990	150	5 930	144	928	3 001
1992	149	6 388	144	1 073	3 467
1993	157	6 606	143	1 244	3 669
1994	157	6 810	143	1 350	3 869
1995	158	6 962	145	1 510	4 197
1996	158	7 136	142	1 657	4 270
1997	159	7 344	142	1 836	4 559
1998	150	7 390	141	2 024	4 692
1999	151	7 493	140	2 252	4 822
2000	160	7 574	142	2 356	5 017
2001	175	7 810	142	2 588	5 124
2002	148	7 125	144	3 174	5 624
2003	153	7 241	151	3 341	5 650
2004	150	6 782	146	3 386	5 482
2005	153	7 590	148	3 521	5 641
2006	150	7 585	148	3 662	5 703
2007	150	7 844	148	3 954	5 782
2008	152	7 847	148	4 162	5 638
2009	152	7 734	147	4 398	6 031
2010	150	7 929	147	4 704	6 152

19–5 全省抗自然灾害救济情况

Basic Statistics on Relief Work on Natural Disasters in Significant Years

年 份 Year	遭受自然 灾害人次(万人) Disaster Victims (10 000 persons)	每万农业人口中 遭受自然灾害人次(人) Disaster Victims per 10 000 Farmers (person)	自然灾害 国家救济人次 (万人次) Persons Enjoying State Relief (10 000 person-times)	国家救济人占 遭受自然灾害人数比重(%) Proportion of Persons Enjoying StateRelief to Disaster Victims (%)
1985	856.70	2 845	404.80	47.3
1990	832.00	2 569	749.90	90.1
1993	1 133.88	3 371	623.20	54.9
1994	1 136.00	3 435	562.00	49.5
1995	1 004.36	3 972	532.30	52.9
1996	1 124.00	4 010	547.50	48.7
1997	2 913.00	8 308	936.40	32.1
1998	2 651.00	7 493	527.30	19.9
1999	3 165.21	8 904	600.00	19.0
2000	3 466.10	9 670	432.30	12.5
2001	2 566.48	7 109	886.97	34.6
2002	2 544.00	5 902	441.16	17.3
2003	2 341.20	6 393	758.00	32.4
2004	1 825.30	4 945	1 014.60	55.6
2005	2 756.50	7 409	667.40	24.2
2006	2 161.00	4 820	605.30	28.0
2007	2 071.82	5 501	679.86	32.8
2008	2 921.79	6 613	667.40	22.8
2009	2 646.09	6 463	552.43	20.9
2010	3 035.62	8 270	1 224.61	40.4

19–6 主要年份提供住宿的社会服务机构基本情况

Basic Statistics on Social Welfare in Significant Years

年份 Year	单位数(个) Number of Institutions(unit)	床位数 Number of Beds(unit)	年末在院人数(人) Persons under Care at Year-end (person)	社会福利经费(万元) Funds of Institution (10 000 yuan)
1985	34		1 405	243
1990	45		1 536	334
1993	49		1 590	457
1994	49		1 702	992
1995	50		1 801	1 083
1996	50		1 847	1 120
1997	50		2 176	1 309
1998	50		2 179	1 619
1999	50		1 172	1 853
2000	75		2 507	2 143
2001	112		2 785	2 337
2002	754	17 793	10 030	2 467
2003	781	19 712	11 026	2 798
2004	748	19 093	10 689	3 230
2005	771	20 576	10 906	5 649
2006	583	14 238	8 097	9 247
2007	667	22 813	15 255	14 795
2008	702	29 773	20 884	15 772
2009	729	37 678	27 461	21 976
2010	757	43 865	33 343	45 192

19-7 2008-2010年社会服务业发展情况

Basic Statistics on Development of Social Service (2008-2010)

项　　目	Item	2008	2009	2010
社会服务工作	**Social Service Work**			
提供住宿的社会服务机构	**Social Service Agency** Providing Accommodation			
单位数（个）	Number of Institutions (unit)	702	729	757
床位数（张）	Number of Beds (set)	29 773	37 678	43 865
收养人数（人）	Number of People Adopted (person)	20 884	27 461	33 343
不提供住宿的社会服务机构	**Social Service Agency** without Accommodation			
救灾储备仓库(个)	Disaster Relief Storage Warehouse(unit)	14	18	26
福利彩票发行单位(个)	Wellfare Lottery Issuer(office)	26	33	23
烈士纪念建筑物管理单位(个)	Administrative Office of Martyr Commemorative Structure(office)	48	61	66
捐赠、救助等其他事业单位(个)	Donation.Rescue and Other Government-sponsored Institutions(unit)	200	216	247
老龄机构(个)	Institution Concerning the Aging Population Work(unit)	52	53	105
社会福利企业情况	**Social Welfare Enterprises**			
单位数（个）	Number of Social Welfare Enterprises (unit)	523	409	421
职工数（人）	Number of Employees (person)	58 080	41 267	59 672
# 残疾职工（人）	Physically-challenged (person)	19 300	15 520	21 565
利润额（万元）	Profits (10 000 yuan)	37 711	9 151	13 000
其他社会服务机构	**Other Social Service Agencies**			
婚姻	**Marriage**			
婚姻登记服务类单位(个)	Marriage Registration Service Agency (unit)	48	61	64
殡葬	**Funeral**			
殡仪馆(个)	Funeral Home (unit)	44	50	56
公墓(个)	Cemetery (unit)	32	32	46
殡葬管理单位(个)	Administrative Office of Funeral (unit)	32	39	39
成员组织	**Member Organization**			
社会组织	**Social Organization**	**10 258**	**11 143**	**12 618**
社会团体(个)	Social Group(unit)	7 778	8 359	9 209
基金会(个)	Foundation	28	32	38
民办非企业单位(个)	Civilian-run Nonbusiness Unit(unit)	2 452	2 752	3 371
自治组织	**Self-governing Organization**	**11 480**	**14 081**	**14 063**
社区居委会(个)	Residential Committee (unit)	1 038	1 128	1 444
村委会(个)	Village Neigborhood Committee(unit)	10 442	12 953	12 619

19-8　2006-2010年社会救助和优抚安置情况

Basic Statistics on Social Assistance and Special Care and Placement(2006-2010)

单位：万人　　(10 000 persons)

项　目	Item	2006	2007	2008	2009	2010
社会救助	**Social Assistance**					
城市	Urban Areas					
城市居民最低生活保障人数	Urban Residents Received Subsistence Security Allowances	730 305	793 212	858 337	905 675	925 747
城市临时救济人次数(人次)	Person-times of Temporary Relief for the Urban Poor (person-time)	11 318	3 473	17 133	33 929	48 489
农村	Rural Areas					
农村居民最低生活保障人数	Rural Residents Received Subsistence Security Allowances	147 377	2 501 478	3 079 465	3 386 583	3 779 985
农村五保供养人数	Rural Residents Enjoy the Five-guarantee System	159 364	189 675	221 918	219 868	221 538
农村集中供养五保	Rural Residents Enjoy the Concentrated Form of Five-guarantee System		13 340	14 192	22 168	26 731
农村分散供养五保	Rural Residents Enjoy the scattered Form of Five-guarantee System		176 335	207 726	197 700	194 807
农村传统救济人数	Rural Residents Supported by the Traditional Way of Relief	73 181	48 907	63 481	35 217	44 112
农村临时救济人次数(人次)	Rural Residents Supported by the Temporary Way of Relief(person-time)	1 143 988	354 827	446 087	322 179	1 250 103
优抚安置	**Special Care and Placement**					
国家重点优抚对象	Persons Given National Key Special Pensions and Subsidies	104 838	304 883	290 761	292 167	293 240
安置义务兵、士官、复员	Placement of Compulsory Serviceman, Sergeancy and Demobilization					
干部人数	Persons in a Leading Position	10 561	8 967	10 610	12 625	12 469
接收军队离退休人员人数	Army Retired Staff Received	1 589	743	304	310	297

19–9 全省社会保险参保情况

Basic Statistics on Social Insurance

单位：万人 (10 000 persons)

年份 州市	Region	城镇企业职工基本养老保险 Number of Persons Participating in Basic Pension Insurance System for Urban Enterprises' Employees	城镇职工基本医疗保险 Number of Persons Participating in Basic Medical Insurance System for Urban Employees	城镇居民基本医疗保险 Number of Persons Participating in Basic Medical Insurance System for Urban Residents	城镇失业保险 Number of Persons Participating in Unemployment Insurance System	工伤保险 Number of Persons Participating in Employment Injury Insurance System	城镇职工生育保险 Number of Persons Participating in Child-bearing Insurance System for Urban Employees
1996		179.48			135.53	24.94	29.67
1997		168.44			129.00	47.65	57.40
1998		208.92			129.00	101.75	97.43
1999		223.47			181.00	99.64	96.67
2000		252.28	69.48		196.03	99.14	95.47
2001		243.12	185.72		190.73	97.26	96.11
2002		252.13	238.40		183.23	88.96	86.87
2003		257.34	281.52		183.01	84.11	82.79
2004		255.26	302.34		173.20	150.93	142.33
2005		258.69	320.70		189.20	166.95	156.14
2006		267.42	331.54		189.36	173.85	159.51
2007		279.36	345.81	73.00	190.00	188.47	165.14
2008		293.72	356.82	261.38	195.60	202.47	168.38
2009		306.54	397.42	365.03	198.60	215.13	181.13
2010		317.42	414.77	405.71	209.61	227.37	210.23
昆　明	Kunming	67.4	167.3	148.0	76.0	57.7	48.0
曲　靖	Qujing	16.1	39.2	43.2	22.3	17.0	10.5
玉　溪	Yuxi	11.5	22.2	25.2	12.0	10.9	7.1
保　山	Baoshan	6.5	12.9	16.6	6.7	5.2	2.8
昭　通	Zhaotong	6.2	18.5	21.3	10.4	8.6	5.5
丽　江	Lijiang	4.6	9.3	8.6	3.0	4.6	2.7
普　洱	Pu'er	8.5	17.6	13.7	8.9	5.8	4.1
临　沧	Lincang	4.8	13.2	8.2	6.9	4.6	3.4
楚　雄	Chuxiong	8.2	21.5	18.5	11.0	7.8	5.4
红　河	Honghe	15.6	39.1	44.9	19.1	14.5	9.7
文　山	Wenshan	6.8	17.3	13.9	7.5	5.5	4.1
西双版纳	Xishuangbanna	4.3	15.3	11.0	7.1	4.9	4.5
大　理	Dali	10.3	22.8	19.0	10.6	8.2	6.4
德　宏	Dehong	3.7	11.3	8.4	4.8	2.3	2.0
怒　江	Nujiang	1.3	3.9	2.6	1.7	1.1	0.9
迪　庆	Diqing	1.1	3.5	2.6	1.6	0.9	2.2

19–10 城镇职工基本养老保险情况(2008–2010年)

Statistics on Basic Pension Insurance for Urban Employees (2008-2010)

类 别	Item	2008	2009	2010
年末参保人数（万人）	**Number of People Insured at Year-end(10 000 persons)**	**293.72**	**306.54**	**317.42**
职 工	Employed People	204.37	216.32	225.08
# 企 业	Enterprises	195.93	207.59	218.22
离休、退休、退职人数	Retired and Resigned Persons	89.35	90.23	92.34
基金收支情况	**Fund Revenue and Expenses**			
基本养老保险费征缴收入(亿元)	Fund Revenue (100 million yuan)	98.08	124.61	144.78
基本养老金支出(亿元)	Fund Expenses (100 million yuan)	111.42	124.54	142.23
企业退休人员社会化管理服务情况	**Socialized Management of Enterprise Retirees**			
企业养老金实发人数(万人)	People Receiving Pension Insurance (10 000 persons)	86.57	87.34	89.48
企业退休人员社会化管理服务人数(万人)	People Receiving Socialized Pension Insurance(10 000 persons)	86.57	86.35	89.48

19–11 主要年份律师、公证工作机构人员情况

Basic Statistics on Lawyers and Notarization in Significant Years

项 目	Item	2005	2007	2008	2009	2010
律师工作	**Lawyers**					
律师事务所(个)	Number of Law Offices (unit)	405	411	430	447	472
国资所(个)	State-owned (unit)	120	116	116	116	115
合作所(个)	Cooperative (unit)	58	52	50		
合伙所(个)	Partnership (unit)	222	235	252	301	301
个人发起所(个)	Initiated by Individual (unit)	5	8	12	30	56
执业律师 (人)	Number of Lawyers (person)	3 381	3 275	3 404	3 978	4 554
专职律师 (人)	Full-time Lawyers (person)	3 209	3 179	3 278	3 621	4 128
兼职律师 (人)	Part-time Lawyers (person)	91	96	126	167	179
特邀律师 (人)	Guest Lawyers (person)					
公证工作	**Notarization**					
公证处(个)	Number of Notary Offices (unit)	151	140	140	141	140
公证员(人)	Notaries (person)	385	419	431	451	433
公证员助理 (人)	Assistant Notaries (person)	320	374	395	426	440
办理各类公证事项(件)	Number of Notarized Affairs (item)	242 508	233 074	202 120	255 240	160 247

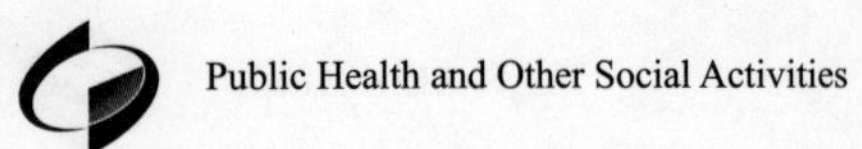

19-12 全省产品质量监督抽查情况(2010年)
Results of Sampling Checks on Product Quality of Yunnan province (2010)

类　别	Category	监督检验企业数(个) Number of Enterprises Supervised and Checked (unit)	不合格企业数(个) Number of Enterprises with Products Unqalified (unit)	不合格企业比例(%) Proportion of Enterprises with Products Unqalified(%)	检验批次(批次) Number of Batch-time Checked (unit)	合格批次(批次) Number of Batch-time Qualified (unit)	批次合格率(%) Rate of Batch-time Qualified(%)
总　计	**Total**	**10 800**	**2 168**	**20.1**	**14 663**	**12 413**	**84.7**
农用产品	**Agriculture Products**	**1 135**	**182**	**16.0**	**1 605**	**1 407**	**87.3**
农用化肥	Farming Chemical Fertilizers	763	147	19.3	1 136	972	85.6
化学农药	Chemical Pesticides	39	13	33.3	107	97	90.7
饲　料	Forages	66	11	16.7	79	67	84.9
农　膜	Agriculture Films	7			8	8	100.0
加工食品和饮料	**Food and Beverage**	**4 209**	**986**	**23.4**	**5 126**	**4 235**	**82.6**
调味品	Seasoning	183	31	16.9	388	358	92.3
白　酒	White Spirit	706	198	28.1	751	589	78.4
啤　酒	Beer	9			20	20	100.0
食用植物油	Edible Vegetable Oil	138	16	11.6	154	139	90.3
糕点、糖果	Cake	159	46	28.9	206	153	74.3
桶装饮用水	Packed Drinkable water	426	165	34.7	521	385	73.9
肉制品	Meat	151	31	20.5	157	136	86.6
饮　料	Beverage	163	36	22.1	210	183	87.1
酱腌菜产品	Pickled vegetables	80	23	28.8	84	70	83.3
茶　叶	Tea	287	28	9.8	358	345	96.4
米、面	Rice and Flour	204	80	39.2	209	159	76.1
炒　货	Drid Food	18	3	16.7	23	21	91.3
家用电器	**Household Electric Appliances**						
厨房电器具	Electric Cooking Utensils						
电热器具	Electric Heating Appliances						
轻工产品	**Light Industry Products**	**183**	**27**	**14.8**	**295**	**268**	**90.8**
纸制品	Paoer	82	25	30.5	134	109	81.3
家　具	Furniture						
眼镜(架、片)	Spectacles (Glass and Frame)	101	2	2.0	161	159	98.8
玻璃制品	Glass Products						
合成洗涤剂	Chemical Detergent						
橡胶、塑料制品	Plastics Products						
纺织、鞋类商品	**Texile and Shoes**	**26**	**3**	**11.5**	**46**	**42**	**91.3**
布(印染、色织、坯布)	Cloth						
针织品	Knit Goods						
鞋	Shoes						
服　装	Clothing	26	3	11.5	46	42	91.3
地　毯	Carpet						
化工产品	**Chemical Products**						
涂料、油漆	Paint						
建材商品	**Building Raw Materials**	**2 189**	**478**	**21.8**	**2 922**	**2 360**	**80.9**
水　泥	Cement	329	74	7,3	383	369	96.3
石　材	Stone						
装饰材料	Decoration Material						
铝合金建筑型材	Alumina Material	40	19	47.5	49	30	61.2
机电产品	**Mechanical and Electrical Products**	**101**	**18**	**17.8**	**175**	**155**	**88.6**
阀类、泵	Valves	13	9	69.2	18	8	44.4
低压电器及元件	Low-voltage Electric Elements	76	6	7.9	145	138	95.2
电动机、柴油机	Motors and Diesel Engines						
冶金商品、金属制品	**Metallurgical and Metal Products**	**204**	**36**	**17.7**	**402**	**325**	**80.9**
线　材	Wire Rod	189	36	19.1	346	269	77.8
型　材	Section Steel						
能源产品	**Energy**	**1 824**	**106**	**5.8**	**2 097**	**1 935**	**92.3**
焦　碳	Coke						
汽油、柴油	Gas and Diesel Oil	1 238	27	2.2	1 453	1 426	98.1

主要统计指标解释

卫生机构 指从卫生行政部门取得《医疗机构执业许可证》，或从民政、工商行政、机构编制管理部门取得法人单位登记证书，为社会提供医疗保健、疾病控制、卫生监督服务或从事医学科研和教育等工作的单位。卫生机构包括医院、疗养院、社区卫生服务中心（站）、卫生院、门诊部、诊所（卫生所、医务室）、急救中心（站）、采供血机构、妇幼保健院（所、站）、专科疾病防治院（所、站）、疾病预防控制中心（防疫站）、卫生监督所、卫生监督检验（监测、检测）机构、医学科研机构、医学在职培训机构、健康教育所(站)等其他卫生机构。

医疗机构 指从卫生行政部门取得《医疗机构执业许可证》的机构，包括医院、疗养院、社区卫生服务中心（站）、卫生院、门诊部、诊所（卫生所、医务室）、妇幼保健院（所、站）、专科疾病防治院（所、站）、急救中心（站）和临床检验中心。

社区卫生服务中心（站） 指为本社区居民提供预防、医疗、保健、康复、健康教育、计划生育技术服务等的基层卫生机构。包括社区卫生服务中心和社区卫生服务站。

卫生人员 指在医疗、预防保健、医学科研和在职教育等卫生机构工作的职工，包括卫生技术人员、其他技术人员、管理人员和工勤人员。

卫生技术人员 包括执业（助理）医师、注册护士、药剂人员、检验和影像人员等卫生专业人员。不包括从事管理工作的卫生技术人员（一律计入管理人员）。

执业医师 指具有《医师执业证》及其“级别”为“执业医师”且实际从事医疗、预防保健工作的人员，不包括实际从事管理工作的执业医师。执业医师类别分为临床、中医、口腔和公共卫生。

执业助理医师 指具有《医师执业证》及其“级别”为“执业助理医师”且实际从事医疗、预防保健工作的人员，不包括实际从事管理工作的执业助理医师。执业助理医师类别同样分为临床、中医、口腔和公共卫生四类。

城市社会福利事业单位 包括社会福利院、儿童福利院和民政部门所属的精神病院等。

城乡社会救济费 社会救济是指国家或集体用于生活困难人员的财物支出。本指标包括城镇社会救济费、乡村社会救济费、精简退职的老职工救济费。

1. **城镇社会救济费** 包括民政部门支出的城镇困难户救济费和机关企事业单位支付的职工生活困难补助费。

2. **乡村社会救济费** 包括民政部门支出的农村五保户、困难户及麻风病人救济费。本指标包括农村集体支付的散居五保户、贫困户救济折款（包括实物）。

3. **精减退职的老职工救济费** 指民政部门支出的精减退职的老职工救济费(包括按原工资40%发给的救济费和其他困难救济费)。

自然灾害受灾人数 指遭受自然灾害人数中的成灾人数。所谓成灾是指遭受自然灾害，作物收成减产三成以上的单位，这种单位的全部农业人口即为成灾人口。

优抚事业单位 指革命残废军人休养院、荣复军人疗养院和复退军人精神病院、光荣院。

优抚对象 优抚是指我国人民群众对革命烈士家属、病故革命军人家属、革命残废军人、革命残废工作人员以及参战负伤致残的民兵、民工的优待和对这些人的抚恤。“优抚对象”包括烈军属、复退军人、革命残废人员。

优抚事业费 指民政部门开支的抚恤事业费。包括牺牲费、烈军属及复员退伍军人补助费、退伍军人安置费、优抚事业单位经费和其他抚恤事业费。

城镇职工基本养老保险

1. **（参保）职工人数**：指报告期末按照国家法律、法规和有关政策规定参加基本养老保险并在社保经办机构已建立缴费记录档案的职工人数，包括中断缴费但未终止养老保险关系的职工人数，不包括只登记未建立缴费记录档案的人数。

2.（参保）**离退休人员人数**：指报告期末参加基本养老保险的离休、退休和退职人员的人数。

3. **基本养老保险基金收入**：指根据国家有关规定，由纳入基本养老保险范围的缴费单位和个人按国家规定的缴费基数和缴费比例缴纳的养老保险基金，以及通过其他方式取得的形成基金来源的收入。包括单位和职工个人缴纳的基本养老保险费、基本养老保险基金利息收入、上级补助收入、下级上解收入、转移收入、财政补贴和其他收入。

4. **基本养老保险基金支出**：指按照国家政策规定的开支范围和开支标准从养老保险基金中支付给参加基本养老保险的个人的养老金、丧葬抚恤补助，以及由于保险关系转移、上下级之间调剂资金等原因而发生的支出。包括离休金、退休金、退职金、各种补贴、医疗费、死亡丧葬补助费、抚恤救济费、社会保险经办机构管理费、补助下级支出、上解上级支出、转移支出、其他支出等。

5. **基本养老保险基金累计结余**：指截止报告期末基本养老保险基金收支相抵后的累计余额。

基本医疗保险

1. **参保人数**：指报告期末按国家有关规定参加基本医疗保险的人数。包括参加保险的职工人数和退休人员人数。

2. **基金收入**：指根据国家有关规定，由纳入基本医疗保险范围的缴费单位和个人，按国家规定的缴费基数和缴费比例缴纳的基金，以及通过其他方式取得的形成基金来源的款项。包括：单位缴纳的社会统筹基金收入、个人缴纳的个人账户基金收入、财政补贴收入、利息收入、其他收入。

3. **基金支出**：指按照国家政策规定的开支范围和开支标准从社会统筹基金中支付给参加基本医疗保险的职工和退休人员的医疗保险待遇支出，和从个人账户基金中支付给参加基本医疗保险的职工和退休人员的医疗费用支出，以及其他支出。包括：住院医疗费用支出、门急诊医疗费用支出、个人账户基金支出、其他支出。

4. **基金累计结余**：指截止报告期末基本医疗保险的社会统筹和个人帐户基金累计结余金额。包括银行存款、财政专户、债券投资和其他。

失业保险

1. **参保人数**：指报告期末按照国家法律、法规和有关政策规定参加了失业保险的城镇企业、事业单位的职工及地方政府规定参加失业保险的其他人员的人数。

2. **失业保险基金收入**：指按照规定从企业、事业及其他单位筹集的失业保险费及其他并入失业保险基金收入的总额。包括单位和个人缴纳的失业保险费、失业保险基金利息收入、上级补助收入、下级上解收入、转移收入、财政补贴和其他收入。

3. **失业保险基金支出**：指报告期内为保障失业人员和下岗职工基本生活、促进其再就业等支出的基金总额。包括失业救济金、医疗费、死亡丧葬补助费、抚恤救济费、转业训练费支出、失业保险经办机构管理费、补助下级支出、上解上级支出、转移支出和其他支出。

4. **基金累计结余**：指截止报告期末失业保险基金收支相抵后的累计余额。

工伤保险

1. **参加保险人数**：指报告期末依据国家有关规定参加工伤保险的职工人数。

2. **享受保险待遇人数**：指劳动者因工负伤致残、死亡或因患职业病致残，根据有关规定享受工伤保险待遇职工或供养直系亲属人数。包括伤残人数、职业病人数、因工死亡人数、供养直系亲属人数。

3. **基金收入**：指根据国家有关规定，由参加工伤保险的单位按国家规定的缴费基数和缴费比例缴纳的工伤保险基金，以及通过其他形式取得的形成基金来源的款项。包括：单位缴纳的社会统筹基金收入、财政补贴收入、利息收入、其他收入。

4. **基金支出**：指按照国家政策规定的开支范围和开支标准从工伤保险基金中支付给参加工伤保险的人员及供养直系亲属工伤保险待遇支出及其他支出。包括工伤医疗费、伤残补助金、工亡补助金、护理费、丧葬补助费、工伤预防费用、职业康复费用和其他支出。

5. **基金累计结余**：指截止报告期末工伤保险基金累计结余金额。包括银行存款、财政专户、债券投资和其他。

生育保险

1. **参保人数**：指报告期末依据有关规定参加生育保险的职工人数。

2. **基金收入**：指根据国家有关规定，由参加生育保险的单位按照国家规定的缴费基数和缴费比例缴纳的生育保险基金，以及通过其他方式取得的形成基金来源的款项。包括：单位缴纳的基金收入、利息收入和其他收入。

3. **基金支出**：指按照国家政策规定的开支范围和开支标准，从生育保险基金中支付给参加生育保险的职工，因妊娠、分娩和计划生育手术而享受的待遇及其他支出。包括：生育津贴、医疗费用支出及其他支出。

4. **基金累计结余**：指截止报告期末生育保险基金累计结余金额。包括银行存款、财政专户、债券投资和其他。

律师 指受聘参加法律顾问工作，担任法律顾问、刑（民）事代理人、刑事辩护人，办理非诉讼事件，解答法律询问，代写法律事务文书等主要从事律师业务的专职法律工作者和兼职律师。

公证人员 指在国家公证机关依法办理公证事务的司法人员，包括公证员、助理公证员和公证处公证的其他人员。

Explanatory Notes on Principal Statistical Indicators

Health Care Institutions refer to the units which have been qualified the Certification of Health Care Institution by the administration of public health, or qualified the Certification of Corporate Unit by the civil affairs, administration for industry and commerce, commission office for public sector reform, and engaging in medical care, disease prevention and control, health supervision and inspection, medicine research and health education, etc., including: hospitals, sanatoriums, community health service centers (stations), health centers, clinics (health stations and infirmaries), first-aid centres (stations), blood gathering and supplying institutions, women and children care agencies (centres and stations), special disease prevention and curing agencies (centres and stations), disease prevention and control centres (epidemic prevention stations), health supervision and inspection agencies, sanitary inspection institutions, medicinal scientific research and on-job training institutions, health education centres and so on.

Medical Organizations refer to the institutions which have been qualified the Certification of Health Care Institution by the administration of public health, including: hospitals, sanatoriums, community health service centers (stations), health centers, clinics (health stations and infirmaries), women and children care agencies (centres and stations), special disease prevention and curing agencies (centres and stations), first-aid centres (stations) and clinic inspection centers.

Community Health Service Centres (stations) refer to the primary units that provide the health care for community residents, such as disease prevention and control, medical treatment, health care, rehabilitation, health education, family planning technical services, including community health service centres and community health service stations.

Health Care Employee refer to all employee engaged in the health care institutions, such as medical organizations, disease prevention and control centres, health care agencies, medicinal scientific research and on-job training institutions, including medical technical personnel, other technical personnel, manager and labour.

Medical Technical Personnel refer to the professional staff engaged in health care, including licensed (assistant) doctors, registered nurse, pharmacists, laboratory technician, and imaging staff, excluding the medical technical personnel engaged in management job (included as the management staff).

Licensed Doctors refer to the medical workers who have obtained the licenses of qualified doctors and are employed in medical treatment, disease prevention or healthcare institutions, excluding the licensed doctors engaged in management job. The classification of licensed doctors is clinician, Chinese medicine, dentist and public health.

Licensed Assistant Doctors refer to the medical workers who have obtained the licenses of qualified assistant doctors and are employed in medical treatment, disease prevention or healthcare institutions, excluding the licensed assistant doctors engaged in management job. The classification of licensed assistant doctors is clinician, Chinese medicine, dentist and public health.

Urban Social Welfare Institutions include social welfare institutions, children welfare institutions, metal hospitals subordinated to the civil affairs departments.

Urban and Rural Social Relief Funds refer to the financial expenditure for the needy by the state or collectives. This indicator includes urban social relief funds, rural social relief funds and relief funds for reduced or resigned old staff and workers.

1.*Urban social relief funds* include the relief funds paid by the civil affairs departments to urban needy households and the living allowances paid by government departments, enterprises and institutions to staff and workers with financial difficulties.

2.*Rural social relief funds* include the relief funds paid by the civil affairs departments to rural households (of infirm and childless old persons) enjoying the five guarantees, needy households and lepers. This indicator also

includes the relief in money and in kind paid by rural collectives to scattered-living households (of infirm and childless old persons) enjoying the five guarantees and needy households.

3.*Relief funds for reduced or resigned old staff and workers* refer to the relief funds paid by the civil affairs departments to reduced or resigned old staff and workers (including the relief funds paid at 40% of their original wages and other relief funds).

Number of Natural Disaster Victims refers to the number of people stricken by natural disaster of a certain extent. The so-called "disaster of a certain extent" means any natural disaster that causes crop yield to reduce by over 30% and the total agricultural population hit by it is the stricken population.

Institutions for Special Care refer to rest homes for disabled revolutionary servicemen, the sanatoriums for honorably retired servicemen and mental homes or honor homes for retired servicemen.

Persons Enjoying Special Care Special care means the special treatment and compensation given by the state to family members of revolutionary martyrs, family members of revolutionary servicemen died of illness, disabled revolutionary servicemen, disabled revolutionary working staff and militias and laborers wounded and disabled in war. "Person Enjoying Special Care" refers to family members of revolutionary martyrs, retired servicemen and disabled revolutionary persons.

Funds for Special Care refer to the funds spent by the civil affairs departments for special care, which include sacrifice pensions, allowances for family members of martyrs and retired servicemen, placement allowances for retired servicemen, funds of institutions for special care and other special funds.

Basic Pension Insurance

1.**Number of staff and workers covered** refers to staff and workers participating in the basic pension insurance programme according to national laws, regulations and related policies at the end of the reference period, who have already had payment records in social security management agencies, including those who have interrupt payment without terminating the insurance programme. Those who have registered in the programme but with no payment records are not included.

2. **Number of retirees participating in the basic pension insurance programme** refers to the number of retirees participating in basic pension insurance programmes by the end of the reference period.

3. **Revenue of the basic pension insurance programme** refers to payments made by employers and individuals participating in the pension insurance programme in accordance with the basis and proportion stipulated in State regulations, and income from other sources that become source of pension insurance fund, including the premium paid by employers and staff and workers, interest income, subsidies from higher level agencies, income as transfer from subordinate agencies, transferred income, government financial subsidies and other income.

4. **Expenditure of basic pension insurance programme** refers to payment made on pensions and funeral subsidies to those retired and resigned people covered in pension insurance programmes according to related national policies on scopeand standard of expenditure. Also included are expenditure which arises due to shift of the insurance relationship or adjustment of funds among agencies. More specifically, included are pensions for resigned people, pensions for retired people, pension for people quitting jobs, various subsidies, medical fees, funeral subsidies, compensation payments, management fees for social security agencies, expenses on subsidies to lower subordinates, expenses as transfer to agencies at higher level, transferred expenditure and other expenditure.

5. **Balance of basic pension insurance programme** refers to the balance of basic pension insurance funds at the end of the reference period after deducting expenses from revenue.

Basic Medical Care Insurance

1. **Number of people participating in the insurance programme** refers to people participating in the basic medical care insurance programme according to related regulations as at the end of reference period, including number of staff and workers and retirees participating in this insurance programme.

2. **Revenue of the insurance programme** refers to payments made by employers and individuals participating in the medical care insurance programme in accordance with the basis and proportion stipulated in State regulations, and income from other sources that become source of medical insurance fund, including income

of social comprehensive funds paid by employers, income from individual accounts, government financial subsidies, interest income and other income.

3. **Expenditure of the insurance programme** refers to payment made from social comprehensive funds to those retired and resigned people covered in basic medical care insurance within the scope and standards of expenditure according to related national policies, and medical care payment made from individual accounts to staff and workers and retirees, and other expenses, including medical expenses of hospital inpatients, medical expenses for outpatients and emergency patients, payment from individual accounts and other expenditure.

4. **Balance of the basic medical care insurance programme** refer to the balance of medical care insurance of social comprehensive funds and individual accounts at the end of the reference period, including bank savings, special fiscal accounts, investment in bonds and others.

Unemployment Insurance

1. **Number of people covered** refers to staff and workers in urban enterprises or institutions who have participated in the unemployment insurance programme according to relevant policies and regulations, and other people who have participated according to local government regulations, as at the end of reference period.

2. **Revenue of the unemployment insurance programme** refers to payments made by employers and individuals participating in unemployment insurance programme in accordance with relevant regulations and other income contributed to this programme, including unemployment insurance premium made by employers and individuals, interest income, subsidies from higher level agencies, income as transfer from subordinate agencies, transferred income, government financial subsidies and other income.

3. **Expenditure of the unemployment insurance programme** refers to total expenses during the reference period to guarantee the basic livelihood of unemployed people and laid-off staff and workers and to encourage their re-employment. Included are unemployment relief, medical fees, funeral subsidies, compensation payments, training expenses, management fees for unemployment insurance agencies, subsidies to lower level agencies, expenses as transfer to higher level agencies, transferred expenditure and other expenditure.

4. **Balance of the unemployment insurance programme** refers to the balance of revenue of the programme after deducting expenses at the end of the reference period.

Work Injury Insurance

1. **Number of people covered** refers to staff and workers who have participated in the work injury insurance programme according to relevant national regulations.

2. **Number of beneficiaries** refers to staff and workers and their direct dependents who can, in accordance with relevant regulations, benefit from work injury insurance, as a result of work injury leading to disability or death of the staff/worker, or occupational disease leading to disability. Included in this category are number of injured and disabled people, number of people with occupational diseases, number of deaths at work places, and number of direct dependents.

3. **Revenue of the work injury insurance programme** refers to payments made by employers participating in the work injury insurance programme in accordance with the basis and proportion stipulated in State regulations, and income from other sources that become source of work injury insurance fund, including income of social comprehensive funds paid by employers, government financial subsidies, interest income and other income.

4. **Expenditure of the work injury insurance programme** refers to payments made from work injury insurance funds to those who participated in the work injury insurance programme and their direct dependents within the scope and standards of expenditure according to related national policies, and other expenditure, including medical fees for work injury, injury and disability subsidies, death subsidies, nursing fees, funeral subsidies, injury prevention fees, occupational rehabilitation fees and other expenditure.

5. **Balance of the work injury insurance programme** refers to the balance of the work injury funds at the end of the reference period, including bank savings, special fiscal account, investment in bonds and others.

Maternity Insurance

1. **Number of people covered** refers to staff and workers who have participated in the maternity insurance

programme according to relevant regulation at the end of the reporting period.

2. **Revenue of maternity insurance** refers to payments made by employers participating in the maternity insurance programme in accordance with the basis and proportion stipulated in State regulations, and income from other sources that become source of maternity insurance fund, including income of funds paid by employers, interest income and other income.

3. **Expenditure of the maternity insurance programme** refers to payments made from maternity insurance funds to staff and workers who participate in the maternity insurance programme within the scope and standards of expenditure in accordance with related national policies, expenses paid for pregnancy, child delivery or surgeries related to family planning, and other expenditure, including allowance for child bearing, medical fees and other expenditure.

4. **Balance of the maternity programme** refers to the balance of the maternity insurance funds at the end of reference period, including bank savings, special fiscal account, investment in funds and others.

Lawyers refer to the full-time legal workers and the part-time lawyers engaged in the law practices, employed by legal counseling firms to act as legal advisers, agents in criminal or civil lawsuits and defenders in criminal lawsuits, to handle non-lawsuit legal matters, advise on matters of law and write legal papers for others.

Notary Personnel refer to the judicial officers who handle the notary affairs under the law in the national notary organs, including notaries, assistant notaries and other workers who handle the notary affairs in the notary offices.

Chapter 20

二十、民族自治地方概况

General Survey of Ethnic Minority Autonomous Areas

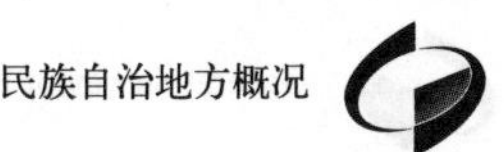

20-1 云南民族自治地方行政区划(2010年)
Administrative Division of Ethnic Minority Autonomous Regions (2010)

单位：个 (unit)

民族自治地方	National Autonomous Area	县级市 Number of Cities at County Level	非民族自治县 Number of Counties	民族自治县 Number of Autonomous Counties
民族自治地方	**National Autonomous Area**	**9**	**40**	**29**
8个自治州	**8 Autonomous Prefectures**	**9**	**40**	**9**
楚雄彝族自治州	Chuxiong Yi Autonomous Prefecture	1	9	
红河哈尼族彝族自治州	Honghe Hani & Yi Autonomous Prefecture	3	7	3
文山壮族苗族自治州	Wenshan Zhuang & Miao Autonomous Prefecture	1	7	
西双版纳傣族自治州	Xishuangbanna Dai Autonomous Prefecture	1	2	
大理白族自治州	Dali Bai Autonomous Prefecture	1	8	3
德宏傣族景颇族自治州	Dehong Dai & Jingpo Autonomous Prefecture	2	3	
怒江傈僳族自治州	Nujiang Lisu Autonomous Prefecture		2	2
迪庆藏族自治州	Diqing Tibetan Autonomous Prefecture		2	1
自治州以外的20个自治县	**Autonomous Counties Except above Prefectures**			
石林彝族自治县	Shilin Yi Autonomous County			
禄劝彝族苗族自治县	Luquan Yi and Miao Autonomous County			
寻甸回族彝族自治县	Xundian Hui and Yi Autonomous County			
峨山彝族自治县	Eshan Yi Autonomous County			
新平彝族傣族自治县	Xinping Yi and Dai Autonomous County			
元江哈尼族彝族傣族自治县	Yuanjiang Hani and Yi and Dai Autonomous County			
宁洱哈尼族彝族自治县	Ning'er Hani and Yi Autonomous County			
玉龙纳西族自治县	Yulong Naxi Autonomous County			
宁蒗彝族自治县	Ninglang Yi Autonomous County			
墨江哈尼族自治县	Mojiang Hani Autonomous County			
景东彝族自治县	Jingdong Yi Autonomous County			
景谷傣族彝族自治县	Jinggu Dai and Yi Autonomous County			
镇沅彝族哈尼族拉祜族自治县	Zhenyuan Yi and Hani and Lahu Autonomous County			
江城哈尼族彝族自治县	Jiangcheng Hani and Yi Autonomous County			
孟连傣族拉祜族佤族自治县	Menglian Dai and Lahu and Wa Autonomous County			
澜沧拉祜族自治县	Lancang Lahu Autonomous County			
西盟佤族自治县	Ximeng Wa Autonomous County			
双江拉祜族佤族布朗族傣族自治县	Shuangjiang Lahu and Wa and Bulang and Dai Autonomous County			
耿马傣族佤族自治县	Gengma Dai and Wa Autonomous County			
沧源佤族自治县	Cangyuan Wa Autonomous County			

20–2 全省民族自治县分布情况（2010年）

Geographical Distribution of Ethnic Minority Autonomous Counties (2010)

州 市	Region	民族自治县数 （个） Number of National Autonomous Counties (unit)	民族自治县名称 Schedule of National Autonomous Counties
全省合计	**Total**	**29**	
昆　明	Kunming	3	禄劝彝族苗族自治县、石林彝族自治县、寻甸回族彝族自治县 Luquan Yi & Miao Autonomous County, Shilin Yi Autonomous County, Xundian Hui & Yi Autonomous County
玉　溪	Yuxi	3	峨山彝族自治县、新平彝族傣族自治县、元江哈尼族彝族傣族自治县 Eshan Yi Autonomous County Xinping Yi , Dai Autonomous County, Yuanjiang Hani , Yi , Dai Autonomous County
丽　江	Lijiang	2	玉龙纳西族自治县、宁蒗彝族自治县 Yulong Naxi Autonomous County, Ninglang Yi Autonomous County
普　洱	Pu'er	9	宁洱哈尼族彝族自治县、景东彝族自治县、景谷傣族彝族自治县、墨江哈尼族自治县、孟连傣族拉祜族佤族自治县、澜沧拉祜族自治县、西盟佤族自治县、江城哈尼族彝族自治县、镇沅彝族哈尼族拉祜族自治县 Ning'er Hani & Yi Autonomous County, Jingdong Yi Autonomous County, Jinggu Dai & Yi Autonomous County,Mojiang Hani Autonomous County, Menglian Dai & Lahu Wa Autonomous County, Lancang lahu Autonomous County, Ximeng Wa Autonomous County, Jiangcheng Hani & Yi Autonomous County, Zhenyuan Yi & Hani Lahu Autonomous County
临　沧	Lincang	3	双江拉祜族佤族布朗族傣族自治县、耿马傣族佤族自治县、沧源佤族自治县 Shuangjiang Lahu & Wa & Bulang & Dai Autonomous County, Gengma Dai & Wa Autonomous County, Cangyuan Wa Autonomous County
红　河	Honghe	3	金平苗族瑶族傣族自治县、屏边苗族自治县、河口瑶族自治县 Jinping Miao & Yao & Dai Autonomous County, Pingbian Miao Autonomous County, Hekou Yao Autonomous County
大　理	Dali	3	漾濞彝族自治县、南涧彝族自治县、巍山彝族回族自治县 Yangbi Yi Autonomous County, Nanjian Yi Autonomous County, Weishan Yi & Hui Autonomous County
怒　江	Nujiang	2	贡山独龙族怒族自治县、兰坪白族普米族自治县 Gongshan Dulong, Nu Autonomous County Lanping Bai , Pumi Autonomous County
迪　庆	Diqing	1	维西傈僳族自治县 Weixi Lisu Autonomous County

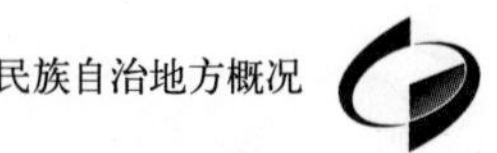

20-3 云南少数民族分布的主要地方
Geographic Distribution of Ethnic Minorities

民　族	Ethnic Minority	分布的主要地方（州、市）	Main Geographic Distribution
彝　族	Yi	楚雄州、红河州、玉溪市、大理州、普洱市、昆明市	Chuxiong , Honghe ,Yuxi , Dali , Pu'er , Kunming
白　族	Bai	大理州	Dali
哈尼族	Hani	红河州、西双版纳州、普洱市、玉溪市	Honghe , Xishuangbanna , Pu'er , Yuxi
壮　族	Zhuang	文山州、红河州、曲靖市	Wenshan , Honghe , Qujing
傣　族	Dai	西双版纳州、德宏州、普洱市、临沧市	Xishuangbanna , Dehong , Pu'er , Lincang
苗　族	Miao	文山州、红河州、昭通市	Wenshan , Honghe , Zhaotong
傈僳族	Lisu	怒江州、迪庆州、丽江市、大理州	Nujiang , Diqing , Lijiang , Dali
回　族	Hui	昆明市、大理州、曲靖市、楚雄州、红河州、玉溪市	Kunming , Dali , Qujing , Chuxiong , Honghe , Yuxi
拉祜族	Lahu	普洱市、临沧市、西双版纳州	Pu'er , Lincang , Xishuangbanna
佤　族	Wa	临沧市、普洱市	Lincang , Pu'er
纳西族	Naxi	丽江市、迪庆州	Lijiang , Diqing
瑶　族	Yao	文山州、红河州	Wenshan , Honghe
藏　族	Tibetan	迪庆州	Diqing
景颇族	Jingpo	德宏州	Dehong
布朗族	Bulang	西双版纳州、普洱市、临沧市	Xishuangbanna , Pu'er , Lincang
普米族	Pumi	丽江市、怒江州、迪庆州	Lijiang , Nujiang , Diqing
怒　族	Nu	怒江州	Nujiang
阿昌族	Achang	德宏州、保山市	Dehong , Baoshan
基诺族	Jino	西双版纳州	Xishuangbanna
德昂族	De ang	德宏州、临沧市	Dehong , Lincang
蒙古族	Mongolian	玉溪市	Yuxi
布依族	Buyi	曲靖市	Qujing
独龙族	Dulong	怒江州	Nujiang
水　族	Shui	曲靖市	Qujing

20-4 民族自治地方基本情况(2010年)

民族自治地方	National Autonomous Area	建立时间
民族自治地方	**National Autonomous Area**	
自治州合计	**Autonomous Prefectures**	
西双版纳傣族自治州	Xishuangbanna Dai Autonomous Prefecture	1953年1月24日
德宏傣族景颇族自治州	Dehong Dai and Jingpo Autonomous Prefecture	1953年7月24日
怒江傈僳族自治州	Nujiang Lisu Autonomous Prefecture	1954年8月23日
大理白族自治州	Dali Bai Autonomous Prefecture	1956年11月22日
迪庆藏族自治州	Diqing Tibetan Autonomous Prefecture	1957年9月13日
红河哈尼族彝族自治州	Honghe Hani and Yi Autonomous Prefecture	1957年11月18日
文山壮族苗族自治州	Wenshan Zhuang and Miao Autonomous Prefecture	1958年4月1日
楚雄彝族自治州	Chuxiong Yi Autonomous Prefecture	1958年4月15日
自治州以外的自治县合计	**Autonomous Counties Except above Prefectures**	
峨山彝族自治县	Eshan Yi Autonomous County	1951年5月12日
澜沧拉祜族自治县	Lancang Lahu Autonomous County	1953年4月7日
江城哈尼族彝族自治县	Jiangcheng Hani and Yi Autonomous County	1954年5月18日
孟连傣族拉祜族佤族自治县	Menglian Dai and Lahu and Wa Autonomous County	1954年6月16日
耿马傣族佤族自治县	Gengma Dai and Wa Autonomous County	1955年10月16日
宁蒗彝族自治县	Ninglang Yi Autonomous County	1956年9月20日
石林彝族自治县	Shilin Yi Autonomous County	1956年12月13日
沧源佤族自治县	Cangyuan Wa Autonomous County	1964年2月28日
西盟佤族自治县	Ximeng Wa Autonomous County	1965年3月5日
墨江哈尼族自治县	Mojiang Hani Autonomous County	1979年11月28日
寻甸回族彝族自治县	Xundian Hui and Yi Autonomous County	1979年12月20日
元江哈尼族彝族傣族自治县	Yuanjiang Hani and Yi and Dai Autonomous County	1980年11月22日
新平彝族傣族自治县	Xinping Yi and Dai Autonomous County	1980年11月25日
禄劝彝族苗族自治县	Luquan Yi and Miao Autonomous County	1985年11月25日
宁洱哈尼族彝族自治县	Ning'er Hani and Yi Autonomous County	1985年12月15日
景东彝族自治县	Jingdong Yi Autonomous County	1985年12月20日
景谷傣族彝族自治县	Jinggu Dai and Yi Autonomous County	1985年12月25日
双江拉祜族佤族布朗族傣族自治县	Shuangjiang Lahu and Wa and Bulang and Dai Autonomous County	1985年12月30日
镇沅彝族哈尼族拉祜族自治县	Zhenyuan Yi and Hani and Lahu Autonomous County	1990年5月15日
玉龙纳西族自治县	Yulong Naxi Autonomous County	2002年12月26日

注：2003年4月8日普洱哈尼族彝族自治县更名为宁洱哈尼族彝族自治县。

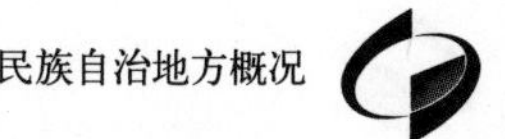

Basic Conditions of Ethnic Minority Autonomous Regions (2010)

Foundation Time	含乡镇、办事处数(个) (Unit)		
	乡 Townships	镇 Towns	# 民族乡数(个) Number of Nationality Townships and Towns (Unit)
	480	**350**	**89**
	335	**269**	**73**
Jan.24,1953	43	8	14
July.24,1953	27	23	5
Aug.23,1954	20	9	3
Nov.22,1956	42	68	17
Sept.13,1957	20	9	3
Nov.18,1957	75	55	9
April.1,1958	59	43	16
April. 15,1958	49	54	6
	145	**81**	**16**
May.12,1951	3	5	
April.7,1953	17	3	7
May.18,1954	5	2	
June.16,1954	3	3	
Oct.16,1955	5	4	1
Sept.20,1956	14	1	1
Dec.13,1956	1	6	
Feb.28,1964	6	4	1
March.5,1965	5	2	1
Nov.28,1979	13	2	2
Dec.20,1979	4	10	
Nov.22,1980	6	4	
Nov.25,1980	6	6	
Nov.25,1985	6	10	
Dec.15,1985	13	2	
Dec.20,1985	9	4	
Dec.25,1985	6	4	
Dec.30,1985	4	2	
May.15,1990	5	4	
Dec.26,2002	14	3	3

Note:Pu'er Hani and Yi autonomous county changed its name into Ning'er Hani and Yi autonomous county in 8th April,2003.

20-4 续表

民族自治地方	National Autonomous Area	土地面积 Land Area	
		绝对数（平方千米） Level (sq.km)	占全省土地面积（%） Proportion to Provincial Total (%)
民族自治地方	**National Autonomous Area**	**276 674**	**70.2**
自治州合计	**Autonomous Prefectures**	**193 686**	**49.1**
楚雄彝族自治州	Chuxiong Yi Autonomous Prefecture	29 258	7.4
红河哈尼族彝族自治州	Honghe Hani and Yi Autonomous Prefecture	32 931	8.4
文山壮族苗族自治州	Wenshan Zhuang and Miao Autonomous Prefecture	32 239	8.2
西双版纳傣族自治州	Xishuangbanna Dai Autonomous Prefecture	19 700	5.0
大理白族自治州	Dali Bai Autonomous Prefecture	29 459	7.5
德宏傣族景颇族自治州	Dehong Dai and Jingpo Autonomous Prefecture	11 526	2.9
怒江傈僳族自治州	Nujiang Lisu Autonomous Prefecture	14 703	3.7
迪庆藏族自治州	Diqing Tibetan Autonomous Prefecture	23 870	6.1
自治州以外的自治县合计	**Autonomous Counties Except the Above Prefectures**	**82 988**	**21.1**
石林彝族自治县	Shilin Yi Autonomous County	1 777	0.5
禄劝彝族苗族自治县	Luquan Yi and Miao Autonomous County	4 378	1.1
寻甸回族彝族自治县	Xundian Hui and Yi Autonomous County	3 966	1.0
峨山彝族自治县	Eshan Yi Autonomous County	1 972	0.5
新平彝族傣族自治县	Xinping Yi and Dai Autonomous County	4 223	1.1
元江哈尼族彝族傣族自治县	Yuanjiang Hani and Yi and Dai Autonomous County	2 858	0.7
玉龙纳西族自治县	Yulong Naxi Autonomous County	7 648	1.9
宁蒗彝族自治县	Ninglang Yi Autonomous County	6 206	1.6
宁洱哈尼族彝族自治县	Ning'er Hani and Yi Autonomous County	3 670	0.9
墨江哈尼族自治县	Mojiang Hani Autonomous County	5 459	1.4
景东彝族自治县	Jingdong Yi Autonomous County	4 532	1.1
景谷傣族彝族自治县	Jinggu Dai and Yi Autonomous County	7 777	2.0
镇沅彝族哈尼族拉祜族自治县	Zhenyuan Yi and Hani and Lahu Autonomous County	4 223	1.1
江城哈尼族彝族自治县	Jiangcheng Hani and Yi Autonomous County	3 476	0.9
孟连傣族拉祜族佤族自治县	Menglian Dai and Lahu and Wa Autonomous County	1 957	0.5
澜沧拉祜族自治县	Lancang Lahu Autonomous County	8 807	2.2
西盟佤族自治县	Ximeng Wa Autonomous County	1 391	0.4
双江拉祜族佤族布朗族傣族自治	Shuangjiang Lahu and Wa and Bulang and Dai Autonomous County	2 292	0.6
耿马傣族佤族自治县	Gengma Dai and Wa Autonomous County	3 837	1.1
沧源佤族自治县	Cangyuan Wa Autonomous County	2 539	0.6

 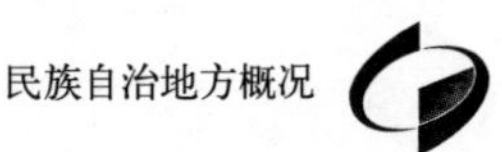

continued

年末总人口 Total Population at Year-end		少数民族人口 Population of Minority Nationalities		按农业、非农业分 By Agricultural and Non-agricultural Population	
绝对数 (万人) Level (10 000 persons)	占全省人口比重 (%) Proportion to Provincial Total (%)	绝对数 (万人) Level (10 000 persons)	占本地总人口比重 (%) Proportion to Local Total Population (%)	农业人口 (万人) Agricultural Population (10 000 persons)	非农业人口 (万人) Non-agricultural Population (10 000 persons)
2 260.1	**49.1**	**1 255.1**	**56.3**	**1 954.0**	**306.0**
1 745.8	**37.9**	**951.1**	**54.5**	**1 487.5**	**258.3**
268.7	5.8	87.4	32.5	229.7	39.0
450.6	9.8	255.3	56.7	372.8	77.7
352.2	7.7	202.1	57.4	322.1	30.1
113.5	2.5	85.9	75.7	79.4	34.0
346.0	7.5	172.8	49.9	304.1	41.9
121.3	2.6	63.3	52.2	98.2	23.1
53.5	1.2	49.4	92.4	46.0	7.5
40.1	0.9	34.9	87.2	35.1	4.9
514.3	**11.2**	**304.0**	**58.5**	**466.5**	**47.8**
24.6	0.5	8.5	34.6	23.0	1.6
39.7	0.9	12.1	30.5	39.0	0.7
45.8	1.0	10.0	21.8	44.6	1.1
16.3	0.4	10.8	66.3	13.3	3.0
28.6	0.6	21.2	74.2	24.8	3.7
21.8	0.5	17.4	79.8	19.1	2.6
21.5	0.5	18.3	85.0	20.1	1.4
25.9	0.6	20.9	80.6	23.6	2.3
18.6	0.4	9.4	50.8	15.5	3.1
36.1	0.8	26.8	74.3	32.7	3.4
36.0	0.8	16.8	46.7	33.4	2.6
29.2	0.6	13.4	45.8	26.3	2.9
20.9	0.5	11.0	52.7	18.8	2.0
12.2	0.3	9.6	79.0	10.1	2.1
13.6	0.3	11.6	85.2	11.8	1.8
49.2	1.1	37.8	76.8	45.6	3.6
9.1	0.2	8.6	94.1	7.7	1.4
17.7	0.4	7.9	44.5	16.1	1.5
29.7	0.6	15.4	51.8	25.1	4.6
17.9	0.4	16.7	93.0	15.7	2.2

20−5 2005−2010年全省民族自治地方主要指标

指 标	Item	2005
年末总人口数(万人)	**Total Population at year-end (10 000 persons)**	**2 214**
# 少数民族人口	Minority Population	1 212
工农业总产值（万元）	**Gross Output Value of Industry and Agriculture (10 000 yuan)**	**15 400 892**
农、林、牧、渔业总产值	Gross Output Value of Farming, Forestry, Animal Husbandry and Fishery	5 447 904
工业总产值	Gross Output Value of Industry	9 952 988
农业生产	**Agriculture Production**	
主要农业产品产量	Yields of Major Agricultural Products	
粮 食(万吨)	Grain (10 000 tons)	731
甘 蔗 (万吨)	Sugarcane (10 000 tons)	1 046
烤 烟 (万吨)	Flue-cured Tobacco (10 000 tons)	35.55
大牲畜年末头数 (万头)	Large Livestock at Year-end (10 000 heads)	682
工业生产	**Industry Production**	
主要工业产品产量	Output of Major Industrial Products	
钢 (万吨)	Steel (10 000 tons)	137
生 铁 (万吨)	Pig Iron (10 000 tons)	171
原 煤 (万吨)	Coal (10 000 tous)	1 738
发电量 (万千瓦小时)	Electricity (10 000 kwh)	1 858 824
糖 (万吨)	Sugar (10 000 tons)	111
财政收支	**Financial Revenue and Expenditure**	
财政收入 (万元)	Government Revenue (10 000 yuan)	831 449
财政支出 (万元)	Government Expenditure (10 000 yuan)	2 613 989
卫 生	**Health Care**	
卫生机构数 (个)	Number of Health Institutions (unit)	4 130
卫生机构床位数 (张)	Number of Sickbeds (unit)	47 134
专业卫生技术人员(人)	Number of Medical Technical Personnel (person)	47 396

注：公路通车里程含乡村简易公路。

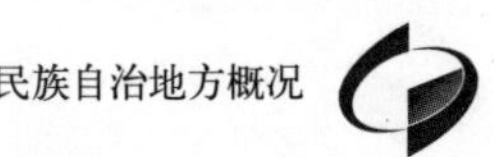

Principal Indicators of Ethnic Minority Autonomous Regions (2005-2010)

2006	2007	2008	2009	2010
2 228	**2 237**	**2 250**	**2 262**	**2 260**
1 229	1 240	1 244	1 270	1 255
19 044 510	**23 952 206**	**22 982 700**	**23 907 585**	**75 066 391**
6 089 067	7 201 808	8 553 200	8 181 506	10 420 130
12 955 443	16 750 398	14 429 500	15 726 079	64 646 261
750	760	782	819	816
1 224	1 387	1 371	1 292	12 749
35.49	37.00	41.27	45.00	49.08
693	699	707	720	
200	235		303	380
212	298		361	394
1 923	2 379		2 519	2 682
2 327 974	3 341 548		4 659 845	4 760 359
105	131		151	132
1 011 547	1 305 485	1 593 200	1 823 714	2 266 645
3 289 306	4 283 623	5 359 000	7 153 982	8 874 222
2 057	4 517			
47 825	53 203			
47 487	55 019			

Note:The length of highways includes the simple highways between villages.

20–6 民族自治地方主要社会经济指标占全省的比重(2010年)
Proportion of Principal Socio-economic Indicators in Ethnic Minority Autonomous Areas to the Whole Province (2010)

指 标	Item	民族自治地方 Ethnic Minority Autonomous Areas	全 省 Provincial Total	民族自治地方占全省的比重(%) Proportion of Ethnic Minority Autonomous Areas to the Whole province(%)
市县数(个)	**Number of Cities and Counties (unit)**	**78**	**129**	**60.5**
年末总人口(万人)	**Total Population at Year-end (10 000 persons)**	**2 260.10**	**4 601.60**	**49.1**
生产总值(当年价)(亿元)	**Gross Regional Product (at Current prices) (100 million yuan)**	**2 803.84**	**7 224.18**	**38.8**
工农业总产值(当年价)(亿元)	**Gross Output Value of Industry and Agriculture (at Current prices) (100 million yuan)**	**3 077.59**	**9 691.23**	**31.8**
农、林、牧、渔业总产值(亿元)	Gross Output Value of Agriculture,Forestry,Animal Husbandry,Fishery (100 million yuan)	1 042.01	1 810.53	57.6
工业总产值(亿元)	Gross Output Value of Industry (100 million yuan)	2 035.58	7 880.70	25.8
土地面积(平方千米)	**Land Area (sq.km)**	**276 674**	**394 193**	**70.2**
主要农产品产量	**Output of Major Agricultural Products**			
粮 食(万吨)	Grain (10 000 tons)	815.75	1 531.00	53.3
甘 蔗(万吨)	Sugarcane (10 000 tons)	12 749.53	1 750.97	72.8
烤 烟 (万吨)	Flue-cured Tobacco (10 000 tons)	49.08	95.40	51.4
大牲畜年末数(万头)	Large Livestock at the Year-end (10 000 heads)	737.96	1 151.12	64.1
全社会固定资产投资总额(亿元)	**Total Investment in Fixed Assets (100 million yuan)**	**2 259.50**	**5 528.71**	**40.9**
社会消费品零售总额(亿元)	**Retail Sales of Consumer Goods (100 million yuan)**	**885.75**	**2 500.14**	**35.4**
财政收支	**Financial Revenue and Expenditure**			
财政收入(亿元)	Government Revenue (100 million yuan)	226.66	871.19	26.0
财政支出(亿元)	Government Expenditure (100 million yuan)	887.42	2 285.72	38.8

注：财政收支为地方财政收支。

Note:The government revenue and expenditure refers to local government revenue and expenditure.

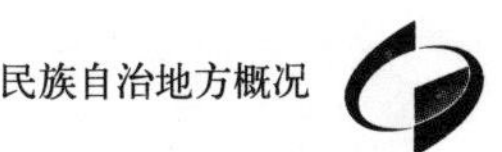

20−7 民族自治地方财政收入和支出(2009−2010年)

Total Government Revenue and Expenditures in Ethnic Minority Autonomous Regions (2009-2010)

单位：万元 (10 000 yuan)

民族自治地方	National Autonomous Area	财政收入 Government Revenue		财政支出 Government Expenditure	
		2009	2010	2009	2010
民族自治地方总计	**National Autonomous Area Total**	**1 823 714**	**2 266 645**	**7 153 982**	**8 874 222**
自治州合计	**Autonomous Prefectures**	**1 539 176**	**1 878 675**	**5 627 858**	**6 940 917**
楚雄彝族自治州	Chuxiong Yi Autonomous Prefecture	255 832	306 979	910 569	1 085 785
红河哈尼族彝族自治州	Honghe Hani and Yi Autonomous Prefecture	520 397	612 237	1 376 466	1 694 222
文山壮族苗族自治州	Wenshan Zhuang and Miao Autonomous Prefecture	172 888	220 266	899 434	1 141 176
西双版纳傣族自治州	Xishuangbanna Dai Autonomous Prefecture	85 990	112 586	352 445	424 301
大理白族自治州	Dali Bai Autonomous Prefecture	315 480	376 162	1 023 923	1 242 429
德宏傣族景颇族自治州	Dehong Dai and Jingpo Autonomous Prefecture	98 345	132 390	488 697	581 117
怒江傈僳族自治州	Nujiang Lisu Autonomous Prefecture	46 666	58 388	275 430	340 402
迪庆藏族自治州	Diqing Tibetan Autonomous Prefecture	43 578	59 667	300 894	431 485
自治州以外的自治县合计	**Autonomous Counties Except the Above Prefectures**	**284 538**	**387 970**	**1 526 124**	**1 933 305**
石林彝族自治县	Shilin Yi Autonomous County	25 953	35 088	71 161	93 421
禄劝彝族苗族自治县	Luquan Yi and Miao Autonomous County	23 098	29 187	94 887	121 999
寻甸回族彝族自治县	Xundian Hui and Yi Autonomous County	27 096	34 224	108 586	130 363
峨山彝族自治县	Eshan Yi Autonomous County	21 833	27 154	57 070	75 185
新平彝族傣族自治县	Xinping Yi and Dai Autonomous County	42 523	54 145	109 168	137 867
元江哈尼族彝族傣族自治县	Yuanjiang Hani and Yi and Dai Autonomous County	14 297	17 381	68 897	79 908
玉龙纳西族自治县	Yulong Naxi Autonomous County	14 129	21 309	75 006	94 353
宁蒗彝族自治县	Ninglang Yi Autonomous County	7 316	10 845	87 281	103 530
宁洱哈尼族彝族自治县	Ning'er Hani and Yi Autonomous County	11 926	16 066	60 750	76 383
墨江哈尼族自治县	Mojiang Hani Autonomous County	12 166	16 380	91 269	115 768
景东彝族自治县	Jingdong Yi Autonomous County	18 000	22 868	92 890	114 932
景谷傣族彝族自治县	Jinggu Dai and Yi Autonomous County	18 406	29 668	75 277	104 671
镇沅彝族哈尼族拉祜族自治县	Zhenyuan Yi and Hani and Lahu Autonomous County	7 203	11 008	63 284	80 642
江城哈尼族彝族自治县	Jiangcheng Hani and Yi Autonomous County	5 108	6 008	43 936	53 558
孟连傣族拉祜族自治县	Menglian Dai and Lahu and Wa Autonomous County	4 062	5 191	43 632	56 168
澜沧拉祜族自治县	Lancang Lahu Autonomous County	12 359	22 158	130 367	175 160
西盟佤族自治县	Ximeng Wa Autonomous County	2 119	2 699	45 789	50 871
双江拉祜族佤族布朗族傣族自治县	Shuangjiang Lahu and Wa and Bulang and Dai Autonomous County	4 078	6 271	58 208	67 328
耿马傣族佤族自治县	Gengma Dai and Wa Autonomous County	8 507	12 340	79 654	116 927
沧源佤族自治县	Cangyuan Wa Autonomous County	4 359	7 980	69 012	84 271

20-8 民族自治地方生产总值及其指数(2010年)

单位：万元、%

民族自治地方	National Autonomous Area	生产总值 (万元) Gross Regional Product
民族自治地方总计	**National Autonomous Area Total**	**28 038 435**
自治州合计	**Autonomous Prefectures**	**22 919 264**
楚雄彝族自治州	Chuxiong Yi Autonomous Prefecture	4 047 301
红河哈尼族彝族自治州	Honghe Hani and Yi Autonomous Prefecture	6 504 154
文山壮族苗族自治州	Wenshan Zhuang and Miao Autonomous Prefecture	3 298 515
西双版纳傣族自治州	Xishuangbanna Dai Autonomous Prefecture	1 603 195
大理白族自治州	Dali Bai Autonomous Prefecture	4 741 287
德宏傣族景颇族自治州	Dehong Dai and Jingpo Autonomous Prefecture	1 406 270
怒江傈僳族自治州	Nujiang Lisu Autonomous Prefecture	547 566
迪庆藏族自治州	Diqing Tibetan Autonomous Prefecture	770 976
自治州以外的自治县合计	**Autonomous Counties Except the Above Prefectures**	**5 119 171**
石林彝族自治县	Shilin Yi Autonomous County	368 141
禄劝彝族苗族自治县	Luquan Yi and Miao Autonomous County	326 239
寻甸回族彝族自治县	Xundian Hui and Yi Autonomous County	384 195
峨山彝族自治县	Eshan Yi Autonomous County	331 668
新平彝族傣族自治县	Xinping Yi and Dai Autonomous County	537 894
元江哈尼族彝族傣族自治县	Yuanjiang Hani and Yi and Dai Autonomous County	310 174
玉龙纳西族自治县	Yulong Naxi Autonomous County	223 381
宁蒗彝族自治县	Ninglang Yi Autonomous County	150 043
宁洱哈尼族彝族自治县	Ning'er Hani and Yi Autonomous County	224 221
墨江哈尼族自治县	Mojiang Hani Autonomous County	245 468
景东彝族自治县	Jingdong Yi Autonomous County	288 170
景谷傣族彝族自治县	Jinggu Dai and Yi Autonomous County	407 823
镇沅彝族哈尼族拉祜族自治县	Zhenyuan Yi and Hani and Lahu Autonomous County	171 166
江城哈尼族彝族自治县	Jiangcheng Hani and Yi Autonomous County	127 005
孟连傣族拉祜族自治县	Menglian Dai and Lahu and Wa Autonomous County	106 209
澜沧拉祜族自治县	Lancang Lahu Autonomous County	269 011
西盟佤族自治县	Ximeng Wa Autonomous County	45 630
双江拉祜族佤族布朗族傣族自治县	Shuangjiang Lahu and Wa and Bulang and Dai Autonomous County	142 842
耿马傣族佤族自治县	Gengma Dai and Wa Autonomous County	326 580
沧源佤族自治县	Cangyuan Wa Autonomous County	133 311

注：本表总值按当年价格计算，指数按可比价格计算。

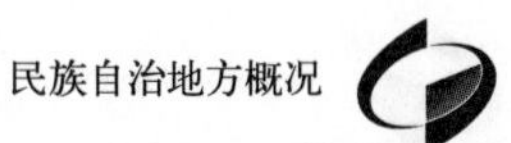

Gross Regional Product in Ethnic Minority Autonomous Regions (2010)

(10 000 yuan,%)

第一产业 Primary Industry	第二产业 Secondary Industry	第三产业 Tertiary Industry	生产总值指数 (上年=100) Indices of Gross RegionalProduct (preceding year=100)	第一产业 Primary Industry	第二产业 Secondary Industry	第三产业 Tertiary Industry
6 269 961	**11 447 645**	**10 320 829**	**112.6**	**105.5**	**115.6**	**113.6**
4 720 813	**9 721 036**	**8 477 415**	**112.4**	**105.2**	**115.0**	**113.7**
907 847	1 718 080	1 421 374	111.3	103.0	115.0	112.2
1 043 804	3 451 518	2 008 832	111.0	105.5	111.0	113.7
731 070	1 221 457	1 345 988	113.0	104.6	117.5	114.0
438 251	476 670	688 274	111.9	107.0	113.7	114.0
1 089 607	1 882 942	1 768 738	113.1	105.4	119.2	111.8
372 446	476 180	557 644	115.1	107.2	125.0	113.6
66 285	197 247	284 034	113.1	105.6	101.9	127.7
71 503	296 942	402 531	119.5	106.7	124.5	118.5
1 549 148	**1 726 609**	**1 843 414**	**113.2**	**106.7**	**119.4**	**113.1**
103 853	104 593	159 695	115.0	110.1	121.5	113.7
108 213	86 318	131 708	113.3	107.8	122.6	112.2
116 009	111 241	156 945	111.6	107.1	112.9	114.1
51 903	157 774	121 991	112.6	106.1	112.6	115.4
73 337	317 949	146 608	114.5	100.7	121.7	110.3
90 070	82 833	137 271	112.6	107.7	116.9	113.6
59 075	63 198	101 108	115.0	106.3	118.6	118.0
42 023	42 602	65 418	116.0	106.1	130.2	114.0
60 383	77 379	86 459	111.3	100.9	134.1	104.9
72 541	89 470	83 457	110.0	112.1	110.4	108.2
128 085	64 620	95 465	112.3	106.9	123.5	111.4
166 997	144 585	96 241	114.7	107.3	120.1	115.6
68 830	40 044	62 292	114.2	108.5	121.6	115.0
36 171	58 265	32 569	114.0	104.0	124.9	109.2
40 046	23 579	42 584	115.1	109.7	118.9	118.6
87 113	82 787	99 111	111.4	105.3	110.4	117.6
13 460	8 939	23 231	110.2	109.1	109.2	111.0
53 723	46 715	42 404	112.0	107.6	113.2	115.8
139 588	82 334	104 658	113.1	106.6	123.6	112.2
37 728	41 384	54 199	113.2	104.7	128.1	109.8

Note: Data of gross regional value are calculated at current prices,while indices are calculated by comparable prices.

20－9　民族自治地方职工人数(2010年)

Number of Staff and Workers in Ethnic Minority Autonomous Regions (2010)

单位：人　　(preson)

民族自治地方	National Autonomous Area	职工人数 Number of Staff and Workers			
		合计 Total	国有单位 State-owned Entities	城镇集体单位 Urban Collective-owned Entities	其它单位 Others
民族自治地方合计	**National Autonomous Area Total**	**1 221 005**	**825 279**	**36 064**	**363 040**
自治州合计	**Autonomous Prefectures**	**1 000 814**	**670 775**	**28 996**	**301 043**
楚雄彝族自治州	Chuxiong Yi Nationality	148 109	98 553	4 089	45 467
红河哈尼族彝族自治州	Honghe Hani , Yi Nationality	256 954	176 547	8 749	71 658
文山壮族苗族自治州	Wenshan Zhuang , Miao Nationality	137 829	100 259	2 823	34 747
西双版纳傣族自治州	Xishuangbanna Dai Nationality	105 322	84 026	4 073	17 223
大理白族自治州	Dali Bai Nationality	197 142	104 000	5 946	87 196
德宏傣族景颇族自治州	Dehong Dai , Jingpo Nationality	96 429	61 354	2 632	32 443
怒江傈僳族自治州	Nujiang Lisu Nationality	30 550	24 498	256	5 796
迪庆藏族自治州	Diqing Tibetan Nationality	28 479	21 538	428	6 513
自治州以外的自治县	**Autonomous Counties Except the Above Prefectures**	**220 191**	**154 504**	**7 068**	**61 997**
石林彝族自治县	Shilin Yi Nationality	13 474	9 337	1 716	2 421
禄劝彝族苗族自治县	Luquan Yi , Miao Nationality	12 008	10 948	543	517
寻甸回族彝族自治县	Xundian Hui , Yi Nationality	19 364	12 308	463	6 593
峨山彝族自治县	Eshan Yi Nationality	16 642	6 812	749	9 081
新平彝族傣族自治县	Xinping Yi , Dai Nationality	17 444	8 457	567	8 420
元江哈尼族彝族傣族自治县	Yuanjiang Hani , Yi , Dai Nationality	14 011	7 869	220	5 922
玉龙纳西族自治县	Yulong Naxi Nationality	10 816	8 018	175	2 623
宁蒗彝族自治县	Ninglang Yi Nationality	10 081	7 858	78	2 145
宁洱哈尼族彝族自治县	Ning'er Hani , Yi Nationality	9 799	6 942	333	2 524
墨江哈尼族自治县	Mojiang Hani Nationality	10 192	7 526	260	2 406
景东彝族自治县	Jingdong Yi Nationality	11 614	8 581	332	2 701
景谷傣族彝族自治县	Jinggu Dai , Yi Nationality	13 770	7 451	384	5 935
镇沅彝族哈尼族拉祜族自治县	Zhenyuan Yi , Hani , Lahu Nationality	7 277	6 412	120	745
江城哈尼族彝族自治县	Jiangcheng Hani , Yi Nationality	5 481	4 324	95	1 062
孟连傣族拉祜族自治县	Menglian Dai , Lahu , Wa Nationality	7 117	5 759	199	1 159
澜沧拉祜族自治县	Lancang Lahu Nationality	12 395	9 446	236	2 713
西盟佤族自治县	Ximeng Wa Nationality	3 795	3 647	128	20
双江拉祜族佤族布朗族傣族自治县	Shuangjiang Lahu , Wa , Bulang , Dai Nationality	2 588	5 353	123	490
耿马傣族佤族自治县	Gengma Dai , Wa Nationality	12 649	10 244	288	2 117
沧源佤族自治县	Cangyuan Wa Nationality	9 674	7 212	59	2 403

20-10 民族自治地方职工平均工资(2010年)
Average Wages of Staff and Workers in Ethnic Minority Autonomous regions (2010)

单位：元 / 人 (yuan / person)

民族自治地方	National Autonomous Area	职工平均工资 Average Wages of Staff and Workers			
		合 计 Total	国 有 单 位 State-owned Entities	集 体 单 位 Collective-owned Entities	其 它 单 位 Others
民族自治地方	**National Autonomous Area**	**27 384**	**30 272**	**28 159**	**21 450**
自治州合计	**Autonomous Prefectures**	**27 568**	**30 289**	**26 686**	**21 420**
楚雄彝族自治州	Chuxiong Yi Nationality	29 110	33 151	31 591	19 557
红河哈尼族彝族自治州	Honghe Hani , Yi Nationality	27 304	30 461	25 354	19 560
文山壮族苗族自治州	Wenshan Zhuang , Miao Nationality	27 030	28 260	31 041	23 172
西双版纳傣族自治州	Xishuangbanna Dai Nationality	21 850	22 329	20 794	19 800
大理白族自治州	Dali Bai Nationality	28 956	35 973	26 389	20 589
德宏傣族景颇族自治州	Dehong Dai , Jingpo Nationality	25 511	26 110	26 923	24 202
怒江傈僳族自治州	Nujiang Lisu Nationality	31 154	28 495	31 858	42 377
迪庆藏族自治州	Diqing Tibetan Nationality	39 633	42 326	36 406	29 841
自治州以外的自治县	**Autonomous Counties Except the Above Prefectures**	**26 566**	**30 199**	**34 434**	**21 591**
石林彝族自治县	Shilin Yi Nationality	28 589	30 152	26 249	24 630
禄劝彝族苗族自治县	Luquan Yi , Miao Nationality	30 154	31 195	25 059	14 694
寻甸回族彝族自治县	Xundian Hui , Yi Nationality	30 897	34 876	60 851	25 966
峨山彝族自治县	Eshan Yi Nationality	27 376	40 230	28 733	18 038
新平彝族傣族自治县	Xinping Yi , Dai Nationality	30 133	35 682	15 795	25 507
元江哈尼族彝族傣族自治县	Yuanjiang Hani , Yi , Dai Nationality	30 683	38 705	40 406	18 037
玉龙纳西族自治县	Yulong Naxi Nationality	31 575	33 246	58 014	25 419
宁蒗彝族自治县	Ninglang Yi Nationality	29 418	30 154	76 373	25 046
宁洱哈尼族彝族自治县	Ning'er Hani , Yi Nationality	24 377	24 779	26 767	37 232
墨江哈尼族自治县	Mojiang Hani Nationality	26 651	28 587	29 591	54 985
景东彝族自治县	Jingdong Yi Nationality	25 056	26 117	28 940	54 854
景谷傣族彝族自治县	Jinggu Dai , Yi Nationality	24 513	25 999	29 474	29 703
镇沅彝族哈尼族拉祜族自治县	Zhenyuan Yi , Hani , Lahu Nationality	23 815	26 651	26 227	88 513
江城哈尼族彝族自治县	Jiangcheng Hani , Yi Nationality	23 362	24 468	25 557	31 660
孟连傣族拉祜族自治县	Menglian Dai , Lahu , Wa Nationality	20 055	24 004	25 256	26 972
澜沧拉祜族自治县	Lancang Lahu Nationality	27 436	28 627	29 463	41 649
西盟佤族自治县	Ximeng Wa Nationality	16 586	27 767	27 741	31 141
双江拉祜族佤族布朗族傣族自治县	Shuangjiang Lahu,Wa ,Bulang,Dai Nationality	21 977	22 329	23 289	18 672
耿马傣族佤族自治县	Gengma Dai , Wa Nationality	26 231	26 809	16 696	24 710
沧源佤族自治县	Cangyuan Wa Nationality	22 391	23 589	55 689	17 605

20−11 民族自治地方农、林、牧、渔业总产值(2010年)

单位：万元

民族自治地方	National Autonomous Area	农、林、牧、渔业总产值 Gross Output Value of Farming, Forestry, Forestry, Animal Husbandry and Fishery
民族自治地方总计	**National Autonomous Area Total**	**10 420 130**
自治州合计	**Autonomous Prefectures**	**7 870 491**
楚雄彝族自治州	Chuxiong Yi Autonomous Prefecture	1 490 090
红河哈尼族彝族自治州	Honghe Hani and Yi Autonomous Prefecture	1 758 400
文山壮族苗族自治州	Wenshan Zhuang and Miao Autonomous Prefecture	1 200 679
西双版纳傣族自治州	Xishuangbanna Dai Autonomous Prefecture	731 556
大理白族自治州	Dali Bai Autonomous Prefecture	1 886 924
德宏傣族景颇族自治州	Dehong Dai and Jingpo Autonomous Prefecture	579 985
怒江傈僳族自治州	Nujiang Lisu Autonomous Prefecture	105 670
迪庆藏族自治州	Diqing Tibetan Autonomous Prefecture	117 187
自治州以外的自治县合计	**Autonomous Counties Except the Above Prefectures**	**2 549 639**
石林彝族自治县	Shilin Yi Autonomous County	187 130
禄劝彝族苗族自治县	Luquan Yi and Miao Autonomous County	203 121
寻甸回族彝族自治县	Xundian Hui and Yi Autonomous County	203 269
峨山彝族自治县	Eshan Yi Autonomous County	83 343
新平彝族傣族自治县	Xinping Yi and Dai Autonomous County	142 177
元江哈尼族彝族傣族自治县	Yuanjiang Hani and Yi and Dai Autonomous County	143 918
玉龙纳西族自治县	Yulong Naxi Autonomous County	108 086
宁蒗彝族自治县	Ninglang Yi Autonomous County	62 328
宁洱哈尼族彝族自治县	Ning'er Hani and Yi Autonomous County	94 348
墨江哈尼族自治县	Mojiang Hani Autonomous County	114 210
景东彝族自治县	Jingdong Yi Autonomous County	190 713
景谷傣族彝族自治县	Jinggu Dai and Yi Autonomous County	250 157
镇沅彝族哈尼族拉祜族自治县	Zhenyuan Yi and Hani and Lahu Autonomous County	107 557
江城哈尼族彝族自治县	Jiangcheng Hani and Yi Autonomous County	56 396
孟连傣族拉祜族佤族自治县	Menglian Dai and Lahu and Wa Autonomous County	67 256
澜沧拉祜族自治县	Lancang Lahu Autonomous County	130 466
西盟佤族自治县	Ximeng Wa Autonomous County	23 043
双江拉祜族佤族布朗族傣族自治县	Shuangjiang Lahu and Wa and Bulang and Dai Autonomous County	84 277
耿马傣族佤族自治县	Gengma Dai and Wa Autonomous County	206 417
沧源佤族自治县	Cangyuan Wa Autonomous County	91 427

注：本表按现行价格计算。

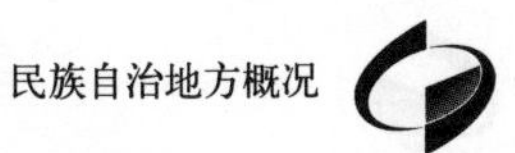

Gross Output Value of Farming, Forestry, Animal Husbandry and Fishery in Ethnic Minority Autonomous Regions (2010)

(10 000 yuan)

农 业 Farming	林 业 Forestry	牧 业 Animal Husbandry	渔 业 Fishery	农、林、牧、渔服务业 Services in Support of Agriculture，Forestry, Animal Husbandry and Fishery
5 166 304	**1 191 790**	**3 524 860**	**223 824**	**313 352**
3 885 696	**787 606**	**2 767 830**	**172 555**	**256 804**
740 179	64 898	555 310	20 646	109 057
853 928	107 347	718 783	51 590	26 752
607 800	74 695	480 637	17 350	20 197
262 746	377 800	57 153	18 494	15 363
971 494	69 132	752 571	43 284	50 443
348 446	68 342	127 542	18 776	16 879
47 793	9 976	39 884	218	7 799
53 310	15 416	35 950	2 197	10 314
1 280 608	**404 184**	**757 030**	**51 269**	**56 548**
105 459	4 972	65 937	4 578	6 184
102 477	5 261	92 381	667	2 335
93 020	7 735	95 369	4 667	2 478
44 016	3 742	32 119	1 004	2 462
70 053	12 411	55 618	1 469	2 626
105 073	4 347	32 214	1 620	664
44 742	2 114	50 556	2 581	8 093
27 939	4 933	27 375	911	1 170
44 195	21 793	24 352	1 227	2 781
56 359	19 537	28 659	6 968	2 687
88 278	46 617	51 075	1 549	3 194
84 609	118 398	32 597	12 063	2 490
46 051	28 498	30 012	1 400	1 596
25 349	17 942	11 240	624	1 241
32 831	20 665	9 680	771	3 309
71 150	17 426	35 724	3 319	2 847
9 790	7 311	4 796	256	890
44 043	8 315	26 752	1 867	3 300
132 451	41 155	27 562	1 998	3 251
52 723	11 012	23 012	1 730	2 950

Note: The data above are calculated at current prices in 1990.

20−12 民族自治地方主要农作物产量(2010年)

单位：吨

民族自治地方	National Autonomous Area	粮 食 Grain	#稻 谷 Rice
民族自治地方	**National Autonomous Area**	**8 157 481**	**3 192 906**
自治州合计	**Autonomous Prefectures**	**6 219 106**	**2 496 135**
楚雄彝族自治州	Chuxiong Yi Autonomous Prefecture	960 325	390 187
红河哈尼族彝族自治州	Honghe Hani and Yi Autonomous Prefecture	1 415 714	603 976
文山壮族苗族自治州	Wenshan Zhuang and Miao Autonomous Prefecture	1 275 792	395 681
西双版纳傣族自治州	Xishuangbanna Dai Autonomous Prefecture	371 138	239 206
大理白族自治州	Dali Bai Autonomous Prefecture	1 268 985	455 643
德宏傣族景颇族自治州	Dehong Dai and Jingpo Autonomous Prefecture	603 027	356 248
怒江傈僳族自治州	Nujiang Lisu Autonomous Prefecture	177 424	39 449
迪庆藏族自治州	Diqing Tibetan Autonomous Prefecture	146 701	15 745
自治州以外的自治县合计	**Autonomous Counties Except the Above Prefectures**	**1 938 375**	**696 771**
石林彝族自治县	Shilin Yi Autonomous County	123 564	28 726
禄劝彝族苗族自治县	Luquan Yi and Miao Autonomous County	182 327	38 217
寻甸回族彝族自治县	Xundian Hui and Yi Autonomous County	195 683	48 300
峨山彝族自治县	Eshan Yi Autonomous County	47 784	24 169
新平彝族傣族自治县	Xinping Yi and Dai Autonomous County	86 722	35 062
元江哈尼族彝族傣族自治县	Yuanjiang Hani and Yi and Dai Autonomous County	66 635	24 774
玉龙纳西族自治县	Yulong Naxi Autonomous County	102 595	11 208
宁蒗彝族自治县	Ninglang Yi Autonomous County	72 974	11 676
宁洱哈尼族彝族自治县	Ning'er Hani and Yi Autonomous County	70 456	29 908
墨江哈尼族自治县	Mojiang Hani Autonomous County	120 916	39 012
景东彝族自治县	Jingdong Yi Autonomous County	136 782	50 599
景谷傣族彝族自治县	Jinggu Dai and Yi Autonomous County	135 311	65 056
镇沅彝族哈尼族拉祜族自治县	Zhenyuan Yi and Hani and Lahu Autonomous County	83 475	39 723
江城哈尼族彝族自治县	Jiangcheng Hani and Yi Autonomous County	37 228	19 067
孟连傣族拉祜族佤族自治县	Menglian Dai and Lahu and Wa Autonomous County	48 744	33 019
澜沧拉祜族自治县	Lancang Lahu Autonomous County	186 556	100 428
西盟佤族自治县	Ximeng Wa Autonomous County	34 308	18 612
双江拉祜族佤族布朗族傣族自治县	Shuangjiang Lahu and Wa and Bulang and Dai Autonomous County	57 545	22 407
耿马傣族佤族自治县	Gengma Dai and Wa Autonomous County	91 131	34 832
沧源佤族自治县	Cangyuan Wa Autonomous County	57 639	21 976

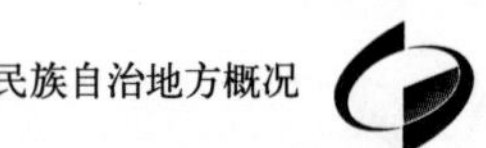

Yields of Major Farm Crops in Ethnic Minority Autonomous Regions (2010)

(ton)

				油料 Oil-bearing Crops	甘蔗 Sugar-cane	烤烟 Flue-cured Tobacco
#小麦 Wheat	#玉米 Maize	#豆类 Beans and Peas	#薯类 Tubers			
215 489	**3 383 798**	**447 866**	**573 126**	**1 670 108**	**127 493 392**	**4 908 827**
147 541	**2 565 025**	**352 379**	**390 007**	**1 307 535**	**73 683 637**	**3 401 158**
36 536	368 864	66 613	57 370	214 050	109 870	1 012 740
17 681	569 657	60 794	102 933	262 400	11 045 881	941 679
18 645	638 836	82 692	101 934	317 886	10 363 327	616 050
496	124 256	3 060	3 667	21 725	9 007 910	
17 693	518 240	103 856	70 943	288 612	2 334 129	819 882
23 331	185 467	7 079	30 373	145 814	40 027 033	10 807
7 523	91 170	17 804	11 570	14 124	795 487	
25 636	68 535	10 481	11 217	42 924		
67 948	**818 773**	**95 487**	**183 119**	**362 573**	**53 809 755**	**1 507 669**
3 024	72 819	4 924	10 147	8 680		169 204
2 526	90 687	9 191	36 266	8 464	14 800	139 723
1 352	56 286	9 819	63 097	45 414		250 059
424	21 347	958	482	34 001	62 590	125 655
647	44 328	817	3 700	10 498	4 200 800	115 084
1 889	35 122	1 120	1 615	25 741	3 179 700	117 707
23 688	37 685	14 561	10 489	48 526		109 483
2 424	18 264	10 981	17 607	1 652		19 887
4 876	26 703	2 044	5 372	11 856	2 421	41 315
1 518	66 897	7 171	2 523	32 826	541 218	70 350
8 045	63 302	8 515	5 815	9 881	1 306 898	120 048
2 787	49 407	4 711	11 291	28 748	3 163 980	55 826
2 845	35 874	3 625	937	15 597	180 970	105 540
462	16 829	442	378	4 590	754 400	
100	14 863	495	120	8 328	3 241 040	
2 307	70 996	5 600	2 441	24 823	7 624 330	
318	12 952	290	118	1 689	391 731	98
4 782	22 065	1 883	3 434	12 233	4 898 759	23 300
3 040	33 748	6 310	6 142	18 717	19 125 452	24 708
894	28 599	2 030	1 145	10 309	5 120 666	19 682

20-13 民族自治地方规模以上工业企业单位数及总产值(2010年)

单位：万元

民族自治地方	National Autonomous Area	工业企业单位数 (个) Number of Industrial Enterprises(unit)
民族自治地方总计	**National Autonomous Area Total**	**1 222**
自治州合计	**Autonomous Prefectures**	**949**
楚雄彝族自治州	Chuxiong Yi Nationality	183
红河哈尼族彝族自治州	Honghe Hani , Yi Nationality	228
文山壮族苗族自治州	Wenshan Zhuang , Miao Nationality	140
西双版纳傣族自治州	Xishuangbanna Dai Nationality	60
大理白族自治州	Dali Bai Nationality	208
德宏傣族景颇族自治州	Dehong Dai , Jingpo Nationality	92
怒江傈僳族自治州	Nujiang Lisu Nationality	16
迪庆藏族自治州	Diqing Tibetan Nationality	22
自治州以外的自治县合计	**Autonomous Counties Except the Above Prefectures**	**273**
石林彝族自治县	Shilin Yi Nationality	33
禄劝彝族苗族自治县	Luquan Yi , Miao Nationality	22
寻甸回族彝族自治县	Xundian Hui , Yi Nationality	21
峨山彝族自治县	Eshan Yi Nationality	26
新平彝族傣族自治县	Xinping Yi , Dai Nationality	18
元江哈尼族彝族傣族自治县	Yuanjiang Hani , Yi , Dai Nationality	19
玉龙纳西族自治县	Yulong Naxi Nationality	5
宁蒗彝族自治县	Ninglang Yi Nationality	13
宁洱哈尼族彝族自治县	Ning'er Hani , Yi Nationality	15
墨江哈尼族自治县	Mojiang Hani Nationality	9
景东彝族自治县	Jingdong Yi Nationality	10
景谷傣族彝族自治县	Jinggu Dai , Yi Nationality	25
镇沅彝族哈尼族拉祜族自治县	Zhenyuan Yi , Hani , Lahu Nationality	10
江城哈尼族彝族自治县	Jiangcheng Hani , Yi Nationality	6
孟连傣族拉祜族佤族自治县	Menglian Dai , Lahu , Wa Nationality	5
澜沧拉祜族自治县	Lancang Lahu Nationality	9
西盟佤族自治县	Ximeng Wa Nationality	2
双江拉祜族佤族布朗族傣族自治县	Shuangjiang Lahu , Wa , Bulang , Dai Nationality	8
耿马傣族佤族自治县	Gengma Dai , Wa Nationality	9
沧源佤族自治县	Cangyuan Wa Nationality	8

注：1.统计范围为年主营业务收入500万元及以上工业。
2.工业总产值系按当年价格计算。

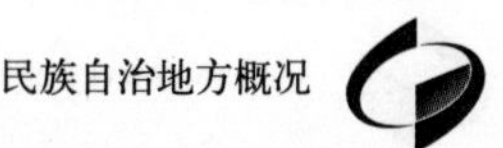

Number of Enterprises above Designated Size and Their Gross Output Value in Ethnic Minority Autonomous Areas (2010)

(10 000 yuan)

			工业总产值	
#国 有 Of Which State-owned	轻工业 Light Industry	重工业 Heavy Industry	Gross Output Value of Industry	#国 有 Of Which State-owned
96	**374**	**848**	**20 355 790**	**4 509 995**
77	**297**	**652**	**17 295 857**	**4 138 532**
16	59	124	2 994 699	925 370
22	57	171	7 096 204	1 593 333
7	33	107	1 861 510	306 797
10	26	34	526 726	220 208
12	90	118	3 515 269	935 201
5	24	68	765 066	49 718
2		16	261 417	53 484
3	8	14	274 966	54 421
19	**77**	**196**	**3 059 933**	**371 462**
3	12	21	147 847	20 157
1	4	18	87 322	13 540
2	3	18	331 777	19 475
1	5	21	396 772	17 926
2	4	14	1 033 733	261 985
	2	17	130 726	
	4	1	44 247	
	3	10	43 770	
2	2	13	77 709	11 234
1	3	6	62 004	4 301
1	2	8	63 366	6 151
	10	15	208 011	
2	1	9	42 358	5 257
2	2	4	20 254	3 519
	2	3	24 888	
	3	6	105 739	
	1	1	7 782	
1	5	3	67 166	4 979
1	6	3	115 447	2 938
	3	5	49 015	

Note: a.Statistical coverage are industrial enterprises with annual revenue over 5 million yuan from principal business.
b.Gross industrial product value is calculated at the current prices.

20-14 民族自治地方主要工业产品产量(2010年)

民族自治地方	National Autonomous Area	钢（吨） Steel (ton)	生铁(吨) Pig Iron (ton)
民族自治地方总计	**National Autonomous Area Total**	**3 795 975**	**3 936 127**
自治州合计	**Autonomous Prefectures**	**3 236 712**	**3 436 620**
楚雄彝族自治州	Chuxiong Yi Nationality	1 432 205	1 451 286
红河哈尼族彝族自治州	Honghe Hani , Yi Nationality	1 687 907	1 882 093
文山壮族苗族自治州	Wenshan Zhuang , Miao Nationality		
西双版纳傣族自治州	Xishuangbanna Dai Nationality		
大理白族自治州	Dali Bai Nationality	116 600	99 346
德宏傣族景颇族自治州	Dehong Dai , Jingpo Nationality		
怒江傈僳族自治州	Nujiang Lisu Nationality		
迪庆藏族自治州	Diqing Tibetan Nationality		3 895
自治州以外的自治县合计	**Autonomous Counties Except the Above Prefectures**	**559 263**	**499 507**
石林彝族自治县	Shilin Yi Nationality		3 500
禄劝彝族苗族自治县	Luquan Yi , Miao Nationality		
寻甸回族彝族自治县	Xundian Hui , Yi Nationality		
峨山彝族自治县	Eshan Yi Nationality	12 700	496 007
新平彝族傣族自治县	Xinping Yi , Dai Nationality	546 563	
元江哈尼族彝族傣族自治县	Yuanjiang Hani , Yi , Dai Nationality		
玉龙纳西族自治县	Yulong Naxi Nationality		
宁蒗彝族自治县	Ninglang Yi Nationality		
宁洱哈尼族彝族自治县	Ning'er Hani , Yi Nationality		
墨江哈尼族自治县	Mojiang Hani Nationality		
景东彝族自治县	Jingdong Yi Nationality		
景谷傣族彝族自治县	Jinggu Dai , Yi Nationality		
镇沅彝族哈尼族拉祜族自治县	Zhenyuan Yi , Hani , Lahu Nationality		
江城哈尼族彝族自治县	Jiangcheng Hani , Yi Nationality		
孟连傣族拉祜族佤族自治县	Menglian Dai , Lahu , Wa Nationality		
澜沧拉祜族自治县	Lancang Lahu Nationality		
西盟佤族自治县	Ximeng Wa Nationality		
双江拉祜族佤族布朗族傣族自治县	Shuangjiang Lahu , Wa , Bulang , Dai Nationality		
耿马傣族佤族自治县	Gengma Dai , Wa Nationality		
沧源佤族自治县	Cangyuan Wa Nationality		

注：本表统计范围为全部工业法人单位。

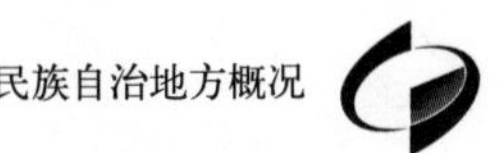

Output of Major Industrial Products in Nationality Autonomous Areas (2010)

原 煤(万吨) Coal (10 000 tons)	发电量(万千瓦小时) Electricity (10 000 kwh)	糖 (吨) Sugar (ton)	农用化肥(吨) Chemicl Fertilizer(ton)	白 酒(千升) Liquor (kiloliter)	啤 酒(千升) Beer (kiloliter)	水 泥(万吨) Cement (10 000 tons)
2 682	**4 760 359**	**1 320 947**	**984 324**	**295 328**	**324 300**	**2 360**
2 121	**4 352 088**	**727 228**	**874 491**	**261 633**	**324 300**	**1 936**
173	123 873		62 672	12 430	128 744	104
1 461	1 648 158	84 472	790 839	78 124	10 619	437
153	367 641	46 221	20 980	37 902		315
	687 076	133 272		187	14 447	32
331	283 959	8 541		111 923	167 036	837
2	1 012 081	454 722		2 073	3 454	172
	106 301			2 262		20
	122 998			16 732		18
561	**408 271**	**593 719**	**109 833**	**33 695**		**424**
65	999			3 155		26
	83 047					48
254	59 979		49 888	5 018		48
35	1 225	2 911	59 945	4 202		27
	40 506	53 093		520		21
	23 518	53 268		588		93
10	29 160			3585		
106	12 952			4023		6
11	1 650			570		55
	91 259	5 822		2543		11
4	8 105	12 818				12
12	20 649	23 431		6221		20
10	2 484	2 023		79		8
	3 002	12 509		339		
3	10 619	41 223		36		
35	2 899	69 117		580		19
	1 949	13 656				
3	5 283	57 105		549		3
2	5 507	184 036		1385		
13	3 480	62 707		302		25

Note: Statistical coverage are all industrial legal entities in this table.

20−15 民族自治地方规模以上工业企业主要财务指标(2010年)

单位：万元

民族自治地方	National Autonomous Area	总产值 Gross Output Value (at current prices)
民族自治地方总计	**National Autonomous Area Total**	**20 355 790**
自治州合计	**Autonomous Prefectures**	**17 295 857**
楚雄彝族自治州	Chuxiong Yi Nationality	2 994 699
红河哈尼族彝族自治州	Honghe Hani , Yi Nationality	7 096 204
文山壮族苗族自治州	Wenshan Zhuang , Miao Nationality	1 861 510
西双版纳傣族自治州	Xishuangbanna Dai Nationality	526 726
大理白族自治州	Dali Bai Nationality	3 515 269
德宏傣族景颇族自治州	Dehong Dai , Jingpo Nationality	765 066
怒江傈僳族自治州	Nujiang Lisu Nationality	261 417
迪庆藏族自治州	Diqing Tibetan Nationality	274 966
自治州以外的自治县合计	**Autonomous Counties Except the Above Prefectures**	**3 059 933**
石林彝族自治县	Shilin Yi Nationality	147 847
禄劝彝族苗族自治县	Luquan Yi , Miao Nationality	87 322
寻甸回族彝族自治县	Xundian Hui , Yi Nationality	331 777
峨山彝族自治县	Eshan Yi Nationality	396 772
新平彝族傣族自治县	Xinping Yi , Dai Nationality	1 033 733
元江哈尼族彝族傣族自治县	Yuanjiang Hani , Yi , Dai Nationality	130 726
玉龙纳西族自治县	Yulong Naxi Nationality	44 247
宁蒗彝族自治县	Ninglang Yi Nationality	43 770
宁洱哈尼族彝族自治县	Ning'er Hani , Yi Nationality	77 709
墨江哈尼族自治县	Mojiang Hani Nationality	62 004
景东彝族自治县	Jingdong Yi Nationality	63 366
景谷傣族彝族自治县	Jinggu Dai , Yi Nationality	208 011
镇沅彝族哈尼族拉祜族自治县	Zhenyuan Yi , Hani , Lahu Nationality	42 358
江城哈尼族彝族自治县	Jiangcheng Hani , Yi Nationality	20 254
孟连傣族拉祜族佤族自治县	Menglian Dai , Lahu , Wa Nationality	24 888
澜沧拉祜族自治县	Lancang Lahu Nationality	105 739
西盟佤族自治县	Ximeng Wa Nationality	7 782
双江拉祜族佤族布朗族傣族自治县	Shuangjiang Lahu , Wa , Bulang , Dai Nationality	67 166
耿马傣族佤族自治县	Gengma Dai , Wa Nationality	115 447
沧源佤族自治县	Cangyuan Wa Nationality	49 015

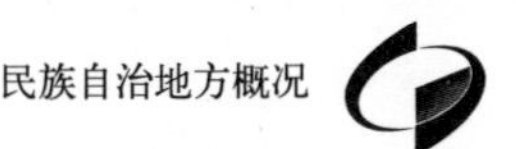

Principal Financial Indicators of Industrial Enterprises of Annual Revenue over 5 Million Yuan from Principal Business with Independent Accounting Systems in Nationality Autonomous Areas (2010)

(10 000 yuan)

主营业务收入 Revenue from Principal Business	固定资产原值 Original Value of Fixed Assets	固定资产净值 Net Value of Fixed Assets	利税总额 Total Profits	亏损企业亏损总额 Total Loss of Loss-making Enterprises
19 211 580	**21 126 357**	**15 484 010**	**4 464 371**	**131 981**
16 268 388	**18 559 935**	**13 659 188**	**3 949 253**	**100 790**
2 797 586	2 047 458	1 119 179	693 612	16 065
6 685 072	6 071 033	4 217 455	1 510 560	27 645
1 747 475	1 835 879	1 442 709	394 602	18 944
521 295	1 510 766	1 261 531	152 470	6 498
3 242 323	4 482 472	3 481 947	874 344	13 057
779 445	1 746 359	1 458 823	202 605	9 390
252 223	488 940	372 343	55 133	2 919
242 970	377 028	305 201	65 926	6 272
2 943 192	**2 566 422**	**1 824 822**	**515 118**	**31 191**
136 237	144 229	103 234	19 349	1 343
90 853	316 189	298 921	6 419	4 554
329 723	285 644	208 975	31 365	2 983
379 132	132 888	78 098	77 249	5 315
1 022 603	550 995	394 530	182 279	129
149 924	128 863	73 237	25 703	1 716
31 056	24 148	18 556	6 296	
43 538	35 968	27 527	9 583	
66 865	62 670	36 560	7 033	1 142
61 239	165 423	137 264	17 464	252
56 215	57 580	48 401	4 944	127
163 068	330 524	205 615	25 622	2 985
46 546	42 204	27 818	5 193	2 311
21 731	22 119	10 743	3 364	1 802
22 338	31 354	17 060	6 937	191
96 442	74 999	55 673	27 792	69
7 782	11 864	2 686	2 630	24
61 894	40 641	24 789	12 537	1 024
105 754	67 284	26 417	29 487	4 987
50 251	40 837	28 719	13 872	239

Principal Financial Indicators of Industrial Enterprises of Annual Revenue over 5 Million Yuan from Principal Business with Independent Accounting Systems in Nationality Autonomous Areas (2010)

(10 000 yuan)

Chapter 21

二十一、各州市主要经济指标

Principal Economic Indicators by Region

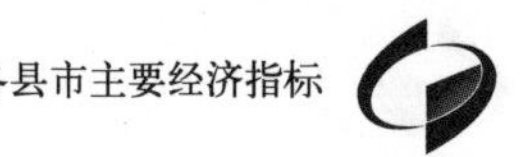

21-1 各州市县生产总值及其指数(2010年)

Gross Regional Product and Its Indices by Region (2010)

州市县 Region	绝对数(万元) Level (10 000 yuan)				指数(上年=100) Index (preceding year=100)			
	生产总值 Gross Regional Product	第一产业 Primary Industry	第二产业 Secondary Industry	第三产业 Tertiary Industry	生产总值 Gross Regional Product	第一产业 Primary Industry	第二产业 Secondary Industry	第三产业 Tertiary Industry
全省合计 Total	**72 241 800**	**11 083 800**	**32 234 900**	**28 923 100**	**112.3**	**104.2**	**115.8**	**111.5**
昆明市 Kunming	**21 203 031**	**1 202 963**	**9 608 604**	**10 391 464**	**114.0**	**104.8**	**116.6**	**112.6**
呈贡县 Chenggong	708 149	66 979	358 148	283 022	115.0	86.0	119.2	119.2
五华区 Wuhua	5 402 174	15 295	3 028 506	2 358 373	112.5	99.1	115.7	108.2
盘龙区 Panlong	2 544 316	38 435	762 727	1 743 154	114.1	93.5	113.2	114.9
官渡区 Guandu	4 696 166	79 735	1 796 337	2 820 094	114.1	96.0	113.2	115.4
西山区 Xishan	2 444 733	26 997	704 049	1 713 687	112.6	94.0	112.4	113.0
东川区 Dongchuan	465 687	32 713	308 360	124 614	114.9	107.4	116.8	112.1
晋宁县 Jinning	561 510	120 355	288 491	152 664	114.5	109.1	118.1	112.5
富民县 Fumin	283 584	60 484	135 884	87 216	113.6	106.0	116.5	114.0
宜良县 Yiliang	941 972	272 091	270 634	399 247	112.5	108.2	112.1	115.6
石林县 Shilin	368 141	103 853	104 593	159 695	115.0	110.1	121.5	113.7
嵩明县 Songming	421 240	80 946	210 755	129 539	115.2	106.8	119.8	112.9
禄劝县 Luquan	326 239	108 213	86 318	131 708	113.3	107.8	122.6	112.2
寻甸县 Xundian	384 195	116 009	111 241	156 945	111.6	107.1	112.9	114.1
安宁市 Anning	1 342 510	76 444	764 591	501 475	114.1	106.8	115.7	112.1
曲靖市 Qujing	**10 055 965**	**1 835 734**	**5 266 662**	**2 953 569**	**113.1**	**106.6**	**115.5**	**112.4**
麒麟区 Qilin	3 090 022	137 233	1 879 164	1 073 625	113.0	107.2	113.3	113.1
马龙县 Malong	234 167	56 298	107 705	70 164	113.3	107.5	115.9	113.6
陆良县 Luliang	950 293	320 540	373 031	256 722	113.1	107.5	118.8	111.9
师宗县 Shizong	514 830	185 474	200 337	129 019	113.1	108.0	115.9	114.0
罗平县 Luoping	780 712	199 919	305 676	275 117	113.0	107.2	114.0	115.4
富源县 Fuyuan	1 119 390	207 030	623 170	289 190	113.5	107.5	115.5	113.8
会泽县 Huize	950 181	198 887	536 478	214 816	113.1	107.3	113.8	114.7
沾益县 Zhanyi	963 534	221 421	498 753	243 360	113.0	107.4	114.8	113.9
宣威市 Xuanwei	1 481 898	324 846	666 465	490 587	113.2	107.1	114.5	114.7
玉溪市 Yuxi	**7 364 354**	**696 008**	**4 578 827**	**2 089 519**	**112.8**	**105.0**	**115.5**	**109.2**
红塔区 Hongta	4 301 001	80 132	3 319 457	901 412	114.6	100.2	116.3	109.0
江川县 Jiangchuan	366 597	107 019	97 974	161 604	113.8	104.1	123.1	115.0
澄江县 Chengjiang	361 525	66 324	143 582	151 619	113.5	105.7	114.6	115.3
通海县 Tonghai	488 082	95 612	197 460	195 010	112.8	105.8	113.5	115.6
华宁县 Huaning	333 372	91 046	109 724	132 602	112.7	110.3	112.7	114.4
易门县 Yimen	329 493	63 268	151 167	115 058	111.5	104.7	111.0	115.6
峨山县 Eshan	331 668	51 903	157 774	121 991	112.6	106.1	112.6	115.4
新平县 Xinping	537 894	73 337	317 949	146 608	114.5	100.7	121.7	110.3
元江县 Yuanjiang	310 174	90 070	82 833	137 271	112.6	107.7	116.9	113.6

21-1 续表1 continued

州市县	Region	绝对数(万元) Level (10 000 yuan) 生产总值 Gross Regional Product	第一产业 Primary Industry	第二产业 Secondary Industry	第三产业 Tertiary Industry	指数(上年=100) Index (preceding year=100) 生产总值 Gross Regional Product	第一产业 Primary Industry	第二产业 Secondary Industry	第三产业 Tertiary Industry
保山市	**Baoshan**	**2 608 992**	**790 000**	**805 425**	**1 013 567**	**112.5**	**106.0**	**117.5**	**113.5**
隆阳区	Longyang	1 073 286	297 459	331 829	443 998	112.3	110.1	113.7	112.7
施甸县	Shidian	228 616	86 311	48 828	93 477	114.6	106.6	137.0	112.3
腾冲县	Tengchong	704 022	177 500	231 632	294 890	116.1	107.5	126.5	113.8
龙陵县	Longling	275 000	92 750	104 690	77 560	113.8	107.9	115.1	118.0
昌宁县	Changning	347 258	158 715	89 801	98 742	112.3	108.2	114.0	116.2
昭通市	**Zhaotong**	**3 796 448**	**744 580**	**1 748 188**	**1 303 680**	**114.2**	**104.9**	**119.9**	**112.6**
昭阳区	Zhaoyang	1 232 752	126 877	636 382	469 493	112.3	100.3	115.0	111.8
鲁甸县	Ludian	251 070	58 088	124 558	68 424	117.2	104.2	126.5	112.7
巧家县	Qiaojia	270 501	104 858	74 237	91 406	115.5	108.5	123.5	117.5
盐津县	Yanjin	213 050	50 927	89 604	72 519	114.8	104.9	124.4	110.2
大关县	Daguan	125 813	39 917	36 782	49 114	113.5	106.2	136.8	105.4
永善县	Yongshan	268 890	64 098	106 239	98 553	111.7	105.4	118.8	108.7
绥江县	Suijiang	121 354	23 005	47 542	50 807	116.0	104.9	126.1	112.2
镇雄县	Zhenxiong	532 969	149 538	197 491	185 940	116.9	105.5	133.5	114.4
彝良县	Yiliang	280 950	74 331	130 360	76 259	116.6	104.5	131.1	107.3
威信县	Weixin	203 586	39 910	82 227	81 449	118.0	108.0	137.4	108.1
水富县	Shuifu	256 451	12 031	170 790	73 630	110.9	103.9	111.5	110.7
丽江市	**Lijiang**	**1 435 885**	**260 235**	**550 462**	**625 188**	**115.2**	**106.5**	**122.0**	**113.6**
古城区	Gucheng	504 683	32 601	170 262	301 820	116.7	105.8	121.3	115.4
玉龙县	Yulong	223 381	59 075	63 198	101 108	115.0	106.3	118.6	118.0
永胜县	Yongsheng	294 096	89 600	110 161	94 335	116.0	107.0	125.6	115.1
华坪县	Huaping	269 293	36 915	159 817	72 561	115.5	105.3	119.4	113.7
宁蒗县	Ninglang	150 043	42 023	42 602	65 418	116.0	106.1	130.2	114.0
普洱市	**Pu'er**	**2 480 804**	**736 631**	**837 744**	**906 429**	**114.2**	**106.7**	**120.4**	**113.6**
思茅区	Simao	541 064	58 972	220 790	261 302	113.0	103.7	115.3	113.0
宁洱县	Ning'er	224 221	60 383	77 379	86 459	111.3	100.9	134.1	104.9
墨江县	Mojiang	245 468	72 541	89 470	83 457	110.0	112.1	110.4	108.2
景东县	Jingdong	288 170	128 085	64 620	95 465	112.3	106.9	123.5	111.4
景谷县	Jinggu	407 823	166 997	144 585	96 241	114.7	107.3	120.1	115.6
镇沅县	Zhenyuan	171 166	68 830	40 044	62 292	114.2	108.5	121.6	115.0
江城县	Jiangcheng	127 005	36 171	58 265	32 569	114.0	104.0	124.9	109.2
孟连县	Menglian	106 209	40 046	23 579	42 584	115.1	109.7	118.9	118.6
澜沧县	Lancang	269 011	87 113	82 787	99 111	111.4	105.3	110.4	117.6
西盟县	Ximeng	45 630	13 460	8 939	23 231	110.2	109.1	109.2	111.0
临沧市	**Lincang**	**2 169 731**	**714 779**	**761 762**	**693 190**	**112.2**	**106.6**	**115.7**	**113.9**
临翔区	Linxiang	333 362	78 386	87 975	167 001	112.7	106.0	117.2	113.4
凤庆县	Fengqing	315 107	130 731	78 981	105 395	113.2	106.6	121.4	113.9
云县	Yunxian	446 315	156 588	166 678	123 049	112.1	106.1	113.4	116.7
永德县	Yongde	233 753	85 349	66 855	81 549	112.6	107.5	113.6	116.5
镇康县	Zhenkang	165 790	45 345	65 962	54 483	112.0	106.5	112.3	116.0
双江县	Shuangjiang	142 842	53 723	46 715	42 404	112.0	107.6	113.2	115.8
耿马县	Gengma	326 580	139 588	82 334	104 658	113.1	106.6	123.6	112.2
沧源县	Cangyuan	133 311	37 728	41 384	54 199	113.2	104.7	128.1	109.8

21-1 续表2 continued

州市县	Region	绝对数(万元) Level (10 000 yuan)				指数(上年=100) Index (preceding year=100)			
		生产总值 Gross Regional Product	第一产业 Primary Industry	第二产业 Secondary Industry	第三产业 Tertiary Industry	生产总值 Gross Regional Product	第一产业 Primary Industry	第二产业 Secondary Industry	第三产业 Tertiary Industry
楚 雄 州	**Chuxiong**	**4 047 301**	**907 847**	**1 718 080**	**1 421 374**	**111.3**	**103.0**	**115.0**	**112.2**
楚雄市	Chuxiong	1 642 737	163 780	937 198	541 759	113.3	102.4	114.9	113.6
双柏县	Shuangbo	133 893	56 450	31 301	46 142	111.7	103.3	126.7	112.6
牟定县	Mouding	212 990	60 570	68 822	83 598	112.1	103.0	119.3	114.1
南华县	Nanhua	222 063	77 525	64 817	79 721	112.0	102.3	120.9	114.9
姚安县	Yao'an	204 746	75 185	61 060	68 501	111.5	103.2	120.1	112.3
大姚县	Dayao	288 940	88 487	105 481	94 972	111.6	103.3	114.1	115.4
永仁县	Yongren	115 563	41 820	27 635	46 108	112.1	104.6	122.9	112.7
元谋县	Yuanmou	220 912	87 194	53 336	80 382	110.3	103.0	118.0	112.9
武定县	Wuding	240 872	87 611	73 708	79 553	112.2	103.0	119.1	114.8
禄丰县	Lufeng	853 385	168 687	320 110	364 588	112.0	103.2	113.1	115.0
红 河 州	**Honghe**	**6 504 154**	**1 043 804**	**3 451 518**	**2 008 832**	**111.0**	**105.5**	**111.0**	**113.7**
蒙自市	Mengzi	735 762	116 600	386 482	232 680	116.0	104.0	122.6	113.1
个旧市	Gejiu	1 224 882	69 787	809 579	345 516	110.1	105.6	108.8	114.3
开远市	Kaiyuan	907 447	104 635	452 433	350 379	113.5	105.3	114.2	115.1
屏边县	Pingbian	123 212	36 136	39 991	47 085	110.1	100.5	114.8	112.9
建水县	Jianshui	631 356	144 089	233 461	253 806	112.1	105.5	112.7	114.5
石屏县	Shiping	267 650	111 633	70 054	85 963	110.4	105.9	113.4	113.3
弥勒县	Mile	1 419 500	121 204	1 097 239	201 057	109.6	105.5	109.4	113.3
泸西县	Luxi	363 245	82 539	136 752	143 954	112.7	103.9	119.2	113.4
元阳县	Yuanyang	200 473	66 269	49 375	84 829	114.9	102.1	126.9	117.2
红河县	Honghe	136 627	57 330	24 752	54 545	110.1	105.0	115.9	112.6
金平县	Jinping	198 864	49 769	93 784	55 311	110.0	104.0	113.7	111.0
绿春县	Luchun	111 015	34 917	39 353	36 745	115.6	105.6	127.9	112.3
河口县	Hekou	185 315	48 888	37 688	98 739	113.2	107.9	113.6	114.6
文 山 州	**Wenshan**	**3 298 515**	**731 070**	**1 221 457**	**1 345 988**	**113.0**	**104.6**	**117.5**	**114.0**
文山市	Wenshan	1 000 748	100 203	481 090	419 455	114.8	103.0	119.4	113.0
砚山县	Yanshan	516 404	94 297	229 377	192 730	112.1	102.0	115.8	113.6
西畴县	Xichou	136 233	45 661	17 999	72 573	110.2	103.3	122.7	112.1
麻栗坡县	Malipo	254 716	59 620	105 638	89 458	111.3	103.7	115.3	112.1
马关县	Maguan	360 957	78 220	162 179	120 558	111.4	106.5	112.4	113.5
丘北县	Qiubei	263 953	107 476	48 374	108 103	112.3	107.7	126.0	111.0
广南县	Guangnan	421 581	160 085	95 245	166 251	112.0	105.0	123.2	113.2
富宁县	Funing	337 117	85 508	117 940	133 669	111.5	103.8	116.7	112.3
西双版纳州	**Xishuangbanna**	**1 603 195**	**438 251**	**476 670**	**688 274**	**111.9**	**107.0**	**113.7**	**114.0**
景洪市	Jinghong	881 211	220 456	284 274	376 481	114.5	108.6	120.7	113.8
勐海县	Menghai	388 760	89 088	149 773	149 899	113.1	111.9	112.6	114.2

21-1 续表3 continued

州市县	Region	绝对数(万元) Level (10 000 yuan)				指 数(上年=100) Index (preceding year=100)			
		生产总值 Gross Regional Product	第一产业 Primary Industry	第二产业 Secondary Industry	第三产业 Tertiary Industry	生产总值 Gross Regional Product	第一产业 Primary Industry	第二产业 Secondary Industry	第三产业 Tertiary Industry
勐腊县	Mengla	392 088	158 705	80 902	152 481	111.3	109.2	106.4	116.2
大 理 州	**Dali**	**4 741 287**	**1 089 607**	**1 882 942**	**1 768 738**	**113.1**	**105.4**	**119.2**	**111.8**
大理市	Dali	1 796 838	133 523	890 473	772 842	112.0	107.0	113.8	110.9
漾濞县	Yangbi	107 004	29 641	54 332	23 031	113.7	110.6	115.1	114.3
祥云县	Xiangyun	633 297	171 989	333 498	127 810	113.0	108.8	115.7	112.7
宾川县	Binchuan	468 479	213 436	113 062	141 981	112.6	108.1	122.7	111.5
弥渡县	Midu	233 213	71 325	65 517	96 371	113.0	109.0	116.1	114.2
南涧县	Nanjian	176 735	67 010	30 309	79 416	112.9	107.0	130.3	112.4
巍山县	Weishan	227 944	88 902	55 111	83 931	112.9	108.7	118.4	113.5
永平县	Yongping	173 156	70 294	46 000	56 862	112.6	110.9	122.8	108.0
云龙县	Yunlong	195 443	58 496	79 247	57 700	115.9	108.2	125.0	111.9
洱源县	Eryuan	254 053	93 124	77 909	83 020	113.4	112.1	122.4	107.7
剑川县	Jianchuan	133 010	33 057	61 761	38 192	113.8	106.9	121.8	108.0
鹤庆县	Heqing	244 852	63 583	115 939	65 330	113.8	106.0	120.8	110.1
德 宏 州	**Dehong**	**1 406 270**	**372 446**	**476 180**	**557 644**	**115.1**	**107.2**	**125.0**	**113.6**
芒 市	Mangshi	442 977	110 071	138 122	194 784	114.9	105.0	128.2	112.0
瑞丽市	Ruili	287 376	57 341	58 573	171 462	115.0	107.4	113.2	118.2
梁河县	Lianghe	99 405	29 862	29 406	40 137	110.2	106.3	110.7	112.1
盈江县	Yingjiang	403 227	107 111	201 156	94 960	115.4	107.2	124.4	111.8
陇川县	Longchuan	173 283	68 061	48 920	56 302	115.8	111.0	129.4	110.1
怒 江 州	**Nujiang**	**547 566**	**66 285**	**197 247**	**284 034**	**113.1**	**105.6**	**101.9**	**127.7**
泸水县	Lushui	187 100	23 310	61 983	101 807	111.5	108.4	106.6	115.6
福贡县	Fugong	53 981	10 167	21 210	22 604	112.5	105.2	113.6	115.0
贡山县	Gongshan	39 227	8 351	15 726	15 150	116.7	104.5	128.7	112.2
兰坪县	Lanping	233 355	23 274	134 840	75 241	114.0	106.1	112.9	119.3
迪 庆 州	**Diqing**	**770 976**	**71 503**	**296 942**	**402 531**	**119.5**	**106.7**	**124.5**	**118.5**
香格里拉县	Shangri-La	489 337	30 955	194 128	264 254	118.5	102.5	117.6	121.5
德钦县	Deqin	118 872	10 130	62 211	46 531	120.3	105.9	114.2	133.9
维西县	Weixi	182 709	31 489	57 482	93 738	120.2	106.6	123.8	122.6

21–2 各州市县人均生产总值(2009–2010年)
Per Capita Gross Regional Product by Region (2009-2010)

单位：元/人 (yuan/person)

州市县	Region	2009	2010
全　省	**Yunnan**	**13 539**	**15 760**
昆明市	**Kunming**	**29 355**	**33 549**
呈贡县	**Chengong**	**25 966**	**26 189**
五华区	Panlong	56 918	62 612
盘龙区	Guandu	28 729	33 043
官渡区	Xishan	53 620	58 035
西山区	Xishan	29 660	33 289
东川区	Dongchuan	11 474	16 426
晋宁县	Jinning	17 494	19 806
富民县	Fumin	15 769	19 058
宜良县	Yiliang	19 291	22 322
石林县	Shilin	12 743	15 020
嵩明县	Songming	12 218	14 729
禄劝县	Luquan	6 371	7 727
寻甸县	Xundian	6 355	7 922
安宁市	Anning	37 741	40 474
曲靖市	**Qujing**	**14 970**	**17 228**
麒麟区	Qilin	38 900	42 857
马龙县	Malong	10 131	12 325
陆良县	Luliang	12 883	15 579
师宗县	Shizong	11 082	13 286
罗平县	Luoping	12 256	14 247
富源县	Fuyuan	13 540	15 682
会泽县	Huize	9 128	10 739
沾益县	Zhanyi	19 934	22 941
宣威市	Xuanwei	9 435	11 334
玉溪市	**Yuxi**	**28 245**	**32 089**
红塔区	Hongta	80 297	90 017
江川县	Jiangchuan	11 270	13 032
澄江县	Chengjiang	18 677	22 044
通海县	Tonghai	13 891	16 114
华宁县	Huaning	13 262	15 420
易门县	Yimen	15 988	18 449
峨山县	Eshan	17 484	20 423
新平县	Xinping	14 421	18 860
元江县	Yuanjiang	12 405	14 241
保山市	**Baoshan**	**8 972**	**10 469**
隆阳区	Longyang	10 523	11 479
施甸县	Shidian	5 894	7 316
腾冲县	Tengchong	9 227	10 976
龙陵县	Longling	8 597	9 978
昌宁县	Changning	8 505	10 092
昭通市	**Zhaotong**	**6 025**	**7 193**
昭阳区	Zhaoyang	12 691	15 454
鲁甸县	Ludian	5 194	6 491
巧家县	Qiaojia	4 365	5 174
盐津县	Yanjin	4 956	5 695
大关县	Daguan	4 230	4 804
永善县	Yongshan	5 905	6 756
绥江县	Suijiang	6 374	7 764
镇雄县	Zhenxiong	3 024	3 919
彝良县	Yiliang	4 361	5 238
威信县	Weixin	4 455	5 293
水富县	Shuifu	23 134	25 800
丽江市	**Lijiang**	**9 863**	**11 680**
古城区	Gucheng	21 902	25 802
玉龙县	Yulong	8 695	10 438
永胜县	Yongsheng	6 040	7 423
华坪县	Huaping	13 479	16 213
宁蒗县	Ninglang	4 885	5 827
普洱市	**Pu'er**	**8 193**	**9 584**
思茅区	Simao	17 810	19 484
宁洱县	Ning'er	9 744	11 618
墨江县	Mojiang	5 599	6 453
景东县	Jingdong	6 611	7 581
景谷县	Jinggu	10 794	13 117
镇沅县	Zhenyuan	6 720	8 051
江城县	Jiangcheng	9 172	10 479
孟连县	Menglian	6 657	7 908
澜沧县	Lancang	4 764	5 381
西盟县	Ximeng	4 298	4 922
临沧市	**Lincang**	**7 590**	**8 988**
临翔区	Lincang	9 349	10 569
凤庆县	Fengqing	5 980	6 883
云　县	Yunxian	9 323	9 940
永德县	Yongde	5 009	6 324
镇康县	Zhenkang	8 506	9 578
双江县	Shuangjiang	6 822	8 002
耿马县	Gengma	9 114	11 022
沧源县	Cangyuan	6 418	7 448

21-2 续表 continued

单位：元/人 (yuan/person)

州 市 县	Region	2009	2010
楚 雄 州	**Chuxiong**	**12 758**	**14 960**
楚雄市	Chuxiong	25 492	29 456
双柏县	Shuangbo	6 990	8 384
牟定县	Mouding	8 700	10 339
南华县	Nanhua	7 385	9 405
姚安县	Yao'an	8 305	9 612
大姚县	Dayao	8 305	9 950
永仁县	Yongren	9 436	10 583
元谋县	Yuanmou	8 337	10 294
武定县	Wuding	7 601	8 606
禄丰县	Lufeng	16 817	19 395
红 河 州	**Honghe**	**12 769**	**14 546**
蒙自市	Mengzi	15 278	17 932
个旧市	Gejiu	23 116	26 727
开远市	Kaiyuan	23 837	28 527
屏边县	Pingbian	7 157	8 165
建水县	Jianshui	10 559	11 906
石屏县	Shiping	8 148	8 949
弥勒县	Mile	22 990	26 243
泸西县	Luxi	7 481	9 127
红河县	Honghe	4 157	4 655
金平县	Jinping	5 127	5 614
绿春县	Luchun	4 114	4 987
河口县	Hekou	14 309	17 767
文 山 州	**Wenshan**	**8 277**	**9 456**
文山市	Wenshan	18 567	20 862
砚山县	Yanshan	9 664	11 168
西畴县	Xichou	4 808	5 351
麻栗坡县	Malipo	7 639	9 176
马关县	Maguan	8 333	9 838
丘北县	Qiubei	4 973	5 546
广南县	Guangnan	4 735	5 367

州 市 县	Region	2009	2009
富宁县	Funing	7 628	8 289
西双版纳州	**Xishuangbanna**	**12 920**	**14 503**
景洪市	Jinghong	15 681	17 579
勐海县	Menghai	10 211	11 667
勐腊县	Mengla	13 379	14 474
大 理 州	**Dali**	**11 555**	**13 498**
大理市	Dali	25 109	27 559
漾濞县	Yangbi	8 901	10 439
祥云县	Xiangyun	11 080	13 596
宾川县	Binchuan	11 852	13 328
弥渡县	Midu	6 216	7 304
南涧县	Nanjian	6 808	7 990
巍山县	Weishan	6 288	7 299
永平县	Yongping	8 069	9 504
洱源县	Eryuan	7 683	9 125
剑川县	Jianchuan	6 401	7 506
鹤庆县	Heqing	7 623	9 143
德 宏 州	**Dehong**	**9 728**	**11 681**
芒　市	Mangshi	9 811	11 458
瑞丽市	Ruili	14 618	16 375
梁河县	Lianghe	5 597	6 295
盈江县	Yingjiang	10 250	13 321
陇川县	Longchuan	7 963	9 568
怒 江 州	**Nujiang**	**9 047**	**10 266**
泸水县	Lushui	9 540	10 891
福贡县	Fugong	4 931	5 600
贡山县	Gongshan	8 444	10 489
兰坪县	Lanping	10 123	11 144
迪 庆 州	**Diqing**	**16 840**	**20 051**
香格里拉县	Shangri-La	26 173	29 179
德钦县	Deqin	15 027	18 720
维西县	Weixi	9 912	11 795

21-3 主要年份各州市县年末总人口

Total Population at Year-end by Region in Significant Years

单位：万人 (10 000 persons)

州市县	Region	1985	1990	1995	2000	2005	2008	2009	2010
全省合计	**Total**	**3 418.1**	**3 730.6**	**3 989.6**	**4 240.8**	**4 450.0**	**4 543.0**	**4 571.0**	**4 601.6**
昆 明 市	**Kunming**	**399.3**	**426.9**	**449.9**	**480.9**	**587.12**	**623.9**	**628.0**	**643.9**
呈贡县	Chenggong	13.1	13.8	14.4	15.3	21.45	22.5	23.0	31.1
五华区	Wuhua	31.3	36.6	39.8	45.5	89.09	87.49	87.0	85.6
盘龙区	Panlong	34.5	38.2	41.0	44.4	63.47	65.91	73.0	81.1
官渡区	Guandu	44.4	47.8	52.3	58.0	66.79	75.61	76.5	85.4
西山区	Xishan	29.0	29.9	31.5	33.3	74.56	70.75	71.5	75.5
东川区	Dongchuan	27.5	28.5	28.7	29.7	28.15	29.33	29.5	27.2
晋宁县	Jinning	23.0	24.0	25.1	26.6	28.02	28.04	28.2	28.4
富民县	Fumin	12.3	12.7	13.1	13.6	14.52	15.07	15.2	14.6
宜良县	Yiliang	35.0	36.3	37.6	39.5	40.96	42.58	42.9	42.0
石林县	Shilin	18.9	20.2	21.1	22.3	23.49	24.26	24.4	24.6
嵩明县	Songming	28.3	30.4	31.6	33.3	33.97	34.94	28.5	28.7
禄劝县	Luquan	39.7	42.2	43.9	45.2	43.07	44.52	44.8	39.7
寻甸县	Xundian	40	43.3	46.3	49.3	49.76	50.89	51.3	45.8
安宁市	Anning	22.3	22.9	23.5	25.0	31.27	32.01	32.2	34.2
曲 靖 市	**Qujing**	**442**	**482.1**	**511.5**	**547.1**	**565.76**	**578.2**	**581.8**	**586.1**
麒麟区	Qilin	75.8	83.2	91.8	60.6	67.7	69.48	70.1	74.2
马龙县	Malong	17	17.7	17.5	18.6	18.5	19.2	19.5	18.5
陆良县	Luliang	46.6	50.4	53.8	58.4	61.2	61.8	62.0	62.3
师宗县	Shizong	26.9	30.1	32	34.7	36.6	38.1	38.2	39.3
罗平县	Luoping	41.9	45.9	48.3	52.3	52.7	54.5	54.7	55.0
富源县	Fuyuan	50.4	55.8	60.0	65.4	70.1	70.4	70.5	72.3
会泽县	Huize	74.1	80.8	83.9	88.7	89.4	90.9	91.6	90.9
沾益县	Zhanyi				38.4	39.9	40.6	41.0	43.2
宣威市	Xuanwei	109.3	118.3	124.2	130	129.7	133.3	134.2	130.4
玉 溪 市	**Yuxi**	**168.9**	**181.9**	**190.6**	**201.7**	**221.35**	**227.6**	**228.7**	**230.6**
红塔区	Hongta	29.1	32.3	34.6	37.7	46.01	47.4	47.7	49.6
江川县	Jiangchuan	20.7	22.5	23.9	25.6	27.08	27.9	28.0	28.1
澄江县	Chengjiang	12.5	13.3	13.9	14.8	15.9	16.4	16.5	17.0
通海县	Tonghai	21.4	23.4	25.0	26.3	29.6	30.4	30.5	30.1
华宁县	Huaning	17.0	18.1	18.8	19.8	20.72	21.4	21.5	21.5
易门县	Yimen	15.7	16.2	16.6	17.2	17.58	18.0	18.0	17.7
峨山县	Ershan	12.7	13.5	14.1	14.7	15.79	16.2	16.2	16.3
新平县	Xinping	23.2	24.9	25.3	26.3	27.58	28.4	28.5	28.6
元江县	Yuanjiang	16.6	17.7	18.3	19.3	21.09	21.7	21.8	21.8

21-3 续表1 continued

单位：万人 (10 000 persons)

州 市 县	Region	1985	1990	1995	2000	2005	2008	2009	2010
保 山 市	**Baoshan**	**197.8**	**212.2**	**223.6**	**234.5**	**244.2**	**246.4**	**247.7**	**250.9**
隆阳区	Longyang	68.8	73.9	78.3	83	87.7	88.7	89.4	93.7
施甸县	Shidian	27.4	29.5	31.1	32.3	32.4	32.5	32.5	30.6
腾冲县	Tengchong	49.5	53.4	56.4	59.4	62.7	63.3	63.8	64.5
龙陵县	Longling	23	24.8	25.8	26.5	27.2	27.5	27.6	27.8
昌宁县	Changning	29.1	30.6	32	33.3	34.4	34.4	34.5	34.4
昭 通 市	**Zhaotong**	**381.4**	**429**	**457.1**	**491.9**	**507.5**	**529.5**	**534.3**	**521.9**
昭阳区	Zhaoyang	54.7	62.3	67.3	73.6	74.9	80.1	80.8	78.9
鲁甸县	Ludian	25.8	30.4	33.5	36.2	38.6	38.0	38.3	39.1
巧家县	Qiaojia	43.1	46.8	48	50.4	51.1	53.4	53.0	51.7
盐津县	Yanjin	28.1	31.8	33.1	35.5	36.5	37.5	37.8	37.0
大关县	Daguan	20.1	22.7	23.8	24.4	25.0	25.9	26.1	26.4
永善县	Yongshan	33.7	36.6	37.7	39.3	40.2	39.8	40.2	39.5
绥江县	Suijiang	12.3	13.5	14.4	15.3	15.4	15.8	16.0	15.3
镇雄县	Zhenxiong	90.7	102.7	111.5	121.6	126.2	137.0	139.2	133.0
彝良县	Yiliang	38.8	43.8	46.4	50.6	53.2	54.6	55.1	52.2
威信县	Weixin	26.6	30.3	32.8	35.7	37.0	38.0	38.3	38.6
水富县	Shuifu	7.5	8.2	8.6	9.1	9.4	9.6	9.7	10.2
丽 江 市	**Lijiang**	**94.5**	**101.5**	**105.9**	**109.9**	**120.3**	**122.1**	**122.6**	**124.6**
古城区	Gucheng					16.9	17.2	17.2	21.1
玉龙县	Yulong	30.1	31.9	33.2	34.7	22.7	23.1	23.2	21.5
永胜县	Yongsheng	33.1	35.4	36.8	37.7	39.3	39.9	40.0	39.2
华坪县	Huaping	13.3	14.0	14.5	14.8	16.2	16.5	16.5	16.8
宁蒗县	Ninglang	18.0	20.1	21.4	22.7	25.2	25.6	25.7	25.9
普 洱 市	**Pu'er**	**209.3**	**220.9**	**225.9**	**231.8**	**256.6**	**258.1**	**258.7**	**254.6**
思茅区	Simao	12.6	13.7	15.7	18.5	25.5	25.7	25.9	29.7
宁洱县	Ning'er	17.9	18.4	18.5	18.6	19.4	19.5	19.5	18.6
墨江县	Mojiang	34.2	35.2	35.6	35.2	37.8	38.0	38.0	36.1
景东县	Jingdong	32.7	34.1	34.4	35.1	37.8	37.9	38.0	36.0
景谷县	Jinggu	26.7	28	28.5	28.9	30.9	31.0	31.1	29.2
镇沅县	Zhenyuan	19.5	20.3	20.2	20.4	21.4	21.5	21.5	20.9
江城县	Jiangcheng	8.1	8.9	9.1	9.1	11.8	12.0	12.1	12.2
孟连县	Menglian	8.8	9.7	10.4	11.0	13.3	13.4	13.4	13.6
澜沧县	Lancang	41.8	44.8	45.5	46.8	49.7	49.9	50.0	49.2
西盟县	Ximeng	7.0	7.8	8.0	8.2	9.2	9.3	9.3	9.1
临 沧 市	**Lincang**	**183.8**	**199.4**	**207.1**	**213.8**	**236.1**	**238.2**	**239.6**	**243.2**
临翔区	Linxiang	23.8	25.7	26.4	27.3	30.1	30.5	30.7	32.4
凤庆县	Fengqing	37.1	39.9	41.3	42.1	44.9	45.5	45.7	45.9

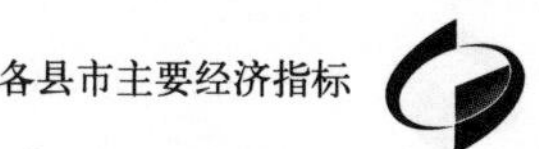

21-3 续表2 continued

单位：万人 (10 000 persons)

州市县	Region	1985	1990	1995	2000	2005	2008	2009	2010
云　县	Yunxian	35.2	37.7	38.8	39.9	44.0	44.6	44.8	45.0
永德县	Yongde	28.2	30.2	31.1	32.1	36.1	36.7	36.9	37.0
镇康县	Zhenkang	12.9	14.2	14.9	15.5	17.3	17.2	17.3	17.7
双江县	Shuangjiang	13.6	15.0	15.7	16.2	28.5	18.0	18.1	17.7
耿马县	Gengma	19.7	22.0	23.4	24.9	17.7	28.4	28.6	29.7
沧源县	Cangyuan	13.3	14.7	15.4	15.8	17.6	17.4	17.6	17.9
楚雄州	**Chuxiong**	**211.1**	**233.2**	**242.0**	**250.8**	**265.7**	**269.0**	**270.1**	**268.7**
楚雄市	Chuxiong	37.9	40.5	44.0	47.4	54.2	54.9	55.3	58.9
双柏县	Shuangbo	14.2	14.9	15.1	15.4	15.8	15.9	16.0	16.0
牟定县	Mouding	18.6	19.4	19.5	19.8	20.3	20.5	20.6	20.9
南华县	Nanhua	20.2	21.5	22.1	22.8	23.7	24.0	24.0	23.6
姚安县	Yao'an	17.9	18.8	19.5	20.0	20.5	20.8	20.9	19.8
大姚县	Dayao	26.3	27.3	27.8	28.0	28.6	29.0	29.1	27.4
永仁县	Yongren	9.4	9.8	10.1	10.3	10.8	10.9	10.9	10.9
元谋县	Yuanmou	17.4	18.5	19.3	20.2	21.1	21.3	21.4	21.6
武定县	Wuding	22.5	24.2	25.1	26.0	27.3	27.8	27.9	27.2
禄丰县	Lufeng	36.7	38.4	39.5	40.9	43.4	43.9	44.1	42.3
红河州	**Honghe**	**335.5**	**364.0**	**379.6**	**394.2**	**431.2**	**441.2**	**444.2**	**450.6**
蒙自市	Mengzi	25.6	28.0	29.6	31.5	38.8	40.1	40.3	41.8
个旧市	Gejiu	34.2	37.1	38.0	38.5	45.2	45.5	45.7	46.0
开远市	Kaiyuan	21.7	24.0	25.3	26.0	31.6	31.3	31.4	32.3
屏边县	Pingbian	12.8	13.8	14.1	14.4	14.8	14.9	14.8	15.4
建水县	Jianshui	42.2	45.2	47.2	48.9	51.7	52.6	52.9	53.2
石屏县	Shiping	25.5	26.9	27.6	28.5	29.0	29.6	29.8	29.9
弥勒县	Mile	40.8	44.2	46.3	48.1	51.4	53.1	53.5	54.0
泸西县	Luxi	29.4	32.7	34.8	36.8	38.4	39.2	39.5	40.1
元阳县	Yuanyang	31.3	33.5	34.5	35.9	37.8	39.1	39.4	39.7
红河县	Honghe	22.0	24.0	25.4	26.8	28.2	28.8	29.1	29.7
金平县	Jinping	26.9	29.5	30.4	31.1	32.9	34.6	35.2	35.7
绿春县	Luchun	16.3	18.0	19.2	20.0	21.1	22.1	22.3	22.2
河口县	Hekou	6.8	7.0	7.6	7.7	10.2	10.4	10.4	10.5
文山州	**Wenshan**	**273.0**	**296.8**	**308.2**	**324.7**	**337.1**	**343.0**	**345.4**	**352.2**
文山市	Wenshan	32.7	36.8	38.8	41.4	43.9	45.1	45.8	48.2
砚山县	Yanshan	34.2	38.1	40.2	43.0	44.8	45.6	46.0	46.4
西畴县	Xichou	21.7	22.9	23.5	24.4	25.0	25.2	25.3	25.6
麻栗坡县	Malipo	24.2	25.3	25.9	26.7	27.3	27.6	27.7	27.8
马关县	Maguan	31.1	33.7	33.9	34.7	35.7	36.4	36.6	36.8

21-3 续表3 continued

单位：万人 (10 000 persons)

州市县	Region	1985	1990	1995	2000	2005	2008	2009	2010
丘北县	Qiubei	34.7	38.4	40.5	43.5	45.5	46.2	46.5	47.8
广南县	Guangnan	60.2	65.9	68.9	73.0	75.7	77.1	77.4	78.8
富宁县	Funing	34.2	35.7	36.6	38.0	39.2	39.8	40.1	40.8
西双版纳州	**Xishuangbanna**	**69.1**	**78.2**	**81.8**	**85.4**	**105.0**	**107.0**	**107.6**	**113.5**
景洪市	Jinghong	29.2	33.6	34.8	36.7	47.1	47.9	48.2	52.0
勐海县	Menghai	25.0	27.3	28.5	29.3	32.7	33.3	33.4	33.2
勐腊县	Mengla	14.9	17.3	18.5	19.3	25.1	25.8	26.0	28.2
大理州	**Dali**	**281.3**	**303.0**	**315.7**	**328.6**	**347.1**	**349.3**	**350.8**	**346.0**
大理市	Dali	39.6	43.6	46.9	50.1	61.4	63.1	64.1	65.3
漾濞县	Yangbi	8.5	9.3	9.7	9.8	10.6	10.3	10.2	10.2
祥云县	Xiangyun	37.6	39.8	41.3	43.5	46.6	45.6	45.8	45.6
宾川县	Binchuan	27.8	29.9	31.1	32.3	34.1	34.2	34.4	34.9
弥渡县	Midu	26.6	28.0	29.2	30.6	31.5	31.8	31.9	31.3
南涧县	Nanjian	19.1	20.2	20.6	21.2	21.9	22.3	22.4	21.2
巍山县	Weishan	25.6	27.6	28.5	29.6	31.0	31.1	31.0	30.5
永平县	Yongping	14.8	15.8	16.5	17.0	18.5	18.2	18.3	17.5
云龙县	Yunlong	17.4	18.8	19.4	19.7	20.6	20.8	20.7	20.0
洱源县	Eryuan	27.3	29.9	31.1	32.3	27.5	27.7	27.8	26.9
剑川县	Jianchuan	14.0	15.4	16.1	16.6	17.5	17.6	17.6	17.0
鹤庆县	Heqing	23.0	24.6	25.3	25.8	26.2	26.7	26.7	25.6
德宏州	**Dehong**	**80.6**	**90.6**	**96.6**	**101.8**	**115.1**	**118.5**	**119.4**	**121.3**
芒市	Mangshi	26.1	29.2	31.2	32.9	36.6	37.8	38.2	39.0
瑞丽市	Ruili	7.1	8.2	8.9	11.0	16.3	16.8	17.0	18.1
梁河县	Lianghe	12.9	14.3	15.1	15.6	15.9	16.1	16.2	15.4
盈江县	Yingjiang	20.5	23.4	24.7	25.8	28.9	29.8	30.0	30.5
陇川县	Longchuan	13.2	14.6	15.5	16.5	17.4	18.0	18.1	18.2
怒江州	**Nujiang**	**34.1**	**43.5**	**45.4**	**46.3**	**52.0**	**53.3**	**53.6**	**53.5**
泸水县	Lushui	10.5	14.4	15.0	15.3	18.2	18.7	18.8	18.5
福贡县	Fugong	5.0	8.5	8.8	8.9	9.3	9.5	9.6	9.9
贡山县	Gongshan	3.0	3.3	3.3	3.4	3.7	3.7	3.8	3.8
兰坪县	Lanping	15.6	17.3	18.3	18.7	20.9	21.4	21.5	21.3
迪庆州	**Diqing**	**29.0**	**31.5**	**32.5**	**33.1**	**36.9**	**37.7**	**37.9**	**40.1**
香格里拉县	Shangri-La	11.2	12.2	12.6	13.0	15.4	16.0	16.3	17.3
德钦县	Deqing	5.4	5.7	5.8	5.8	6.2	6.3	6.3	6.7
维西县	Weixi	12.4	13.6	14.1	14.3	15.2	15.4	15.4	16.1

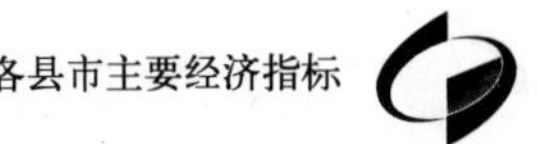

21–4 各州市县人口数及构成(2010年)

Population and Its Composition by Region (2010)

单位：万人 (10 000 persons)

州市县	Region	总户数 Total Number of Households	总人口 Total Population	按性别分 By Sex 男 Male	女 Female	按农业、非农业分 By Agricultural and Non-agricultural Population 农业人口 Agricultural Population	非农业人口 Non-agricultural Population
全省合计	**Total**	**1 323.5**	**4 601.6**	**2 387.6**	**2 214**	**3 838.3**	**763.3**
昆明市	**Kunming**	**185.2**	**643.9**	**331.0**	**312.9**	**379.9**	**264.0**
呈贡县	Chenggong	6.2	31.1	16.5	14.6	26.6	4.5
五华区	Wuhua	22.8	85.6	42.9	42.8	17.9	67.7
盘龙区	Panlong	18.1	81.1	41.9	39.2	18.8	62.3
官渡区	Guandu	21.0	85.4	44.5	41.0	39.6	45.9
西山区	Xishan	21.4	75.5	38.6	36.9	25.8	49.7
东川区	Dongchuan	10.1	27.2	14.1	13.1	22.3	4.9
晋宁县	Jinning	11.3	28.4	14.4	14.0	24.5	4.0
富民县	Fumin	4.9	14.6	7.4	7.2	13.3	1.3
宜良县	Yiliang	13.9	42.0	21.3	20.7	39.4	2.6
石林县	Shilin	8.3	24.6	12.7	11.9	23.0	1.6
嵩明县	Songming	8.9	28.7	14.7	14.1	27.1	1.7
禄劝县	Luquan	12.9	39.7	20.2	19.5	39.0	0.7
寻甸县	Xundian	14.5	45.8	23.4	22.4	44.6	1.1
安宁市	Anning	10.9	34.2	18.5	15.7	18.1	16.1
曲靖市	**Qujing**	**183.0**	**586.1**	**307.2**	**278.9**	**519.5**	**66.7**
麒麟区	Qilin	23.8	74.2	38.0	36.1	49.0	25.1
马龙县	Malong	5.5	18.5	9.5	9.0	16.7	1.8
陆良县	Luliang	21.6	62.3	32.5	29.8	57.1	5.3
师宗县	Shizong	10.7	39.3	20.6	18.7	35.9	3.4
罗平县	Luoping	17.1	55.0	28.9	26.1	50.9	4.2
富源县	Fuyuan	19.6	72.3	38.2	34.2	67.3	5.0
会泽县	Huize	28.7	90.9	48.2	42.7	84.0	6.9
沾益县	Zhanyi	11.7	43.2	22.6	20.5	38.7	4.5
宣威市	Xuanwei	44.3	130.4	68.8	61.7	119.9	10.5
玉溪市	**Yuxi**	**71.6**	**230.6**	**118.3**	**112.3**	**191.4**	**39.2**
红塔区	Hongta	15.4	49.6	25.0	24.6	34.9	14.7
江川县	Jiangchuan	9.3	28.1	14.2	13.9	24.4	3.7

21-4 续表1 continued

单位：万人 (10 000 persons)

州市县	Region	总户数 Total Number of Households	总人口 Total Population	按性别分 By Sex 男 Male	女 Female	按农业、非农业分 By Agricultural and Non-agricultural Population 农业人口 Agricultural Population	非农业人口 Non-agricultural Population
澄江县	Chengjiang	5.9	17.0	8.6	8.4	15.1	1.9
通海县	Tonghai	9.1	30.1	15.2	14.9	26.0	4.1
华宁县	Huaning	6.7	21.5	11.1	10.4	19.5	2.0
易门县	Yimen	5.7	17.7	9.3	8.4	14.4	3.4
峨山县	Ershan	5.1	16.3	8.4	7.9	13.3	3.0
新平县	Xinping	8.3	28.6	15.1	13.4	24.8	3.7
元江县	Yuanjiang	6.1	21.8	11.3	10.4	19.1	2.6
保山市	**Baoshan**	**67.5**	**250.9**	**128.7**	**122.3**	**225.9**	**25.0**
隆阳区	Longyang	25.0	93.7	47.1	46.5	81.2	12.5
施甸县	Shidian	8.9	30.6	15.5	15.0	28.2	2.3
腾冲县	Tengchong	16.6	64.5	33.7	30.9	59.5	5.1
龙陵县	Longling	7.6	27.8	14.7	13.1	25.5	2.2
昌宁县	Changning	9.4	34.4	17.7	16.7	31.6	2.8
昭通市	**Zhaotong**	**159.5**	**521.9**	**274.1**	**247.8**	**486.6**	**35.4**
昭阳区	Zhaoyang	25.1	78.9	40.6	38.2	69.1	9.7
鲁甸县	Ludian	11.5	39.1	20.5	18.6	36.8	2.3
巧家县	Qiaojia	17.1	51.7	28.1	23.6	49.4	2.3
盐津县	Yanjin	10.9	37.0	19.4	17.6	34.2	2.8
大关县	Daguan	8.1	26.4	14.0	12.4	24.6	1.7
永善县	Yongshan	13.5	39.5	21.1	18.4	37.4	2.1
绥江县	Suijiang	4.6	15.3	8.0	7.3	13.5	1.9
镇雄县	Zhenxiong	38.4	133.0	69.7	63.3	127.7	5.3
彝良县	Yiliang	15.1	52.2	27.4	24.8	49.7	2.5
威信县	Weixin	11.7	38.6	20.0	18.6	36.3	2.3
水富县	Shuifu	3.5	10.2	5.3	4.9	7.8	2.4
丽江市	**Lijiang**	**37.0**	**124.6**	**64.3**	**60.3**	**107.3**	**17.3**
古城区	Gucheng	4.5	21.1	10.6	10.5	13.7	7.4
玉龙县	Yulong	6.1	21.5	11.2	10.3	20.1	1.4
永胜县	Yongsheng	12.6	39.2	19.9	19.4	35.9	3.3
华坪县	Huaping	5.5	16.8	9.0	7.8	13.9	2.9

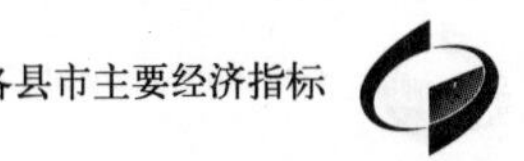

21-4　续表2　continued

单位：万人　　(10 000 persons)

州市县	Region	总户数 Total Number of Households	总人口 Total Population	按性别分 By Sex 男 Male	女 Female	按农业、非农业分 By Agricultural and Non-agricultural Population 农业人口 Agricultural Population	非农业人口 Non-agricultural Population
宁蒗县	Ninglang	8.3	25.9	13.6	12.4	23.6	2.3
普 洱 市	**Pu'er**	**71.6**	**254.6**	**134.1**	**120.5**	**221.2**	**33.3**
思茅区	Simao	6.9	29.7	15.5	14.2	19.1	10.6
宁洱县	Ning'er	5.7	18.6	9.7	8.9	15.5	3.1
墨江县	Mojiang	9.7	36.1	19.4	16.7	33.0	3.1
景东县	Jingdong	10.5	36.0	18.7	17.3	33.4	2.6
景谷县	Jinggu	8.9	29.2	15.6	13.6	26.3	2.9
镇沅县	Zhenyuan	6.4	20.9	11.1	9.8	18.8	2.0
江城县	Jiangcheng	3.2	12.2	6.4	5.8	10.1	2.1
孟连县	Menglian	3.6	13.6	7.0	6.6	11.8	1.8
澜沧县	Lancang	13.6	49.2	26.0	23.3	45.6	3.6
西盟县	Ximeng	3.1	9.1	4.7	4.4	7.7	1.4
临 沧 市	**Lincang**	**64.2**	**243.2**	**127.6**	**115.6**	**219.1**	**24.1**
临翔区	Linxiang	9.0	32.4	16.6	15.8	26.9	5.5
凤庆县	Fengqing	11.6	45.9	23.8	22.1	42.7	3.2
云　县	Yunxian	12.4	45.0	23.8	21.2	41.7	3.3
永德县	Yongde	9.2	37.0	20.0	17.0	34.4	2.7
镇康县	Zhenkang	4.5	17.7	9.5	8.2	16.3	1.4
双江县	Shuangjiang	4.5	17.7	9.3	8.4	16.1	1.5
耿马县	Gengma	8.1	29.7	15.3	14.4	25.3	4.4
沧源县	Cangyuan	4.9	17.9	9.4	8.6	15.7	2.2
楚 雄 州	**Chuxiong**	**78.8**	**268.7**	**137.6**	**131.1**	**229.7**	**39.0**
楚雄市	Chuxiong	16.0	58.9	30.1	28.8	42.9	16.0
双柏县	Shuangbo	4.7	16.0	8.4	7.6	14.5	1.5
牟定县	Mouding	6.0	20.9	10.7	10.2	19.4	1.5
南华县	Nanhua	6.9	23.6	12.0	11.6	21.8	1.8
姚安县	Yao'an	5.8	19.8	10.0	9.8	18.4	1.4
大姚县	Dayao	8.7	27.4	14.0	13.3	24.6	2.8
永仁县	Yongren	3.3	10.9	5.7	5.3	9.7	1.3

21-4 续表3 continued

单位：万人 (10 000 persons)

州 市 县	Region	总户数 Total Number of Households	总人口 Total Population	按性别分 By Sex 男 Male	女 Female	按农业、非农业分 By Agricultural and Non-agricultural Population 农业人口 Agricultural Population	非农业人口 Non-agricultural Population
元谋县	Yuanmou	6.5	21.6	11.0	10.6	19.5	2.1
武定县	Wuding	7.7	27.2	13.9	13.3	23.2	4.0
禄丰县	Lufeng	13.2	42.3	21.7	20.6	35.8	6.5
红 河 州	**Honghe**	**125.3**	**450.6**	**234.4**	**216.2**	**372.9**	**77.7**
蒙自市	Mengzi	11.2	41.8	21.6	20.1	30.2	11.5
个旧市	Gejiu	13.6	46.0	24.1	21.9	25.7	20.3
开远市	Kaiyuan	9.0	32.3	16.6	15.7	20.5	11.8
屏边县	Pingbian	4.1	15.4	8.1	7.3	13.7	1.7
建水县	Jianshui	16.0	53.2	27.1	26.1	45.6	7.6
石屏县	Shiping	9.3	29.9	15.1	14.9	26.8	3.2
弥勒县	Mile	15.4	54.0	27.8	26.3	48.1	5.9
泸西县	Luxi	12.0	40.1	21.3	18.9	35.9	4.2
元阳县	Yuanyang	9.8	39.7	21.2	18.5	37.9	1.8
红河县	Honghe	7.4	29.7	15.5	14.2	28.1	1.6
金平县	Jinping	9.2	35.7	18.8	16.8	33.3	2.4
绿春县	Luchun	5.2	22.2	11.7	10.6	20.6	1.7
河口县	Hekou	3.1	10.5	5.5	4.9	6.5	4.0
文 山 州	**Wenshan**	**94.9**	**352.2**	**184.1**	**168.1**	**322.1**	**30.1**
文山市	Wenshan	14.1	48.2	24.8	23.4	39.0	9.2
砚山县	Yanshan	12.2	46.4	24.0	22.3	42.7	3.7
西畴县	Xichou	6.9	25.6	13.4	12.2	23.3	2.3
麻栗坡县	Malipo	7.5	27.8	14.6	13.3	25.8	2.0
马关县	Maguan	10.3	36.8	19.3	17.5	33.6	3.2
丘北县	Qiubei	13.4	47.8	25.3	22.5	44.7	3.1
广南县	Guangnan	19.8	78.8	41.8	37.0	74.7	4.2
富宁县	Funing	10.7	40.8	21.0	19.8	38.3	2.5
西双版纳州	**Xishuangbanna**	**26.9**	**113.5**	**58.8**	**54.7**	**79.4**	**34.0**
景洪市	Jinghong	12.1	52.0	26.9	25.1	32.2	19.8
勐海县	Menghai	7.9	33.2	17.2	16.1	27.9	5.3

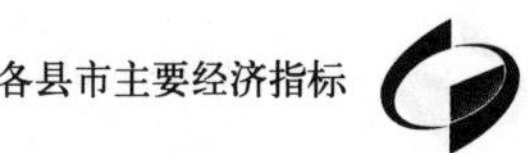

21-4 续表4 continued

单位：万人 (10 000 persons)

州市县	Region	总户数 Total Number of Households	总人口 Total Population	按性别分 By Sex 男 Male	女 Female	按农业、非农业分 By Agricultural and Non-agricultural Population 农业人口 Agricultural Population	非农业人口 Non-agricultural Population
勐腊县	Mengla	6.9	28.2	14.7	13.5	19.3	8.9
大理州	**Dali**	**103.2**	**346.0**	**175.4**	**170.6**	**304.1**	**41.9**
大理市	Dali	19.1	65.3	32.6	32.7	44.4	20.9
漾濞县	Yangbi	3.2	10.2	5.3	5.0	9.3	1.0
祥云县	Xiangyun	13.8	45.6	23.1	22.5	41.6	4.1
宾川县	Binchuan	9.9	34.9	17.8	17.1	32.7	2.2
弥渡县	Midu	9.5	31.3	15.8	15.5	29.3	2.0
南涧县	Nanjian	6.3	21.2	10.8	10.4	19.9	1.3
巍山县	Weishan	8.8	30.5	15.3	15.1	28.4	2.0
永平县	Yongping	5.7	17.5	9.0	8.5	15.9	1.6
云龙县	Yunlong	6.3	20.0	10.6	9.4	18.4	1.6
洱源县	Eryuan	7.9	26.9	13.5	13.3	25.1	1.8
剑川县	Jianchuan	5.0	17.0	8.6	8.4	15.5	1.5
鹤庆县	Heqing	7.7	25.6	12.9	12.7	23.6	1.9
德宏州	**Dehong**	**29.8**	**121.3**	**62.5**	**58.7**	**98.2**	**23.1**
芒　市	Mangshi	9.4	39.0	20.0	19.0	30.8	8.2
瑞丽市	Ruili	4.0	18.1	9.3	8.7	11.5	6.6
梁河县	Lianghe	4.3	15.4	8.0	7.4	13.9	1.5
盈江县	Yingjiang	7.2	30.5	15.9	14.6	27.0	3.6
陇川县	Longchuan	4.9	18.2	9.2	8.9	15.0	3.2
怒江州	**Nujiang**	**15.4**	**53.5**	**28.3**	**25.2**	**46.0**	**7.5**
泸水县	Lushui	5.2	18.5	9.9	8.6	15.0	3.5
福贡县	Fugong	2.9	9.9	5.1	4.8	9.0	0.9
贡山县	Gongshan	1.2	3.8	2.0	1.8	3.2	0.6
兰坪县	Lanping	6.1	21.3	11.4	10.0	18.7	2.6
迪庆州	**Diqing**	**9.6**	**40.1**	**21.3**	**18.7**	**35.1**	**4.9**
香格里拉县	Shangri-La	4.0	17.3	9.2	8.1	14.3	3.0
德钦县	Deqing	1.4	6.7	3.6	3.1	6.0	0.7
维西县	Weixi	4.2	16.1	8.5	7.5	14.9	1.2

21-5 各州市县职工人数（2010年）
Number of Staff and Workers by County and City (2010)

单位：人 (person)

州市县	Region	单位从业人员 Number of Employed Persons in Entities	职工人数 Number of Staff and Workers 合计 Total	国有单位 State-owned Entities	城镇集体单位 Urban Collective-owned Entities	其他单位 Other Ownership Entities
全省合计	**Total**	**3 227 731**	**3 036 763**	**1 813 043**	**97 885**	**1 125 835**
昆明市	**Kunming**	**972 435**	**922 107**	**452 985**	**36 712**	**432 410**
呈贡县	Chenggong	14 550	14 182	4 995	280	8 907
五华区	Wuhua	176 680	167 711	89 622	4 147	73 942
盘龙区	Panlong	132 489	127 084	73 369	4 941	48 774
官渡区	Guandu	181 794	175 224	65 811	3 494	105 919
西山区	Xishan	120 401	111 645	49 801	6 891	54 953
东川区	Dongchuan	27 402	25 980	8 827	895	16 258
晋宁县	Jinning	24 418	23 984	12 926	4 540	6 518
富民县	Fuming	14 182	13 499	5 676	468	7 355
宜良县	Yiliang	21 536	20 600	8 359	5 883	6 358
石林县	Shilin	13 633	13 474	9 337	1 716	2 421
嵩明县	Songming	24 275	23 553	9 980	233	13 340
禄劝县	Luquan	12 049	12 008	10 948	543	517
寻甸县	Xundian	20 373	19 364	12 308	463	6 593
安宁市	Anning	69 885	66 684	35 445	1 481	29 758
曲靖市	**Qujing**	**331 928**	**322 112**	**187 558**	**11 399**	**123 155**
麒麟区	Qilin	68 931	66 162	51 914	3 722	10 526
马龙县	Malong	12 393	11 637	5 915	116	5 606
陆良县	Luliang	32 551	31 835	17 612	4 568	9 655
师宗县	Shizong	25 357	24 968	12 060	330	12 578
罗平县	Luoping	19 630	17 181	13 489	390	3 302
富源县	Fuyuan	52 311	52 113	21 749	378	29 986
会泽县	Huize	34 200	34 150	19 022	613	14 515
沾益县	Zhanyi	25 740	24 784	10 709	421	13 654
宣威市	Xuanwei	60 815	59 282	35 088	861	23 333
玉溪市	**Yuxi**	**188 122**	**182 792**	**94 199**	**5 650**	**82 943**
红塔区	Hongta	71 065	69 884	35 140	2 528	32 216
江川县	Jiangchuan	11 794	11 642	6 388	218	5 036
澄江县	Chengjiang	9 624	9 428	5 619	293	3 516
通海县	Tonghai	19 993	19 407	6 710	659	12 038
华宁县	Huaning	11 662	11 227	6 969	223	4 035
易门县	Yimen	14 197	13 107	10 235	193	2 679
峨山县	Ershan	16 751	16 642	6 812	749	9 081
新平县	Xinping	18 987	17 444	8 457	567	8 420
元江县	Yuanjiang	14 049	14 011	7 869	220	5 922

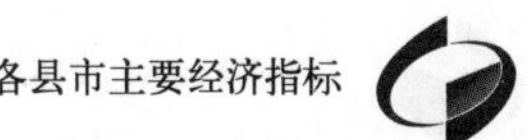

21-5 续表1 continued

单位：人 (person)

州市县	Region	单位从业人员 Number of Employed Persons in Entities	职工人数 Number of Staff and Workers 合计 Total	国有单位 State-owned Entities	城镇集体单位 Urban Collective-owned Entities	其他单位 Other Ownership Entities
保山市	**Baoshan**	**142 141**	**141 200**	**69 169**	**3 192**	**68 839**
隆阳区	Longyang	72 266	71 864	29 314	558	41 992
施甸县	Shidian	10 507	10 435	7 962	179	2 294
腾冲县	Tengchong	31 840	31 736	16 437	2 074	13 225
龙陵县	Longling	12 114	10 244	7 029	165	4 850
昌宁县	Changning	15 414	15 121	8 427	216	6 478
昭通市	**Zhaotong**	**181 089**	**179 495**	**139 393**	**5 223**	**34 879**
昭阳区	Zhaoyang	58 980	58 971	43 457	1 835	13 679
鲁甸县	Ludian	16 630	16 630	9 126	125	7 379
巧家县	Qiaojia	11 998	11 964	9 940	1 096	928
盐津县	Yanjin	10 516	10 516	6 839	117	3 560
大关县	Daguan	7 630	7 592	5 791	105	1 696
永善县	Yongshan	11 436	10 209	9 245	170	794
绥江县	Suijiang	7 610	7 389	4 680	283	2 426
镇雄县	Zhenxiong	25 132	25 132	23 461	515	1 156
彝良县	Yiliang	11 413	11 413	10 863	166	384
威信县	Weixin	8 861	8 801	8 674	127	
水富县	Shuifu	10 883	10 878	7 317	684	2 877
丽江市	**Lijiang**	**87 512**	**80 197**	**46 394**	**2 864**	**30 939**
古城区	Gucheng	33 372	29 556	15 636	1 382	12 538
玉龙县	Yulong	12 166	10 816	8 018	175	2 623
永胜县	Yongsheng	13 041	13 041	9 127	807	3 107
华坪县	Huaping	16 938	16 703	5 755	422	10 526
宁蒗县	Ninglang	11 995	10 081	7 858	78	2 145
普洱市	**Pu'er**	**140 900**	**113 366**	**80 227**	**2 309**	**30 830**
思茅区	Simao	46 844	31 926	20 139	222	11 565
宁洱县	Ning'er	10 314	9 799	6 942	333	2 524
墨江县	Mojiang	11 305	10 192	7 526	260	2 406
景东县	Jingdong	12 395	11 614	8 581	332	2 701
景谷县	Jinggu	14 969	13 770	7 451	384	5 935
镇沅县	Zhenyuan	8 543	7 277	6 412	120	745
江城县	Jiangcheng	6 132	5 481	4 324	95	1 062
孟连县	Menglian	9 028	7 117	5 759	199	1 159
澜沧县	Lancang	13 428	12 395	9 446	236	2 713
西盟县	Ximeng	7 942	3 795	3 647	128	20
临沧市	**Lincang**	**100 174**	**94 680**	**72 343**	**1 540**	**20 797**
临翔区	Linxiang	23 582	23 550	18 427	435	4 688

21-5 续表2 continued

单位：人 (person)

州市县	Region	单位从业人员 Number of Employed Persons in Entities	职工人数 Number of Staff and Workers 合计 Total	国有单位 State-owned Entities	城镇集体单位 Urban Collective-owned Entities	其他单位 Other Ownership Entities
凤庆县	Yunxian	11 017	10 175	7 918	173	2 084
云　县	Yongde	15 505	14 754	9 512	139	5 103
永德县	Shuangjiang	13 131	11 375	9 217	232	1 926
镇康县	Zhenkang	7 607	6 537	4 460	91	1 986
双江县	Gengma	6 069	2 588	5 353	123	490
耿马县	Fengqing	13 589	12 649	10 244	288	2 117
沧源县	Cangyuan	9 674	9 674	7 212	59	2 403
楚 雄 州	**Chuxiong**	**162 722**	**148 109**	**98 553**	**4 089**	**45 467**
楚雄市	Chuxiong	56 079	54 601	36 411	2 184	16 006
双柏县	Shuangbo	7 785	6 863	5 409	85	1 369
牟定县	Mouding	8 299	7 280	5 266	152	1 862
南华县	Nanhua	11 511	9 799	6 041	186	3 572
姚安县	Yao'an	7 894	7 559	5 735	135	1 689
大姚县	Dayao	16 334	13 061	9 762	243	3 056
永仁县	Yongren	5 847	4 732	3 941	76	715
元谋县	Yuanmou	9 970	8 403	6 061	192	2 150
武定县	Wuding	11 440	10 245	7 380	226	2 639
禄丰县	Lufeng	27 563	25 566	12 547	610	12 409
红 河 州	**Honghe**	**272 137**	**256 954**	**176 547**	**8 749**	**71 658**
蒙自市	Mengzi	39 906	36 971	23 973	350	12 648
个旧市	Gejiu	62 785	61 137	41 382	3 267	16 488
开远市	Kaiyuan	30 066	29 969	19 318	1 213	9 438
屏边县	Pingbian	6 836	6 151	4 496	512	1 143
建水县	Jianshui	24 020	23 013	15 584	1 169	6 260
石屏县	Shiping	17 988	16 604	8 462	810	7 332
弥勒县	Mile	27 817	23 988	17 546	248	6 194
泸西县	Luxi	19 778	19 240	10 828	447	7 965
元阳县	Yuanyang	7 828	7 226	6 966	134	126
红河县	Honghe	7 729	7 431	6 742	100	589
金平县	Jinping	10 077	9 498	6 585	192	2 721
绿春县	Luchun	7 189	6 118	5 678	205	235
河口县	Hekou	10 118	9 608	8 987	102	519
文 山 州	**Wenshan**	**145 971**	**137 829**	**100 259**	**2 823**	**34 747**
文山市	Wenshan	49 492	44 172	27 917	206	16 049
砚山县	Yanshan	19 958	19 592	13 393	342	5 857

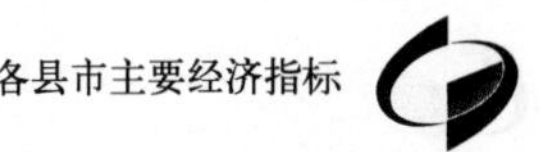

21-5 续表3 continued

单位：人 (person)

州市县	Region	单位从业人员 Number of Employed Persons in Entities	职工人数 Number of Staff and Workers 合计 Total	国有单位 State-owned Entities	城镇集体单位 Urban Collective-owned Entities	其他单位 Other Ownership Entities
西畴县	Xichou	7 602	7 538	6 399	259	880
麻栗坡县	Malipo	12 874	12 251	9 715	788	1 748
马关县	Maguan	13 639	12 695	8 196	155	4 344
丘北县	Qiubei	12 986	12 598	11 576	366	656
广南县	Guangnan	17 670	17 233	14 388	421	2 424
富宁县	Funing	11 750	11 750	8 675	286	2 789
西双版纳州	**Xishuangbanna**	**105 768**	**105 322**	**84 026**	**4 073**	**17 223**
景洪市	Jinghong	58 813	58 619	46 050	2 791	9 778
勐海县	Menghai	17 797	17 741	13 046	391	4 304
勐腊县	Mengla	29 158	28 962	24 930	891	3 141
大理州	**Dali**	**229 972**	**197 142**	**104 000**	**5 946**	**87 196**
大理市	Dali	112 366	94 267	39 495	2 016	52 756
漾濞县	Yangbi	4 443	4 154	3 894	63	197
祥云县	Xiangyun	28 020	24 525	8 636	499	15 390
宾川县	Binchuan	12 275	11 310	7 896	142	3 272
弥渡县	Midu	11 301	9 908	6 265	1 617	2 026
南涧县	Nanjian	6 373	5 523	5 041	151	331
巍山县	Weishan	11 502	8 183	6 444	231	1 508
永平县	Yongping	6 648	5 843	4 718	92	1 033
云龙县	Yunlong	7 282	6 844	5 334	122	1 388
洱源县	Eryuan	10 478	10 260	5 674	112	4 474
剑川县	Jianchuan	7 734	7 056	4 773	563	1 720
鹤庆县	Heqing	11 550	9 269	5 830	338	3 101
德宏州	**Dehong**	**100 575**	**96 429**	**61 354**	**2 632**	**32 443**
芒市	Mangshi	37 693	35 649	23 277	956	11 416
瑞丽市	Ruili	23 013	22 351	11 666	503	10 182
梁河县	Lianghe	7 953	7 677	4 922	858	1 897
盈江县	Yingjiang	18 420	17 828	11 384	156	6 288
陇川县	Longchuan	13 496	12 924	10 105	159	2 660
怒江州	**Nujiang**	**34 121**	**30 550**	**24 498**	**256**	**5 796**
泸水县	Lushui	14 260	13 636	11 768	38	1 830
福贡县	Fugong	4 286	3 698	3 494	120	84
贡山县	Gongshan	2 639	2 346	2 336	10	
兰坪县	Lanping	12 936	10 870	6 900	88	3 882
迪庆州	**Diqing**	**32 164**	**28 479**	**21 538**	**428**	**6 513**
香格里拉县	Shangri-La	21 268	19 037	12 841	218	5 978
德钦县	Deqin	4 442	4 442	4 199	79	164
维西县	Weixi	6 454	5 000	4 498	131	371

21-6 各州市县职工平均工资（2010年）

Average Wages of Staff and Workers by County and City (2010)

单位：元／人 (yuan/person)

州市县	Region	职工平均工资 Average Wage of Staff and Workers			
		人均 Average	国有单位 State-owned Entities	城镇集体单位 Urban Collective-owned Entities	其他单位 Other Ownership Entities
全　省	**Yunnan**	**30 177**	**34 330**	**25 137**	**23 768**
昆 明 市	**Kunming**	**34 403**	**41 925**	**20 891**	**27 595**
呈贡县	Chenggong	39 445	37 305	190 983	36 602
五华区	Wuhua	32 921	40 891	14 894	26 541
盘龙区	Panlong	34 288	41 111	17 337	27 623
官渡区	Guandu	32 072	40 450	20 462	27 767
西山区	Xishan	26 364	34 252	21 358	20 943
东川区	Dongchuan	23 550	30 001	14 704	21 389
晋宁县	Jinning	26 776	36 948	12 562	17 350
富民县	Fuming	24 070	31 052	22 243	19 943
宜良县	Yiliang	25 403	36 352	18 252	19 078
石林县	Shilin	28 589	30 152	26 249	24 630
嵩明县	Songming	26 065	32 983	39 240	20 730
禄劝县	Luquan	30 154	31 195	25 059	14 694
寻甸县	Xundian	30 897	34 876	60 851	25 966
安宁市	Anning	34 991	47 657	34 666	20 966
曲 靖 市	**Qujing**	**32 520**	**38 486**	**28 012**	**23 715**
麒麟区	Qilin	38 594	42 322	28 503	23 547
马龙县	Malong	29 450	39 745	94 609	16 897
陆良县	Luliang	28 077	36 642	18 566	17 991
师宗县	Shizong	27 574	30 717	36 356	24 230
罗平县	Luoping	36 290	39 261	55 390	19 345
富源县	Fuyuan	29 348	35 258	30 630	24 943
会泽县	Huize	34 307	41 301	35 006	24 724
沾益县	Zhanyi	32 752	35 575	39 360	28 560
宣威市	Xuanwei	30 673	36 644	27 502	22 089
玉 溪 市	**Yuxi**	**30 243**	**38 601**	**19 367**	**20 686**
红塔区	Hongta	34 265	44 337	10 807	23 774
江川县	Jiangchuan	25 544	33 550	29 819	14 546
澄江县	Chengjiang	26 985	32 729	20 934	18 292
通海县	Tonghai	27 742	41 597	30 277	18 979
华宁县	Huaning	29 219	34 993	31 500	17 355
易门县	Yimen	24 839	28 173	21 119	13 964
峨山县	Eshan	27 376	40 230	28 733	18 038
新平县	Xinping	30 133	35 682	15 795	25 507
元江县	Yuanjiang	30 683	38 705	40 406	18 037

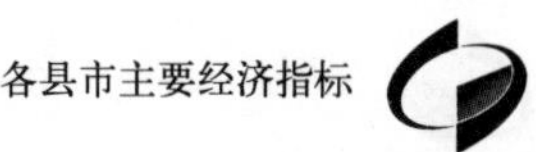

21-6 续表1 continued

单位：元 / 人 (yuan/person)

州市县	Region	职工平均工资 Average Wage of Staff and Workers			
		人均 Average	国有单位 State-owned Entities	城镇集体单位 Urban Collective-owned Entities	其他单位 Other Ownership Entities
保山市	**Baoshan**	**23 190**	**28 115**	**22 992**	**18 128**
隆阳区	Longyang	22 755	30 214	23 300	17 350
施甸县	Shidian	27 045	27 992	21 335	24 265
腾冲县	Tengchong	21 785	25 747	17 649	17 442
龙陵县	Longling	27 431	26 531	43 247	28 136
昌宁县	Changning	22 036	26 883	55 236	14 368
昭通市	**Zhaotong**	**28 796**	**34 836**	**16 420**	**15 956**
昭阳区	Zhaoyang	29 909	34 836	16 420	15 956
鲁甸县	Ludian	24 834	27 931	98 817	18 518
巧家县	Qiaojia	29 200	30 596	23 876	21 436
盐津县	Yanjin	27 948	28 550	41 783	26 315
大关县	Daguan	27 012	28 350	48 000	20 068
永善县	Yongshan	27 970	28 190	59 647	18 453
绥江县	Suijiang	28 436	27 854	38 246	28 016
镇雄县	Zhenxiong	30 812	30 769	58 014	19 335
彝良县	Yiliang	25 645	24 669	43 855	45 490
威信县	Weixin	27 079	26 834	43 685	
水富县	Shuifu	31 730	37 051	32 699	16 323
丽江市	**Lijiang**	**29 452**	**32 857**	**34 336**	**23 732**
古城区	Gucheng	28 518	35 071	28 435	20 445
玉龙县	Yulong	31 575	33 246	58 014	25 419
永胜县	Yongsheng	30 499	32 547	38 794	21 856
华坪县	Huaping	28 908	30 499	31 148	27 860
宁蒗县	Ninglang	29 418	30 154	76 373	25 046
普洱市	**Pu'er**	**23 230**	**27 092**	**28 773**	**47 564**
思茅区	Simao	21 611	28 769	31 238	93 285
宁洱县	Ning'er	24 377	24 779	26 767	37 232
墨江县	Mojiang	26 651	28 587	29 591	54 985
景东县	Jingdong	25 056	26 117	28 940	54 854
景谷县	Jinggu	24 513	25 999	29 474	29 703
镇沅县	Zhenyuan	23 815	26 651	26 227	88 513
江城县	Jiangcheng	23 362	24 468	25 557	31 660
孟连县	Menglian	20 055	24 004	25 256	26 972
澜沧县	Lancang	27 436	28 627	29 463	41 649
西盟县	Ximeng	16 586	27 767	27 741	31 141
临沧市	**Lincang**	**26 365**	**20 248**	**27 699**	**19 879**
临翔区	Linxiang	31 067	33 264	31 652	21 982

21-6 续表2 continued

单位：元／人 (yuan/person)

州市县	Region	职工平均工资 Average Wage of Staff and Workers			
		人均 Average	国有单位 State-owned Entities	城镇集体单位 Urban Collective-owned Entities	其他单位 Other Ownership Entities
凤庆县	Yunxian	**28 541**	**32 049**	**24 616**	**16 791**
云县	Yongde	23 189	27 095	36 618	15 521
永德县	Shuangjiang	23 726	23 660	26 636	23 701
镇康县	Zhenkang	27 677	29 379	26 516	23 696
双江县	Gengma	21 977	22 329	23 289	18 672
耿马县	Fengqing	26 231	26 809	16 696	24 710
沧源县	Cangyuan	22 391	23 589	55 689	17 605
楚雄州	**Chuxiong**	**29 110**	**33 151**	**31 591**	**19 557**
楚雄市	Chuxiong	31 484	36 923	20 241	20 404
双柏县	Shuangbo	27 637	29 351	67 205	18 280
牟定县	Mouding	26 977	30 664	40 526	14 664
南华县	Nanhua	26 021	29 803	72 467	17 207
姚安县	Yao'an	28 571	30 630	60 422	18 996
大姚县	Dayao	30 476	34 020	27 397	18 409
永仁县	Yongren	28 901	29 280	28 289	26 870
元谋县	Yuanmou	24 795	29 197	34 182	12 249
武定县	Wuding	26 850	28 738	50 469	19 593
禄丰县	Lufeng	28 000	32 712	40 133	21 577
红河州	**Honghe**	**27 304**	**30 461**	**25 354**	**19 560**
蒙自市	Mengzi	27 100	33 019	33 320	15 860
个旧市	Gejiu	28 720	33 724	21 550	17 223
开远市	Kaiyuan	32 313	33 859	32 792	28 093
屏边县	Pingbian	23 929	26 203	25 854	14 295
建水县	Jianshui	24 884	27 441	14 845	20 683
石屏县	Shiping	24 244	29 912	15 904	18 405
弥勒县	Mile	28 211	30 051	106 036	19 046
泸西县	Luxi	25 353	29 553	15 024	19 965
元阳县	Yuanyang	28 190	28 239	38 970	14 087
红河县	Honghe	20 352	21 046	22 276	11 092
金平县	Jinping	29 293	29 757	42 066	27 223
绿春县	Luchun	18 984	19 633	10 741	10 183
河口县	Hekou	26 095	26 184	63 951	17 276
文山州	**Wenshan**	**27 030**	**28 260**	**31 041**	**23 172**
文山市	Wenshan	29 043	31 264	83 544	24 584
砚山县	Yanshan	25 414	28 415	34 909	17 760

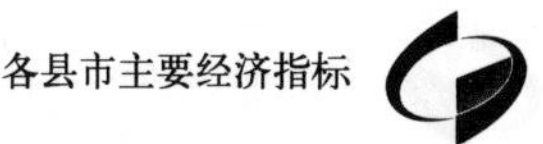

21-6 续表3 continued

单位：元／人 (yuan/person)

州市县	Region	职工平均工资 Average Wage of Staff and Workers			
		人均 Average	国有单位 State-owned Entities	城镇集体单位 Urban Collective-owned Entities	其他单位 Other Ownership Entities
西畴县	Xichou	26 586	27 124	18 104	25 271
麻栗坡县	Malipo	24 753	25 968	17 868	20 102
马关县	Maguan	29 296	30 056	67 318	26 540
丘北县	Qiubei	23 995	24 802	20 109	11 839
广南县	Guangnan	25 992	25 054	35 185	29 926
富宁县	Funing	27 245	30 001	23 663	19 000
西双版纳州	**Xishuangbanna**	**21 850**	**22 329**	**20 794**	**19 800**
景洪市	Jinghong	23 666	25 066	18 715	18 724
勐海县	Menghai	22 128	22 248	35 818	20 603
勐腊县	Mengla	17 974	17 359	21 058	22 303
大理州	**Dali**	**28 956**	**35 973**	**26 389**	**20 589**
大理市	Dali	29 522	43 154	12 259	19 765
漾濞县	Yangbi	30 706	28 736	63 000	59 314
祥云县	Xiangyun	26 326	33 595	14 890	22 563
宾川县	Binchuan	29 404	30 171	71 234	25 336
弥渡县	Midu	27 674	30 940	25 055	18 275
南涧县	Nanjian	32 773	32 817	33 000	31 969
巍山县	Weishan	29 683	31 307	57 739	18 193
永平县	Yongping	27 878	29 054	76 261	19 346
云龙县	Yunlong	30 543	32 107	95 330	19 870
洱源县	Eryuan	26 633	33 460	89 339	16 407
剑川县	Jianchuan	28 858	29 946	25 064	26 729
鹤庆县	Heqing	29 384	33 291	24 073	22 523
德宏州	**Dehong**	**25 511**	**26 110**	**26 923**	**24 202**
芒市	Mangshi	29 544	31 020	28 652	26 605
瑞丽市	Ruili	21 761	23 088	13 261	20 528
梁河县	Lianghe	26 079	28 976	18 964	21 870
盈江县	Yingjiang	25 793	23 910	76 333	28 103
陇川县	Longchuan	20 225	19 657	52 878	20 438
怒江州	**Nujiang**	**31 154**	**28 495**	**31 858**	**42 377**
泸水县	Lushui	30 692	30 473	15 368	32 430
福贡县	Fugong	24 141	24 500	16 254	20 393
贡山县	Gongshan	28 007	28 029	23 000	
兰坪县	Lanping	34 786	27 331	60 909	47 487
迪庆州	**Diqing**	**39 633**	**42 326**	**36 406**	**29 841**
香格里拉县	Shangri-La	39 443	42 843	41 196	31 048
德钦县	Deqin	45 630	46 924	41 722	14 884
维西县	Weixi	34 416	35 899	26 106	19 361

21-7 主要年份各州市县国有经济固定资产投资
Investment in Fixed Assets of State-Owned Economy by Region in Significant Years

单位：万元

州市县	Region	1990	1995	2000	2005	2007	2008	2009	2010
全省合计	**Total**	**512 178**	**2 628 381**	**4 661 973**	**8 152 698**	**12 117 827**	**14 269 485**	**21 453 192**	**26 230 727**
昆明市	**Kunming**	**170 165**	**927 048**	**1 209 628**	**1 719 048**	**2 853 541**	**3 490 020**	**5 227 976**	**6 362 972**
呈贡县	Chenggong	1 987	18 975	41 705	104 915	348 315	489 024	895 594	739 111
五华区	Wuhua	24 321	172 540	196 321	475 027	390 321	1 058 423	808 984	410 250
盘龙区	Panlong	23 886	159 643	319 361	233 759	246 217	575 704	563 388	340 981
官渡区	Guandu	43 872	272 011	333 342	297 878	562 779	888 723	1 519 413	1 549 264
西山区	Xishan	16 130	72 536	140 147	103 298	377 468	428 616	632 294	850 616
东川区	Dongchuan	4 083	10 435	7 506	31 203	61 587	49 898	88 756	88 770
晋宁县	Jinning	13 230	26 664	19 284	7 965	19 084	29 747	48 380	147 161
富民县	Fumin	455	1 469	7 001	12 595	14 868	16 591	23 606	28 086
宜良县	Yiliang	4 104	14 160	43 171	22 190	19 948	50 491	82 764	111 947
石林县	Shilin	866	3 399	7 230	22 287	51 769	72 728	120 388	149 116
嵩明县	Songming	1 145	4 080	9 201	32 649	27 166	55 565	70 719	117 406
禄劝县	Luquan	1 463	3 513	10 294	15 385	33 941	44 102	83 725	100 314
寻甸县	Xundian	419	4 291	12 231	26 945	47 609	92 517	66 711	58 221
安宁市	Anning	25 954	17 805	62 834	216 804	120 163	126 915	278 935	376 425
不分县	Unclassified	13 330			116 148	532 306		839 913	1 295 304
曲靖市	**Qujing**	**70 297**	**271 057**	**395 602**	**932 479**	**1 270 548**	**1 370 907**	**2 018 887**	**2 468 084**
麒麟区	Qilin	19 873	150 569	177 415	223 440	247 104	287 674	373 539	606 339
马龙县	Malong	453	4 741	5 052	5 335	17 121	2 878	45 747	75 333
陆良县	Luliang	1 595	16 111	9 656	44 560	50 808	78 052	111 360	162 326
师宗县	Shizong	876	8 829	4 380	94 949	92 244	91 378	91 307	145 955
罗平县	Luoping	29 423	2 299	13 620	46 548	55 478	65 293	116 267	143 311
富源县	Fuyuan	2 829	11 016	15 585	318 581	414 472	358 379	413 517	370 722
会泽县	Huize	2 548	25 550	22 149		181 438	102 772	127 005	130 672
沾益县	Zhanyi			28 098	39 832	20 784	38 597	156 728	279 723
宣威市	Xuanwei	11 226	47 651	119 647	159 234	191 099	345 884	557 795	536 066
不分县	Unclassified	1 055						25 622	17 637
玉溪市	**Yuxi**	**21 682**	**241 628**	**288 466**	**406 130**	**512 920**	**517 354**	**914 698**	**1 160 301**
红塔区	Hongta	10 030	145 681	169 291	256 836	280 852	184 113	324 196	332 861
江川县	Jiangchuan	781	8 629	12 075	21 464	22 305	24 876	34 306	60 826
澄江县	Chengjiang	1 656	17 715	14 895	8 120	10 060	15 919	53 882	42 718
通海县	Tonghai	1 223	5 408	25 932	10 965	6 736	18 798	30 068	47 699
华宁县	Huaning	1 010	7 076	9 985	20 958	33 438	37 433	78 633	61 713
易门县	Yimen	2 952	13 435	12 990	8 953	32 776	55 444	85 429	125 594
峨山县	Eshan	1 114	10 935	10 154	9 784	21 925	28 144	71 067	137 233
新平县	Xinping	744	22 701	18 077	52 255	58 944	90 353	180 265	244 739
元江县	Yuanjiang	1 547	10 048	15 067	8 146	22 919	20 174	56 852	85 298
不分县	Unclassified	625			8 649	22 965	42 100		21 620

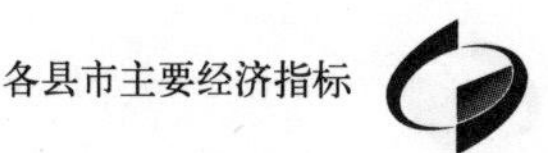

21-7 续表1 continued

单位：万元 (10 000 yuan)

州市县	Region	1990	1995	2000	2005	2007	2008	2009	2010
保山市	**Baoshan**	**12 092**	**42 769**	**82 225**	**302 572**	**583 353**	**601 160**	**674 603**	**906 799**
隆阳区	Longyang	5 047	20 634	24 433	73 025	123 795	176 146	196 656	215 329
施甸县	Shidian	665	1 279	4 356	23 910	49 593	49 002	80 439	119 112
腾冲县	Tengchong	692	9 776	31 190	25 148	56 234	34 597	98 503	208 535
龙陵县	Longling	2 811	2 819	7 307	145 197	31 068	52 398	101 487	103 661
昌宁县	Changning	2 054	8 261	14 939	35 292	67 644	84 360	115 950	148 143
不分县	Unclassified	823				255 019	204 657	81 568	112 019
昭通市	**Zhaotong**	**12 146**	**77 413**	**158 124**	**407 280**	**677 482**	**787 275**	**1 096 008**	**1 656 723**
昭阳区	Zhaoyang	4 720	43 835	84 668	261 011	50 286	127 532	137 394	193 994
鲁甸县	Ludian	673	4 090	6 576	16 524	35 699	40 130	50 137	54 405
巧家县	Qiaojia	710	3 170	9 881	17 066	16 387	16 855	15 186	14 647
盐津县	Yanjin	199	1 129	5 670	4 182	20 055	20 204	30 884	21 670
大关县	Daguan	283	2 511	410	5 371	14 019	27 858	27 637	29 940
永善县	Yongshan	772	2 323	6 208	10 332	249 937	157 367	223 038	294 615
绥江县	Suijiang	421	2 360	2 737	695	2 140	53 268	82 540	29 773
镇雄县	Zhenxiong	770	2 648	6 088	11 311	22 822	24 235	76 292	123 432
彝良县	Yiliang	1 195	2 187	4 138	5 922	16 487	49 896	48 607	74 588
威信县	Weixin	467	2 602	4 973	8 173	17 049	30 409	32 775	23 972
水富县	Shuifu	1 340	10 558	26 775	66 693	81 034	189 055	326 949	424 279
不分县	Unclassified	596				151 567	50 466	44 569	371 408
丽江市	**Lijiang**	**6 504**	**33 897**	**62 508**	**116 142**	**231 748**	**406 333**	**772 951**	**1 011 060**
古城区	Gucheng	2 162	24 121	36 726	40 154	38 215	101 353	153 990	232 457
玉龙县	Yulong				35 326	53 558	50 777	111 849	111 283
永胜县	Yongsheng	597	1 644	9 127	9 786	25 645	22 323	38 293	59 402
华坪县	Huaping	451	4 400	8 616	15 819	31 807	58 748	78 462	107 732
宁蒗县	Ninglang	372	3 732	8 039	15 057	15 820	23 734	38 803	89 079
不分县	Unclassified	171				66 703	149 398	351 554	411 107
普洱市	**Pu'er**	**17 302**	**42 200**	**74 872**	**94 580**	**192 230**	**374 034**	**680 616**	**1 016 484**
思茅区	Simao	2 839	11 130	29 599	26 977	43 610	95 911	156 934	264 521
宁洱县	Ning'er	2 077	4 838	8 460	11 436	15 981	31 049	39 666	48 356
墨江县	Mojiang	1 226	4 504	2 753	13 575	7 447	9 989	67 062	90 295
景东县	Jingdong	512	4 435	8 699	8 981	12 279	20 023	30 637	50 070
景谷县	Jinggu	1 649	8 142	8 405	13 455	17 984	32 441	90 703	120 742
镇沅县	Zhenyuan	902	2 268	3 050	3 505	7 719	5 730	43 217	62 550
江城县	Jiangcheng	595	1 909	898	3 318	5 880	14 513	23 970	48 942
孟连县	Menglian	709	996	5 000	6 456	2 352	4 738	13 612	15 425
澜沧县	Lancang	5 935	3 569	3 970	2 137	32 753	45 786	66 632	158 463
西盟县	Ximeng	628	409	4 038	4 740	3 256	10 564	13 824	29 942
不分县	Unclassified	230				42 969	103 290	134 359	127 178

21-7 续表2 continued

单位：万元 (10 000 yuan)

州市县	Region	1990	1995	2000	2005	2007	2008	2009	2010
临沧市	**Lincang**	**28 640**	**100 588**	**201 231**	**284 984**	**267 827**	**308 701**	**531 496**	**1 033 886**
临翔区	Linxiang	2 233	16 768	43 796	52 637	53 228	72 983	68 424	131 472
凤庆县	Fengqing	419	6 095	7 594	60 090	45 165	51 894	98 097	128 657
云 县	Yunxian	15 495	56 812	119 651	26 877	31 320	25 455	77 075	75 755
永德县	Yongde	762	6 541	13 763	46 258	36 550	49 989	76 281	129 899
镇康县	Zhenkang	303	3 012	1 672	19 793	21 846	22 491	62 514	95 849
双江县	Shuangjiang	1 480	3 587	3 379	14 041	22 926	40 875	51 473	116 718
耿马县	Gengma	5 426	8 122	6 802	36 470	36 708	19 404	50 229	252 622
沧源县	Cangyuan	2 429	2 663	4 574	28 818	20 084	25 610	47 403	102 914
不分县	Unclassified	93				858			
楚雄州	**Chuxiong**	**16 863**	**77 171**	**101 146**	**363 240**	**590 817**	**708 547**	**1 197 983**	**1 059 711**
楚雄市	Chuxiong	6 617	31 045	49 513	52 634	135 044	151 765	265 427	288 410
双柏县	Shuangbo	344	3 730	4 146	12 392	19 440	32 814	65 624	66 243
牟定县	Mouding	851	5 129	4 296	7 568	26 657	49 741	80 183	90 790
南华县	Nanhua	1 088	1 493	6 470	5 446	13 793	26 200	36 113	35 346
姚安县	Yao'an	221	1 873	6 911	11 059	23 788	29 977	41 798	51 195
大姚县	Dayao	1 843	4 973	8 127	25 338	44 610	61 522	77 143	99 883
永仁县	Yongren	160	1 999	2 719	4 213	21 505	29 627	41 090	54 769
元谋县	Yuanmou	445	1 603	5 412	14 458	24 413	23 279	48 026	32 723
武定县	Wuding	285	1 599	3 889	7 824	30 353	33 050	64 992	72 441
禄丰县	Lufeng	4 773	14 218	9 663	25 054	49 582	227 500	385 953	267 911
不分县	Unclassified	236			197 254	201 632	43 072	91 634	
红河州	**Honghe**	**48 916**	**223 040**	**280 010**	**692 437**	**1 345 028**	**1 203 192**	**1 557 201**	**2 268 527**
蒙自市	Mengzi	1 071	12 293	28 172	211 810	160 181	146 779	122 964	261 440
个旧市	Gejiu	8 913	30 673	85 338	50 299	102 855	188 185	229 190	282 789
开远市	Kaiyuan	22 971	42 616	45 211	79 347	206 924	114 556	201 621	216 556
屏边县	Pingbian	192	2 427	1 746	3 406	8 032	24 170	23 139	30 905
建水县	Jianshui	7 378	11 577	16 273	33 581	82 916	99 544	142 710	115 201
石屏县	Shiping	326	8 137	11 582	18 480	22 683	30 485	62 066	80 277
弥勒县	Mile	3 081	65 996	48 997	29 933	86 744	125 767	158 237	148 454
泸西县	Luxi	960	12 578	15 290	18 198	37 871	76 976	137 478	164 415
元阳县	Yuanyang	724	13 062	4 267	18 293	54 005	62 478	70 682	58 633
红河县	Honghe	171	3 957	4 894	23 310	17 631	21 378	42 993	64 343
金平县	Jinping	424	6 429	4 112	8 380	12 268	19 894	42 178	101 523
绿春县	Luchun	194	934	4 908	78 060	113 701	105 270	78 800	109 820
河口县	Hekou	1 023	12 361	9 220	119 340	34 474	46 806	72 968	92 299
不分县	Unclassified	1 488				404 743	287 683	295 139	541 872
文山州	**Wenshan**	**6 435**	**53 517**	**85 666**	**421 020**	**762 582**	**577 311**	**875 273**	**1 423 221**
文山市	Wenshan	2 092	19 507	36 836	40 803	91 356	66 543	185 179	283 126
砚山县	Yangshan	688	4 799	13 306	61 885	50 809	176 146	208 694	196 791
西畴县	Xichou	160	5 406	2 300	7 174	7 740	18 055	34 823	67 669
麻栗坡县	Malipo	730	6 181	3 875	7 619	11 668	27 041	50 409	118 315
马关县	Maguan	272	6 705	8 971	3 952	7 691	17 102	85 282	125 463
丘北县	Qiubei	565	5 894	5 421	13 827	28 246	33 358	69 722	184 374
广南县	Guangnan	1 357	2 476	6 350	96 444	26 776	173 877	129 442	346 703
富宁县	Funing	350	2 549	8 607	189 316	160 769	65 189	111 722	100 780
不分县	Unclassified	221				377 527			

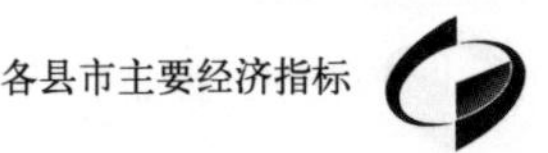

21–7 续表3 continued

单位：万元 (10 000 yuan)

州 市 县	Region	1990	1995	2000	2005	2007	2008	2009	2010
西双版纳州	**Xishuangbanna**	**14 176**	**61 863**	**85 279**	**232 491**	**247 927**	**164 548**	**289 099**	**411 322**
景洪市	Jinghong	7 299	34 521	63 520	41 209	15 473	92 420	169 382	281 202
勐海县	Menghai	2 892	7 549	5 710	9 625	11 679	24 337	60 006	41 290
勐腊县	Mengla	3 862	19 793	16 049	181 657	220 775	47 791	59 711	88 830
不分县	Unclassified	123				659			
大 理 州	**Dali**	**12 589**	**108 80 2**	**143 127**	**402 763**	**449 052**	**2 194 620**	**735 304**	**1 083 773**
大理市	Dali	6 140	68 901	77 776	151 834	203 942	218 649	351 812	428 242
漾濞县	yangbi	201	2 778	4 228	6 053	8 907	12 350	22 147	49 813
祥云县	Xiangyun	333	5 771	4 448	11 789	14 538	8 326	53 326	45 245
宾川县	Binchuang	1 514	8 303	8 448	25 346	8 399	7 788	32 705	132 146
弥渡县	Midu	289	2 679	5 839	54 474	79 060	3 733	21 270	33 804
南涧县	Nanjian	100	1 391	6 383	7 845	17 925	15 560	17 676	18 068
巍山县	Weishan	794	1 221	4 161	14 782	20 195	33 742	53 330	59 091
永平县	Yongping	179	1 226	3 910	10 968	16 943	23 549	32 365	31 472
云龙县	Yunlong	266	3 447	4 172	2 118	3 029	5 623	37 564	66 259
洱源县	Eryuan	1 019	3 358	7 833	12 020	22 163	21 873	52 561	93 096
剑川县	Jianchuan	194	2 405	5 185	5 110	17 699	16 861	22 444	50 867
鹤庆县	Heqing	660	7 322	10 744	7 723	8 369	7 489	38 104	75 670
不分县	Unclassified	900			92 701	27 883			
德 宏 州	**Dehong**	**10 962**	**66 391**	**73 669**	**81 364**	**108 426**	**152 054**	**304 196**	**495 756**
芒 市	Mangshi	4 203	9 987	14 186	26 543	34 572	64 637	97 690	119 716
瑞丽市	Ruili	2 426	30 710	36 712	12 569	21 503	24 234	70 050	58 630
梁河县	Lianghe	632	1 382	3 900	289	7 467	10 841	13 604	20 182
盈江县	Yingjiang	1 862	7 985	10 658	18 719	17 478	32 348	98 659	155 847
陇川县	Longchuan	1 255	2 854	8 213	23 244	27 406	19 994	24 193	36 464
不分县	Unclassified	584							104 917
怒 江 州	**Nujiang**	**7 156**	**9 058**	**27 153**	**62 814**	**62 370**	**163 382**	**141 744**	**213 995**
泸水县	Lushui	5 151	4 339	14 028	43 521	35 819	66 932	66 539	67 767
福贡县	Fugong	295	806	4 367		2 816	23 408	30 318	25 655
贡山县	Gongshan	342	2 260	2 382	677	7 812	17 834	15 242	30 580
兰坪县	Lanping	1 293	1 653	6 376	12 652	15 923	33 768	29 645	89 993
不分县	Unclassified	75			5 964		21 440		
迪 庆 州	**Diqing**	**3 682**	**13 576**	**50 849**	**127 554**	**210 271**	**298 295**	**485 591**	**775 528**
香格里拉县	Shangri-La	2 514	8 901	36 101	72 939	117 637	149 732	284 158	289 844
德钦县	Deqin	263	689	6 412	41 104	69 399	89 764	120 356	30 692
维西县	Weixi	724	3 986	8 336	13 511	23 235	44 799	81 077	22 777
不分县	Unclassified	181					14 000		432 215
不分地区	**Unclassified by Region**	**51 239**	**271 373**	**1 342 418**	**1 505 800**	**1 751 705**	**2 135 026**	**2 931 008**	**2 882 585**

21-8 主要年份各州市县财政收入

Government Revenue by Region in Significant Years

单位：万元 (10 000 yuan)

州市县	Region	1990	1995	2000	2004	2005	2007	2008	2009	2010
全省合计	**Total**	**774 246**	**983 491**	**1 807 450**	**2 633 618**	**3 126 490**	**4 867 146**	**6 140 518**	**6 982 525**	**8 711 875**
昆明市	**Kunming**	**211 214**	**255 821**	**545 299**	**725 730**	**906 655**	**1 330 993**	**1 749 894**	**2 016 125**	**2 538 319**
五华区	Wuhua	27 211	25 601	53 678	67 440	71 813	107 705	133 426	157 692	205 484
盘龙区	Panlong	12 241	26 015	53 253	63 700	58 258	78 928	103 789	124 956	166 710
官渡区	Guandu	10 571	27 160	72 157	94 640	55 273	101 699	160 699	200 917	261 599
西山区	Xishan	6 812	11 342	27 373	39 818	51 772	86 263	109 269	130 046	170 018
东川区	Dongchuan	1 667	2 747	3 298	5 568	9 006	37 043	40 128	24 066	40 917
呈贡县	Chenggong	2 464	4 998	7 505	11 653	19 280	43 198	54 042	53 078	68 754
晋宁县	Jinning	5 646	6 647	9 199	9 465	13 238	24 500	33 108	46 977	62 432
富民县	Fumin	568	2 915	5 619	5 856	4 422	8 200	10 451	12 106	19 021
宜良县	Yiliang	3 328	7 334	12 117	17 173	19 311	24 814	33 097	38 309	46 844
石林县	Shilin	3 187	7 466	8 510	10 285	11 427	14 215	20 090	25 953	35 088
嵩明县	Songming	2 687	6 847	8 385	9 719	11 165	15 969	22 907	32 876	45 004
禄劝县	Luquan	1 096	3 568	5 046	7 354	8 908	12 503	16 078	23 098	29 187
寻甸县	Xundian	2 231	6 417	6 984	8 081	9 445	15 374	21 177	27 096	34 224
安宁市	Anning	14 705	19 284	27 555	52 306	60 911	85 353	108 526	128 009	166 893
市本级	City-level	120 798	106 644	244 620	322 672	502 426	675 229	883 107	990 946	1 186 144
曲靖市	**Qujing**	**82 531**	**112 482**	**140 795**	**236 549**	**294 506**	**464 868**	**560 137**	**631 875**	**724 326**
麒麟区	Qilin	10 419	29 279	16 166	28 471	34 162	49 976	63 296	76 108	92 134
马龙县	Malong	2 431	4 319	3 826	5 022	8 315	12 656	16 807	20 176	23 921
陆良县	Luliang	3 150	12 511	11 952	14 300	16 482	25 200	30 006	33 802	39 009
师宗县	Shizong	1 929	6 890	6 234	9 233	12 092	18 293	22 128	25 113	29 173
罗平县	Luoping	3 463	8 311	8 910	13 887	16 106	21 226	26 329	30 068	34 307
富源县	Fuyuan	3 540	7 703	10 681	16 706	26 373	57 494	64 164	71 802	83 833
会泽县	Huize	5 428	10 349	12 071	30 916	32 986	41 322	50 037	55 116	61 018
沾益县	Zhanyi			10 717	18 804	23 367	36 139	44 521	47 162	54 260
宣威市	Xuanwei	8 087	14 610	18 268	32 575	42 679	63 166	72 716	79 377	90 016
市本级	City-level	41 853	12 093	41 970	66 635	81 944	139 396	170 133	193 151	216 655
玉溪市	**Yuxi**	**126 588**	**184 196**	**262 099**	**295 710**	**312 286**	**388 965**	**501 621**	**541 595**	**647 297**
红塔区	Hongta	7 623	12 484	22 099	24 532	31 927	48 906	59 433	70 136	92 883
江川县	Jiangchuan	2 147	7 142	7 406	10 744	11 934	16 339	20 130	20 899	23 975
澄江县	Chengjiang	1 469	5 041	5 281	7 456	9 389	11 168	18 341	24 195	29 196
通海县	Tonghai	3 178	7 780	8 667	10 080	11 652	17 490	21 695	24 136	27 031
华宁县	Huaning	1 616	5 769	5 527	7 548	9 680	12 022	17 279	17 889	20 171
易门县	Yimen	1 518	5 056	5 110	7 634	10 095	16 281	19 781	21 311	24 204
峨山县	Eshan	1 556	3 714	5 599	9 826	11 286	18 023	21 220	21 833	27 154
新平县	Xinping	1 784	3 885	6 611	9 986	14 943	26 339	38 224	42 523	54 145
元江县	Yuanjiang	1 550	2 737	5 849	6 386	8 852	11 211	13 863	14 297	17 381
市本级	City-level	104 148	130 588	189 950	201 518	192 528	211 186	271 655	284 376	331 157

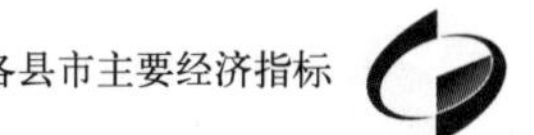

21-8 续表1 continued

单位：万元 (10 000 yuan)

州市县	Region	1990	1995	2000	2004	2005	2007	2008	2009	2010
保山市	**Baoshan**	**13 667**	**25 514**	**39 430**	**51 884**	**65 291**	**105 761**	**124 566**	**158 071**	**213 778**
隆阳区	Longyang	5 724	8 531	14 367	17 775	22 113	32 741	38 185	50 742	60 658
施甸县	Shidian	1 073	4 293	4 328	3 831	4 201	6 117	7 482	8 294	12 987
腾冲县	Tengchong	3 028	5 271	9 453	12 732	15 270	32 341	39 327	50 081	65 731
龙陵县	Longling	1 256	2 631	3 830	4 606	6 809	10 501	12 111	14 031	16 032
昌宁县	Changning	2 242	3 743	5 062	5 834	6 679	9 195	10 496	14 516	33 539
市本级	City-level	346	1 045	2 390	7 106	10 219	14 866	16 965	20 407	24 831
昭通市	**Zhaotong**	**65 360**	**40 717**	**52 837**	**69 674**	**85 216**	**128 874**	**171 286**	**207 906**	**256 182**
昭阳区	Zhaoyang	4 818	6 882	10 765	13 321	15 038	22 166	30 096	40 711	50 340
鲁甸县	Ludian	897	2 435	1 630	3 018	3 828	8 166	9 418	10 886	15 666
巧家县	Qiaojia	1 195	1 419	2 384	2 906	3 034	6 014	6 917	8 560	10 881
盐津县	Yanjin	945	1 187	1 642	2 338	2 721	5 167	6 998	8 668	9 199
大关县	Daguan	865	1 168	1 179	1 123	1 441	2 796	4 024	4 656	5 380
永善县	Yongshan	798	829	1 541	2 236	3 146	6 738	8 528	10 442	13 623
绥江县	Suijiang	2 790	1 534	1 094	1 300	1 596	2 626	4 748	6 426	8 896
镇雄县	Zhenxiong	5 229	6 585	5 680	6 985	7 557	11 699	15 188	20 090	26 999
彝良县	Yiliang	1 323	1 694	2 885	2 863	4 362	8 153	10 028	11 575	15 156
威信县	Weixin	1 928	2 148	1 986	2 300	2 760	5 389	7 589	10 089	12 689
水富县	Shuifu	5 252	1 813	3 983	5 916	7 564	10 233	12 106	12 776	15 935
市本级	City-level	39 318	13 023	18 068	25 368	32 169	39 727	55 646	63 027	71 418
丽江市	**Lijiang**	**5 971**	**10 634**	**21 069**	**34 025**	**40 595**	**72 831**	**95 235**	**116 584**	**164 551**
古城区	Gucheng				11 292	14 173	28 109	30 546	36 743	50 092
玉龙县	Yulong				3 471	4 942	8 815	11 549	14 129	21 309
永胜县	Yongsheng	1 289	2 909	3 336	4 667	3 718	6 069	10 222	13 741	17 795
华坪县	Huaping	1 069	1 828	3 659	5 637	7 997	16 037	21 209	26 516	35 036
宁蒗县	Ninglang	557	1 306	1 236	1 487	1 819	3 049	5 271	7 316	10 845
市本级	City-level	386	169	3 966	7 471	7 946	10 752	16 438	18 139	29 474
普洱市	**Pu'er**	**14 081**	**16 759**	**43 902**	**50 693**	**62 326**	**110 983**	**136 974**	**166 000**	**308 580**
思茅区	Simao	2 966	3 127	7 957	11 161	15 136	23 866	28 775	33 100	40 556
宁洱县	Ning'er	2 161	2 189	4 178	3 770	4 324	9 322	10 828	11 926	16 066
墨江县	Mojiang	995	1 279	4 369	5 565	5 245	7 828	10 008	12 166	16 380
景东县	Jingdong	1 468	2 606	5 681	7 947	9 468	11 438	15 800	18 000	22 868
景谷县	Jinggu	2 041	3 405	8 575	7 358	8 610	12 516	15 868	18 406	29 668
镇沅县	Zhenyuan	1 403	1 481	3 034	2 503	2 594	4 301	5 530	7 203	11 008
江城县	Jiangcheng	281	306	1 075	1 915	2 424	3 428	4 216	5 108	6 008
孟连县	Menglian	409	675	2 157	2 261	2 536	3 551	3 598	4 062	5 191
澜沧县	Lancang	1 492	1 397	3 267	3 801	4 526	8 449	10 556	12 359	22 158
西盟县	Ximeng	480	157	623	553	629	1 278	1 629	2 119	2 699
市本级	City-level	386	137	2 986	3 859	6 834	25 006	30 166	41 551	135 978
临沧市	**Lincang**	**7 631**	**17 489**	**36 141**	**41 939**	**46 000**	**69 554**	**84 865**	**100 543**	**145 141**
临翔区	Linxiang	1 404	1 884	4 712	4 740	5 368	9 660	11 983	14 298	19 458
凤庆县	Fengqing	1 801	2 708	4 544	5 871	6 280	8 300	10 845	14 338	26 222
云县	Yunxian	1 219	3 871	7 987	10 955	13 044	15 596	18 158	19 505	21 709
永德县	Yongde	633	1 356	2 977	3 224	3 171	4 649	5 900	7 312	10 708
镇康县	Zhenkang	278	761	2 269	2 049	2 221	4 699	5 626	6 489	9 156
双江县	Shuangjiang	519	979	2 000	1 853	1 968	2 840	3 347	4 078	6 271
耿马县	Gengma	1 147	4 432	5 650	4 378	3 575	6 084	7 309	8 507	12 340
沧源县	Cangyuan	476	1 073	2 047	1 762	1 622	3 490	4 680	4 359	7 980
市本级	City-level	154	425	3 955	7 107	8 751	14 236	17 017	21 657	31 297

21-8　续表2　continued

单位：万元 (10 000 yuan)

州 市 县	Region	1990	1995	2000	2004	2005	2007	2008	2009	2010
楚 雄 州	**Chuxiong**	**56 660**	**56 015**	**72 299**	**107 327**	**122 935**	**179 503**	**227 012**	**255 832**	**306 979**
楚雄市	Chuxiong	5 674	16 008	23 503	29 313	32 915	58 336	73 584	83 054	97 289
双柏县	Shuangbo	939	2 416	2 463	2 630	3 278	4 925	6 485	7 930	9 781
牟定县	Mouding	1 322	3 064	2 828	3 299	3 906	4 898	6 479	7 370	9 569
南华县	Nanhua	1 817	4 340	4 067	4 154	5 278	7 711	8 448	9 779	12 357
姚安县	Yao'an	913	1 781	3 008	3 056	3 103	4 326	5 583	6 197	7 654
大姚县	Dayao	1 470	3 394	3 824	4 664	5 208	8 008	11 156	10 840	14 522
永仁县	Yongren	560	1 246	1 765	1 891	2 151	3 629	5 201	6 758	8 818
元谋县	Yuanmou	834	1 856	3 309	4 015	4 427	6 788	8 548	8 476	8 623
武定县	Wuding	1 121	2 624	3 191	4 030	4 750	7 553	12 008	14 229	19 499
禄丰县	Lufeng	4 108	8 018	9 277	14 161	18 644	28 918	32 520	40 175	46 279
州本级	Prefecture-level	37 902	11 268	15 064	36 114	39 275	44 411	57 000	61 024	72 588
红 河 州	**Honghe**	**32 652**	**59 148**	**104 071**	**205 703**	**249 959**	**377 116**	**451 396**	**520 397**	**612 237**
蒙自市	Mengzi	2 602	4 235	6 743	13 514	21 544	39 150	48 857	58 129	72 340
个旧市	Gejiu	8 679	9 215	18 431	29 340	36 805	58 926	75 500	77 271	79 029
开远市	Kaiyuan	5 067	7 533	12 785	22 108	25 853	37 574	45 018	50 125	57 666
屏边县	Pingbian	310	882	1 152	2 045	2 533	3 534	4 188	4 691	5 423
建水县	Jianshui	3 529	6 219	8 757	12 768	17 322	26 976	33 186	37 841	47 627
石屏县	Shiping	1 490	4 013	4 556	6 979	8 180	12 168	14 373	16 977	20 016
弥勒县	Mile	4 503	9 720	12 583	23 794	28 164	39 010	46 192	56 022	69 465
泸西县	Luxi	2 012	6 142	7 224	10 684	11 892	15 478	20 138	26 141	31 637
元阳县	Yuanyang	507	833	1 843	2 487	2 737	5 209	6 166	10 511	12 111
红河县	Honghe	264	554	1 277	1 356	1 579	2 217	2 808	3 353	4 266
金平县	Jinping	601	1 242	2 258	3 579	5 094	9 566	11 366	13 971	16 306
绿春县	Luchun	279	494	654	1 926	2 944	4 750	6 060	7 181	8 303
河口县	Hekou	417	1 690	2 962	4 723	7 038	6 289	7 736	8 970	10 320
州本级	Prefecture-level	2 389	6 376	22 846	70 400	78 274	116 269	129 808	149 214	177 728
文 山 州	**Wenshan**	**8 269**	**14 432**	**36 666**	**55 175**	**70 917**	**126 000**	**154 388**	**172 888**	**220 266**
文山市	Wenshan	2 181	3 121	10 688	20 699	24 129	35 666	44 008	53 608	68 008
砚山县	Yanshan	858	1 724	4 300	7 537	9 539	15 551	20 593	23 688	28 217
西畴县	Xichou	589	1 305	2 610	2 307	2 389	2 711	3 508	5 080	6 086
麻栗坡县	Malipo	764	1 013	2 706	3 228	4 708	11 190	12 190	13 600	17 019
马关县	Maguan	761	1 237	3 699	5 266	6 678	15 007	17 966	19 666	27 066
丘北县	Qiubei	775	1 614	3 233	4 328	5 158	7 818	9 816	13 168	16 298
广南县	Guangnan	1 354	2 021	4 242	5 188	6 399	9 398	12 000	13 460	16 168
富宁县	Funing	796	1 531	3 288	4 238	7 513	10 806	13 386	15 008	18 001
州本级	Prefecture-level	191	866	1 900	2 384	4 404	17 853	20 921	15 610	23 403
西双版纳州	**Xishuangbanna**	**6 478**	**18 735**	**30 852**	**27 208**	**36 430**	**60 687**	**72 011**	**85 990**	**112 586**
景洪市	Jinghong	3 351	8 217	15 547	13 630	17 428	25 834	32 243	36 206	47 675
勐海县	Menghai	1 779	4 163	6 237	3 954	4 315	6 839	8 776	11 292	13 802

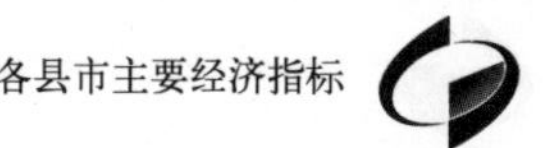

21-8 续表3 continued

单位：万元 (10 000 yuan)

州市县	Region	1990	1995	2000	2004	2005	2007	2008	2009	2010
勐腊县	Mengla	1 271	4 913	6 397	3 474	5 793	13 046	12 798	15 704	22 709
州本级	Prefecture-level	76	1 442	2 671	6 150	8 894	14 968	18 194	22 788	28 400
大理州	**Dali**	**43 865**	**55 204**	**91 294**	**132 974**	**157 487**	**227 817**	**275 715**	**315 480**	**376 162**
大理市	Dali	9 886	17 425	11 664	45 885	55 977	90 122	103 995	122 855	142 149
漾濞县	Yangbi	601	1 268	2 305	2 871	3 551	5 042	5 722	6 826	7 764
祥云县	Xiangyun	3 658	7 491	8 509	10 961	13 362	20 379	24 693	28 503	33 392
宾川县	Binchuan	1 856	5 018	6 717	7 303	7 787	11 682	14 594	16 058	18 992
弥渡县	Midu	1 426	3 713	4 251	4 344	4 438	6 688	8 796	10 855	13 039
南涧县	Nanjian	715	3 304	4 316	6 109	7 607	9 916	11 129	12 119	16 339
巍山县	Weishan	1 196	3 102	3 716	4 249	4 866	6 681	7 680	9 692	13 432
永平县	Yongping	636	2 703	3 018	3 534	3 627	6 133	8 002	9 596	13 789
云龙县	Yunlong	1 260	1 154	2 459	2 788	3 121	5 778	8 247	8 923	10 930
洱源县	Eryuan	1 357	3 521	4 148	5 012	6 166	8 556	10 408	10 068	12 027
剑川县	Jianchuan	445	1 083	2 626	3 379	3 609	6 202	7 611	9 362	9 763
鹤庆县	Heqing	1 031	2 787	3 265	5 060	6 053	9 857	13 875	14 988	18 748
州本级	Prefecture-level	19 799	2 635	11 664	31 479	37 323	40 781	50 963	55 635	65 798
德宏州	**Dehong**	**12 815**	**14 333**	**22 086**	**32 510**	**40 585**	**78 953**	**88 679**	**98 345**	**132 390**
芒　市	Mnagshi	2 914	3 600	5 447	7 619	8 867	17 440	21 704	25 521	33 021
瑞丽市	Ruili	4 083	3 838	6 093	7 370	10 307	16 819	22 103	22 092	37 281
梁河县	Lianghe	909	1 150	1 804	2 447	2 529	3 700	4 985	5 720	6 765
盈江县	Yingjiang	1 931	3 206	4 855	6 729	8 466	14 621	18 739	21 724	28 901
陇川县	Longchuan	1 612	1 485	3 006	3 048	3 032	5 252	6 136	6 933	8 895
州　级	Prefecture-level	-148	450	881	5 297	7 384	21 121	15 012	16 355	17 527
怒江州	**Nujiang**	**3 479**	**4 985**	**9 669**	**14 818**	**20 088**	**47 789**	**51 178**	**46 666**	**58 388**
泸水县	Lushui	741	1 190	2 968	5 037	5 600	7 189	8 927	10 827	12 737
福贡县	Fugong	70	181	516	579	866	1 470	2 023	2 321	2 658
贡山县	Gongshan	20	117	778	954	1 146	1 309	1 582	2 302	2 630
兰坪县	Lanping	2 340	3 053	5 079	5 825	8 518	29 599	29 002	21 018	28 018
州本级	Prefecture-level	308	444	328	2 423	3 958	8 222	9 644	10 198	12 345
迪庆州	**Diqing**	**3 787**	**5 469**	**5 855**	**11 001**	**13 905**	**23 566**	**32 026**	**43 578**	**59 667**
香格里拉县	Shangri-La	1 535	2 053	2 902	4 613	5 723	10 188	13 248	16 606	20 988
德钦县	Deqin	1 126	838	486	918	1 178	2 008	2 788	4 470	7 078
维西县	Weixi	525	1 651	840	1 229	1 440	2 126	3 612	5 820	10 147
州本级	Prefecture-level	601	927	1 627	4 241	5 564	9 244	12 378	16 682	21 454
省本级	**Province-level**	**77 633**	**88 811**	**293 086**	**540 698**	**601 309**	**1 072 886**	**1363 535**	**1504 650**	**1 835 026**

21-9 各州市县人均财政收入(2007–2010年)
Per Capita Government Revenue by Region (2007-2010)

单位：元/人 (yuan/person)

州 市 县	Region	2007	2008	2009	2010
全　省	**Yunnan**	**1 082**	**1 356**	**1 532**	**1 900**
昆明市	**Kunming**	**2 156**	**2 815**	**3 221**	**3 991**
呈贡县	Chenggong	1 920	2 381	2 333	2 541
五华区	Wuhua	1 225	1 520	1 807	2 380
盘龙区	Panlong	1 218	1 583	1 799	2 164
官渡区	Guandu	1 363	2 138	2 642	3 231
西山区	Xishan	1 254	1 563	1 828	2 314
东川区	Dongchuan	1 273	1 373	818	1 443
晋宁县	Jinning	866	1 175	1 671	2 206
富民县	Fumin	547	695	800	1 278
宜良县	Yiliang	595	784	896	1 104
石林县	Shilin	592	833	1 067	1 431
嵩明县	Songming	462	658	1 036	1 572
禄劝县	Luquan	284	362	517	691
寻甸县	Xundian	305	418	530	705
安宁市	Anning	2 701	3 401	3 987	5 029
曲靖市	**Qujing**	**813**	**973**	**1 089**	**1 240**
麒麟区	Qilin	727	913	1 091	1 277
马龙县	Malong	666	876	1 044	1 258
陆良县	Luliang	412	487	546	628
师宗县	Shizong	485	582	659	753
罗平县	Luoping	392	484	551	625
富源县	Fuyuan	818	911	1 019	1 174
会泽县	Huize	472	560	604	669
沾益县	Zhanyi	903	1 103	1 156	1 290
宣威市	Xuanwei	475	548	594	671
玉溪市	**Yuxi**	**1 725**	**2 210**	**2 374**	**2 819**
红塔区	Hongta	1 043	1 258	1 475	1 910
江川县	Jiangchuan	592	723	748	854
澄江县	Chengjiang	689	1 122	1 471	1 745
通海县	Tonghai	581	716	793	892
华宁县	Huaning	570	812	835	938
易门县	Yimen	915	1 103	1 185	1 355
峨山县	Eshan	1 126	1 316	1 350	1 671
新平县	Xinping	934	1 348	1 494	1 898
元江县	Yuanjiang	521	641	658	798
保山市	**Baoshan**	**432**	**507**	**640**	**857**
隆阳区	Longyang	372	431	570	663
施甸县	Shidian	189	231	255	412
腾冲县	Tengchong	514	623	788	1 024
龙陵县	Longling	385	442	510	580
昌宁县	Changning	267	306	422	974
昭通市	**Zhaotong**	**249**	**325**	**391**	**485**
昭阳区	Zhaoyang	286	378	506	631
鲁甸县	Ludian	214	249	285	405
巧家县	Qiaojia	113	128	161	208
盐津县	Yanjin	140	188	230	246
大关县	Daguan	110	157	179	205
永善县	Yongshan	170	217	261	342
绥江县	Suijiang	168	301	404	569
镇雄县	Zhenxiong	89	111	146	198
彝良县	Yiliang	151	185	211	282
威信县	Weixin	144	201	264	330
水富县	Shuifu	1 077	1 261	1 327	1 603
丽江市	**Lijiang**	**599**	**782**	**953**	**1 331**
古城区	Gucheng	1 644	1 783	2 138	2 612
玉龙县	Yulong	383	501	612	955
永胜县	Yongsheng	153	257	344	449
华坪县	Huaping	978	1 291	1 609	2 102
宁蒗县	Ninglang	120	206	286	421
普洱市	**Pu'er**	**431**	**531**	**642**	**1 202**
思茅区	Simao	932	1 122	1 284	1 459
宁洱县	Ning'er	478	555	611	843
墨江县	Mojiang	207	264	320	442
景东县	Jingdong	302	417	474	618
景谷县	Jinggu	404	512	593	984
镇沅县	Zhenyuan	201	258	335	520
江城县	Jiangcheng	288	352	424	495
孟连县	Menglian	265	269	303	385
澜沧县	Lancang	170	212	248	447
西盟县	Ximeng	139	176	229	293
临沧市	**Lincang**	**294**	**357**	**421**	**601**
临翔区	Linxiang	319	393	467	617
凤庆县	Fengqing	184	239	315	573
云　县	Yunxian	352	408	436	483
永德县	Yongde	128	161	199	290
镇康县	Zhenkang	276	328	377	524
双江县	Shuangjiang	160	187	226	351
耿马县	Gengma	215	258	299	424
沧源县	Cangyuan	202	270	249	450

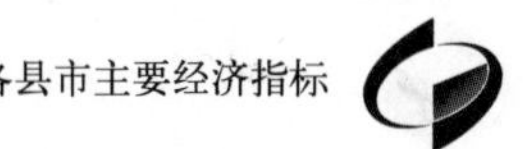

21-9 续表 continued

单位：元/人 (yuan/person)

州市县	Region	2007	2008	2009	2010	州市县	Region	2007	2008	2009	2010
楚雄州	**Chuxiong**	**670**	**845**	**949**	**1 139**	富宁县	Funing	274	337	375	445
楚雄市	Chuxiong	1066	1 341	1 507	1 704	**西双版纳州**	**Xishuangbanna**	**572**	**675**	**801**	**1 019**
双柏县	Shuangbo	310	407	497	612	景洪市	Jinghong	544	674	753	951
牟定县	Mouding	240	316	359	461	勐海县	Menghai	207	264	339	414
南华县	Nanhua	323	353	408	519	勐腊县	Mengla	510	497	606	838
姚安县	Yao'an	208	268	297	376	**大理州**	**Dali**	**654**	**791**	**901**	**1 080**
大姚县	Dayao	277	385	374	515	大理市	Dali	1444	1 656	1 932	2 198
永仁县	Yongren	336	478	621	807	漾濞县	Yangbi	471	545	665	758
元谋县	Yuanmou	320	401	397	401	祥云县	Xiangyun	449	547	624	731
武定县	Wuding	275	434	511	707	宾川县	Binchuan	343	427	468	548
禄丰县	Lufeng	662	741	913	1 071	弥渡县	Midu	212	277	341	412
红河州	**Honghe**	**865**	**1 028**	**1 176**	**1 368**	南涧县	Nanjian	447	500	543	751
蒙自市	Mengzi	986	1 221	1 445	1 762	巍山县	Weishan	215	247	312	437
个旧市	Gejiu	1292	1 656	1 695	1 724	永平县	Yongping	333	437	526	771
开远市	Kaiyuan	1204	1 440	1 598	1 810	云龙县	Yunlong	279	398	431	538
屏边县	Pingbian	237	281	316	359	洱源县	Eryuan	310	376	363	440
建水县	Jianshui	517	632	717	898	剑川县	Jianchuan	352	432	531	563
石屏县	Shiping	415	487	572	670	鹤庆县	Heqing	372	521	561	717
弥勒县	Mile	747	876	1 051	1 292	**德宏州**	**Dehong**	**674**	**751**	**827**	**1 100**
泸西县	Luxi	399	515	665	795	芒市	Mangshi	468	576	671	855
元阳县	Yuanyang	136	159	268	306	瑞丽市	Ruili	1013	1 318	1 308	2 126
红河县	Honghe	78	98	116	145	梁河县	Lianghe	231	311	355	428
金平县	Jinping	285	332	400	460	盈江县	Yingjiang	496	630	727	955
绿春县	Luchun	223	279	324	373	陇川县	Longchuan	295	342	385	491
河口县	Hekou	611	749	864	988	**怒江州**	**Nujiang**	**905**	**964**	**873**	**1 090**
文山州	**Wenshan**	**371**	**451**	**502**	**632**	泸水县	Lushui	389	479	578	683
文山市	Wenshan	803	981	1 180	1 447	福贡县	Fugong	156	213	243	273
砚山县	Yanshan	344	453	517	611	贡山县	Gongshan	354	425	616	697
西畴县	Xichou	108	139	201	240	兰坪县	Lanping	1403	1 363	981	1 309
麻栗坡县	Malipo	407	443	492	613	**迪庆州**	**Diqing**	**632**	**852**	**1 153**	**1 531**
马关县	Maguan	418	496	538	737	香格里拉县	Shangri-La	649	833	1 029	1 250
丘北县	Qiubei	170	213	284	346	德钦县	Deqin	319	442	710	1 093
广南县	Guangnan	123	156	174	207	维西县	Weixi	139	236	379	645

21-10 主要年份各州市县财政支出
Government Expenditure by Region in Significant Years

单位：万元 (10 000 yuan)

州市县	Region	1990	1995	2000	2005	2007	2008	2009	2010
全省合计	**Total**	**907 586**	**2 350 993**	**4 141 074**	**7 663 115**	**11 352 175**	**14 702 388**	**19 523 395**	**22 857 234**
昆明市	**Kunming**	**146 397**	**339 844**	**688 003**	**1 148 259**	**1 646 540**	**2 334 865**	**2 707 475**	**3 462 884**
呈贡县	Chenggong	2 821	8 699	12 644	28 060	49 611	73 157	74 778	96 623
五华区	Wuhua	18 238	38 732	63 344	83 147	117 093	148 170	176 842	203 460
盘龙区	Panlong	7 654	23 015	47 416	68 263	92 191	125 023	153 402	201 047
官渡区	Guandu	9 658	31 608	64 973	73 190	105 100	182 860	227 154	298 102
西山区	Xishan	5 173	14 891	32 147	58 689	91 872	144 576	163 766	198 104
东川区	Dongchuan	4 399	10 008	21 085	50 247	119 985	124 947	141 674	160 556
晋宁县	Jinning	4 193	9 656	17 055	27 658	50 699	70 105	89 521	112 401
富民县	Fumin	2 047	6 926	11 868	19 103	30 891	37 919	43 190	66 720
宜良县	Yiliang	3 270	10 464	16 184	29 148	49 464	70 737	84 201	102 704
石林县	Shilin	2 796	8 986	15 244	27 788	40 219	55 725	71 161	93 421
嵩明县	Songming	3 068	9 430	14 560	29 580	53 947	72 330	91 066	114 896
禄劝县	Luquan	3 051	12 029	19 335	37 993	57 621	72 505	94 887	121 999
寻甸县	Xundian	4 701	11 595	21 254	42 433	64 791	87 258	108 586	130 363
安宁市	Anning	7 753	34 103	49 654	87 712	116 264	139 330	153 108	192 801
市本级	City-level	76 677	131 305	281 240	485 248	606 792	930 223	1 034 139	1 369 687
曲靖市	**Qujing**	**71 235**	**157 459**	**256 022**	**532 277**	**901 592**	**1 169 321**	**1 401 667**	**1 815 919**
麒麟区	Qilin	12 445	30 876	25 482	57 532	84 704	115 480	151 542	177 953
马龙县	Malong	3 321	6 040	11 294	22 062	33 307	46 449	57 604	87 178
陆良县	Luliang	5 377	12 929	18 940	41 017	73 205	98 766	117 119	151 039
师宗县	Shizong	3 271	7 353	13 533	30 500	53 288	73 552	90 323	112 696
罗平县	Luoping	5 059	9 903	19 145	39 661	65 668	84 768	101 067	128 818
富源县	Fuyuan	5 108	9 646	20 234	50 808	102 060	131 264	149 670	209 633
会泽县	Huize	8 019	23 273	29 934	72 268	112 554	148 618	174 474	210 034
沾益县	Zhanyi			21 327	34 261	59 927	77 932	94 491	126 847
宣威市	Xuanwei	9 696	19 573	39 176	86 737	145 827	197 941	245 812	313 187
市本级	City-level	14 239	26 271	56 957	97 431	171 052	194 551	219 565	298 534
玉溪市	**Yuxi**	**75 495**	**205 135**	**278 101**	**408 743**	**604 191**	**725 275**	**898 224**	**1 072 981**
红塔区	Hongta	9 823	28 438	43 429	60 968	87 055	99 607	118 797	150 982
江川县	Jiangchuan	4 387	11 946	14 823	29 567	39 188	52 414	62 379	73 663
澄江县	Chengjiang	3 982	9 968	12 756	20 723	28 381	40 218	59 163	66 369
通海县	Tonghai	4 695	11 818	14 655	26 171	40 546	47 994	60 106	73 769
华宁县	Huaning	4 195	9 969	13 355	23 773	31 610	43 220	53 810	67 655
易门县	Yimen	4 023	9 982	13 105	25 403	36 658	42 496	56 057	64 815
峨山县	Eshan	4 320	9 974	16 098	28 383	40 293	47 334	57 070	75 185
新平县	Xinping	5 685	14 388	19 944	40 427	67 940	82 462	109 168	137 867
元江县	Yuanjiang	4 933	11 551	17 651	28 226	40 968	46 717	68 897	79 908
市本级	City-level	29 451	87 101	112 285	125 102	191 552	222 813	252 777	282 768

21-10 续表1 continued

单位：万元

州市县	Region	1995	2000	2005	2007	2008	2009	2010
保山市	**Baoshan**	**61 208**	**105 448**	**226 922**	**364 118**	**468 808**	**620 180**	**822 869**
隆阳区	Longyang	15 525	26 246	59 626	91 204	120 241	155 582	207 559
施甸县	Shidian	7 472	12 962	24 714	41 861	53 123	80 782	100 198
腾冲县	Tengchong	12 176	24 950	54 162	102 392	129 502	163 910	217 487
龙陵县	Longling	7 042	12 465	27 976	44 774	56 253	77 328	104 877
昌宁县	Changning	8 312	13 036	28 296	42 732	57 008	80 816	117 331
市本级	City-level	10 681	15 789	32 148	41 155	52 681	61 762	75 417
昭通市	**Zhaotong**	**111 373**	**177 962**	**371 777**	**630 555**	**882 950**	**1 114 971**	**1 465 980**
昭阳区	Zhaoyang	12 690	22 788	50 928	80 270	111 959	148 513	192 216
鲁甸县	Ludian	6 377	10 238	24 239	47 633	66 271	87 938	117 493
巧家县	Qiaojia	6 958	13 698	28 546	57 800	75 035	93 411	133 958
盐津县	Yanjin	4 925	10 425	23 364	42 318	57 518	70 299	82 899
大关县	Daguan	4 114	8 677	18 381	35 882	49 908	58 262	86 633
永善县	Yongshan	6 191	13 175	27 552	48 438	71 751	89 106	109 609
绥江县	Suijiang	6 677	8 743	14 223	24 292	31 010	41 654	56 056
镇雄县	Zhenxiong	12 740	22 628	58 506	100 633	152 299	199 966	261 936
彝良县	Yiliang	6 063	13 699	26 934	51 707	75 501	104 363	120 417
威信县	Weixin	6 695	10 680	25 037	42 668	63 828	74 266	98 189
水富县	Shuifu	4 811	7 431	17 231	26 102	38 300	38 194	56 741
市本级	City-level	33 132	35 780	56 836	72 812	89 570	108 999	149 833
丽江市	**Lijiang**	**31 752**	**79 256**	**175 712**	**287 181**	**367 047**	**474 537**	**591 117**
古城区	Gucheng			29 172	46 726	54 788	63 295	88 762
玉龙县	Yulong			27 992	40 792	54 105	75 006	94 353
永胜县	Yongsheng	7122	16159	31 988	58 983	73 588	102 332	117 828
华坪县	Huaping	4 522	11 110	30 645	52 499	63 331	75 916	90 788
宁蒗县	Ninglang	5 559	14 872	25 216	48 291	70 520	87 281	103 530
市本级	City-level	6 007	15 528	30 699	39 890	50 715	70 707	95 856
普洱市	**Pu'er**	**65 588**	**153 907**	**290 364**	**558 022**	**593 010**	**854 788**	**1 141 098**
思茅区	Simao	5 652	13 494	30 409	59 815	60 157	77 274	95 665
宁洱县	Ning'er	5 647	11 266	21 182	82 631	44 218	60 750	76 383
墨江县	Mojiang	5 945	14 468	27 425	50 257	61 036	91 269	115 768
景东县	Jingdong	6 606	15 668	30 219	47 392	59 005	92 890	114 932
景谷县	Jinggu	6 579	14 121	26 835	45 755	52 755	75 277	104 671
镇沅县	Zhenyuan	5 434	10 811	21 647	34 834	42 088	63 284	80 642
江城县	Jiangcheng	3 504	7 832	14 169	27 501	26 983	43 936	53 558
孟连县	Menglian	4 487	7 440	14 688	25 884	31 811	43 632	56 168
澜沧县	Lancang	7 718	18 807	37 669	69 281	91 152	130 367	175 160
西盟县	Ximeng	3 131	6 670	13 917	22 409	28 813	45 789	50 871
市本级	City-level	10 885	33 330	52 204	92 263	94 992	130 320	217 280
临沧市	**Lincang**	**54 019**	**110 441**	**226 874**	**385 995**	**491 610**	**695 355**	**907 747**
临翔区	Linxiang	6 163	13 977	24 109	45 218	56 818	80 524	97 700
凤庆县	Fengqing	7 217	14 096	25 079	49 888	67 777	102 524	124 277
云县	Yunxian	8 095	15 605	29 593	49 783	59 124	88 765	105 247
永德县	Yongde	4 881	10 872	24 220	42 822	54 618	74 430	111 706
镇康县	Zhenkang	4 064	8 952	18 679	33 083	44 269	64 822	81 639
双江县	Shuangjiang	3 993	8 340	17 105	29 832	44 079	58 208	67 328
耿马县	Gengma	7 947	11 544	22 617	40 667	53 479	79 654	116 927
沧源县	Cangyuan	4 592	9 159	18 080	34 288	45 998	69 012	84 271

21-10 续表2 continued

单位：万元 (10 000 yuan)

州市县	Region	2000	2005	2007	2008	2009	2010
市本级	City-level	17 896	47 392	60 414	65 448	77 416	118 652
楚雄州	**Chuxiong**	**189 202**	**356 140**	**570 960**	**700 427**	**910 569**	**1 085 785**
楚雄市	Chuxiong	30 494	55 147	101 620	123 664	146 386	187 104
双柏县	Shuangbo	9 714	18 349	30 087	38 337	54 227	67 703
牟定县	Mouding	11 162	20 156	30 022	38 240	56 894	66 336
南华县	Nanhua	12 524	21 085	38 365	42 553	64 464	80 744
姚安县	Yao'an	13 339	18 212	31 318	39 057	76 914	60 912
大姚县	Dayao	14 667	25 057	41 338	54 184	78 636	91 218
永仁县	Yongren	9 057	14 575	25 075	35 858	55 113	54 088
元谋县	Yuanmou	11 476	23 355	34 081	53 987	56 990	72 405
武定县	Wuding	15 175	22 955	40 210	54 158	76 150	82 312
禄丰县	Lufeng	18 558	45 517	71 588	81 675	116 114	156 487
州本级	Prefecture-level	43 036	91 732	127 256	138 714	128 681	166 476
红河州	**Honghe**	**236 622**	**524 183**	**819 795**	**1 073 458**	**1 376 466**	**1 694 222**
蒙自市	Mengzi	14 089	39 822	71 042	89 311	111 607	132 226
个旧市	Gejiu	25 872	67 792	97 674	129 773	152 063	210 169
开远市	Kaiyuan	18 368	44 590	62 070	83 438	89 053	125 051
屏边县	Pingbian	7 902	16 015	25 273	33 417	44 517	56 781
建水县	Jianshui	17 402	39 496	68 277	85 871	114 346	136 687
石屏县	Shiping	13 685	28 203	42 461	55 632	81 228	102 646
弥勒县	Mile	19 301	45 254	79 273	103 203	131 022	154 951
泸西县	Luxi	14 509	28 727	47 104	69 503	91 463	112 080
元阳县	Yuanyang	12 773	24 041	39 490	51 924	81 049	95 380
红河县	Honghe	10 701	20 704	33 985	42 065	65 689	90 428
金平县	Jinping	12 536	25 414	46 724	61 988	86 663	105 488
绿春县	Luchun	9 715	19 441	35 071	47 499	68 548	78 319
河口县	Hekou	9 116	18 737	25 494	36 524	52 381	59 608
州本级	Prefecture-level	50 653	105 947	145 857	183 310	206 837	234 408
文山州	**Wenshan**	**142 601**	**307 800**	**525 324**	**667 080**	**899 434**	**1 141 176**
文山市	Wenshan	20 526	50 530	69 120	90 201	116 801	152 727
砚山县	Yanshan	14 742	30 490	52 438	77 334	95 932	118 941
西畴县	Xichou	11 629	25 208	37 286	49 301	65 274	78 092
麻栗坡县	Malipo	12 403	26 466	47 999	60 278	87 424	113 395
马关县	Maguan	14 764	30 764	52 998	70 069	91 676	126 480
丘北县	Qiubei	15 273	28 180	54 774	73 330	96 566	135 131
广南县	Guangnan	18 446	40 933	68 162	93 164	126 673	157 151
富宁县	Funing	13 930	32 076	54 163	74 722	107 954	136 718
州本级	Prefecture-level	20 888	43 153	88 384	78 681	111 134	122 541
西双版纳州	**Xishuangbanna**	**63 148**	**128 223**	**207 656**	**256 780**	**352 445**	**424 301**
景洪市	Jinghong	19 415	38 608	68 077	84 007	122 393	142 749
勐海县	Menghai	13 038	27 157	47 292	60 102	77 557	102 058

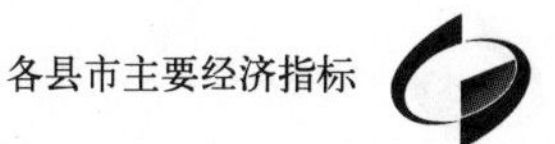

21-10 续表3 continued

单位：万元 (10 000 yuan)

州 市 县	Region	1990	1995	2000	2005	2007	2008	2009	2010
勐腊县	Mengla	3 221	7 928	11 699	25 423	43 059	50 792	72 453	89 329
州本级	Prefecture-level	3 850	9 969	18 996	37 035	49 228	61 879	80 042	90 165
大 理 州	**Dali**	**53 428**	**114 829**	**207 071**	**396 589**	**607 140**	**750 219**	**1 023 923**	**1 242 429**
大理市	Dali	8 654	18 961	35 167	83 134	123 929	143 945	194 215	210 488
漾濞县	Yangbi	1 551	3 602	8 761	16 185	24 822	29 901	35 226	50 907
祥云县	Xiangyun	4 236	10 463	16 552	30 976	52 676	67 986	99 683	113 780
宾川县	Binchuan	3 550	8 104	15 264	30 106	52 717	62 478	91 867	99 520
弥渡县	Midu	2 847	6 010	11 717	21 813	35 041	48 120	68 647	85 624
南涧县	Nanjian	2 271	5 688	11 624	21 868	31 822	36 916	50 541	69 255
巍山县	Weishan	3 025	6 374	13 542	22 715	37 874	46 087	61 044	82 463
永平县	Yongping	2 160	5 317	10 614	17 810	29 716	35 432	52 173	61 479
云龙县	Yunlong	2 777	5 402	11 144	20 288	34 408	42 232	59 225	79 730
洱源县	Eryuan	3 012	6 712	13 014	26 364	37 633	46 519	64 028	85 022
剑川县	Jianchuan	2 102	4 676	11 290	19 543	31 809	37 548	49 828	65 044
鹤庆县	Heqing	2 433	6 687	11 067	23 633	37 431	56 542	72 868	90 009
州本级	Prefecture-level	14 809	26 833	35 167	62 154	77 262	96 513	124 578	149 108
德 宏 州	**Dehong**	**24 760**	**43 640**	**71 826**	**168 212**	**280 082**	**365 934**	**488 697**	**581 117**
芒　市	Mangshi	4 009	8 287	12 048	30 962	53 660	71 256	103 507	133 597
瑞丽市	Ruili	4 128	7 210	11 780	23 965	39 297	55 866	71 237	98 818
梁河县	Lianghe	2 082	4 359	7 644	17 165	27 573	37 077	53 230	62 281
盈江县	Yingjiang	3 632	7 484	11 594	29 865	51 213	87 785	98 394	110 742
陇川县	Longchuan	2 550	5 168	9 306	19 689	32 018	47 398	65 037	84 083
州本级	Prefecture-level	6 845	9 335	19 454	46 566	76 321	66 552	97 292	91 596
怒 江 州	**Nujiang**	**11 496**	**22 933**	**49 498**	**102 507**	**174 157**	**210 626**	**275 430**	**340 402**
泸水县	Lushui	2 676	4 799	11 283	28 780	37 151	46 680	68 823	84 657
福贡县	Fugong	1 671	3 178	7 871	14 490	24 191	32 619	47 222	58 011
贡山县	Gongshan	1 112	1 911	5 856	10 656	18 788	25 571	27 936	52 494
兰坪县	Lanping	3 354	7 803	13 577	27 184	58 620	63 542	77 742	93 336
州本级	Prefecture-level	2 683	5 242	10 911	21 397	35 407	42 214	53 707	51 904
迪 庆 州	**Diqing**	**9 917**	**20 713**	**50 252**	**107 095**	**186 863**	**235 493**	**300 894**	**431 485**
香格里拉县	Shangri-La	3 129	6 563	16 310	32 023	49 936	63 819	76 150	112 471
德钦县	Deqin	2 720	3 364	9 804	16 185	32 728	44 575	63 781	76 266
维西县	Weixi	1 873	5 223	12 409	24 994	35 804	50 821	66 215	106 652
州本级	Prefecture-level	2 195	5 563	11 729	33 893	68 395	76 278	94 748	136 096
省本级	**Provincial-level**	**187 562**	**749 437**	**1 281 714**	**2 191 438**	**2 602 004**	**3 409 485**	**5 128 340**	**4 635 722**

注：1994年以后全省分县财政支出数按新财政体制口径统计。

Note: Data of government expenditure by county after 1994 have been recorded according to the new financial system.

21-11 全省各州市县人均财政支出(2007-2010年)
Per Capita Government Expenditure by Region (2007-2010)

单位：元/人 (yuan/person)

州市县	Region	2007	2008	2009	2010	州市县	Region	2007	2008	2009	2010
全　省	**Yunnan**	**2 524**	**3 247**	**4 284**	**4 984**	龙陵县	Longling	1 640	2 053	2 809	3 792
昆明市	**Kunming**	**2 667**	**3 756**	**4 325**	**5 445**	昌宁县	Changning	1 242	1 660	2 348	3 409
呈贡县	Chenggong	2 205	3 223	3 287	3 571	**昭通市**	**Zhaotong**	**1 216**	**1 674**	**2 096**	**2 776**
五华区	Wuhua	1 332	1 688	2 027	2 357	昭阳区	Zhaoyang	1 037	1 405	1 847	2 408
盘龙区	Panlong	1 423	1 907	2 209	2 610	鲁甸县	Ludian	1 247	1 754	2 306	3 036
官渡区	Guandu	1 409	2 433	2 987	3 682	巧家县	Qiaojia	1 091	1 392	1 757	2 560
西山区	Xishan	1 335	2 067	2 303	2 696	盐津县	Yanjin	1 147	1 542	1 866	2 215
东川区	Dongchuan	4 123	4 276	4 816	5 661	大关县	Daguan	1 413	1 943	2 245	3 307
晋宁县	Jinning	1 791	2 489	3 184	3 971	永善县	Yongshan	1 220	1 823	2 228	2 752
富民县	Fumin	2 059	2 521	2 854	4 482	绥江县	Suijiang	1 557	1 966	2 621	3 583
宜良县	Yiliang	1 186	1 677	1 970	2 420	镇雄县	Zhenxiong	766	1 118	1 448	1 925
石林县	Shilin	1 676	2 309	2 925	3 809	彝良县	Yiliang	959	1 389	1 903	2 243
嵩明县	Songming	1 559	2 077	2 871	4 014	威信县	Weixin	1 141	1 689	1 946	2 552
禄劝县	Luquan	1 310	1 634	2 125	2 888	水富县	Shuifu	2 748	3 990	3 968	5 710
寻甸县	Xundian	1 286	1 721	2 125	2 686	**丽江市**	**Lijiang**	**2 364**	**3 012**	**3 879**	**4 782**
安宁市	Anning	3 679	4 366	4 769	5 810	古城区	Gucheng	2 733	3 198	3 683	4 628
曲靖市	**Qujing**	**1 578**	**2 032**	**2 417**	**3 110**	玉龙县	**Yulong**	1 774	2 349	3 246	4 227
麒麟区	Qilin	1 233	1 665	2 171	2 467	永胜县	Yongsheng	1 486	1 849	2 561	2 972
马龙县	Malong	1 753	2 422	2 980	4 586	华坪县	Huaping	3 201	3 855	4 607	5 448
陆良县	Luliang	1 196	1 602	1 892	2 430	宁蒗县	Ninglang	1 901	2 762	3 408	4 015
师宗县	Shizong	1 413	1 934	2 369	2 909	**普洱市**	**Pu'er**	**2 167**	**2 300**	**3 308**	**4 446**
罗平县	Luoping	1 212	1 557	1 851	2 348	思茅区	Simao	2 337	2 346	2 997	3 443
富源县	Fuyuan	1 452	1 864	2 124	2 935	宁洱县	Ning'er	4 237	2 268	3 114	4 007
会泽县	Huize	1 286	1 664	1 912	2 301	墨江县	Mojiang	1 326	1 609	2 403	3 125
沾益县	Zhanyi	1 498	1 930	2 317	3 015	景东县	Jingdong	1 250	1 556	2 447	3 107
宣威市	Xuanwei	1 097	1 491	1 838	2 334	景谷县	Jinggu	1 476	1 701	2 424	3 473
玉溪市	**Yuxi**	**2 679**	**3 195**	**3 937**	**4 672**	镇沅县	Zhenyuan	1 628	1 964	2 947	3 806
红塔区	Hongta	1 856	2 108	2 499	3 104	江城县	Jiangcheng	2 311	2 254	3 643	4 416
江川县	Jiangchuan	1 420	1 882	2 232	2 625	孟连县	Menglian	1 932	2 376	3 257	4 164
澄江县	Chengjiang	1 752	2 460	3 597	3 968	澜沧县	Lancang	1 391	1 827	2 611	3 531
通海县	Tonghai	1 347	1 585	1 975	2 434	西盟县	Ximeng	2 436	3 122	4 945	5 525
华宁县	Huaning	1 498	2 031	2 512	3 148	**临沧市**	**Lincang**	**1 631**	**2 070**	**2 911**	**3 760**
易门县	Yimen	2 059	2 370	3 118	3 628	临翔区	Linxiang	1 492	1 865	2 631	3 097
峨山县	Eshan	2 518	2 935	3 528	4 627	凤庆县	Fengqing	1 104	1 495	2 250	2 714
新平县	Xinping	2 409	2 908	3 836	4 832	云　县	Yunxian	1 124	1 329	1 986	2 344
元江县	Yuanjiang	1 905	2 159	3 169	3 669	永德县	Yongde	1 176	1 493	2 023	3 022
保山市	**Baoshan**	**1 487**	**1 908**	**2 510**	**3 301**	镇康县	Zhenkang	1 946	2 583	3 761	4 671
隆阳区	Longyang	1 035	1 359	1 747	2 268	双江县	Shuangjiang	1 676	2 457	3 228	3 766
施甸县	Shidian	1 296	1 642	2 486	3 178	耿马县	Gengma	1 437	1 890	2 796	4 014
腾冲县	Tengchong	1 628	2 052	2 579	3 389	沧源县	Cangyuan	1 982	2 650	3 947	4 750

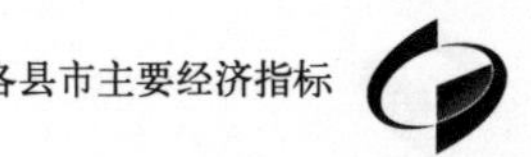

21-11 续表 continued

单位：元/人 (yuan/person)

州市县	Region	2007	2008	2009	2010
楚雄州	**Chuxiong**	**2 132**	**2 607**	**3 378**	**4 030**
楚雄市	Chuxiong	1 858	2 254	2 656	3 276
双柏县	Shuangbo	1 892	2 408	3 400	4 235
牟定县	Mouding	1 472	1 865	2 770	3 199
南华县	Nanhua	1 605	1 778	2 689	3 391
姚安县	Yao'an	1 506	1 876	3 685	2 993
大姚县	Dayao	1 430	1 872	2 711	3 234
永仁县	Yongren	2 322	3 293	5 061	4 950
元谋县	Yuanmou	1 608	2 535	2 671	3 368
武定县	Wuding	1 462	1 956	2 734	2 985
禄丰县	Lufeng	1 638	1 862	2 638	3 622
红河州	**Honghe**	**1 881**	**2 444**	**3 109**	**3 787**
蒙自市	Mengzi	1 789	2 232	2 775	3 221
个旧市	Gejiu	2 142	2 847	3 336	4 584
开远市	Kaiyuan	1 989	2 670	2 840	3 925
屏边县	Pingbian	1 696	2 244	3 002	3 760
建水县	Jianshui	1 308	1 635	2 167	2 576
石屏县	Shiping	1 449	1 886	2 737	3 438
弥勒县	Mile	1 519	1 956	2 459	2 883
泸西县	Luxi	1 214	1 778	2 326	2 817
元阳县	Yuanyang	1 031	1 341	2 067	2 412
红河县	Honghe	1 192	1 465	2 269	3 078
金平县	Jinping	1 391	1 809	2 482	2 977
绿春县	Luchun	1 647	2 184	3 088	3 517
河口县	Hekou	2 475	3 536	5 044	5 709
文山州	**Wenshan**	**1 545**	**1 951**	**2 613**	**3 272**
文山市	Wenshan	1 557	2 011	2 571	3 250
砚山县	Yanshan	1 160	1 700	2 095	2 575
西畴县	Xichou	1 485	1 956	2 587	3 074
麻栗坡县	Malipo	1 745	2 189	3 165	4 087
马关县	Maguan	1 476	1 935	2 510	3 445
丘北县	Qiubei	1 191	1 589	2 083	2 866
广南县	Guangnan	892	1 212	1 640	2 012
富宁县	Funing	1 371	1 884	2 700	3 378
西双版纳州	**Xishuangbanna**	**1 957**	**2 405**	**3 285**	**3 839**
景洪市	Jinghong	1 433	1 757	2 546	2 848
勐海县	Menghai	1 433	1 811	2 327	3 063
勐腊县	Mengla	1 682	1 972	2 798	3 297
大理州	**Dali**	**1 743**	**2 152**	**2 925**	**3 566**
大理市	Dali	1 986	2 292	3 054	3 255
漾濞县	Yangbi	2 320	2 848	3 430	4 971
祥云县	Xiangyun	1 160	1 506	2 183	2 490
宾川县	Binchuan	1 546	1 827	2 678	2 871
弥渡县	Midu	1 109	1 516	2 156	2 707
南涧县	Nanjian	1 433	1 659	2 264	3 183
巍山县	Weishan	1 218	1 482	1 967	2 684
永平县	Yongping	1 615	1 934	2 860	3 436
云龙县	Yunlong	1 662	2 036	2 860	3 922
洱源县	Eryuan	1 364	1 682	2 307	3 111
剑川县	Jianchuan	1 807	2 133	2 829	3 754
鹤庆县	Heqing	1 412	2 123	2 729	3 442
德宏州	**Dehong**	**2 392**	**3 099**	**4 108**	**4 829**
芒　市	Mangshi	1 439	1 892	2 721	3 458
瑞丽市	Ruili	2 367	3 331	4 216	5 635
梁河县	Lianghe	1 723	2 310	3 301	3 944
盈江县	Yingjiang	1 736	2 951	3 292	3 660
陇川县	Longchuan	1 799	2 644	3 608	4 642
怒江州	**Nujiang**	**3 298**	**3 967**	**5 153**	**6 357**
泸水县	Lushui	2 008	2 504	3 673	4 540
福贡县	Fugong	2 574	3 426	4 942	5 964
贡山县	Gongshan	5 078	6 874	7 470	13 918
兰坪县	Lanping	2 778	2 986	3 629	4 361
迪庆州	**Diqing**	**5 010**	**6 263**	**7 960**	**11 069**
香格里拉县	Shangri-La	3 181	4 011	4 720	6 701
德钦县	Deqin	5 195	7 064	10 124	11 782
维西县	Weixi	2 340	3 315	4 309	6 783

21-12 各州市县社会消费品零售总额(2009-2010年)
Total Retail Sales of Consumer Goods by Region (2009-2010)

单位：万元 (10 000 yuan)

州市县	Region	2009	2010	州市县	Region	2009	2010
全省合计	**Total**	**20 510 638**	**25 001 442**	**保山市**	**Baoshan**	**696 679**	**843 578**
昆明市	**Kunming**	**8 646 103**	**10 601 922**	隆阳区	Longyang	351 690	432 179
呈贡县	Chenggong	124 606	177 693	施甸县	Shidian	60 733	70 940
五华区	Wuhua	2 743 469	2 835 780	腾冲县	Tengchong	153 458	184 820
盘龙区	Panlong	1 764 423	2 130 598	龙陵县	Longling	57 393	64 392
官渡区	Guandu	1 575 303	2 052 327	昌宁县	Changning	73 405	91 247
西山区	Xishan	1 330 113	1 994 590	**昭通市**	**Zhaotong**	**878 468**	**1 056 653**
东川区	Dongchuan	67 026	100 719	昭阳区	Zhaoyang	361 727	431 178
晋宁县	Jinning	106 026	147 526	鲁甸县	Ludian	37 625	45 188
富民县	Fumin	57 468	82 007	巧家县	Qiaojia	56 325	67 365
宜良县	Yiliang	165 878	214 652	盐津县	Yanjin	35 571	44 362
石林县	Shilin	153 145	151 810	大关县	Daguan	27 747	34 157
嵩明县	Songming	138 424	145 816	永善县	Yongshan	49 750	58 967
禄劝县	Luquan	64 937	137 683	绥江县	Suijiang	26 192	33 787
寻甸县	Xundian	102 150	128 108	镇雄县	Zhenxiong	134 107	168 028
安宁市	Anning	253 135	302 615	彝良县	Yiliang	67 666	79 983
曲靖市	**Qujing**	**1 900 429**	**2 328 024**	威信县	Weixin	42 212	50 697
麒麟区	Qilin	491 061	717 626	水富县	Shuifu	39 545	42 942
马龙县	Malong	46 600	48 686	**丽江市**	**Lijiang**	**366 090**	**454 984**
陆良县	Luliang	175 447	192 248	古城区	Gucheng	172 294	215 885
师宗县	Shizong	85 649	78 479	玉龙县	Yulong	40 445	49 001
罗平县	Luoping	172 018	198 610	永胜县	Yongsheng	60 739	76 813
富源县	Fuyuan	163 613	194 318	华坪县	Huaping	56 231	68 321
会泽县	Huize	135 400	159 746	宁蒗县	Ninglang	36 380	44 700
沾益县	Zhanyi	133 806	128 483	**普洱市**	**Pu'er**	**611 583**	**726 620**
宣威市	Xuanwei	496 835	610 829	思茅区	Simao	194 266	230 399
玉溪市	**Yuxi**	**1 154 467**	**1 415 277**	宁洱县	Ning'er	46 180	55 000
红塔区	Hongta	530 351	682 460	墨江县	Mojiang	46 712	54 698
江川县	Jiangchuan	85 192	99 041	景东县	Jingdong	58 217	71 023
澄江县	Chengjiang	70 371	84 485	景谷县	Jinggu	79 321	95 026
通海县	Tonghai	108 923	131 376	镇沅县	Zhenyuan	41 837	50 456
华宁县	Huaning	65 980	77 910	江城县	Jiangcheng	26 366	30 813
易门县	Yimen	67 733	77 763	孟连县	Menglian	36 221	42 741
峨山县	Eshan	57 061	66 614	澜沧县	Lancang	71 514	83 869
新平县	Xinping	78 166	90 400	西盟县	Ximeng	10 950	12 593
元江县	Yuanjiang	90 690	105 229				

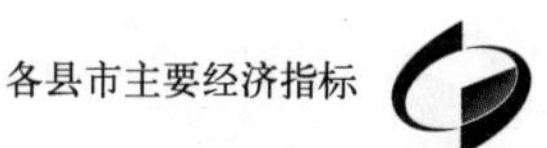

21-12 续表 continued

单位：万元 (10 000 yuan)

州市县	Region	2009	2010	州市县	Region	2009	2010
临沧市	**Lincang**	**594 016**	**725 787**	麻栗坡县	Malipo	76 317	90 140
临翔区	Linxiang	159 264	203 857	马关县	Maguan	121 895	146 969
凤庆县	Fengqing	98 006	115 400	丘北县	Qiubei	75 233	100 093
云　县	Yunxian	98 205	118 337	广南县	Guangnan	183 026	219 642
永德县	Yongde	66 610	80 958	富宁县	Funing	166 656	199 232
镇康县	Zhenkang	31 210	39 109	**西双版纳州**	**Xishuangbanna**	**415 401**	**506 003**
双江县	Shuangjiang	31 004	36 901	景洪市	Jinghong	248 144	312 705
耿马县	Gengma	70 126	84 664	勐海县	Menghai	76 051	88 411
沧源县	Cangyuan	39 593	46 562	勐腊县	Mengla	91 206	104 887
楚雄州	**Chuxiong**	**1 097 377**	**1 319 345**	**大理州**	**Dali**	**1 204 265**	**1 421 032**
楚雄市	Chuxiong	499 523	536 789	大理市	Dali	476 659	589 789
双柏县	Shuangbo	24 298	22 392	漾濞县	Yangbi	23 290	28 919
牟定县	Mouding	48 083	52 002	祥云县	Xiangyun	138 509	181 985
南华县	Nanhua	75 196	82 694	宾川县	Binchuan	85 300	105 918
姚安县	Yao'an	51 705	61 346	弥渡县	Midu	79 309	98 065
大姚县	Dayao	69 139	82 500	南涧县	Nanjian	52 001	63 476
永仁县	Yongren	19 039	20 189	巍山县	Weishan	61 725	76 969
元谋县	Yuanmou	47 576	51 651	永平县	Yongping	38 007	46 397
武定县	Wuding	49 756	59 753	云龙县	Yunlong	42 260	51 585
禄丰县	Lufeng	213 062	228 114	洱源县	Eryuan	59 405	72 826
红河州	**Honghe**	**1 272 460**	**1 534 684**	剑川县	Jianchuan	35 013	42 800
蒙自市	Mengzi	163 451	201 048	鹤庆县	Heqing	49 754	62 304
个旧市	Gejiu	257 920	308 195	**德宏州**	**Dehong**	**460 131**	**543 613**
开远市	Kaiyuan	159 870	193 553	芒　市	Mangshi	173 688	183 088
屏边县	Pingbian	37 730	45 865	瑞丽市	Ruili	108 979	152 164
建水县	Jianshui	137 627	168 129	梁河县	Lianghe	30 465	31 250
石屏县	Shiping	87 252	105 757	盈江县	Yingjiang	112 728	136 486
弥勒县	Mile	140 880	169 452	陇川县	Longchuan	34 271	40 624
泸西县	Luxi	115 247	137 908	**怒江州**	**Nujiang**	**125 815**	**148 659**
元阳县	Yuanyang	48 140	56 643	泸水县	Lushui	56 221	66 229
红河县	Honghe	33 639	39 589	福贡县	Fugong	16 594	17 401
金平县	Jinping	37 542	44 522	贡山县	Gongshan	10 690	13 135
绿春县	Luchun	32 000	37 472	兰坪县	Lanping	43 934	51 893
河口县	Hekou	21 162	26 862	**迪庆州**	**Diqing**	**169 496**	**209 872**
文山州	**Wenshan**	**1 187 598**	**1 436 429**	香格里拉县	Shangri-La	121 017	151 269
文山市	Wenshan	372 897	451 200	德钦县	Deqin	22 423	26 221
砚山县	Yanshan	149 540	175 111	维西县	Weixi	26 056	32 382
西畴县	Xichou	42 034	54 043				

21-13 主要年份各州市县城乡居民储蓄存款年末余额

Balance of Savings Deposits of Rural and Urban Residents at Year-end in Significant Years by Region

单位：亿元 (100 million yuan)

州 市 县	Region	1995	2000	2005	2007	2008	2009	2010
全省合计	**Total**	**500.13**	**1 138.22**	**2 430.28**	**3 046.40**	**3 783.78**	**4 668.61**	**5 719.55**
昆 明 市	**Kunming**	**169.02**	**443.83**	**993.81**	**1 212.17**	**1 525.36**	**1 922.92**	**2 341.55**
呈贡县	Chenggong	3.71	10.08	27.10	42.57	52.16	88.22	109.14
五华区	Wuhua	64.38	264.65	642.16	764.36		1 055.87	1 264.96
盘龙区	Panlong							
官渡区	Guandu			99.16	124.14	166.42	253.85	327.07
西山区	Xishan			69.22	80.94	128.67	226.30	276.74
东川区	Dongchuan	3.35	6.28	14.66	24.87	28.01	31.65	39.88
晋宁县	Jinning	3.84	9.40	17.11	23.20	29.37	37.13	46.55
富民县	Fumin	1.88	4.33	8.49	11.26	13.47	16.02	21.21
宜良县	Yiliang	7.01	17.72	28.72	35.26	42.10	51.41	59.86
石林县	Shilin	3.02	6.60	10.46	12.61	16.31	22.21	26.75
嵩明县	Songming	3.79	9.38	17.16	21.36	25.13	28.99	35.77
禄劝县	Luquan	1.56	4.02	8.16	11.39	14.64	17.17	21.58
寻甸县	Xundian	1.81	4.51	10.50	14.34	17.66	21.64	27.18
安宁市	Anning	3.92	12.21	40.66	45.86	58.97	72.46	84.86
曲 靖 市	**Qujing**	**40.96**	**90.79**	**212.86**	**274.38**	**352.45**	**420.95**	**509.68**
麒麟区	Qilin	10.52	29.59	80.96	98.95	129.57	157.64	194.29
马龙县	Malong	1.35	2.30	6.33	8.52	10.43	12.41	14.59
陆良县	Luliang	3.69	8.94	17.04	22.63	28.28	33.74	40.57
师宗县	Shizong	1.23	8.94	10.00	14.05	17.74	20.52	25.69
罗平县	Luoping	1.82	3.22	12.68	16.45	19.81	23.94	28.66
富源县	Fuyuan	2.04	4.72	19.12	27.40	37.59	45.35	54.85
会泽县	Huize	2.99	8.50	18.94	24.22	28.56	32.65	36.98
沾益县	Zhanyi		6.07	13.28	16.18	19.73	22.73	28.30
宣威市	Xuanwei	4.73	14.22	34.51	45.99	60.74	71.97	85.75
玉 溪 市	**Yuxi**	**39.87**	**100.49**	**188.85**	**211.40**	**266.16**	**318.65**	**374.66**
红塔区	Hongta	11.45	40.71	89.94	100.90	127.47	152.51	174.32
江川县	Jiangchuan	3.50	8.95	15.65	18.07	22.35	26.43	32.15
澄江县	Chengjiang	2.34	6.12	12.37	12.40	15.76	18.60	21.38
通海县	Tonghai	4.29	10.36	23.14	26.73	32.69	39.86	49.01
华宁县	Huaning	0.69	6.19	9.63	9.99	12.63	15.27	18.87
易门县	Yimen	2.28	5.63	10.39	11.39	14.69	17.19	20.71
峨山县	Eshan	1.51	4.13	10.59	11.99	15.06	16.91	20.21
新平县	Xinping	1.45	4.27	10.06	12.15	15.55	19.22	23.19
元江县	Yuanjiang	1.65	4.14	7.09	7.79	9.97	12.66	14.82

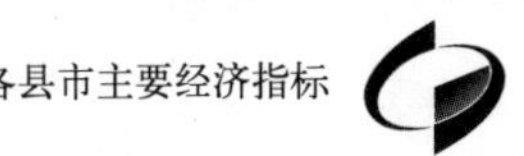

21-13 续表1 continued

单位：亿元 (100 million yuan)

州市县	Region	1995	2000	2005	2007	2008	2009	2010
保山市	**Baoshan**	**21.29**	**44.77**	**78.14**	**104.34**	**127.08**	**155.48**	**191.72**
隆阳区	Longyang	6.78	18.57	33.37	43.18	52.03	61.62	71.97
施甸县	Shidian	1.64	3.30	6.07	8.09	10.09	12.00	15.27
腾冲县	Tengchong	5.00	13.23	24.90	33.21	41.71	52.77	67.79
龙陵县	Longling	1.53	3.97	7.36	10.22	12.44	15.76	20.58
昌宁县	Changning	1.54	3.74	6.44	9.64	10.82	13.33	16.11
昭通市	**Zhaotong**	**19.98**	**33.98**	**85.43**	**118.49**	**150.01**	**187.1**	**234.77**
昭阳区	Zhaoyang	4.21	11.98	28.96	35.69	46.10	57.21	71.22
鲁甸县	Ludian	0.38	1.17	3.14	4.65	6.02	7.46	9.85
巧家县	Qiaojia	0.78	2.06	4.82	7.09	8.80	10.92	14.76
盐津县	Yanjin	0.53	1.59	5.14	7.96	9.79	11.66	14.30
大关县	Daguan	0.44	1.34	3.40	5.23	6.73	8.04	10.08
永善县	Yongshan	0.78	1.99	6.99	10.03	13.23	16.69	19.42
绥江县	Suijiang	0.74	1.80	3.91	6.16	8.16	10.56	13.72
镇雄县	Zhenxiong	1.16	3.31	9.74	13.70	18.66	24.44	31.81
彝良县	Yiliang	0.71	1.95	6.69	10.34	11.30	14.65	18.20
威信县	Weixin	0.69	1.47	4.72	8.36	10.33	12.68	15.95
水富县	Shuifu	1.04	2.39	7.93	9.27	10.90	12.79	15.46
丽江市	**Lijiang**	**10.11**	**24.53**	**53.66**	**73.90**	**94.05**	**117.19**	**147.37**
古城区	Gucheng			31.14	40.67	50.15	55.63	68.50
玉龙县	Yulong						8.53	11.06
永胜县	Yongsheng	2.32	5.35	10.11	13.69	17.78	21.28	26.32
华坪县	Huaping	1.63	3.78	9.33	14.89	20.05	24.24	31.05
宁蒗县	Ninglang	0.90	1.83	3.08	4.65	6.09	7.51	10.44
普洱市	**Pu'er**	**15.34**	**36.32**	**74.29**	**101.09**	**119.24**	**147.47**	**182.56**
思茅区	Simao	2.57	10.27	25.29	31.88	39.56	49.12	59.31
宁洱县	Ning'er	1.53	3.79	7.14	11.01	11.97	13.28	16.15
墨江县	Mojiang	1.31	3.24	6.57	9.36	10.62	13.63	16.04
景东县	Jingdong	1.19	3.21	6.32	8.81	10.38	12.98	17.39
景谷县	Jinggu	1.17	3.20	8.09	10.34	11.91	13.40	18.24
镇沅县	Zhenyuan	0.79	2.03	5.17	7.30	8.78	10.53	13.33
江城县	Jiangcheng	0.45	1.07	2.68	3.90	4.48	5.14	6.42
孟连县	Menglian	0.58	2.83	5.87	8.31	9.67	14.04	16.40
澜沧县	Lancang	1.32	2.77	5.97	8.54	9.95	12.94	16.11
西盟县	Ximeng	0.20	0.65	1.20	1.65	1.91	2.41	3.17
临沧市	**Lincang**	**10.29**	**24.30**	**48.38**	**62.77**	**74.33**	**93.90**	**118.92**
临翔区	Linxiang	1.66	6.73	14.23	15.90	19.61	24.47	31.44
凤庆县	Fengqing	1.24	2.83	6.54	9.38	10.68	12.94	15.98
云　县	Yunxian	1.16	4.01	7.56	9.59	11.31	13.93	17.37
永德县	Yongde	0.90	1.87	3.92	5.79	6.85	8.28	11.57
镇康县	Zhenkang	0.45	1.43	3.58	5.12	5.94	9.30	10.02
双江县	Shuangjiang	0.50	1.11	2.52	3.75	4.33	5.43	7.45
耿马县	Gengma	1.26	3.58	7.15	9.11	11.04	12.74	16.47
沧源县	Cangyuan	0.46	1.28	2.89	4.14	4.57	6.81	8.62

21-13 续表2 continued

单位：亿元 (100 million yuan)

州市县	Region	1995	2000	2005	2007	2008	2009	2010
楚雄州	**Chuxiong**	**23.74**	**52.63**	**107.13**	**123.77**	**157.49**	**189.99**	**228.51**
楚雄市	Chuxiong	4.73	15.29	40.22	46.09	59.27	72.04	85.70
双柏县	Shuangbo	0.73	1.77	3.82	4.61	6.08	7.59	9.38
牟定县	Mouding	1.05	2.64	5.26	6.55	8.39	10.56	12.10
南华县	Nanhua	1.09	2.85	5.62	6.98	8.64	10.82	13.28
姚安县	Yao'an	0.98	2.65	5.87	7.07	8.70	10.93	12.70
大姚县	Dayao	1.33	3.76	8.15	9.51	11.52	14.14	17.07
永仁县	Yongren	0.51	1.48	3.23	3.55	4.50	5.67	7.23
元谋县	Yuanmou	1.41	2.89	6.67	7.76	9.52	11.97	13.65
武定县	Wuding	1.23	3.16	7.06	8.90	11.56	13.39	17.17
禄丰县	Lufeng	4.47	10.69	21.21	22.73	29.29	32.88	40.23
红河州	**Honghe**	**47.59**	**103.40**	**202.80**	**262.95**	**317.01**	**378.76**	**460.71**
蒙自市	Mengzi	2.69	6.62	21.12	29.02	36.90	46.44	60.30
个旧市	Gejiu	9.91	27.45	53.14	66.61	79.87	87.48	103.82
开远市	Kaiyuan	5.61	14.09	30.57	35.13	41.96	48.63	55.39
屏边县	Pingbian	0.60	1.39	3.21	4.16	4.85	6.13	7.64
建水县	Jianshui	5.19	13.90	26.09	37.56	42.56	49.57	60.58
石屏县	Shiping	3.64	8.16	14.78	17.72	21.23	25.19	30.84
弥勒县	Mile	3.12	8.69	20.80	25.39	32.17	42.84	50.66
泸西县	Luxi	1.92	3.70	11.57	17.01	21.81	28.27	35.39
元阳县	Yuanyang	1.03	0.27	4.57	7.13	8.04	10.23	13.05
红河县	Honghe	0.61	1.45	3.01	4.30	5.33	6.27	8.01
金平县	Jinping	0.81	1.73	4.10	5.84	7.26	8.92	12.36
绿春县	Luchun	0.44	0.83	2.02	2.93	3.42	4.79	6.12
河口县	Hekou	1.04	2.67	7.83	10.15	11.62	13.70	16.50
文山州	**Wenshan**	**16.18**	**34.77**	**78.17**	**115.11**	**137.71**	**162.51**	**204.12**
文山市	Wenshan	3.50	10.78	29.33	39.11	46.50	59.31	71.68
砚山县	Yanshan	1.33	3.70	9.57	14.16	16.83	18.49	22.84
西畴县	Xichou	0.75	1.69	3.83	5.76	7.24	8.47	10.82
麻栗坡县	Malipo	1.12	2.35	6.20	10.73	13.66	14.83	16.99
马关县	Maguan	1.41	3.73	9.47	14.93	16.93	19.07	24.65
丘北县	Qiubei	0.97	2.44	5.06	7.87	10.02	11.92	15.12
广南县	Guangnan	1.23	2.75	7.63	12.63	15.11	17.55	24.42
富宁县	Funing	0.75	1.90	7.09	9.91	11.42	12.87	17.6
西双版纳州	**Xishuangbanna**	**14.81**	**29.44**	**63.35**	**78.55**	**95.46**	**117.66**	**149.67**
景洪市	Jinghong	2.72	16.52	40.19	47.31	59.50	73.29	90.30
勐海县	Menghai	0.70	4.50	8.83	11.40	13.60	18.45	34.85

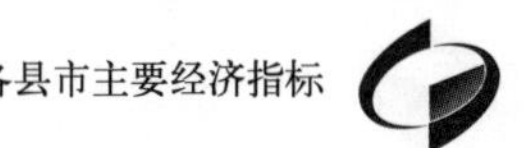

21-13 续表3 continued

单位：亿元 (100 million yuan)

州市县	Region	1995	2000	2005	2007	2008	2009	2010
勐腊县	Mengla	0.78	5.19	14.32	19.84	22.36	25.92	24.51
大理州	**Dali**	**29.51**	**69.60**	**143.08**	**177.71**	**216.16**	**262.48**	**322.18**
大理市	Dali	9.93	32.21	73.62	85.51	102.56	121.75	146.94
漾濞县	Yangbi	0.56	1.72	2.91	3.54	4.19	5.15	6.39
祥云县	Xiangyun	1.95	5.75	13.77	18.17	22.16	27.14	33.47
宾川县	Binchuan	1.09	3.57	8.35	9.60	13.03	17.54	23.65
弥渡县	Midu	0.78	3.51	7.49	10.28	12.88	15.35	18.03
南涧县	Nanjian	0.56	1.86	4.10	5.00	6.45	7.95	9.13
巍山县	Weishan	1.83	4.35	6.68	8.99	10.59	12.63	15.30
永平县	Yongping	0.53	2.10	3.53	4.87	6.09	7.68	9.40
云龙县	Yunlong	0.70	1.86	3.25	5.08	6.16	7.72	10.40
洱源县	Eryuan	1.18	3.63	6.49	8.13	9.57	11.89	15.50
剑川县	Jianchuan	0.74	2.14	4.37	6.26	7.49	8.89	11.33
鹤庆县	Heqing	1.32	3.72	8.49	12.27	15.00	18.77	22.65
德宏州	**Dehong**	**15.54**	**36.66**	**71.78**	**89.56**	**106.17**	**137.25**	**183.20**
芒 市	Mangshi	3.29	11.61	21.55	24.71	29.93	37.49	47.10
瑞丽市	Ruili	2.47	12.91	29.16	38.45	46.98	63.70	89.02
梁河县	Lianghe	1.02	2.40	3.94	5.29	6.12	7.84	10.53
盈江县	Yingjiang	1.87	4.84	11.68	13.64	14.39	18.33	24.43
陇川县	Longchuan	1.12	3.16	5.45	7.46	8.75	9.90	12.11
怒江州	**Nujiang**	**4.03**	**6.73**	**15.91**	**21.34**	**23.63**	**27.46**	**33.85**
泸水县	Lushui	0.68	2.77	7.61	8.09	9.66	11.60	14.40
福贡县	Fugong	0.11	0.40	1.25	1.49	1.84	2.29	2.95
贡山县	Gongshan	0.12	0.34	0.74	1.20	1.31	1.59	1.96
兰坪县	Lanping	0.90	2.83	6.32	10.56	10.81	11.98	14.54
迪庆州	**Diqing**	**2.66**	**6.10**	**12.64**	**18.89**	**23.69**	**28.82**	**36.09**
香格里拉县	Shangri-La	1.27	3.66	8.74	12.90	16.40	12.56	24.00
德钦县	Deqin	0.31	0.82	1.49	2.36	2.57	3.28	4.00
维西县	Weixi	0.54	1.34	2.42	3.61	4.72	5.91	8.00

21-14 各州市县城乡居民人均储蓄存款(2007-2010年)

Per Capita Savings Deposits of Rural and Urban Residents by Region (2007-2010)

单位：元/人 (yuan/person)

州市县	Region	2007	2008	2009	2010
全　省	**Yunnan**	**6 772**	**8 355**	**10 245**	**12 471**
昆明市	**Kunming**	**19 638**	**24 539**	**30 720**	**36 819**
呈贡县	Chenggong	18 961	23 002	38 778	40 334
五华区	Wuhua	50 056			77 434
盘龙区	Panlong				
官渡区	Guandu	16 645	22 146	33 377	40 397
西山区	Xishan	11 762	18 397	31 817	37 661
东川区	Dongchuan	8 552	9 585	10 760	14 062
晋宁县	Jinning	8 203	10 424	13 204	16 446
富民县	Fumin	7 526	8 958	10 585	14 249
宜良县	Yiliang	8 451	9 974	12 029	14 104
石林县	Shilin	5 264	6 754	9 129	10 908
嵩明县	Songming	6 176	7 215	9 139	12 498
禄劝县	Luquan	2 586	3 303	3 845	5 109
寻甸县	Xundian	2 845	3 485	4 235	5 601
安宁市	Anning	14 492	18 499	22 570	25 571
曲靖市	**Qujing**	**4 801**	**6 124**	**7 258**	**8 728**
麒麟区	Qilin	14 402	18 688	22 588	26 937
马龙县	Malong	4 479	5 446	6 420	7 675
陆良县	Luliang	3 696	4 586	5 450	6 527
师宗县	Shizong	3 722	4 662	5 382	6 632
罗平县	Luoping	3 038	3 637	4 385	5 224
富源县	Fuyuan	3 899	5 339	6 437	7 680
会泽县	Huize	2 767	3 197	3 577	4 052
沾益县	Zhanyi	4 050	4 887	5 574	6 726
宣威市	Xuanwei	3 460	4 574	5 381	6 390
玉溪市	**Yuxi**	**9 375**	**11 725**	**13 967**	**16 314**
红塔区	Hongta	21 511	26 980	32 077	35 844
江川县	Jiangchuan	6 536	8 031	9 458	11 458
澄江县	Chengjiang	7 642	9 641	11 307	12 781
通海县	Tonghai	8 884	10 797	13 099	16 172
华宁县	Huaning	4 725	5 930	7 127	8 779
易门县	Yimen	6 387	8 193	9 561	11 592
峨山县	Ershan	7 483	9 348	10 454	12 437
新平县	Xinping	4 315	5 486	6 753	8 128
元江县	Yuanjiang	3 625	4 609	5 823	6 804
保山市	**Baoshan**	**4 260**	**5 172**	**6 293**	**7 690**
隆阳区	Longyang	4 901	5 879	6 920	7 863
施甸县	Shidian	2 502	3 118	3 692	4 843
腾冲县	Tengchong	5 283	6 610	8 304	10 564
龙陵县	Longling	3 749	4 540	5 726	7 441
昌宁县	Changning	2 805	3 150	3 872	4 680
昭通市	**Zhaotong**	**2 285**	**2 845**	**3 518**	**4 445**
昭阳区	Zhaoyang	4 611	5 785	7 115	8 923
鲁甸县	Ludian	1 217	1 595	1 956	2 546
巧家县	Qiaojia	1 339	1 633	2 054	2 821
盐津县	Yanjin	2 155	2 623	3 096	3 820
大关县	Daguan	2 063	2 621	3 098	3 849
永善县	Yongshan	2 525	3 360	4 173	4 875
绥江县	Suijiang	3 938	5 175	6 644	8 772
镇雄县	Zhenxiong	1 043	1 370	1 770	2 337
彝良县	Yiliang	1 918	2 079	2 671	3 390
威信县	Weixin	2 234	2 732	3 323	4 145
水富县	Shuifu	9 753	11 383	13 288	15 559
丽江市	**Lijiang**	**6 085**	**7 719**	**9 578**	**11 923**
古城区	Gucheng	23 837	29 301	32 371	35 716
玉龙县	Yulong			3 692	4 955
永胜县	Yongsheng	3 452	4 467	5 325	6 639
华坪县	Huaping	9 103	12 214	14 709	18 631
宁蒗县	Ninglang	1 831	2 386	2 932	4 048
普洱市	**Pu'er**	**3 926**	**4 624**	**5 707**	**7 114**
思茅区	Simao	12 460	15 424	19 050	21 343
宁洱县	Ning'er	5 659	6 149	6 807	8 473
墨江县	Mojiang	2 469	2 801	3 589	4 330
景东县	Jingdong	2 327	2 737	3 420	4 702
景谷县	Jinggu	3 339	3 841	4 315	6 052
镇沅县	Zhenyuan	3 409	4 095	4 903	6 292
江城县	Jiangcheng	3 287	3 747	4 262	5 293
孟连县	Menglian	6 224	7 235	10 482	12 158
澜沧县	Lancang	1 713	1 995	2 592	3 248
西盟县	Ximeng	1 789	2 062	2 603	3 443
临沧市	**Lincang**	**2 652**	**3 130**	**3 931**	**4 926**
临翔区	Linxiang	5 242	6 442	7 994	9 966
凤庆县	Fengqing	2 078	2 357	2 839	3 490
云　县	Yunxian	2 164	2 544	3 116	3 868
永德县	Yongde	1 589	1 873	2 251	3 130
镇康县	Zhenkang	3 009	3 470	5 396	5 733
双江县	Shuangjiang	2 103	2 414	3 012	4 167
耿马县	Gengma	3 223	3 901	4 473	5 655
沧源县	Cangyuan	2 391	2 633	3 895	4 859

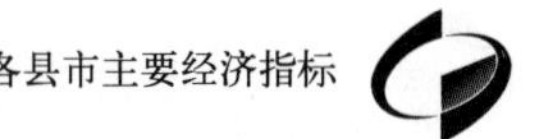

21-14 续表 continued

单位：元/人 (yuan/person)

州市县	Region	2007	2008	2009	2010
楚雄州	**Chuxiong**	**4 622**	**5 861**	**7 048**	**8 482**
楚雄市	Chuxiong	8 428	10 802	13 071	15 007
双柏县	Shuangbo	2 904	3 820	4 759	5 867
牟定县	Mouding	3 205	4 094	5 139	5 835
南华县	Nanhua	2 924	3 609	4 513	5 576
姚安县	Yao'an	3 402	4 175	5 238	6 241
大姚县	Dayao	3 297	3 981	4 873	6 052
永仁县	Yongren	3 284	4 148	5 211	6 617
元谋县	Yuanmou	3 658	4 474	5 610	6 350
武定县	Wuding	3 232	4 176	4 806	6 226
禄丰县	Lufeng	5 202	6 677	7 471	9 312
红河州	**Honghe**	**6 032**	**7 217**	**8 556**	**10 298**
蒙自市	Mengzi	7 308	9 220	11 548	14 689
个旧市	Gejiu	14 617	17 531	19 190	22 645
开远市	Kaiyuan	11 272	13 420	15 508	17 386
屏边县	Pingbian	2 793	3 259	4 132	5 061
建水县	Jianshui	7 194	8 109	9 396	11 418
石屏县	Shiping	6 046	7 202	8 488	10 328
弥勒县	Mile	4 864	6 097	8 040	9 425
泸西县	Luxi	4 385	5 583	7 189	8 894
元阳县	Yuanyang	1 865	2 076	2 609	3 300
红河县	Honghe	1 506	1 856	2 165	2 726
金平县	Jinping	1 738	2 119	2 555	3 489
绿春县	Luchun	1 376	1 575	2 157	2 746
河口县	Hekou	9 863	11 240	13 191	15 799
文山州	**Wenshan**	**3 386**	**4 027**	**4 721**	**5 852**
文山市	Wenshan	8 802	10 371	13 054	15 256
砚山县	Yanshan	3 132	3 702	4 037	4 944
西畴县	Xichou	2 291	2 872	3 356	4 258
麻栗坡县	Malipo	3 905	4 958	5 368	6 123
马关县	Maguan	4 155	4 677	5 221	6 714
丘北县	Qiubei	1 712	2 171	2 572	3 207
广南县	Guangnan	1 654	1 966	2 272	3 126
富宁县	Funing	2 512	2 878	3 219	4 349
西双版纳州	**Xishuangbanna**	**7 405**	**8 945**	**10 966**	**13 540**
景洪市	Jinghong	9 955	12 445	15 247	18 015
勐海县	Menghai	3 455	4 100	5 535	10 459
勐腊县	Mengla	7 760	8 687	10 009	9 047
大理州	**Dali**	**5 102**	**6 200**	**7 498**	**9 247**
大理市	Dali	13 695	16 325	19 148	22 724
漾濞县	Yangbi	3 328	3 998	5 015	6 240
祥云县	Xiangyun	4 005	4 910	5 944	7 325
宾川县	Binchuan	2 812	3 810	5 112	6 822
弥渡县	Midu	3 248	4 060	4 820	5 701
南涧县	Nanjian	2 254	2 896	3 562	4 196
巍山县	Weishan	2 893	3 405	4 070	4 980
永平县	Yongping	2 648	3 322	4 209	5 254
云龙县	Yunlong	2 451	2 970	3 728	5 116
洱源县	Eryuan	2 950	3 459	4 284	5 671
剑川县	Jianchuan	3 562	4 257	5 047	6 539
鹤庆县	Heqing	4 625	5 637	7 030	8 662
德宏州	**Dehong**	**7 648**	**8 990**	**11 538**	**15 224**
芒市	Mangshi	6 632	7 951	9 857	12 190
瑞丽市	Ruili	23 142	28 022	37 703	50 764
梁河县	Lianghe	3 310	3 810	4 862	6 669
盈江县	Yingjiang	4 629	4 842	6 134	8 075
陇川县	Longchuan	4 202	4 886	5 492	6 688
怒江州	**Nujiang**	**4 045**	**4 448**	**5 138**	**6 322**
泸水县	Lushui	4 374	5 191	6 192	7 724
福贡县	Fugong	1 581	1 939	2 397	3 030
贡山县	Gongshan	3 241	3 523	4 251	5 201
兰坪县	Lanping	4 996	5 079	5 593	6 794
迪庆州	**Diqing**	**5 060**	**6 305**	**7 624**	**9 258**
香格里拉县	Shangri-La	8 219	10 305	7 784	14 300
德钦县	Deqin	3 749	4 072	5 206	6 179
维西县	Weixi	2 356	3 078	3 846	5 088

21-15　各州市县农村居民年人均纯收入(2006-2010年)
Rural Annual Per Capita Net Income by Region (2006-2010)

单位：元/人　　(yuan/person)

州市县	Region	2006	2007	2008	2009	2010
全　省	**Yunnan**	**2 251**	**2 634**	**3 103**	**3 369**	**4 026**
昆明市	**Kunming**	**3 520**	**4 004**	**4 610**	**5 080**	**5 810**
呈贡县	Chenggong	4 774	5 459	6 225	6 805	7 648
五华区	Wuhua	4 595	5 266	5 991	6 638	7 578
盘龙区	Panlong	4 570	5 249	5 936	6 495	7 404
官渡区	Guandu	5 376	5 965	6 836	7 718	8 921
西山区	Xishan	5 288	5 938	6 672	7 312	8 245
东川市	Dongchuan	1 529	1 814	2 341	2 695	3 196
晋宁县	Jinning	3 391	3 820	4 334	5 062	6 075
富民县	Fumin	3 317	3 927	4 370	4 931	5 644
宜良县	Yiliang	3 539	3 999	4 600	5 241	5 890
石林县	Shilin	3 339	3 708	4 216	4 790	5 704
嵩明县	Songming	3 222	3 664	4 164	4 686	5 333
禄劝县	Luquan	1 779	2 041	2 346	2 707	3 205
寻甸县	Xundian	2 096	2 460	2 795	3 058	3 497
安宁市	Anning	4 058	4 669	5 563	6 170	6 913
曲靖市	**Qujing**	**2296**	**2 666**	**3 166**	**3 666**	**4 130**
麒麟区	Qilin	3528	3 847	4 540	5 017	5 569
马龙县	Malong	1960	2 260	2 750	3 152	3 665
陆良县	Luliang	3059	3 426	3 937	4 557	5 056
师宗县	Shizong	2061	2 326	2 857	3 266	3 784
罗平县	Luoping	2475	2 925	3 513	4 042	4 413
富源县	Fuyuan	2309	2 685	3 287	3 809	4 267
会泽县	Huize	1500	1 753	2 113	2 370	2 643
沾益县	Zhanyi	2884	3 269	3 917	4 310	4 813
宣威市	Xuanwei	2170	2 541	3 118	3 404	3 735
玉溪市	**Yuxi**	**3 534**	**4 008**	**4 761**	**5 119**	**5 747**
红塔区	Hongta	4 687	5 216	6 006	6 373	7 011
江川县	Jiangchuan	3 469	3 946	4 670	5 020	5 637
澄江县	Chengjiang	3 714	4 221	5 009	5 601	6 374
通海县	Tonghai	4 074	4 621	5 401	5 762	6 547
华宁县	Huaning	3 275	3 725	4 453	4 768	5 566
易门县	Yimen	3 054	3 505	4 267	4 630	5 193
峨山县	Eshan	3 137	3 542	4 248	4 532	5 231
新平县	Xinping	2 886	3 288	4 005	4 335	4 797
元江县	Yuanjiang	2 785	3 188	4 006	4 299	5 074
保山市	**Baoshan**	**2 052**	**2 365**	**2 717**	**3 120**	**3 627**
隆阳区	Longyang	2 341	2 714	3 069	3 528	4 090
施甸县	Shidian	1 846	2 086	2 389	2 686	3 116
腾冲县	Tengchong	2 241	2 592	3 002	3 482	4 048
龙陵县	Longling	1 890	2 174	2 504	2 895	3 376
昌宁县	Changning	2 001	2 348	2 714	3 143	3 653
昭通市	**Zhaotong**	**1 456**	**1 704**	**2 116**	**2 445**	**2 769**
昭阳区	Zhaoyang	1 668	2 016	2 495	2 927	3 226
鲁甸县	Ludian	1 464	1 688	1 990	2 336	2 572
巧家县	Qiaojia	1 367	1 711	2 143	2 465	2 745
盐津县	Yanjin	1 404	1 660	2 060	2 395	2 730
大关县	Daguan	1 324	1 559	1 962	2 258	2 600
永善县	Yongshan	1 372	1 610	2 016	2 362	2 723
绥江县	Suijiang	1 512	1 765	2 224	2 579	2 911
镇雄县	Zhenxiong	1 351	1 568	1 852	2 153	2 482
彝良县	Yiliang	1 390	1 629	2 001	2 310	2 650
威信县	Weixin	1 489	1 725	2 123	2 446	2 814
水富县	Shuifu	2 119	2 352	2 656	3 003	3 318
丽江市	**Lijiang**	**1 610**	**1 922**	**2 374**	**2 845**	**3 410**
古城区	Gucheng	2 766	3 220	3 885	4 434	5 220
玉龙县	Yulong	1 729	2 036	2 507	2 997	3 586
永胜县	Yongsheng	1 548	1 849	2 315	2 804	3 317
华坪县	Huaping	1 970	2 326	2 842	3 352	4 095
宁蒗县	Ninglang	1 001	1 261	1 614	1 938	2 388
普洱市	**Pu'er**	**1 753**	**2 155**	**2 536**	**2 954**	**3 456**
思茅区	Simao	2 180	2 588	3 050	3 472	3 983
宁洱县	Ning'er	1 998	2 420	2 539	2 920	3 362
墨江县	Mojiang	1 191	1 469	1 888	2 216	2 658
景东县	Jingdong	1 736	2 102	2 556	3 063	3 491
景谷县	Jinggu	1 960	2 366	2 862	3 342	3 903
镇沅县	Zhenyuan	1 468	1 774	2 262	2 677	3 138
江城县	Jiangcheng	1 116	1 324	1 818	2 258	2 624
孟连县	Menglian	1 369	1 588	1 980	2 300	2 675
澜沧县	Lancang	1 006	1 202	1 421	1 737	2 102
西盟县	Ximeng	886	1 080	1 326	1 578	1 949
临沧市	**Lincang**	**1 488**	**2 001**	**2 363**	**2 730**	**3 279**
临翔区	Linxiang	1 687	2 068	2 402	2 770	3 329
凤庆县	Fengqing	1 470	2 077	2 501	2 926	3 506

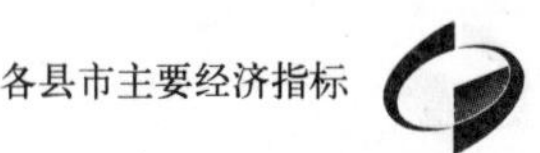

21-15　续表　continued

单位：元/人　　(yuan/person)

州市县	Region	2006	2007	2008	2009	2010	州市县	Region	2006	2007	2008	2009	2010
云　县	Yunxian	1 759	2 296	2 758	3 122	3 759	马关县	Maguan	1 566	1 796	2 102	2 588	3 005
永德县	Yongde	1 430	1 899	2 282	2 647	3 131	丘北县	Qiubei	1 425	1 647	1 896	2 208	2 636
镇康县	Zhenkang	1 260	1 705	1 993	2 314	2 782	广南县	Guangnan	1 299	1 515	1 921	2 202	2 626
双江县	Shuangjiang	1 106	1 574	2 009	2 369	2 928	富宁县	Funing	1 509	1 695	2 023	2 337	2 739
耿马县	Gengma	1 680	2 238	2 586	2 964	3 559	**西双版纳州**	**Xishuangbanna**	**2 413**	**2 727**	**3 213**	**3 750**	**4 354**
沧源县	Cangyuan	1 260	1 678	1 998	2 328	2 768	景洪市	Jinghong	2 774	3 103	3 611	4 218	5 036
楚雄州	**Chuxiong**	**2 385**	**2 737**	**3 110**	**3 511**	**3 896**	勐海县	Menghai	2 175	2 578	2 977	3 346	3 848
楚雄市	Chuxiong	2 668	3 068	3 528	4 029	4 434	勐腊县	Mengla	2 251	2 501	2 915	3 236	3 663
双柏县	Shuangbo	1 978	2 190	2 479	2 805	3 083	**大理州**	**Dali**	**2 431**	**2 677**	**3 078**	**3 483**	**3 902**
牟定县	Mouding	2 066	2 379	2 674	3 016	3 356	大理市	Dali	3 675	4 010	4 416	4 872	5 407
南华县	Nanhua	2 247	2 603	2 956	3 207	3 602	漾濞县	yangbi	1 771	2 031	2 383	2 810	3 232
姚安县	Yao'an	2 305	2 606	2 959	3 344	3 722	祥云县	Xiangyun	2 253	2 554	2 909	3 359	3 801
大姚县	Dayao	2 299	2 594	2 908	3 267	3 491	宾川县	Binchuan	2 504	2 759	3 038	3 501	3 915
永仁县	Yongren	1 967	2 303	2 575	2 935	3 240	弥渡县	Midu	1 950	2 147	2 398	2 595	2 935
元谋县	Yuanmou	3 044	3 556	4 019	4 333	4 783	南涧县	Nanjian	1 660	1 837	2 046	2 228	2 518
武定县	Wuding	1 890	2 141	2 356	2 858	3 223	巍山县	Weishan	1 632	1 750	1 960	2 166	2 532
禄丰县	Lufeng	2 695	3 161	3 597	4 071	4 584	永平县	Yongping	1 555	1 726	2 065	2 467	3 060
红河州	**Honghe**	**2 210**	**2 528**	**3 023**	**3 446**	**3 922**	云龙县	Yunlong	1 418	1 512	1 767	2 102	2 378
蒙自市	Mengzi	2 262	2 602	3 163	3 612	4 139	洱源县	Eryuan	2 130	2 394	2 684	3 039	3 428
个旧市	Gejiu	3 498	4 096	4 676	5 335	6 080	剑川县	Jianchuan	1 383	1 592	1 795	2 069	2 396
开远市	Kaiyuan	3 269	3 710	4 241	4 839	5 498	鹤庆县	Heqing	1 734	1 902	2 350	2 986	3 408
屏边县	Pingbian	1 332	1 425	1 667	1 860	2 112	**德宏州**	**Dehong**	**1 687**	**2 046**	**2439**	**2 831**	**3 368**
建水县	Jianshui	2 473	2 767	3 196	3 645	4 169	芒　市	Mangshi	1 806	2 296	2 734	3 106	3 603
石屏县	Shiping	2 276	2 550	3 009	3 315	3 762	瑞丽市	Ruili	2 366	2 957	3 372	3 766	4 218
弥勒县	Mile	2 350	2 690	3 160	3 606	4 106	梁河县	Lianghe	1 173	1 277	1 586	2 016	2 461
泸西县	Luxi	2 036	2 259	2 621	2 988	3 448	盈江县	Yingjiang	1 816	2 218	2 669	3 122	3 716
元阳县	Yuanyang	1 564	1 750	1 925	2 156	2 448	陇川县	Longchuan	1 408	1 580	1 853	2 186	2 740
红河县	Honghe	1 462	1 588	1 748	1 923	2 183	**怒江州**	**Nujiang**	**1 097**	**1 232**	**1 448**	**1 709**	**2 005**
金平县	Jinping	1 096	1 205	1 502	1 809	2 128	泸水县	Lushui	1 348	1 485	1 745	1 972	2 214
绿春县	Luchun	1 200	1 406	1 618	1 866	2 119	福贡县	Fugong	783	927	1 075	1 248	1 460
河口县	Hekou	1 950	2 235	2 698	2 998	3 436	贡山县	Gongshan	789	894	1 037	1 257	1 502
文山州	**Wenshan**	**1 487**	**1 704**	**2 027**	**2 379**	**2 806**	兰坪县	Lanping	1 406	1 572	1 877	1 903	2 201
文山市	Wenshan	1 764	2 063	2 476	2 954	3 547	**迪庆州**	**Diqing**	**1 614**	**2 287**	**2 595**	**2 936**	**3 347**
砚山县	Yangshan	1 630	1 862	2 149	2 510	2 900	香格里拉县	Shangri-La	1 765	2 396	2 696	3 026	3 398
西畴县	Xichou	1 265	1 435	1 750	2 063	2 415	德钦县	Deqin	1 607	2 273	2 616	2 944	3 372
麻栗坡县	Malipo	1 436	1 610	1 879	2 205	2 630	维西县	Weixi	1 461	2 186	2 468	2 835	3 269

注：按照国家统一的调查方法、统计口径，2002年以后各县农民人均纯收入数据均通过农村住户抽样调查取得。

Note: According to the national uniform investigation method and statistical coverage, the data of farmers' per capita net income in each county in 2002 were obtained by the sample surveys on rural households.

21-16 各州市县农、林、牧、渔业总产值(2007-2010年)
Gross Output Value of Farming, Forestry, Animal Husbandry and Fishery by Region (2007-2010)

(按现行价格计算) (Calculated at current prices)

单位：万元 (10 000 yuan)

州市县	Region	2008	2009	2010
全省合计	**Total**	**16 414 600**	**17 061 881**	**18 105 271**
昆明市	**Kunming**	**1 757 375**	**1 909 556**	**2 007 273**
呈贡县	Chenggong	134 756	128 316	108 333
五华区	Wuhua	24 646	24 798	24 459
盘龙区	Panlong	29 033	31 120	29 892
官渡区	Guandu	151 790	141 963	125 985
西山区	Xishan	45 888	47 228	43 547
东川区	Dongchuan	60 852	63 885	69 715
晋宁县	Jinning	153 334	177 052	196 935
富民县	Fumin	77 463	89 349	96 212
宜良县	Yiliang	326 219	371 270	408 362
石林县	Shilin	148 513	167 647	187 130
嵩明县	Songming	156 121	174 989	182 904
禄劝县	Luquan	168 367	184 973	203 121
寻甸县	Xundian	171 240	188 426	203 269
安宁市	Anning	109 153	118 540	127 409
曲靖市	**Qujing**	**2 598 812**	**2 835 455**	**3 033 431**
麒麟区	Qilin	221 285	235 593	249 588
马龙县	Malong	82 754	89 880	97 496
陆良县	Luliang	500 015	528 667	544 736
师宗县	Shizong	221 554	239 819	259 581
罗平县	Luoping	300 009	332 847	358 660
富源县	Fuyuan	248 216	281 866	294 118
会泽县	Huize	281 806	327 374	364 195
沾益县	Zhanyi	283 493	303 868	331 935
宣威市	Xuanwei	459 680	495 541	533 122
玉溪市	**Yuxi**	**1 020 092**	**1 081 379**	**1 141 634**
红塔区	Hongta	150 272	152 235	160 103
江川县	Jiangchuan	139 680	141 319	154 354
澄江县	Chengjiang	75 273	85 173	97 146
通海县	Tonghai	129 364	142 047	162 046
华宁县	Huaning	114 537	121 833	145 441
易门县	Yimen	91 656	98 272	111 653
峨山县	Eshan	74 099	74 582	83 343
新平县	Xinping	123 646	136 259	142 177
元江县	Yuanjiang	121 565	129 659	143 918
保山市	**Baoshan**	**1 023 444**	**1 140 798**	**1 260 654**
隆阳区	Longyang	397 505	432 449	481 995
施甸县	Shidian	123 383	140 204	160 644
腾冲县	Tengchong	216 625	240 120	290 890
龙陵县	Longling	105 335	115 686	142 916
昌宁县	Changning	180 596	212 339	247 525
昭通市	**Zhaotong**	**1 005 471**	**1 090 782**	**1 156 229**
昭阳区	Zhaoyang	180 869	195 384	197 526
鲁甸县	Ludian	72 550	81 538	86 980
巧家县	Qiaojia	135 431	154 577	172 832
盐津县	Yanjin	70 207	76 898	76 934
大关县	Daguan	49 844	55 020	56 552
永善县	Yongshan	83 278	87 692	88 932
绥江县	Suijiang	31 069	33 905	37 725
镇雄县	Zhenxiong	202 093	212 433	237 908
彝良县	Yiliang	101 332	109 044	113 579
威信县	Weixin	61 091	65 864	68 510
水富县	Shuifu	17 707	18 427	18 751
丽江市	**Lijiang**	**378 652**	**405 350**	**449 379**
古城区	Lijiang	48 953	52 171	55 554
玉龙县	Yulong	88 919	97 417	108 086
永胜县	Yongsheng	126 888	133 112	152 166
华坪县	Huaping	64 358	66 628	71 245
宁蒗县	Ninglang	49 534	56 022	62 328
普洱市	**Pu'er**	**877 635**	**984 862**	**1 081 651**
思茅区	Simao	82 765	91 045	96 149
宁洱县	Ning'er	79 698	87 405	94 348
墨江县	Mojiang	85 801	92 938	114 210
景东县	Jingdong	148 938	168 697	190 713
景谷县	Jinggu	165 170	197 944	250 157
镇沅县	Zhenyuan	83 428	92 507	107 557
江城县	Jiangcheng	53 335	53 905	56 396
孟连县	Menglian	53 245	58 842	67 256
澜沧县	Lancang	107 508	121 609	130 466
西盟县	Ximeng	17 747	19 970	23 043

注：因分级核算，各州(市)加总数不等于全省数，分县加总数不等于州(市)数。

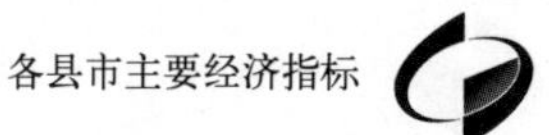

21-16 续表 continued

(按现行价格计算) (Calculated at current prices)

单位：万元 (10 000 yuan)

州市县	Region	2008	2009	2010
临沧市	**Lincang**	**942 652**	**1 042 205**	**1 178 623**
临翔区	Linxiang	105 350	112 775	127 456
凤庆县	Fengqing	152 000	175 617	198 077
云县	Yunxian	198 576	218 693	249 260
永德县	Yongde	112 153	123 568	135 433
镇康县	Zhenkang	68 741	75 870	86 276
双江县	Shuangjiang	68 103	74 995	84 277
耿马县	Gengma	166 273	181 399	206 417
沧源县	Cangyuan	71 456	79 288	91 427
楚雄州	**Chuxiong**	**1 233 890**	**1 379 894**	**1 490 090**
楚雄市	Chuxiong	208 533	231 834	256 011
双柏县	Shuangbo	80 261	88 659	98 262
牟定县	Mouding	82 857	91 263	100 302
南华县	Nanhua	109 134	120 743	135 555
姚安县	Yao'an	107 157	118 738	132 491
大姚县	Dayao	127 718	143 737	160 274
永仁县	Yongren	58 324	64 664	69 609
元谋县	Yuanmou	112 197	131 213	147 992
武定县	Wuding	132 879	145 825	158 216
禄丰县	Lufeng	214 830	242 218	266 305
红河州	**Honghe**	**1 495 192**	**1 656 832**	**1 758 400**
蒙自市	Mengzi	161 553	171 564	181 894
个旧市	Gejiu	104 042	110 297	116 951
开远市	Kaiyuan	128 986	142 000	150 555
屏边县	Pingbian	47 007	52 456	55 647
建水县	Jianshui	206 280	231 150	245 055
石屏县	Shiping	176 010	211 210	223 921
弥勒县	Mile	193 052	214 076	228 597
泸西县	Luxi	124 355	137 488	145 776
元阳县	Yuanyang	81 210	90 168	95 610
红河县	Honghe	82 658	87 626	92 961
金平县	Jinping	73 091	80 031	84 875
绿春县	Luchun	58 489	66 508	70 536
河口县	Hekou	58 459	62 258	66 022
文山州	**Wenshan**	**972 777**	**1 116 290**	**1 200 679**
文山市	Wenshan	135 046	151 990	160 239
砚山县	Yangshan	127 612	146 608	160 026
西畴县	Xichou	64 557	73 556	75 305
麻栗坡县	Malipo	80 910	92 228	95 196
马关县	Maguan	106 036	123 316	135 017
丘北县	Qiubei	143 118	165 300	185 294
广南县	Guangnan	200 629	233 283	250 755
富宁县	Funing	114 869	130 009	138 847
西双版纳州	**Xishuangbanna**	**588 676**	**656 308**	**731 556**
景洪市	Jinghong	263 909	295 022	322 928
勐海县	Menghai	119 627	131 493	151 653
勐腊县	Mengla	205 140	229 793	256 975
大理州	**Dali**	**1 573 679**	**1 765 977**	**1 886 924**
大理市	Dali	199 503	219 500	246 000
漾濞县	Yangbi	36 070	41 520	47 997
祥云县	Xiangyun	208 609	240 347	272 889
宾川县	Binchuan	302 827	335 372	377 899
弥渡县	Midu	127 422	140 220	157 553
南涧县	Nanjian	95 966	105 725	117 354
巍山县	Weishan	119 831	132 070	149 342
永平县	Yongping	79 960	94 996	109 780
云龙县	Yunlong	89 400	107 280	122 300
洱源县	Eryuan	154 188	172 170	189 632
剑川县	Jianchuan	55 404	60 945	67 099
鹤庆县	Heqing	104 499	115 832	129 079
德宏州	**Dehong**	**455 896**	**515 304**	**579 985**
芒市	Mangshi	141 443	151 825	165 114
瑞丽市	Ruili	67 393	74 168	82 728
梁河县	Lianghe	42 203	48 927	53 567
盈江县	Yingjiang	122 276	143 885	164 501
陇川县	Longchuan	82 581	96 499	114 075
怒江州	**Nujiang**	**87 565**	**95 437**	**105 670**
泸水县	Lushui	31 760	34 462	39 290
福贡县	Fugong	12 430	14 058	15 403
贡山县	Gongshan	11 227	12 808	13 692
兰坪县	Lanping	32 148	34 109	37 285
迪庆州	**Diqing**	**98 971**	**109 781**	**117 187**
香格里拉县	Shangri-La	42 864	44 305	46 088
德钦县	Deqin	12 701	14 680	15 855
维西县	Weixi	43 406	50 796	55 244

注：因分级核算，各州(市)加总数不等于全省数，分县加总数不等于州(市)数。

21-17 各州市县主要农作物产量(一) (2010年)

Output of Major Farm Crops by County and City (I) (2010)

单位：吨 (ton)

州市县	Region	粮食 Grain	稻谷 Rice	小麦 Wheat	玉米 Corn	豆类 Beans	#蚕豆 Broad Beans	薯类 Tubers
全省合计	**Total**	**15 310 000**	**6 165 700**	**459 800**	**6 129 800**	**794 800**	**310 500**	**1 735 500**
昆明市	**Kunming**	**1 084 240**	**293 965**	**19 476**	**507 934**	**64 539**	**28 728**	**157 863**
呈贡县	Chenggong	10 463	84		9 473	393	286	513
五华区	Wuhua	8 069	1 927	442	3 636	856	418	878
盘龙区	Panlong	7 582			6 471	421	6	684
官渡区	Guandu	20 173	91	71	18 077	660	166	1 161
西山区	Xishan	17 086	4 052	426	9 139	1 986	1 589	1 118
东川区	Dongchuan	71 978	10 104	1 335	35 524	1 655	79	21 640
晋宁县	Jinning	59 447	17 768	900	28 577	7 670	2 621	3 543
富民县	Fuming	54 171	18 420	4 509	23 300	4 004	1 150	3 204
宜良县	Yiliang	168 744	68 775	2 139	77 231	10 856	7 729	7 142
石林县	Shilin	123 564	28 726	3 024	72 819	4 924	1 992	10 147
嵩明县	Songming	121 405	47 616	1 910	49 234	10 312	8 153	6 806
禄劝县	Luquan	182 327	38 217	2 526	90 687	9 191	969	36 266
寻甸县	Xundian	195 683	48 300	1 352	56 286	9 819	2 929	63 097
安宁市	Anning	43 548	9 885	842	27 480	1 792	641	1 664
曲靖市	**Qujing**	**2 546 946**	**382 446**	**8 664**	**1 218 239**	**104 970**	**22 154**	**713 659**
麒麟区	Qilin	181 418	74 929	1 144	53 773	15 089	7 831	23 705
马龙县	Malong	83 520	25 463	109	25 380	1 744	37	23 108
陆良县	Luliang	293 848	89 074	1 781	100 680	11 856	8 013	77 380
师宗县	Shizong	172 813	31 073	264	97 846	10 990	154	32 274
罗平县	Luoping	260 781	37 991	1 743	170 511	10 999	1 270	35 761
富源县	Fuyuan	300 223	12 630	1 226	186 546	14 666	559	73 301
会泽县	Huize	370 556	27 530	202	107 834	10 764	902	215 967
沾益县	Zhanyi	258 730	50 358	36	109 472	12 667	2 694	48 308
宣威市	Xuanwei	625 057	33 398	2 159	366 197	16 195	694	183 855
玉溪市	**Yuxi**	**451 438**	**173 699**	**12 171**	**230 839**	**10 295**	**3 788**	**17 564**
红塔区	Hongta	58 501	24 267	2 225	30 379	1 090	573	249
江川县	Jiangchuan	35 990	19 497	839	9 973	1 366	890	4 194
澄江县	Chengjiang	32 405	11 954	1 352	16 374	1 201	172	1 313
通海县	Tonghai	27 061	5 048	1 167	18 945	695	308	1 018
华宁县	Huaning	52 707	15 616	812	30 870	1 653	301	3 472
易门县	Yimen	43 633	13 312	2 816	23 501	1 395	446	1 521
峨山县	Eshan	47 784	24 169	424	21 347	958	653	482
新平县	Xinping	86 722	35 062	647	44 328	817	247	3 700
元江县	Yuanjiang	66 635	24 774	1 889	35 122	1 120	198	1 615

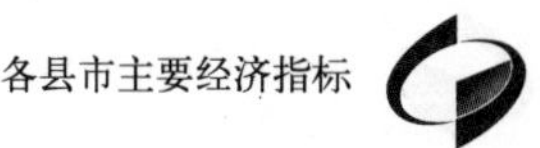

21-17 续表1 continued

单位:吨 (ton)

州市县 Region		粮食 Grain	稻谷 Rice	小麦 Wheat	玉米 Corn	豆类 Beans	#蚕豆 Broad Beans	薯类 Tubers
保山市	**Baoshan**	**1 125 705**	**464 803**	**29 280**	**463 205**	**41 961**	**9 906**	**56 435**
隆阳区	Longyang	395 369	147 544	14 824	189 039	22 098	5 324	10 957
施甸县	Shidian	135 178	43 073	5 974	66 799	4 355	1 243	8 393
腾冲县	Tengchong	324 982	173 114	1 750	93 572	5 372	466	18 258
龙陵县	Longling	110 127	43 860	3 293	39 829	2 880	691	8 202
昌宁县	Changning	160 049	57 212	3 439	73 966	7 256	2 182	10 625
昭通市	**Zhaotong**	**1 759 368**	**176 665**	**53 773**	**913 624**	**62 971**	**5 770**	**523 040**
昭阳区	Zhaoyang	278 815	38 093	989	116 897	15 491	444	101 344
鲁甸县	Ludian	144 618	12 503	1 809	74 819	4 716	352	45 561
巧家县	Qiaojia	189 336	21 369	4 366	80 097	8 281	1 079	70 004
盐津县	Yanjin	126 373	21 584	1 148	74 557	3 665	647	25 404
大关县	Daguan	90 510	8 576	1 415	50 026	2 295	364	27 540
永善县	Yongshan	156 881	22 832	3 863	59 569	6 265	632	58 779
绥江县	Suijiang	39 422	10 884	6 247	17 756	1 662	332	2 710
镇雄县	Zhenxiong	385 256	3 942	18 285	233 615	8 160	675	116 085
彝良县	Yiliang	169 096	11 099	4 557	99 454	6 683	521	46 148
威信县	Weixin	155 839	15 566	10 738	97 284	5 062	608	27 057
水富县	Shuifu	23 222	10 217	356	9 550	691	116	2 408
丽江市	**Lijiang**	**433 844**	**131 816**	**48 088**	**135 046**	**49 754**	**19 842**	**45 594**
古城区	Gucheng	42 229	4 723	8 159	18 622	4 388	2 117	3 074
玉龙县	Yulong	102 595	11 208	23 688	37 685	14 561	2 643	10 489
永胜县	Yongsheng	151 115	78 220	4 558	42 412	15 429	12 112	7 289
华坪县	Huaping	64 931	25 989	9 259	18 063	4 395	917	7 135
宁蒗县	Ninglang	72 974	11 676	2 424	18 264	10 981	2 053	17 607
普洱市	**Pu'er**	**904 821**	**413 875**	**25 976**	**384 622**	**34 384**	**4 861**	**29 930**
思茅区	Simao	51 045	18 451	2 718	26 799	1 491	375	935
宁洱县	Ning'er	70 456	29 908	4 876	26 703	2 044	441	5 372
墨江县	Mojiang	120 916	39 012	1 518	66 897	7 171	514	2 523
景东县	Jingdong	136 782	50 599	8 045	63 302	8 515	1 443	5 815
景谷县	Jinggu	135 311	65 056	2 787	49 407	4 711	643	11 291
镇沅县	Zhenyuan	83 475	39 723	2 845	35 874	3 625	709	937
江城县	Jiangcheng	37 228	19 067	462	16 829	442	26	378
孟连县	Menglian	48 744	33 019	100	14 863	495	27	120
澜沧县	Lancang	186 556	100 428	2 307	70 996	5 600	646	2 441
西盟县	Ximeng	34 308	18 612	318	12 952	290	37	118
临沧市	**Lincang**	**792 043**	**259 794**	**44 280**	**379 324**	**34 917**	**11 009**	**46 444**
临翔区	Linxiang	79 547	30 234	5 939	32 925	2 954	1 121	5 424
凤庆县	Fengqing	143 238	40 788	15 550	69 264	6 014	2 969	7 110

21-17 续表2 continued

单位:吨 (ton)

州市县	Region	粮 食 Grain Crops	稻 谷 Rice	小 麦 Wheat	包 谷 Maize	豆 类 Beans and Peas	#蚕 豆 Broad Beans	薯 类 Tubers
云 县	Yunxian	164 789	45 614	7 160	93 158	6 015	2 703	8 443
永德县	Yongde	133 284	41 265	4 050	69 372	5 542	1 137	11 598
镇康县	Zhenkang	64 870	22 678	2 865	30 193	4 169	1 000	3 148
双江县	Shuangjiang	57 545	22 407	4 782	22 065	1 883	569	3 434
耿马县	Gengma	91 131	34 832	3 040	33 748	6 310	1 116	6 142
沧源县	Cangyuan	57 639	21 976	894	28 599	2 030	394	1 145
楚雄州	**Chuxiong**	**960 325**	**390 187**	**36 536**	**368 864**	**66 613**	**37 596**	**57 370**
楚雄市	Chuxiong	177 308	57 917	2 707	83 752	9 731	4 180	18 988
双柏县	Shuangbo	42 128	16 392	1 030	22 162	2 010	1 325	324
牟定县	Mouding	77 174	39 778	1 540	17 544	8 416	5 248	5 040
南华县	Nanhua	97 351	20 547	2 735	56 211	5 281	2 618	6 271
姚安县	Yao'an	81 901	48 447	2 544	18 936	6 750	3 470	1 746
大姚县	Dayao	107 700	42 257	5 079	35 393	12 946	8 408	9 584
永仁县	Yongren	40 885	19 059	1 431	13 601	2 592	1 607	2 722
元谋县	Yuanmou	67 620	32 566	1 484	28 108	1 927	645	3 165
武定县	Wuding	89 521	32 926	6 307	33 529	5 216	2 747	6 473
禄丰县	Lufeng	178 737	80 298	11 679	59 628	11 744	7 348	3 057
红河州	**Honghe**	**1 415 714**	**603 976**	**17 681**	**569 657**	**60 794**	**8 545**	**102 933**
蒙自市	Mengzi	134 796	45 247	550	62 311	6 265	1 588	15 185
个旧市	Gejiu	61 318	16 582	559	34 997	1 640	232	5 553
开远市	Kaiyuan	95 891	33 771	654	46 697	3 345	729	10 119
屏边县	Pingbian	62 418	25 371	915	26 894	3 156	307	2 446
建水县	Jianshui	174 150	84 189	2 283	57 479	5 713	1 616	23 024
石屏县	Shiping	100 442	54 568	4 254	26 822	3 263	634	10 248
弥勒县	Mile	188 009	50 260	5 057	116 709	3 432	1 504	6 019
泸西县	Luxi	148 563	42 653	781	65 159	7 367	996	15 597
元阳县	Yuanyang	139 105	80 271	159	34 735	11 025	324	6 290
红河县	Honghe	91 052	56 596	2 449	20 580	5 110	430	1 274
金平县	Jinping	119 897	70 702		39 555	6 126	41	2 185
绿春县	Luchun	81 008	36 175	20	27 103	3 774	144	4 849
河口县	Hekou	19 065	7 591		10 616	578		144
文山州	**Wenshan**	**1 275 792**	**395 681**	**18 645**	**638 836**	**82 692**	**6 193**	**101 934**
文山市	Wenshan	152 200	47 717	1 915	89 217	4 422	265	6 568
砚山县	Yanshan	202 362	50 654	2 797	129 537	5 231	273	8 803
西畴县	Xichou	90 933	24 358	1 102	43 812	6 148	248	11 033
麻栗坡县	Malipo	98 061	30 978	284	50 323	8 253	213	6 388
马关县	Maguan	141 603	41 327	1 135	71 143	13 065	345	10 627

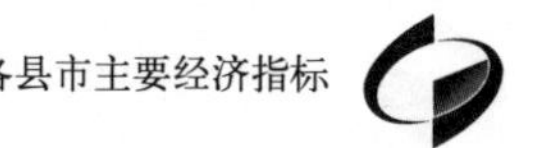

21-17 续表3 continued

单位:吨 (ton)

州市县	Region	粮食 Grain	稻谷 Rice	小麦 Wheat	玉米 Corn	豆类 Beans	#蚕豆 Broad Beans	薯类 Tubers
丘北县	Qiubei	185 645	45 267	6 188	108 110	11 544	1 592	11 257
广南县	Guangnan	273 478	94 172	4 959	100 534	23 814	2 528	35 998
富宁县	Funing	131 510	61 208	265	46 160	10 215	729	11 260
西双版纳州	**Xishuangbanna**	**371 138**	**239 206**	**496**	**124 256**	**3 060**	**246**	**3 667**
景洪市	Jinghong	126 699	72 040	57	53 173	751	61	593
勐海县	Menghai	165 230	132 720	439	27 648	1 637	179	2 482
勐腊县	Mengla	79 209	34 446		43 435	672	6	592
大理州	**Dali**	**1 268 985**	**455 643**	**17 693**	**518 240**	**103 856**	**55 967**	**70 943**
大理市	Dali	154 551	72 854	1 946	49 285	17 415	16 857	5 713
漾濞县	Yangbi	46 037	11 484	1 502	25 091	1 400	654	3 399
祥云县	Xiangyun	146 128	32 847	1 523	62 029	14 509	7 528	21 629
宾川县	Binchuan	127 384	47 374	1 394	67 819	6 312	4 928	3 118
弥渡县	Midu	100 940	34 433	1 721	44 897	3 821	1 546	1 483
南涧县	Nanjian	64 576	7 558	1 542	47 170	1 195	405	2 003
巍山县	Weishan	112 690	36 400	1 341	53 580	8 436	2 914	2 967
永平县	Yongping	72 735	27 066	2 764	30 409	4 248	1 266	3 370
云龙县	Yunlong	98 000	25 380	1 685	51 052	13 822	1 496	2 995
洱源县	Eryuan	152 788	77 891	363	33 339	20 012	13 463	9 687
剑川县	Jianchuan	72 750	22 367	850	19 313	7 646	1 169	10 268
鹤庆县	Heqing	120 406	59 989	1 062	34 256	5 040	3 741	4 311
德宏州	**Dehong**	**603 027**	**356 248**	**23 331**	**185 467**	**7 079**	**1 616**	**30 373**
芒市	Mangshi	196 957	117 928	12 180	58 598	2 794	603	5 147
瑞丽市	Ruili	77 083	46 340	1 021	28 292	425	88	1 005
梁河县	Lianghe	53 296	33 696	1 405	12 540	875	183	4 759
盈江县	Yingjiang	167 816	98 262	7 708	44 963	2 015	498	14 670
陇川县	Longchuan	107 875	60 022	1 017	41 074	970	244	4 792
怒江州	**Nujiang**	**177 424**	**39 449**	**7 523**	**91 170**	**17 804**	**2 371**	**11 570**
泸水县	Lushui	58 100	18 494	664	28 792	3 723	747	4 150
福贡县	Fugong	31 431	6 761		19 494	2 667	212	1 405
贡山县	Gongshan	10 069	1 012	189	7 090	495	71	774
兰坪县	Lanping	77 824	13 182	6 670	35 794	10 919	1 341	5 241
迪庆州	**Diqing**	**146 701**	**15 745**	**25 636**	**68 535**	**10 481**	**1 398**	**11 217**
香格里拉县	Shangri-La	64 233	6 566	13 751	25 520	3 292	945	6 544
德钦县	Deqin	22 482	682	5 173	10 605	931		888
维西县	Weixi	59 986	8 497	6 712	32 410	6 258	453	3 785

21-18 各州市县主要农作物产量(二)(2010年)

Output of Major Farm Crops by County and City (II) (2010)

单位：百千克 (100 kg)

州市县	Region	油料 Oil-bearing Crops	#花生 Peanuts	#油菜籽 Rapeseeds	甘蔗 Sugarcane	烤烟 Flue-cured Tobacco	茶叶 Tea	园林水果 Fruits
全省合计	**Total**	**3 422 532**	**700 742**	**2 598 215**	**175 092 062**	**9 539 629**	**2 073 412**	**34 164 040**
昆明市	**Kunming**	**118 928**	**15 139**	**88 631**	**22 455**	**909 199**	**646**	**1 365 708**
呈贡县	Chenggong	1 039						97 180
五华区	Wuhua	508		422		8 125		17 970
盘龙区	Panlong	52		40		3 680		12 572
官渡区	Guandu	326		162		3 760	4	56 927
西山区	Xishan	2 402		2 382				61 023
东川区	Dongchuan	12 231	7 263	4 934	7 355			41 332
晋宁县	Jinning	13 231		11 209		35 143		39 639
富民县	Fumin	5 237	146	3 891		26 730		252 473
宜良县	Yiliang	7 840	2 820	1 320	300	125 908	220	56 380
石林县	Shilin	8 680		3 982		169 204	140	328 773
嵩明县	Songming	385		201		97 867		64 174
禄劝县	Luquan	8 464	4 910	2 493	14 800	139 723	13	57 361
寻甸县	Xundian	45 414		44 794		250 059		29 725
安宁市	Anning	13 119		12 801		49 000	269	250 179
曲靖市	**Qujing**	**473 909**	**10 178**	**442 453**	**6 910**	**2 048 067**	**221**	**1 492 421**
麒麟区	Qilin	9 540		4 500		188 631		273 642
马龙县	Malong	13 579		10 050		200 750		105 330
陆良县	Luliang	27 954		22 637		213 038		286 215
师宗县	Shizong	19 304	2 618	15 816	2 120	262 978		68 601
罗平县	Luoping	351 610		351 610	2 690	334 170		104 990
富源县	Fuyuan	30 430	600	29 760		191 006	212	54 819
会泽县	Huize	13 680	6 960	6 440	2 100	80 000		283 162
沾益县	Zhanyi	3 812		1 640		199 094		159 401
宣威市	Xuanwei	4 000				378 400	9	156 261
玉溪市	**Yuxi**	**241 423**	**12 712**	**223 549**	**7 463 310**	**1 049 777**	**15 590**	**2 504 505**
红塔区	Hongta	73 614	192	73 312		71 999	129	82 376
江川县	Jiangchuan	43 569	78	43 438		151 882	95	29 661
澄江县	Chengjiang	5 035		3 862		68 575		25 448
通海县	Tonghai	11 282	53	11 038	520	99 678		103 691
华宁县	Huaning	19 004	1 854	15 748	2 400	163 761	100	1 043 306
易门县	Yimen	18 679	343	17 904	17 300	135 436	294	36 754
峨山县	Eshan	34 001	548	32 279	62 590	125 655	2 036	21 788
新平县	Xinping	10 498	6 450	3 848	4 200 800	115 084	3 896	271 026
元江县	Yuanjiang	25 741	3 194	22 120	3 179 700	117 707	9 040	890 455

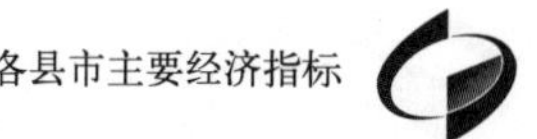

21-18 续表1 continued

单位：百千克 (100 kg)

州市县	Region	油料 Oil-bearing Crops	#花生 Peanuts	#油菜籽 Rapeseeds	甘蔗 Sugarcane	烤烟 Flue-cured Tobacco	茶叶 Tea	水果 Fruits
保山市	**Baoshan**	**528 673**	**15 993**	**509 853**	**16 385 906**	**632 526**	**274904**	**756300**
隆阳区	Longyang	135 423	8 901	125 050	4 970 500	131 628	22 356	385 225
施甸县	Shidian	23 544	1 524	21 267	2 655 817	145 049	9 340	164 956
腾冲县	Tengchong	332 998	150	332 698	332 958	168 000	78 647	55 842
龙陵县	Longling	10 523	2 498	7 898	3 607 391	60 000	61 177	27 519
昌宁县	Changning	26 185	2 920	22 940	4 819 240	127 849	103 384	122 758
昭通市	**Zhaotong**	**336 123**	**83 853**	**245 434**	**1 219 844**	**561 135**	**22 462**	**2 073 675**
昭阳区	Zhaoyang	3 531	160	2 606	54 513	123 391		1 660 821
鲁甸县	Ludian	10 975	2 998	5 434	6 667	95 310		96 016
巧家县	Qiaojia	12 166	9 614	1 427	831 997	44 175		33 799
盐津县	Yanjin	75 290	14 040	60 989	16 126	417	15 643	23 044
大关县	Daguan	5 620	5 280	340	7 814	22 500	992	6 369
永善县	Yongshan	40 529	9 940	29 894	273 751	12 150	622	131 421
绥江县	Suijiang	18 423	731	17 685	15 697		2 980	31 530
镇雄县	Zhenxiong	63 051	15 411	47 393	1 200	173 528	800	39 644
彝良县	Yiliang	34 777	6 989	26 595	6 598	57 164	685	30 385
威信县	Weixin	60 136	15 008	45 128	5 000	32 500	403	6 871
水富县	Shuifu	11 625	3 682	7 943	481		337	13 775
丽江市	**Lijiang**	**109 245**	**14 417**	**80 744**	**1 142 860**	**237 639**	**6 282**	**1 033 295**
古城区	Gucheng	20 870		17 280		13 499		52 793
玉龙县	Yulong	48 526		46 715		109 483		121 130
永胜县	Yongsheng	28 314	9 821	11 210	1 088 740	77 120	23	123 125
华坪县	Huaping	9 883	4 596	5 179	54 120	17 650	6 259	656 236
宁蒗县	Ninglang	1 652		360		19 887		80 011
普洱市	**Pu'er**	**146 945**	**112 176**	**33 634**	**17 209 298**	**409 487**	**534 981**	**622 062**
思茅区	Simao	8 607	6 198	2 350	2 310	16 310	99 543	93 604
宁洱县	Ning'er	11 856	6 603	5 253	2 421	41 315	42 038	18 131
墨江县	Mojiang	32 826	31 878	720	541 218	70 350	50 618	56 481
景东县	Jingdong	9 881	5 439	4 296	1 306 898	120 048	71 015	30 043
景谷县	Jinggu	28 748	20 596	7 952	3 163 980	55 826	54 935	155 121
镇沅县	Zhenyuan	15 597	6 784	8 813	180 970	105 540	12 659	46 562
江城县	Jiangcheng	4 590	4 560	30	754 400		78 410	76 383
孟连县	Menglian	8 328	8 105	195	3 241 040		19 209	50 105
澜沧县	Lancang	24 823	20 619	3 730	7 624 330		98 344	93 275
西盟县	Ximeng	1 689	1 394	295	391 731	98	8 210	2 357
临沧市	**Lincang**	**159 751**	**30 626**	**124 999**	**57 957 842**	**290 641**	**593 918**	**2 855 878**
临翔区	Linxiang	78 913	1 570	77 323	1 504 942	85 003	57 310	47 879
凤庆县	Fengqing	15 644	649	14 973	3 059 632	78 000	200 775	76 269

21-18 续表2 continued

单位：百千克 (100 kg)

州市县	Region	油料 Oil-bearing Crops	#花生 Peanuts	#油菜籽 Rapeseeds	甘蔗 Sugarcane	烤烟 Flue-cured Tobacco	茶叶 Tea	水果 Fruits
云县	Yunxian	13 108	5 435	7 328	5 615 948	25 115	82 645	170 497
永德县	Yongde	8 592	6 743	310	13 406 858	28 773	65 697	269 137
镇康县	Zhenkang	2 235	1 818	276	5 225 585	6 060	26 000	30 099
双江县	Shuangjiang	12 233	1 953	10 250	4 898 759	23 300	51 140	22 575
耿马县	Gengma	18 717	11 051	6 688	19 125 452	24 708	67 600	2 200 216
沧源县	Cangyuan	10 309	1 407	7 851	5 120 666	19 682	42 751	39 206
楚雄州	**Chuxiong**	**214 050**	**24 420**	**181 240**	**109 870**	**1 012 740**	**9 980**	**970 110**
楚雄市	Chuxiong	18 890	170	17 410	680	180 790	1 711	89 800
双柏县	Shuangbo	4 790	1 640	2 730	57 590	94 340	5 062	36 360
牟定县	Mouding	26 770	200	25 280		86 500	1 035	36 970
南华县	Nanhua	10 470	260	9 770	380	110 260	1 982	39 380
姚安县	Yao'an	22 780		22 530		94 090	41	60 810
大姚县	Dayao	14 080	300	12 880	17 300	85 000	8	56 340
永仁县	Yongren	9 620	1 180	5 630	5 770	57 500	20	87 180
元谋县	Yuanmou	17 830	16 990	620	7 860	26 000		277 740
武定县	Wuding	15 870	2 950	12 330	3 860	111 240	17	107 550
禄丰县	Lufeng	72 950	730	72 060	16 430	167 020	104	177 980
红河州	**Honghe**	**262 400**	**123 536**	**125 957**	**11 045 881**	**941 679**	**81 083**	**10 543 647**
蒙自市	Mengzi	16 167	11 364	1 645	1 263 248	91 423	592	1 796 226
个旧市	Gejiu	15 494	13 871	600	488 127	24 350	8	315 438
开远市	Kaiyuan	13 088	10 156		539 200	48 585	20	92 168
屏边县	Pingbian	8 257	5 994	2 124	328 706	9 037	15 376	224 775
建水县	Jianshui	18 968	15 606	2 991	1 067 499	141 374	45	941 141
石屏县	Shiping	14 299	4 181	8 253	836 933	154 312	23	746 012
弥勒县	Mile	24 214	5 748	16 492	3 316 905	236 162	1	601 793
泸西县	Luxi	95 177	373	93 784	800	236 436	6	609 005
元阳县	Yuanyang	15 504	15 278		1 537 456		7 165	175 989
红河县	Honghe	4 414	4 197	50	1 601 705		12 518	222 804
金平县	Jinping	17 785	17 753		38 838		4 049	2 782 960
绿春县	Luchun	16 309	16 309		16 544		41 177	11 579
河口县	Hekou	2 724	2 706	18	9 920		103	2 023 757
文山州	**Wenshan**	**317 886**	**214 789**	**91 099**	**10 363 327**	**616 050**	**74 065**	**1 617 041**
文山市	Wenshan	49 014	43 047	3 773	1 344 105	87 254	12	90 507
砚山县	Yanshan	66 826	64 268	462	5 109	164 137	14	76 806
西畴县	Xichou	12 055	7 461	3 902	175 217	29 223	2 510	38 057
麻栗坡县	Malipo	15 749	10 997	4 706	178 911	41 758	4 523	57 567
马关县	Maguan	33 453	17 455	15 304	527 116	54 939	2 294	1 015 811

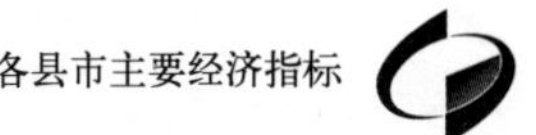

21-18 续表3 continued

单位：百千克 (100 kg)

州市县	Region	油料 Oil-bearing Crops	#花生 Peanuts	#油菜籽 Rapeseeds	甘蔗 Sugarcane	烤烟 Flue-cured Tobacco	茶叶 Tea	水果 Fruits
丘北县	Qiubei	30 888	19 054	9 937	12 305	131 239	200	70 076
广南县	Guangnan	75 735	34 636	37 741	2 684 163	107 500	61 673	209 079
富宁县	Funing	34 166	17 871	15 274	5 436 401		2 839	59 138
西双版纳州	**Xishuangbanna**	**21 725**	**20 535**	**1 020**	**9 007 910**		**278 355**	**4 286 032**
景洪市	Jinghong	7 279	7 279		7 500		122 003	1 828 271
勐海县	Menghai	9 545	8 367	1 020	8 208 900		122 056	523 488
勐腊县	Mengla	4 901	4 889		791 510		34 296	1 934 273
大理州	**Dali**	**288 612**	**10 314**	**269 331**	**2 334 129**	**819 882**	**47 743**	**3 549 520**
大理市	Dali	12 585		12 028		36 000	1 161	139 577
漾濞县	Yangbi	1 816		1 734		25 000	147	47 696
祥云县	Xiangyun	18 382		18 338		156 853	150	66 898
宾川县	Binchuan	112 238	7 164	99 825	162 500	80 911		2 739 591
弥渡县	Midu	19 341	2 038	16 983		93 750	2 284	39 212
南涧县	Nanjian	4 233	291	2 750	3 000	89 738	33 876	35 907
巍山县	Weishan	37 250	151	36 813		94 575	5 175	68 181
永平县	Yongping	19 014		18 866	1 050	65 775	1 549	27 366
云龙县	Yunlong	13 270		13 270	4 829	43 898	2 974	50 646
洱源县	Eryuan	29 520		29 520		56 208	424	205 636
剑川县	Jianchuan	15 609		14 520		40 030		31 666
鹤庆县	Heqing	5 354	670	4 684	2 162 750	37 144	3	97 144
德宏州	**Dehong**	**145 814**	**10 438**	**134 939**	**40 027 033**	**10 807**	**132 345**	**363 591**
芒市	Mangshi	23 343	5 983	17 021	6 886 015	1 941	75 475	86 270
瑞丽市	Ruili	12 285	881	11 404	3 792 910		2 143	194 354
梁河县	Lianghe	20 752	1 514	19 238	2 813 974	1 522	17 250	15 254
盈江县	Yingjiang	38 994	1 183	37 713	10 520 214	6 404	24 974	49 117
陇川县	Longchuan	50 440	877	49 563	16 013 920	940	12 503	18 596
怒江州	**Nujiang**	**14 124**	**1 616**	**7 230**	**795 487**		**837**	**54 343**
泸水县	Lushui	3 903	172	3 111	795 487		450	12 532
福贡县	Fugong	6 207	1 175	3 650			324	1 649
贡山县	Gongshan	959	269	406			63	2 012
兰坪县	Lanping	3 055		63				38 150
迪庆州	**Diqing**	**42 924**		**38 102**				**75 912**
香格里拉县	Shangri-La	28 809		26 920				29 354
德钦县	Deqin	216						30 268
维西县	Weixi	13 899		11 182				16 290

21−19 各州市县畜牧业、水产品生产情况（2010年）

单位:万头、万只、吨

州市县	Region	猪 Hogs 存栏 Stocked	猪 Hogs 出栏 Slaughtered	猪 Hogs 肉产量 Output of meat	牛 Cattle and Buffaloes 存栏 Stocked	牛 Cattle and Buffaloes 出栏 Slaughtered	牛 Cattle and Buffaloes 肉产量 Output of meat	存栏 Stocked
全省合计	**Total**	**2 766.82**	**2 961.77**	**2 425 263**	**746.65**	**268.47**	**408 851**	**877.94**
昆明市	**Kunming**	**235.70**	**371.50**	**328 287**	**58.76**	**25.96**	**30 902**	**124.37**
呈贡县	Chenggong	0.27	0.27	206	0.14	0.08	130	0.28
五华区	Wuhua	5.82	9.63	6 089	0.59	0.14	157	1.43
盘龙区	Panlong	3.25	2.32	2 137	0.35	0.08	84	0.89
官渡区	Guandu	6.44	10.47	9 816	0.55	0.20	320	1.11
西山区	Xishan	8.03	10.71	7 908	0.94	0.17	202	3.00
东川区	Dongchuan	22.02	28.05	26 962	5.42	1.22	1 306	19.01
晋宁县	Jinning	14.48	26.13	22 695	2.80	0.83	1 242	3.52
富民县	Fuming	13.69	16.62	15 048	2.30	0.53	700	5.29
宜良县	Yiliang	29.42	62.49	57 644	5.72	1.68	3 303	10.09
石林县	Shilin	18.00	23.54	19 332	5.17	1.11	1 590	18.35
嵩明县	Songming	18.87	35.51	33 385	3.61	1.89	2 618	5.04
禄劝县	Luquan	32.32	42.22	34 423	12.14	5.58	5 497	28.88
寻甸县	Xundian	44.12	69.64	65 109	17.36	11.58	12 323	24.72
安宁市	Anning	18.98	33.91	27 533	1.67	0.87	1 430	2.77
曲靖市	**Qujing**	**695.99**	**1195.70**	**1 221 201**	**106.12**	**54.18**	**79 043**	**208.11**
麒麟区	Qilin	49.43	100.23	99 605	3.97	2.11	2 193	5.68
马龙县	Malong	22.73	35.67	34 084	5.16	1.95	2 508	22.09
陆良县	Luliang	69.82	136.46	136 955	7.24	4.69	8 140	22.12
师宗县	Shizong	44.17	73.10	76 753	11.70	4.65	5 353	19.42
罗平县	Luoping	71.10	110.35	106 083	7.46	5.10	7 348	15.20
富源县	Fuyuan	79.79	136.00	128 376	11.67	6.14	8 912	22.09
会泽县	Huize	116.41	187.00	188 001	32.94	17.30	25 951	43.16
沾益县	Zhanyi	55.27	97.90	94 339	9.00	6.15	10 236	26.76
宣威市	Xuanwei	187.27	319.01	357 005	16.97	6.08	8 402	31.60
玉溪市	**Yuxi**	**158.04**	**218.97**	**182 756**	**28.70**	**14.08**	**18 928**	**35.64**
红塔区	Hongta	18.54	41.20	35 761	0.58	0.75	1 564	1.34
江川县	Jiangchuan	29.21	22.87	18 730	0.62	0.17	346	1.25
澄江县	Chengjiang	7.36	10.23	8 816	1.41	0.44	584	3.05
通海县	Tonghai	12.46	23.99	17 692	1.49	1.44	2 746	1.83
华宁县	Huaning	21.05	27.50	26 254	3.80	2.44	3 540	6.18
易门县	Yimen	17.46	28.02	22 413	3.47	2.08	2 126	4.52
峨山县	Eshan	11.75	19.28	14 437	2.79	2.12	2 508	4.13
新平县	Xinping	25.77	30.19	25 179	8.95	2.99	3 527	9.69
元江县	Yuanjiang	14.44	15.70	13 474	5.58	1.64	1 987	3.66

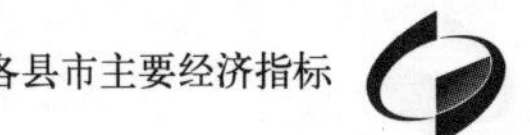

Animal Husbandry Production by County and City (2010)

(10 000heads, 10 000 Units, ton)

羊 Sheep and Goats		家禽 Poultry			禽蛋产量 Poultry Eggs Output	奶类产量 Milk Output		蜂蜜产量 Honey Output	水产品产量 Total Output of Aquatic Products
出栏 Slaughtered	肉产量 Output of meat	存栏 Stocked	出栏 Slaughtered	肉产量 Output of meat			#牛奶产量 Cow Milk Output		
730.62	**129 033**	**11730**	**19 316.27**	**332 057**	**207 962**	**630 502**	**504 071**	**6 453**	**481 717**
78.34	**16 880**	**2424**	**5 304.66**	**98 431**	**78 562**	**112 918**	**100 761**	**641**	**34 403**
0.10	18	42	58.02	1 160	4 850	1 743	1 743		285
0.46	114	29	38.45	684	1 264	1	1	5	95
0.34	77	20	18.95	276	1 246	20	20	144	546
0.49	122	134	187.81	3 866	28 079	2 294	2 252	6	500
1.36	360	31	73.08	1 298	538	401	401	11	510
9.51	1 712	78	161.60	3 073	1 066	158	158	24	1 203
1.89	464	190	361.92	6 472	7 139	31 897	31 853	13	6 100
1.91	551	86	92.15	2 126	6 049	43	18	38	749
6.67	1 722	631	1 916.76	34 807	5 452	44 306	43 724	18	7 080
9.49	2 332	383	1 008.56	17 824	2 294	14 841	3 405	34	2 100
2.71	760	123	152.25	2 766	6 303	13 900	13 900	5	8 420
21.08	4 732	82	134.86	2 552	675			282	515
20.22	3 330	186	202.22	2 730	7 086	180	180	41	5 000
2.10	586	409	898.02	18 797	6 521	3 134	3 106	20	1 300
160.36	**38 424**	**1256**	**2 339.18**	**50 646**	**42 876**	**19 205**	**5 751**	**1 813**	**81 634**
5.24	1 575	132	363.11	8 861	10 470	2 801	2 801	6	10 249
13.44	3 155	79	114.41	2 034	3 132			37	4 160
15.12	4 609	191	378.16	10 097	3 902	15 344	1 911	50	9 297
17.05	3 849	113	162.19	2 442	1 525	107	86	118	4 636
14.38	2 329	51	183.43	2 848	2 026			1 424	26 000
20.10	3 842	126	207.23	3 323	3 023			13	5 000
41.00	8 200	207	326.95	5 892	8 019	499	499	111	6 265
17.67	7 001	133	284.25	7 641	3 597	399	399	8	6 700
16.35	3 864	223	319.45	7 508	7 182	55	55	46	9 327
23.28	**6 072**	**1488**	**2 827.05**	**57 810**	**74 427**	**3 313**	**3 082**	**91**	**15 016**
1.19	408	250	602.54	13 299	11 580	246	206	10	1 313
0.86	355	109	219.10	5 108	7 784	48	47	4	3 753
1.12	307	79	171.32	3 261	1 848	371	371	6	1 633
1.90	633	554	549.10	10 082	44 114	2 346	2 346		3 550
2.99	872	96	230.68	4 722	1 098	270	80	32	1 152
3.67	923	135	437.98	10 177	1 504	16	16	7	622
3.03	702	63	217.57	4 354	1 969	16	16	5	780
6.30	1 294	139	298.05	5 132	2 157			11	1 087
2.22	578	65	100.72	1 675	2 373			16	1 126

21-19 续表1

单位:万头、万只、吨

州市县	Region	猪 Hogs 存栏 Stocked	猪 Hogs 出栏 Slaughtered	猪 Hogs 肉产量 Output of meat	牛 Cattle and Buffaloes 存栏 Stocked	牛 Cattle and Buffaloes 出栏 Slaughtered	牛 Cattle and Buffaloes 肉产量 Output of meat	存栏 Stocked
保山市	**Baoshan**	**270.57**	**315.80**	**259 736**	**63.37**	**18.47**	**24 263**	**44.91**
隆阳区	Longyang	77.48	97.35	83 451	17.44	4.43	5 582	15.40
施甸县	Shidian	40.01	44.05	35 419	7.64	1.28	1 544	3.82
腾冲县	Tengchong	59.95	75.77	63 265	15.29	6.07	9 922	6.12
龙陵县	Longling	26.31	19.81	19 467	7.22	1.08	1 754	6.90
昌宁县	Changning	66.82	78.82	58 134	15.77	5.61	5 461	12.67
昭通市	**Zhaotong**	**315.15**	**384.25**	**347 076**	**56.28**	**18.02**	**20 903**	**61.27**
昭阳区	Zhaoyang	38.19	60.76	51 139	6.10	2.30	3 113	9.53
鲁甸县	Ludian	24.18	21.16	19 873	7.62	2.16	2 717	6.33
巧家县	Qiaojia	41.31	61.22	54 242	6.72	1.68	2 071	14.16
盐津县	Yanjin	31.40	35.92	28 507	2.36	0.37	406	1.12
大关县	Daguan	19.65	23.18	22 999	2.77	0.49	734	4.34
永善县	Yongshan	32.05	31.98	28 993	3.70	0.83	760	11.37
绥江县	Suijiang	7.57	12.64	11 585	0.94	0.34	537	0.98
镇雄县	Zhenxiong	64.17	77.26	76 716	10.98	6.24	6 628	3.59
彝良县	Yiliang	31.74	29.55	28 498	8.94	1.54	1 845	8.44
威信县	Weixin	20.33	23.21	18 565	5.97	2.01	2 014	0.60
水富县	Shuifu	4.58	7.37	5 959	0.16	0.05	78	0.82
丽江市	**Lijiang**	**109.98**	**97.43**	**72 663**	**40.07**	**9.74**	**12 392**	**112.92**
古城区	Gucheng	11.09	14.26	11 109	2.04	0.86	1 229	3.49
玉龙县	Yulong	25.14	29.49	21 893	11.07	2.91	4 244	20.98
永胜县	Yongsheng	30.12	26.37	20 668	11.92	3.74	4 199	39.04
华坪县	Huaping	16.68	12.63	8 468	4.80	1.15	1 273	13.01
宁蒗县	Ninglang	26.95	14.67	10 525	10.25	1.09	1 447	36.40
普洱市	**Pu'er**	**244.37**	**161.62**	**108 837**	**75.93**	**12.35**	**10 479**	**32.27**
思茅区	Simao	18.39	19.15	11 637	2.54	0.70	495	1.99
宁洱县	Ning'er	23.18	15.24	11 782	5.08	1.03	860	1.87
墨江县	Mojiang	28.99	16.81	14 051	13.98	1.63	1 449	3.33
景东县	Jingdong	40.46	27.78	19 063	10.68	2.70	2 057	11.94
景谷县	Jinggu	31.04	17.55	11 895	9.59	1.21	1 013	4.03
镇沅县	Zhenyuan	28.50	18.61	12 934	7.23	0.83	900	6.26
江城县	Jiangcheng	8.48	5.72	4 060	4.64	1.16	773	0.41
孟连县	Menglian	9.67	8.29	4 401	2.44	0.49	374	0.27
澜沧县	Lancang	50.49	29.20	16 859	17.78	2.16	2 197	1.92
西盟县	Ximeng	5.17	3.28	2 155	1.97	0.44	361	0.24
临沧市	**Lincang**	**265.85**	**223.99**	**147 832**	**69.44**	**14.11**	**16 924**	**60.12**
临翔区	Linxiang	24.52	16.63	10 979	4.89	1.25	1 481	5.71
凤庆县	Fengqing	51.16	60.36	39 835	12.52	3.55	3 847	18.15

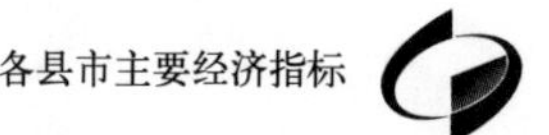

continued

(10 000heads, 10 000 Units, ton)

羊 Sheep and Goats		家禽 Poultry			禽蛋产量 Poultry Eggs Output	奶类产量 Milk Output		蜂蜜产量 Honey Output	水产品产量 Total Output of Aquatic Products
出栏 Slaughtered	肉产量 Output of meat	存栏 Stocked	出栏 Slaughtered	肉产量 Output of meat			#牛奶产量 Cow Milk Output		
29.75	**6 547**	**621.43**	**941.58**	**22 151**	**12 568**	**7 159**	**7 159**	**248**	**26 005**
7.85	1 757	197.09	316.99	8 000	6 230	3 422	3 422	48	8 300
1.45	322	47.44	51.50	1 140	649	10	10	24	3 605
5.73	1 317	205.37	347.01	8 489	3 879	3 531	3 531	158	5 400
3.53	872	71.03	81.28	1 457	599	16	16	18	3 500
11.20	2 279	100.52	144.80	3 065	1 211	180	180		5 200
34.11	**7 066**	**732.41**	**857.74**	**15 796**	**19 113**	**591**	**591**	**169**	**13 502**
6.02	984	70.40	108.17	1 717	2 079	563	563	1	2 011
3.28	616	58.80	47.26	758	1 289			3	1 502
8.20	1 783	59.69	96.36	1 471	1 317			15	1 696
0.66	171	71.14	95.49	1 756	1 000			17	1 119
2.28	569	27.24	30.03	589	712			3	577
6.12	1 005	44.41	45.40	657	746	28	28	14	1 131
1.14	227	22.43	51.09	872	933			44	674
2.95	842	224.43	221.14	5 236	7 349			36	1 303
2.82	729	73.28	61.33	1 181	1 581			9	1 071
0.36	52	61.97	73.60	1 005	1 853			15	1 525
0.28	88	18.63	27.86	554	254			12	893
42.05	**7 512**	**302.40**	**336.25**	**6 026**	**4 308**	**6 951**	**6 947**	**185**	**11 631**
3.37	780	21.60	25.55	409	530	112	112	3	738
8.47	1 306	65.53	75.58	1 171	1 824	5 308	5 308	81	1 940
16.95	3 057	93.33	96.50	1 963	1 161	1 411	1 411	55	5 487
4.52	710	71.87	92.71	1 789	510	1	1	10	2 885
8.74	1 659	50.08	45.91	694	283	119	115	36	581
13.48	**2 557**	**953.01**	**956.62**	**12 573**	**5 259**	**273**	**273**	**575**	**49 035**
1.04	174	78.12	80.96	1 203	751	168	168	9	10 256
0.60	153	47.34	42.59	671	527			15	3 120
1.59	328	104.20	111.10	1 355	817			19	6 290
5.99	1 086	190.61	208.37	3 215	739			130	6 944
1.10	233	133.78	174.09	2 263	957	33	33	43	15 004
2.00	361	69.37	67.95	962	819			87	1 028
0.22	39	21.73	25.76	342				20	1 003
0.15	17	44.30	42.52	499	172			33	897
0.60	121	246.70	189.31	1 908	460	72	72	219	4 238
0.18	45	16.87	13.97	155	17				255
27.94	**5 514**	**843.97**	**927.88**	**13 057**	**4 186**	**1 106**	**1 106**	**183**	**25 065**
2.36	522	70.06	65.63	981	215	858	858	22	2 812
7.66	1 261	135.78	161.90	2 231	616			65	2 900

21-19 续表2

单位:万头、万只、吨

州市县	Region	猪 Hogs			牛 Cattle and Buffaloes			
		存栏 Stocked	出栏 Slaughtered	肉产量 Output of meat	存栏 Stocked	出栏 Slaughtered	肉产量 Output of meat	存栏 Stocked
云县	Yunxian	56.06	61.37	40 506	14.14	2.35	3 023	18.15
永德县	Yongde	49.98	33.05	21 814	12.24	2.49	3 387	8.81
镇康县	Zhenkang	25.30	11.06	7 300	6.77	0.93	1 366	3.53
双江县	Shuangjiang	19.54	14.34	9 467	4.99	0.81	801	2.65
耿马县	Gengma	22.36	17.40	11 483	7.42	1.54	1 569	2.71
沧源县	Cangyuan	16.93	9.77	6 448	6.46	1.21	1 450	0.41
楚雄州	**Chuxiong**	**205.52**	**278.86**	**239 794**	**75.10**	**32.71**	**45 276**	**130.83**
楚雄市	Chuxiong	32.39	42.61	36 647	11.90	6.18	8 594	15.62
双柏县	Shuangbo	18.94	21.72	18 679	8.62	3.74	5 199	17.29
牟定县	Mouding	14.70	18.16	16 344	4.85	1.55	2 159	5.64
南华县	Nanhua	19.27	25.11	20 841	7.29	3.17	4 219	7.50
姚安县	Yao'an	10.96	21.65	18 620	4.46	2.63	3 663	5.97
大姚县	Dayao	21.56	24.00	20 639	7.68	2.85	3 960	20.91
永仁县	Yongren	12.08	15.10	12 985	4.35	1.71	2 375	12.12
元谋县	Yuanmou	14.11	18.14	15 599	5.48	1.72	2 391	11.77
武定县	Wuding	21.52	33.83	29 094	8.16	4.91	6 829	17.97
禄丰县	Lufeng	40.00	58.54	50 346	12.31	4.24	5 887	16.07
红河州	**Honghe**	**398.62**	**579.51**	**494 427**	**95.37**	**22.54**	**27 079**	**51.71**
蒙自市	Mengzi	35.11	63.81	53 490	5.04	1.19	1 790	2.50
个旧市	Gejiu	20.71	34.86	31 560	3.45	1.59	2 677	2.03
开远市	Kaiyuan	17.88	26.06	21 475	5.62	1.51	1 631	6.53
屏边县	Pingbian	20.18	24.61	19 490	3.93	0.22	270	0.87
建水县	Jianshui	50.66	101.16	96 254	10.94	2.55	3 708	5.40
石屏县	Shiping	54.64	78.07	66 210	9.90	2.21	2 634	3.61
弥勒县	Mile	44.16	74.73	71 120	13.60	4.40	4 303	14.41
泸西县	Luxi	56.31	70.71	51 760	10.31	3.04	4 756	11.32
元阳县	Yuanyang	30.95	34.07	29 320	9.11	1.99	1 707	1.05
红河县	Honghe	20.78	22.05	17 680	9.18	1.92	1 861	3.11
金平县	Jinping	23.70	26.47	19 121	6.07	0.84	709	0.51
绿春县	Luchun	16.70	16.70	12 491	6.89	1.00	900	0.31
河口县	Hekou	6.85	6.21	4 456	1.33	0.09	133	0.08
文山州	**Wenshan**	**315.89**	**406.36**	**337 030**	**130.17**	**48.44**	**45 922**	**37.08**
文山市	Wenshan	36.56	46.68	40 571	9.69	2.51	2 597	3.07
砚山县	Yanshan	31.58	39.07	32 849	13.61	5.86	5 974	6.80
西畴县	Xichou	22.70	35.01	28 457	6.88	3.00	2 516	0.56
麻栗坡县	Malipo	26.82	35.51	32 363	10.72	2.80	2 816	1.67
马关县	Maguan	35.71	44.61	34 755	10.77	1.91	2 082	0.50
		162						

continued

(10 000heads, 10 000 Units, ton)

羊 Sheep and Goats		家禽 Poultry			禽蛋产量	奶类产量		蜂蜜产量	水产品产量 Total Output
出栏 Slaughtered	肉产量 Output of meat	存栏 Stocked	出栏 Slaughtered	肉产量 Output of meat	Poultry Eggs Output	Milk Output	# 牛奶产量 Cow Milk Output	Honey Output	of Aquatic Products
9.21	1 828	231.61	295.02	4 177	965	245	245	24	4 030
3.93	897	124.05	135.81	2 040	528			37	2 060
1.82	449	58.15	74.01	1 083	229			10	2 360
1.49	273	70.08	69.29	839	311			20	4 505
1.27	243	95.97	89.47	1 155	415	3	3	5	3 800
0.20	41	58.27	36.74	551	907				2 598
91.83	**16 074**	**909.23**	**1 542.75**	**26 312**	**7 714**	**3 221**	**3 221**	**848**	**17 047**
8.69	1 523	178.25	271.66	4 603	1 885	2 971	2 971	40	3 859
11.69	2 046	59.55	57.77	1 000	253			40	362
3.45	605	38.88	52.66	899	663			43	1 470
5.15	901	109.70	199.31	3 398	745			20	1 250
5.66	992	49.66	88.25	1 506	570	194	194	134	3 094
13.96	2 445	70.73	77.77	1 325	746			339	712
8.75	1 531	37.86	36.10	616	315			8	633
7.60	1 330	42.02	60.01	1 023	287			17	1 920
17.16	3 002	167.86	499.71	8 545	949			122	640
9.70	1 699	154.72	199.50	3 397	1 301	56	56	85	3 107
32.00	**7 453**	**1 477.06**	**2 828.81**	**44 703**	**53 181**	**30 117**	**21 487**	**535**	**56 208**
1.84	483	89.58	202.96	3 644	4 143	521	160	4	4 252
1.61	438	78.11	132.06	2 032	5 980	14 100	14 100	9	4 780
3.20	499	198.69	554.75	8 570	11 075	710	75	7	4 760
0.29	91	60.33	82.07	1 170	601			6	2 830
3.14	926	276.98	577.61	9 548	12 614	1 007	12	2	6 568
2.27	473	111.42	198.48	2 823	4 507	3 000	2 496	24	10 640
7.96	2 085	73.20	192.08	3 466	4 494	7 741	4 528	108	3 028
8.14	1 761	144.21	193.87	4 009	5 055	3 038	116	220	4 418
0.59	114	89.94	117.16	1 768	1 311				3 710
2.08	451	87.35	122.00	1 497	1 789			144	3 662
0.45	61	141.41	218.23	3 362	608			2	4 150
0.35	54	101.07	215.00	2 556	800			9	2 400
0.07	17	24.78	22.52	258	204				1 010
32.03	**5 980**	**1 152.30**	**1 474.59**	**23 011**	**21 877**	**175**	**175**	**177**	**40 939**
2.89	617	104.34	130.34	2 401	3 009			6	4 313
6.65	1 416	124.59	203.06	2 778	772			32	5 412
0.61	79	139.27	188.10	2 675	14 035			10	1 056
1.36	257	103.68	135.16	1 999	1 064				1 803
0.43	68	138.09	174.42	2 707	158	2	2	4	2 351

21-19 续表3

单位:万头、万只、吨

州 市 县	Region	猪 Hogs 存栏 Stocked	猪 Hogs 出栏 Slaughtered	猪 Hogs 肉产量 Output of meat	牛 Cattle and Buffaloes 存栏 Stocked	牛 Cattle and Buffaloes 出栏 Slaughtered	牛 Cattle and Buffaloes 肉产量 Output of meat	存栏 Stocked
丘北县	Qiubei	46.01	66.01	63 995	17.06	10.00	10 601	19.64
广南县	Guangnan	78.90	100.34	75 968	35.30	13.14	10 886	2.74
富宁县	Funing	37.63	39.13	28 072	26.14	9.21	8 450	2.09
西双版纳州	**Xishuangbanna**	**50.99**	**33.54**	**22 917**	**10.36**	**4.47**	**4 341**	**0.84**
景洪市	Jinghong	18.22	13.52	8 723	2.45	1.42	1 372	0.32
勐海县	Menghai	19.30	10.74	7 043	6.20	2.42	2 244	0.32
勐腊县	Mengla	13.47	9.29	7 151	1.71	0.63	725	0.20
大 理 州	**Dali**	**261.69**	**363.99**	**321 279**	**101.19**	**49.15**	**57 889**	**138.05**
大理市	Dali	24.81	61.02	54 917	4.80	4.70	6 576	1.32
漾濞县	Yangbi	12.50	11.66	9 875	7.00	2.52	2 652	10.35
祥云县	Xiangyun	25.75	37.22	33 856	4.64	1.47	1 608	5.76
宾川县	Binchuan	26.07	35.90	35 987	6.37	1.41	1 542	13.92
弥渡县	Midu	25.49	38.79	37 293	9.26	3.42	4 213	4.05
南涧县	Nanjian	18.41	18.01	18 011	10.20	7.41	8 894	8.01
巍山县	Weishan	19.19	22.94	20 648	9.05	7.55	9 432	14.28
永平县	Yongping	23.88	19.35	14 016	8.64	5.02	4 272	15.51
云龙县	Yunlong	24.04	25.95	23 722	14.14	5.35	7 216	23.95
洱源县	Eryuan	19.22	30.80	22 441	12.86	3.61	3 004	16.17
剑川县	Jianchuan	18.05	16.97	13 938	8.00	4.22	5 113	12.88
鹤庆县	Heqing	24.28	45.38	36 575	6.22	2.49	3 367	11.87
德 宏 州	**Dehong**	**68.40**	**64.86**	**61 584**	**20.07**	**6.87**	**7 562**	**6.86**
芒 市	Mangshi	19.66	18.15	17 177	5.35	1.62	1 779	1.99
瑞丽市	Ruili	6.73	9.51	9 030	1.85	2.10	2 306	0.50
梁河县	Lianghe	11.62	7.70	7 315	2.11	0.50	554	0.61
盈江县	Yingjiang	17.93	20.18	19 200	6.89	1.65	1 816	2.52
陇川县	Longchuan	12.47	9.33	8 862	3.88	1.01	1 107	1.24
怒 江 州	**Nujiang**	**53.26**	**39.02**	**23 982**	**16.83**	**2.87**	**3 039**	**44.46**
泸水县	Lushui	22.55	16.80	10 922	5.94	1.18	1 178	15.47
福贡县	Fugong	9.07	6.68	3 346	2.29	0.57	627	6.70
贡山县	Gongshan	3.89	2.71	1 377	0.97	0.18	197	2.08
兰坪县	Lanping	17.74	12.82	8 337	7.64	0.94	1 037	20.21
迪 庆 州	**Diqing**	**48.88**	**27.69**	**17 052**	**25.47**	**3.21**	**3 909**	**22.95**
香格里拉县	Shangri-La	23.97	13.05	8 874	12.02	1.60	2 407	7.46
德钦县	Deqin	6.17	2.54	1 526	6.20	0.39	473	4.82
维西县	Weixi	18.74	12.10	6 652	7.25	1.21	1 029	10.68

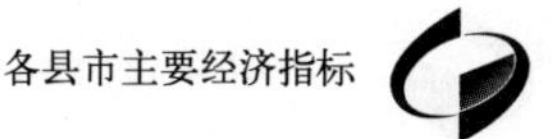

continued

(10 000heads, 10 000 Units, ton)

羊 Sheep and Goats		家 禽 Poultry			禽 蛋 产 量	奶 类 产 量		蜂 蜜 产 量	水产品产量
出 栏 Slaughtered	肉产量 Output of meat	存 栏 Stocked	出 栏 Slaughtered	肉产量 Output of meat	Poultry Eggs Output	Milk Output	# 牛奶产量 Cow Milk Output	Honey Output	Total Output of Aquatic Products
16.50	2859	145.06	173.54	3 146	1 003			27	6 694
2.31	471	235.53	265.22	4 259	1 230	173	173	55	4 510
1.26	213	161.75	204.74	3 046	606			43	14 800
0.33	**66**	**363.22**	**313.16**	**4 082**	**1 840**			**42**	**36 002**
0.16	30	146.94	138.73	1 777	594			10	15 542
0.07	14	121.59	89.43	1 203	1 004			31	12 600
0.10	22	94.70	85.00	1 102	242			1	7 860
128.44	**27213**	**1 122.59**	**1 635.31**	**31 664**	**45 494**	**427 445**	**424 516**	**553**	**48 272**
1.16	254	256.06	475.30	9 507	12 403	165 171	165 171	7	13 101
6.90	1191	38.91	55.24	831	327	476	476		17
2.37	599	237.63	150.18	2 810	16 143	1 323	1 323	81	6 668
9.50	1569	71.75	87.37	1 893	2 107	5 868	5 868	84	4 863
4.29	1124	48.69	76.51	2 012	1 743	32 646	32 646	6	6 607
14.81	2222	129.57	225.05	3 376	1 721	128	128	46	610
20.60	3502	94.14	195.35	3 907	1 764	3 596	3 596	22	4 005
11.58	1764	55.15	76.38	1 340	601	6	6		484
17.84	4461	52.79	109.22	2 185	3 277	80	80	228	279
17.38	5697	50.55	69.96	1 444	1 684	192 686	192 686	57	6 500
9.16	1692	44.32	51.63	929	999	20 128	17 199	22	1 600
12.85	3138	43.03	63.13	1 430	2 725	5 337	5 337		3 538
4.95	**981**	**311.95**	**536.89**	**7 838**	**4 469**	**3 198**	**3 198**	**100**	**23 880**
1.22	245	83.71	130.12	1 957	1 164	1 859	1 859	39	5 510
1.00	198	87.19	228.80	3 281	1 058	47	47	10	5 980
0.42	87	26.06	36.28	542	266	63	63	9	2 305
1.40	274	76.70	93.70	1 370	1 327	803	803	35	5 316
0.90	177	38.29	48.00	688	654	426	426	7	4 769
20.52	**3411**	**160.94**	**172.15**	**2 546**	**944**	**47**	**47**	**181**	**551**
7.50	1275	77.07	100.85	1 513	495			51	291
4.56	777	28.19	21.56	321	111			29	65
0.74	110	17.44	14.15	177	51	10	10	33	60
7.71	1249	38.25	35.59	535	287	37	37	68	135
6.81	**1181**	**117.41**	**66.34**	**1 165**	**992**	**14 783**	**14 783**	**112**	**2 527**
2.20	440	74.98	28.50	479	428	7 989	7 989	22	1 201
0.96	192	13.45	11.71	293	198	5 694	5 694	58	1 270
3.65	549	28.98	26.14	393	366	1 100	1 100	32	56

21−20　各州市县规模以上工业企业单位数和工业总产值(2010年)

Number of Industrial Enterprises of Annual Revenue over 5 Million Yuan from Principal Business with Independent Accounting Systems and Their Gross Output Value by Region (2010)

(按当年价新规定计算)　　(It is calculated according to the new regulation in the current year)

州 市 县	Region	企业单位数 (个) Number of Enterprises (unit)	工业总产值 (万元) Gross Industrial Output Value (10 000 yuan)	国有企业 State-owned Industry		集体企业 Collective-owned Enterprise		股份合作制企业 Corporations Enterprise	
				单位数 (个) Number of Enterprise (unit)	总产值 (万元) Gross Output Value (10 000 yuan)	单位数 (个) Number of Enterprise (unit)	总产值 (万元) Gross Output Value (10 000 yuan)	单位数 (个) Number of Enterprise (unit)	总产值 (万元) Gross Output Value (10 000 yuan)
全省合计	**Total**	**3 599**	**64 646 261**	**282**	**21 725 178**	**108**	**783 142**	**40**	**167 934**
昆 明 市	**Kunming**	**1 099**	**22 266 508**	**90**	**6 180 003**	**41**	**147 690**	**14**	**32 187**
呈贡县	Chenggong	61	1 041 820	2	62 753			4	10 810
五华区	Wuhua	167	6 394 832	17	2 300 202	2	2 796	3	7 749
盘龙区	Panlong	82	1 554 996	6	124 926	2	2 776	2	5 550
官渡区	Guandu	212	3 864 202	19	2 170 636	4	16 842	1	1 064
西山区	Xishan	120	1 399 294	10	115 220	9	18 765		
东川区	Dongchuan	69	1 097 598			1	19 396		
晋宁县	Jinning	63	703 132	3	49 136	1	1 564		
富民县	Fumin	37	259 387			2	5 784	2	1 745
宜良县	Yiliang	46	468 672	3	10 591	8	12 267		
石林县	Shilin	33	147 847	3	20 157	3	3 986		
嵩明县	Songming	63	484 625	4	27 929			1	4 650
禄劝县	Luquan	22	87 322	1	13 540	1	660	1	619
寻甸县	Xundian	21	331 777	2	19 475	1	6 194		
安宁市	Anning	103	4 431 006	20	1 265 439	7	56 661		
曲 靖 市	**Qujing**	**532**	**10 058 405**	**38**	**3 152 081**	**32**	**97 217**		
麒麟区	Qilin	120	4 494 853	12	2 430 415	3	5 352		
马龙县	Malong	24	406 476	1	19 341				
陆良县	Luliang	45	627 349	4	158 388	1	5 890		
师宗县	Shizong	54	372 737	2	46 442	10	55 619		
罗平县	Luoping	38	420 431	5	87 484				
富源县	Fuyuan	117	1 321 432	4	117 382				
会泽县	Huize	17	253 302	1	14 241				
沾益县	Zhanyi	32	1 376 423	2	44 136	5	9 434		
宣威市	Xuanwei	85	785 403	7	234 252	13	20 923		
玉 溪 市	**Yuxi**	**352**	**9 414 392**	**16**	**4 748 443**	**14**	**493 637**	**3**	**21 115**
红塔区	Hongta	106	6 451 419	6	4 339 252	8	452 660		
江川县	Jiangchuan	31	168 684	1	15 179				
澄江县	Chengjiang	27	279 725					1	1 591
通海县	Tonghai	63	474 110	1	52 907	3	6 844	2	19 524
华宁县	Huaning	23	88 516	1	14 013				
易门县	Yimen	39	390 707	2	25 577				
峨山县	Eshan	26	396 772	1	17 926	2	33 316		
新平县	Xinping	18	1 033 733	3	266 955				
元江县	Yuanjiang	19	130 726	1	16 636	1	817		

注：国有企业中含国有联营企业和国有独资公司。

Note: State-owned enterprises include state-owned jointly-run enterprises and solely state-owned enterprises.

21-20 续表1 continued

州市县	Region	企业单位数(个) Number of Enterprises (unit)	工业总产值(万元) Gross Industrial Output Value (10 000 yuan)	国有企业 State-owned Industry		集体企业 Collective-owned Enterprise		股份合作制企业 Corporations Enterprise	
				单位数(个) Number of Enterprise (unit)	总产值(万元) Gross Output Value (10 000 yuan)	单位数(个) Number of Enterprise (unit)	总产值(万元) Gross Output Value (10 000 yuan)	单位数(个) Number of Enterprise (unit)	总产值(万元) Gross Output Value (10 000 yuan)
保 山 市	**Baoshan**	**138**	**1 076 725**	**5**	**31 864**			**4**	**26 115**
隆阳区	Longyang	60	406 669	1	24 661				
施甸县	Shidian	7	68 400						
腾冲县	Tengchong	33	296 194	3	5 626			1	9 686
龙陵县	Longling	17	204 780					1	13 768
昌宁县	Changning	21	100 682	1	1 577			2	2 661
昭 通 市	**Zhaotong**	**252**	**2 049 149**	**14**	**714 335**	**2**	**6 222**	**2**	**6 170**
昭阳区	Zhaoyang	48	806 837	4	593 240				
鲁甸县	Ludian	13	216 993	1	12 465				
巧家县	Qiaojia	14	87 824	1	5 087				
盐津县	Yanjin	14	131 560						
大关县	Daguan	13	30 433	1	2 416			1	3 495
永善县	Yongshan	7	30 189	2	21 504				
绥江县	Suijiang	9	32 342	1	5 239				
镇雄县	Zhenxiong	66	281 223	1	18 113	1	2 638		
彝良县	Yiliang	28	123 938	1	30 650	1	3 584	1	2 675
威信县	Weixin	32	77 255						
水富县	Shuifu	8	230 556	2	25 621				
丽 江 市	**Lijiang**	**78**	**708 648**	**3**	**37 821**	**3**	**6 971**	**1**	**18 589**
古城区	Gucheng	16	161 738	2	26 319	2	3 230		
玉龙县	Yulong	5	44 247						
永胜县	Yongsheng	18	153 313	1	11 502				
华坪县	Huaping	26	305 581			1	3 741	1	18 589
宁蒗县	Ninglang	13	43 770						
普 洱 市	**Pu'er**	**116**	**947 367**	**15**	**221 184**	**2**	**2 065**	**1**	**14 017**
思茅区	Simao	25	335 256	3	126 766				
宁洱县	Ning'er	15	77 709	2	11 234				
墨江县	Mojiang	9	62 004	1	4 301				
景东县	Jingdong	10	63 366	1	6 151				
景谷县	Jinggu	25	208 011	1	9 986	1	1 200		
镇沅县	Zhenyuan	10	42 358	2	5 257	1	865	1	14 017
江城县	Jiangcheng	6	20 254	2	3 519				
孟连县	Menglian	5	24 888						
澜沧县	Lancang	9	105 739	2	51 938				
西盟县	Ximeng	2	7 782	1	2 033				
临 沧 市	**Lincang**	**83**	**829 211**	**9**	**205 841**			**1**	**1 064**
临翔区	Linxiang	14	84 132	2	18 319			1	1 064
凤庆县	Fengqing	12	47 746	2	4 677				
云 县	Yunxian	15	302 754	2	172 778				
永德县	Yongde	8	61 977						
镇康县	Zhenkang	9	100 974	1	2 150				
双江县	Shuangjiang	8	67 166	1	4 979				
耿马县	Gengma	9	115 447	1	2 938				
沧源县	Cangyuan	8	49 015						

21-20 续表2 continued

州市县	Region	企业单位数（个）Number of Enterprises (unit)	工业总产值（万元）Gross Industrial Output Value (10 000 yuan)	国有企业 State-owned Industry 单位数（个）Number of Enterprise (unit)	国有企业 总产值（万元）Gross Output Value (10 000 yuan)	集体企业 Collective-owned Enterprise 单位数（个）Number of Enterprise (unit)	集体企业 总产值（万元）Gross Output Value (10 000 yuan)	股份合作制企业 Corporations Enterprise 单位数（个）Number of Enterprise (unit)	股份合作制企业 总产值（万元）Gross Output Value (10 000 yuan)
楚雄州	**Chuxiong**	**183**	**2 994 699**	**18**	**934 218**	**4**	**13 164**	**2**	**2 913**
楚雄市	Chuxiong	52	1 463 940	7	846 788	1	7 790		
双柏县	Shuangbo	11	62 110	1	2 680				
牟定县	Mouding	16	57 263	1	4 726				
南华县	Nanhua	11	109 662	1	4 122				
姚安县	Yao'an	9	22 398					2	2 913
大姚县	Dayao	17	193 057						
永仁县	Yongren	10	30 104	1	3 852				
元谋县	Yuanmou	12	61 766	1	4 860				
武定县	Wuding	12	65 604	1	8 561				
禄丰县	Lufeng	33	928 795	5	58 629	3	5 374		
红河州	**Honghe**	**228**	**7 096 204**	**26**	**3 745 587**	**3**	**4 952**	**2**	**4 940**
蒙自市	Mengzi	23	1 399 393	5	1 085 064				
个旧市	Gejiu	50	2 398 695	6	1 057 958	1	1 872		
开远市	Kaiyuan	28	847 208	6	379 636	2	3 080		
屏边县	Pingbian	9	48 237	1	2 773				
建水县	Jianshui	17	287 284	2	31 023				
石屏县	Shiping	17	92 984	1	7 936			1	2 217
弥勒县	Mile	34	1 502 961	2	1 143 805				
泸西县	Luxi	11	238 936	1	30 640				
元阳县	Yuanyang	5	57 492					1	2 723
红河县	Honghe	5	22 949	1	3 769				
金平县	Jinping	22	145 934						
绿春县	Luchun	3	31 721	1	2 983				
河口县	Hekou	4	22 410						
文山州	**Wenshan**	**140**	**1 861 510**	**7**	**306 797**			**3**	**7 838**
文山市	Wenshan	25	706 828	3	281 370				
砚山县	Yanshan	29	456 204	3	23 654				
西畴县	Xichou	3	11 741						
麻栗坡县	Malipo	20	134 186						
马关县	Maguan	19	268 492					1	642
丘北县	Qiubei	16	71 332	1	1 774				
广南县	Guangnan	15	102 068					2	7 195
富宁县	Funing	13	110 659						
西双版纳州	**Xishuangbanna**	**60**	**526 726**	**12**	**228 632**	**1**	**1 551**	**2**	**3 176**
景洪市	Jinghong	22	258 411	6	198 456			2	3 176
勐海县	Menghai	31	191 064	4	18 827				
勐腊县	Mengla	7	77 251	2	11 349	1	1 551		

21-20 续表3 continued

州市县 Region		企业单位数 (个) Number of Enterprises (unit)	工业总产值 (万元) Gross Industrial Output Value (10 000 yuan)	国有企业 State-owned Industry		集体企业 Collective-owned Enterprise		股份合作制企业 Corporations Enterprise	
				单位数 (个) Number of Enterprise (unit)	总产值 (万元) Gross Output Value (10 000 yuan)	单位数 (个) Number of Enterprise (unit)	总产值 (万元) Gross Output Value (10 000 yuan)	单位数 (个) Number of Enterprise (unit)	总产值 (万元) Gross Output Value (10 000 yuan)
大 理 州	**Dali**	**208**	**3 515 269**	**17**	**961 672**	**3**	**3 962**	**2**	**6 825**
大理市	Dali	67	1 567 654	7	545 325	2	3 239	2	6 825
漾濞县	Yangbi	13	83 965	1	6 885				
祥云县	Xiangyun	27	691 177	1	2 082				
宾川县	Binchuan	14	**82 055**	**1**	**11 146**				
弥渡县	Midu	7	32 659						
南涧县	Nanjian	11	399 619	1	359 776				
巍山县	Weishan	14	55 287	1	4 102				
永平县	Yongping	11	21 388						
云龙县	Yunlong	6	31 781	1	5 337				
洱源县	Eryuan	14	250 783	2	8 222				
剑川县	Jianchuan	7	98 393	1	7 357				
鹤庆县	Heqing	17	200 509	1	11 441	1	723		
德 宏 州	**Dehong**	**92**	**765 066**	**7**	**148 796**	**3**	**5 713**		
芒 市	Mangshi	30	255 034	3	116 203	1	1 617		
瑞丽市	Ruili	13	172 656	1	1 997				
梁河县	Lianghe	9	51 864	1	3 542	2	4 096		
盈江县	Yingjiang	34	226 592	1	8 251				
陇川县	Longchuan	6	58 920	1	18 803				
怒 江 州	**Nujiang**	**16**	**261 417**	**2**	**53 484**			**1**	**4 222**
泸水县	Lushui	5	63 536	2	53 484			1	4 222
福贡县	Fugong	5	5 853						
贡山县	Gongshan	1	3 582						
兰坪县	Lanping	5	188 446						
迪 庆 州	**Diqing**	**22**	**274 966**	**3**	**54 421**			**2**	**18 765**
香格里拉县	Shangri-La	15	192 661	3	54 421			1	17 656
德钦县	Deqin	3	70 829						
维西县	Weixi	4	11 477					1	1 109

21-21 各州市县主要工业产品产量(2010年)
Output of Major Industrial Products by Region (2010)

州市县	Region	原煤(万吨) Coal (10 000 tons)	发电量(万千瓦小时) Electricity (10 000 kwh)	农用化肥(吨) Chemicel Fertilizer (ton)	白酒(千升) Liquor (kiloliter)	啤酒(千升) Beer (kiloliter)	糖(吨) Sugar (ton)	水泥(万吨) Cement (10 000 tons)
全省合计	**Total**	**9 763**	**13 648 502**	**3 639 675**	**396 344**	**547 162**	**1 797 814**	**5 786**
昆明市	**Kunming**	**538**	**1 780 695**	**1 490 446**	**29 201**	**152 140**		**948**
呈贡县	Chenggong			317				
五华区	Wuhua		635 592	6694				
盘龙区	Panlong		3 945					9
官渡区	Guandu		9 267	25 017		49981		141
西山区	Xishan			751 904				57
东川区	Dongchuan		14 076	23 687	448			16
晋宁县	Jinning			118 631				
富民县	Fumin		7 776		1 991			80
宜良县	Yiliang	197	544 088	80853	9 919			290
石林县	Shilin	65	999		3 155			26
嵩明县	Songming	23			8 670	102159		13
禄劝县	Luquan		83 047					48
寻甸县	Xundian	254	59 979	49888	5 018			48
安宁市	Anning		421 926	433455				220
曲靖市	**Qujing**	**4 354**	**3 775 775**	**677 125**	**11 296**			**1128**
麒麟区	Qilin	527	66 563	16 774				28
马龙县	Malong		165		654			51
陆良县	Luliang	4	61 101	19 165	4 489			454
师宗县	Shizong	301	43 882		1 179			89
罗平县	Luoping	222	316 704	2 501				40
富源县	Fuyuan	2045	1 741 045		1 273			
会泽县	Huize	7	92 144	21 851	3 701			88
沾益县	Zhanyi	52	654 122	165 118				113
宣威市	Xuanwei	1196	800 049	451 716				264
玉溪市	**Yuxi**	**65**	**100 413**	**253 246**	**14 033**		**109 271**	**750**
红塔区	Hongta		6 043	31 313				127
江川县	Jiangchuan			5 651	806			92
澄江县	Chengjiang		28 155	56 513	158			59
通海县	Tonghai			99 824				57
华宁县	Huaning	30	965		1 228			59
易门县	Yimen				6 531			215
峨山县	Eshan	35	1 225	59 945	4 202		2 911	27
新平县	Xinping		40 506		520		53 093	21
元江县	Yuanjiang		23 518		588		53 268	93

注：本表统计范围为全部工业法人单位。
Note:The coverage of statistics are all industrial legal entities in this table.

21-21 续表1 continued

州市县	Region	原煤(万吨) Coal (10 000 tons)	发电量(万千瓦小时) Electricity (10 000 kwh)	农用化肥(吨) Chemical Fertilizer (ton)	白酒(千升) Liquor (kiloliter)	啤酒(千升) Beer (kiloliter)	糖(吨) Sugar (ton)	水泥(万吨) Cement (10 000 tons)
保山市	**Baoshan**	**51**	**285 977**	**2 555**	**12 490**	**31 122**	**163 626**	**200**
隆阳区	Longyang	6	175 568		5 307	31 122	30 315	27
施甸县	Shidian		5 219		272			157
腾冲县	Tengchong		23 734	2 555	1 106		3 407	6
龙陵县	Longling	4	80 417		1 905		79 663	3
昌宁县	Changning	41	1 039		3 900		50 241	7
昭通市	**Zhaotong**	**1 738**	**458 837**	**267 189**	**20 813**		**5 791**	**298**
昭阳区	Zhaoyang	138	131 517		2 481			145
鲁甸县	Ludian		37 263	17 532	887			50
巧家县	Qiaojia	6	16 211		818		5 791	11
盐津县	Yanjin	150	79 469		2 480			7
大关县	Daguan	37	37 499		1 320			15
永善县	Yongshan	15	5 425		1 470			7
绥江县	Suijiang	114	385	1 450	187			25
镇雄县	Zhenxiong	869	11 275		6 816			26
彝良县	Yiliang	184	48 881		1 610			10
威信县	Weixin	223			2 510			
水富县	Shuifu	2	90 911	248 207	234			2
丽江市	**Lijiang**	**802**	**110 766**	**74 624**	**11 560**		**7 491**	**251**
古城区	Gucheng		39 539		332			56
玉龙县	Yulong	10	29 160		3 585			
永胜县	Yongsheng	21	20 810		3 381		7 491	80
华坪县	Huaping	664	8 305	74 624	239			109
宁蒗县	Ninglang	106	12 952		4 023			6
普洱市	**Pu'er**	**74**	**596 515**		**10 578**	**17 832**	**180 600**	**216**
翠云区			453 900			17 832		90
宁洱县	Ning'er	11	1 650		570			55
墨江县	Mojiang		91 259		2 543		5 822	11
景东县	Jingdong	4	8 105				12 818	12
景谷县	Jinggu	12	20 649		6 221		23 431	20
镇沅县	Zhenyuan	10	2 484		79		2 023	8
江城县	Jiangcheng		3 002		339		12 509	
孟连县	Menglian	3	10 619		36		41 223	
澜沧县	Lancang	35	2 899		580		69 117	19
西盟县	Ximeng		1 949				13 656	
临沧市	**Lincang**	**22**	**749 508**		**24 740**	**21 768**	**603 807**	**60**
临翔区	Linxiang	2	15 658		1 289		21 881	
凤庆县	Fengqing		6 735		1 095		30 323	11
云县	Yunxian		673 687		18 516	21 768	51 857	8
永德县	Yongde	1	14 054		1 425		95 590	9
镇康县	Zhenkang		25 104		179		100 308	5
双江县	Shuangjiang	3	5 283		549		57 105	3
耿马县	Gengma	2	5 507		1 385		184 036	
沧源县	Cangyuan	13	3 480		302		62 707	25

21-21 续表2 continued

州市县	Region	原煤 (万吨) Coal (10 000 tons)	发电量 (万千瓦小时) Electricity (10 000 kwh)	农用化肥 (吨) Chemical Fertilizer (ton)	白酒 (千升) Liquor (kiloliter)	啤酒 (千升) Beer (kiloliter)	糖 (吨) Sugar (ton)	水泥 (万吨) Cement (10 000 tons)
楚雄州	**Chuxiong**	**173**	**123 873**	**62 672**	**12 430**	**128 744**		**104**
楚雄市	Chuxiong	34	41 048	6 641	1 125			53
双柏县	Shuangbo	8	25 497					3
牟定县	Mouding				498			
南华县	Nanhua	69			962	128 744		
姚安县	Yao'an		201		3 490			
大姚县	Dayao		5 567					
永仁县	Yongren		2 115		2 707			2
元谋县	Yuanmou		267					8
武定县	Wuding			6 173	3 648			2
禄丰县	Lufeng	62	49 177	49 858				37
红河州	**Honghe**	**1 461**	**1 648 158**	**790 839**	**78 124**	**10 619**	**84 472**	**437**
蒙自市	Mengzi	3	38 180	15 155	8 089		13 476	95
个旧市	Gejiu	3	24 761	125 923	2 457			25
开远市	Kaiyuan	997	774 275	581 612	2 349	10 619	8 140	229
屏边县	Pingbian		52 492		2 504			
建水县	Jianshui	40	295		124		8 939	56
石屏县	Shiping	56	3 854				8 217	13
弥勒县	Mile	154	416 307	39 347	45 819		15 126	9
泸西县	Luxi	209	86 248	23 249	11 456			3
元阳县	Yuanyang		3 619		1 566		14 572	3
红河县	Honghe		1 753		2 850		16 002	
金平县	Jinping		177 421	5 553	910			3
绿春县	Luchun		62 068					
河口县	Hekou		6 885					
文山州	**Wenshan**	**153**	**367 641**	**20 980**	**37 902**		**46 221**	**315**
文山市	Wenshan	2	59 531	14 182	2 718		30 482	119
砚山县	Yanshan	8		6 798	1 691			112
西畴县	Xichou		9 128					33
麻栗坡县	Malipo		129 051		465			
马关县	Maguan	6	72 204		3 457			5
丘北县	Qiubei	1	30 271		26 742			3
广南县	Guangnan	1	38 727		1 053		15 739	39
富宁县	Funing	135	28 729		1 776			3
西双版纳州	**Xishuangbanna**		**687 076**		**187**	**14 447**	**133 272**	**32**
景洪市	Jinghong		646 978		179	14 447		23
勐海县	Menghai		31 847		8		93 150	
勐腊县	Mengla		8 251				40 122	9

21-21 续表3 continued

州市县	Region	原 煤 (万吨) Coal (10 000 tons)	发电量 (万千瓦小时) Electricity (10 000 kwh)	农用化肥 (吨) Chemical Fertilizer (ton)	白 酒 (千升) Liquor (kiloliter)	啤 酒 (千升) Beer (kiloliter)	糖 (吨) Sugar (ton)	水 泥 (万吨) Cement (10 000 tons)
大 理 州	**Dali**	**331**	**283 959**		**111 923**	**167 036**	**8 541**	**837**
大理市	Dali		49 741		690	167036		463
漾濞县	Yangbi		164 420		2 631			
祥云县	Xiangyun	174			92 800			96
宾川县	Binchuan	77	1 739		2 562			31
弥渡县	Midu	43			2 216			20
南涧县	Nanjian		958		807			7
巍山县	Weishan				3 600			7
永平县	Yongping	3	5 349		1 493			10
云龙县	Yunlong		21 574		1 522			31
洱源县	Eryuan							3
剑川县	Jianchuan	19	6 479		156			76
鹤庆县	Heqing	15	33 700		3 446		8 541	94
德 宏 州	**Dehong**	**2**	**1 012 081**		**2 073**	**3 454**	**454 722**	**172**
芒 市	Mangshi		73 689				27 984	95
瑞丽市	Ruili		8 571		3	3 454	327 397	13
梁河县	Lianghe		71 949				38 818	
盈江县	Yingjiang		798 358				14 068	50
陇川县	Longchuan		5 849				46 455	
怒 江 州	**Nujiang**		**106 301**		**2 262**			**20**
泸水县	Lushui		44 664		748			3
福贡县	Fugong		41 212		238			
贡山县	Gongshan		20 425					
兰坪县	Lanping				1 276			17
迪 庆 州	**Diqing**		**122 998**		**16 732**			**18**
香格里拉县	Shangri-La		99 352		13 555			13
德钦县	Deqin		3 486					
维西县	Weixi		6 829					

21-22 各州市县规模以上工业企业主要财务指标(2010年)

Principal Financial Indicators of Industrial Enterprises of Annual Revenue over 5 Million Yuan from Principal Business with Independent Accounting Systems by Region (2010)

单位：万元 (10 000 yuan)

州市县	Region	资产总计 Total Assets	负债总计 Total Liabilities	所有者权益总计 Total Owners' Equities	主营业务收入 Revenue from Principal Business	利润总额 Total Profits	利税总额 Total Taxes and Profits
全省合计	**Total**	**96 110 920**	**57 352 406**	**38 577 178**	**63 562 417**	**5 993 406**	**14 443 251**
昆明市	**Kunming**	**28 346 366**	**16 768 794**	**11 577 572**	**23 094 731**	**1 539 136**	**3 626 978**
呈贡县	Chenggong	1 304 690	735 135	569 555	1 047 499	49 928	89 102
五华区	Wuhua	8 160 104	4 577 199	3 582 905	6 969 672	588 339	2 022 922
盘龙区	Panlong	2 138 437	978 034	1 160 403	1 685 390	169 353	249 141
官渡区	Guandu	4 986 055	3 394 882	1 591 173	3 765 483	255 971	433 262
西山区	Xishan	1 591 000	941 444	649 556	1 425 995	71 344	120 251
东川区	Dongchuan	715 336	491 523	223 813	1 072 016	47 797	97 719
晋宁县	Jinning	1 005 130	524 046	481 084	753 097	54 647	105 139
富民县	Fumin	340 539	246 410	94 129	256 760	5 298	13 482
宜良县	Yiliang	605 472	405 976	199 496	457 010	13 017	37 836
石林县	Shilin	193 673	58 283	135 390	136 237	11 362	19 349
嵩明县	Songming	400 313	234 197	166 116	494 382	27 808	41 591
禄劝县	Luquan	506 109	414 311	91 797	90 853	268	6 419
寻甸县	Xundian	646 296	499 487	146 809	329 723	16 354	31 365
安宁市	Anning	5 753 212	3 267 866	2 485 347	4 610 614	227 649	359 401
曲靖市	**Qujing**	**14 153 761**	**8 900 642**	**5 218 214**	**10 003 816**	**731 386**	**1 958 094**
麒麟区	Qilin	4 725 512	2 420 602	2 302 316	4 356 347	312 387	1 271 377
马龙县	Malong	267 289	206 631	60 656	426 154	45 532	55 280
陆良县	Luliang	591 537	297 497	293 868	592 403	48 421	71 960
师宗县	Shizong	596 998	380 685	215 306	339 797	336	21 600
罗平县	Luoping	414 338	260 502	153 709	402 443	43 745	60 378
富源县	Fuyuan	3 093 247	2 083 185	986 321	1 370 143	142 466	249 850
会泽县	Huize	147 595	66 660	78 907	235 620	20 705	25 730
沾益县	Zhanyi	2 945 193	2 149 806	794 365	1 499 079	22 603	64 918
宣威市	Xuanwei	1 372 053	1 035 073	332 767	781 831	95 191	137 001
玉溪市	**Yuxi**	**9 611 069**	**3 482 856**	**6 115 296**	**8 957 556**	**1 366 575**	**3 668 009**
红塔区	Hongta	6 546 145	1 615 341	4 919 283	6 082 257	1 058 892	3 196 808
江川县	Jiangchuan	215 494	110 128	104 837	166 556	15 886	34 007
澄江县	Chengjiang	414 226	285 453	128 773	266 077	14 783	23 212
通海县	Tonghai	395 908	238 567	156 537	460 242	39 535	50 978
华宁县	Huaning	127 171	102 477	24 694	82 894	- 328	4 586
易门县	Yimen	313 265	186 136	127 129	347 872	57 565	73 187
峨山县	Eshan	382 572	236 673	145 849	379 132	50 222	77 249
新平县	Xinping	1 024 683	585 934	438 749	1 022 603	116 117	182 279
元江县	Yuanjiang	191 605	122 147	69 445	149 924	13 903	25 703

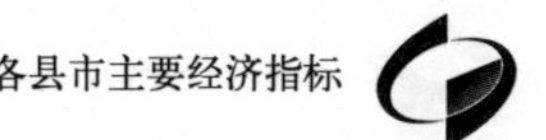

21-22 续表1 continued

单位：万元 (10 000 yuan)

州市县	Region	资产总计 Total Assets	负债总计 Total Liabilities	所有者权益总计 Total Owners ' Equities	主营业务收入 Revenue from Principal Business	利润总额 Total Profits	利税总额 Total Taxes and Profits
保山市	**Baoshan**	**2 372 185**	**1 557 252**	**807 863**	**1 001 558**	**113 253**	**193 697**
隆阳区	Longyang	1 402 424	982 414	419 577	344 576	32 988	62 300
施甸县	Shidian	98 498	34 412	61 944	64 516	13 166	17 989
腾冲县	Tengchong	435 501	273 936	160 587	306 660	34 283	56 668
龙陵县	Longling	319 180	201 742	117 438	188 919	22 973	39 646
昌宁县	Changning	116 581	64 749	48 317	96 887	9 843	17 094
昭通市	**Zhaotong**	**4 184 406**	**2 314 550**	**1 860 487**	**1 901 108**	**158 274**	**586 280**
昭阳区	Zhaoyang	1 531 425	702 703	826 500	757 777	61 999	375 769
鲁甸县	Ludian	466 591	350 531	115 651	181 681	22 508	43 384
巧家县	Qiaojia	148 276	82 740	62 768	71 980	5 982	10 441
盐津县	Yanjin	240 130	116 816	120 916	108 515	11 506	18 030
大关县	Daguan	76 262	40 383	34 974	29 675	4 256	7 438
永善县	Yongshan	40 945	25 874	14 908	23 262	1 561	4 736
绥江县	Suijiang	36 377	24 193	12 182	32 728	2 008	8 753
镇雄县	Zhenxiong	161 089	102 375	58 377	265 166	19 909	50 762
彝良县	Yiliang	268 365	197 745	70 620	122 123	7 618	24 552
威信县	Weixin	78 007	30 901	47 106	77 225	6 442	18 531
水富县	Shuifu	1 136 939	640 288	496 485	230 976	14 486	23 885
丽江市	**Lijiang**	**1 048 152**	**660 255**	**363 277**	**658 518**	**86 824**	**135 490**
古城区	Gucheng	296 105	187 110	93 628	146 537	22 151	28 787
玉龙县	Yulong	68 712	33 804	34 908	31 056	5 741	6 296
永胜县	Yongsheng	207 599	123 310	81 340	136 400	23 043	27 868
华坪县	Huaping	426 017	281 012	138 702	300 987	30 495	62 956
宁蒗县	Ninglang	49 720	35 020	14 699	43 538	5 395	9 583
普洱市	**Pu'er**	**3 117 453**	**2 349 228**	**764 753**	**881 079**	**86 576**	**158 107**
思茅区	Simao	1 866 128	1 494 233	371 894	338 853	28 857	57 129
宁洱县	Ning'er	114 755	79 715	33 030	66 865	1 799	7 033
墨江县	Mojiang	187 062	152 076	35 296	61 239	11 465	17 464
景东县	Jingdong	166 510	78 818	87 691	56 215	2 085	4 944
景谷县	Jinggu	456 014	325 149	130 865	163 068	13 523	25 622
镇沅县	Zhenyuan	78 764	69 917	8 075	46 546	2 875	5 193
江城县	Jiangcheng	44 164	28 719	15 445	21 731	1 894	3 364
孟连县	Menglian	41 662	15 665	25 997	22 338	4 531	6 937
澜沧县	Lancang	155 493	103 009	51 484	96 442	17 732	27 792
西盟县	Ximeng	6 903	1 928	4 975	7 782	1 814	2 630
临沧市	**Lincang**	**3 268 098**	**2 280 898**	**984 989**	**795 663**	**100 618**	**167 343**
临翔区	Linxiang	387 872	198 221	186 952	85 145	11 978	17 365
凤庆县	Fengqing	117 247	88 305	28 943	49 768	2 392	4 558
云县	Yunxian	2 041 096	1 527 151	513 945	264 301	44 747	70 004
永德县	Yongde	161 196	113 077	48 119	69 583	11 754	16 225
镇康县	Zhenkang	246 440	153 822	93 108	108 967	- 6 350	3 296
双江县	Shuangjiang	83 213	45 134	38 079	61 894	7 849	12 537
耿马县	Gengma	170 999	115 280	55 719	105 754	19 333	29 487
沧源县	Cangyuan	60 034	39 909	20 125	50 251	8 914	13 872

21-22 续表2 continued

单位：万元 (10 000 yuan)

州市县	Region	资产总计 Total Assets	负债总计 Total Liabilities	所有者权益总计 Total Owners' Equities	主营业务收入 Revenue from Principal Business	利润总额 Total Profits	利税总额 Total Taxes and Profits
楚雄州	**Chuxiong**	**3 669 209**	**1 725 586**	**1 941 698**	**2 797 586**	**199 542**	**693 612**
楚雄市	Chuxiong	1 955 262	851 375	1 103 876	1 370 703	66 201	488 248
双柏县	Shuangbo	70 530	51 495	19 035	77 018	1 493	4 723
牟定县	Mouding	79 877	49 887	29 990	45 016	2 014	4 567
南华县	Nanhua	102 547	66 844	35 703	98 969	4 671	9 452
姚安县	Yao'an	18 152	9 806	8 158	20 589	440	1 350
大姚县	Dayao	282 813	125 287	156 339	205 558	14 557	25 249
永仁县	Yongren	26 845	22 688	4 157	23 661	- 525	755
元谋县	Yuanmou	37 953	24 009	13 943	61 586	1 420	4 247
武定县	Wuding	62 817	36 000	26 398	59 193	3 434	6 127
禄丰县	Lufeng	1 032 413	488 195	544 098	835 292	105 839	148 895
红河州	**Honghe**	**10 216 371**	**6 542 978**	**3 662 280**	**6 685 072**	**527 776**	**1 510 560**
蒙自市	Mengzi	1 591 857	1 090 998	500 652	1 351 971	91 305	151 474
个旧市	Gejiu	3 196 323	2 243 276	952 947	2 340 010	68 293	167 464
开远市	Kaiyuan	1 740 090	1 241 983	496 280	783 298	86 218	144 454
屏边县	Pingbian	127 114	66 530	60 580	44 087	9 189	11 422
建水县	Jianshui	461 327	296 665	162 448	224 758	18 582	33 164
石屏县	Shiping	65 618	36 308	29 309	83 844	5 151	10 744
弥勒县	Mile	2 034 351	875 343	1 159 007	1 400 713	189 328	896 162
泸西县	Luxi	529 731	394 769	132 538	215 526	12 167	26 024
元阳县	Yuanyang	58 614	21 670	36 944	51 414	22 162	23 827
红河县	Honghe	23 666	16 782	6 511	19 947	1 753	2 867
金平县	Jinping	332 109	226 014	104 336	115 707	17 399	31 192
绿春县	Luchun	26 574	15 455	8 913	31 721	5 677	9 118
河口县	Hekou	28 998	17 184	11 814	22 076	552	2 649
文山州	**Wenshan**	**2 954 345**	**1 792 579**	**1 097 687**	**1 747 475**	**256 327**	**394 602**
文山市	Wenshan	945 238	496 200	393 077	669 025	107 942	161 568
砚山县	Yanshan	423 923	232 803	187 248	442 495	32 135	56 154
西畴县	Xichou	12 715	10 730	1 985	12 037	539	1 383
麻栗坡县	Malipo	637 624	434 791	202 832	143 903	9 782	22 226
马关县	Maguan	497 460	337 614	159 649	226 075	50 190	72 372
丘北县	Qiubei	88 106	55 054	33 003	46 692	3 211	5 177
广南县	Guangnan	155 855	99 086	53 719	102 570	14 239	25 308
富宁县	Funing	193 424	126 300	66 174	104 678	38 290	50 415
西双版纳州	**Xishuangbanna**	**2 348 043**	**1 669 680**	**675 620**	**521 295**	**99 745**	**152 470**
景洪市	Jinghong	1 967 447	1 500 395	464 700	269 734	35 597	60 595
勐海县	Menghai	296 502	139 565	156 937	172 166	47 161	63 038
勐腊县	Mengla	84 093	29 719	53 983	79 395	16 988	28 837

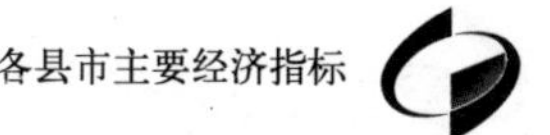

21-22 续表3 continued

单位：万元 (10 000 yuan)

州 市 县	Region	资产总计 Total Assets	负债总计 Total Liabilities	所有者权益总计 Total Owners ' Equities	主营业务收入 Revenue from Principal Business	利润总额 Total Profits	利税总额 Total Taxes and Profits
大 理 州	**Dali**	**7 212 594**	**4 792 167**	**2 418 578**	**3 242 323**	**516 710**	**874 344**
大理市	Dali	1 791 545	876 089	915 099	1 501 176	168 840	437 937
漾濞县	Yangbi	185 229	99 203	86 026	74 267	2 605	6 390
祥云县	Xiangyun	487 286	243 044	243 939	614 626	176 323	193 258
宾川县	Binchuan	67 575	46 741	20 786	70 492	8 145	9 123
弥渡县	Midu	47 182	38 126	9 008	27 708	- 1 433	406
南涧县	Nanjian	3 759 608	2 910 138	848 864	347 252	61 422	97 348
巍山县	Weishan	41 433	29 507	11 926	52 601	724	4 351
永平县	Yongping	44 582	26 335	18 147	18 874	3 065	5 096
云龙县	Yunlong	111 190	90 421	20 770	30 236	659	3 297
洱源县	Eryuan	188 247	139 131	49 115	243 411	32 790	35 745
剑川县	Jianchuan	140 049	83 174	56 876	84 397	6 662	12 250
鹤庆县	Heqing	348 668	210 259	138 021	177 283	56 908	69 142
德 宏 州	**Dehong**	**2 280 485**	**1 600 177**	**675 735**	**779 445**	**136 476**	**202 605**
芒　市	Mangshi	823 932	615 523	208 030	263 213	12 813	30 781
瑞丽市	Ruili	181 864	123 600	58 264	176 293	38 792	53 440
梁河县	Lianghe	183 150	130 687	52 463	54 760	12 775	18 674
盈江县	Yingjiang	1 044 445	696 542	343 843	226 329	68 766	93 619
陇川县	Longchuan	47 095	33 826	13 135	58 850	3 331	6 091
怒 江 州	**Nujiang**	**761 991**	**480 295**	**281 596**	**252 223**	**25 725**	**55 133**
泸水县	Lushui	227 969	177 835	50 035	62 538	1 720	10 045
福贡县	Fugong	65 059	51 507	13 551	5 738	- 436	- 81
贡山县	Gongshan	36 493	41 429	- 4 936	3 279	- 830	- 618
兰坪县	Lanping	432 471	209 524	222 947	180 669	25 270	45 786
迪 庆 州	**Diqing**	**566 393**	**434 470**	**131 532**	**242 970**	**48 462**	**65 926**
香格里拉县	Shangri-La	403 950	294 157	109 403	186 933	32 616	42 893
德钦县	Deqin	122 877	111 394	11 483	44 584	15 777	20 359
维西县	Weixi	39 566	28 920	10 646	11 453	69	2 674

21-23 80个扶贫开发工作重点县主要经济指标(2010年)

县 区	Region	年末总人口(万人) Population (year-end) (10 000 persons)	生产总值(万元) Gross Regional Products (10 000 yuan)
全省扶贫开发工作重点县总计	**Key Counties Given Priority in Aid of the Development-oriented Poverty Relief Work in Yunnan Province**	**2 699.93**	**24 453 423**
国家级扶贫开发工作重点扶持县合计	**Key Counties on the State Priority List of the Development-oriented Poverty Relief Work**	**2 352.10**	**20 461 706**
东川区	Dongchuan	27.2	465 687
禄劝县	Luquan	39.7	326 239
寻甸县	Xundian	45.8	384 195
富源县	Fuyuan	72.3	1 119 390
会泽县	Huize	90.9	950 181
施甸县	Shidian	30.6	228 616
龙陵县	Longling	27.8	275 000
昌宁县	Changning	34.4	347 258
昭阳区	Zhaoyang	78.9	1 232 752
鲁甸县	Ludian	39.1	251 070
巧家县	Qiaojia	51.7	270 501
盐津县	Yanjin	37.0	213 050
大关县	Daguan	26.4	125 813
永善县	Yongshan	39.5	268 890
绥江县	Suijiang	15.3	121 354
镇雄县	Zhenxiong	133.0	532 969
彝良县	Yiliang	52.2	280 950
威信县	Weixin	38.6	203 586
永胜县	Yongsheng	39.2	294 096
宁蒗县	Ninglang	25.9	150 043
宁洱县	Ning'er	18.6	224 221
墨江县	Mojiang	36.1	245 468
景东县	Jingdong	36.0	288 170
镇沅县	Zhenyuan	20.9	171 166
江城县	Jiangcheng	12.2	127 005
孟连县	Menglian	13.6	106 209
澜沧县	Lancang	49.2	269 011
西盟县	Ximeng	9.1	45 630
临翔区	Lincang	32.4	333 362
凤庆县	Fengqing	45.9	315 107
云 县	Yunxian	45.0	446 315
永德县	Yongde	37.0	233 753
镇康县	Zhenkang	17.7	165 790
双江县	Shuangjiang	17.7	142 842
沧源县	Cangyuan	17.9	133 311
双柏县	Shuangbo	16.0	133 893
南华县	Nanhua	23.6	222 063
姚安县	Yao'an	19.8	204 746
大姚县	Dayao	27.4	288 940
永仁县	Yongren	10.9	115 563

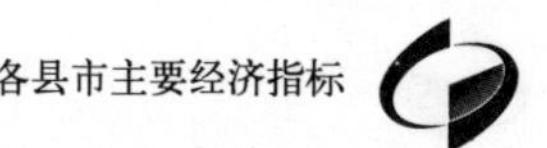

Principal Economic Indicators of 80 Key Counties Given Priority in Aid of the Development-oriented Poverty Relief Work (2010)

人均生产总值 (元) Per Capita GRP (yuan)	财政一般预算收入 (万元) Financial Revenue (10 000 yuan)	人均财政一般预算收入 (元) Per Capita Financial Revenue (yuan)	城乡居民储蓄存款 (万元) Savings Deposit of Residents (10 000 yuan)	人均居民储蓄存款 (元) Per Capita Savings Deposit of Residents (yuan)	农村居民人均纯收入 (元) Per Capita Net Income Rural (yuan)
9 004	**1 549 214**	**570**	**15 471 562**	**5 697**	**3 046**
8 648	**1 290 189**	**545**	**12 825 005**	**5 421**	**2 937**
16 426	40 917	1 443	398 800	14 062	3 196
7 727	29 187	691	215 800	5 109	3 205
7 922	34 224	705	271 800	5 601	3 497
15 682	83 833	1 174	548 500	7 680	4 267
10 739	61 018	669	369 800	4 052	2 643
7 316	12 987	412	152 700	4 843	3 116
9 978	16 032	580	205 800	7 441	3 376
10 092	33 539	974	161 100	4 680	3 653
15 454	50 340	631	712 172	8 923	3 226
6 491	15 666	405	98 512	2 546	2 572
5 174	10 881	208	147 620	2 821	2 745
5 695	9 199	246	142 961	3 820	2 730
4 804	5 380	205	100 845	3 849	2 600
6 756	13 623	342	194 205	4 875	2 723
7 764	8 896	569	137 217	8 772	2 911
3 919	26 999	198	318 083	2 337	2 482
5 238	15 156	282	181 956	3 390	2 650
5 293	12 689	330	159 482	4 145	2 814
7 423	17 795	449	263 200	6 639	3 317
5 827	10 845	421	104 400	4 048	2 388
11 618	16 066	843	161 500	8 473	3 362
6 453	16 380	442	160 400	4 330	2 658
7 581	22 868	618	173 900	4 702	3 491
8 051	11 008	520	133 300	6 292	3 138
10 479	6 008	495	64 200	5 293	2 624
7 908	5 191	385	164 000	12 158	2 675
5 381	22 158	447	161 100	3 248	2 102
4 922	2 699	293	31 700	3 443	1 949
10 569	19 458	617	314 400	9 966	3 329
6 883	26 222	573	159 800	3 490	3 506
9 940	21 709	483	173 700	3 868	3 759
6 324	10 708	290	115 700	3 130	3 131
9 578	9 156	524	100 200	5 733	2 782
8 002	6 271	351	74 500	4 167	2 928
7 448	7 980	450	86 200	4 859	2 768
8 384	9 781	612	93 800	5 867	3 083
9 405	12 357	519	132 800	5 576	3 602
9 612	7 654	376	127 000	6 241	3 722
9 950	14 522	515	170 700	6 052	3 491
10 583	8 818	807	72 300	6 617	3 240

21-23 续表

县 区	Region	年末总人口 (万人) Population at year-end (10 000 persons)	区生产总值 (万元) Gross Regional Products (10 000 yuan)
武定县	Wuding	27.23	240 872
屏边县	Pingbian	15.41	123 212
泸西县	Luxi	40.12	363 245
元阳县	Yuanyang	39.72	200 473
红河县	Honghe	29.68	136 627
金平县	Jinping	35.66	198 864
绿春县	Luchun	22.24	111 015
文山市	Wenshan	48.20	1 000 748
砚山县	Yanshan	46.38	516 404
西畴县	Xichou	25.56	136 233
麻栗坡县	Malipo	27.83	254 716
马关县	Maguan	36.79	360 957
丘北县	Qiubei	47.80	263 953
广南县	Guangnan	78.83	421 581
富宁县	Funing	40.80	337 117
勐腊县	Mengla	28.20	392 088
漾濞县	Yangbi	10.24	107 004
弥渡县	Midu	31.35	233 213
南涧县	Nanjian	21.17	176 735
巍山县	Weishan	30.47	227 944
永平县	Yongping	17.54	173 156
云龙县	Yunlong	20.01	195 443
洱源县	Eryuan	26.86	254 053
剑川县	Jianchuan	17.02	133 010
鹤庆县	Heqing	25.56	244 852
梁河县	Lianghe	15.43	99 405
泸水县	Lushui	18.50	187 100
福贡县	Fugong	9.87	53 981
贡山县	Gongshan	3.79	39 227
兰坪县	Lanping	21.32	233 355
香格里拉县	Shangri-La	17.32	489 337
德钦县	Deqin	6.67	118 872
维西县	Weixi	16.08	182 709
省级扶贫开发工作重点县合计	**Key Counties on the Provincial Priority List of the Development-oriented Poverty Relief Work**	**347.83**	**3 991 717**
宣威市	Xuanwei	130.43	1 481 898
腾冲县	Tengchong	64.55	704 022
玉龙县	Yulong	21.49	223 381
牟定县	Mouding	20.90	212 990
石屏县	Shiping	29.94	267 650
祥云县	Xiangyun	45.61	633 297
宾川县	Binchuan	34.91	468 479

continued

人均生产总值 (元) Per Capita GRP (yuan)	财政一般预算收入 (万元) Financial Revenue (10 000 yuan)	人均财政一般预算收入 (元) Per Capita Financial Revenue (yuan)	城乡居民储蓄存款 (万元) Savings Deposit of Residents (10 000 yuan)	人均居民储蓄存款 (元) Per Capita Savings Deposit of Residents (yuan)	农村居民人均纯收入 (元) Per Capita Net Income Rural (yuan)
8 606	19 499	707	171 700	6 226	3 223
8 165	5 423	359	76 425	5 061	2 112
9 127	31 637	795	353 908	8 894	3 448
5 073	12 111	306	130 525	3 300	2 448
4 655	4 266	145	80 067	2 726	2 183
5 614	16 306	460	123 643	3 489	2 128
4 987	8 303	373	61 153	2 746	2 119
20 862	68 008	1 447	716 800	15 256	3 547
11 168	28 217	611	228 400	4 944	2 900
5 351	6 086	240	108 200	4 258	2 415
9 176	17 019	613	169 900	6 123	2 630
9 838	27 066	737	246 500	6 714	3 005
5 546	16 298	346	151 200	3 207	2 636
5 367	16 168	207	244 200	3 126	2 626
8 289	18 001	445	176 000	4 349	2 739
14 474	22 709	838	245 100	9 047	3 663
10 439	7 764	758	63 900	6 240	3 232
7 304	13 039	412	180 300	5 701	2 935
7 990	16 339	751	91 300	4 196	2 518
7 299	13 432	437	153 000	4 980	2 532
9 504	13 789	771	94 000	5 254	3 060
9 469	10 930	538	104 000	5 116	2 378
9 125	12 027	440	155 000	5 671	3 428
7 506	9 763	563	113 300	6 539	2 396
9 143	18 748	717	226 500	8 662	3 408
6 295	6 765	428	105 314	6 669	2 461
10 891	12 737	683	144 035	7 724	2 214
5 600	2 658	273	29 475	3 030	1 460
10 489	2 630	697	19 616	5 201	1 502
11 144	28 018	1 309	145 391	6 794	2 201
29 179	20 988	1 250	240 000	14 300	3 398
18 720	7 078	1 093	40 000	6 179	3 372
11 795	10 147	645	80 000	5 088	3 269
11 411	**259 025**	**740**	**2 646 557**	**7 566**	**3 789**
11 334	90 016	671	857 500	6 390	3 735
10 976	65 731	1 024	677 900	10 564	4 048
10 438	21 309	955	110 600	4 955	3 586
10 339	9 569	461	121 000	5 835	3 356
8 949	20 016	670	308 357	10 328	3 762
13 596	33 392	731	334 700	7 325	3 801
13 328	18 992	548	236 500	6 822	3 915

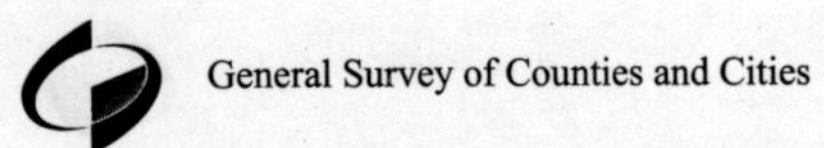

21-24 25个边境县市主要经济数据(2010年)

边境县	Frontier County	年末总人口 (万人) Population at ear-end (10 000 persons)	生产总值 (万元) Gross Regional Products (10 000 yuan)
25个边境县市合计	**25 Border Counties**	**666.95**	**6 849 772**
腾冲县	Tengchong	64.55	704 022
龙陵县	Longling	27.76	275 000
江城县	Jiangcheng	12.17	127 005
孟连县	Menglian	13.57	106 209
澜沧县	Lancang	49.24	269 011
西盟县	Ximeng	9.14	45 630
镇康县	Zhenkang	17.65	165 790
耿马县	Gengma	29.66	326 580
沧源县	Cangyuan	17.93	133 311
金平县	Jinping	35.66	198 864
绿春县	Luchun	22.24	111 015
河口县	Hekou	10.47	185 315
麻栗坡县	Malipo	27.83	254 716
马关县	Maguan	36.79	360 957
富宁县	Funing	40.80	337 117
景洪市	Jinghong	52.05	881 211
勐海县	Menghai	33.22	388 760
勐腊县	Mengla	28.20	392 088
瑞丽市	Ruili	18.08	287 376
芒　市	Mangshi	39.03	442 977
盈江县	Yingjiang	30.55	403 227
陇川县	Longchuan	18.18	173 283
泸水县	Lushui	18.50	187 100
福贡县	Fugong	9.87	53 981
贡山县	Gongshan	3.79	39 227

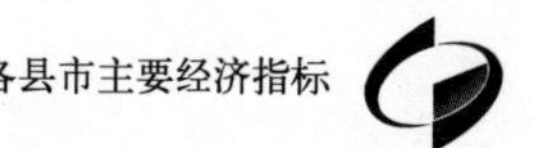

Principal Economic Indicators of 25 Border County and City (2010)

人均生产总值（元） Per Capita GRP (yuan)	财政一般预算收入（万元） Financial Revenue (10 000 yuan)	人均财政一般预算收入（元） Per Capita Financial Revenue (yuan)	城乡居民储蓄存款（万元） Savings Deposit of Residents (10 000 yuan)	人均居民储蓄存款（元） Per Capita Savings Deposit of Residents (yuan)	农村居民人均纯收入（元） Per Capita Net Income Rural (yuan)
10 364	**454 619**	**688**	**6 014 361**	**9 100**	**3 198**
10 976	65 731	1 024	677 900	10 564	4 048
9 978	16 032	580	205 800	7 441	3 376
10 479	6 008	495	64 200	5 293	2 624
7 908	5 191	385	164 000	12 158	2 675
5 381	22 158	447	161 100	3 248	2 102
4 922	2 699	293	31 700	3 443	1 949
9 578	9 156	524	100 200	5 733	2 782
11 022	12 340	424	164 700	5 655	3 559
7 448	7 980	450	86 200	4 859	2 768
5 614	16 306	460	123 643	3 489	2 128
4 987	8 303	373	61 153	2 746	2 119
17 767	10 320	988	164 963	15 799	3 436
9 176	17 019	613	169 900	6 123	2 630
9 838	27 066	737	246 500	6 714	3 005
8 289	18 001	445	176 000	4 349	2 739
17 579	47 675	951	903 000	18 015	5 036
11 667	13 802	414	348 500	10 459	3 848
14 474	22 709	838	245 100	9 047	3 663
16 375	37 281	2 126	890 211	50 764	4 218
11 458	33 021	855	470 988	12 190	3 603
13 321	28 901	955	244 336	8 075	3 716
9 568	8 895	491	121 141	6 688	2 740
10 891	12 737	683	144 035	7 724	2 214
5 600	2 658	273	29 475	3 030	1 460
10 489	2 630	697	19 616	5 201	1 502

中国统计出版社最新图书简目

(仅供参考,以最后出书为准)

统计资料

中国统计年鉴-2011
中国统计摘要-2011
国际统计年鉴-2011
2011中国发展报告
中国第三产业统计年鉴-2011
中国区域经济统计年鉴-2011
中国劳动统计年鉴-2011
中国社会统计年鉴-2011
中国城市统计年鉴-2009
中国建筑业统计年鉴-2011
中国人口和就业统计年鉴-2011
中国工业经济统计年鉴-2011
中国商品交易市场统计年鉴-2011
中国房地产统计年鉴-2011
中国能源统计年鉴-2011
中国民政统计年鉴-2011
中国贸易外经统计年鉴-2011
2011中国地区经济监测报告
中国科技统计年鉴-2011
中国农村统计年鉴-2011
中国农产品价格调查年鉴-2011
中国高技术产业统计年鉴-2011
中国教育经费统计年鉴-2010
中国农村贫困监测报告-2011
全国农产品成本收益资料汇编-2011
中国科学技术协会统计年鉴-2011
工业企业科技活动资料-2011
大中型批发零售和住宿餐饮企业统计年鉴-2011
中国城市(镇)生活与价格年鉴-2011
中国县（市）社会经济统计年鉴-2011
中国农村住户调查年鉴-2011（中、英文）
中国农村全面建设小康监测报告-2011
第二次全国R&D资源清查资料汇编－综合卷
第二次全国R&D资源清查资料汇编－工业企业卷
中国零售和餐饮连锁企业统计年鉴-2011
2010年中国第六次人口普查公报

2011年省级综合统计年鉴系列

北京 天津 河北 山西 内蒙古
辽宁 吉林 黑龙江 上海 江苏
浙江 安徽 福建 江西 山东
河南 湖北 湖南 广东 广西
海南 重庆 四川 贵州 云南
西藏 陕西 甘肃 青海 宁夏
新疆 新疆生产建设兵团

2011年市(县)级综合统计年鉴系列

天津滨海新区
石家庄 唐山 邯郸 太原 大同
长治 阳泉 晋城 朔州 晋中
运城 忻州 临汾 呼和浩特
包头 沈阳 大连 长春 吉林市
四平 哈尔滨 黑龙江垦区
上海浦东新区
苏州 无锡 常州 徐州 南通
盐城 镇江 江阴 丹阳
杭州 宁波 绍兴 台州 温州
金华 嘉兴 衢州
福州 福州经济技术开发区
厦门经济特区 南昌 上饶
济南 青岛 潍坊 郑州
洛阳 三门峡 南阳 武汉 宜昌
十堰 荆州 咸宁 长沙 广州
东莞 惠州 深圳 桂林 南宁
柳州 来宾 河池 海口 成都 绵阳
贵阳 昆明 庆阳 西安
兰州 银川 乌鲁木齐

“十一五”规划教材

非参数统计 医学统计学
概率论与数理统计 统计学
现代金融投资统计分析
多元统计分析 经济计量学教程
应用时间序列分析
统计指数理论及应用
统计数据处理概论
质量管理统计方法 社会统计学
多元统计分析实验
企业经营管理统计
市场调查与预测
统计学原理（非统计专业使用）
统计学:从数据到结论
国民经济核算教程(国民经济统计学)
概率论与数理统计(经济、管理类专业使用)

重点图书

挑大学选专业2011—高考志愿填报指南
挑大学选专业2011—考研择校指南

欲购以上图书请与中国统计出版社发行部联系
电话：（010）63376907,63376908 同棍行书店电话：68783171,68783172
通讯地址：北京市西城区三里河月坛南街57号 邮政编码：100826